यहाँ से वहाँ

यहाँ से वहाँ

अशोक वाजपेयी

वाणी प्रकाशन

'लोगो' वाणी प्रकाशन : मक़बूल फ़िदा हुसेन

वाणी प्रकाशन, 4695, 21-ए, दरियागंज, नयी दिल्ली-110002
वाणी प्रकाशन, अशोक राजपथ (पटना कॉलेज के सामने), पटना (बिहार)

YAHAN SE WAHAN
by Ashok Vajpeyi

Collection of Prose

ISBN : 978-93-5000-704-4

प्रथम संस्करण

मूल्य : 595/-

वाणी प्रकाशन

फोन : 0091#11#23273167, फोन व फैक्स 23275710
वेबसाइट : www.vaniprakashan.in
ई-मेल : vaniprakashan@gmail.com

जी.एस. ऑफसेट द्वारा दिल्ली-110032 में मुद्रित

यहाँ से वहाँ

सभी लेखक यायावर होते हैं हालाँकि वे प्रायः इसे स्वीकार नहीं करते। पाठक भी लेखकों के साथ एक तरह की ख़ानाबदोशी करते रहते हैं। अकसर उन्हें इसकी ख़बर नहीं होती। हम सभी 'यहाँ' से 'वहाँ' जाते रहते हैं, या उसकी कोशिश में लगे रहते हैं। हरेक का 'यहाँ' कुछ अलग होता है, कुछ समान : इसी तरह हरेक का 'वहाँ' भी कुछ अलग होता है, कुछ समान। मनुष्य होने का सुख और विडम्बना दोनों ही इस 'यहाँ' से 'वहाँ' में निहित हैं।

हर यात्रा भौतिक नहीं होती। हम बैठे-बैठे भी यहाँ से वहाँ जा सकते हैं या पहुँच जाते हैं। इस आवाजाही का माध्यम कोई उपकरण या वाहन उतना नहीं होता जितना, मनुष्य का सम्भवतः सब से क्रान्तिकारी आविष्कार, भाषा। हम जो भी कर रहे हों, भाषा से जूझ रहे हों या कि उससे खेल रहे हों या कि उसमें अन्तभुर्क्त मौन को सुनने-पकड़ने का अभिशप्त यत्न कर रहे हों, भाषा हमें यहाँ से वहाँ ले जा रही होती है। एक स्तर पर भाषा में सब कुछ सम्भव है : दूसरे स्तर पर बहुत कुछ है जो भाषा में असम्भव है। सम्भव से असम्भव की यात्रा भी, एक गहरे अर्थ में, यहाँ से वहाँ जाना है।

यह संचयन एक तरह से एक लेखक की ऐसी ही अटपटी यात्रा की लॉगबुक जैसी है पर ऐसी जो अकसर यात्रा के कई दिनों बाद, याने यथा समय नहीं, लिखी गयी है। उसमें स्मृतियाँ, संस्मरण, तात्कालिक प्रतिक्रियाएँ, जब-तब उभरे विचार, मेल-मुलाक़ात आदि सभी अंकित होते रहे हैं। मुझ जैसे आलसी लेखक से यह सब न हो पाता अगर 'जनसत्ता' अख़बार ने उदारतापूर्वक मुझे हर रविवार अपने एक पृष्ठ का कुछ हिस्सा मनचाहे ढंग से लिखने की छूट न दी होती। यह पुस्तक यह रूप न ले पाती अगर युवा मित्र और कला-मर्मज्ञ पीयूष दईया ने लगन, ध्यान और जतन से कतरनों को नबेरकर उनका सुघर नियोजन न किया होता। उनके प्रति आभार। आपके प्रति कृतज्ञता कि आप कुछ फुरसत निकालकर मेरे साथ यहाँ से वहाँ जाने और लौटने के लिए तैयार हो रहे हैं।

अशोक वाजपेयी

अनुक्रम

अप्रत्याशित का भूगोल

पिछले कुछ दिनों से हममें से कुछ लोग बार-बार इस तरह की पृच्छाओं का उत्तर देने से परेशान हैं कि अगली सदी में साहित्य और कलाओं की क्या स्थिति और स्वरूप होंगे और यह कि हमारी नजर में इस सदी की महान उपलब्धियाँ क्या रही हैं। पूछने वाले अक्सर अबोध होते हैं और चाहते हैं कि फुरती से, बिना अटके और झिझके, तड़ातड़ उन्हें यह बता दिया जाये कि अगली सहस्राब्दी में साहित्य और कलाओं की क्या जगह होगी और पिछली यानी जाती हुई सदी के गौरवग्रन्थ कौन से हैं—वह भी अधिक नहीं, ज्यादा से ज्यादा दस-बारह। सबको जल्दी है कि किसी तरह कामचलाऊ सूचना मिल जाये तो आगे चलें। किसी के पास इतना धीरज और समय नहीं है कि ठिठक कर दो पल सोचे, कि क्या साहित्य और कलाओं के बारे में ऐसे आकलन किये जा सकते हैं और उनके बारे में, उनके भविष्य के बारे में कोई अटकलें लगाई जा सकती हैं। इस सब आपाधापी के पीछे यह अवधारणा है कि अब मनुष्य का प्रायः सब कुछ प्रत्याशित के घेरे में आ चुका है और उसे बताया जा सकता है। भले यह धारणा विज्ञान और उसकी अनेक चमत्कारी उपलब्धियों की वजह से लोकव्यापी हुई है, स्वयं विज्ञान में इधर अप्रत्याशित का एहतराम घटा नहीं बढ़ा है।

जब उन्नीसवीं सदी का समापन हो रहा था तो इसका कोई साक्ष्य कम से कम हमारे यहाँ नहीं है कि यह अटकल लगाने की कोशिश की गयी हो कि बीसवीं सदी में किस तरह का साहित्य और कलाएँ होंगे। कौन कह सकता था कि एक अपेक्षाकृत युवा और अटपटी-सी भाषा हिन्दी में प्रेमचन्द, निराला, प्रसाद, रामचन्द्र शुक्ल इतनी जल्दी सम्भव होंगे या कि अज्ञेय, मुक्तिबोध, शमशेर, त्रिलोचन, रेणु और हजारीप्रसाद द्विवेदी, नागार्जुन, रघुवीर सहाय आदि? या कि निरी इतिवृत्तात्मकता से शुरू कर हिन्दी कुल एक सौ बरस में उत्तर-आधुनिक तक पहुँच जाएगी! कौन कह सकता था कि ओडिशी, कुचिपुड़ी जैसे नृत्यरूप, कुड़िअट्टम, यक्षगान जैसे नाट्यरूप दृश्य पर मान्यता पा जाएँगे! किसको पता था कि औद्योगिकीरण और औपनिवेशिक लूटपाट के बावजूद, भारत के सैकड़ों हस्तशिल्प-रूप न सिर्फ बच जाएँगे पर कमला देवी चट्टोपाध्याय और

पुपुल जयकर जैसे संरक्षक पाकर फिर फल-फूल उठेंगे? किसने सोचा था कि बालगन्धर्व और सुन्दरी जैसे अभिनेता शम्भु मित्र, हबीब तनवीर, इब्राहीम अलकाजी जैसे रंगकर्मी भारतीय रंगमंच को इतना बदल देंगे? किसने सोचा था कि बंगाल स्कूल की गीतात्मक स्त्रैण-सी रेखा को इन्दौर के मकबूल फिदा हुसेन एकबारगी एक पौरुषभरी रेखा खींच कर अपदस्थ कर देंगे? कौन कह सकता था कि कथक, कथकली, भरतनाट्यम, खयाल, ध्रुपद, शहनाई, सारंगी आदि अनेक पारम्परिक रूप इस सदी में इतना बदल जायेंगे और फिर भी अपनी परम्परा से निरन्तरता कायम रखेंगे! कौन अन्दाज लगा सकता था कि भारतीय भाषाओं में प्रतिभा और कल्पना का ऐसा विस्फोट होगा? किसे पता था कि एक गुलाम देश में रवीन्द्रनाथ ठाकुर, प्रेमचन्द, इकबाल, सुब्रहमण्यम भारती, वल्लात्तोल जैसे स्वतन्त्रचेता लेखक सम्भव होंगे? कौन कह सकता था सिनेमा जैसी नितान्त पश्चिमी विधा को भारत इस तरह से पालतू और लोकप्रिय बना लेगा? अगर हम बीसवीं सदी के बारे में अनुमान नहीं लगा सकते थे तो इक्कीसवीं सदी के बारे में क्यों ऐसा करना उचित है? क्या इसलिए कि इस बीच मनुष्य की सर्जनात्मकता का भूगोल समझने के हमारे औजार अधिक पैने और प्रामाणिक और विश्वसनीय हो गये हैं? सच्चाई तो यह है कि ऐसा कुछ नहीं हुआ हैः सर्जनात्मकता का क्षेत्र आज भी अप्रत्याशित और रहस्य का क्षेत्र बना हुआ है। संसार, बावजूद विराट अवधारणात्मक सामान्यीकरणों के, आज भी बहुल बना हुआ है। भूमण्डलीकरण भले सारी दुनिया को एक-सा बनाये रखने पर उतारू हो, ऐसे अनेक आन्दोलन और प्रवृत्तियाँ सक्रिय हैं जो अपनी स्थानीयता और निजस्व पर जिद कर डटी हुई हैं। बीसवीं सदी में हमने भारत में पश्चिम की नकल से उपजी आधुनिकता से लेकर अपनी जातीय स्मृति से अन्तर्भुक्त आधुनिकता को भी आकार लेते देखा है। बिना साहस, कल्पना, जिजीविषा, आवेग और विचारशीलता के न जाती हुई सदी में कुछ सार्थक सम्भव हुआ, न अगली में हो पाएगा। हम इसी तरह बहुत और सक्रिय, पारम्परिक और आधुनिक, जड़ों पर जमे पर खुले हुए, तरह-तरह के अन्तर्विरोधों से ग्रस्त बने रहेंगे और इसी सबसे हमारी सर्जनात्मकता में अप्रत्याशित का भूगोल रचा जाएगा। अटकलें क्या लगाना—हम होंगे उदग्र, संघर्षशील, ग्रहणशील, प्रश्नाकुल और विकल, जिज्ञासु और सयानी समझ लिये युवा जोखिम और दुस्साहसिकता से भरे : अपने समय के सामने और समयातीत से जुड़े हुए। बचे हुए नहीं, रचे हुए। अवशिष्ट या परिशिष्ट नहीं : स्वयंप्रभ और समुज्ज्वल और स्वतन्त्रता को पुकारते हुए।

(2 जनवरी, 2000)

अन्दर पैठा बाहर

यह विचार नया नहीं है कि उपनिवेशवाद राजनीतिक रूप से समाप्त होने के बाद भी काफी देर और दूर तक बौद्धिक रूप से सक्रिय रहता है। अगर हम अब भी अपने बौद्धिक कार्य-व्यापार में औपनिवेशिक जहनियत से काम लेते हैं तो इसमें अचरज की बात नहीं है। अचरज की बात यह है कि स्वतन्त्रता और लोकतन्त्र की एक अधसदी बीत जाने के बाद भी हमारे बौद्धिक जगत में उन प्रयत्नों की वैसी व्याप्ति और प्रतिष्ठा नहीं हो पायी है जो इस जहनियत को प्रश्नांकित करते और उसके बरक्स अपने को पुनर्नवा करती जातीय बौद्धिक परम्परा का पुनराविष्कार और पुनर्कथन करते रहे हैं। इस सन्दर्भ में हाल ही में कला-विदुषी कपिला वात्स्यायन ने कलाओं, दर्शन, संरक्षण, सांस्कृतिक प्रशासन आदि के सन्दर्भ में जो मूल मुद्दा उठाया वह यह था कि उन्नीसवीं सदी से हमने इन क्षेत्रों में अपने को, अपने अन्दर तक को, बाहर की नजर से देखना शुरू किया और कुछ इस हद तक कि अब हमारे अन्दर बाहर ही पैठ गया है : हमारा अन्दर का दावा तक बाहर की पदावली और अवधारणात्मक सन्दर्भ में व्यक्त होता है। यह तो ठीक है कि अन्दर बाहर की ओर बराबर खुला और ग्रहणशील हो और दोनों के बीच अन्तःक्रिया होती रहे। लेकिन हमारे यहाँ जो हुआ है उसका नतीजा यह है कि हम अपने को, अपने किये-धरे को, अपनी विरासत और स्मृति को अब अपनी नजर से देखते ही नहीं हैं। बल्कि यह कहना अतिशयोक्ति न होगा कि अपने आत्म की रचना अब उन कारकों से करते हैं जो हमारा जातीय उत्तराधिकार नहीं है लेकिन जिन्हें हम सार्वभौम मानने लगे हैं। यह विडम्बना ही है कि हमारे सारे जातीय प्रत्यय और समझ खुद हमारे लिए अधिक से अधिक क्षेत्रीय या स्थानीय हो गये हैं और सार्वभौमिक अब हमें पश्चिम से ही मिलता है। इसका एक बड़ा नतीजा सामने है—जो पहले समुदाय द्वारा संरक्षित और पोषित होता था वह एक अन्यमनस्क राज्य के जिम्मे आ गया है जिसकी समझ और पहल हमेशा ही सीमित लेकिन 'स्थानीयता' से मुक्त होती है। यह साफ देखा जा सकता है कि हजारों पुरातात्त्विक स्मारक अब या तो सरकार की जिम्मेदारी हैं या किसी की नहीं। कोई यह नहीं पूछता कि इतने सैकड़ों बरसों से उनका संरक्षण कैसे और कौन करता आ रहा था। अन्दर पैठ गये बाहर का एक प्रतिफल यह है कि भारत का विशाल मध्यवर्ग अपनी विरासत से बेगाना है और अपने रोजमर्रा के जीवन-व्यवहार से उसे निरन्तर बेरहमी या बेखबरी से नष्ट कर रहा है। लगभग रोज हो रही इस सांस्कृतिक और बौद्धिक बरबादी के प्रति अगर हम उदासीन हैं तो जाहिर है कि एक तरह से हम उसमें शामिल हैं। जो लोग इस सिलसिले में प्रश्न उठाते हैं मसलन अनुपम मिश्र, जो राजस्थान में जल-संरक्षण की एक विलक्षण

जनपद्धति खोजते हैं या कि दयाकृष्ण, जो बताते हैं कि पारम्परिक बौद्धिक उद्यम भारत में कभी समाप्त नहीं हुआ और आज भी जारी है, उनकी या तो अवज्ञा और अनसुनी की जाती रही है या कि उन्हें प्रतिक्रियावादी माना गया है। फिर इस बात की कुछ पड़ताल होना चाहिए कि अन्दर बैठे बाहर ने हमारी शास्त्रीय कलाओं के व्यवहार और दृष्टि को कैसे प्रभावित किया है : क्या जिसे हम शास्त्रीय कहकर महिमामण्डित करते रहते हैं उसमें भी बाहर की ही अवधारणाओं और सौन्दर्यशास्त्र में घुसपैठ नहीं है। ऐसे प्रश्न पूछना किसी शुद्धता पर लौटना नहीं है क्योंकि भारतीय परम्परा में ऐसी किसी शुद्धता पर कभी आग्रह नहीं रहा है। हमारी भाषाओं और बोलियों की निजता, स्थानीयता, पदार्थमयता एक तरह की सामान्यीकृत सार्वभौमिकता की जकड़ में क्या बिखर नहीं रही हैं?

(2 जनवरी, 2000)

साहित्य का इमरजेंसी-किट

ऐसी चिन्ता अकसर व्यक्त की जाती है कि आनेवाला समय इतना सूचना-आक्रान्त होगा कि साहित्य जैसी विधाएँ पिछड़ और धीरे-धीरे अप्रासंगिक हो जाएँगी। भविष्य की इस समझ में यह मानकर चला जा रहा है कि मनुष्य के अनुभव, विचार और ज्ञान में ऐसा कुछ नहीं हो सकता या अब रह जाएगा जिसे सूचना में परिवर्तित कर सुलभ न कराया जा सके। सूचना का विराट व्यापार, उसका विशाल विस्तार और उसका विश्वव्यापी प्रभाव अपने आप में चकित करनेवाले हैं और उनमें जो बुद्धि, पूँजी और शक्ति लग रही है वह मनुष्य के इतिहास में अभूतपूर्व है। इसके पहले शायद सारे संसार में युद्धों में ही ऐसा निवेश हुआ है। यह भी कहा जा रहा है और प्रमाणों के बल पर कहा जा रहा है कि अब सूचना समाजों का गठन और नियमन करेगी। बाजार के आगे राजनीति और धर्म जैसी नियामक शक्तियाँ निष्प्रभ हो चुकी हैं।

मनुष्य का स्वभाव और चेतना बदलने की चेष्टा पिछली सदियों में की जाती रही है। लेकिन बीसवीं सदी में यह चेष्टा सबसे संगठित रूप में और लम्बी अवधि तक की गई और अन्ततः विफल हुई। मनुष्य का भौतिक संसार इतना बदल गया है कि शायद पहचान के परे लगने लगा है। उसके पास साधन और उपकरण भी बेहद सूक्ष्म और कारगर हो गए हैं। सूचनाओं और जानकारी का तो मानो प्रलय ही हो रहा है। पर प्रेम, ईर्ष्या, हर्ष-विषाद, लोभ-लालच, काम-मत्सर आदि नहीं बदले और

न ही इन सरोकारों में कोई कमी आई कि मनुष्य अपनी नश्वरता का आशय खोजता और अनश्वरता का स्वप्न देखता है; स्वतन्त्रता, बराबरी और न्याय के लिए संघर्षरत है; सामूहिक स्वतन्त्रता और पहचान चाहता है और निजी मुक्ति भी। वह अपने अस्तित्व का अर्थ जानना चाहता है। इन सभी जिज्ञासाओं और सरोकारों के लिए अनेक नए-पुराने अनुशासनों में अब जगह नहीं बची है। लेकिन अपनी इन विकलताओं को, किसी भी युग में, और आनेवाले युग में भी, मनुष्य स्थगित नहीं कर सकता। वह सच्चाई में सीधे हिस्सेदार होना चाहता है और उसे बदलना भी। जब वह आध्यात्मिक संशय में पड़ता है, जब उसे सम्बन्धों के उतार-चढ़ाव की आँच त्रस्त करती है, जब नश्वरता उसे उद्वेलित करती है तो उसे अपने को, अपने समय और काल को समझने और उनसे निपटने के लिए एक इमरजेंसी-किट चाहिए। यह किट साहित्य और कलाएँ हैं और इसका कोई खतरा कम से कम मेरी अधेड़ और कमजोर पड़ती आँखों को नजर नहीं आता कि वे कभी आदमी के मुश्किल दिनों में उसके काम नहीं आएँगी। उनसे दुनिया शायद बदलती उतना नहीं है जितना कि यह भरोसा मिलता है कि हर हालत में आदमी बने रहना मुमकिन है, भले बहुत कठिन भी।

(16 जनवरी, 2000)

एशियाई पहचान

आधुनिकता की अपनी यात्रा में हम पश्चिम से इतना आक्रान्त और इतने यूरोकेन्द्रित रहे हैं कि अकसर हम अपनी एशियाई पहचान और सम्बन्धों के बारे में न चिन्तित रहे हैं और न ही सक्रिय। दशकों पहले कवि कुलगुरु रवीन्द्रनाथ ने जापान और चीन से शान्ति निकेतन में अपने सांस्कृतिक और बौद्धिक सम्बन्धों के पुनराविष्कार की पहल की थी लेकिन उसका वैसा फैलाव और प्रभाव भारतीय कलाजगत पर नहीं पड़ा जैसा कि अभीष्ट था। जैसे हमारा, वैसे ही एशिया के अन्य देशों का। इस बीच पश्चिमीकरण होता चला गया, निश्चय ही उसका प्रतिरोध भी हम सबों ने अपने-अपने परिसर में विकसित किया पर देशों के पार इस आत्मसंघर्ष और जड़ों की खोज की कोई एशियाई बिरादरी नहीं बन सकी।

इन सन्दर्भ में पिछले सप्ताह नटरंग प्रतिष्ठान और जापान फाउण्डेशन द्वारा आयोजित भारतीय और जापानी प्रदर्शनकारी कलाओं के परिसंवाद का इसलिए महत्त्व है कि उसमें जापान के कुछ शीर्षस्थ रंग और

नृत्य-विशेषज्ञों और कोरियोग्राफरों ने भारतीय रंगकर्मियों और नर्तकों के साथ इसी एशियाई पहचान पर संवाद किया और एक-दूसरे के काम, उलझनों और चेष्टाओं से अवगत हुए। रंगकर्मी माकोतो सातो ने कहा कि दोनों ही देशों में अपनी-अपनी परम्पराएँ हैं लेकिन एशिया की कोई सक्रिय या जीवन्त अवधारणा नहीं है। हमारे अलग-अलग शरीर हैं, भंगिमाएँ हैं, दर्शक और स्पेस हैं। हम अपने-अपने ढंग से परम्पराओं को खोजने और बदलने में लगे हैं। प्रश्न यह है कि क्या हम अपने अन्तरों से कोई नयी सर्जनात्मकता हासिल कर सकते हैं। संवाद में अनेक छोटे-छोटे प्रदर्शन और सोदाहरण वार्ताएँ हुईं। यह बार-बार स्पष्ट हुआ कि जापान में अभिव्यक्ति के सारे परिष्कार और गम्भीरता के बावजूद, कम से कम नृत्य के सम्बन्ध में चिन्तन अवधारणात्मक स्तर पर और शोध के धरातल पर काफी आरम्भिक किस्म का है। दूसरी ओर, वहाँ नृत्य को शारीरिक शिक्षा का हिस्सा बना देने के कारण सामान्य नागरिकों में बचपन से नृत्य के प्रति आकर्षण हो जाता है जो कि भारत में शायद जिन्दगी भर नहीं होता। नरेन्द्र शर्मा, लीला सैमसन, माया राव, शान्ता सर्वजीत सिंह, कविता नागपाल, राजिन्दर नाथ आदि अनेक भारतीय विशेषज्ञ इस परिसंवाद में शामिल हुए।

किम इटोह ने एक जिन्दा रेडियो ब्रॉडकास्ट के चलते उस पर अपना नृत्य पेश किया। वे संगीत के बजाय शब्द को अधिक जीवित और उपस्थित मानकर ऐसे प्रयोग करते रहे हैं। उन्हें शब्दों के अर्थ से कोई मतलब नहीं। उनका नृत्य एक तरह से बहुत ऐन्द्रिक अमूर्तन था जो स्वयं जान बूझकर अर्थशून्य था और शब्दों को भी अर्थशून्य बनाता था। परिसंवाद के अन्त में यह अन्तर्विरोध भी उभरा, जिसे कीर्ति जैन ने व्यक्त किया, कि एशियाई पहचान के नाम पर कोई एकीकृत रूपाकर नहीं बन सकता और न ही बनना चाहिए। अलबत्ता एशियाई बहुलता की एक बिरादरी बन सकती है, ऐसी, जिसमें सभी अन्तर और विशेषताएँ समाहित हों और जो सर्वसमावेशी हो। कम से कम विचार की और सहकार की शुरुआत तो हुई।

(16 जनवरी, 2000)

साहित्य की आवाज

इन दिनों आवाजों का ऐसा कनफोड़ तुमुल है कि अगर उसमें कुछ शील-संकोच के साथ बोलनेवाली आवाज हो, या कि प्रश्न पूछनेवाली

आवाज हो या कि अपने को ही कठघरे में खड़ा कर अपने ही खिलाफ हलफ उठानेवाली आवाज हो तो उसके दब जाने या कि अनसुनी जाने का खतरा पिछले किसी भी समय से अधिक गहरा है। साहित्य की मुश्किल यह है कि इस तमाम शोरोगुल के बीच वह ऐसी ही आवाज है : उसे सुनने के लिए कुछ धीरज, कुछ जतन, कुछ समझ, कुछ संवेदनशीलता, कुछ उत्सुकता चाहिए और चूँकि इन गुणों का इन दिनों लगातार अवमूल्यन होता गया है, ऐसी आवाज सुननेवाले भी कम हैं। साहित्य की एक जिद और किसी हद तक मुश्किल यह है कि वह इस तुमुल से अपसरण कर किसी स्वर्गिक मौन में शरण नहीं ले सकता—उसे इसी तुमुल में रहना, अपनी अनसुनी होने के बावजूद अपनी आवाज उठाए रखना है। यह नहीं कि यह आवाज हमेशा एकतान या एकरूप रहती है : वह कभी गाती है, कभी चिल्लाती-गुस्साती, कभी झुँझलाती, कभी दहाड़ती और कभी रोती तक है। पर वह अपने को किसी आवाज का अनुषंग बनने को प्रतिरोध देती है। वह तुमुल में शामिल दूसरी आवाजों से नोक-झोंक, विवाद-संवाद आदि करती है पर रहती है वैसी ही जैसी कि वह रहना चाहती है : वह किसी और आवाज को अपने ऊपर हावी नहीं होने देती।

साहित्य की आवाज में हमारी रोजमर्रा की जिन्दगी और कई जाने-पहचाने चरित्रों की बोली भी होती है और किसी प्राचीन परिसर से या कि किसी भविष्यलोक से आ रही आहटें भी। गालियाँ भी और मन्त्र भी। श्लोक का उत्सव भी, प्रार्थना की विकलता और प्रश्न की अकुलाहट भी। किसी भी समय के साहित्य में, उसका कितना भी सामान्यीकरण क्यों न किया जाए, कई आवाजें एक साथ होती हैं: एक-दूसरे से रसी-बसी, कभी एक-दूसरे से झगड़ती हुई, संवादी-विसंवादी। इन आवाजों में कई अनुगूँजें भी होती हैं, देश काल के पार की। साहित्य की आवाज अगर कोई सौभाग्य से सुनता-गुनता है और उसे अगर ये अनुगूँजें न सुनाई पड़ें तो वह निश्चय ही कम सुनता है। साहित्य की आवाज पूरी और सच्ची तरह से सुनना और इन अनुगूँजों को न पकड़ पाना इस आवाज के पूरे फलितार्थ से वंचित होना है। अन्य अनुशासन हमें किसी भी समय के बारे में और कुछ बताते होंगे पर यह साहित्य ही है जिससे हम जान पाते हैं कि किसी भी समय में जिया कैसे जाता है और कि जिसे हम जीवन-व्यापार कहते हैं वह कितना जटिल मामला है और कि जीवन किसी एक स्तर तक महदूद नहीं और भी कि हमारी असली मनुष्यता भाषा के बिना कभी पूरी या व्यक्त नहीं हो सकती। फिर यह भी कि भाषा में जिजीविषा का ही दूसरा नाम साहित्य है, जिसकी बिल्कुल अलग आवाज है जिसे हम अकसर अनसुनी करते हैं।

(23 जनवरी, 2000)

असम में उम्मीद

असम इतनी सारी समस्याओं से ग्रस्त है, जिनमें हिंसा, छापामार युद्ध, विदेशी घुसपैठ आदि शामिल हैं कि वहाँ दृश्य आम तौर पर अँधेरा और निराश नजर आता है। लेकिन निराशा का एक कर्त्तव्य यह भी है कि वह स्वयं अपने से मुक्ति की राह खोजने की कोशिश करे। इधर भूमण्डलीकरण और संसार पर बढ़ते वर्चस्व के कारण कई संस्कृतियों में अपने अस्तित्व को लेकर चिन्ता व्याप गयी है : यह चिन्ता दूसरी या तीसरी दुनिया के देशों भर में नहीं, इंग्लैण्ड, फ्रांस, जर्मनी आदि विकसित देशों को भी परेशान किये हैं। ऐसे माहौल में अपार गरीबी, भयावह अशिक्षा आदि से घिरे भारत में भला क्या उम्मीद हो सकती है! बचने, पहचान बनाये रखने, अपनी निरन्तरता और परम्परा बनाये रखने की उम्मीद!

गुवाहाटी में तीर्थराज शर्मा और निर्मला देवी व्याख्यान देते हुए मैंने इस उम्मीद को कुछ रूपाकार देने की चेष्टा की। लगता है कि मैं कुछ अधिक ही उत्साहित हो गया होऊँगा क्योंकि व्याख्यान के बाद वरिष्ठ असमिया कवि नवकान्त बरुआ ने कहा कि पहले तो तुम कविता ही लिखते थे, अब भविष्यवाणी भी करने लगे हो! मैंने भारतीय सिनेमा और शास्त्रीय संगीत-नृत्य का उदाहरण देते हुए अपनी उम्मीद को कुछ ठोस आधार देने की कोशिश की। मुझे लगता है कि सिनेमा जैसी निहायत विदेशी और उस समय अत्याधुनिक तकनीक को हमने उन दिनों पालतू बना लिया था जब हम गुलाम थे, बहुत अधिक अविकसित और अशिक्षित थे। इसलिए इन दिनों जो नयी तकनीकें आ रही हैं उनसे आतंकित होने का कोई कारण नहीं : हम उन्हें भी देर-सबेर पालतू बना लेंगे। भोपाल के अनपढ़ मुसलमान मैकेनिक और झाबुआ के आदिवासी युवक, बिना किताब या कोई संहिता पढ़े, अपने शुद्ध जातीय कौशल से ऑटोमोबाइल की किसी भी समस्या का हल निकालते हैं या असम्भव मोटरकारों या ट्रकों को सड़कों पर सालों के लिए दौड़ा दे सकते हैं। पश्चिमीकरण के विश्वग्रासी दौर में भी हमारा शास्त्रीय संगीत, हमारे शास्त्रीय नृत्य, हमारे अनगिनत हस्तशिल्प बचे हुए हैं। वे अजायबघर का या कोई अभिजात मामला नहीं हैं : उनके हजारों युवा प्रयोक्ता हैं और हमारे यहाँ कई अर्थों में शास्त्रीय समकालीन है। इनके पीछे यानी इनके बचने और सक्रिय न रहने और विकसित होने के पीछे व्यक्तिगत प्रतिभा के अलावा समाज का बल अधिक है, राज की कोई सुविचारित नीति नहीं। स्वयं असम में सारी उग्रता, अलगाववादी प्रवृत्तियों के बावजूद अपनी भाषा का प्रेम बचा हुआ है कि असम में जहाँ कहीं भी हो असम साहित्य सभा के वार्षिक अधिवेशन में डेढ़ लाख से अधिक लोग हर बार एकत्र होते हैं। हम अपनी बहुलता, परिवर्तन की अटूट परम्परा, गुरु-लोक-ईश्वर से भी

न डरने की सीख और विवेक से, अभय से बचे रहे हैं और आगे भी रहेंगे। ये तत्त्व वक्ती तौर पर संकट में पड़ते हैं लेकिन अन्ततः उनका पुनराविष्कार हम कर ही लेते हैं।

(30 जनवरी, 2000)

उदार मध्य का संकोच

गुवाहाटी जाने का एक बड़ा आकर्षण अपने पुराने सहपाठी और मित्र असमिया आलोचक-बुद्धिजीवी और अंग्रेजी विद्वान हीरेन गोहांई से मिलना है। वे गुवाहाटी विश्वविद्यालय में आचार्य के पद से अब रिटायर हो चुके हैं और इन दिनों एक अंग्रेजी दैनिक' द नार्थईस्ट टाइम्स' का सम्पादन कर रहे हैं। उनसे लम्बी गपशप हुई उनके घर नाश्ते और हवाई अड्डे के रास्ते पर। उन्हें इस बात का बहुत खेद है कि इन दिनों उदार विचारों वाला मध्य सिकुड़ रहा है और पहले जैसा मुखर सक्रिय नहीं रहा। उन्हें यह भी लगता है कि लेखक का सत्ता के निकट आना उसके ह्रास का प्रमुख कारण है और आजादी के बाद भारतीय लेखक सत्ता से निस्पृह या उदासीन नहीं रह पाया यह उसकी विफलता है। यह टिप्पणी उन्होंने मेरे यह कहने पर की कि ज्यादातर भारतीय भाषाओं के साहित्यों में अगर हम दस या पन्द्रह गौरवग्रन्थ बीसवीं शताब्दी के चुनें तो उनमें ऐसी कृतियों की बहुतायत होगी जो स्वतन्त्रता के पहले लिखी गयी हैं। कैम्ब्रिज में पढ़े और भारत के एक सुप्रतिष्ठित आचार्य होने के बावजूद डॉ. गोहांई का निजी अनुभव यह है कि ब्रिटेन में उसी विद्वान की पूछ है जो उनके वैचारिक गोल में शामिल है : जो गोल से बाहर है उसके साथ एक तरह का जातीय भेदभाव आज भी किया जाता है। उनका यह भी मत है कि भारत के अंग्रेजी विभागों को भारतीय साहित्य के अंग्रेजी अनुवाद भी अपने पाठ्यक्रम में शामिल करना चाहिए : ऐसे छात्र पैदा करने से क्या लाभ जो अंग्रेजी साहित्य के बारे में सब कुछ जानते हों लेकिन जिनका आधुनिक भारतीय साहित्य से रिश्ता न के बराबर हो? मुझे याद आया कि अभी कुछ दिनों पहले यू आर अनन्तमूर्ति एक ऐसे ही प्रसंग में कह रहे थे कि हमारी पीढ़ी तक अधिकांश लोगों की शिक्षा आरम्भिक स्तर पर मातृभाषाओं के माध्यम से हुई थी और हम लोग अपने साहित्य में इसलिए कुछ रुचि बनाये रख सकते थे। अब ऐसा नहीं है। इसलिए कुछ सचेत प्रयास इस सम्बन्ध को स्थापित करने के लिए किया जाना बेहद जरूरी है।

(30 जनवरी, 2000)

भुलभुलैया में छिपा सच

राजनीतिक आजादी के मिलने के बाद जो अनेक परिवर्तन हुए हैं उनमें से एक यह है कि हम अंग्रेजी साहित्य के प्रभाव की तानाशाही से मुक्त हुए : हमने संसार के नक्शे पर कई और भाषाओं के साहित्य की ओर बढ़ना शुरू किया। भले ही इस पहुँच का माध्यम अधिकांशतः अंग्रेजी भाषा में सुलभ अनुवाद ही रहे हैं। आधुनिकता की हमारी धारणा में भी विस्तार हुआ : हमने जाना कि यथार्थ यथार्थवाद नहीं है; कि यथार्थ को जानने-समझने-पकड़ने की कई गैरयथार्थवादी युक्तियाँ भी हैं; कि यथार्थवाद भी एक युक्ति है लेकिन एकमात्र युक्ति नहीं। फ्रेंच अतियथार्थवादियों के अलावा इस अहसास को सबसे गहरा किया अर्जेन्टीना के कालजयी कवि-कथाकार बोर्खेस ने। बल्कि उनके माध्यम से प्रगट आधुनिकता, विद्वता और बौद्धिकता के बावजूद, यूरोपीय आधुनिकता से खासी अलग थी : उसमें गहरा रहस्यबोध था, विलक्षण गल्पकारिता थी, आधिभौतिक संसार की उपस्थिति थी, अचूक सन्देह और सच के भूलभुलैया में छिपे होने का अहसास था। बोर्खेस ने इलियट की सुविन्यस्त परम्परा के बरक्स खरी अश्रद्धा और खरे सन्देह से विलक्षण की एक परम्परा अपनी रचनाओं में चरितार्थ की। उनकी अपनी आवाज में पहले की कई आवाजें भी अनुगूँजित होती थीं। बोर्खेस ने अपना काव्यशास्त्र समझाते हुए कहा था कि 'कुछ चीजें मुझ पर घटी हैं और मैंने तमाम सारी चीजें पढ़ी हैं।' बोर्खेस ने सीधे जीवनानुभव भर से नहीं दूसरों के रचे अनुभव से अपनी सामग्री एकत्र की। एक तरह से बोर्खेस ने अपना जीवन, जिसका एक बड़ा हिस्सा उन्होंने अपनी आँखें गँवा देने के बाद भी पूरी सक्रियता में बिताया, कविता के गल्प से समय द्वारा गढ़े गये गल्प को विचलित और ध्वस्त करने में गुजारा। एक बार मैंने हजारीप्रसाद द्विवेदी को प्राचीनों से गप लगाता आधुनिक बताया था : बोर्खेस को समय, इतिहास और परम्परा सभी को गल्प में बदलता आधुनिक कहा जा सकता है।

बोर्खेस का दिमाग जटिल और सूक्ष्म था : उसमें कहीं-कहीं एक तरह की दुष्टता भी है और निश्चय ही एक तरह का क्रीड़ाभाव भी। वे लगातार अपने गढ़े गल्प में भी पिन चुभोते चलते हैं। बोर्खेस के यहाँ कविता और कहानी के बीच कोई सख्त सरहद नहीं है। बोर्खेस ने ही सिखाया कि सच रचा-गढ़ा जाता है और उसके लिए सरहद लाँघना जरूरी है। इसी सप्ताह उनकी जन्मशती के अवसर पर अर्जेन्टीना दूतावास ने पोएट्री सोसायटी ऑफ इण्डिया के सहयोग से एक शाम आयोजित की जिसमें उनकी विधवा श्रीमती मारिया कोदामा भी उपस्थित थीं। बोर्खेस की एक कविता मूल स्पेनिश के अलावा हिन्दी, अंग्रेजी, बांग्ला और मलयालम में अनुवाद में पढ़ी गयी। भारतीय कवियों की गोलमेज में वरिष्ठ कवि

कुँवर नारायण ने ठीक ही कहा कि कविता में तत्त्वचिन्तन को गूँथना एक खतरे का काम है और बोर्खेस से कम प्रतिभा का कवि बिल्कुल बंटाधार कर देता भौतिक और तात्त्विक दोनों का।

श्रीमती कोदामा इस बात से प्रसन्न और चकित दोनों ही थीं कि हालाँकि अपने प्रेम के बावजूद बोर्खेस कभी भारत नहीं आ पाये थे, अपनी मृत्यु के इतने बरसों बाद भी वे भारत के साहित्य संसार में एक उपस्थिति हैं। उन्होंने प्रसंगवश यह बताया कि पिछले दिनों लेपजिग में दार्शनिकों के एक सम्मेलन में बोर्खेस के चिन्तन और दर्शन पर विचार किया गया और ब्यूनेस आयर्स में अनेक वैज्ञानिकों ने बोर्खेस-दृष्टि की विज्ञान के लिए प्रासंगिकता पर बहस की। कुछ ही दिनों में वे बीजिंग जाने का विचार कर रही हैं क्योंकि बोर्खेस की समग्र रचनाओं के चीनी अनुवाद के प्रकाशन का आयोजन होने जा रहा है। केकी दारूवाला ने ठीक ही कहा कि बोर्खेस को न सिर्फ इतिहास या समय की सरहद में नहीं बाँधा जा सकता, उन्हें भौगोलिक सीमा में भी बाँधना सम्भव नहीं।

(6 फरवरी, 2000)

हल्का होने की आपाधापी

कथाकार-चिन्तक निर्मल वर्मा जब कभी साहित्य, भाषा, समाज आदि पर बोलते हैं तब हमेशा उनके शब्दों में अगर तकलीफ का तनाव होता है तो स्पष्टता की आभा भी। उन्होंने भोपाल में 'बाजारवाद और भारतीय पत्रकारिता' पर एक परिसंवाद में बोलते हुए कहा कि 'तानाशाही व्यवस्थाओं में सिर्फ भाषा को भ्रष्ट किया जाता था, आज हम भाषा से छुटकारा पाने का प्रयत्न कर रहे हैं। आज जब हम इतिहास का अन्त, विचारधारा का अन्त जैसे 'अन्तों' की चर्चा करते हैं तो भूल जाते हैं कि 'न रहेगा बाँस, न बजेगी बाँसुरी' की तरफ बढ़ते जा रहे हैं।'

उन्होंने आगे कहा : 'उन्नीसवीं-बीसवीं शताब्दी में, पश्चिमी मनुष्य आत्मदर्प के नशे में 'अतिमानव' बनने का स्वप्न देखता था, जिसकी भयानक परिणति हिरोशिमा, गुलग, यातना-गृहों में हुई तो आज मनुष्य मोहभंग के मानसिक त्रास में 'मनुष्य से कुछ कम' होने की सुख-सुविधा में जीना चाहता है, जहाँ वह 'पूर्ण मनुष्य' बनने की चुनौती से बच सके। यदि 'उत्तर-आधुनिक' मनुष्य की कोई आकांक्षा हो सकती है तो वह है, हल्का होना। हल्का तभी हो सकता है, जब वह मानवमुक्ति के उन समस्त आदर्शों से छुटकारा पा सके जो एक समय में उसे इतना उत्तेजित, उत्साहित

और सम्मोहित करते थे; उन सब चिन्ताओं को उतार फेंके जो उसकी आत्मा पर बोझ बन सकती थीं—अपने को जानने की जिज्ञासा, जीवन के अर्थ को पाने की ललक, वे सब पीड़ायुक्त प्रश्न जो वह अपने से केवल अपनी भाषा में कह सकता था। आज वह 'भाषा' मनुष्य को अपने में एक निरर्थक बोझ जान पड़ती है; मुझे लगता है, हाल में वर्षों में सूचना और संचार के साधनों में जो क्रान्तिकारी परिवर्तन हुए हैं, वे कहीं उस भाषा के बोझ से छुटकारा पाने की ही लालसा नहीं है जिसमें मनुष्य का आत्मबोध प्रगट हो रहा है—आत्मबोध, जो हमारे समय में धीरे-धीरे आत्मबोझ बनता जा रहा है!'

बढ़ता हुआ बाजार, सारे ज्ञान को लीलती सूचना, निष्प्रभ और निस्तेज पड़ती बुद्धि और इन सबके घेरे में फँसी हुई हमारी समझ के लिए निर्मल वर्मा की खरी शंका फिर एक जगह बनाती है जहाँ से हम अपने हल्के होने की फिक्र में अपनी मानवीयता में होने वाली कटौती के नुकसान को देख-समझ सकते हैं। लेखक न सिर्फ अपने समय में होने वाली मानवीय क्षति का साक्षी होता है, वह सम्भावित क्षति से हमें, समय रहते, आगाह भी करता है। निर्मल वर्मा यही कर रहे हैं।

(6 फरवरी, 2000)

अवमूल्यन के आगे लाचार

जिन्हें हर जगह सांस्कृतिक ह्रास के लक्षण नजर आते हैं, वे भी इस तथ्य को अक्सर नजरअन्दाज करते हैं कि हमारे देश में संग्रहालयों की बड़ी दुर्दशा है। यह विचित्र है कि वहाँ की दुर्दशा के लिए किसी हद तक सार्वजनिक उदासीनता तो बड़ी हद तक वे विशेषज्ञ जिम्मेदार हैं जिनकी सलाह पर सरकारी नीति और नियमावलियाँ बनती रही हैं और जिन्होंने इस बात का लगभग सुनिश्चय-सा करवा दिया है कि उत्कृष्ट और ताजी विशेषज्ञता वरिष्ठता की रूढ़ि का कहीं भी अतिक्रमण न कर पाये। मुम्बई में पिछले सप्ताह मोरारका सेन्टर ऑफ आर्ट्स और हार्ट प्रतिष्ठान के संयुक्त तत्त्वावधान में आयोजित परिसंवाद में संग्रहालयों की दशा और दिशा का जो बेलाग आकलन हुआ वह अपने ढंग का पहला गम्भीर प्रयत्न था कि हम समस्या की उलझनें पहचानें और समाधान के उपाय समय रहते खोजें।

यह सही है कि संग्रहालयों की परम्परा स्वयं पश्चिम में लगभग दो सौ साल ही पुरानी है और उसका एक ठोस कारक पश्चिमी देशों की

औपनिवेशिक लूटपाट को संग्रहीत करने की इच्छा रही है। अगर भारत में पश्चिम से उसके सम्पर्क के पहले सार्वजनिक संग्रहालयों की कोई परम्परा नहीं थी तो इसका मुख्य कारण यह था कि हमने संग्रह और संरक्षण के बिल्कुल अलग ढंग अपना रखे थे। पर अब आधुनिक समाज में संग्रहालयों की एक जगह बन चुकी है। इसलिए उनके रखरखाव से लेकर उनके पीछे सक्रिय दृष्टि को पोसने और उनके लिए चिन्तित होने का पर्याप्त कारण है। हर संग्रहालय एक वक्तव्य होता है और हर वक्तव्य को सामन्यीकरणों से बच कर ठोस और विशिष्ट होना चाहिए इस बात पर मुम्बई के परिसंवाद में उचित ही बल दिया गया कि हमारे अधिकांश संग्रहालय, जो कि ज्यादातर केन्द्रीय और राज्य सरकारों द्वारा चलाये जाते हैं, किसी स्पष्ट दृष्टि से प्रायः वंचित हैं और किसी तरह का वक्तव्य देने में प्रायः असमर्थ हैं। इन संस्थाओं में जो विशेषज्ञ हैं वे अधिकतर उनमें विशेषज्ञता की अवमानना करते हैं और बाहरी विशेषज्ञता से अपने को अस्पृश्य रखते हैं। ये सभी बखूबी जानते होंगे कि भारतीय परम्परा कलाओं की अन्तरर्निभरता से बनी-बढ़ी है पर उनके संग्रहालयों को एक तरह के अस्पताली अलगाव में रखा जाता है। अन्य कलाओं के अभी भी जीवित-सक्रिय रूपों को उनसे कतई दूर और असम्बद्ध रखा जाता है जबकि आज की शास्त्रीय कलाएँ, जैसे संगीत और नृत्य, एक तरह से अपना संग्रहालय स्वयं हैं और उनका ललित कलाओं से सम्बन्ध-संवाद रहा है। संग्रहालय इसकी याद देहानी भी करते हैं कि मनुष्य की नश्वरता और कलाओं की अनश्वरता में गहरा सम्बन्ध है।

निजी अधिकरणों ने इस क्षेत्र में बहुत अधिक नहीं किया है लेकिन जब किया है तो उसके नतीजे बहुत अच्छे रहे हैं जैसे कि अहमदाबाद का कैलिको म्यूजियम, दिल्ली में संस्कृति प्रतिष्ठान द्वारा संचालित रोजमर्रा की चीजों का संग्रहालय। भोपाल के भारत भवन के रूपंकर संग्रहालय में चित्रकार जगदीश स्वामीनाथन ने समकालीन कला में शहराती के अलावा लोक और आदिवासी कला को शामिल कर न सिर्फ एक नये किस्म का उत्तर-औपनिवेशिक संग्रहालय स्थापित किया, स्वयं व्यापक परिदृश्य में समकालीनता की अवधारणा को नया विस्तार दिया। इस अवधारणा ने भारत भवन में ललित कलाओं के अलावा रंगमंच और संगीत की अवधारणाओं को भी पुनर्परिभाषित और विस्तृत करने में भूमिका निभायी। यह भी कहा गया कि भविष्य में संग्रहालय इमारतों से हट कर परदे पर आ जाएँगे और वे ज्ञान और शिक्षा का अधिक जनसुलभ माध्यम हो सकेंगे। यह भी सम्भव होगा कि हम पुरावस्तुओं को उनकी खण्डित दशा में देखने के बजाय कम्प्यूटर आदि की मदद से उनके पूर्ण रूप में देख सकें। उनके मूल परिसर भी अपनी सभी रंगतों में अधिक आसानी से पुनर्निमित हो पाएँगे। दिये गये ढाँचों में परिवर्तन तभी हो सकता

है जब कि संग्रहालयों जैसे मुद्दों पर अपनी आवाज उठाने वाले विशेषज्ञों, संस्कृति प्रेमियों और सार्वजनिक कार्यकर्ताओं आदि के बीच सहकार विकसित हो और संस्कृति की वैसी एक व्यापक लाबी बन सके जैसे कि हमारे देखते-देखते पर्यावरण की बन पायी है और सक्रिय और प्रभावशाली है। मैंने यह कहा कि यों तो हम अपना पर्यावरण अपनी संस्कृति बचाए बिना नहीं बच सकते पर ऐसा क्यों है कि संस्कृति के मुद्दे हमारे समाज में नकारात्मक रूप से मुद्दे हैं, सकारात्मक ढंग से नहीं।

(20 फरवरी, 2000)

कविता का वाचिक

कविता का लिखित या छपे पृष्ठ पर विखण्डित-सा हो जाना कविता के इतिहास में बहुत बाद में शुरू हुआ। सदियों तक कविता का मुख्य रूप वाचिक ही था। वेद जैसी महान कविता को तो सदियों तक विभिन्न वाचिक परम्पराओं ने ही सुरक्षित रखा। इसलिए कविता का बार-बार अपने इतिहास में लौट कर वाचिक होने की आकांक्षा करना अस्वाभाविक नहीं है। कभी-कभी इस वाचिकता को भंगिमाओं से बढ़ा कर मुद्राओं और लगभग अभिनय की नाटकीयता से अधिक सम्प्रेषणीय बनाने की कोशिश भी होती रहती है। नागार्जुन अपनी कई कविताओं को लगभग नाच कर प्रस्तुत करते थे और, भले वे उनकी श्रेष्ठ कविताएँ न हों, उनका प्रभाव अलग ढंग से पड़ता था। रघुवीर सहाय ने अपनी कविताओं के अलावा भवानीप्रसाद मिश्र जैसे कवियों की कविताओं को वाचिकता के विभिन्न रूपों का इस्तेमाल करते हुए बहुत प्रभावशाली और मार्मिक ढंग से प्रस्तुत किया था। इधर आलोकधन्वा भी अपनी कई कविताओं को सिर्फ पढ़ते ही नहीं खासी नाटकीयता से प्रस्तुत करते रहे हैं। फिर भी हिन्दी में कविता का कोई प्रदर्शनकारी रूप नहीं बना है। हमारे मंच सफल कवि साहित्य में कोई खास जगह नहीं रखते हैं।

इस सन्दर्भ में ब्रिटिश कवि बेंजामिन जेफानिया का ब्रिटिश कौंसिल में बुधवार की शाम को हुआ कविता पाठ दिलचस्प था क्योंकि वह एक भरा-पूरा प्रदर्शन भी था और बिना किसी संकोच के बेंजामिन अपने को मात्र कवि नहीं, 'परफार्मेंस पोएट' कहते हैं। उनका मानना है कि कविता का काम साधारण लोगों को उनकी जिम्मेदारी का अहसास कराना है और उनका मुख्य लक्ष्य है--लोगों तक पहुँचना। अपने कविता पाठ में वे अपने पूरे शरीर का उपयोग करते हैं और अपने निजी जीवन की

कई घटनाएँ बताते चलते हैं। उनका मानना है कि राजनीति या समाज सिर्फ राजनेताओं पर नहीं छोड़े जा सकते। हम सब जिम्मेदार हैं और हमें जो हो रहा है उसके बारे में चिन्तित होना चाहिए। कविता का काम प्रश्न पूछना है और लोगों को हिस्सेदार बनाना है। वे एक चुटकुला सुनाते हैं कि कैम्ब्रिज में एक प्रोफेसर ने उनसे कहा कि उनके पास ट्रीनिटी कॉलेज का फेलो नियुक्त किये जाने की पूरी पात्रता है सिवाय एक कठिनाई के और वह कठिनाई, बेंजामिन के अनुसार है कि उनकी कविताएँ लोगों की समझ में आती हैं। बेंजामिन अपनी दक्षिणी अफ्रीका यात्रा के किस्से सुनाते हुए बताते हैं कि वहाँ ऐसा कोई व्यक्ति उन्हें नहीं मिला जो जातीय भेदभाव 'अपार्थीड' का तात्त्विक या दार्शनिक समर्थक हो जबकि हजारों लोग इसी आधार पर अपने को काले लोगों से दूर रखते थे। उनकी कविता इस छल का पर्दाफाश करती है। कविता के जिम्मे जो कई काम आन पड़ते हैं उनमें ये सभी काम शामिल हैं। अपने प्रदर्शन से बेंजामिन जैसे कवि कविता की बिरादरी बढ़ाते हैं और इसका स्वागत किया जाना चाहिए। यह प्रश्न अलग है कि कविता सिर्फ अपने समय के नहीं, समयातीत के भी प्रश्न पूछती है और उन्हें बहुत देर तक कोई समाज या कविता टाल कर नहीं चल सकती है।

(20 फरवरी, 2000)

समालोचना और सभ्यता-समीक्षा

यों तो हिन्दी में, सम्भवतः अन्य कई भारतीय भाषाओं की तुलना में अधिक, समालोचना में सभ्यता-समीक्षा की परम्परा रही है, इधर उसके कुछ अवरुद्ध हो जाने के लक्षण दीख रहे हैं। सामाजिक यथार्थ, संघर्ष, जन तादात्म्य, लोकहित आदि की अवधारणाओं का उपयोग बड़े संकीर्ण अर्थों और प्रतिक्रियावादी ढंग से किया जा रहा है। कुँवर नारायण हिन्दी के उन वरिष्ठ साहित्यकारों में से हैं जो अपनी सदाशयता, स्पष्टता और पूर्वग्रहहीनता के लिए जाने जाते हैं। वे ध्रुवान्तों पर जाने से बचते रहे हैं और उन्हें किसी हद तक सम्यक् विवेक का व्यक्ति कहा जा सकता है। उनका यह विवेक सजग नैतिक चेतना और जिम्मेदारी से पुष्ट रहा है और वे मनुष्य के आध्यात्मिक प्रश्नों और राजनीतिक-सामाजिक सरोकारों को एक साथ देखने-समझने का आग्रह करते रहे हैं।

साहित्य अकादेमी की संवत्सर व्याख्यानमाला में दिया गया उनका व्याख्यान इस अर्थ में महत्त्वपूर्ण है कि उन्होंने एक बार फिर आलोचना को

सभ्यता-समीक्षा बनाये जाने पर बल दिया और उसकी कुछ रूपरेखा भी बतायी। स्वतन्त्रता को अमर्त्य सेन के हवाले से कुँवर जी ने आर्थिक या राजनीतिक सन्दर्भों तक सीमित करने के बजाय उसके एक बृहत्तर परिप्रेक्ष्य में रखने पर बल दिया। क्रान्ति को फ्रांस या रूसी खूनी क्रान्तियों तक महदूद करने के बजाय उसे अहिंसा और सत्याग्रह से जोड़ कर गाँधी द्वारा दिये गये अर्थ-विस्तार और नयी ऐतिहासिकता के सन्दर्भ में देखना जरूरी है। आइरिस मरडाक से सहमत होते हुए कुँवर जी मानते हैं कि 'अमूर्त विचारों के बड़े-बड़े आन्दोलनों में गहरी नैतिकता का भावबोध सहज ही प्रकट होता है।' उन्होंने कहा कि 'भारत का मध्यकालीन इतिहास केवल लड़ाइयों और विध्वंसों की किताब नहीं है, उस संस्कृति, साहित्य और कलाओं का इतिहास भी है जिसने एक हजार साल तक हमारे भावनात्मक जीवन को बिखरने नहीं दिया।' कुँवर नारायण ने उचित ही कहा कि 'हजार साल लम्बा साहित्य-समय तक बड़ा नैतिक और जन-आन्दोलन था जिसने मूलतः कविता, संगीत और कलाओं के माध्यम से अपनी वह पक्की पहचान बनायी जिसे हम गाँधी तक बरकरार देखते हैं।'

एक ऐसे समय में जब समूचे मध्यकाल का भयावह कुपाठ जनव्यापी किया जा रहा है और स्वयं साहित्य के कारगर होने पर कइयों को सन्देह है, कुँवर नारायण का यह इसरार मूल्यवान है कि 'साहित्य की उपयोगिता बहुत कुछ इस पर निर्भर करती है कि वह हमें कितनी बड़ी जीवनदृष्टि दे पाता है : हमारे समय को कितने विविध, जानदार और मौलिक तरीकों से हमारे लिए सोच-समझ पाता है।' शायद समालोचना के ही नहीं, समूचे साहित्य के सभ्यता-समीक्षा होने का समय आ गया है।

(27 फरवरी, 2000)

वैचारिक अवमूल्यन

पिछले दिनों वर्धा में अपने विश्वविद्यालय के लिए जमीन का कब्जा लेने के बाद मैंने सोचा कि वर्धा के गाँधी-विचार के युवा कर्मठों से कुछ तालमेल और संवाद बनाना चाहिए ताकि एक नये संस्थान में उनकी वैचारिक ऊर्जा और पहल का कुछ रचनात्मक इस्तेमाल हो सके। मुझे यह जानकर अचरज हुआ कि ऐसे कोई युवा गाँधीवादी वहाँ नहीं हैं। देश भर से बल्कि बाहर से भी अनेक गाँधीवादी और दी हुई व्यवस्था का विकल्प खोजने वाले चिन्तक और कर्मठ लोग अक्सर सेवाग्राम में

मिलते रहते हैं लेकिन स्वयं वर्धा में गाँधी-विचार का कोई विशेष प्रभाव नहीं है। मुझे राष्ट्रभाषा प्रचार सभा के प्रधानमन्त्री डॉ. अनन्तराम त्रिपाठी ने यह आश्चर्यजनक तथ्य भी बताया कि जब गाँधी जी वर्धा में थे तब उनका कोई विशेष सम्पर्क वर्धा-निवासियों से नहीं था। यह दुखद और दुर्भाग्यपूर्ण तो है ही कि जिस व्यक्ति को सारा संसार इस शताब्दी का ही नहीं बल्कि सहस्राब्दी का केन्द्र-पुरुष मानने पर लगभग एकमत है, उसका अपनी विशिष्ट कर्मभूमि के सार्वजनिक जीवन और रहन-सहन पर कोई प्रभाव नहीं है। यह विडम्बना और भी गहरी हो जाती है अगर हम याद करें कि गाँधी जी का स्वयं स्थानीयता पर बहुत बल था और जीवन का प्रायः ऐसा कोई पहलू नहीं है, शिक्षा, आरोग्य आदि मिला कर, जिस पर उन्होंने कोई वैकल्पिक विचार देने की कोशिश न की हो।

लगता है कि हमारे समय में यानी बीसवीं शताब्दी के अन्त तक पहुँचते-पहुँचते सारे संसार में एक विराट वैचारिक अवमूल्यन हो रहा है। अगर साम्यवाद की विफलता इस बात में रही है कि उसने एक महान विचार को कार्यान्वित करते हुए उसके लिए तानाशाही, दमन और नरसंहार का सहारा लेकर उस विचार को ही दूषित-लांछित कर दिया तो इन दिनों अपनी विश्वविजय से गर्वोन्नत पूँजीवाद की एक संदिग्ध सफलता यह है कि उसने विचार मात्र को हाशिये पर डाल दिया है। संसार अब मानो विचार से नहीं प्रबन्ध से चल रहा है। यह अप्रासंगिक नहीं है कि इस समय संसार में एक तरह का वैचारिक सन्नाटा है। इक्कीसवीं शताब्दी में मनुष्य का प्रवेश एक तरह से विचारशून्य प्रवेश है। इससे पहले इतिहास में कभी ऐसा हुआ नहीं लगता। एक ओर तो इस बात से थोड़ी राहत लगती है कि हमें फिर एक यूटोपिया या पृथ्वी पर स्वर्ग का प्रलोभन देने वाले मसीहा अब नहीं हैं और हम ठोस जमीन पर खड़े हैं। पर दूसरी ओर क्या हमारी मानवीयता बिना सपने के, यानी बिना विचार के कभी अपनी पूरी सच्चाई चरितार्थ और हासिल कर सकती है? हो सकता है कि यह सरलीकरण हो और ऊपर-ऊपर वह वैचारिक घमासान नजर न आ रहा हो जो संसार में जहाँ-तहाँ चल रहा है। फिर भी अभी तो इतना सच लगता है कि भारत में ही नहीं शायद सारे संसार में विचार की दुनिया में अपनी पूरी वेध्यता और उत्साह के साथ प्रवेश करने और वहाँ रमने वाले युवाओं की संख्या कम हो गयी है।

(5 मार्च, 2000)

राष्ट्रीय रंगमंच

बहुत कम लोगों को यह पता है कि राजपथ और जनपथ जहाँ एक-दूसरे को काटते हैं, वहाँ राष्ट्रीय अभिलेखागार के सामने दूसरी तरफ जो जमीन है वह राष्ट्रीय रंगमंच के लिए सुरक्षित की गयी थी। वास्तुकार सर लुटियंस ने जो नक्शा बनाया था उसमें राष्ट्रीय अभिलेखागार और राष्ट्रीय रंगमंच के लिए स्थान सुरक्षित किये गये थे। संग्रहालय और अभिलेखागार तो बन गये। पुस्तकालय कलकत्ते से स्थानान्तरित नहीं किया जा सका और उसके लिए नियत जमीन विदेश मन्त्रालय ने अपना भवन बनाने के लिए ले ली। रंगमंच के लिए निर्धारित जमीन इन्दिरा गाँधी राष्ट्रीय कला केन्द्र को दे दी गयी है जो अपने परिसर में रंगमंच भी बना रहा है।

पिछले दिनों साहित्य अकादेमी द्वारा नाटक पर केन्द्रित साहित्योत्सव में राष्ट्रीय रंगमंच का प्रश्न फिर से उठा। फिर से इसलिए कि बरसों पहले इस पर एक संवाद हुआ था जिसमें अनेक शीर्ष रंगकर्मियों ने हिस्सा लिया था। अक्सर राष्ट्रीय रंगमंच का जब जिक्र होता है तो यह माना जाता है कि ऐसा रंगमंच भारत में हिन्दी में ही हो सकता है या कि हिन्दी में ही होना चाहिए। पिछले संवाद में, यह दिलचस्प है, कई हिन्दी रंग विशेषज्ञों ने बलपूर्वक कहा था कि भारत जैसे भाषा-बहुल और बड़े बहुसांस्कृतिक देश में किसी एक भाषा में, भले ही वह सबसे बड़ी जनभाषा और केन्द्र की राजभाषा ही क्यों न हो, रंगमंच नहीं हो सकता। मुझे याद है कि श्री नेमिचन्द्र जैन ने कहा था कि भारत में एक नहीं अनेक राष्ट्रीय रंगमंच की परिकल्पना ही उपयुक्त है। इसलिए राष्ट्रीय रंगमंच कलकत्ते में बांग्ला में होगा, मुम्बई में मराठी में, बंगलूर में कन्नड़ में आदि। दिल्ली का रंगमंच भले हिन्दी में हो उसे एकमात्र राष्ट्रीय रंगमंच न मानना चाहिए, न वह हो सकता है। कुछ-कुछ ऐसी ही बात इस बार अपने वक्तव्य में मराठी नाटककार गोविन्द पुरुषोत्तम देशपाण्डे ने कही। जाहिर है कि अब तक एक रंगमंच, एक राष्ट्रीय संस्कृति आदि होने का गहरा राजनीतिक आशय हो चुका है और उसके जिक्र से भारतीय विविधता और बहुलता के निषेध की आशंका होती है। यह सही है कि आजादी के बाद से अब तक हिन्दी भारतीय रंगजगत में एक केन्द्रीय भूमिका निभाती रही है। कोई भी बड़ा नाटककार या नाटक तब तक राष्ट्रीय कीर्ति और मान्यता प्राप्त नहीं कर पाता जब तक कि वह सफलतापूर्वक हिन्दी में खेला ज़ाकर स्थापित न हुआ हुआ हो। अक्सर एक भारतीय भाषा से दूसरी भारतीय भाषा में नाटकों का अनुवाद हिन्दी के जरिये ही होता है। हिन्दी में व्यावसायिक रंगमंच न होने से उसमें प्रयोगशीलता और नवाचार भी अन्य कई भाषाओं के मुकाबले कहीं अधिक है। हिन्दी के कई निर्देशक जैसे इब्राहीम अलकाजी, हबीब तनवीर, सत्यदेव

दुबे, बव कारंत आदि देश के भी मूर्धन्य रंगकर्मी रहे हैं। ये सब मिल कर रंगजगत में हिन्दी की जगह महत्त्वपूर्ण बनाते हैं लेकिन यह उचित और समयानुकूल है कि हिन्दी में किंसी तरह का वर्चस्व स्थापित करने की इच्छा न हो। हिन्दी को यह मानने में कोई संकोच नहीं हो सकता कि भारत में राष्ट्रीय रंगमंच किसी एक भाषा में न होकर अनेक भाषाओं में है और होगा। जब राष्ट्र ही अनेक भाषाओं में बसा-बँधा है तो राष्ट्रीय रंगमंच भी वैसा ही होगा : जैसा राष्ट्र वैसा राष्ट्रीय रंगमंच।

(5 मार्च, 2000)

छीजती सर्जनात्मकता

हिन्दी में गतिरोध की चर्चा पिछली अधसदी में इतनी बार उठी है कि यह धारणा अपनी सारी विश्वसनीयता गँवा चुकी है। अक्सर एक पीढ़ी को अपनी पीढ़ी के मुकाबले अगली पीढ़ी की सर्जनात्मकता कुछ कम लगती रही है और गतिरोध की बात इस सन्दर्भ में उठायी जाती रही है। इधर राजधानी में, जैसा कि जाड़ों में हर बरस ही होता है, कला सम्बन्धी गतिविधियों की बाढ़-सी आ गयी। इसका एक विधेयात्मक पक्ष तो यह है कि देश में जहाँ-तहाँ अभिव्यक्ति की स्वतन्त्रता पर हो रहे हमलों से बाधित हुए बिना विभिन्न क्षेत्रों में कलाकार नया कुछ करने का जोखिम उठा रहे हैं और कलाओं की सरहदों को कुछ आगे ठेल पा रहे हैं। इसमें शायद दो राय नहीं हो सकती कि इस समय सबसे उदग्र सर्जनात्मकता रूपंकर कलाओं में है। इतनी संख्या में नये, युवा और प्रयोगशील चित्रकार और मूर्तिकार सामने आ रहे हैं कि लगता है कि युवा सर्जनात्मकता ने इस समय अपनी अभिव्यक्ति और दुस्साहसिकता के लिए रूपंकर माध्यम को सबसे अनुकूल पाया है। पारम्परिक अभिप्रायों और सामग्री के पुनराविष्कार से लेकर बिल्कुल नये, भले कुछ अटपटे, रुझानों और प्रयोगों की इन दिनों एक छटा-सी है। बिरजू महाराज के देश-विदेश में फैले नये-पुराने शिष्यों ने तीन शामों के एक बड़े समारोह में कथक जैसी शास्त्रीय विधा में अनेक नये प्रयोगों की प्रस्तुति द्वारा प्रमाणित किया कि शास्त्रीय नृत्य जैसे कठिन और अपेक्षाकृत परम्पराजीवी माध्यम में सार्थक प्रयोगशीलता सम्भव है। देश-विदेश के अनेक भागों में सक्रिय विभिन्न पीढ़ियों के नर्तक आत्मविश्वास और कल्पनाशीलता के साथ कुछ नया कर रहे हैं। शास्त्रीय गायन के क्षेत्र में भी बड़ी संख्या में तैयार और नये ढंग से सोचने वाले युवा कलाकार सामने आ रहे हैं। किसी संगीत की दुकान में जाइए और आपको अनेक अश्रुतपूर्व युवा

गायकों के कैसेट मिलेंगे जिन्हें सुनने से पता चलता है कि नयी पीढ़ी एक ओर अपने घरानों की पूछ-परख कर रही है, दूसरी ओर उनका समझ-बूझ से कल्पनाशील विस्तार भी। मुझे कई बार लगता है कि साहित्य में ऐसी उदग्र सर्जनात्मकता प्रगट नहीं हो रही है। यों भी लगता है कि शिल्प, अभिव्यक्ति, रूपाकार के क्षेत्र में जोखिम उठाकर कुछ नया करने वाले लोग युवा पीढ़ी में कुछ कम पड़ रहे हैं। बना-बनाया ढाँचा और उससे जुड़ा मान्यता का सर्किट युवा पीढ़ी में एक तरह की सुरक्षाकामिता बढ़ा रहे हैं। यथार्थ की भी सर्वथा प्रत्याशित और बनी-बनायी रूढ़ियाँ हैं जिनका वर्चस्व पुरानों और अधेड़ों पर हो यह तो समझ में आता है पर यह समझ में नहीं आता कि हमारे युवा लेखक आमतौर पर बहुत थोड़े अपवादों को छोड़ कर इतने कम प्रयोगशील, दुस्साहसी और विध्वंसक क्यों हैं।

(5 मार्च, 2000)

सत्ता और सच

बरसों पहले जब मॉस्को में बोरिस पास्तरनाक की जन्म शताब्दी मनाई गई थी तब पास्तरनाक के गाँव-घर को, पैराडैल्कीनो गाँव में, एक राष्ट्रीय संग्रहालय के रूप में खोला गया था और उसका शुभारम्भ किया था अमेरिकी नाटककार आर्थर मिलर ने। तब मुझे पता नहीं था कि मिलर का गोर्बाचौफ से निजी परिचय था। वे सोवियत संघ के अन्तिम दिन थे और मिलर को यह गौरव स्थान देने के पीछे उनकी अपनी लेखकीय हैसियत के अलावा उनका देश के राष्ट्रपति से परिचित होना भी एक कारण रहा होगा।

'द पेरिस रिव्यू' के हाल के एक अंक में प्रकाशित एक इण्टरव्यू में आर्थर मिलर ने बताया है कि कैसे उनकी भेंट गोर्बाचौफ से हुई थी। अवसर था 1984 में किरगीजिया, जहाँ कई यूरोपीय लेखक एकत्र हुए थे। अमेरिका से मिलर के अलावा जेम्स बाल्डविन आदि थे। गोर्बाचौफ को सत्तारूढ़ हुए कुछ ही महीने हुए थे। लेखकों की बैठक जब चल रही थी तब सन्देश आया कि लेखक मॉस्को जाकर गोर्बाचौफ से मिल सकते हैं। चौदह लेखक गए। उनसे बातचीत में राष्ट्रपति ने कहा कि अब अतीत वैसा पथप्रदर्शक नहीं रह गया है जैसा कि पहले हम सोचते थे। मार्क्स को अणु बमों के बारे में कुछ पता नहीं था—इसलिए हमें सच्चाई से शुरू करना होगा, सिद्धान्तों से नहीं। एक निजी बातचीत में जब मिलर ने

उनसे पूछा कि क्या वे कम्युनिस्ट हैं तो गोर्बाचौफ ने उत्तर दिया वे स्टालिनवादी नहीं, लेनिनवादी हैं और मार्क्सवाद के प्रति एक बिल्कुल नया दृष्टिकोण अपनाने की जरूरत है। अमेरिका लौट कर अपने एक पत्रकार-मित्र के उकसाने पर मिलर ने अपनी मुलाकात और बातचीत का एक वृत्तान्त लिखा। लेकिन न तो न्यूयॉर्क टाइम्स, न ही वाशिंगटन पोस्ट जैसे अखबार उसे प्रकाशित करने को तैयार हुए। मिलर ने कहा है कि उन्हें तब पता चला कि अमेरिकी व्यवस्था की उस समय यह बद्धमूल और अटल धारणा थी कि सोवियत संघ स्टालिनवादी है और उसमें परिवर्तन की कोई सम्भावना नहीं है। सोवियत संघ बिखर रहा है यह मानने को उस समय अमेरिका में कोई तैयार ही नहीं था क्योंकि अमेरिकी व्यवस्था, जिसमें मीडिया शामिल था, सोवियत संघ के परमाणु शस्त्रों, हवाई जहाजों और सेना की संख्या से आक्रान्त थी और यह मान कर चल रही थी कि सोवियत संघ बेहद शक्तिशाली है। दूसरी तरफ मिलर एक ऐसे आदमी से मिल कर आए थे जो कह रहा था कि हम भटक गए हैं और हमें पता नहीं कि हम कहाँ जा रहे हैं!

मिलर से यह पूछे जाने पर कि कलाकार का काम क्या है, उन्होंने राष्ट्रपति को बताया था कि कलाकार का काम सत्ता को सच बताने का है। पर क्या सत्ता सच सुनती है? मिलर का मानना है कि बहुत कम। उसके सत्ता होने के कारण ही यह है कि वह नहीं सुनती। अगर सुन ले तो वह सत्ता नहीं रह जाएगी—वह हम जैसी हो जाएगी और हमारे पास सत्ता नहीं है। एक इतने बड़े राजनेता के दार्शनिक और आध्यात्मिक रूप से मँझधार में होने को एक लेखक साफ देख रहा था जबकि मीडिया और व्यवस्था उसके प्रति बेखबर थे। यह बात हमें दैनंदिन परोसे जा रहे तथाकथित सचों की विश्वसनीयता के प्रश्न को एक बार फिर सामने लाती है। यह सोच कर हताशा भी होती है कि सच के लिए ताब कितनी कम जगहों में बाकी रह गई है!

(12 मार्च, 2000)

छबियों का शास्त्र

यह बात नई खबर नहीं है, कम से कम हमारे, दिन-प्रतिदिन छबियों से आक्रान्त समय में, कि सिनेमा; फैशन, मनोरंजन और विज्ञापन से लेकर राजनय तक में न सिर्फ छबियाँ बनती-बिगड़ती हैं बल्कि उनके निर्माण का अब एक शास्त्र ही विकसित हो गया है। मैक्सम्यूलर भवन

ने इण्डिया इण्टरनेशनल सेण्टर के सहयोग से पिछले सप्ताह 'राष्ट्रों की छबियाँ' विषय पर एक परिसंवाद आयोजित किया जिसमें जनसंचार और मीडिया के जर्मन विशेषज्ञ प्रोफेसर माइकेल कुंजिक के अलावा अनेक भारतीय विशेषज्ञों ने हिस्सा लिया जो कि पर्यटन, मीडिया, सिनेमा, कला आदि से थे।

चाहे बाजार हो या अन्तर्राष्ट्रीय राजनीति, अब यह जरूरी हो गया है कि कोई भी राष्ट्र अपनी मनोरम और विश्वसनीय छबियाँ बनाए और पोसे। छबियों के अनेक दूरगामी परिणाम निकलते हैं: उनके शास्त्र को समझना और उस पर अधिकार करना जरूरी है। एक लेखक के रूप में मैं सोचने लगा कि क्या भारत की अच्छी-बुरी छबि बनाना मेरा कोई सरोकार कभी रहा है? क्या किसी भी लेखक का ऐसा सरोकार आमतौर पर होता है? अगर अन्तर्राष्ट्रीय आयोजनों की बात छोड़ दें तो शायद ही ऐसा करना किसी लेखक की चिन्ता का विषय हो सकता है। अकसर लेखक भारत पर लिखते भी नहीं हैं—वे भारत में लिखते हैं। भारत जैसी जटिल सच्चाई और उतनी ही जटिल अवधारणा पर लिखना इतना सरल काम है भी नहीं। इतने बहुभाषी, बहुसांस्कृतिक और बहुधर्मी राष्ट्र पर लिखने की हिम्मत करना कठिन है। अलबत्ता भारत पर विशिष्ट रूप से वे लेखक लिखते हैं जो किसी कदर आउटसाइडर होते हैं। बाहर से देखे जाने पर भारत की सच्चाई के कई ऐसे पहलू उभरते हैं जो हम इनसाइडरों के हिस्से अकसर नहीं आते रहे हैं। इस सन्दर्भ में वी.एस. नायपॉल की पुस्तकें, गुण्टर ग्रास के विवरण और आक्तावियो पाज के दार्शनिक चिन्तन को हम याद कर सकते हैं। जवाहरलाल नेहरू की पुस्तक 'भारत की खोज' भी एक ऐसे व्यक्ति का दस्तावेज कही जा सकती है जो बाहर की परिधि से अन्दर के केन्द्र की ओर आने और अपनी इस यात्रा को समझने की कोशिश करता है। विवादप्रिय नीरद चौधरी भी अगर भारत के बारे में लिखते रहे हैं तो इसलिए भी कि वे अपने को ज्यादातर बाहर का मानते थे।

जाहिर है कि भारत के बारे में लिखने के बजाय भारत में लिखना जैसी अवधारणा सम्भव है। बल्कि वही व्यापक रूप में सक्रिय है। हम लोग भारत के बारे में नहीं लिखते लेकिन भारत में लिखते हैं जिसका अर्थ हुआ कि हम भारत में रह कर अपनी समझ और नजर से अपने समय और समाज में मनुष्य होने के अनुभव, कठिनाई, सपने और सच का बखान करते हैं—उनकी उलझनों से जूझते और उनके अन्तर्विरोधों से निपटते हैं। निश्चय ही इससे भी भारत प्रगट होता है पर कुछेक अपवादों को छोड़ दें तो यह लिखा गया भारत ऐसा है जिसका अधिकांश बाहर नहीं जा पाता। चूँकि वह अपनी जड़ों से रसायन पाता और अपने समुदाय से लगातार सम्पर्क-संवाद में रहता है, यह कोई कमी या कमजोरी नहीं

है। किसी भी भाषा में लिखना सिर्फ एक माध्यम भर चुनना नहीं है—वह उस भाषा में अन्तर्निहित उनकी परम्परा और स्मृतियों में समाहित विश्वदृष्टि को स्वीकार करना भी है। आप इस दृष्टि से अलग जा सकते हैं, उसे चरितार्थ करने के बजाय उसे बदल या बढ़ा सकते हैं पर वह दृष्टि आपका स्थायी सन्दर्भ बन जाती है। यह विश्वदृष्टि एक तरह की अहरह जलती शिखा है जिससे लौ उधार लेकर ही हम लेखक अपनी-अपनी मोमबत्तियाँ जलाते हैं और उनकी रोशनी में अपनी दुनिया देखते और अपना सच खोजते हैं। ऐसी असंख्य मोमबत्तियाँ और कई बड़ी दीपशिखाएँ इस समय भारत की भाषाओं और बोलियों में जल रही हैं : उनकी रोशनी, उनसे बनने-बिगड़ने वाली छायाएँ और छायाभास, उनके झिलमिल में उभरती और गायब होती असंख्य छबियों को कौन-सा एक शास्त्र समेट या समझा सकता है? उसकी जरूरत भी क्या है?

(19 मार्च, 2000)

उदयपुर में 'अन्त' और 'आरम्भ'

यह अब लगभग निर्विवाद है कि साहित्य और कलाओं के लिए सच्चा और उत्सुक रसिक समाज हिन्दी प्रदेश में उन छोटी जगहों में ही बचा या विकसित हो रहा है जो साहित्य के बड़े केन्द्र नहीं हैं। इसलिए अगर राजस्थान साहित्य अकादेमी की प्रकाश आतुर स्मृति व्याख्यानमाला के अन्तर्गत 'अन्त और आरम्भ : शताब्दी का सन्दर्भ' विषय पर दो लम्बे व्याख्यान सुनने उदयपुर के अनेक बन्धु और रसिक एकत्र हुए और लगभग पूरा दिन उन्होंने इसी काम में बिताया तो भले यह अचरज की बात न हो, मेरे लिए गहरी कृतज्ञता की जरूर है। हालाँकि इस बात पर मैंने दो आँसू बहाए कि हम ऐसे समय में पहुँच गए हैं जिसमें साहित्य की बड़ी सामाजिक और राजनैतिक भूमिका समाप्त हो गई लगती है, ऐसे श्रोतासमुदाय से जाहिर था कि साहित्य अभी भी कुछ लोगों के लिए एक महत्त्वपूर्ण और विचारोत्तेजक सरोकार है। वे सभी लोग लेखक या लेखकयशःप्रार्थी नहीं हैं यह जानकर विशेष सन्तोष हुआ।

मुझे कई बार लगता है कि शायद बीसवीं शताब्दी में यह धारणा कुछ अधिक स्पष्ट और किसी हद तक मान्य हुई है कि साहित्य हमारे समय का समानान्तर इतिहास है। इसलिए किसी को समूची बीसवीं शताब्दी का इतिहास साहित्य के आधार पर लिखना चाहिए : साहित्य का इतिहास नहीं बल्कि हमारे समय का वृत्तान्त, जैसा कि वह इस दौरान लिखे गए

साहित्य से प्रगट होता है। मुझे भरोसा है कि ऐसा इतिहास यह प्रगट करेगा कि मनुष्य के जीवन में ऐसा बहुत कम है जो सर्वथा विविक्त या अलग-थलग घटता है और उसका अन्तरंग और बहिरंग परस्पर इतना जुड़ा-गुँथा है कि उसे समझ और विश्लेषण के लिए अलगाना मजबूरी भले हो, कहीं न कहीं वह मनुष्य की सच्चाई की जटिलता के साथ अन्याय है। फिर, दूसरी ओर यह भी सही है कि साहित्य में मनुष्य का कुछ ऐसा जाहिर होता है जो अन्यथा सम्भव ही नहीं है। दूसरे अनुशासनों में उनकी विशेषज्ञता का यह तकाजा है कि वे अपने सार्वभौम अभिप्रायों के लिए भी एक तरह की खण्डदृष्टि अपनाएँ, जबकि साहित्य ऐसा क्षेत्र है जहाँ समग्रता के लिए उसकी अपर्याप्तता के बावजूद जरूरी सत्याग्रह बराबर होता रहता है। उसमें खण्ड भी हमेशा सम्पूर्ण के लिए सजग और उत्सुक रहता है। इसलिए ऐसा इतिहास मनुष्य की समग्रता का अनूठा समावेश बन सकता है।

भाषा के सर्जनात्मक रूपों को उसके सूचनात्मक रूपों द्वारा आक्रान्त किए जाने की स्थिति को मैंने लक्ष्य करते हुए यह प्रस्ताव किया कि समाज में इस विस्थापन का पूरा आशय और उसके परिणाम समझना जरूरी है। सूचना से जवाबदेही और अधिकार चेतना एक स्तर पर निश्चय ही बढ़ती है लेकिन अगर सर्जनात्मकता का संस्पर्श न हो तो यह कोई कारगर हिस्सेदारी और स्वप्नशीलता का सुनिश्चय नहीं है। विश्वग्राम में जिस तरह का शाश्वत वर्तमान गढ़ा-परोसा जा रहा है उसके चलते मानो हमारा देश-काल ही लोप होने के कगार पर है। अन्त पर वैचारिक सन्नाटा है। वह भयावह है जैसे कि यह अहसास भी कि पिछली शताब्दी की अनेक क्रान्तियों की सफलता और विफलता के बाद लगता है कि मनुष्य अपने सामाजिक-राजनैतिक-आर्थिक-भौतिक ढाँचे को तो बदल सकता है पर स्वयं को नहीं। परिवर्तन को अपना मुख्य माध्यम मानने वाली शताब्दी इस मुकाम पर पहुँचे कि उसे लगे कि परिवर्तन का केन्द्रीय लक्ष्य मनुष्य ही अपरिवर्तनीय है, यह ट्रैजिक है और बहुत विचलित करने वाला भी।

अगर 'अन्त' पर व्याख्यान गप और अटकल था तो 'आरम्भ' पर व्याख्यान एक तरह की स्वप्नकथा। मुझे लगा कि नई शताब्दी के आरम्भ पर एक तरह की उषा-दृष्टि ही उचित और सम्भव है—धुँधलका, रात बीतने और नई रोशनी की उम्मीद, दुःस्वप्नों से मुक्ति लेकिन नए स्वप्न देखने में कुछ झिझक-सी। खुली-अधखुली आँखें, अस्पष्ट-सी बुद्धि, अधसोया-अधजागा-सा मन। नई शताब्दी में साहित्य फिर इस ट्रैजिक दृष्टि से उपजेगा कि हमें मालूम होगा कि साहित्य के बदले दुनिया नहीं बदलती लेकिन हम ऐसे लिखेंगे मानो कि हमारे लिखे से दुनिया बदलती है। साहित्य क्रान्ति की जन्मभूमि होगा, उपनिवेश नहीं : समता, न्याय और स्वतन्त्रता के नए प्रत्यय राजनीति या विचारधारा में नहीं, साहित्य में विन्यस्त होंगे। साहित्य

प्रबन्ध और बाजार की चकाचौंध में भी मनुष्य के महान प्रश्नों और चिन्ताओं की वापसी की कर्मभूमि होगा। वह मनुष्य का आध्यात्मिक शरण्य भी बनेगा और उसकी निपट स्थानीयता और अपार ऐन्द्रियता इस भूमिका के लिए विशेष सहायक होंगी। वह बहुलता की रक्षा के लिए समरभूमि बनेगा क्योंकि बिना बहुलता के मनुष्यता का जीवित बने रहना सम्भव नहीं होगा। लोकतन्त्र, बाजार, सत्ता, युद्ध, सूचना आदि के लिए वह प्रश्नभूमि भी बनेगा जहाँ इन सबको प्रश्नों के घेरे में खड़ा किया जा सके। मैंने आरम्भ के लिए एक सप्तक प्रस्तावित किया: साहित्य पवित्रता की जगह, जटिलता का गौरवस्थल, उज्ज्वलता की सम्भावना, स्थानीयता का भूगोल, ऐन्द्रियता का पुनर्वास, उदग्रता का स्वप्नलोक और कल्पना की वसुन्धरा बनेगा तभी उसमें एक नया आरम्भ होगा, न सिर्फ साहित्य का बल्कि समूची मनुष्यता का।

(19 मार्च, 2000)

पूर्वार्द्ध का वर्चस्व

उदयपुर में एक श्रोता ने जब यह प्रश्न किया कि बीसवीं शताब्दी के पूर्वार्द्ध का साहित्य क्या इसलिए अधिक प्राणवान और ऊर्जस्वित नहीं है कि वह अधिक सम्प्रेषणीय है, तब मेरा ध्यान इस तथ्य की ओर गया कि न सिर्फ हिन्दी या अन्य भारतीय भाषाओं के साहित्य में बीसवीं शताब्दी में श्रेष्ठ का बहुत बड़ा हिस्सा उसके पूर्वार्द्ध का है बल्कि यह बात लगभग सारे संसार के बारे में सच है। ज्वायस, ईलियट, काफ़्का, रिल्के, प्रूस्त, मलार्मे, पाल वैलरी, एजरा पाउण्ड, यीट्स, वालेस स्टीवेंस, कवाफी, मोंताले, ब्रेख्त, हेमिंग्वे, वर्जीनिया वुल्फ, यासुनारी कावाबाता आदि सभी शताब्दी के पूर्वार्द्ध के हैं यहाँ तक कि नेरूदा, बोर्खेस, पाज आदि भी हैं तो उसी कालखण्ड के। यह समझाना मुश्किल है कि ऐसा क्यों है। हमारे यहाँ तो स्वतन्त्रता आन्दोलन और उससे उपजी ऊर्जा और चुनौतियाँ एक बड़ा आधार बनती हैं लेकिन बहुत सारी अन्य भाषाओं और देशों के लिए यह सही नहीं है। एक अटकल यह लगाई जा सकती है कि शायद आधुनिकता के आन्दोलन की शुरुआत से जो नई सर्जनात्मकता मुक्त हुई वह पूर्वार्द्ध में ही। उन्नीसवीं शताब्दी के महान विचारकों जैसे मार्क्स, फ्रायड, नीत्शे आदि का गहरा प्रभाव भी तभी पड़ना शुरू हुआ और उसने न सिर्फ विचार का बल्कि सर्जनात्मकता का भूगोल ही बदल दिया।

हम जो सौभाग्य या संयोग से इक्कीसवीं शताब्दी के आरम्भ में हैं और अभी भी लिखने-पढ़ने की पुरानी आदत से मुक्त नहीं हुए हैं इस खुशफहमी को शायद कुछ औचित्य के साथ पाल सकते हैं कि इस नई शताब्दी का पूर्वार्द्ध भी नए उत्कर्ष का अवसर बनेगा और उसकी कुछ चमक हम भी अपने जीवित रहते देख सकेंगे। सन्देह यही है कि इस बार का शताब्दी-प्रवेश बहुत कुछ वैचारिक सन्नाटे में है और बिना महान विचार के महान साहित्य कब और कहाँ सम्भव हुआ है? याद आती है बरसों पहले स्टीफोन स्पेण्डर की यह स्थापना कि महान विचारों से काफी तुच्छ साहित्य भी पैदा होता रहता है लेकिन अगर महान साहित्य है तो निश्चय ही उसके पीछे महान विचार होंगे। पिछली शताब्दी ने महान की तुच्छ परिणति और साधारण की महिमा के अनेक क्षण देखे हैं।

(19 मार्च, 2000)

अन्त के प्रति उदासीनता

अन्त की अवधारणा पर इधर विचार करते हुए मेरा ध्यान इस बात की ओर गया कि बावजूद पश्चिम के गहरे प्रभाव और सारी आधुनिकता के, बीसवीं शताब्दी के हिन्दी साहित्य में अन्त और नश्वरता का बोध बहुत विरल है। यों जब-तब मृत्यु-बोध का जिक्र हुआ है लेकिन अगर यों ही याद करने बैठें तो अन्त को लेकर लिखा बहुत कम याद आता है। प्रेमचन्द के 'गोदान' का अन्तिम दृश्य, उन्हीं की कहानी 'कफन', अज्ञेय के उपन्यास 'शेखर : एक जीवनी' में मृत्यु की छाया या उन्हीं के उपन्यास 'अपने-अपने अजनबी' में मृत्यु की प्रतीक्षा आदि। कुछ कविताएँ निराला की, शमशेर बहादुर सिंह की, रघुवीर सहाय की कविता 'मरघट' आदि। पर कुल मिला कर यह सब इतना कम है कि यह कहा जा सकता है कि अन्त और नश्वरता हमारे साहित्य का शायद एक बुनियादी सरोकार नहीं रहा हैं।

उदयपुर में वरिष्ठ कवि नन्द चतुर्वेदी ने इस सिलसिले में हुई एक चर्चा में यह सुझाया कि अन्त के प्रति हमारे साहित्य की इस उदासीनता का एक कारण भारतीय दार्शनिक परम्परा हो सकती है जो अन्त की सच्चाई को स्वीकार नहीं करती। उसे मात्र एक रूपान्तरण भर मानती और जीवन की सनातनता में विश्वास करती है। यह सम्भव है और इसका एक आशय यह है कि कई चरम प्रश्नों पर—और मृत्यु निश्चय ही एक चरम

प्रश्न है—हिन्दी की साहित्यिक मानसिकता अपनी परम्परा के उत्तराधिकार से अलग नहीं हटी है।

एक विनोद मुझे यह भी सूझता है कि इस बात को एक दूसरे कोण से भी देखा जा सकता है। नश्वरता समूची मानवता का एक केन्द्रीय प्रश्न है और अगर कोई साहित्य उससे उदासीन रहता है तो इसका आशय यह भी हो सकता है कि उसमें दार्शनिक और आध्यात्मिक परिपक्वता का अभाव है। उन्नीसवीं शताब्दी के ब्रिटिश लेखक-आलोचक विलियम हैजलिट ने कहीं क़हा था कि युवा लोग ही सोचते हैं कि वे अमर हैं। हो सकता है कि हिन्दी साहित्य में ऐसी चिर किशोरता या युवापन घर कर गए हों कि उसे अन्त का ख्याल भी नहीं आता। अगर हम बीसवीं शताब्दी के हिन्दी साहित्य में प्रकट दृष्टियों, अनुभवों और अभिप्रायों, दार्शनिक और सांस्कृतिक आशयों का विश्लेषण करें तो कई दिलचस्प नतीजे निकल सकते हैं। हिन्दी में विचार और विचारधारा का बड़ा हल्ला होता रहा है। ऐसे विश्लेषण से प्रकट होता कि दरअसल हिन्दी की सर्जनात्मकता का वैचारिक आधार और आशय क्या है। चूँकि हिन्दी में साहित्य से बाहर अन्य अनुशासनों में सक्रियता और वैचारिक अभिव्यक्ति बहुत कम है, यह एक तरह से समूची हिन्दी जाति की वैचारिक प्रवृत्तियों का आईना भी हो सकता है। यह विडम्बना है कि हिन्दी रचते हुए ही सोचती है, अन्यथा प्रायः नहीं।

(26 मार्च, 2000)

कविता और मूल्य

अभी कुछ दिनों पहले कविता की चर्चा में अकसर मूल्यों का जिक्र होता था। साहित्य में मूल्यबोध एक ज्वलन्त प्रश्न था। इधर ये दोनों ही शब्द साहित्य-संवाद से अगर गायब नहीं हुए तो किसी हद तक पीछे जरूर चले गए हैं। मुझे उनकी याद आई इधर अपने प्रिय कवि ज्बेग्न्यू हर्बेर्त की कुछ कविताओं को पढ़ते हुए। हर्बेर्त ने एक बार कहा कि उनकी दिलचस्पी मानवीय नियति में है। 'मैं किन्तु-परन्तु की शैली का इस्तेमाल करता हूँ। मैं झिझकता हूँ, मैं अन्तःकरण की अपील करता हूँ। मैं आज्ञार्थक नापसन्द करता हूँ, मुझे विस्मयादिबोधक चिह्न और सफेद-काले में बँटवारा पसन्द नहीं।' हर्बेर्त अपनी कविता में हमेशा ही विचारधाराओं, व्यवस्थाओं और रूढ़ियों के आलोचक रहे थे पर उनका मुख्य अवदान रहा है युद्धोत्तर पोलैण्ड में कवि को मूल्यों के रचयिता और पुनराविष्कर्ता के रूप में स्थापित

करने में। इस सिलसिले में मुझे उनकी एक कविता 'रुचि की शक्ति' का ख्याल आता है। कविता पोलिश दार्शनिक इजाडोरा डाब्स्का को समर्पित है जिनकी 1983 में मृत्यु हो गई थी। डाब्स्का को दो बार व्याख्यान देने से रोका गया था और प्लेटो और सोलहवीं और सत्रहवीं शताब्दियों के फ्रेंच सन्देहवादियों पर उनकी दो दार्शनिक पुस्तकों को प्रकाशन के लिए बीस वर्ष प्रतीक्षा करनी पड़ी थी। उन्होंने अध्यापन के लिए पोलैण्ड से बाहर जाने से इनकार किया था हालाँकि उन्हें इस तरह के प्रस्ताव मिलें थे। उनका ख्याल था कि उनकी जरूरत पोलैण्ड को थी। हर्बेर्त की कविता पहली बार डाब्स्का की मृत्यु के बाद ही प्रकाशित हुई थी। उनकी आरम्भिक पंक्तियाँ हैं :

नहीं, हमारा इनकार असहमति और ढिठाई
बड़ा चरित्र नहीं माँगते थे
हमारे पास चुटकी भर अपरिहार्य साहस था
पर बुनियादी तौर पर वह रुचि का मामला था
हाँ रुचि
जिसमें आत्मा के रेशे और अन्तःकरण की रगें थीं।

कविता के अन्त में अन्तिम दो पंक्तियाँ बदल कर इन तीन पंक्तियों को स्थान देती हैं :

हाँ रुचि
जिसके कारण हम पीछे हटते, छटपटाते और मजाक फुफकारते हैं
भले ही इसका नतीजा होता है किसी की देह के अनमोल शीर्ष,
सिर का गिरना।

सेंसर, निषेधों और निर्लज्ज और वफादारी की दुनिया में हर्बेर्त अपनी रुचि और अन्तःकरण में जो सम्बन्ध स्थापित करते हैं वह बेहद जटिल है। उनके यहाँ सौन्दर्यबोध और मूल्यबोध में कोई फाँक नहीं है। इसी कविता में वे कहते हैं : 'इस तरह सौन्दर्यशास्त्र जीवन में उपयोगी होता है/किसी को सौन्दर्य के अध्ययन की अवहेलना नहीं करनी चाहिए।'

हर्बेर्त की कविता का महत्त्व इसमें है कि उसने एक ओर अपनी दुस्साहसिकता और उससे उपजने वाले शहादत के भाव की अपस्फीति की है लेकिन दूसरी ओर सौन्दर्य के सरोकार को आत्मा और अन्तःकरण से जोड़ दिया है। सत्ता और अधिकार, ज्यादातर व्यवस्थाएँ बहुत भौंड़े औजारों से काम लेती हैं : उनके विरुद्ध सुरुचि का विकल्प साहस का मामला हो सकता है। यहाँ प्रसंगवश यह याद कर लेना ज़रूरी है कि हिन्दी में जिन लेखकों को प्रायः सौन्दर्य का उपासक कह कर उनकी सामाजिक जिम्मेदारी पर लगातार शक किया जाता है, मौके पर अन्तःकरण

की आवाज उठाने का साहस वही दिखलाते रहे हैं। सत्ता के साथ साँठगाँठ और संस्थाओं को हथियाने और फिर उन्हें सिर्फ अपना मंच बनाने का काम पिछले कुछ बरसों में अपने को सामाजिक जिम्मेदारी से लैस बताने वाले किन लोगों ने पूरी बेशरमी और बिना संकोच किया है, यह सभी जानते हैं। अपने पर सन्देह करता झिझकता सौन्दर्यप्रेमी साहस हमारे लिए मूल्यों का पुनराविष्कार करता है लेकिन अपनी सत्ता पर आत्ममुग्ध सामाजिक प्रतिबद्धता अकसर मूल्यों को पीछे ढकेल कर सर्जनात्मक उद्यम का अवमूल्यन ही करती है।

(26 मार्च, 2000)

वारसा-संवाद

वारसा विश्वविद्यालय के प्राच्य विद्या संस्थान में श्री बिरिस्की निर्वाचित निदेशक हैं और वे उसी संस्थान के अन्तर्गत भारत विद्या विभाग में पढ़ाते भी हैं। वे बता रहे थे कि इन दिनों पोलैण्ड में कानून-व्यवस्था की समस्याएँ हैं और जो लोग विद्रोही थे, विरोध में थे उनके सत्ता में आ जाने के बाद, अनुभव और राजनैतिक कौशल के अभाव में, सफल नहीं हो पा रहे हैं। बिरिस्की के अनुसार अगर कोई देश पचास बरस एक तरह का जेलखाना रहे और उसके सभी कैदी यकायक आजाद हो जाएँ तो जो होता है, वही पोलैण्ड में इन दिनों हो रहा है। कुछ लोग आजाद होकर, रास्ता बदलकर जिम्मेदारी से पेश आ रहे हैं। कुछ लोग अपनी पुरानी अपराधवृत्ति पर निरर्थक होकर लौट गए हैं। कुछ हैं जिन्हें जेलखाना और उसमें बिला नागा और बिना कीमत तीन जून का खाना इतना पसन्द है कि वे अभी भी मानो इसी जेलखाने में रह रहे हैं। विश्वविद्यालय के कुलपति के प्रतिनिधि के रूप में केन्द्रीय पार्टी दफ्तर की आलीशान इमारत को विश्वविद्यालय की लाइब्रेरी के लिए लेने की कोशिश बिरिस्की ने की थी, तब साम्यवादी पार्टी की ओर से यह आपत्ति की गई थी कि उस इमारत को बनाने के लिए साधारण लोगों ने चन्दा दिया था और वह उनकी थाती है। बिरिस्की की पहल पर टेलीविजन पर कुलपति ने एक अपील जारी की और चन्द दिनों में हजारों लोगों ने अपने जोर-जबरदस्ती दिए गए चन्दे की रसीदें वापस करते हुए इमारत के हस्तान्तरण का पुरजोर समर्थन किया। इमारत में अब स्टॉक-मार्केट है लेकिन लाइब्रेरी की नई इमारत के लिए विश्वविद्यालय को काफी राशि मिल गई। वारसा का बहुत बड़ा हिस्सा और अनेक इमारतें दूसरे युद्ध में नष्ट हो गए थे और उनका साम्यवादी जमाने में पुनर्निर्माण हुआ है।

बिरिस्की बताते हैं कि इन दिनों जब साम्यवाद काल की दैत्याकार और स्टालिन-शैली की इमारतें ध्वस्त कर नई इमारतें बनती हैं तो कहावत यह है कि वारसा में कुछ भी नया निर्माण होता है तो वह वारसा को सुन्दर बनाता है जबकि उस में कुछ भी नया जुड़ता है तो वह उसे असुन्दर करता है।

कई बार लगता है कि अपनी स्वतन्त्रता, अभिव्यक्ति की स्वतन्त्रता, अपनी पहचान और अस्तित्व पाने और बचाए रखने के लिए पोलैण्ड जैसे देशों ने भारी कीमत चुकाई है और उसकी यन्त्रणा ने उन्हें गहरा विडम्बना बोध और मनुष्य की नियति में अन्तर्भूत यातना के सजग अहसास दिए हैं जो पोलिश साहित्य से लेकर इनके सहज जीवन व्यापार में हर समय व्याप्त-से हैं। हिटलर की योजना थी कि वारसा को नष्ट कर वहाँ एक सफाचट मैदान बना दिया जाए ताकि लोग यह सबक ले सकें कि जो प्रतिरोध करेगा या आज्ञापालन में आनाकानी, उसका क्या हश्र होगा। पोलैण्ड फिर से नई विडम्बना की गिरफ्त में है। उत्तर-साम्यवादी सक्रिय और सुगठित हैं और अगले चुनाव में उनके सत्ता में आने की आशा की जा रही है। चूँकि युवा पीढ़ी को लम्बी कतारों में खड़े रहने का अनुभव नहीं है और न ही उस समय के अभावों का; उसमें साम्यवादी विचार के लिए युवोचित आकर्षण है। पर, बिरिस्की कहते हैं, पुराना साम्यवाद वापस नहीं आ सकता और न ही अब स्वतन्त्रता में कटौती सम्भव है।

दानूता हिन्दी परिदृश्य से वाकिफ हैं। उनके पूछने पर मैं इधर प्रकाशित कई पुस्तकों की जानकारी उन्हें देता हूँ। उनमें निर्मल वर्मा, कृष्णा सोबती आदि के नए उपन्यास, गगन गिल, उदयन वाजपेयी की गद्य पुस्तकें, मंगलेश डबराल, राजेश जोशी, तेजी ग्रोवर, ज्ञानेन्द्रपति आदि के कविता संग्रह शामिल हैं। वे स्वयं इन दिनों रामकथा पर काम कर रही हैं। बिरिस्की समय निकालकर उस भारत पर एक पुस्तक लिखना चाहते हैं, जो आश्चर्य भर नहीं है।

(9 अप्रैल, 2000)

लूव्र में आदिम

हालाँकि पिकासो जैसे चित्रकार और ब्रांकुसी जैसे शिल्पकार ने अफ्रीकी आदिम कला से प्रेरणा ग्रहण कर आधुनिक पश्चिमी कला का कायाकल्प बीसवीं शताब्दी के आरम्भ में किया था, फ्रांस के ही नहीं, बल्कि संसार

के क्लैसिकी या शास्त्रीय कला के सम्भवतः सबसे बड़े संग्रहालय लूव्र में शताब्दी के लगभग अन्त तक भी आदिम कला को प्रवेश नहीं मिल सका। भले आदिम कला को प्राथमिक कला कहा जाने लगा और कवि अपोलोनेयर, उपन्यासकार-चिन्तक आन्द्रे मालरो और नृतत्व-चिन्तक क्लोद लेवी स्त्रोस ने इसके लिए जब-तब अभियान चलाया। लेकिन इधर फ्रांस के अभिजात कलाजगत में आदिम या प्राथमिक कला की स्थिति को लेकर बुनियादी परिवर्तन हो रहा है। इस परिवर्तन को मुखर किया हाल ही में फ्रेंच राष्ट्रपति जॉक शिराक ने, जब उन्होंने यह मत व्यक्त किया कि लूव्र में स्थायी रूप से आदिम कला प्रदर्शित होनी चाहिए। उन्होंने, संयोगवश, यह निश्चय भी किया कि पेरिस में आरम्भिक सभ्यताओं की कला का एक स्वतन्त्र संग्रहालय बनाया जाए। आइफेल टॉवर के निकट बनने वाले इस नए संग्रहालय पर लगभग 20 करोड़ डॉलर की लागत आएगी और इसके सन् 2004 में बन कर तैयार हो जाने की सम्भावना है।

लेकिन इस बीच पिछले महीने, लूव्र के सारे प्रतिरोध और लम्बी रूढ़िवादिता के बावजूद, उसमें आदिम कला प्रवेश पा गई है। अफ्रीका, एशिया आदि कई क्षेत्रों की सौ से अधिक आदिम कलाकृतियाँ लूव्र के दक्षिण हिस्से में बनी एक नई कला-वीथिका में प्रदर्शित की जा रही हैं। इसका एक आशय यह भी है कि अब आदिम कला मिस्र, ग्रीस और यूरोपीय पुनर्जागरण की महान कला के समकक्ष देखी-सराही जाएगी। जाहिर है कि लूव्र ने अभी इस लम्बे संघर्ष में हार नहीं स्वीकार कर ली है और उसके अधिकारी उम्मीद कर रहे हैं कि नया संग्रहालय बन जाने पर लूव्र में आदिम कला के किसी स्थायी संग्रह की जरूरत नहीं रह जाएगी और लूव्र अपनी शास्त्रीय शुद्धता पर वापस चला जाएगा। नए संग्रहालय के महानिदेशक ने कहा है कि लूव्र में आदिम कला का प्रदर्शन एक राजनैतिक वक्तव्य है। नए संग्रहालय के खुलने के बाद यह सन्देश स्पष्ट हो जाएगा और लूव्र की जरूरत नहीं रहेगी।

भारत में विडम्बना यह है कि स्वयं आदिम कला की इतनी समृद्ध, लम्बी और अटूट परम्परा होने के बावजूद हमारे तथाकथित राष्ट्रीय संग्रहालय यूरोप की नकल पर उसकी उपेक्षा ही करते रहे हैं। अब जब उधर मानसिकता बदल रही है तो हो सकता है कि दृष्टि में किसी तात्विक परिवर्तन के कारण नहीं, नकल में ही हम भी कुछ करने लगें। यहाँ यह याद किया जा सकता है कि चित्रकार स्वामीनाथन ने बीस बरस पहले भारत भवन के समकालीन कलासंग्रह की शुरुआत करते हुए यह अवधारणात्मक क्रान्ति की थी कि भारत की आदिवासी और लोककलाएँ भी शहराती कलाओं की तरह समकालीन हैं। उस उदाहरण का फिर किसी ने अनुसरण, दुर्भाग्य, से नहीं किया।

(7 मई, 2000)

2000 में सार्क लेखक

जिन कई अर्थों में हम एक उत्तर-औपनिवेशिक समाज हैं उनमें एक अधिक दुखद और दुर्भाग्यपूर्ण सचाई यह है कि अपनी सारी आधुनिकता और भारतीयता के बावजूद हम अपने सम्पर्क और उत्सुकता में यूरोकेन्द्रित हैं। एशिया तो दूर, जिसके हम एक प्रमुख देश हैं, हमें अपने पड़ोसी देशों के समकालीन साहित्य और लेखकों के बारे में बहुत कम पता है। उनमें से हरेक से हमारा सदियों पुराना सम्बन्ध और उनके हमारे बीच आवाजाही रही है लेकिन आधुनिकता ने एक जुल्म यह ढाया है कि हम पड़ोसियों से दूर हो गए हैं। यह तब जबकि इन देशों के समाज, संस्कृतियाँ, भाषाएँ और साहित्य लगभग एक जैसी चुनौतियों और संकटों से गुजर रहे हैं। यह समानता भी, उत्तर-औपनिवेशिक अवरोधों के चलते, हमें एक बिरादरी में गूँथने में सफल नहीं हो सकी है। संसार का सम्भवतः सबसे बड़ा बहुभाषिक अंचल परस्पर इतना अनजान और उदासीन हो जबकि वह एकजुट होकर बहुत कुछ कर सकता है, यह सच्चाई कई रूपों में सार्क लेखकों के उस सम्मेलन में जाहिर हुई जो पिछले सप्ताह एकेडमी ऑफ फाइन आर्ट्स एण्ड लिटरेचर और पंजाबी साहित्यकार अजीत कौर की अथक कोशिश से दिल्ली में आयोजित हुआ।

अगर दुख को पासपोर्ट की जरूरत नहीं होती और तकलीफ कँटीले तारों से नहीं छेंकी जा सकती जैसी उक्तियों को, जो पूर्व प्रधानमन्त्री विश्वनाथ प्रताप सिंह ने कीं, थोड़ा भावुक मान कर छोड़ दें तो भी कमलेश्वर की इस स्थापना को दरकिनार करना कठिन है कि इन देशों की स्पर्धात्मक राजनीति के बरक्स पूरक संस्कृतियाँ विकसित करना जरूरी है और कि हर लेखक का अपने देश के पार एक देश होता है। बांग्लादेशी लेखक बेलाल चौधरी ने जब 'कायाकल्प की चाहत' का उल्लेख करते हुए कहा कि उसे सफलता या महत्त्व के लक्ष्य से मुक्त चाहत होना चाहिए तो यह समझ में आया कि भारत और उसके लेखकों की यह नैतिक और बौद्धिक बल्कि उपमहाद्वीपीय जिम्मेदारी है कि वे इस कायाकल्प की पहल करें। बांग्ला लेखिका नवनीता देव सेन ने जब यह कहा कि सारे सार्क समाजों में स्त्री की हालत ऐसी है कि उसे रूपक नहीं दिया जा सकता और फिर सीता की गाथा और साड़ी साझे रूपक हैं तो लगा कि हम इस दुनिया से इस कदर बेखबर रह कर मानो बड़ी भारी चूक कर रहे हैं। स्त्री इन समाजों में आत्मबोध, मुक्ति और सर्जना के लिए संघर्षरत है और उसकी सजगता और सृजन-सक्रियता उनके साहित्य के भूगोल को सिरे से बदल रही है। पाकिस्तानी कवयित्री किश्वर नाहीद की एक कविता नवनीताजी ने अपनी कविता कह कर सुनाई क्योंकि वह अपने आशय और संवेदनात्मक संरचना में किसी भारतीय स्त्री की कविता हो

सकती है बल्कि कहना चाहिए कि है। इस पर भी बहस हुई कि इस उपमहाद्वीपीय क्षेत्र में संस्कृति शान्ति का माध्यम कैसे हो सकती है। एक से अधिक भारतीय लेखकों ने आगाह किया कि इस सन्दर्भ में लेखकों को, उनके बिना जाने भी, राज्य और राजनीति आत्मसात् कर निष्प्रभाव कर सकते हैं। लोगों की शान्ति के लिए इच्छा और इन देशों की सरकारों और राजनीति के बीच बहुत फासला है जिसे आसानी से दूर नहीं किया जा सकता लेकिन शान्ति की इच्छा की आवाज हर हालत में उठती रहे और बिना थके-हारे निष्कम्प रहे, यह जरूरी है। अनेक लेखकों ने यह कहा कि कम से कम लेखकों की, देशों के पार बिरादरी, उनकी आजादी या अभिव्यक्ति पर हमला होने पर जोरदार ढंग से अपना प्रतिरोध को व्यक्त कर ही सकती है। हमारा समय जैसा हो गया है उसमें साहित्य के शान्ति का माध्यम बनने पर कइयों को सन्देह था : साहित्य उन बिरले माध्यमों में से है जिसमें ऐसी आत्मसमीक्षा और बेबाक आकलन लगभग अनिवार्यतः होता रहता है। यह भी कहा गया कि जो नए संचार माध्यम विकसित हुए हैं वे राजनैतिक कठिनाइयों से निजात दिला कर एक नया स्पेस बना सकते हैं जिसमें परस्पर संवाद सम्भव है। एक पाकिस्तानी लेखिका ने कहा कि वहाँ से फोन पर किसी भारतीय से बात करना कठिन है लेकिन ई-मेल पर कोई बन्धन नहीं है।

कथाकार कृष्ण बलदेव वैद ने अपने मूल गाँव डिंगा का विस्तार से वर्णन करते हुए उसके अब भी उनकी स्मृति और साहित्य में रसे-बसे होने की ट्रेजिडी का जिक्र किया और सरहदों को तोड़ने और उन्हें खुला रखने की उम्मीद की। यह बात भी लगी कि बँटवारे का दर्द सिर्फ भारत, पाकिस्तान और बांग्लादेश का दर्द नहीं है—वह हमारे समय का एक दारुण रूपक भी है। कइयों को, जो उस पीढ़ी के नहीं हैं और ऐसे लोग सभी देशों में अब अधिक होते जा रहे हैं, यह निरा नॉस्टैल्जिया लगता है लेकिन उससे निपटे बिना सचाई को ठीक से समझना मुश्किल लगता है। आखिर बीसवीं शताब्दी का यह ट्रैजिक पाठ हम कैसे भुला सकते हैं कि अकसर हम अपनी दुनिया भूलने से ही नष्ट करते हैं : विनाश के विरुद्ध स्मृति हमारा कारगर अस्त्र है।

सम्मेलन के समापन के अवसर पर जो घोषणा-पत्र स्वीकार किया गया वह कुछ अधिक ही शान्त रस में लिपटा लगा। इसलिए उसे अधिक आक्रामक बनाने की माँग की गई। उसमें सामाजिक न्याय जैसे अभिप्रायों को शामिल करने की बात उठी और सेंसरशिप और अभिव्यक्ति की आजादी पर प्रतिबन्ध, धार्मिक कट्टरता और उन्माद का विरोध आदि शामिल किए गए। सारे सात देशों के लेखकों ने दो लम्बे सत्रों में रचना पाठ भी किया। संवेदना, अनुभव और दृष्टि की अपार बहुलता एक बार फिर सत्यापित हुई। यह अच्छी बात थी कि सम्मेलन में नेपाल से घिमरे,

पाकिस्तान से अहमद फराज, किश्वर नाहीद, फखर जमा, बांग्लादेश से कबीर चौधरी, अनीसुज्जमां, श्रीलंका से सीमोन नवगाततेगामा जैसे लेखक आए। भारत से कृष्णा सोबती, भीष्म साहनी, मनोहर श्याम जोशी, मृदुला गर्ग, राजी सेठ, अनामिका, पंकज सिंह, नामवर सिंह, रमाकान्त रथ, एम. टी. वासुदेवन नायर, खुशवंत सिंह, केकी दारूवाला, देवेन्द्र सत्यार्थी आदि भी इस सम्मेलन में शामिल हुए। एक श्रीलंकाई प्रतिभागी ने अपने निबन्ध के शुरू में हिब्रू कवि यहूदा अमीखाई की एक कविता उद्धृत की। उसकी एक पंक्ति को कुछ बदल कर कहा जा सकता है कि 'हम कितने सुन्दर और प्रिय आविष्कारक हैं।' और उतने ही बेखबर, जितना सुन्दर और प्रिय अकसर होता है।

(7 मई, 2000)

जयसमन्द में उत्सव-विमर्श

मुझे याद आया कि बरसों पहले जब मैंने साहित्य और कलाओं के उत्सवों के रूप में अपना सांस्कृतिक उत्पात शुरू किया था तो न सिर्फ मुझे बल्कि मेरे यत्किंचित् साहित्य को भी उत्सवधर्मी कह कर लांछित किया जाना शुरू हुआ जो इन दिनों कुछ मन्द जरूर पड़ गया है पर गायब नहीं हुआ है। यों तो कम से कम भारत में जीवन ही, सारी गरीबी और निरक्षरता के बावजूद, एक गहरे और अक्षय अर्थ में, उत्सव है—सारे संघर्ष और द्वन्द्व इस उत्सव में चलते रहते हैं—वह उन्हें धूमिल-शिथिल नहीं करता बल्कि उचित जगह देता है। फिर भी उत्सव को हिन्दी साहित्यिक माहौल में शक की नजर से देखा जाता है और विचार विरोधी कलावादी चोंचला माना जाता है, भले ही विचारशील और अन्तःकरण-सम्पन्न लेखक आदि उत्सवों में सहर्ष शामिल होते हैं। यह भी सचाई है कि प्रतिदिन भारत में न जाने कहाँ-कहाँ सैकड़ों उत्सव होते रहते हैं। राजस्थान में उदयुपर से लगभग साठ किलोमीटर की दूरी पर स्थित एक मनुष्य-निर्मित झील के किनारे जयसमन्द में एक रिजॉर्ट में ब्रिटिश कौंसिल ने इन दिनों भारतीय सांस्कृतिक उत्सवों के निदेशकों और प्रबन्धकों की एक कार्यशाला आयोजित की है जिसमें समकालीन कला-गतिविधि को केन्द्र में रख कर कुछ ब्रिटिश विशेषज्ञों के साथ चालीस से अधिक भारतीय संस्कृतिकर्मी एकत्र हैं। एक दिन के लिए मैं भी आरम्भ में अपनी लम्बी उत्सवधर्मिता की गाथा संक्षेप में उन्हें सुनाने गया। मुझे यह देख कर थोड़ा अचरज हुआ कि जिस क्षेत्र में मैं लगभग दो दशक इतनी शिद्दत से लगा रहा और अपने को अकसर अकेला पाता था उसमें अब इतने सारे युवा,

अधिक प्रबन्ध कौशल और कल्पनाशीलता से सम्पन्न, शामिल हैं। अब कला-निर्देशन, अग्रिम नियोजन, अवधारणा और आकलन, मार्केटिंग, तालमेल, स्पान्सरशिप, वित्तीय प्रशासन आदि पक्षों पर बाकायदा ध्यान दिया जाता है।

मुझे इस मौके पर पोलिश कवि ज्बेग्न्यू हर्बेर्त की एक कविता याद आई जिसका शीर्षक है 'कल्पना का बक्सा'। उसकी अन्तिम पंक्तियाँ हैं: 'लाल मीनार/बर्फ में अब रात है/मीनार के ऊपर चमकती हुई घड़ी/दृश्यालेख का उल्लू।' मुझे कई बार लगता है कि उत्सवधर्मी यही होता है : दृश्यालेख का उल्लू। अपना उल्लूपन सार्वजनिक रूप से स्वीकार करना तो ठीक है पर उन युवा शाहीनों को शुरुआत या उनकी परवाज के बीच में इसकी याद दिलाना पता नहीं प्रासंगिक था या नहीं।

(7 मई, 2000)

दक्षिण में अनुवाद-स्थिति

बीसवीं शताब्दी शायद संसार के स्तर पर मनुष्य के इतिहास में, और चीजों के अलावा अभी तक अनुवाद की सबसे बड़ी शताब्दी रही है। अपने देश में ही देखें तो विभिन्न भारतीय भाषाओं के बीच इतने अनुवाद पहले कभी नहीं हुए। आधुनिक संसार में देशों को, भले ही भौतिक दृष्टि से वे कितने ही दूर क्यों न हों, एक-दूसरे का पड़ोसी बनाने में अनुवाद की बड़ी भूमिका रही है। हिन्दी शुरू से ही अनुवाद के प्रति खुली भाषा रही है। यह दावा किया जा सकता है कि एक सामान्य हिन्दी पाठक अगर चाहे तो सिर्फ हिन्दी में सुलभ अनुवादों के आधार पर यह जान सकता है कि भारतीय साहित्य में इन दिनों क्या लिखा-सोचा जा रहा है। स्वयं हिन्दी से दूसरी भाषाओं में अनुवाद शायद उतना नहीं हुआ है। दक्षिण भाषाओं के सम्बन्ध में सामान्यतः स्थिति यह है कि कुछेक अपवादों को छोड़कर हिन्दी में ज्यादातर अनुवाद अन्य भाषाभाषी हिन्दी सीखकर हिन्दी में करते हैं, न कि हिन्दीभाषी कोई अन्य भाषा सीखकर अपनी मातृभाषा में उस भाषा से अनुवाद। यह कहना अनावश्यक है कि अगर जब-तब हिन्दी के प्रति अन्यभाषी अंचलों में सद्भाव का अभाव दिखता है तो उसका एक कारण यह भी है कि हिन्दीभाषी अन्य किसी भारतीय भाषा को सीखने के लिए प्रायः अनिच्छुक रहा है।

हिन्दी में तमिल, तेलुगू, मलयालम और कन्नड़ में अनुवाद की क्या स्थिति

और क्या समस्याएँ हैं, इसका एक खुला आकलन करने के उद्देश्य से महात्मा गांधी अन्तर्राष्ट्रीय हिन्दी विश्वविद्यालय ने चेन्नई में दक्षिण भारत हिन्दी प्रचार सभा और भाषा संगम (तमिलनाडु) के सहयोग में 6-8 मई, 2000 को एक अनुवाद कार्यशाला आयोजित की। पचास से अधिक अनुवादकों और अनुवाद-विशेषज्ञों ने उसमें शिरकत की। कई नई बातों का पता चला। कन्नड़ में तुलसीदास के रामचरितमानस के अनुवाद और टीकाओं की लगभग सात पुस्तकें हैं। मलयालम में 'कामायनी' के दो अनुवाद हुए हैं। प्रेमचन्द का अधिकांश साहित्य सभी दक्षिणी भाषाओं में अनूदित हो चुका है। कई अन्यभाषी लेखकों की, जिनमें रवीन्द्रनाथ ठाकुर, शरत्चन्द्र आदि शामिल हैं, कृतियों का कई भाषाओं में अनुवाद उनके हिन्दी अनुवाद से हुआ है। तमिल के लेखक-जगत में इधर तमिल के हिन्दी अनुवाद पर आग्रह बढ़ रहा है क्योंकि उन्हें लगता है कि हिन्दी अनुवाद के अभाव में उनकी अखिल भारतीय छवि नहीं बन पा रही है और इसीलिए तमिल के कुल एक लेखक को ज्ञानपीठ पुरस्कार मिल सका है जबकि कन्नड़ में ज्ञानपीठ पाँच बार गया है! यह भी स्पष्ट हुआ कि अनुवाद के कार्य में अधिकांशतः अध्यापक ही लगे हैं और अभी तक ऐसी स्थिति नहीं बन पाई है कि हिन्दी की समकालीन कृतियों का उतनी तेजी से अनुवाद हो जाए जितनी तेजी से यूरोप में उसकी भाषाओं की कृतियों का होता है। यह देखकर अच्छा लगा कि इस समय अनुवाद कार्य में चार-पाँच पीढ़ियों के लोग सक्रिय हैं। यह भी स्पष्ट हुआ कि अकसर इन अनुवादों की प्रकाशन के बाद विशेष समीक्षा नहीं होती है जिनसे इनके गुण-दोष का आकलन हो सके। एक अनुवादिका ने जोर देकर कहा कि अगर अनुवाद को भारत में दोयम दर्जे का काम जाना जाता है तो इसके लिए स्वयं अनुवादक ही जिम्मेदार हैं। अनुवादों की प्रामाणिकता का प्रश्न उठा। इस पर भी विचार हुआ कि हमें अनुवाद की भारतीय परम्परा को ध्यान में रखना चाहिए और अनुवाद का ऐसा लचीला शास्त्र बनाना चाहिए जिसमें अनुवाद, पुनर्रचना, पाठान्तर, छायानुवाद, भावानुवाद आदि की गुंजाइश रहे। किसी ने ध्यान दिलाया कि तुलसीदास का रामचरितमानस, कम्बन रामायण आदि विभिन्न भारतीय भाषाओं में, अपने समय और संवेदना के अनुरूप, वाल्मीकि की रामायण के पुनर्पाठ यानी अनुवाद ही हैं।

तीन दिनों में फैले सुदीर्घ विचार-विमर्श के बाद लगा कि चार दक्षिणी भाषाओं में और उनसे हिन्दी में अनुवाद की समस्याएँ-परम्पराएँ अलग-अलग हैं और उन पर गहराई से एक-एक भाषा लेकर गहन आकलन जरूरी है। दूसरे, हर भाषा से और उसमें अनूदित कृतियों का एक वृत्तान्त बनाना आवश्यक है जिसे बार-बार परिवर्द्धित किया जाता रहे। तीसरे, इस पर विचार करना चाहिए कि क्या हिन्दी में अनुवाद के माध्यम से समूचे

भारतीय साहित्य के अध्ययन का कोई पाठ्यक्रम बनाने के लिए स्थिति और सामग्री परिपक्व है या नहीं? चौथे, हिन्दी साहित्य के एम.ए. स्तर के पाठ्यक्रम में अनुवाद के माध्यम से किसी हिन्दीतर भारतीय भाषा के साहित्य का एक पूरा परचा शामिल किया जा सकता है। पाँचवें, देशभर के हिन्दी में और हिन्दी से अनुवादकों का एक वार्षिक समागम होना चाहिए ताकि सम्पर्क, आदान-प्रदान और आकलन के लिए प्रतिमान-रचना तेज हो सके और सुसंगठित भी। छठे, विश्वविद्यालय को विशेषज्ञों से परामर्श कर ऐसी कृतियों का एक कॉरपस निर्धारित करना चाहिए जिन्हें हम अपने गौरव-ग्रन्थ मानें और जिनका दूसरी भाषाओं में अनुवाद व्यवस्थित ढंग से किया जा सके। सातवें, कविता, कहानी, उपन्यास के अलावा हिन्दी के इतर और वैचारिक गद्य का अनुवाद कम हुआ है। हिन्दी में जो सभ्यता-समीक्षा आचार्य रामचन्द्र शुक्ल, वासुदेवशरण अग्रवाल, राहुल सांकृत्यायन, हजारी प्रसाद द्विवेदी, अज्ञेय, रामविलास शर्मा, पूरनचन्द्र जोशी, मुक्तिबोध, गोविन्दचन्द्र पाण्डेय, यशदेव शल्य, मुकुन्द लाठ, रमेशचन्द्र शाह, निर्मल वर्मा आदि ने की है उसकी बहुत जानकारी बाहर नहीं है, अनुवाद तो और भी कम हुआ है।

कार्यशाला में अस्सी से ऊपर की वय के कर्नाटक के डॉ. नागप्पा थे जिनकी स्पष्टता, सुसंगति और वाग्संक्षेप असाधारण थे। वयोवृद्ध वी.आर. नारायण भी कन्नड़ से ही थे, जिनका मत है कि दक्षिण की भाषाएँ सीखने की हिन्दीभाषियों को कोई जरूरत नहीं है और न वे सीखेंगे। हिन्दी में अनुवाद का बड़ा हिस्सा अन्यभाषियों द्वारा ही किया जाता रहेगा। दक्षिण के इतने सारे लोगों का लगातार हिन्दी में विचार-विमर्श करना अपने आप में रोमांचक था—हिन्दी बहुत दूर तक फैल गई है, फैल रही है।

(14 मई, 2000)

षड्यन्त्र-बुद्धि

इधर छोटी पत्रिकाओं में विशेषतः ऐसे लेखों की भरमार-सी है जिनमें अतर्कित आत्मविश्वास के साथ तरह-तरह से यह बताया जाता है कि कैसे बड़ी संस्था में इन लेखों के स्वनामधन्य लेखकों से अलग किस्म का विचार रखने वाले लेखक और बुद्धिजीवी भारतीय जन और समाज, उसके जातीय संघर्ष, हिन्दी की संघर्षचेतना आदि के विरुद्ध षड्यन्त्र में शामिल हैं। यह सीधी-सी बात कि कोई आपसे, बिना किसी व्यापक या

अन्तर्राष्ट्रीय षड्यन्त्र में शामिल हुए, असहमत हो सकता है, कि समाज की आपसे अलग समझ और भाषा और समाज के प्रति जिम्मेदारी किसी दूसरी तरह से भी सम्भव और वैध है, मानो कहने-मानने का रिवाज ही बाकी नहीं बचा। हालत इस हद तक जा पहुँची है कि अगर कोई कुछ सूक्ष्म या जटिल करे या कहे तो पाठकों का नहीं, लेखकों का ही एक हुजूम उस पर खौखिया कर, डण्डा लेकर टूट पड़ता है। अपनी नीयत के अलावा हर दूसरे की नीयत पर शक करने का इन दिनों लेखकों को पता नहीं कहाँ से लगता है असीमित और अबाध अधिकार मिल गया है। एक प्रजातान्त्रिक परिवेश में यह समझा जाता है कि कम से कम लेखकों को, जो हर हालत में किसी भी समाज में मनुष्य की बहुलता के स्थपति और प्रमाण, दोनों ही होते हैं, असहमति का सच्चा सम्मान करना चाहिए और एक-दूसरे पर भरोसा करना चाहिए। हमारे यहाँ तो हालत यह बन गई है कि हमारे लेखकों पर, जिनमें उदग्र सामाजिक बोधवाले लेखक भी शामिल हैं, हमारा समाज भरोसा नहीं करता, साहित्य को हाशिए पर रखता है और उस पर दुहरी विडम्बना यह कि स्वयं लेखक एक-दूसरे पर बेवजह शक करते हैं। यह कहना अतिशयोक्ति न होगी कि हिन्दी साहित्य में इससे पहले इस कदम षड्यन्त्र-बुद्धि से देखा-परखा नहीं गया है और लेखक-समाज ने स्वयं लेखकों पर इतना कम भरोसा नहीं किया जितना इन दिनों आम है।

(14 मई, 2000)

भाषाओं के लिए विश्व आन्दोलन

अभी बहुत बरस नहीं हुए जब हम अपनी भाषाओं के बनाने को लेकर चिन्तित थे और साहित्य रचने, शिक्षा के माध्यम के लिए सामग्री तैयार करने, कोश और पारिभाषिक शब्दावलियाँ बनाने, अनुवाद करने आदि के यत्नों को अपनी भाषा बनाने के व्यापक उपक्रम का अंग माना जाता था। शताब्दी के अन्त पर हम इस विडम्बना से घिरे हैं कि लगता है कि जिस तरह हम भूमण्डलीकरण की चपेट में एक ही भाषा के भूमण्डलीकरण के खतरे से दो-चार हो रहे हैं उसके बारे में यह कहना अधिक प्रासंगिक होगा कि आज समस्या बनाने की उतनी नहीं, जितनी बचाने की है। यह कहना अनावश्यक होना चाहिए पर इन दिनों जिस तरह की बेखबरी का माहौल है, यह दुहराने की जरूरत है कि हमारी बुनियादी मानवीयता, बहुलता, सृजनात्मकता, स्थानीयता आदि सभी हमारी भाषाओं में ही प्रगट और विन्यस्त होती हैं : भाषा हमारा घर है, हमारी

पहचान और पता भी। उसके बिना न अध्यात्म सम्भव है, न मुक्ति और न ही सच्ची स्वाधीनता चरितार्थ हो सकती है। लेकिन इसके बरक्स यह भी सही है कि सूचना-संसार के जो अत्यन्त सक्षम-चतुर और तत्पर माध्यम इन दिनों सारे संसार को एक सूत्र में बाँधने में व्यस्त हैं वे उसे एक भाषा के बन्धन में भी गूँथ रहे हैं और संसार की अनेक सुविकसित भाषाएँ भी संकट में हैं। अभी कुछ बरसों पहले संसार के अनेक भागों में पर्यावरण पर बढ़ते खतरों का तीखा अहसास सक्रिय हुआ था और धीरे-धीरे वह एक विश्वव्यापी आन्दोलन के रूप में विकसित हो गया। पर्यावरण खतरों से मुक्त नहीं हो गया पर संसार के सभी देशों और समाजों और सत्ताओं में उसके प्रति अधिक सजगता है। पर्यावरण का अधिकांश प्रकृति-प्रदत्त होता है जबकि भाषाएँ मनुष्य-कृत हैं। समय आ गया है कि संसार की सांस्कृतिक-सामाजिक, राजनैतिक-आध्यात्मिक विविधता को सुनिश्चित करने के उद्देश्य से भाषाओं को बचाने के लिए एक विश्व अभियान छेड़ा जाए। इस सिलसिले में संसार के सम्भवतः सबसे बहुभाषी देश होने के कारण भारत का पहल करना सर्वथा समीचीन और सामयिक होगा। जिस देश की परम्परा शब्द को ब्रह्म मानती रही है वह संसार भर में शब्द को बचाने की अगुवाई करने नहीं आएगा तो भला कौन आएगा?

स्वयं भारत में भाषाओं को बचाने के लिए एक नए अभियान की जरूरत है। पिछले वर्ष जब हिन्दी के भारतीय संघ की 'राजभाषा न बन पाने' की स्वर्ण जयन्ती मनाई गई थी तो मैंने भारत सरकार को यह याद दिलाते हुए इस ओर उसका ध्यानाकर्षण किया था कि यही नहीं कि हिन्दी संघ की राजभाषा नहीं बन पाई, अन्य भारतीय भाषाएँ भी अपने-अपने प्रदेशों में राजभाषाएँ सचमुच नहीं बन पाईं, उनकी कानूनी स्थिति जो भी हो। मैंने यह सुझाव दिया था कि जैसे अल्पसंख्यकों, महिलाओं, मानवाधिकार आदि के स्थायी राष्ट्रीय आयोग हैं वैसे ही राजकाज, शिक्षा, अभिकलन, मीडिया, व्यापार, ज्ञान-उत्पादन, विज्ञान और टेक्नोलॉजी, कानून और न्याय आदि क्षेत्रों में भारतीय भाषाओं की क्या स्थिति, समस्याएँ आदि हैं इसका लगातार आकलन करने, उपाय सुझाने, सरकारों और अन्य अधिकरणों द्वारा किए जा रहे प्रयत्नों का मूल्यांकन करने और इन सबके बारे में राष्ट्र को हर वर्ष एक विस्तृत रिपोर्ट देने और इस बारे में खुली बहस चलाने, सामाजिक अवबोध का विस्तार करने के उद्देश्य से एक स्थायी भारतीय भाषा आयोग स्थापित किया जाए। सौभाग्य से प्रधानमन्त्री जी ने ऐसे आयोग की स्थापना का निर्णय लिया है और सम्भवतः उसके ब्यौरों पर इन दिनों कार्रवाई चल रही है।

इसी सन्दर्भ में मेरा एक और सुझाव है। भारतीय साहित्य बहुभाषी साहित्य है और हालाँकि उसका एक साझा परिदृश्य है उसके समग्र रूप का दर्शन

कम ही हो पाता है। साहित्य अकादेमी, राष्ट्रीय पुस्तक न्यास, भारत भवन आदि अनेक संस्थाएँ भारतीय साहित्य की साझी परम्परा और समकालीनता को उभारने-पोसने की चेष्टा करती रही हैं। अब वक्त आ गया है कि कहीं पर एक भारतीय संग्रहालय की स्थापना की जाए जिसमें कल्पनाशील और सुविचारित ढंग से पुस्तकों, पाण्डुलिपियों, छायाचित्रों, स्मृति-चिन्हों आदि के माध्यम से भारतीय साहित्य की पारम्परिक समृद्धि, उसकी अटूट निरन्तरता, जातीय मूलाधार, सैद्धान्तिक और वैचारिक बहुलता, उसकी उदग्र आधुनिकता और जीवन्त समकालीनता का स्थायी दिग्दर्शन हो सके। अगर सामान्य लोग, छात्र और बच्चे एक साथ कबीर, बसवण्णा, आलवार कवि, नामदेव, नानक आदि को देखेंगे तो निश्चय ही उनमें बहुलता और उसमें गौरव का जो भाव जागेगा, वह अन्यथा सम्भव नहीं है। कई बार लगता है कि एक देश के रूप में हम अपने स्थापत्य, शिल्प, संगीत आदि पर जितना गर्व करते हैं उतना अपने साहित्य पर नहीं। इस विसंगति को दूर किया जाना चाहिए। ऐसा संग्रहालय बनाना भी किसी हद तक अपने साहित्यों को बचाने की प्रक्रिया का ही अंग है।

(21 मई, 2000)

सजग और प्रखर

दिल्ली में जब-तब किसी सार्वजनिक मुद्दे पर, खासकर जब हमारी धर्मनिरपेक्षता पर कुछ आँच आती है तो कुछ पत्रकारों का एक दल बुद्धिजीवियों के नाम पर एक वक्तव्य जारी करता है। हमारे समाज में इतने तरह के चिकने-चुपड़े लेकिन उथले लोग बुद्धिजीविता का दावा करते रहते हैं कि 'बुद्धिजीवी' शब्द का उपयोग अब प्रायः व्यंग्य भाव से ही किया जाता है। बुद्धिजीवी उन्हें कहते हैं कि जो किसी मसरफ के नहीं होते, प्रायः परोपजीवी और बेवजह जुगाली करते रहते हैं। इस अवमूल्यन के बावजूद कोई भी समाज बुद्धि और उस पर निर्भयता और जिद कर अड़े रहने वालों के बिना सजग और जीवन्त नहीं हो सकता। मुझे याद आता है कि बरसों पहले भोपाल में एक राजनेता ने कहा था कि बुद्धिजीवी का बुनियादी कर्तव्य सत्ता को कुछ मर्यादाओं का उल्लंघन करने से रोकना है। यह निश्चय ही एक कर्तव्य है पर एक और कर्तव्य सामाजिक स्मृति की सक्रिय रखना और परम्परा को नई बौद्धिक कसौटी पर कसना भी है। दार्शनिक दयाकृष्ण इस अर्थ में एक सच्चे बुद्धिजीवी हैं जो आँखों से बेहद कम दिखने और बढ़ती उमर के बावजूद आश्चर्यजनक रूप से सक्रिय और सजग रहते हैं। अभी उस दिन मिले तो कहने लगे कि हमारी

परम्परा में उसकी सुविख्यात श्रद्धा के अलावा खासी अश्रद्धा भी रही है। अपने किसी पूर्ववर्ती आचार्य से परवर्ती आचार्य पूरी सख्ती और कई बार अश्रद्धा से असहमत होता आया है। उन्होंने कणाद का उदाहरण दिया। दयाकृष्ण ने भारतीय बौद्धिक परम्पराओं पर, सारी पश्चिमी आधुनिक बुद्धि से लैस होने के बावजूद, उसकी आत्यन्तिक और जातीय स्वभाव के अनुसार विचार किया है और यह दिखाया है कि इन परम्पराओं में हमारे आधुनिक बुद्धिजगत के लिए प्रायः अदृश्य लेकिन अटूट और अचूक निरन्तरता रही है।

दयाकृष्ण के एक युवतर सहयोगी हैं, जयपुर के ही संगीतवेत्ता और कलाविद् मुकुन्द लाठ। दया जी बता रहे थे कि इन दिनों मुकुन्द जी नृत्य और कर्म पर विचार कर रहे हैं और प्रसिद्ध बौद्ध चिन्तक धर्मकीर्ति के ग्रन्थ 'प्रमाणवार्तिक' को नए ढंग से पढ़ रहे हैं। एक और प्रसंग में उनके अनुसार मुकुन्द जी का मानना है कि नृत्य शारीरिक दृष्टि से पूर्ण कर्म है क्योंकि उसमें शरीर के सभी अवयव एक साथ सक्रिय होते हैं। इस पर विचार करने की जरूरत है कि यह पूर्ण कर्म अन्य कर्म प्रकारों से अपने आशय और परिणामों में किस तरह से अलग है।

मुकुन्द लाठ को उनकी पुस्तक 'संगीत और चिन्तन' के लिए शंकर पुरस्कार मिला है। संगीत और चिन्तन को जोड़कर देखने की यह कोशिश हिन्दी में ही नहीं, मुझे भरोसा है, किसी भी भारतीय भाषा में अनूठी है। उसमें एक तरह की सहज सुबोधता है जो मुकुन्द जी की चिन्तन और लेखन शैली का विशेष गुण है। पुरस्कार ग्रहण करते हुए अभी पिछले दिनों मुकुन्द जी ने एक दिलचस्प बात यह कही कि अंग्रेजी या संस्कृत में विचार करते समय बहुत सारा बोझ और बन्धन महसूस होते हैं, क्योंकि इनमें विचार की लम्बी परम्परा है। लेकिन हिन्दी में अपेक्षया निर्बन्ध विचार सम्भव हो पाता है क्योंकि उसमें विचार की लम्बी परम्परा का बोझ आड़े नहीं आता। दयाकृष्ण से या मुकुन्द लाठ से मिलिए तो हमेशा लगता है कि आप एक सच्चे बुद्धिजीवी से मिले हैं : सहज, प्रखर और सजग!

(21 मई, 2000)

दिल्ली की संकीर्णता

इलाहाबाद से लेखक-दम्पति रवीन्द्र कालिया और ममता कालिया पिछले सप्ताह यहाँ थे। ममता जी कि किसी कहानी पर राष्ट्रीय नाट्य विद्यालय

के किसी छात्र ने एक नाट्य प्रस्तुति तैयार की है जिसे देखने ममता जी मुख्यतः आई थीं। रवीन्द्र कालिया के मन पर यह प्रभाव पड़ा कि दिल्ली के अधिकांश हिन्दी लेखक पुरस्कारों, फेलोशिप आदि लेकर बेहद आक्रान्त रहते हैं और उनसे कोई विशेष साहित्यचर्चा सम्भव ही नहीं रह गई है। हालाँकि मैं तो जिन्दगी में सबसे अधिक यानि बीस साल भोपाल में रहने के कारण और कुल लगभग आठ वर्ष से ही दिल्ली में रहने के कारण किसी तरफ से दिल्ली का नहीं हूँ, मैंने दिल्लीवालों का बचाव करने की कुछ कोशिश यह कहकर की कि आप आए ही ऐसे वक्त हैं जब हिन्दी अकादेमी का एक पुरस्कार कृष्ण बलदेव वैद ने लेने से और प्रयाग शुक्ल ने किसी राजनेता के हाथों लेने से इनकार किया है। इसलिए पुरस्कार-चर्चा कुछ ज्यादा हवा में है। हम लोग यानि कालिया दम्पति, कृष्णा सोबती और मैं काफी देर तक साठ के आसपास की दिल्ली और उसके खुलेपन को कुछ हसरत से याद करते रहे। यह एक तरह की अधेड़ विवशता-सी है, सो उससे बचना क्या! उन दिनों हम सभी को कृष्णा जी एक दूर की हस्ती लगती थीं : हम लोग टी हाउस में मँडराते थे जबकि कृष्णा जी ला बोहिम में बैठती थीं। अज्ञेय से मिलना हो तो आल्प्स रेस्तरां जाना होता था। उन दिनों बुजुर्ग लेखकों से मिलने का हम लोगों में बड़ा उत्साह रहता था जो इन दिनों युवतर लेखकों में नजर नहीं आता। इसका एक कारण तो यह हो सकता है कि उस पाए के बुजुर्ग लेखक कम ही हैं। दूसरा यह कि दिल्ली में देर-सबेर सब एक्सपोज हो जाते हैं। तीसरा यह है दिल्ली की लेखकीय दुनिया संकीर्ण हो गई है, अपने आकार में नहीं, विचार और सरोकार में। बन्द दिमागों और तंग दिलों से भला कोई युवा स्वप्नशील क्योंकर मिलना चाहेगा!

(21 मई, 2000)

फिर हाशिए पर!

यह बार-बार कहा गया और उचित ही कहा गया कि अगर किसी साहित्यकार को महापण्डित और भारतीय परम्परा में ऋषि कहा जा सकता है तो डॉ. रामविलास शर्मा को। वे अपनी दृष्टि से, पूरे आत्मविश्वास और असाधारण उत्साह से अपने अन्तिम दिनों तक बौद्धिक रूप से कर्मठ और सक्रिय बने रहे। उन्होंने साहित्य के अलावा संस्कृति, भाषा, समाज, इतिहास और कलाओं के जितने विशाल फलक पर गम्भीर चिन्तन और हिन्दी में काम किया उतना किसी और ने नहीं। वे निश्चय ही न सिर्फ

हिन्दी के, बल्कि समूचे भारतीय विचार और सृजन समुदाय के गौरव पुरुष हैं। जाहिर है कि रामविलास जी की इस निर्विवाद और असंदिग्ध गौरवस्थानीयता का पता स्वयं हिन्दी समाज को नहीं है। दिल्ली में पाँच हजार से अधिक हिन्दी अधिकारी, पत्रकार, लेखक, अध्यापक होंगे : उनमें से दस प्रतिशत भी साहित्य अकादेमी द्वारा आयोजित शोकसभा में नहीं थे। किसी हिन्दीभाषी प्रदेश की सरकार ने या कि भारत सरकार ने कोई शोक सन्देश जारी किया हो, यह देखने में नहीं आया। दूरदर्शन के राष्ट्रीय चैनल पर मुख्य समाचारों में रामविलास जी का देहावसान शामिल नहीं था। टाइम्स ऑफ इण्डिया, हिन्दुस्तान टाइम्स, एशियन एज में तो यह खबर छापने के काबिल तक नहीं समझी गई। यह पहली बार नहीं है। हिन्दी के शीर्षस्थ कवि शमशेर बहादुर सिंह के निधन का समाचार भी उस समय यानि कुल सात वर्ष पहले किसी अंग्रेजी अखबार में नहीं छपा था। रामविलास जी का विद्युत दाहगृह में अन्त्येष्टि के अवसर पर एक राजनैतिक दल के अलावा किसी राजनैतिक दल का प्रतिनिधि नहीं आया।

यह दुखद और दुर्भाग्यपूर्ण प्रकरण एक बार फिर कुछ सवाल उठाता है। पहला यह कि क्या हिन्दी साहित्य हिन्दी समाज के लिए इतना गैरजरूरी मसला हो गया है और साहित्य की सामाजिक जिम्मेदारी की बात छोड़ कर पूरे तीखेपन और बेबाकी से यह नहीं पूछना चाहिए कि हिन्दी समाज की अपने साहित्य के प्रति कुछ जिम्मेदारी है? दूसरा यह कि क्या भारतीय भाषाओं और उनके लेखकों और कृतियों को हाशिए पर फेंकने-रखने की जो राष्ट्रव्यापी अंग्रेजी दुरभिसन्धि है उसके चलते हम आहत भाव से यह तमाशा देखते रहेंगे कि इसके प्रतिकार के लिए कुछ ठोस करेंगे? तीसरा यह कि क्या यह समझने का समय नहीं आ गया है कि अपने समय और समाज में हिन्दी साहित्य को बहुत थोड़ी-सी जगह मिली है और उस पर आपस में झगड़ने के बजाय उसकी चौकसी और विस्तार के लिए कुछ करने की जरूरत है? रामविलास जी का कालजयी अवदान हिन्दी समाज और अंग्रेजी प्रभुत्व द्वारा की जा रही अवहेलना से कतई प्रभावित नहीं होता। पर क्या हाशिए से अब समाज और प्रभुत्व की शक्तियों को अपनी जवाबदेही के लिए विवश करने के लिए मुहिम नहीं छेड़ना चाहिए? हर तरह की राजनीति आज संस्कृति, भाषाओं और साहित्य की उपेक्षा कर रही है और हम हाथ पर हाथ धरे यह नजारा, अपना ही यह अवमूल्यन, देख रहे हैं।

(4 जून, 2000)

एक शाम की गपें

ऐसा कम होता है कि एक शाम आपको दो-दो फिल्मकार एक साथ मिल जाएँ जो अभी उस शाम मुझे मिल गए। सईद मिर्जा हिमाचल से अभी किसी नई फिल्म के लिए स्क्रिप्ट का पहला प्रारूप पूरा कर मुम्बई के रास्ते उस शाम दिल्ली में थे। फिल्म उनके छायाकार मित्र—वीरेन्द्र सैनी निर्देशित करने वाले हैं। सईद मिर्जा इन दिनों अपने अनुभवों को लेकर एक आत्मवृत्तान्त लिख रहे हैं। वे बोले कि मैं दो साल से इस पर लगा हुआ हूँ पर कहीं पहुँच नहीं पा रहा हूँ। फिर आ गए मलयालम के प्रसिद्ध फिल्मकार अडूर गोपालकृष्णन। उन्होंने कथकलि के प्रसिद्ध कलाकार कलामण्डलम गोपी पर विदेश मन्त्रालय के लिए एक फिल्म बनाई है। बातचीत में कहने लगे कि दूरदर्शन पर विचित्र किस्म की पंजाबी हिन्दी का वर्चस्व बढ़ रहा है जिसे लेकर देश के अनेक भाषाभाषियों में क्षोभ है लेकिन स्वयं हिन्दी वाले इस तरफ उदासीन हैं। उन्होंने कहा कि बचपन में उन्होंने स्वेच्छा से हिन्दी की परीक्षाएँ अतिरिक्त रूप से पास की थीं क्योंकि उन दिनों हिन्दी सीखना एक राष्ट्रीय कर्तव्य माना जाता था। लेकिन अब वह बात नहीं है और दक्षिण में हिन्दी को लेकर बेचैनी बढ़ रही है। उन्होंने यह भी कहा कि अकसर भारतीय सिनेमा को बम्बई का हिन्दी सिनेमा मान लिया जाता है जबकि भारतीय सिनेमा अन्य कई भारतीय भाषाओं में बनता सिनेमा है। फिर कहने लगे कि उन्हें भारत भवन के दिन बहुत याद आते हैं, पहली बार एक ऐसी संस्था उत्तर भारत में बनी थी जिसे दक्षिण की सर्जना, अवदान और सक्रियता का लगातार ख्याल रहा। मुझे फिर लगा कि दक्षिण में विशेषतः हिन्दी के सद्भाव को लेकर इतने संवेदनशील और जानकार हलकों में इतनी गलतफहमी है तो इसे अलक्षित नहीं करना चाहिए।

(4 जून, 2000)

ऐतिहासिक क्षण

हाल ही में एक प्रसिद्ध पत्रिका के पुनर्प्रकाशन के अवसर पर अनेक वक्ताओं ने इस अवसर के ऐतिहासिक क्षण होने का उल्लेख किया। प्रकाशक और प्रबन्ध सम्पादक, प्रधान सम्पादक और सम्पादक—सभी ने बिना किसी हिचक के यह कहा कि यह पुनर्प्रकाशन एक ऐतिहासिक क्षण है। फिलवक्त पत्रिका के प्रकाशक और सम्पादक स्वयं, बिना किसी शील-संकोच के, ऐसे प्रकाशन को एक ऐतिहासिक क्षण कहें, इसके औचित्य

पर कुछ कहना जरूरी नहीं है। सवाल यह उठता है कि किसी क्षण की ऐतिहासिकता तय कैसे होती है और उसे कौन तय करता है? ऐतिहासिक शब्द में ही बीत जाने का भाव है बल्कि यह भाव है कि बीतने के बाद भी जो बचा रहे, वह ऐतिहासिक होता है। दूसरा आशय यह भी निकलता है कि वह ऐतिहासिक है जिससे कोई नया मोड़, नई दिशा या नया पथ निकलता-खुलता हो। दोनों ही आशय तभी चरितार्थ हो सकते हैं जब कुछ समय बीत जाए और किसी क्षण का ऐसा मूल्यांकन करना सम्भव हो। ऐसा मूल्यांकन दूसरे करें तभी वह न्यायसंगत और वस्तुनिष्ठ हो सकता है। फिर ऐतिहासिकता कोई निजी मामला नहीं हो सकती : उसके बारे में अगर पूरा नहीं तो काफी भारी मतैक्य होना जरूरी है। शायद एक अर्थ और निकल सकता है। जब कोई निहायत प्रासंगिक और जरूरी चीज वक्त पर हो जाए तो हम कहते हैं कि यह ऐतिहासिक क्षण है। कोई चीज या अवधारणा या विचार या कृति इतिहास में टिकाऊ हो इसके लिए जरूरी है कि उसमें अपने समय का अर्थ तो हो ही, समय से पार जा सकने वाली अर्थमयता भी हो। समय के बीतने, फिर भी बची अर्थमयता को पहचानने और उसके आधार पर किसी चीज के ऐतिहासिक क्षण होने का दावा करने का धीरज और जतन इधर कम हो गया है। तभी न, जब वह घटित ही हो रहा है तब हम उसे अधीरता से ऐतिहासिक क्षण करार देते हैं। यह और बात है कि इतिहास में हमारा यह दावा टिके या न टिके। समय रहते ऐतिहासिकता का आग्रह कर लेना चाहिए अन्यथा कौन जाने बाद में इतिहास इसे न देख या मान पाए।

(4 जून, 2000)

विचार की शक्ति

हमारा समय इतना उलझा हुआ है कि उसमें दिन-ब-दिन यह भरोसा घटता जाता है कि निरे विचार या शुद्ध बौद्धिक उद्यम को अपना मुख्य कर्म बनाने वाला कोई व्यक्ति अपने आप में शक्ति बन कर उभर या माना जा सकता है। हमारे समय में शक्ति के लिए संगठन और सत्ता लगभग अनिवार्य माने जाते हैं। साहित्य और संस्कृति का क्षेत्र इस मायने में, दुर्भाग्य से, अपवाद नहीं है। ऐसी हालत में हाल में दिवंगत पण्डित रामविलास शर्मा संगठन और सत्ता से बराबर दूर रह कर अपने काम में जिस तरह एकाग्रता और अविचल निष्ठा से लगे रहे हैं, यह बड़े अचरज की बात है। हालाँकि उन्होंने शुरुआत प्रगतिशील लेखक संघ से की थी। पिछले लगभग तीस बरसों से वे किसी संघ या संगठन की गतिविधि

से दूर रह कर ही अपने आलोचना-कर्म में रत रहे हैं। उनके हाल ही में हुए दुखद देहावसान के बाद यह अधिक स्पष्ट हुआ है कि सत्ता और संगठन से उस दूरी के बावजूद हिन्दी बौद्धिक समाज पर उनका गहरा प्रभाव रहा है : उनका वैचारिक वर्चस्व रहा है और जो लोग उनसे वैचारिक रूप से असहमत रहे हैं, वे भी उन्हें एक प्रबल और सक्रिय बौद्धिक शक्ति मानने से इनकार नहीं कर सकते हैं। सच्चाई तो यह है कि ऐसे स्वीकार में इन असहमत लोगों ने कोई झिझक या संकोच नहीं दिखाया है।

बिना सत्ता या संगठन के एक आलोचक के शक्ति माने जाने और उससे भिन्न दृष्टि या विचार रखने वालों द्वारा उसकी शक्ति के बेझिझक स्वीकार में शायद हिन्दी के साहित्यिक परिवेश के लिए कुछ उम्मीद नजर आ सकती है। हमारा परिवेश धीरे-धीरे संवाद से विमुख और असहिष्णु होता गया है। उस पर विचारधाराओं के अवसरवादियों का मानो कब्जा-सा हो गया है। बहुत हद तक व्यर्थ और अन्ततः विफल होने वाली आक्रामकता छाई हुई है और जिसे देखिए, मौका देख कर फरसा उठाए खड़ा नजर आता है। साहित्य को विचारों की रणभूमि करार देने वाले इन दिनों, अपने लिए अनुकूल अवसर देख कर और अपने बौद्धिक-सर्जनात्मक बाँझपन को ढाँकने-छिपाने के लिए, युद्ध, आक्रमण, प्रहार, विध्वंस आदि की युद्ध-भाषा में बोल रहे हैं। इस युद्धोन्माद में, रामविलास शर्मा के उदाहरण से, यह दुहराना जरूरी है कि संघर्ष, जुझारू बौद्धिकता और उग्र विचार के लिए आवश्यक है पारदर्शिता, ईमानदारी, बौद्धिक कर्मठता और दृष्टि की व्याप्ति। सत्ता और संगठन में बैठे लोगों को यह भ्रम होता है कि इनके बिना काम चल सकता है। किसी विचारधारा के प्रतिष्ठान के अगुआ या मुखर सदस्य बनने से और अवसरवादी आक्रामकता से वक्ती तौर पर कुछ प्रभाव का धोखा हो सकता है लेकिन वह टिकाऊ नहीं हो सकता। जिसने लिखा नहीं वह लेखक नहीं, जिसने किया नहीं उसमें कर्मसौन्दर्य असम्भव। जो अपने बाद न टिक सके वह कर्मसौन्दर्य किस काम का? जिसका लिखा बाद में कम याद आए वह लेखक किस मसरफ का?

(11 जून, 2000)

हिन्दी के लिए चिन्ता

आमतौर पर जब हिन्दी के लिए कुछ चिन्ता व्यक्त की जाती है तब वह भाषा और साहित्य तक ही महदूद रहती है। विशाल हिन्दी अंचल

में कलाओं का तेजी से क्षरण इस चिन्ता से प्रायः बाहर रहता है। गिन-गिन कर हिन्दुस्तानी शास्त्रीय संगीत और नृत्य के घराने इस अंचल से गायब हो रहे हैं और हिन्दी की स्थिति और भविष्य के लिए चिन्तित लोगों को प्रायः इसकी खबर तक नहीं है, परवाह तो दूर। इस सिलसिले में मुझे याद आता है कि डॉ. रामविलास शर्मा ने मुझसे अपनी पहली और अन्तिम मुलाकात में जिस बारे में सबसे पहले अपनी गहरी चिन्ता व्यक्त की थी वह थी हिन्दी क्षेत्र में कलाओं की अवनति के बारे में। उनका स्पष्ट मत था कि कलाओं के इस हिन्दी क्षरण को रोकने-थामने के लिए संस्थात्मक प्रयत्न फौरन जरूरी हैं। पर उन्होंने यह भी तुरत ही जोड़ा था कि हिन्दी क्षेत्र में संस्थाएँ बनाने वाले लोग कितने कम हैं। उनका बहुत स्पष्ट मत था कि अन्तर्राष्ट्रीय हिन्दी विश्वविद्यालय में एक उच्चस्तरीय कला-संस्थान स्थापित करने को प्राथमिकता देना चाहिए। मुझ कुख्यात 'कलावादी' को एक मार्क्सवादी बुजुर्ग की यह सलाह अप्रत्याशित रूप से प्रीतिकर थी।

हिन्दी में संस्थाएँ बनाने के संघर्ष को संघर्ष ही नहीं माना जाता। बल्कि संघर्ष की जो चालू छबियाँ हैं उनमें दूसरों द्वारा बनाई गई संस्थाओं को जैसे-तैसे हथियाने, उन पर काबिज होकर उन्हें अपनी 'सूची' और 'एजेण्डे' के मुताबिक चलाने की कारगुजारी को अच्छी जगह मिली हुई है। यह सोचने की बात है कि अगर एकान्तवादी लेखक या बुद्धिजीवी संस्थाएँ न बनाएँ तो समझ में आता है लेकिन जो लोग सत्ता पाने के लिए लालायित रहते हैं और जिनकी विचारधारा सत्ता प्राप्त करने को एक उचित और जरूरी लक्ष्य मानती है वे भी हिन्दी में संस्थाएँ स्थापित करने के प्रति इतने उदासीन क्यों रहे हैं। एक नजर दौड़ाइए : समूचे हिन्दी अंचल में कुछेक अपवादों को छोड़ दें तो सच्चाई यही है कि उदग्र सामाजिक बोध का दावा करने वालों ने संस्थाएँ बनाई नहीं, हथियाई हैं। ऐसा करने में उन्हें कोई नैतिक संकोच होता हो, इसका कोई प्रमाण नहीं है। एक बड़ा अपवाद सिर्फ पत्रिकाएँ हैं जिन्हें एक तरह की संस्था माना जा सकता है। पर एक विकासशील भाषा के लेखक सिर्फ पत्रिकाएँ चलाने को अपने संस्थागत कर्तव्य की इतिश्री मान लें, यह किसी भी तरह से पर्याप्त नहीं कहा जा सकता। एकाध लेखक संगठन को छोड़ दें जिसकी स्थापना स्वतन्त्रता के बाद एक पुराने लेखक संघ से वैचारिक मतभेद के फलस्वरूप हुई है तो हिन्दी में तो लेखक संघ तक स्वतन्त्रता के पहले स्थापित हुए थे। बाकी संस्थाएँ ज्यादातर सरकारों द्वारा स्थापित संस्थाएँ हैं जिनके साथ सहयोग या असहयोग लेखक लोग अपनी सुविधा और दृष्टि के दबाव में करते रहे हैं। दिलचस्प यह है कि जब एक गुट इनमें से किसी पर कब्जा कर लेता है तो वे जनधर्मी और प्रजातान्त्रिक हो जाती हैं, दूसरे लोग आ जाएँ तो तानाशाह और जनविरोधी। हमारे

समय में यह चीजों को सही नाम से पुकारना है : हमारा शिवप्रसाद सही नाम है, तुम्हारा रामप्रसाद गलत नाम है।

(11 जून, 2000)

क्षीण होता उदात्त

यों तो बीसवीं शताब्दी में बहुत-सी चीजें गायब हो गईं जैसे कि अनेक अप्रत्याशित और नई चीजें आ गईं जो पहले साहित्य और कलाओं में कभी नहीं थीं। पर जिस एक तत्त्व के साहित्य से लगभग लोप हो जाने को स्पष्ट पहचाना जा सकता है वह है उदात्त का तत्त्व। हाल ही में डॉ. रामविलास शर्मा को श्रद्धांजलि देते हुए आलोचक मैनेजर पाण्डेय ने जब डॉ. शर्मा की आलोचना-दृष्टि में उदात्त तत्त्व की उपस्थिति और सक्रियता को याद किया तो मैं सोचने लगा कि शायद बीसवीं शताब्दी को अब उदात्त के धीरे-धीरे लोप होने की शताब्दी के रूप में याद किया जा सकता है। मनुष्य की मुक्ति, क्रान्ति, समानता, समता आदि के जो अनेक स्वप्न इस शताब्दी में देखे गए वे सभी उदात्त के ही रूप या संस्करण थे : हमारा दुर्भाग्य यह है कि इनमें से अधिकांश स्वप्न हमारे लिए छलना ही साबित हुए हैं और उन्हें सच में रूपान्तरित करने के अनेक प्रयत्न अब हमें दुःस्वप्न की तरह प्रतीत होते हैं। यह सही है कि उनमें विन्यस्त मनुष्य की बुनियादी आकांक्षा, सौभाग्य से अभी धूमिल या अप्रासंगिक नहीं हुई है बल्कि किसी हद तक यह दावा किया जा सकता है कि इन स्वप्नों को हमारे बीच, उनके सर्वथा प्रतिकूल पड़ गए भयावह यथार्थ के बरक्स, सक्रिय और जीवित रखने की जिम्मेदारी साहित्य और कलाओं ने बखूबी निभाई है। इसलिए शायद यह कहना बेहतर और अधिक यथार्थपरक होगा कि उदात्त हमारे सामाजिक-राजनैतिक-आर्थिक जीवन से लगभग गायब हो गया है पर साहित्य और कलाओं में वह बचा रहा है : साहित्य और कलाएँ उदात्त का हमारे समय में अन्तिम शरण्य हैं।

उदात्त से प्रायः हम गरिमा, उन्नयन, विशालता आदि भावों को जोड़ते हैं। आज जिस तरह की दुनिया और शक्तियों के बीच हम रह रहे हैं उनमें ये सभी संकटग्रस्त हैं। इस सच्चाई का प्रतिबिम्बन और दबाव साहित्य और कलाओं पर भी पड़ा ही है। कई बार लगता है कि उदात्त की मैथिलीशरण गुप्त, प्रसाद, प्रेमचन्द, रामचन्द्र शुक्ल, निराला, पन्त, महादेवी, जैनेन्द्र कुमार, हजारी प्रसाद द्विवेदी, अज्ञेय, शमशेर बहादुर सिंह, मुक्तिबोध,

रेणु, नागार्जुन, त्रिलोचन आदि के रूप में जो एक बड़ी बिरादरी बनी, उसकी उत्कृष्ट उपलब्धियों का कारण उनकी निजी प्रतिभा और जिजीविषा तो थी ही, कहीं न कहीं उदात्त भी इन सभी में सक्रिय था और उसने भी इन सभी के अवदान में एक उज्ज्वल भूमिका अदा की है। यह उदात्त धर्मवीर भारती, विजयदेव नारायण साही, कृष्णा सोबती, निर्मल वर्मा, कुँवर नारायण और नरेश मेहता में भी रहा है पर उसके बाद वह ओट हो गया लगता है। रघुवीर सहाय, कृष्णा बलदेव वैद, श्रीकान्त वर्मा आदि का महत्त्व दूसरे कारणों से है, लेकिन उनमें उदात्त ढूँढ़ना कठिन है। रहे इधर के लेखक, तो वे प्रायः सभी बेचारे इतने तरह के संघर्षों में मुब्तिला हैं कि उन्हें उदात्त के लिए कहाँ फुरसत मिल सकती है! अलबत्ता यह हो सकता है कि उदात्त का इधर ऐसा कायाकल्प हो गया हो कि उसे आसानी से पहचानना कठिन है, हालाँकि वह अभी भी है।

(18 जून, 2000)

अपनी ही भूलभुलैया में

बरसों पहले भारत भवन के विश्व कविता समारोह में मैक्सिको से कवि ओमेरो एरिजीज आए थे जिनके नाम की सिफारिश आक्तावियो पाज ने की थी, क्योंकि अस्वस्थ होने के कारण, जगदीश स्वामीनाथन के प्रबल आग्रह के बावजूद, वे स्वयं नहीं आ पा रहे थे। पिछले वर्ष स्टाकहोम में 'संस्कृति और विकास' पर आयोजित विश्व लेखक सम्मेलन में एरिजीज से फिर भेंट हुई तो पता चला कि इन दिनों वे अन्तर्राष्ट्रीय पेन के अध्यक्ष हैं और इधर पर्यावरण के क्षेत्र में बेहद सक्रिय हैं।

एरिजीज ने पाज का एक छोटा-सा मार्मिक संस्मरण लिखा है जो अमेरिका से प्रकाशित होनेवाली उत्कृष्ट बौद्धिक पत्रिका 'सलमागुण्डी' के ताजा अंक में प्रकाशित है। हममें से बहुतों को यह जानकर आश्चर्य होगा कि पाज की नियुक्ति जब भारत में हुई थी तो वे बहुत प्रसन्न या उत्सुक नहीं थे क्योंकि, एरिजीज के मुताबिक, 'वे एक दूसरे विचित्र देश के निवासी थे।' स्वयं पाज को इसका जरा भी अन्दाज नहीं था कि उनके जीवन और चिन्तन-सृजन पर उनके भारतीय प्रवास का कितना गहरा और अटूट प्रभाव पड़ने वाला है। पाज ने भारत आने के बाद ही ऐसी कविता लिखी, उन्हीं के शब्दों में 'जो अलग सच्चाइयों का एक साथ संधान करती है। 'दरअसल पाज के काव्य-कृतित्व को दो चरणों में बाँटा जा सकता है। पहला वह जो मैक्सिकन-अतियथार्थवादी है और दूसरा जो उनके भारत-प्रवास

से शुरू होता है और प्रायः अन्त तक चलता है।

हम सभी जानते रहे हैं कि पाज के अतियथार्थवादी आन्द्रे ब्रेतां से घनिष्ठ सम्बन्ध थे। एरिजीज ने बताया है कि पाज ने साम्यवादी कवियों रफाएल अलबर्ती, सेजार वायेखो और पाब्लो नेरूदा की राजनीति से प्रेरित कविताओं की आलोचना की थी और 1943 में उनके नेरूदा से सम्बन्ध खराब हो गए जबकि नेरूदा उन दिनों मैक्सिको में एक राजनयिक पद पर थे। नेरूदा ने अपने सम्मान में मैक्सिकन बुद्धिजीवियों द्वारा दिए गए भोज में सार्वजनिक रूप से आक्तावियो पाज के उनके विरुद्ध षड्यन्त्र में शामिल होने का आरोप लगाया और कहा कि पाज जो सफेद कमीज उस वक्त पहने हुए हैं, वह 'उनके अन्तःकरण से ज्यादा साफ है।' पाज ने एरिजीज को बाद में उस घटना को याद करते हुए बताया था कि अपमान की इस झड़ी के बाद पाज ने नेरूदा को टोकने की कोशिश की और दोनों के बीच हाथापाई की नौबत आने को थी कि कुछ लोगों ने उन्हें अलग कर दिया। इस बीच कुछ इस्पहानी शरणार्थी पाज पर टूट पड़े और उन्होंने उन्हें बाहर फेंक दिया। पाज के शब्दों में, 'बाहर सड़क पर मैं पिटा और टूटा अनुभव कर रहा था, एक अपमानित वेटर की तरह, एक भर्राई घण्टी की तरह, एक पुराने धुँधला गए आईने की तरह।' इस उत्तेजना की तुलना में हमारे लेखक-समाज में होने वाले झगड़े कुछ दयनीय और हास्यास्पद-से लगते हैं। कम से कम मुझे ऐसा और कोई प्रसंग नहीं मालूम जिसमें दो नोबेल पुरस्कार प्राप्त कवियों के बीच हाथापाई की नौबत आई हो। यह जानना फिर भी अच्छा है कि लेखक अन्ततः फरिश्ते नहीं, मिट्टी और पानी-आँसू से बने लोग ही होते हैं।

(18 जून, 2000)

अनिवार्य पन्त

बीसवीं शताब्दी के अन्त के साथ ही सुमित्रानन्दन पन्त की जन्मशती पड़ना निरा संयोग नहीं है : उसमें कहीं यह निहितार्थ भी है कि इस शताब्दी में जो लेखक हिन्दी भाषा पर व्याप्त रहे हैं उनमें निश्चय ही पन्त हैं बल्कि जिन मूर्धन्यों ने हमारे लिए इस शताब्दी को रचा-गढ़ा और उसे समझने-सहने की शक्ति दी उनमें पन्त शामिल हैं।

यह भी निर्विवाद-सा है कि छायावाद कविता के लिए इस शताब्दी का स्वर्णयुग था। अब, इतने बरसों बाद और कविता की संवेदना और भूगोल के अप्रत्याशित विस्तार के बाद, यह स्पष्ट दीख पड़ता है कि छायावाद

स्वाधीनता, मुक्ति और व्यक्तित्व के आग्रह के कविता में केन्द्रीय होने का युग था। हालाँकि छठवें दशक के शुरू में पन्त के अपने पहले निराला व्याख्यान में यह कहने पर कि नई कविता छायावाद का विस्तार है, हम सभी चौंके और नाराज हुए थे पर उसमें काफी सच्चाई है। छायावाद का ऐसा ऊर्जस्वी वितान न होता तो आज कविता में कुछ भी कह पाने का साहस, अपने समय और दृष्टि पर सत्याग्रह करने का जोखिम और सारे संसार को कविता के परिसर में शामिल करने का उदग्र उद्यम सम्भव न होता। यह अकारण नहीं हो सकता कि अनेक नए कवि इधर बिना किसी हिचक या संकोच के अपने को किसी छायावादी मूर्धन्य से जोड़ते रहे हैं।

पन्त की काव्यसम्पदा विपुल है : छायावादियों में उन्होंने सबसे अधिक और सबसे लम्बे समय तक कविताएँ लिखी हैं। लगभग अबोध विस्मय से आरम्भ कर उनका कविता-संसार दार्शनिक अभिप्रायों और आध्यात्मिक चिन्ताओं तक जाता हुआ संसार है। हर कवि, वह कितना ही बड़ा क्यों न हो और पन्त एक बड़े कवि हैं इसमें क्या संशय, अपनी यात्रा में कई मुकाम और पड़ाव तय करता है। लेकिन बाद में उनमें से कई स्वयं उसके लिए और प्रायः दूसरों के लिए पीछे छूट जाते हैं, मुबहम हो जाते हैं। इस बीच यानि पन्त के बाद कविता की रुचि बेहद बदल गई है बल्कि वह तो उनके रहते भी खासी बदल चुकी थी और इस बदली हुई रुचि और संवेदना से पन्त स्वयं प्रतिकूल हुए थे। आसान नहीं था लेकिन दो छायावादी मूर्धन्यों– निराला और पन्त ने अपने छायावादी मुहावरों का जोखिम उठाकर, पर बड़ी खरी पारदर्शिता के साथ पुनराविष्कार किया था।

पन्त की कविता पढ़ना इन दिनों अपने जीवन और भाषा में विस्मय के पुनर्वास की सम्भावना से दो-चार होना है। पन्त की कविता उनकी गहरी ऐन्द्रियता से भी निकली थी : उसमें शास्त्रीय गरिमा और लोक उच्छलता, दोनों संग्रथित थीं। आज उनकी कविता को पढ़ने से हम खड़ी बोली में ऐन्द्रियता के मूल का संस्पर्श करने की ओर बढ़ते हैं। खड़ी बोली के खड़ेपन के बावजूद उसमें कविता के उपयुक्त अन्तःसंगीत विन्यस्त कर पाना आसान नहीं, लगभग क्रान्तिकारी काम था जो पन्त ने बड़ी सूझबूझ और कल्पनाप्रवणता के साथ किया था। यह काम उनकी कविता में अपनी अनेक छटाओं में है। उसे देखना खड़ी बोली की लयात्मक सम्भावनाओं और उलझनों का साक्षात् करना है और स्वयं आज कविकर्म के सामने मौजूद चुनौतियों की बेहतर समझ की ओर बढ़ना है।

कविता कहीं न कहीं भाषा में स्मृति का पुनर्स्संयोजन और शब्द की सम्भावनाओं का अप्रत्याशित विस्तार है। हमारा समय कई अर्थों में

स्मृतिक्षीण और शब्ददरिद्र समय है। ऐसे समय में पन्त एक प्रतिकल्प की तरह उभरते हैं। उनकी कविता में हमारी लम्बी भारतीय कविता और सौन्दर्यबोध की असमाप्य अनुगूँजें हैं जिनमें एक साधारण जीवन क्रिया भी अदम्य शास्त्रीय अर्थाभा से भर जाती है। पन्त ने सैंकड़ों नए शब्द गढ़े और उनमें से अनेक का काव्यप्रवेश ही उनके बहाने पहली बार हुआ होगा। शब्द से कविता गढ़ना और कविता के लिए उपयुक्त और नए शब्द खोजना-गढ़ना, सच्चे कविकर्म का जरूरी हिस्सा है—पन्त-काव्य पढ़ना, कविकर्म का ऐसा अटूट और अकाट्य, समृद्ध और उत्तेजक, अप्रत्याशित लेकिन अनिवार्य साक्ष्य देखना है।

कविता हमेशा ही स्थानीय और सार्वभौम, दोनों को साधने को चेष्टा करती है बल्कि शायद यह कहना अधिक उपयुक्त होगा कि कविता स्थानीय से सार्वभौम को छूने की चेष्टा करती है, सार्वभौम को स्थानीय बनाने का यत्न भी। पन्त के यहाँ यह साधना, अपनी पूरी उदात्तता के साथ व्यक्त हुई है। कौसानी, कूर्मांचल, कालाकांकर आदि की इतनी सारी निपट स्थानीय छवियाँ उनकी कविता में हैं। इस पर ध्यान शायद कम गया है कि बचपन की यादें और धरती में पैसे बोने जैसी हरकतें अपनी पूरी ऐन्द्रियता में जितनी पन्त के यहाँ हैं उतनी किसी अन्य छायावादी के यहाँ नहीं हैं।

(25 जून, 2000)

किंवदन्ती से हट कर

सब चुप, साहित्यिक चुप और कविजन निर्वाक
चिन्तक, शिल्पकार, नर्तक चुप हैं;
उनके खयाल से यह सब गप है
मात्र किंवदन्ती।

इन पंक्तियों में भले आज से पच्चीस साल पहले लगे आपातकाल का चित्रण नजर आता हो, ये पंक्तियाँ मुक्तिबोध ने उस अँधेरे अन्तराल के लगभग पन्द्रह वर्ष पहले अपनी प्रसिद्ध लम्बी कविता 'अँधेरे में' में लिखी थीं जिसमें एक तरह से इस आपातकाल का पूर्वाभास मानो उन्हें हो गया था। आपातकाल के दौरान भोपाल में लेखकों और कलाकारों का एक बड़ा आयोजन हमने किया था जिसमें 'अँधेरे में' कविता से उत्प्रेरित दो चित्रकारों—सचिदा नागदेव और सुरेश चौधरी के चित्रों की एक प्रदर्शनी लगाई गई थी। उसके कैटलॉग में ऊपर का कवितांश का

उद्धरण मुखड़े के रूप में दिया गया था। उस आयोजन के दौरान अन्यथा बेहद शान्त और सौम्य चित्रकार रामकुमार ने अप्रत्याशित आक्रामकता से कहा था कि अगर राजनीति ने हमारी कला को नियन्त्रित करने की कोशिश की तो हम अपनी कला जारी रखने के बजाय आत्महत्या करना पसन्द करेंगे। मध्यप्रदेश में उन दिनों लगभग सोलह हजार लोग गिरफ्तार हुए थे जो कि किसी भी राज्य से बढ़ कर रिकॉर्ड था लेकिन उनमें एक भी लेखक या बुद्धिजीवी नहीं था। व्यवस्था-विरोध को अपनी रचना का मूलाधार मानने वाले और अपनी रचना में नक्सली हिंसा और क्रान्ति को खुला समर्थन देने वाले लेखकों को भी अपने ही आतंक से लगभग बौराई सत्ता ने खतरनाक नहीं पाया था। कलेक्टर या किसी छुटभैया नेता का विरोध करने वाला पत्रकार तो खतरा माना जा रहा था, लेखक नहीं। यह लेखकों के प्रति किसी उदारता या संवेदनशीलता का प्रमाण उतना नहीं था जितना उनके प्रति उदासीनता का। मुझे याद है कि उसी दौरान मध्यप्रदेश शासन द्वारा स्थापित मुक्तिबोध फैलोशिप पहली बार विनोद कुमार शुक्ल को दी गई जिसके अन्तर्गत उन्होंने अपना पहला और हिन्दी में एक क्लॉसिक माना जाने वाला उपन्यास, 'नौकर की कमीज' लिखा था।

लेखकों की राजनीति की समझ पर यहाँ तक कि व्यवस्था की समझ पर हमेशा ही सन्देह किया जाना चाहिए। बीसवीं शताब्दी के इतिहास से ऐसे बीसियों उदाहरण दिए जा सकते हैं—सैलीन, एजरा पाउण्ड, ईलियट, रिल्के आदि—कि गलत राजनीति का समर्थन कर या राजनीति की गलत समझ के बावजूद मूल्यवान और उत्कृष्ट साहित्य रचा गया है। इसका अर्थ यह भी है कि हमारे समय में मनुष्य की नियति अपने को राजनीति के माध्यम से ही व्यक्त करती है इस धारणा पर हमें पुनर्विचार करना चाहिए। आपातकाल ही लें : उस 'अनुशासन पर्व' में श्रीकान्त वर्मा और हरिशंकर परसाई जैसे लेखक आपातकाल के समर्थन में थे, रघुवीर सहाय जैसे लेखक भयातुर थे और निर्मल वर्मा जैसे लेखक विरोध में थे। अधिकांश वामपंथी लेखक चुप थे या साथ थे। यह देखना दिलचस्प होगा कि उन दिनों किस तरह का वैचारिक प्रतिरोध या 'सब्वर्शन' उन पत्रिकाओं ने किया जिनके सम्पादक हमारे बड़े लेखक थे मसलन 'धर्मयुग' (धर्मवीर भारती), 'दिनमान' (रघुवीर सहाय) और 'आलोचना' (नामवर सिंह)। इनके बरक्स अज्ञेय द्वारा सम्पादित 'नया प्रतीक' की सामग्री देखी जाए या कि 'पूर्वग्रह' की। मुझे याद है कि मेरे लाख समझाने के बावजूद मेरे घनिष्ठ मित्र रमेशचन्द्र शाह भोपाल के आयोजन में शामिल नहीं हुए थे जबकि मैंने उन्हें भरोसा दिलाया था कि उन्हें अपनी बात पूरी निर्भीकता से रखने की पूरी स्वतन्त्रता होगी।

पच्चीस वर्ष बाद आपातकाल दूर का मामला लगता है। उसमें किसने

क्या-क्या नहीं किया– इसकी चीर-फाड़ करना किसी हद तक व्यर्थ भी लगता है। हममें से अधिकांश किंकर्तव्यविमूढ़ थे, हमारी समझ गलत या सतही निकली और हम कुल मिला कर कायर सिद्ध हुए। पर अपनी इस भयानक भूल को इसलिए आज याद करना जरूरी है कि आज फिर कुछ लोग अपनी राजनैतिक समझ से दूसरों को पीटने का दयनीय उद्यम कर रहे हैं और 'भेड़िया आया' का नारा बुलन्द कर रहे हैं। यह नहीं कि हमारे समाज में धार्मिक उन्माद और साम्प्रदायिक शक्तियों का बढ़ता हुआ प्रभाव और आतंक नजरअन्दाज किया जा सकता है। न ही यह कि साहित्य जिन बृहत्तर मानव मूल्यों के लिए समर्पित है, उन पर हो रहे आघातों और प्रहारों को हँस कर या आसानी से टाला जा सकता है। लेकिन अगर विचारधाराओं ने बीसवीं शताब्दी में अत्याचार और दमन में योगदान किया है और उनमें से कई मनुष्य की समता और स्वतन्त्रता के अपने घोषित लक्ष्य को भूल चुकी हैं तो उनके अलंबरदारों की यह नैतिक जिम्मेदारी और बौद्धिक कर्तव्य बनता है कि वे अपनी भूलों का विश्लेषण करें और अपनी चूकों को स्वीकार बताएँ कि फिर कट्टरता और उन्माद के विरोध में वैसा ही संकीर्ण और लक्ष्यच्युत अभियान नहीं शुरू कर रहे हैं। साहित्य की अदालत में सिर्फ आत्माभियोग की इजाज़त होती है। श्रीकान्त वर्मा ने अपनी एक कविता 'प्रक्रिया' में कहा है :

मैं क्या कर रहा था
जब सब जयकार कर रहे थे।
मैं भी जयकार कर रहा था–
डर रहा था
जिस तरह
सब डर रहे थे।

बिना यह माने कि हमने जयकार की थी, कि हम कायर और डरे हुए थे, हमको हक नहीं है कि हम दूसरों को कठघरे में खड़ा करें। बाइबिल ने कहा : फैसला मत दो क्योंकि तुम पर भी फैसला दिया जाएगा।

(25 जून, 2000)

एशिया में पहल

यह कई बार प्रगट हो और कहा जा चुका है कि भारत में स्वतन्त्रता की अधसदी के बाद भी बाकी और सक्रिय उपनिवेशवाद का एक दुष्फल यह है कि हम अपनी एशिया अस्मिता से पूरी तरह से गाफिल हैं।

स्वतन्त्रता के पहले तो रवीन्द्रनाथ ठाकुर जैसे मूर्धन्य ने नोबेल पुरस्कार से नवाजे जाने वाले पहले एशियाई लेखक होने के नाते और शान्ति निकेतन के माध्यम से चीन, जापान आदि देशों से अपने प्राचीन सांस्कृतिक सम्बन्धों को फिर अनुप्राणित करने की चेष्टा की थी। बाद में अज्ञेय ने भी कुछ सुविचारित प्रयत्न किया। लेकिन इधर के बरसों में कुल मिला कर भारतीय साहित्य-जगत और एशियाई साहित्य-जगत में कोई सक्रिय और सप्राण अन्तस्सम्बन्ध नहीं रह गया है। मुश्किल से हम इण्डोनेशियाई, मलेशियाई, थाई या वियतनामी लेखकों या कृतियों के नाम तक जानते हैं। हम दयनीय ढंग से यूरोकेन्द्रित हैं। मुझे यह जानकर थोड़ा अचरज हुआ कि जापान की भी यही हालत रही है। नोबेल पुरस्कार से सम्मानित जापानी लेखक केजाबूरो ओए ने अपने एक व्याख्यान में बताया है कि यूरोकेन्द्रित होकर विशेष कुछ न अर्जित करने के बाद जापानी साहित्य ने भी अपनी जड़ों की ओर लौटने और अपनी एशियाई पहचान को खोजने का उपक्रम शुरू किया, जो अभी जारी है। उन्होंने इस सिलसिले में जापानी लेखकों के दक्षिण कोरिया और फिलीपींस से सम्बन्ध का जिक्र किया है। अगर यह एक प्रवृत्ति है भी तो उसकी भारत या चीन से दूरी अलक्षित नहीं की जा सकती। इतना पर तय है कि इस तरह की सुगबुगी कई एशियाई देशों में है। यही वह मुकाम है जब नई पहल की जरूरत है।

सबसे पहले तो एशियाई देशों में लेखकों और साहित्य के आदान-प्रदान का एक बड़ा और दीर्घकालीन कार्यक्रम लागू करना चाहिए। जैसे कोलम्बो प्लान है, या कि अफ्रीका फण्ड, वैसे ही एशियाई कोष बनना चाहिए। दूसरे, इस क्षेत्र में सबसे अधिक बहुभाषी देश होने और भाषाओं की बहुलता को बरतने के लम्बे अनुभव को स्वयं उचित महत्त्व देते हुए भारत को एशियाई कलाओं और साहित्य का एक केन्द्र स्थापित करना चाहिए। मैंने, संयोगवश, यह प्रस्ताव ग्यारह बरसों पहले किया था। कहीं एक आश्रमनुमा परिसर बनाया जाए जहाँ हर वर्ष वर्ष भर के लिए एशियाई देशों से पच्चीस लेखकों और कलाकारों को अपने मनपसन्द प्रोजेक्ट पर काम करने के लिए वृत्तियाँ दी जाएँ। कई बार लगता है कि अगर यह बात 1989 में मान ली गई होती तो अब तक एशिया के विभिन्न देशों में लगभग ढाई सौ भारतप्रेमी लेखक और कलाकार होते। तीसरे, भारत को एक करोड़ रुपए की राशि का एक एशियाई साहित्य पुरस्कार स्थापित करना चाहिए : उसे आदिकवि वाल्मीकि के नाम पर दिया जा सकता है। अगर लगभग सौ वर्षों में नोबेल कुल तीन बार एशियाई लेखकों को मिला है तो स्वयं एशिया अपना विश्व-प्रतिमान क्यों न विकसित करे? चौथे, भारत में एशियाई भाषाओं के और अन्य एशियाई देशों में भारतीय भाषाओं और साहित्य के विभागों को सशक्त और उनका विस्तार

करना चाहिए। पाँचवें, एशियाई भाषाओं के भूमण्डलीकरण और सूचना-प्रौद्योगिकी की चुनौतियों से निपटने के लिए एक वैज्ञानिक और सुचिन्तित कार्यक्रम बनाना और उस पर आपसी सहयोग कर अमल करना चाहिए। छठे, एशियाई लेखक सम्मेलन, एशियाई कला वार्षिकी, एशियाई नृत्य-संगीत समारोह, एशियाई फिल्म समारोह, एशियाई रंग समारोह आदि का एक सिलसिला शुरू करना चाहिए। सातवें, बारी-बारी से किसी देश की राजधानी को एशिया की, वर्ष भर या छह महीनों के लिए, सांस्कृतिक राजधानी घोषित कर सब एशियाई देशों को उस दौरान वहाँ अपनी श्रेष्ठ गतिविधियाँ एकाग्र करनी चाहिए। आठवें, टेलीविजन और रेडियो कार्यक्रमों के आदान-प्रदान, संयुक्त फिल्म-निर्माण आदि को बढ़ावा देना चाहिए। नवें, एशियाई साहित्य, कलाओं और संस्कृति पर केन्द्रित पत्रिकाओं की एक श्रृंखला विभिन्न देशों में शुरू की जानी चाहिए। यह सूची चतुर-सुजान निश्चय ही आगे बढ़ा सकते हैं पर जरूरी है कि जल्दी ही पहल की जाए। हमारी अन्तर्राष्ट्रीय स्तर पर अगर कोई संस्कृति-नीति हो तो यह सब उसका हिस्सा हो सकती हैं, सिवाय इसके कि इसे जितना गैर सरकारी स्तर पर किया जाए, नतीजे उतने ही अच्छे निकलेंगे।

(9 जुलाई, 2000)

भाषाओं की चिन्ता

भारतीय भाषाएँ खतरे में हैं, यह बात कई मंचों से इधर लगातार कही जा रही है। इस खतरे को लेकर कोई विशेष सक्रियता, इसके बावजूद, दिखाई नहीं देती। जाहिर है कि विशेषतः हिन्दी के सम्बन्ध में किसी तरह की भाषाई पहल करने का मामला कुल मिला कर इतने दयनीय रूप से राज्य पर छोड़ दिया जाता रहा है कि व्यापक समाज में हिन्दी को लेकर एक तरह का अरण्यरोदन तो है, अपनी जिम्मेदारी का कोई सजग अहसास नहीं। अगर हिन्दी को साधारण लोग, अध्यापक और पत्रकार, वकील और मजदूर, बुद्धिजीवी और चिन्तक, स्त्रियाँ और बच्चे नहीं बचाएँगे, जिनका अपनी मातृभाषा को बचाना सहज धर्म होना चाहिए, तो उसे राज्य नहीं बचा सकता बल्कि उस हालत में, यानि व्यापक सामाजिक निष्क्रियता की हालत में, राज्य उसे बचाना नहीं चाहेगा। आखिर अनेक हिन्दीभाषी राज्यों में जो भयावह और तेज सांस्कृतिक क्षरण हो रहा है, शास्त्रीय-संगीत-नृत्य, रूपंकर कलाओं और रंगमंच आदि का लोप हो रहा है उसे लेकर कौन-सा राज्य चिन्तित है? उत्तर प्रदेश को खबर ही नहीं होगी कि आगरा, अतरौली, बनारस, लखनऊ आदि के प्रसिद्ध

घराने उसके भूगोल से स्थानान्तरित और गायब हो चुके हैं।

भारतीय भाषा परिषद्, कलकत्ते द्वारा दिल्ली में आयोजित एक परिसंवाद में यह स्पष्ट हुआ कि भले अन्य भाषाभाषी क्षेत्रों में सांस्कृतिक क्षरण वैसा न हो, जैसा दुर्भाग्य से हिन्दी में हो रहा है, मातृभाषाओं की अवज्ञा का संकट सभी जगह एक जैसा विकराल और सार्वजनिक है। सभी जगह इस बात का तीखा और यथार्थपरक अहसास है कि मातृभाषाओं की समस्या राजनीति और सत्ता के एजेण्डे में नहीं है। इस सन्दर्भ में बंगाल में वहाँ के कुछ बुद्धिजीवियों, नागरिकों और लेखकों द्वारा बांग्ला के पक्ष में शुरू किया गया अभियान प्रासंगिक है। अंग्रेजी के बढ़ते वर्चस्व का प्रतिरोध कोई एक भाषा नहीं कर सकती। वह एक संयुक्त अभियान ही हो सकता है। परिसंवाद में यह कहा गया कि विभिन्न भारतीय भाषाओं का विकास अलग-अलग क्षेत्रों के अपने-अपने विशिष्ट सांस्कृतिक नवजागरण के फलस्वरूप हुआ है और आज भी ऐसी साझेदारी ही मिल कर अखिल भारतीयता पा सकती है। आज फिर इस तरह के जागरण की जरूरत है : यह बात फिर ध्यान में रखने की है कि पहले के जागरण भी आधुनिकता को आत्मसात् कर अपनी निरन्तरता पर आग्रह करने वाले आन्दोलन थे। हमारी भाषाओं को भी नई प्रौद्योगिकी को स्वायत्त कर अपनी लड़ाई लड़नी होगी। इसकी चिन्ता हम अब नहीं तो कब करेंगे कि हिन्दी का राजभाषा बनना तो दूर, मातृभाषा के रूप में बचे रहना ही संकट में है? हम सभी इसी मातृभाषा की सन्तानें हैं और हम नहीं तो उसे कौन बचाएगा?

(9 जुलाई, 2000)

युवाओं को अधेड़ सलाह

अवसर था अकादेमी में प्रशिक्षण पा रहे आई.ए.एस. के प्रशिक्षणार्थियों से संस्कृति और विरासत पर चर्चा करने का। मैंने कौत्य ऋषि के वेदों के निरर्थक होने की घोषणा, कूड़ीअट्टम की एक हजार बरसों से अटूट भास के नाटकों के अभिनय की चाक्यार-परम्परा, ध्रुपद में होने वाले मनुष्य की आवाज के विलक्षण अमूर्तन, गुरुवायूर के मन्दिर से लेकर मणिपुर तक फैली गीतगोविन्द की उपस्थिति, असम साहित्य सभा के वार्षिक अधिवेशनों में आज भी होने वाली डेढ़ लाख भाषाप्रेमियों की शिरकत, बिना पश्चिम के रत्ती भर प्रभाव के गालिब में जाहिर भारतीय आधुनिकता आदि कई बिम्बों से एक मानचित्र बनाते हुए इन युवाओं को यह समझाने की कोशिश की कि भारतीय संस्कृति की निरन्तरता

संसार में अद्वितीय है और वह इसलिए अटूट है कि वह प्रथमतः और अन्ततः जन पर आधारित है, राज्य या उसके सेवकों पर नहीं। लेकिन यह भी सही है कि भारत में आधुनिक पुरातत्त्व, नृतत्त्व, व्याकरण, लोकसंग्रह आदि अनेक क्षेत्रों की शुरुआत सिविल सेवकों द्वारा ही की गई है। सिविल सेवक अगर सच्ची जिज्ञासा, अचूक विनय और कल्पनाशील संवेदना के साथ अपनी विरासत बचाने के उद्यम में, अपना बाकी काम बखूबी करते हुए, कुछ योगदान देते हैं तो यह उन्हें आत्मसमृद्ध, सर्जनात्मक और अन्ततः अधिक सिविल बना सकता है। उन्हें बिना किसी औपचारिक संगठन के, विरासत के लिए एक अखिल भारतीय स्वयंसेवी संस्था के रूप में कार्य कर सकना चाहिए। वे स्थानीय कला-परम्पराओं के आत्मविश्वास को वापस लाने में मददगार हो सकते हैं और विकास, साक्षरता, परिवार कल्याण, पर्यावरण-संरक्षण आदि के अनेक कार्यक्रमों को संस्कृति और विरासत से जोड़ कर अधिक प्रभावशाली और टिकाऊ नतीजे प्राप्त कर सकते हैं। बहुत कुछ नष्ट हो गया है लेकिन फिर भी बहुत सारा बचा हुआ है जिसे अब तेजी से फैलता बाजारूपन और मध्यवर्गीय फूहड़ता नष्ट कर रही है : सिविल सेवक को इस क्षति का प्रतिरोध करने वाली शक्तियों की मदद कर सकना चाहिए। सबसे बड़ी बात यह है कि संस्कृति उसे सत्ता और शक्ति की भाषा से अलग एक अधिक मानवीय भाषा में संवाद करने का अवसर देती है और एक तरह की मुक्ति का भी, जो उसके लिए सरकारी नौकरी के सत्ता-गणित में हरदम बँधे रहने के कारण बहुत जरूरी है और अन्यथा प्रायः नहीं मिलती। मैंने विस्तार से उन्हें अपने अनुभव बताए और अपनी अनेक विफलताएँ भी। यह दावा भी किया कि बिना कोई सैद्धान्तिक समझौता किए, स्वाभिमान और साहस के साथ, इस संवेदनशील क्षेत्र में कुछ टिकाऊ करने का जो अवसर मुझे मिला वह सिविल सेवक के लिए सच्चे सौभाग्य की बात है। मैं नहीं जानता कि इस बतकही का क्या-कितना असर हुआ। युवा लोग, उचित ही, अधेड़ सलाह को शक की नजर से देखते हैं।

(16 जुलाई, 2000)

'बादल को घिरते देखा है'

मसूरी बादलों से घिरी थी और मुझे याद आया कि अपने बचपन में, अपने घर में, अपने ताऊ स्वर्गीय आनन्दमोहन वाजपेयी के नाम निरालाजी का अत्यन्त सुन्दर लिपि में लिखा गया एक पत्र देखा था जो उन्होंने मसूरी से लिखा था। उसमें जिक्र था कि कैसे मसूरी में बादल खिड़कियों

से गृहप्रवेश कर जाते हैं। मैंने इतने बरसों बाद फिर यह दृश्य देखा। कैम्पटी प्रपात जाते हुए तो हम सड़क पर ही कई बार बादलों से घिर गए। मसूरी में दो-ढाई दिनों का रहना बादलों से घिरे रहना हुआ। मुझे बार-बार नागार्जुन की कविता 'बादल को घिरते देखा है' याद आती रही। हिमाचल की जैसी मनोरम और शास्त्रीय छवियाँ उस कविता में हैं, वैसी हिन्दी कविता में अन्यत्र दुर्लभ ही हैं :

नरम निदाग बाल-कस्तूरी
मृगछालों पर पलथी मारे
मदिरारुण आँखों वाले उन
उन्मद किन्नर-किन्नरियों की
मृदुल मनोरम अँगुलियों को
वंशी पर फिरते देखा है,
बादल को घिरते देखा है।

जो लेखक पहाड़ से आते हैं, मसलन सुमित्रानन्दन पन्त, चन्द्र कुमार बर्त्वाल, निर्मल वर्मा, मनोहरश्याम जोशी, रमेशचन्द्र शाह आदि, उनके यहाँ पहाड़ों की छवियाँ स्वाभाविक हैं लेकिन मसूरी के कम्पनी बाग के पास देवदारुओं की छटा देखते हुए मुझे ख्याल आया कि पहाड़ों के प्रति अज्ञेय के मन में भी बेहद आकर्षण था। असम से लेकर उत्तरांचल तक के पर्वतीय प्रदेश पर उन्होंने बहुत सारी कविताएँ लिखी हैं। मुझे अज्ञेय द्वारा 1944 में शिलांग में लिखी यह कविता याद आई :

एक दिन देवदारु-वन बीच छनी हुई
किरणों के जाल में से साथ तेरे घूमा था।
फेनिल प्रपात पर छाए इन्द्र-धनु की
फुहार तले मोर-सा प्रमत्त-मन झूमा था
बालुका में अंकी-सी रहस्यमयी वीर-बहू
पूछती है रव-हीन मखमली स्वर से :
याद है क्या, ओट में बूरूंस की प्रथम बार
धन मेरे, मैंने जब ओठ तेरा चूमा था?

जैसे-जैसे हमारी कुरुचि, फूहड़पन और निरन्तर शिथिल होती चाक्षुष कल्पना से हमारा भूगोल बिगड़ता जाएगा, वैसे-वैसे हम कई सुरम्यताएँ, बल्कि शहर और बस्तियाँ तक साहित्य में ही पहचान पाएँगे क्योंकि वहीं उनकी मूल छवियाँ, फिर भी, बची रहेंगी। साहित्य का एक जरूरी काम मनुष्य के लिए वह सब भी बचा रखना है जिसे स्वयं मनुष्य या समय नष्ट करता जाता है। इस प्रसंग में नीत्शे की यह उक्ति याद आती है : 'हमारे पास कला है ताकि हम सत्य द्वारा निष्प्राण न किए जा सकें।'

(16 जुलाई, 2000)

क्यों और कैसे पढ़ें

हिन्दी में हर वर्ष लगभग 16 हजार पुस्तकें छपती हैं। इनमें से अधिकांश साहित्य न भी होंगी। फिर भी अगर साहित्य की हर वर्ष दो-तीन हजार पुस्तकें प्रकाशित होती हैं तो उसमें से किनको और कैसे पढ़ा जाये यह सवाल बना रहता है। फिर इतना सारा पुराना साहित्य है : उसमें से हम क्या और कैसे चुनें? फिर पढ़ना निरा भौतिक पढ़ना भर तो नहीं हो सकता : समझ और संवेदना के साथ कैसे पढ़ा जाये? पढ़ते हुए मन में कई चीजें जुड़ती चलती हैं–अपने अनुभव की स्मृतियाँ, अन्य रचनाओं की अनुगूँज आदि। उन सबको किसी सार्थक अनुभव में कैसे विन्यस्त किया जाये? इस सबमें हमारी मदद कर सकती है आलोचना। अक्सर वह करती नहीं है, यह और बात है। आलोचना का बुनियादी काम ही है देखना और दिखाना।

विश्वविख्यात अमेरिकी आलोचक हैरोल्ड ब्लूम अब सत्तर से ऊपर की उमर के हो गये हैं। कइयों को याद होगा कि हैरोल्ड ब्लूम ने कुछ बरसों पहले बाइबिल और शेक्सपियर पर अपने विशाल कार्य के बाद यह कहा था कि सारी पश्चिमी मनोरचना जिन दो शक्तियों ने रूपायित की है वे हैं बाइबिल और शेक्सपियर। उनकी एक नयी पुस्तक आयी है 'कैसे पढ़ें और क्यों' (हाउ टु री एण्ड व्हाई)। ब्लूम का कहना है कि सत्तर के बाद ने तो खराब ढंग से रहना चाहिए, न ही खराब ढंग से पढ़ना चाहिए। इस उक्ति पर अपने लिए बढ़त कर सोचा जा सकता है कि हमारे यहाँ ऐसे वयोवृद्ध कितने आलोचक हैं जो हमें अच्छी तरह से पढ़ने में मदद करें और जो न खराब रहें, न खराब ढंग से पढ़ें? ऐसे कितने हैं जो उमरदराज होने पर अपने पढ़ने की आदत कुछ बदल दें, अपना दायरा कुछ वसी और अपनी नजर कुछ विनय भरी कर दें?

ब्लूम ने एक और गहरी बात कही है। उनके अनुसार 'शेक्सपियर आपको अधिक पूर्ण के साथ पढ़ता है बजाय आपके उसे पूर्णता के साथ पढ़ने के।' कहने को तो यह एक आप्तवचन जैसा है लेकिन उसमें एक आलोचक की एक महान कृतिकार के सामने गहरे विनय की भी अभिव्यक्ति है और पढ़ने का एक दुहरी जटिल प्रक्रिया होने का इजहार भी। वह हमेशा ही शायद कम पढ़ता है जो एक महान कृति को स्वयं को पढ़ने नहीं दे पाता।

आलोचना का सम्बन्ध पढ़ाई से भी गहरा रहा है। संसार की प्रायः सभी भाषाओं में आलोचक अधिकांशतः अध्यापक भी होते हैं और आलोचना ज्यादातर अकादेमिक विभागों में की जाने वाली जरूरी और उपयोगी गतिविधि है। जब-तब उस पर यह लांछन भी लगता रहा है कि वह

अध्यापकों का मामला है जो रचना-कर्म की जीवन्तता से प्रायः दूर का सम्बन्ध रखते हैं और इसलिए उसका मर्म समझने में कोताही करते रहते हैं। जो भी हो, ब्लूम स्वयं एक प्रसिद्ध अध्यापक रहे हैं। हमारे यहाँ भी कई बड़े आलोचक जैसे रामचन्द्र शुक्ल, नन्द दुलारे वाजपेयी, हजारीप्रसाद द्विवेदी, रामविलास शर्मा, नगेन्द्र, विजयदेव नारायण साही, नामवर सिंह, रघुवंश आदि अध्यापक रहे हैं। इसकी कोई पड़ताल विस्तार से नहीं हुई है कि हमारे आलोचक अध्यापकों की अध्यापन शैली कितनी सरस-सार्थक और प्रेरक रही है। उन्होंने अपने छात्रों को कैसे और क्यों पढ़ने में कितनी मदद की है? ऐसा प्रभाव क्यों पड़ता है कि हमारे साहित्य के अध्यापन में कहीं न कहीं कोई कमी है कि साहित्य के ज्यादातर छात्र अपना कोर्स पूरा करने के बाद साहित्य में दिलचस्पी लेना प्रायः बन्द कर देते हैं और वह उनकी जिन्दगी में कोई खास जगह नहीं बना पाता। यह अटकल लगाना भी दिलचस्प हो सकता है कि अगर हमारे कुछ गैर-अध्यापक आलोचक जैसे कुँवर नारायण, श्रीकान्त वर्मा, रघुवीर सहाय, निर्मल वर्मा आदि अगर अध्यापक भी होते तो हिन्दी अध्यापन में क्या फर्क पड़ता?

(23 जुलाई, 2000)

समाजशास्त्र और भारतीय भाषाएँ

प्रख्यात अर्थ और समाजशास्त्री डॉ. पूरनचन्द्र जोशी उन थोड़े- से हिन्दी बुद्धिजीवियों में हैं जिनका साहित्य और अपनी मातृभाषा से अनुराग अटूट रहा है। हिन्दी और अन्य भारतीय भाषाओं में समाजशास्त्रीय चिन्तन के अभाव पर उनसे बात हो रही थी। उन्होंने बताया कि बरसों पहले उन्होंने अपनी सबसे पहली पुस्तक 'भारतीय ग्राम' मूलतः हिन्दी में लिखी थी पर दिल्ली के इंस्टीट्यूट ऑफ इकोनॉमिक ग्रोथ में जब वहाँ के अध्यापकों द्वारा लिखी पुस्तकों की सूची बनाई जाती थी तो इस पुस्तक का उल्लेख हर बार, डॉ. जोशी के देने पर भी, हटा दिया जाता था। इंस्टीट्यूट के निदेशक का यह ख्याल था कि समाजशास्त्र की दुनिया मुख्यतः अंग्रेजी में सोचने-समझने वालों का मामला थी और उसमें किसी हिन्दी पुस्तक के उल्लेख का कोई अर्थ नहीं था। उन्हीं दिनों युवा और मँझोली आयु के कुछ जापानी समाजशास्त्रियों का एक दल भारत-यात्रा पर था और वे लोग डॉ. जोशी से मिलने आए। डॉ. जोशी की तब तक एकमात्र प्रकाशित पुस्तक, यही, हिन्दी में थी हालाँकि उन्होंने अंग्रेजी में कुछ लेख आदि लिखे थे। जापानी मण्डली ने यह जानना चाहा कि

डॉ. जोशी की पुस्तक वे कहाँ से खरीद सकते हैं। अपने निदेशक की जहनियत के प्रभाव में डॉ. जोशी ने ससंकोच कहा कि उनकी कोई पुस्तक अभी प्रकाशित नहीं है। इस पर एक जापानी समाजशास्त्री ने उन्हें बताया कि उनकी हिन्दी पुस्तक 'भारतीय ग्राम' उनके विश्वविद्यालय के अर्थशास्त्र और समाजशास्त्र विभागों में पाठ्य-पुस्तक के रूप में काफी दिनों से इस्तेमाल हो रही है। डॉ. जोशी ने यह जानकारी भी दी कि हिन्दी और अन्य भारतीय भाषाओं में समाजशास्त्रीय चिन्तन को प्रोत्साहित करने की उनकी कोशिश अंग्रेजीदां समाजशास्त्रियों की निपट उदासीनता के कारण सफल नहीं हो सकी। यह विडम्बना ही है कि समाजशास्त्री अकसर उन लोगों और समुदायों का अध्ययन, अनुसन्धान और विश्लेषण करते हैं जो स्वयं न तो अंग्रेजी जानते-बोलते हैं और न ही अंग्रेजी में रचे-खोजे सिद्धान्तों से उनका कोई जीवन्त सम्बन्ध होता है। यह विडम्बना और गहरा जाती है अगर हम याद करें कि पचास बरसों पहले, उदाहरण के लिए डॉ. जोशी के ही समाजशास्त्री अध्यापक डॉ. राधाकमल मुखर्जी, डॉ. धूर्जटी प्रसाद चट्टोपाध्याय और डॉ. निर्मल कुमार बसु सीधे और अकसर बांग्ला में लिखते थे और उनकी बाँग्लाभाषी समाज में बड़ी प्रतिष्ठा और लोकप्रियता थी। अब ज्यादातर भारतीय समाजशास्त्री सिर्फ अंग्रेजी में लिखते हैं।

हिन्दी में सीधे चिन्तन की धारा अगर सूख और निष्प्राण हो गई तो इसकी काफी जिम्मेदारी हिन्दी बुद्धिजीवी वर्ग और हिन्दी के उच्च शिक्षा संस्थानों की है। फिर, दुर्भाग्य से, इस बात पर वापस आना होगा कि हिन्दी को उसकी बुद्धि ने लगातार धोखा दिया है।

(30 जुलाई, 2000)

धर्मनिरपेक्षता : परम्परा और प्रश्न

पिछले कुछ बरसों से भारत में धर्मनिरपेक्षता को लेकर जो बहस हुई है उसमें अकसर कहा जाता रहा है कि यह अवधारणा मुख्यतः पश्चिमी होने की वजह से भारत के लिए लिए अप्रासंगिक है; कि वह पश्चिम-उद्भूत आधुनिकता का हिस्सा है जो भारतीय सच्चाई को हिसाब में नहीं लेती; कि उसके प्रयोक्ता और पक्षधर सब धर्मों को समान मानते हुए भी अल्पसंख्यक धर्मों पर जोर देते हैं और बहुसंख्यक धर्म की उपेक्षा करते हैं; कि भारतीय संविधान में इस अवधारणा के कारण जो प्रावधानों का जटिल समुच्चय किया गया है वह कभी भी ठीक और ईमानदारी से

कार्यान्वित नहीं किया गया है क्योंकि वह अव्यावहारिक है और लोकतन्त्र के बहुमत के सिद्धान्त की ही अवमानना करता है आदि। इण्डिया इण्टरनेशनल सेण्टर में युवा राजनैतिक दार्शनिक राजीव भार्गव ने इस आलोचना को ध्यान में रखकर धर्मनिरपेक्षता की अवधारणा और उसके मूल्यबोध को उचित परिप्रेक्ष्य में रखने-समझने की एक विचारोत्तेजक चेष्टा की।

डॉ. भार्गव ने कहा कि धर्मनिरपेक्षता की धारणा मुख्यतः इस विचार पर आधारित है कि राजनैतिक संस्थाओं और धार्मिक संस्थाओं के बीच अलगाव होना चाहिए और समाज को किसी दैवी नियम से नहीं, मनुष्य-निर्मित कानून से व्यवस्थित किया जाना चाहिए। सामाजिक और राजनैतिक व्यवस्था का नियामक किसी पुरोहित, समुदाय या चर्च को नहीं, राजनैतिक-सामाजिक कर्मियों और राज्य को होना चाहिए। इस परिभाषा के अनिवार्य हिस्से के रूप में उन्होंने यह जोड़ा कि अपने आप में यह अलगाव कोई महत्त्व नहीं रखेगा और निरी वर्चस्व की लड़ाई बनकर रह जाएगा अगर उसके साथ कम से कम तीन बृहत्तर मूल्यों की स्थापना की इच्छा न हो। पहला मूल्य है नागरिक शान्ति, जिसका आशय यह है कि विभिन्न समुदायों के बीच संघर्ष की बजाय सद्भाव, परस्पर सहयोग और समझ। दूसरा मूल्य है धार्मिक स्वतन्त्रता, जिसके अन्तर्गत न सिर्फ आपको अपना मनचाहा धर्म अपनाने-बरतने की आजादी होगी, बल्कि यह आजादी भी कि अगर आप किसी भी धर्म का पालन न करना चाहें तो आप ऐसा करने के लिए स्वतन्त्र हों। तीसरा मूल्य है, समता। यह मूल्य कानून ही नहीं, अन्य सभी सामाजिक संस्थाओं के सन्दर्भ में सभी नागरिकों की मूलभूत समता के अधिकार का आग्रह है। डॉ. भार्गव ने कहा कि धर्मनिरपेक्षता की अवधारणा अनिवार्य रूप से कम से कम इन तीन मूल्यों से जुड़ी है। उनके अनुसार, इन तीनों ही मूल्यों में ऐसा कुछ नहीं है जिन्हें मूलतः पश्चिम या भारत के लिए अप्रासंगिक कहा जा सके। बल्कि स्वतन्त्रता-संग्राम के दौरान इन मूल्यों को स्वतन्त्रता के लक्ष्य के रूप में ही स्वीकार किया गया था। यह ठीक है कि भारत में उसके मुख्य धर्म का कभी कोई चर्च नहीं रहा है। लेकिन धर्मनिरपेक्षता की परम्परा सिर्फ चर्च की राज्य के बरक्स उपस्थिति भर से नहीं जुड़ी है: उसका असली सम्बन्ध धार्मिक कशमकश से है जिसकी भारत में लम्बी परम्परा है। धर्मनिरपेक्षता का सम्बन्ध राज्य के आचरण से है : यह सम्भव है कि राज्य धार्मिक मामलों में बिलकुल हस्तक्षेप न करे और सभी धर्मों से समान दूरी बनाए रखे। लेकिन कभी ऐसा अवसर आ सकता है कि राज्य को हस्तक्षेप करना पड़े। तब अपेक्षा यह होगी कि वह ऐसा हस्तक्षेप किसी एक धर्म को लेकर ही न करे। एक धर्मनिरपेक्ष राज्य की जो अवधारणा हमारे संविधान में है उसमें अगर किसी सामाजिक या आर्थिक

पक्ष में कोई धर्म के अनुयायी दूसरे धर्मों के अनुयायियों से पिछड़े हैं तो उन्हें विशेष कदम उठाकर समकक्षता पर लाना भी एक कर्तव्य है। राजीव भार्गव के विश्लेषण से यह स्पष्ट हुआ कि धर्मनिरपेक्षता की अवधारणा लोकतन्त्र की बुनियादी अवधारणा से गहरे जुड़ी हुई है और बिना शान्ति, स्वतन्त्रता और समता के मूल्यों की चिन्ता के वह सम्भव नहीं। एक गहरी बात यह कि वह एक परिवर्तनकारी अवधारणा भी है जिसके सारे फलितार्थ हमारे यहाँ अभी तक पूरी तरह से न तो जाहिर हुए हैं, न समझे गए हैं।

(30 जुलाई, 2000)

धर्ममुक्त अध्यात्म

हमारे समय और समाज में धर्म एक ऐसा विषय हो गया है जिसके गम्भीर राजनीतिक और सामाजिक परिणाम निकल रहे हैं लेकिन बौद्धिक विमर्श के केन्द्र में वह नहीं है। धर्म और अध्यात्म लगभग पर्यायवाची मान लिये गये हैं और एक का जिक्र आते ही दूसरा अनिवार्यतः उपस्थित हो जाता है। किसी से यह अपेक्षा नहीं की जाती कि वह धार्मिक हो : सभी से यह अपेक्षा की जाती है कि वे धर्मनिरपेक्ष हों। लेखक अपने निजी जीवन में हो सकता है कि धार्मिक आचार-विचार रखते-करते हों पर उनकी साहित्य में धार्मिक होने पर मुमानियत-सी है। अध्यात्म-दृष्टि को भी प्रायः धार्मिक मान कर उसकी अवमानना होती है। अध्यात्म आपाततः जनविरोधी, पुराणपंथी और प्रतिक्रियावादी माना जाता है। साहित्य और कलाओं में अगर अध्यात्म की कोई चर्चा करे तो उसे दक्षिणपंथी राजनीति से जोड़ दिया जाता है। कुल मिला कर धर्म और अध्यात्म को लेकर हमारे साहित्यिक और सांस्कृतिक जगत में विचित्र घालमेल और दुचितापन है।

इस उलझे हुए सन्दर्भ में आलोचक पुरुषोत्तम अग्रवाल और आक्सफैम के दिलीप सीमियन की पहल पर हाल ही में दिल्ली के इण्डियन सोशल इन्स्टीट्यूट में 'धर्ममुक्त अध्यात्म' पर जो खुली बहस दो दिन चली वह कई अर्थों में इन अवधारणाओं के हमारे लिए नये और प्रासंगिक अर्थ खोलने वाली थी। सबसे दिलचस्प बात तो यह थी कि उसमें कुछ लेखकों के अलावा कई समाजकर्मी, धर्मवेत्ता, कबीरपंथी, इतिहासकार आदि शामिल हुए। दूसरे उसमें इन दोनों ही अवधारणाओं का कई दिशाओं में और से अर्थविस्तार हो पाया। तीसरे, यह स्पष्ट हुआ कि इन जैसे मुद्दों पर

विभिन्न अनुशासनों में सक्रिय लोगों और धर्मावलम्बियों के बीच संवाद, समझ और सहकार सम्भव है। चौथे, यह मतैक्य बना कि धर्म और अध्यात्म जैसे मुद्दों को राजनीति या नासमझों पर छोड़ देना अन्ततः हमारे लिए ही घातक होगा।

बौद्धिक और सर्जनात्मक विमर्श में धर्म की अवहेलना का एक परिणाम यह है कि अध्यात्म का भी अवमूल्यन हुआ है। यह कहने का पर्याप्त आधार है कि हमारे सामाजिक और सार्वजनिक जीवन में, शिक्षा और साहित्य में, अन्य सार्वजनिक अभिव्यक्तियों में अध्यात्म की अनुपस्थिति ने ही एक किस्म की सतही और छद्‌म धार्मिकता को बढ़ावा दिया है। मनुष्य के मूल और चरम प्रश्न अन्ततः आध्यात्मिक हैं। अध्यात्म के बिना धर्म की कल्पना नहीं की जा सकती, लेकिन धर्म के बिना अध्यात्म सम्भव है। ऐसे धर्मयुक्त अध्यात्म का बहुत-सा साक्ष्य साहित्य और कलाओं में मिलता है।

एक स्तर पर धर्म अध्यात्म को व्यवस्थित करने की चेष्टा का नाम है। धार्मिक व्यवस्था, पुरोहित वर्ग, पूजास्थल, उपासना की पद्धतियाँ, प्रार्थनाएँ और समारोह, त्योहार, भजन-कीर्तन, पुण्य प्रतीक आदि सभी इस व्यवस्था का हिस्सा हैं। धर्म और अध्यात्म दोनों पवित्रता की खोज करते हैं और हमें पवित्र के निकट ले जाने की चेष्टा भी। हो सकता है कि हमारे बिना जाने अन्य प्राणियों में भी पवित्रता का भाव हो। पर इतना तो तय ही है कि मनुष्य में तो पवित्रता का भाव अनिवार्यतः होता है।

साहित्य और कलाओं में प्रगट ब्रह्माण्ड-दृष्टि, महाकाव्यात्मक कल्पना, नैतिक संवेदना और जिम्मेदारी का भाव, अन्य से सम्बन्ध और संवाद, समुदाय-बोध पड़ोस और साझेदारी, प्रकृति से तादात्म्य, मृत्यु और अनश्वरता से सरोकार, निरन्तरता, इतिहास और उत्तराधिकार के तत्त्व, मानवीय नियति, समय और अनन्त, अस्तित्व और अलगाव, प्रेम और रहस्य संग-साथ, घर और निर्वासन, यात्रा और अभियान, संघर्ष-क्रान्ति-रूपान्तरण आदि अनेक अध्यात्म से गहरे और अनिवार्य सम्बन्ध का ही इजहार हैं। यह मानने में कठिनाई नहीं होनी चाहिए कि हिन्दुओं और मुसलमानों दोनों के ही धार्मिक पाखण्ड पर प्रहार करने वाले कबीर मुख्यतः आध्यात्मिक कवि हैं। प्रसाद और निराला में, जिन्हें कबीर की तरह धार्मिक कवि नहीं कहा जा सकता, गहरा अध्यात्म है। हिन्दुस्तानी शास्त्रीय संगीत अपने उत्स और प्रभाव में आध्यात्मिक है, धार्मिक हुए बिना। इसी शताब्दी में महात्मा गाँधी ने सामाजिक और राजनीतिक कार्य को सत्याग्रह और अहिंसा जैसी अवधारणाओं से जोड़ कर आध्यात्मिक आभा दी। इस विडम्बना को अलक्षित नहीं जाना चाहिए कि इन दिनों जिस धार्मिकता का उन्माद है वह सिरे से अध्यात्महीन है।

प्रमुख आयोजक के रूप में पुरुषोत्तम अग्रवाल ने उचित ही इस ओर ध्यान खींचा कि संसार के प्रायः सभी धर्मों से अध्यात्म का धीरे-धीरे लोप हो रहा है। धर्म वर्चस्व की विधा रहा है और वह विभिन्न किस्म की सत्ताओं का कभी पोषक रहा है और कभी प्रतिस्पर्धी भी। इतिहास में ऐसे कई मुकाम हैं जब धर्म ने मुक्तिदायी भूमिका निभायी है लेकिन संगठित धर्म ने अक्सर मानवीय आत्मा को पराधीन किया है। उसमें अन्तर्भूत नैतिकता या मूल सन्देश यों तो सार्वभौम कहे जाते हैं पर पड़ताल करने पर पता चलता है कि व्यवहार में वह अपने अनुयायियों को ही सुलभ हैं और जो उस धर्मविशेष का पालन नहीं करते हैं उनका या तो धर्मान्तरण जरूरी माना या कि उन्हें किसी कदर बरदाश्त किया गया है। एक ईसाई चिन्तक ने पते की बात यह कही कि भारत में कोई भी व्यक्ति अकेला नहीं दूसरों के साथ है : वे ईसाई मात्र नहीं हिन्दुओं, मुसलमानों, सिखों, जैनों आदि के साथ ईसाई है। यह संग-साथ भारतीय ईसाइयत को, जैसा कि अन्य धर्मों को भी, और देशों से अलग करता है।

परिसंवाद में अपने विचार रखते हुए मेरा आग्रह था कि भारत में धर्मनिरपेक्षता के भाव को अध्यात्म से जोड़े बिना सार्थक नहीं किया जा सकता : क्या समय नहीं आ गया है कि धर्मनिरपेक्षता का अध्यात्मीकरण किया जाये और उसे एक 'निगेटिव' अवधारणा बन कर रह जाने से बचाने और छद्म धार्मिकता का सामना करने के लिए सन्नद्ध किया जाये? पुरुषोत्तम अग्रवाल का यह विचार अर्थगर्भी था कि अगर रहस्य-भाव और विनय अध्यात्म में जरूरी तौर पर शामिल होता है तो सृजन के क्षण और प्रेम के निबिड़ अनुभव में ऐसा रहस्य और विनय प्रायः होता है और अक्सर सृजन और प्रेम अपने आप में आध्यात्मिक कर्म हो जाते हैं। यह संवाद एक शृंखला में से पहला ही था। उम्मीद की जानी चाहिए कि वह आगे बढ़ेगा और उस नये आलोक का विस्तार करेगा जिसकी हमें इन दिनों बेहद जरूरत है और जिसे छेंकने वाले दुर्भाग्यवश बढ़ते ही जाते हैं। अक्सर हम धर्म और अध्यात्म में ऐतिहासिक उद्गम और विकास को भूल जाते हैं—इस संवाद की एक विशेषता यह थी कि इसने धर्मों को ऐतिहासिक सन्दर्भ में रख कर उनके बाद के विकास को समझाने का यत्न किया।

(13 अगस्त, 2000)

हम ऊबते क्यों नहीं

हमारे समय की नायक-छवियाँ हैं : नेता, अभिनेता और खिलाड़ी। बरसों पहले जब मध्यप्रदेश में हमने संस्कृति के क्षेत्र में कुछ काम शुरू किया और मन्त्रियों और अफसरों के बजाय लेखकों-कलाकारों को महत्त्व देना शुरू किया था तो कभी-कभी झोंक में और कभी अपने ऊपर लग रहे आरोपों से झल्लाकर हम यह कह कर अपना बचाव करने की कोशिश करते थे कि हम इन नायक-छवियों के बरक्स लेखक, कलाकार और बुद्धजीवी की प्रतिच्छवियाँ स्थापित करने की कोशिश कर रहे हैं। यह कहना मुश्किल है कि ऐसा प्रतिस्थापन उन दिनों भी मध्यप्रदेश में हो पाया था या नहीं। लेकिन यह तय है कि ऐसे लोग थे और इस कोशिश को समझ और सहानुभूति से देख पाते थे और ऐसे भी थे जो नायक-छवियों से अपनी ऊब मिटाने के सिलसिले में ऐसी कोशिश में कुछ सम्भावना देखते थे।

इधर मीडिया और विशेषतः इलेक्ट्रॉनिक्स मीडिया के विस्तार के बाद से ये नायक-छवियाँ अब घर-घर पहुँच गयी हैं। सुबह से शाम बल्कि चौबीसों घण्टे किसी न किसी चैनल पर कोई न कोई राजनेता, अभिनेता या खिलाड़ी कुछ-न-कुछ कह या कर रहा होता है। सार्वजनिक जीवन में भ्रष्टाचार, अनाचार, अत्याचार आदि का भी जो विराट विस्तार हुआ है उसमें ये सभी बहुत गहरे शामिल हैं। ऐसी कोई चीज या प्रक्रिया नहीं बची है जिसे राजनेताओं (और अफसरों) ने बेच न खाया हो। उनकी शान-शौकत के किस्सों से, जैसे कि उनके दुराचरण के किस्सों से, हर रोज मीडिया भरा होता है। अभिनेता अगर प्रायः भ्रष्टाचारी नहीं हैं तो दुराचारी जरूर हैं : आये दिनों उनके मकानों पर आय कर आदि की चोरी के सिलसिले में छापा पड़ता रहता है। उनमें से कइयों पर करोड़ों के सार्वजनिक करों का बकाया है। खिलाड़ियों की दुनिया में फैले अन्तर्राष्ट्रीय भ्रष्टाचार की खबरें पिछले कुछ महीनों से इस कदर सुर्खियों में रही हैं कि उनसे, उम्मीद बँधती है, अब सभी को ऊब होने लगी होगी। संक्षेप में, राजनेता, अभिनेता और खिलाड़ी सभी की छवियाँ ध्वस्त और दूषित हो चुकी हैं : वे प्रायः सभी कितने ही धवलमुख और चिकने-चुपड़े क्यों न दीखते हों, कीचड़ और गलीज में धँसे हैं। अपवादों को छोड़ दें तो कोई भी जरा-सा संवेदनशील या समझदार व्यक्ति इन नायक-छवियों को आदर्श या अनुकरणीय नहीं मान सकता। फिर ऐसा क्यों है कि इसका कोई विशेष प्रमाण या साक्ष्य नजर नहीं आता कि हमारा समाज, पढ़ा-लिखा, अखबार और पुस्तकें पढ़ने और टेलीविजन देखने वाला समाज, इन नायक-छवियों से त्रस्त या ऊब या विरत हो रहा हो? अखबारों, पत्रिकाओं और टेलीविजन की सारी चैनलें अब भी पहले की

तरह इन्हीं छवियों से आक्रान्त हैं। उनमें वही तो छपता-दिखता है जो उसके बहुसंख्यक पाठक-विज्ञापक और दर्शक चाहते हैं। उस समाज की बुनियाद में कहीं गहरी नैतिक और बौद्धिक खोट होना चाहिए जो भ्रष्ट, लम्पट और अविश्वसनीय नायकों से न तो ऊबता है, न उनसे छुटकारा पाना चाहता है और न ही इनके विकल्प खोजता है।

(13 अगस्त, 2000)

कौन-सा रूप धरें

कुछ बरसों पहले हम लोगों ने भारत भवन में मैथिलीशरण गुप्त की जन्मशती पर एक बड़ा आयोजन किया था। हमारे मित्र ध्रुव शुक्ल ने गुप्तजी की कुछ कविताओं का एक संचयन किया था जो एक बहीनुमा पुस्तिका के रूप में इस अवसर के लिए छापा गया था। उसमें गुप्तजी की कई अल्पज्ञात कविताएँ थीं। एक की कुछ पंक्तियाँ मुझे हाल ही में बेतरह याद आयी :

तुम निरखो हम नाट्य करें
राम तुम्हारी रंगभूमि में कहो कौन-सा रूप धरें।

यों तो इन्हें गुप्तजी की सुपरिचित वैष्णव आस्था की अभिव्यक्ति के रूप में देखा-समझा जा सकता है। लेकिन मुझे लगता है कि कहीं न कहीं यह उस साधारण को केन्द्र में लाने का रूपक भी है जो इस शताब्दी के आरम्भ के पहले तक प्रायः साहित्य की रंगभूमि में प्रवेश नहीं पा सका था। साधारण को प्रतिष्ठित करने और जब-तब उसकी महिमा को रेखांकित करने का जो विराट प्रजातान्त्रिक प्रयत्न इस शताब्दी के शुरू में आरम्भ हुआ और आज तक चल रहा है, उसकी एक आदिघोषणा के रूप में इस कविता को पढ़ा जा सकता है। अगर यह अतिपाठ है तो कम से कम कुपाठ से तो बेहतर है।

यह तो स्पष्ट है कि बीसवीं शताब्दी के अन्त पर शायद ही कोई कवि किसी और के कहने से, फिर वह राम ही क्यों न हों, कोई रूप नहीं धरना चाहेगा। न ही यह एहतराम आसानी से कोई करने को तैयार होगा कि हम सब 'दारुयोषित की नाईं' हैं जिन्हें 'रामगुसाईं' नचा रहे हैं। पर इस अहसास से मुक्ति मुमकिन नहीं लगती कि ऐसी शक्तियाँ हैं जो हमें अपने खेल में हमारे बिना चाहे भी शामिल कर रही हैं कि हम ज्यादातर दूसरों द्वारा निर्धारित जिन्दगी बिता और शैली बरत रहे

हैं। आधुनिकता का एक गुण यह माना जाता रहा है कि वह हमें आत्मसजग बनाती है : हम अपने को पारम्परिक आश्वासनों, पौराणिक अभिप्रायों और ऐतिहासिक नियति से मुक्त कर तद्वत देख पाते हैं। लेकिन आधुनिक संसार का एक भीषण और अनिवार्य अन्तर्विरोध यह है कि मुक्ति जल्दी ही किसी न किसी और जकड़बन्दी में हमें डाल देती है। आधुनिकता ने जिस मुक्ति और खुलेपन का वायदा किया था वह अन्ततः पूरा नहीं हुआ और हम सब जानते हैं कि आधुनिकता की भी रूढ़ियाँ बन गयीं जिसमें उसके कहने या चाहने पर हमने नये-नये रूप धरना शुरू कर दिया। उत्तर-आधुनिकता, अपनी सारी कमजोरियों और अन्तर्विरोधों के बावजूद, फिर एक कोशिश है कि इस रूप धरने की विवशता से मुक्ति मिले, कि रंगभूमि को कोई और नहीं हम ही निरखें और अपना मनचाहा रूप धरते रहें। पर इसका क्या भरोसा कि उसका हश्र वही नहीं होगा जो आधुनिकता का हुआ : एक नयी बन्दिश, एक नयी जकड़बन्दी, एक नयी रंगभूमि पर।

(20 अगस्त, 2000)

पत्रिकाओं की शताब्दी

अक्सर इस ओर साधारणतः ध्यान नहीं जाता कि बीसवीं शताब्दी हिन्दी पत्रिकाओं की भी पहली पूरी शताब्दी है। कुछ पत्रिकाएँ तो उन्नीसवीं शताब्दी में निकली थीं लेकिन साहित्य-जगत में पत्रिकाओं की व्याप्ति और वर्चस्व इसी शताब्दी का मामला है। इस पर शायद ही कोई एतराज करे कि हिन्दी साहित्य में नवाचार को सम्भव बनाने और प्रश्रय देने में पत्रिकाओं की लगभग केन्द्रीय भूमिका रही है। अनेक साहित्यिक आन्दोलनों ने, जिनमें छायावाद से लेकर प्रगतिवाद, प्रयोगवाद, प्रयोगवाद, नयी कविता, नयी कहानी, अकविता और अकहानी तक के आन्दोलन शामिल हैं, पहले पहल पत्रिकाओं में ही मंच पाया : उनका स्वागत, उन पर प्रहार, उन पर बहस और नोकझोंक आदि सब पत्रिकाओं में ही होते रहे। बहुत सारे नये प्रत्यय, अवधारणाएँ, शैलियाँ आदि पत्रिकाओं के माध्यम से ही पहली बार प्रकाश में आयीं और अक्सर संवाद-सहकार या वाद-विवाद के जरिये वहीं स्पष्ट और परिपक्व हुईं। ऐसी रचनाओं और लेखकों की संख्या भी कम नहीं है जिन्होंने सबसे पहले ध्यानाकर्षण किसी पत्रिका के पृष्ठ से ही किया। ऐसे भी कम नहीं हैं जिनकी प्रतिभा पत्रिकाओं में तो कौंधी लेकिन बाद में पुस्तकों में आकर बुझ गयी या कम से कम उसमें वैसी आभा नजर नहीं आयी जैसी पत्रिका में पहली

नजर में लगी थी। कई पत्रिकाएँ इसका भी श्रेय ले सकती हैं कि उन्होंने कई कृतिकारों को आलोचक भी बना दिया और कई इसका भी कि उन्होंने किसी छोटे या बड़े लेखक से ऐसे विषय या ऐसी विधा में लिखवा लिया जो वह, उनके दबाव के बिना, अन्यथा शायद न भी लिखता। पत्रिकाओं के माध्यम से ही हिन्दी में एक व्यापक संवाद सम्भव होता रहा है लेखकों के अपने बीच और लेखकों-पाठकों के बीच। पत्रिकाओं से कीर्तियाँ भी बनती-बिगड़ती रही हैं। लेखकों और कृतियों की छवि-रचना में पत्रिकाओं का रोल कतई नजरअन्दाज नहीं किया जा सकता।

इन दिनों इसका रोना अक्सर रोया जाता है कि हा हन्त, हिन्दी में 'सरस्वती', 'विशाल भारत', 'कल्पना', 'प्रतीक' जैसी पत्रिकाएँ अब नहीं हैं जिनकी लगभग सार्वभौम प्रतिष्ठा हो और जो कई दृष्टियों और विचारों को लगातार समवेत करती चलती हों। एक जमाना था जब इन पत्रिकाओं में किसी अज्ञात कुलशील की रचना अगर छप जाये तो वह रातों-रात मान्यता पा जाता था। अब ऐसी पत्रिकाएँ नहीं रहीं इस पर खेद व्यक्त करना उचित है। लेकिन दूसरी तरफ यह भी सही है कि हिन्दी में इस समय 'शत्रु' और 'मित्र' पत्रिकाओं को मिला कर दो सौ से अधिक पत्रिकाएँ निकल रही हैं। उनमें आपस में घमासान भी होता रहता है जो साहित्यिक परिवेश को जीवन्त और सक्रिय रखता है। उनके अपने लेखक और पाठक समुदाय निश्चय ही होंगे तभी न वे अधिकतर सुरुचि और कुछ सम्पन्न से चेहरों के साथ लगातार निकल रही हैं। हिन्दी प्रतिभा के बहुकेन्द्रित होने का ये पत्रिकाएँ सबसे अकाट्य साक्ष्य हैं। अयोध्या, पिपरिया, जोधपुर, अम्बिकापुर, छपरा आदि छोटी जगहों से निकलने वाली पत्रिकाओं की संख्या बहुत बड़ी है। जहाँ भी हों वे एक वरेण्य साहित्यिक उद्यम हैं और हिन्दी प्रतिभा पर, सारी निराशा और अँधेरों के बरक्स, भरोसा करने का एक प्रबल आधार भी। यह कहना भी जरूरी है कि इस समय हिन्दी में कम से कम ऐसी दस पत्रिकाएँ होंगी जिन्हें विश्व की किसी भी भाषा की पत्रिकाओं के समकक्ष अपनी सुरुचि, प्रस्तुति, स्तर और दृष्टि के कारण रखा जा सकता है।

(20 अगस्त, 2000)

दो संस्कृतियाँ

विज्ञान और मानविकी केन्द्रित दो अलग संस्कृतियों के वांछित-अवांछित विकास और उससे उपजने वाली गलतफहमी और संवादहीनता को लेकर

बहस अब काफी पुरानी पड़ चुकी है। एक मायने में कायदे से ऐसी बहस हमारे अपने सन्दर्भों में हुई ही नहीं। हमारा अपेक्षाकृत अधिक 'दृश्य' हो गया समय कुछ ऐसा हो गया है कि सारा विज्ञान अधिकतर संस्कृतिकर्मियों के लिए भी, जिसमें लेखक भी शामिल हैं, टेक्नोलॉजी में विघटित हो गया है। विज्ञान से उभरने और परेशान करने वाले दार्शनिक प्रश्नों का अहसास खासा शिथिल पड़ गया है। यह थोड़ा विचित्र है कि हम अक्सर टेक्नोलॉजी से चमत्कृत होते हैं लेकिन विज्ञान से बेचैन होना हमने प्रायः तज दिया है। यह कहीं न कहीं हमारी सारी बौद्धिकता और अपने समय की समझ की भी हानि है : इस बारे में कोई सजगता कहीं है ऐसा हमारी पत्रिकाओं से दिखाई नहीं देता।

दूसरी ओर विज्ञान और टेक्नोलॉजी में काम में काम करने वाले लोग साहित्य और कलाओं के प्रति अधिक संवेदनशील और उत्सुक नजर आते हैं। हाल ही में नयी दिल्ली के राष्ट्रीय विज्ञान प्रौद्योगिक और विकास अध्ययन संस्थान ने मुझे हिन्दी में और साहित्य और कलाओं से सम्बन्धित मनचाहे किसी विषय पर बोलने के लिए आमन्त्रित किया। उन्होंने मेरे तथाकथित व्याख्यान को, जो कि एक तरह गपशप ही थी, रिकॉर्ड कर लिया और अब मेरे पास उसका आलेख भेजा है कि मैं उसमें सुधार कर दूँ ताकि वे उसे प्रकाशित कर सकें। मैं ऐसे किसी साहित्य-संस्थान को नहीं जानता जो इन दिनों किसी वैज्ञानिक को अपने मनचाहे विषय पर बोलने आमन्त्रित करता हो। विज्ञान और साहित्य के बीच संवाद इस शताब्दी का केन्द्रीय संवाद रहा है और हम उससे विरत हैं यह हमारी तथाकथित आधुनिकता पर एक प्रतिकूल टिप्पणी ही है।

(20 अगस्त, 2000)

प्रतिबद्धता और कृतज्ञता

सारी दुनिया में साहित्य और कलाओं के क्षेत्र में प्रतिबद्धता शब्द घिस कर बासी हो चुका और उसे बीसवीं शताब्दी के अन्त में प्रायः अप्रासंगिक-सी अवधारणा मान लिया गया है। लेकिन हमारे यहाँ, विशेषतः हिन्दी में, अभी भी प्रतिबद्धता का बोलबाला है। अगर आप प्रतिबद्ध नहीं हैं तो आपकी खैर नहीं। समय और समाज के प्रति सजगता का साक्ष्य प्रतिबद्धता से ही मिलता है और अगर ऐसा साक्ष्य आप न दे पाएँ या उसे लेकर आपके मन में कोई ईमानदार झिझक हो, तो आप विचारणीयता के अहाते से बाहर फेंक दिए जा सकते हैं। जीवन या

भाषा के लिए प्रतिबद्धता गोल-मोल बात मानी जाती है : प्रतिबद्धता का आशय स्पष्ट ही प्रगतिशील या जनवादी प्रतिबद्धता ही है। प्रतिबद्धता का एक अनिवार्य सन्दर्भ विचारधारा है। आप कुछ मूल्यों, किसी दृष्टि या विचारधारा से ही प्रतिबद्ध हो सकते हैं। प्रतिबद्धता पर कड़ी नजर रखने के लिए, विशेषतः विपथगामियों को जब-तब सबक सिखाने के लिए, लेखकीय संगठन हैं। 'मित्र' पत्रिकाएँ हैं, 'शत्रु' लेखक हैं। विचारधारा से अलग भी विचार हो सकता है, होता ही है। प्रगतिशील और जनवादी दृष्टियों से अलग दृष्टियाँ हो सकती हैं, लेकिन प्रतिबद्धता से आक्रान्त संसार में वे जरूरी तौर पर प्रतिक्रियावादी ही होंगी। एक विचित्र अर्थ में श्रीकान्त वर्मा की पंक्ति याद आती है : 'जो मुझसे नहीं हुआ, मेरा संसार नहीं'। जो मेरे साथ नहीं या मेरी तरफ नहीं, वह मेरा दुश्मन हुआ।

मुझे यह ख्याल आया कि बहुधा विचारधारा से लैस लेखकों में मानवीय कृतज्ञता का भाव कुछ कम पाया जाता है। नाम लेना अनुचित होगा लेकिन मैं अपने निजी और सार्वजनिक, दोनों ही किस्म के अनुभवों से जानता हूँ कि ऐसे अनेक लेखक-बन्धु मैंने देखे हैं जो अपनी प्रतिबद्धता के बावजूद बल्कि उसके साथ-साथ दूसरों से मदद, सहारा, सुविधाएँ, अवसर आदि लेते रहे हैं लेकिन उनमें से प्रायः सभी ने कभी कहीं किसी कृतज्ञता का सार्वजनिक या निजी ज्ञापन उनके लिए नहीं किया है। इस हलके का मुहावरा है, 'दुश्मन के मंच का इस्तेमाल'। मैं इस पर ठिठक कर सोचने को विवश हूँ कि क्या विचारधारा इतनी सर्वग्रासी अपने चरित्र में होती है कि उसके प्रति वफादारी के अलावा और कोई उदात्त और सहज मानवीय भावना सम्भव नहीं? अगर प्रतिबद्ध अकसर कम कृतज्ञ होते हैं तो इसलिए नहीं कि वे अपने मूल्यों की कीमत चुकाते हुए आत्मनिर्भर होते हैं बल्कि शायद इसलिए कि प्रतिबद्धता विचारधारा के प्रति कृतज्ञता के अलावा किसी और के प्रति कृतज्ञ होने की मुमानियत करती है। अगर कभी-कदा प्रतिबद्ध कृतज्ञता ज्ञापित करते दीख या सुन पड़ें तो वह अकसर किसी अन्य प्रतिबद्ध के प्रति ही होती है। यह तो ठीक है कि प्रतिबद्ध दुनिया को अपनी नजर से देखते और हो सके तो बदलना चाहते हैं। लेकिन यह भी तथ्य है कि हमारा साबका आम जिन्दगी में, अपने लेखकीय कर्म में अनेक अप्रतिबद्ध या हमसे अलग नजर रखने वालों से पड़ता है। उनकी मदद के लिए हम कृतज्ञ न हो पाएँ, यह कहीं न कहीं हमारी मानवीयता की हानि है, चूक है। उसका कोई वैचारिक बचाव हो भी, नैतिक औचित्य नहीं है, न हो सकता है। दुनिया संघर्ष और सपने से चलती-बदलती है लेकिन कृतज्ञता से भी वह टिकती और बढ़ती है।

(27 अगस्त, 2000)

विश्वासघात और कविता

अपने साढ़े तीन सौ पृष्ठों में फैले और विख्यात संस्मरणों में पाब्लो नेरूदा ने कुल तीन पृष्ठों पर उसका जिक्र किया है। वह एक बरमी स्त्री थी जिसका मूल नाम किसी को पता नहीं। शायद उसके उद्दाम आवेग और अपार ऐन्द्रियता के कारण नेरूदा उसे जोसी ब्लिस के नाम से सम्बोधित करते थे। ईर्ष्या, अपनापे और स्वार्थ से भरा उसका प्रेम अत्यन्त 'आनन्ददायी' होने के बावजूद नेरूदा के लिए आतंककारी था। रंगून में 1927-32 के दौरान जब नेरूदा वहाँ एक राजनियक पद पर थे, 'युवा नेत्रों और नितम्बों वाली युवतियों' के रंगून में उनकी प्रिया और अंकशायिनी बनी जोसी ब्लिस को, जिसे नेरूदा ने बाद में एक 'प्रेमदग्ध आतंककारी' कहा है, छोड़कर, बिना कुछ बताए, बल्कि अपने कपड़े और पुस्तकें भी छोड़ कर एक दिन कोलम्बो अपनी नई पदस्थापना पर वे भाग कर चले गए थे। बाद में वह युवती वहाँ भी आ धमकी और उसने नेरूदा के घर के सामने डेरा जमा दिया। कुछ दिनों बाद काफी समझाने-बुझाने के बाद वह नेरूदा के 'जूतों पर लगी सफेद चाक से अपना चेहरा धूसरित कर' वापस चली गई और फिर नेरूदा के जीवन से हमेशा के लिए बिला गई। लेकिन वह उनकी कविता में बनी रही और बार-बार अनेक रूपों में लौटती रही। भले प्रगट तौर पर नेरूदा ने अपने विश्वासघात को बाकायदा स्वीकार न किया हो, जोसी ब्लिस उनकी कविता का एक तरह से स्थायी भाव बनी रही। हाल ही में एक इस्पहानी साहित्य के विशेषज्ञ जैसन विल्सन ने इंग्लैण्ड की प्रसिद्ध पत्रिका 'लन्दन मैगजीन' में प्रकाशित अपने एक लेख में इस प्रेम सम्बन्ध और नेरूदा की कविता पर उसके व्यापक प्रभाव का तथ्यपरक विश्लेषण किया है। नेरूदा एक क्रान्तिकारी कवि के रूप में विश्व-प्रतिष्ठ हैं। हालाँकि वे बीसवीं शताब्दी के प्रेम के महाकवियों में से भी एक हैं : फेदेरिको गार्सिया लोर्का, पाल एलुआर, लुई आरोगा, आक्तावियो पाज याकि निराला, फैज, अज्ञेय आदि की तरह। यह भी देखा जा सकता है कि अकसर क्रान्ति की श्रेष्ठ कविता उन्हीं कवियों ने लिखी है जिन्होंने श्रेष्ठ प्रेम-कविता भी लिखी है। आल्बेयर काम्यू ने कहा था कि वही व्यक्ति सामान्य मानवता को प्यार कर सकता है जिसने किसी विशिष्ट व्यक्ति को प्यार न किया हो।

नेरूदा निश्चय ही वामपंथी विश्वास के कवि हैं। प्रगतिशील बेहतर जानते होंगे पर जहाँ तक मेरी जानकारी है, उन्होंने वाम के प्रति अपनी वफादारी में कभी कोई चूक नहीं की। लेकिन, जैसा कि उपर्युक्त निबन्ध से प्रमाणित है, निजी सम्बन्ध में उन्होंने विश्वासघात किया था और उनकी सारी बाद की महान प्रेम-कविता पर इस विश्वासघात की प्रेत-छाया है। जोसी ब्लिस

कई बार रसोई के चाकू से नेरूदा को डराती थी। उसे याद करते हुए नेरूदा ने लिखा है :

अब अचानक उसके रसोई-इस्पात की गन्ध मुझे अच्छी लगेगी
तुम्हारे हाथ के वजन से अभ्यस्त, तुम्हारे पैर की चमक :
जमीन की नमी के नीचे, गहरी जड़ों के बीच
आदमियों की सारी भाषाओं में सिर्फ, गरीब जानेंगे तुम्हारा नाम
और सघन धरती नहीं समझती तुम्हारा नाम
अज्ञेय तात्पर्यों से बना हुआ।

विल्सन की यह स्थापना भी है कि नेरूदा ने अपने लिए जिस तरह के सार्वजनिक और नागरिक कवि की भूमिका जानबूझकर चुनी थी, उसके चलते वे जोसी के प्रेम को अस्वीकार करने को विवश थे क्योंकि वह एक तरह का राक्षसी प्रेम था जिसमें अधिक गहरी जड़ों वाला वैकल्पिक घर था, एक निजी स्पेस उत्तेजनाओं के वर्तमान काल में रहने का, लेकिन भविष्य के नागरिक प्रोजेक्ट नहीं थे। विल्सन का मानना है कि 'अपने चमकते हुए छुरे और उष्ण कटिबन्ध में मसहरी लगे बिस्तर पर अकड़ से विहरती जोसी ब्लिस एक दिगम्बर काली थी एक भयावह मातृका, आनन्द और मृत्यु का आश्वासन देती हुई, मुण्डमाल पहने हुए, नेरूदा की निरावृत्त देह पर नृत्य करती हुई।'

विल्सन का यह कयास भी दिलचस्प है कि नेरूदा को अपनी कविता में प्रेम के बारे में निर्बाध और मुक्त भाव से लिखने की प्रेरणा डी. एच. लारेंस की कविता से मिली थी। बल्कि लारेंस के उपन्यास 'लेडी चैटर्लीज लवर' के दो प्रमुख चरित्रों से नेरूदा तादात्म्य महसूस करते थे सिवाय इसके कि उपन्यास के आदिम उद्दामता और वासना से भरे पुरुष मेलर्स का स्थान जोसी ब्लिस लेती है और लेडी चैटर्ली का स्वयं, नेरूदा। कैथोलिक और चिलियन वर्जनाओं से ब्लिस ने नेरूदा को मुक्त किया था। लारेंस के एक दूसरे उपन्यास 'वीमन इन लव' में आत्मज्ञान के लिए जो बीज शब्द लारेंस ने इस्तेमाल किया है वह आनन्द यानि 'ब्लिस' ही है और अपनी बरमी प्रेमिका को उसी नाम से सम्बोधित करने के पीछे यह स्मृति भी रही होगी।

किसी भी महाकवि का कविता-संसार उसकी निजी और सार्वजनिक जिन्दगी के न जाने कितने जाने-अनजाने तानों-बानों से विन्यस्त होता है। नैतिक रूप से अवांछनीय होते हुए भी विश्वासघात एक महाकवि की कविता का एक जीवनव्यापी आधार हो सकता है। नेरूदा के मामले में हुआ ही।

(27 अगस्त, 2000)

राजनीति से बची जिन्दगी

अचरज तो दोनों ही बातों से नहीं हुआ। एक सच्चे–सजग और संवेदनशील उपन्यासकार की तरह अमिताव घोष ने अपने नए उपन्यास 'द ग्लासहाउस' पर चल रही बातचीत में एक जगह पूरी बेबाकी और ईमानदारी से कहा कि उनकी कोशिश जिन्दगी में राजनीति द्वारा सब कुछ लील लिए जाने के उपक्रम के बरक्स जिन्दगी के कुछ हिस्से राजनीति से बचाने की है–वे हिस्से, जिनमें उनका निजी अध्यात्म शामिल है। श्री घोष के किसी उपन्यास को दिल्ली विश्वविद्यालय में पाठ्यक्रम में पढ़ाने वाली एक अध्यापिका ने उदग्र प्रतिक्रिया की कि उनके अनुसार श्री घोष की कृतियाँ राजनैतिक हैं और वे उससे बच नहीं सकते! अभिनेत्री और सांसद शबाना आजमी ने यह जोड़ा कि राजनीति से भाग कर आप कहाँ जा सकते हैं! अमिताव अपनी बात पर अड़े रहे : उनका इसरार था कि अगर सब कुछ राजनीति है तो फिर राजनीति का कोई अर्थ नहीं रह गया है। उनके हिसाब से जिन्दगी में ऐसा बहुत कुछ है जो राजनीति से अभी भी बचा हुआ है या कि बचाया जा सकता है। लेखक इसकी कोशिश कर सकता है। अगर यह कहना भी अन्ततः एक तरह की राजनीति ही है तो उनकी बला से।

देखा जाए तो स्वतन्त्रता और लोकतन्त्र बुनियादी रूप से राजनैतिक अवधारणाएँ और संरचनाएँ हैं : वे हैं तभी इतना सारा साहित्य बिना किसी बाधा के रचा-पढ़ा-समझा जा सकता है। इस अर्थ में साहित्य भी निश्चय ही एक राजनैतिक कर्म है। पर ठीक इसीलिए कि वह अपने आप में एक राजनैतिक हस्तक्षेप भी है। साहित्य को, राजनीति को कुछ सन्देह की नजर से देखना चाहिए। राजनीति तो हमेशा ही साहित्य के प्रति शंकालु रहती है। दूसरे, संगठित राजनीति की अपनी अपेक्षाएँ और संकीर्णताएँ होती हैं : उन्हें ज्यों का त्यों मानने की साहित्य के सामने कोई मजबूरी नहीं है। साहित्य का एक काम राजनीति को प्रश्नांकित करना है और यह प्रश्नांकन तभी वस्तुनिष्ठ और विश्वसनीय होगा अगर वह राजनीति से कुछ दूरी रख कर किया जाए। साहित्य ऐसा प्रश्नांकन करने का नैतिक अधिकार किसी आत्यन्तिक श्रेष्ठता से नहीं पाता : उसे यह हक मिलता है इस बात से, कि वह स्वयं को प्रश्नांकित करने से नहीं चूकता। साहित्य राजनीति या धर्म या विज्ञान पर शक कर सकता है क्योंकि वह अपने पर शक करने से नहीं चूकता। अगर बीसवीं शताब्दी को मनुष्य के इतिहास में राजनीति से सबसे अधिक आक्रान्त शताब्दी मानें, तो यह स्पष्ट है कि इस दौरान उसने बहुत कम अपने पर सन्देह किया है जबकि इसी युग का साहित्य अधिकांशतः संशयग्रस्त रहा है। अपनी राजनीति पर सन्देह करने की हिम्मत महात्मा गांधी जैसे शलाका-पुरुष

में थी। लेकिन गांधीजी के यहाँ राजनीति 'नीति' अधिक थी, 'राज' केन्द्रित कम, जबकि आज उससे ठीक उलटा है। नीतिहीन राजनीति, अध्यात्महीन धर्म और विवेकशून्य टेक्नोलॉजी के युग में साहित्य अगर जिन्दगी का कुछ भी इन दैत्यों से बचा पाए तो वह मनुष्यता के हित में होगा। समय की भले न सही, समयातीत की राजनीति वही होगी।

(27 अगस्त, 2000)

उँगलियों में आँखें

परिवर्तन को कड़ा प्रतिरोध देने वाला होने के बावजूद यह सही है कि भारतीय शास्त्रीय संगीत में लगातार परिवर्तन होते रहे हैं। इस शताब्दी के पूर्वार्द्ध में, स्वतन्त्रता संग्राम के चलते, आग्रह निरन्तरता और शुद्धता पर था, न कि परिवर्तन पर। शास्त्रीय संगीत भी खोयी हुई राष्ट्रीय अस्मिता की पुनर्रचना का अंग था। उस दौरान भी अनेक मौलिक परिवर्तन होते रहे जैसे कि उस्ताद अलाउद्दीन खाँ या कि उस्ताद अल्लादिया खाँ के यहाँ, पर ध्यान केन्द्रित रहा एक तरह की शाश्वत शास्त्रीयता पर, जो जितना सच्चाई थी उतना ही मिथक भी। साठ-सत्तर के दशकों से परिवर्तन नजर की परिधि में आना शुरू हुआ। निश्चय ही यह परिवर्तन परम्परा से अलग या उसके बरक्स न होकर परम्परा में ही परिवर्तन था : सच तो यह है कि इसकी पहचान होना शुरू हुई कि जिसे हम संगीत की शाश्वत परम्परा कहते हैं वह दरअसल परिवर्तनों का एक अटूट क्रम है। अलबत्ता इन परिवर्तनों को देख पाना या कि दर्ज कर पाना बारीकी की बात है : जो जानकार हैं वही इन परिवर्तनों को लक्ष्य कर सकते हैं। परिवर्तन जितना साफ कविता में या कि रूपंकर कलाओं में दिखाई देता और समझ में आता है, वैसा संगीत में नहीं। इस अर्थ में संगीत सम्भवतः सबसे सूक्ष्म कला है।

उस्ताद अब्दुल हलीम जाफर खाँ मध्यप्रदेश के जावरे के हैं और एक मनोहर व्यक्ति और सितार-वादक हैं। उनके वादन का अपना अलग रंग है जिसे बहुत पहले से स्वीकार किया जाता रहा है। यह अलग रंगत कुछ तो उनके घराने यानी कि परम्परा की है और कुछ उसमें लाये गये परिवर्तन की यानी उनकी व्यक्तिगत प्रतिभा की है। अब बात सामने आयी है और उसका विस्तृत विवरण और विश्लेषण पुस्तकाकार प्रकाशित हुआ है कि सितार-वादन में जाफरखानी बाज विकसित और पुष्ट हुआ है। इस बाज में सभी कुछ नया नहीं है, कुछ नया है, कुछ ऐसा है

जो नया लगता है क्योंकि उसका प्रयोग और स्मृति विरल हो चुके हैं और कुछ ऐसा है जो आज भी प्रयोग में आता है। इस बाज में मात्रा के कई टुकड़े किये जाते हैं और फिर उन्हें राग की स्वर-रचना के अनुकूल कई सुरों से अलंकृत किया जाता है। जो भी तकनीक या शिल्प इस्तेमाल होता है वह राग-राजित है यानी राग का आन्तरिक स्वरूप ही निर्धारित करता है कि किस शिल्प का कैसे और कितना उपयोग किया जाये। उस्ताद अब्दुल हलीम इन्दौर बीनकार घराने के हैं और अपने उत्तराधिकार का कल्पनाशीलता और प्रायोगिक साहस के साथ पुनराविष्कार करते हैं। बरसों पहले उनके पिता ने संगीत-चेतना को परिभाषित करते हुए उन्हें सीख दी थी : 'तुम्हारी आँखों को उँगलियों में होना चाहिए।' उस्ताद का संगीत सिर्फ बजता नहीं, बल्कि देखता और दिखाता है।

(3 सितम्बर, 2000)

तरफदारी

हर सप्ताह या पखवाड़े कहीं कोई भुजा उठा कर, कुछ हीरोइक मुद्रा में, अपनी समझ से चीजों को दोटूक करता हुआ, दहाड़ता है : वक्त आ गया है कि आप बताएँ कि आप किस तरफ हैं। कहता भले न हो पर उसका आशय यही होता है कि अगर आप उसकी तरफ न हों, तो आपकी समझ, हिम्मत और रचना-आलोचना गलत-तरफ है। मजा यह है कि यह दहाड़ आती किसी राजनेता या उग्र बुद्धिजीवी से नहीं, किसी लेखक से ही आती है। ऐसा व्यक्ति आपकी तरफदारी का साक्ष्य आपकी रचना से निकालने का कष्ट या अनुग्रह नहीं करता क्योंकि वह कठिन और अक्सर बनी-बनायी धारणाओं को ध्वस्त करने वाला अनुभव होता है। वह तो चाहता है कि आप उसकी अदालत में, जिसमें वह अक्सर स्वनियुक्त जज होता है, हलफ उठाएँ और बताएँ कि आप किसकी तरफ हैं। अगर उसे मालूम है कि वह किस तरफ है तो कोई वजह नहीं कि आपको न मालूम हो कि आप किस तरफ हैं। अगर आपको अपनी तरफदारी को लेकर कोई शकोशुबहा हो तो, उसकी नजर में, आप एक ढुलमुल किस्म के व्यक्ति हुए जो अन्ततः मानव-विरोधी और समाज-विरोधी ही हो सकता है। अगर आप दुस्संयोग से उसकी तरफ के न होकर किसी और तरफ के निकले तब तो आप के शत्रु और आपके साहित्य के घृण्य होने में कोई सन्देह की गुंजाइश ही नहीं रह जाती।

नोबेल पुरस्कार से सम्मानित और बीसवीं शताब्दी के उत्तरार्द्ध में

विश्व-कवियों में गिने जाने वाले आइरिश कवि शीमस हीनी पर प्रसिद्ध अमेरिकी आलोचक और आचार्य हैलेन वैंडेलर की एक पुस्तक मैं इन दिनों पलट रहा था। (यों यह कहा जा सकता है कि ऐसे अवसर पर मुझ जैसे कलावादी का एक अमेरिकी आलोचक और पश्चिमी साम्राज्यवादी षड्यन्त्र के एक प्रतीक चिह्न नोबेल से सम्मानित कवि का याद आना अपने आप में इस बात का प्रमाण है कि मेरी मानसिकता कितनी जनविरोधी है! बहरहाल,) वैंडेलर ने यीट्स के हवाले से यह कहा है कि लिरिक यानी गीति-कविता यह आशा करती है कि वह एक अकेले विचार में सच्चाई और न्याय दोनों को समेट सकती है। हीनी ने अक्सर इस यीट्सियन उक्ति का सहारा लेते हुए इस बात पर इसरार किया है कि कविता के प्रसंग में सच्चाई चीजें जैसी हैं वह है और न्याय है चीजों को जैसी होना चाहिए। मुझे लगता है कि कविता अगर विचार है तो इसी अर्थ में कि वह सच्चाई और न्याय को एक साथ साधने का जोखिम उठाती है और कोशिश करती है। इस नजर से देखें तो यह सामान्यीकरण किया जा सकता है कि हमारे समय की अधिकांश बल्कि सभी मूल्यवान कविता सच्चाई और न्याय की तरफ झुकी कविता है। सच्ची कविता किसी और के इजलास में नहीं, भाषा के अन्तर्लोक में अपनी शर्तों पर हलफ उठाती है : दोटूक वक्तव्य नहीं देती बल्कि अस्फुट बुदबुदाती है। जो इस बुदबुदाहट को सुन-समझ नहीं सकता उसे शायद अपने कविता-कर्णों की जाँच कराना चाहिए।

जोर से बोलने वाले अक्सर वे होते हैं जिन्हें सुनाई कम देता है। लेकिन तरफदारी के सिलसिले में एक दिक्कत और है। साहित्य तो सच्चाई और न्याय की तरफ होगा ही। हम जिस उलझे और अपारदर्शी समय में रह रहे हैं उसमें यह कहना मुश्किल है कि हमारे आस-पास सक्रिय शक्तियों में से, फिर वे शक्तियाँ राजनीति की हों या बाजार या विचार की कौन सच्चाई और न्याय की तरफ हैं और हर हालत में रहेंगी। मूल्यशून्य लेकिन प्रबन्धपटु राजनीति और अध्यात्मशून्य लेकिन बढ़ती हुई धार्मिकता के कलिकाल में साहित्य अगर, इन सबसे बच कर बल्कि इनकी मूल्यहीनता और अध्यात्मविमुखता का प्रतिकार करते हुए अपनी तरफ बना रहे, इसी में उसकी बचत है। अपनी तरफ से आशय सच्चाई और न्याय की तरफ। लेखकों को किसी अन्य आधार पर दोटूक बाँटने का प्रयत्न बौद्धिक रूप से दयनीय और नैतिक रूप से अवांछनीय है। असल में वह सच्चाई और न्याय का, भले उनकी दुहाई देते हुए, प्रत्याख्यान है।

(16 सितम्बर, 2000)

साहित्य और सीमाएँ

हम लेखकों को दोनों अहसास बारी-बारी से होते रहते हैं : एक तो यह कि जीवन की ही तरह साहित्य असीम है और दूसरा इसका ठीक उलट कि साहित्य की, जैसे कि जीवन की भी, हर समय सीमाएँ हैं। एक हिकमत जो लेखक को आयी है यह है कि वह भाषा के जरिये साहित्य की सीमाओं का अतिक्रमण कर जब-तब जीवन की असीमता को छू लेता है। पर ऐसा कभी-कभार हो पाता है : अक्सर तो हम अपनी सीमाओं में ही बेचैन रहे आते हैं।

ऐसे आलोचक हुए हैं जिन्होंने सीमा और असीम के इस द्वन्द्व को पहचान कर उसके बीच कहीं अवस्थित होने की चेष्टा की। उनमें से एक थे अमेरिकी आलोचक और बुद्धिजीवी लायनेल ट्रिलिंग जिन्हें मरे अब पच्चीस बरस हो चुके हैं। अपने हाशिये पर होने को मान कर भी ट्रिलिंग एक नैतिक आलोचक थे। अगर फ्रॉयड का आग्रह था कि हम सब बीमार हैं तो ट्रिलिंग का जोर था कि हम सब अप्रामाणिक हैं। इस अप्रामाणिकता पर कला से प्राप्त प्रामाणिकता का अधिरोपण उनकी नजर में जरूरी और जायज था। उनके अनुसार 'कला की प्रामाणिक कृति हमें अपनी अप्रामणिकता सिखाती है और हमें निर्देश देती है कि हम उस पर काबू पायें।'

ट्रिलिंग के लिए साहित्य और आत्म का प्रश्न केन्द्रीय था। उन्होंने एक बार आस्कर वाइल्ड का मत उद्धृत किया था कि 'मनुष्य जब स्वयं बोलता है तब वह सबसे कम अपने में होता है। उसे एक मुखौटा दो और वह तुमसे सच बोलेगा।' और यह कि 'तत्त्व-चिन्तन के सत्य मुखौटे के सत्य हैं।' ट्रिलिंग ने नीत्शे का उल्लेख करते हुए उसकी यह उक्ति याद की है कि 'हर गम्भीर आत्मा को मुखौटे की जरूरत होती है।' ट्रिलिंग मानते थे कि सच्ची पुस्तक हमें यानी पाठकों और आलोचकों को पढ़ती है। उनका ख्याल था कि कई पुस्तकों ने उन्हें पहले खारिज कर दिया था लेकिन जब वे कुछ बुजुर्ग हुए और उन्होंने उन्हें बेहतर जानना शुरू किया तो पुस्तकों की उनसे सहानुभूति बढ़ी और वे उनके छिपे आशयों को बेहतर समझने लगीं। ट्रिलिंग ने एक पुरानी मान्यता फिर से दृश्य पर सक्रिय की थी : साहित्य अपने पाठ के कारण नहीं इसलिए महत्त्वपूर्ण है कि वह हमारे नैतिक जीवन में प्रवेश करता है।

लायनेल ट्रिलिंग अमेरिकी आलोचना में किंचित् कंजर्वेटिव धारा के एक प्रमुख प्रवक्ता और स्थापित थे। उनका महत्त्व इस बात में था कि उन्होंने इस पर दृढ़ आग्रह किया कि समाज का वास्तविक अस्तित्व है और साहित्य को सामाजिक उम्मीद से जोड़ कर पढ़ा जाना चाहिए। यह आग्रह उस

ताने-बाने पर भी था जिसमें इतिहास, राजनीतिक घटनाएँ और आर्थिक स्थिति कलाकार की आकांक्षा से गुँथी हुई थीं। एक तरह का त्रिभुज ट्रिलिंग के चिन्तन का था जिसमें समाजशास्त्र, इतिहास और साहित्य की तीन भुजाएँ थीं। कहा जाता है कि ट्रिलिंग की अपनी जिन्दगी में मृत्यु की शक्ति और सैद्धान्तिक राजनीति की विकृति की केन्द्रीय जगह थी। वे एक आलोचक और चिन्तक के रूप में मृत्यु की अनिवार्यता और स्टालिन की अविस्मरणीय बर्बरता की रोशनी में ही वर्तमान परिस्थिति और उनमें प्रमुख हुए व्यक्तियों और कला को जाँचते रहे। लगता है कंजर्वेटिव वह है जो सीमाएँ स्वीकार करता है : क्रान्तिकारी वह जो कम से कम अपनी सम्भावना और आकांक्षा को असीम मानने का आग्रह करता है। साहित्य न सीमाएँ भूल सकता है, न असीम की चाह छोड़ सकता है।

(16 सितम्बर, 2000)

लाविनी में हिन्दी लेखक

मेरा भूगोल शुरू से ही कमजोर रहा है। मुझे पता नहीं था कि लाविनी नामक कस्बा कहाँ है। मेरा छोटा भाई उदयन वाजपेयी जब हाल मैं वहाँ के एक शातो में लगभग तीन सप्ताह एक उपन्यास पर काम कर लौटा तो कुछ समझ में आया कि मामला क्या है। स्विट्जरलैण्ड में जेनेवा के पास उस देश के फ्रेंच हिस्से में बसा यह कस्बा जेनेवा से लगभग एक घण्टे की दूरी पर है। वहाँ एक स्विस प्रकाशक ने, जिसने हेमिंग्वे, फॉकनर, सार्त्र, कामू आदि के अनुवाद प्रकाशित कर काफी धनार्जन किया, एक शातो खरीद ली थी जिसमें रहने के लिए छह कमरे हैं। वह प्रकाशक लेखकों का मित्र और हितैषी था। उसकी मृत्यु के बाद उसके परिवार ने इस शातो को लेखकों के घर में बदल दिया है और अब वहाँ हर वर्ष में दो बार संसार भर से लेखक आमन्त्रित होते हैं कि वे वहाँ कुछ सप्ताहों के लिए रह कर अपने मनपसन्द प्रोजेक्ट पूरा करें। इस बार उदयन के अलावा दो चैक लेखक थे जिनमें से एक एजरा पाउंड के कैंटोज का चैक अनुवाद कर रही थीं। एक अमेरिकी विदुषी कैरेबियन उपन्यास पर अपनी पुस्तक पूरी कर रही थी। एक माल्दोबियन लेखक एक नया नाटक लिख रहा था। दिन भर लेखक लोग अपने-अपने कमरों में काम या आराम या दोनों करते थे और आम को रसपान और भोजन के लिए एकत्र होते थे जिसका खर्च वह फाउण्डेशन उठाता है जो इस कार्यक्रम को चलाता है।

मुझे यह ख्याल आता है कि दुनिया के कई देशों में लेखकों के लिए इस तरह के आश्रयस्थल या घर बनाये गये हैं। स्वयं दिल्ली में संस्कृति प्रतिष्ठान में आनन्दग्राम स्थित केन्द्र में यूनेस्को के सहयोग से ऐसे आवास का एक कार्यक्रम कई वर्षों से चल रहा है जिसमें भारत के बाहर के लेखक, कलाकार आदि आते रहते हैं। लेकिन भारतीय लेखकों के लिए स्वयं भारत में ऐसे कार्यक्रम प्रायः नहीं के बराबर हैं। ऐसा तो नहीं है कि हमारे प्रकाशकों ने साहित्य के प्रकाशन से धनार्जन न किया हो। फिर ऐसा किसी को आज तक क्यों नहीं लगा कि उस अर्जन में से कुछ ऐसे किसी लेखक-हितकारी कार्यक्रम में लगा कर वापस किया जाना चाहिए। फोर्ड फाउण्डेशन के एक अनुदान के तहत बरसों पहले भारत भवन में अतिथि-कलाकार का ऐसा एक कार्यक्रम चला था जिसमें मल्लिकार्जुन मंसूर, जिया मोइउद्दीन डागर, भवेश सान्याल, निर्मल वर्मा, शानी, शम्भु मित्र, नामवर सिंह आदि वहाँ अतिथि बन कर आये थे। वक्त आ गया है—बल्कि कहना चाहिए कि वक्त तो बहुत देर से आया हुआ है—कि भारतीय ज्ञानपीठ और के के बिड़ला प्रतिष्ठान जैसी संस्थाओं को युवा लेखकों के लिए इस तरह की अल्पावधि आवास-योजना का कार्यक्रम हाथ में लेना चाहिए। हिमालय में कहीं और सुदूर पूर्वोत्तर या दक्षिण में किसी सुरम्य पर छोटे स्थान पर दो लेखकाश्रम बना दिये जाएँ जहाँ लेखक, मुख्यतः युवा, जाकर लेखन पर एकाग्र हो सकें। यह कुछ इसका भी प्रमाण होगा कि हमारा समाज लेखकों की चिन्ता करता है।

(24 सितम्बर, 2000)

लिखने की बेशर्मी

किसी और सिलसिले में सही, मिर्जा गालिब फरमा गये हैं कि 'शर्म तुमको मगर नहीं आती।' यह एक तरह से लिखने का आप्तवाक्य ही माना जा सकता है। लिखने में कई तरह की बेशर्मियाँ उलझी होती हैं। सबसे पहली तो यही कि लेखक मान कर चलता है कि उसकी जिन्दगी, अनुभव और नजर में ऐसा कुछ है जिसका दूसरों से साझा किया जा सकता है और जिसमें दूसरों की दिलचस्पी हो सकती है। अपने को दूसरों से अलग और कई बार अधिक संवेदनशील और सजग मानना एक तरह की बेशर्मी नहीं तो और क्या है? दूसरे, लगभग शुरू से ही संसार में साहित्य उन्हीं विषयों, स्थायी भावों को लेकर लिखा जाता रहा है जिन पर आज भी लेखक लिखते हैं। विषय नये नहीं होते, अच्छे लेखक के यहाँ वस्तु नयी होती है। किसी भी विषय पर लिखना इसलिए एक

बेशर्म-सी कार्रवाई है कि उस पर पहले और सम्भवतः अधिक मार्मिक और स्मरणीय लिखा जा चुका है। तीसरे, लिखने से अक्सर कुछ होता-जाता नहीं है। फिर भी, आप लिखते हैं कुछ यों कि आपके लिखे से फर्क पड़ सकता है। हो सकता है कि पड़ सकता हो पर अक्सर पड़ता नहीं है। चौथे, आप पायेंगे कि ज्यादातर आपके आस-पास, पास-पड़ोस और समाज में लिखने को कोई खास काम नहीं माना जाता। यह सवाल बड़े-बड़े महारथियों से अत्यन्त सदाशय व्यक्तियों ने पूछा है कि 'लिखना तो ठीक है, लेकिन करते क्या हैं?' अब आप भले मानते रहें कि लिखना भी करना है, कि लेखन भी कर्म है, कि कविता या साहित्य पर्याप्त नागरिकता है, कोई और इसे मानने को तैयार नहीं है। पाँचवें, लिखने के बाद हो सकता है कि आपको बरसों प्रतीक्षा करनी पड़े कि वह दूसरे किसी तक पहुँचा या नहीं। कम से कम हमारे हिन्दी समाज में साहित्य के कहीं भी तेजी से पहुँचने के साधन या उपाय ही बाकी नहीं रहे। छठे, लिखने वाला अक्सर किसी अनुभव से पूरी तरह तदाकार नहीं हो पाता : उसका एक हिस्सा मानो उस अनुभव को देखता-परखता भी रहता था ताकि उससे कुछ रचा जा सके। यह भी एक तरह की बेशर्मी ही है कि सब कुछ आपके लिए, प्रथमतः या अन्ततः लिखने का उपजीव्य ही हो। लेखक गली के एक कुत्ते की तरह अपनी जिन्दगी और अनुभवों के प्रायः सड़ान्ध भरे घूरे पर कुछ पाने के चक्कर में उसे खखूरता रहता है : यह और बात है कि उस घूरे पर उसे दूसरों का फेंका-खारिज किया बहुत-सा दिखता मिलता रहता है। सातवें, लिखने के बाद आप उम्मीद करते हैं कि दूसरे उस पर कुछ प्रतिक्रिया करेंगे, कुछ कहेंगे-सुनेंगे। दूसरे अक्सर आपसे ज्यादा चतुर और व्यस्त होते हैं। वे प्रायः तब कुछ कहते ही नहीं जब आप उनसे कुछ सुनने की उम्मीद कर रहे होते हैं। लिखना अपने को निहत्था और निरुपाय छोड़ना है। ऊपर जिन बेशर्मियों का जिक्र है वे सभी एक तरह की लाचारी के संस्करण हैं। यह विडम्बना है कि लाचार और बेशर्म लोग ही लेखक होते हैं। साहित्य का सारा उदात्त वैभव एक बुनियादी प्रकार की निर्लज्जता पर आधारित है। शायद यह 'विरुद्धों का सामंजस्य' ही उसे टिकाऊ बनाता है।

(24 सितम्बर, 2000)

कलम, स्याही और कागज

जो लोग पोलिश कवि ज्बेग्न्यू हर्बेर्त की अद्‌भुत काव्ययात्रा से परिचित हैं—वह इस शताब्दी की महान कवि-गाथाओं में से एक रही है—उन्हें

याद होगा कि अपने जीवन के अन्तिम चरण में हर्बेर्त ने एक प्रसिद्ध कविता लिखी 'कलम, स्याही और लैम्प की विदाई पर शोकगीत'। हर्बेर्त इस कविता में कहते हैं कि मैंने इतिहास की आत्मा पर कभी भरोसा नहीं किया/कातिल नज़रों वाला एक गढ़ा हुआ दैत्य'। प्रसिद्ध आलोचक और बुद्धिजीवी एडवर्ड सईद, देखा जाये तो इसके ठीक उलट, इतिहास में पूरा भरोसा रखते हैं लेकिन अमेरिकी भाषा संगठन के मुखपत्र में इस संगठन के अपने अध्यक्षीय भाषण में सईद ने एक तरह से कलम, स्याही और कागज पर एक बौद्धिक शोकगीत ही लिखा है। उनके अनुसार इतिहास को समझने और बदलने के मानववादी उपक्रम में स्याही और कलम से कागज पर लिखने की भौतिक क्रिया ने न सिर्फ एक प्रमुख भूमिका निभायी है बल्कि फ्रायड से लेकर प्रूस्त, टॉमस मान, वर्जीनिया वुल्फ, एजरा पाउंड, जेम्स ज्वायस आदि सभी आधुनिकता के मूर्धन्यों की एक अटूट बिरादरी भी बनायी है। सईद को लगता है कि बिना लिखने की भौतिक क्रिया के साहित्य, दर्शन, विज्ञान, इतिहास आदि में न कुछ कहना सम्भव होता, न ही व्याख्या करना। आविष्कार और मूल्यांकन दोनों ही प्रक्रियाएँ लिखने और लिखने में होने वाले भौतिक श्रम और चेष्टा का फल रही हैं। सईद चाहते हें कि मानववादी चेष्टा में पहले से चली आ रही दृष्टियों से आगे जाने का जो हीरोइज्म था उसे पुनरुज्जीवित किया जाना चाहिए। वे उस उदात्त आदर्श की वापसी चाहते हैं जिसके रहते फ्रायड ने कहा था कि उनका उद्देश्य मानव जीवन की इमारत की ऊपरी मंजिलों का नहीं, बल्कि तहखानों का उत्खनन करना है। जाहिर है यह उत्खनन एक अधूरा काम है और मनुष्य की स्थिति हमेशा ही ऐसी बनी रहेगी कि यह काम अधूरा रहेगा। पर सईद को सन्देह है, और मुझे लगता है कि उचित सन्देह है, कि हमारे समय में अब यह काम रुक-सा गया है।

हालाँकि लिखने-समझने के नये साधनों का एडवर्ड सईद विरोध नहीं करते, उन्हें लगता है कि उनमें दिये हुए का सहज स्वीकार अधिक है जबकि जरूरत है प्रतिरोध के भी नये साधन खोजने, आजमाने और बरतने की। अगर हर काम आसानी से होता चले और किसी तरह की मेहनत की दरकार न हो तो प्रतिरोध की इच्छा निश्चय ही शिथिल धूमिल होती है। सईद का आह्वान है न सिर्फ फ्रायड बल्कि स्पिनोजा, मार्क्स और हाइने आदि की बौद्धिक दुस्साहस की परम्परा को फिर से सक्रिय करने के लिए। सौभाग्य से, सईद यह नहीं भूलते कि इस बीच स्वयं पश्चिम में यह अहसास गहरा और पुष्ट हो चुका है कि पश्चिम के अलावा इस्लामी, भारतीय और चीनी मानववादी ज्ञान की परम्पराएँ रही हैं और इन 'दूसरों' को अब किसी भी मानववादी उपक्रम में शामिल करना अनिवार्य हो गया है। हमेशा की तरह एडवर्ड सईद ज्ञान, आलोचना और स्वतन्त्रता से फिर

दो-चार होने के लिए एक नया और अधिक समावेशी बौद्धिक एजेंडा प्रस्तावित कर रहे हैं जिस पर वहाँ ध्यान जरूर जाएगा क्योंकि पश्चिम में सईद की बातों पर ध्यान जाता है। यह प्रश्न, अपने सन्दर्भ में, उठना स्वाभाविक है कि स्वयं भारत में पश्चिम की नकल और ज्यादातर उसकी ही प्रविधियों से आक्रान्त जो मानववादी उपक्रम है उसमें हमारी अपनी परम्परा ही 'अन्य' बनी हुई है : उसका रेडिकलाइजेशन इस 'अन्यता' को समाप्त और उसे पूरी तरह से आयत्त किये बिना सम्भव नहीं है। दयाकृष्ण जैसे दार्शनिक यही कह रहे हैं : उनके उठाये प्रश्नों को लेकर जो व्यापक-चुप्पी है उसे देखते हुए नहीं लगता कि कोई सुगबुगी है जो कि बड़े खेद की बात है।

(1 अक्टूबर, 2000)

शास्त्रीयता में बेचैनी

हमारे समय में शास्त्रीय कलाओं में दो तरह की बेचैनी है। पहली यह कि अपनी परम्परा को, प्रामाणिकता और शुद्धता को, बदलते परिवेश और रुचि में, कैसे सजीव-सक्रिय रखा जाये। दूसरी यह कि आधुनिकता, बल्कि उत्तर-आधुनिकता के दबावों को विधेयात्मक रूप से स्वीकार करते हुए शास्त्रीयता में क्या परिवर्तन सम्भव हैं बल्कि उचित हैं। पहली बेचैनी निरन्तरता को लेकर है तो दूसरी परिवर्तन को। इसलिए, यह जो धारणा आम है कि हमारी शास्त्रीय कलाएँ परिवर्तन के प्रति उदासीन हैं, निराधार है।

दिलचस्प यह है कि दोनों ही किस्म की बेचैनी शास्त्रीय नृत्य में शास्त्रीय संगीत के बजाय अधिक है। कम से कम इन दिनों उसे शास्त्रीय नृत्य में अधिक मुखर और स्पष्ट रूप से देखा जा सकता है। दिल्ली में पिछले एकाध महीने में मैंने तीन नृत्य प्रस्तुतियाँ देखीं जो तीन अलग-अलग शहरों की तीन अलग-अलग शास्त्रीय नृत्य शैलियों की पारम्परिक ढंग से सुदीक्षित और प्रतिष्ठित नर्तकियों ने पेश कीं। कलकत्ते की शर्मिला बिस्वास ओडिशी की निष्णात नर्तकी हैं तो चेन्नई की अनीता रत्नम भरतनाट्यम की और दिल्ली की अदिति मंगलदास कथक की। तीनों के गुरु पारम्परिक ढंग से दृष्टि-शिल्प और समझ के धनी गुरु रहे हैं। तीनों ही ने अपने क्षेत्रों में अपने पारम्परिक नृत्य की सक्षम प्रस्तुतियों से ही अपनी कीर्ति और छवि बनायी है। पर जिन तीन प्रस्तुतियों का जिक्र मैं कर रहा हूँ वे तीनों ही प्रयोगधर्मी थीं—उनमें शास्त्रीयता के भूगोल

का समकालीन विस्तार करने की बेचैनी स्पष्ट थी। तीनों को ही रसिकों की बड़ी-बड़ी भीड़ों से जो प्रशंसा मिली उससे स्पष्ट था कि उनकी बेचैनी के सर्जनात्मक परिणाम अकारथ नहीं गये और यह भी कि शास्त्रीयता में इस तरह के परिवर्तन को आसानी से स्वीकार किया जा रहा है। चूँकि मैं दिल्ली के कई पारम्परिक शुद्धतावादी रसिकों को जानता हूँ और वे आम तौर पर ऐसे प्रयोगों पर नाक-भौंह सिकोड़ते रहे हैं, यह सुखद अचरज की बात थी कि सभी प्रभावित और प्रसन्न अनुमोदन में अपने ज्ञान-परम्परा के भार से बोझिल समझदार सिरों को हिलाते, दीख पड़े। अब यह शुद्धता और प्रामाणिकता के प्रति आग्रह में कमी के कारण है या कि प्रयोगों की प्रभावपूर्ण वैधता के कारण, कहना कठिन है। शर्मिला बिस्वास की प्रस्तुति में ओडिशी की कथा एक वयोवृद्ध देवदासी के जीवन और दिनचर्या के रूपक के माध्यम से कही गयी है। ओडिशी जैसे लालित्य और सौकुमार्य से भरे नृत्य में सामाजिक प्रतिरोध, एक स्त्री के आत्मबोध और संघर्ष की मर्मकथा अपनी पूरी नाटकीयता और ऐन्द्रियता के साथ विन्यस्त हुई। जयदेव की प्रसिद्ध अष्टपदी 'कुरु यदुनन्दन' जो कि किसी भी ओडिशी नर्तकी के लिए हमेशा ही एक चुनौती साबित होती रही है, अपनी सारी शृंगारिकता का अतिक्रमण कर एक देवदासी का, मन्दिर के एकान्त में, एक विलापगीत बन जाती है। यह अद्‍भुत और रोमांचक अनुभव शर्मिला बिस्वास ने अपने कल्पनाशील अभिनय-संयोजन से साक्षात किया। उनका नृत्य-समूहन और अन्य कलाकार निष्णात और सुदीक्षित थे।

अनीता रत्नम न्यूयार्क में काम करती रही हैं, चेन्नई के अलावा। उन्होंने शोभिता पुंज की पुस्तक, 'द डाटर्स ऑफ द ओशन' से, जो कि हिन्दू देवियों पर एकाग्र है, प्रेरणा लेकर लक्ष्मी, सरस्वती और महिषासुर मर्दिनी देवियों को अपनी जिन्दगी के निजी कथानक से जोड़कर उन सभी को नयी अर्थाभा और उनके अर्थ और आशय को नयी समकालीनता दी। अनीता के काम में अपनी परम्परा में रसी-बसी कलाकार का आधुनिक आत्मविश्वास भी साफ झलक रहा था। पारम्परिक मुद्राएँ और भंगिमाएँ नये समूहनों में नयी अर्थाभा से दमक रही थीं।

अदिति मंगलदास ने अपनी प्रस्तुति को, जो दरअसल दो प्रस्तुतियाँ थीं, गति और स्पेस, लय और ध्वनि का अमूर्त अनुसन्धान कहा। पहली प्रस्तुति अमूर्त होते हुए भी एक तरह की कथा कहने की चेष्टा थी जो कि पूरी चरितार्थ न होने के कारण बीच में ही उलझी रह गयी। कथक अपने अन्तर्भूत अमूर्तन को दबाकर जब कथा कहने की चेष्टा करता है, अपने नाम की रूप की कीमत पर रक्षा करने के लिए, तो अक्सर विफल होता है। पर दूसरी प्रस्तुति बेहद ऊर्जावान और स्फूर्त थी : उसमें नृत्य में ऐसे उपादानों का भी इस्तेमाल किया गया, जैसे कि लकड़ी के चौकोर,

पैरों में कौड़ियों के घेरे, आदि जिनका कथक में इस्तेमाल नहीं होता। इन सबने मिलाकर कथक की गतियों, बोलों, पढ़न्तों आदि का जो वृन्द बुना वह सशक्त और अत्यन्त गतिमय था। जो आपाततः अमूर्त है उसे वैसा ही रखो और उससे कथा न कहलवाओ तो भी कथक में नयापन लगता है क्योंकि कथक स्वयं अपने अमूर्तन को अक्सर भूल जाता है। कुल मिलाकर, मुझे उम्मीद बँधती है कि नृत्य में यह शास्त्रीय किस्म की बेचैनी ईमानदार और खरी है, दुस्साहसी और कल्पनाशील है और नये कई रास्ते खोल रही है।

(1 अक्टूबर, 2000)

गरबीली गरीबी और मुफ्तखोरी

शमशेर बहादुर सिंह, मुक्तिबोध, त्रिलोचन, नागार्जुन, नरेश मेहता आदि अनेक बुजुर्ग लेखक हुए हैं जिनकी जिन्दगी की कथा 'गरबीली गरीबी' की गाथा की तरह पढ़ी जा सकती है। गरीबी की गाथा पर दीनता की कथा नहीं। इनमें से सभी को थोड़ा-बहुत निजी रूप से जानने का सौभाग्य मुझे मिला। इनमें कोई भी ऐसा नहीं है जिसने कभी दीनता प्रदर्शित की हो। बल्कि शमशेर और मुक्तिबोध तो बेहद उदार लोग रहे हैं। मुझे नहीं लगता कि गरबीली गरीबी की यह परम्परा आगे चल रही है। एक तरह से यह ठीक भी है : आखिर लेखक क्यों गरीबी में अपने दिन बिताएँ? जब समाज के, विशेषतः मध्यवर्ग के बाबुओं और चपरासियों तक के दिन फिर रहे हैं तो लेखकों के क्यों न फिरें? उनमें से अधिकांश के पास नौकरियाँ हैं : सरकार में, अखबार में, विश्वविद्यालयों और महाविद्यालयों में, सार्वजनिक उपक्रमों में, अन्यत्र। एक जमाना था, आज से कुल चालीस बरस पहले, जब कवि-अध्यापक अजित कुमार के एक हाटप्लेट खरीदने का मसला, अन्य लेखकों में चर्चा और ईर्ष्या का विषय बन गया था। अब लेखकों के पास कारें, कई मकान, ड्राइवर आदि हैं और कोई जाहिरा तौर पर उनसे डाह आदि नहीं करता। लेखकों के बेटे-बेटी भी सौभाग्य से नाकारा निकलना बन्द हो गये और कई अपने माता-पिता को देर से आयी समृद्धि में मददगार साबित हुए हैं।

विडम्बना यह है कि गरीबी तो हटी लेकिन उसकी जगह मुफ्तखोरी आ गयी है। दिल्ली हिन्दी साहित्य की ही नहीं इन दिनों हिन्दी लेखकों की मुफ्तखोरी की भी राजधानी है। मुफ्तखोरी किसी एक पीढ़ी की बपौती भी नहीं कही जा सकती : सत्तर के पार चले गये बुजुर्ग लेखकों से

लेकर, जो अक्सर प्रशंसा-उदार और धन-कृपण हैं, युवा लेखक भी इस बड़ी बिरादरी में शामिल हैं : पूरी निर्लज्जता के साथ ही कहना होगा क्योंकि कोई सलज्ज इसमें है ऐसा दीख नहीं पड़ा। साहित्य के आड़े जब-तब भले आये, विचारधारा मुफ्तखोरी के आड़े नहीं आती। मुफ्तखोरी के कई स्रोत हैं : विभिन्न देशों के दूतावास, विदेशों से आने वाले हिन्दी विशेषज्ञ और छात्र, दूसरे शहरों से आने वाले यशःप्रार्थी लेखक, उदारचरित लेखक-बन्धु, प्रतिष्ठाकामी अफसर-लेखक, कलावीथिकाओं के स्वागत समारोह आदि। हिन्दी प्रकाशक, आमतौर पर, राजधानी के कई हिन्दी लेखकों की तरह मुफ्तखोर तो नहीं हैं पर कंजूसी में वे कई बुजुर्ग लेखकों से कड़ा मुकाबला कर सकते हैं : दोनों ही अक्सर अपनी नहीं दूसरों की जेब में निस्संकोच हाथ डालते रहते हैं। रघुवीर सहाय की कुछ पंक्तियों को इस सिलसिले में बदलकर, उनसे क्षमा माँगते हुए, कुछ यों किया जा सकता है :

गरबीली गरीबी कहाँ जा छिपी भागकर जीवन से
जो कविता की पीड़ा में अब दिख नहीं रही?
मुफ्तखोरों के क्या लेखक साझीदार हुए
जो कविता हम सबको लाचार बनाती है?

साहित्य किसी भी स्थिति में मुफ्तखोरी का तर्क नहीं हो सकता है। जिसके पास कम है वह कभी-कभार मुफ्तखोरी कर ले यह समझ में आता है लेकिन जिसके पास है वह इतना अचूक मुफ्तखोर क्यों है यह समझना कठिन है। कहना न होगा, ऐसी मुफ्तखोरी दीनता से बदतर है, 'गरबीली गरीबी' से तो उसका मुकाबला ही क्या?

(1 अक्टूबर, 2000)

सच का मुँहफट बहुवचन

इसी महीने किसी दिन इस वर्ष के नोबेल पुरस्कार विजेता का नाम घोषित होने जा रहा है। अटकलें लगायी जा रही हैं। जो नाम आये हैं उनमें मेरे प्रिय तीन हैं। वीएस नायपाल, स्वीडिश कवि टोमस ट्रांस्ट्रोमर और बेल्जियम के ह्यूगो क्लोज। नायपाल यों तो भारत के ही लेखक हैं जिनका भारत का आकलन धीर-धीरे बदलता रहा है। अंग्रेजी गद्य के इस निराले स्थपति का नाम बरसों से नोबेल स्पर्धा में है। उन्हें अगर यह पुरस्कार मिलता है तो भारत में उनके असंख्य प्रशंसकों को बहुत प्रसन्नता होगी। टोमस ट्रांस्ट्रोमर इस समय स्वीडिश के ही नहीं यूरोप के मूर्धन्य कवियों

में गिने जाते हैं। वे भारत भवन के विश्व कविता समारोह में आये थे और इधर कई बरसों से अस्वस्थ चल रहे हैं। उनकी पत्नी तीन बरसों पहले स्टाकहोम में बता रही थीं कि कविता के माध्यम से धीरे-धीरे उनकी स्मृति वापस आ रही है। नार्डिक देशों के एक अन्तर्राष्ट्रीय कविता समारोह का उद्घाटन करने आये ट्रांस्ट्रोमर बेहद अशक्त और अस्फुट थे। मेरे सौभाग्य से बाहर कुछ देर के लिए मिलने पर वे मुझे पहचान गये थे। उनकी कविता-पंक्ति मुझे कभी नहीं भूलती : 'सच को फरनीचर की दरकार नहीं'। ह्यूगो क्लोज से मेरा परिचय लगभग चालीस बरसों पहले 'डेल्टा' नामक डच पत्रिका में प्रकाशित उनकी कविता और कहानी से हुआ था। एकाध का मैंने अनुवाद भी किया था। अब याद नहीं आ रहा है कि वह कहीं छपने भेजा था भी या नहीं। बाद में उनके उपन्यासों में से कई प्रसिद्ध और लोकप्रिय हुए हैं।

इस सबसे मुझे पिछले वर्ष जर्मन कवि उपन्यासकार गुंटर ग्रास के नोबेल व्याख्यान की याद आयी। ग्रास ने कुछ अटकल इस बात पर लगायी थी कि पुस्तकों और लेखकों को चर्च और राज्य, पोलित ब्यूरो और मास मीडिया खतरनाक क्यों मानते हैं। उन्हें चुप कराने या दबाने की कार्रवाई सत्तारूढ़ विचारधारा पर सीधे हमले का शायद ही कभी नतीजा होती है। अक्सर वह इस बात से निकलती है कि पुस्तकें और लेखक प्रायः परोक्षतः यह मानते हैं कि सत्य का अस्तित्व सिर्फ बहुवचन में है, कि कोई अकेला सत्य नहीं होता बल्कि सत्यों की बहुलता ही होती है। जो लोग एकमेव सत्य के रक्षक होते हैं वे इस बात से खतरा बल्कि मरणान्तक खतरा महसूस करते हैं। फिर लेखक अतीत को शान्त नहीं छोड़ पाते : वे पुराने घाव कुरेदते रहते हैं। उनके लिए कुछ भी आदरणीय नहीं होता यहाँ तक कि पूँजीवाद भी नहीं और यह उन्हें आक्रामक और गुनहगार बनाता है। सबसे खराब बात यह है कि लेखक इतिहास में चिन्तक नायकों का साथ अक्सर नहीं देते बल्कि उनका सहानुभूति उनके साथ होती है जो हार जाते हैं : वे पराजित को वाणी देते हैं और विजय पर प्रश्नचिह्न उठाते हैं।

ग्रास ने यह भी कहा था कि लेखक ने सोच-विचार कर और बहुत खुशी से उच्चभ्रूओं और बलशालियों के सूप में थूका है। इसीलिए साहित्य का इतिहास सेंसरशिप के विकास और परिष्कार के लगभग समतुल्य रहा है। ग्रास ने तल्ख मार्मिकता से अपने इसी व्याख्यान में पूछा था कि 'कितने जर्मन, इतालवी, इस्पहानी और पुर्तगाली लेखकों को फासीवाद ने अपने देशों में सत्ताओं से बहिष्कृत किया था? कितने लेखक लेनिनवादी-स्तालिनवादी आतंक-राज के शिकार हुए थे? चीन, कीनिया या क्रोएशिया में आज लेखकों पर क्या बन्दिशें हैं?'

नाजी अतीत को भूलने की चेष्टा करने और शिक्षा देने वालों पर हमला करते हुए गुंटर ग्रास ने व्याख्यान में ग्रीकनायक सिसिफस से यह प्रार्थना की थी कि उसकी चट्टान कभी पहाड़ की चोटी पर न रह पाये, हम उसे फिर लुढ़का नीचे ले आएँ और तेरी तरह खुशी मनाएँ और हमारे अस्तित्व की यह ऊबकथा कभी समाप्त न हो। साहित्य की शुरूआत कहानी कहने से मानने वाले ग्रास का विश्वास है कि भविष्य में अगर कभी साहित्य और पुस्तकें गायब भी हो जाएँ तब भी कथावाचक होंगे, हमारे दुख-सुख की नयी-पुरानी कहानियाँ गढ़ते और कहते हुए।

मुझे यह ख्याल आता है कि हमारे देश में इतने सारे पुरस्कारों के बावजूद एक भी ऐसा व्याख्यान वर्ष में एक बार नहीं होता जिसमें हम एक महान लेखक या अपने किसी मूर्धन्य को साहित्य की स्थिति और भविष्य के बारे में ऐसा बेबाक और उदग्र चिन्तन करते सुन सकें।

(8 अक्टूबर, 2000)

लिखे बिना लेखक

आम तौर प्रर लेखक उसी प्राणी को कहना चाहिए जो लगातार लिखता हो। जरूरी नहीं कि हर बरस उसकी पुस्तक निकले या कि हर महीने किसी पत्रिका में उसकी कोई रचना छपे। एमिली डिकिंसन जैसी अपूर्व एकान्त निष्ठा से वह भले लिख-लिख कर अपनी रचनाओं को एक बक्से में डालता जाये। छपे भले न, पर लिखे तो। लिखना किसी न किसी स्तर पर अपने को वेध्य बनाना है : वह सच्चाई में हिस्सा लेना और तरफदारी करना है। वह प्रमाण है कि जिन्दगी; भाषा आदि की आपकी पकड़ किस कोटि की और कितनी गहरी या व्यापक है। यह दूसरों तक पहुँचने, उनसे प्रतिकृत होने और उन्हें शामिल कर दुनिया में अपनी भागीदारी का साक्ष्य देना भी है। अध्यापक या व्यापारी या राजनेता न लिखे तो कोई उजर की बात नहीं है क्योंकि उनका बुनियादी काम लिखना नहीं है। पर लेखक न लिखे तो फिर उसे अपने को लेखक कहने का अधिकार नहीं रह जाता। अलबत्ता, ऐसा हो सकता है कि आप बरसों तक कुछ न लिखें। लिखने की तैयारी करते रहें। लेखकों की जिन्दगी में अनुर्वरता के लम्बे दौर आते हैं। पर इसका प्रमाण चाहिए कि आप लिखने की चेष्टा कर रहे हैं या कि कुछ नये-निराले की तलाश में प्रतीक्षारत और निष्क्रिय बैठे हैं। अब इन सब बातों के सिलसिले में आप हिन्दी के दृश्य पर नजर डालें तो आपको एक आश्चर्यजनक तथ्य नजर आएगा

और वह यह कि इस दृश्य पर सबसे अधिक मुखर, वाचाल और सक्रिय दिखने वाले कुछ लोग ऐसे हैं जिन्होंने बरसों से कुछ लिखा ही नहीं है। उनमें से कुछ 'न लिखने का कारण' भी खोजने की कोशिश कर चुके हैं। कुछ ऐसे हैं जो अपने भाषणों से तो देश-दलन करते चतुर्दिक घूमते रहते हैं पर लिखने के नाम पर बरसों पहले लिखी चार-छह पुस्तकों के रचयिता भर हैं। यह कहना कठिन है कि इनमें से कोई भी गौरवग्रन्थ होने की राह पर है।

नामवर सिंह को हिन्दी के मूर्धन्य आलोचक होने का दरजा मिला हुआ है जबकि उनकी अन्तिम पुस्तक 'वाद विवाद संवाद' को प्रकाशित हुए ग्यारह बरस हो चुके। इधर कबीर को लेकर वे फिर वाद-विवाद-रत हैं पर वह पुस्तक बन पाएगा इसका भरोसा करना उनके अब तक के लेखकीय आचारण को ध्यान में रखते हुए कठिन है। राजेन्द्र यादव को कहानियाँ या उपन्यास लिखे तो शायद एक अधसदी होने जा रही है। इस बीच 'हंस' के उनके क्रान्तिकारी सम्पादकीयों के संचयनों को साहित्य में उनका टिकाऊ अवदान मानने और उन्हें रचनात्मक साहित्य का स्थानापन्न मानने में बहुतों को कठिनाई होगी। कथाकार ज्ञानरंजन की अन्तिम कहानी 'बहिर्गमन' 'पहचान' में छपी थी और उसे तीस बरस होने आये। 'पहल' जैसी पत्रिका का बहुचर्चित सम्पादन बहुत रचनात्मक कार्य होगा पर उसे किसी भी नजर से ज्ञानरंजन की रचनात्मकता का रूप मानना कठिन है। शमशेर बहादुर सिंह की पंक्ति 'चुका भी नहीं हूँ मैं' जैसी वीरोचित उक्ति का सहारा लेकर इन तीन लेखकों के बचाव में कुछ भी कहा जाये, इससे पहले इनके बरक्स तीन लेखकों को रख कर देखा जा सकता है। रामविलास शर्मा तो लगभग अन्तिम क्षणों तक लिखते रहे और अपनी शुद्ध सक्रियता के लिए ही बेजोड़ हैं—आप ही की 'विचारधारा' के हैं सो अलग। अज्ञेय हिन्दी के सबसे बड़े सम्पादकों में से रहे हैं। उनके द्वारा सम्पादित 'प्रतीक' और 'दिनमान' पत्रिकाएँ आज भी प्रतिमान मानी जाती हैं पर उन्होंने पचास से अधिक पुस्तकें भी लिखी थीं। रघुवीर सहाय ने 'कल्पना' और 'दिनमान' का सुसम्पादन किया था और बहुत बड़ी संख्या में नये लेखक तैयार और प्रस्तुत किये थे लेकिन इस दौरान वे लगातार लिखते भी रहे थे, सम्पादकीय भर नहीं, हिन्दी की अनेक स्मरणीय कविताएँ, कहानियाँ आदि। लिखने से बचना अपने से और दूसरों से बचना है। श्रीकान्त वर्मा ने ठीक कहा था कि जो बचेगा कैसे रचेगा?

(8 अक्टूबर, 2000)

सिनेमा की अकादेमिक अवज्ञा

सिनेमा बीसवीं शताब्दी में ही विकसित उन कलाओं से एक है जिसे पिछड़े और औपनिवेशिक भारत ने उसके उदय के थोड़े ही दिनों बाद अपनाकर पालतू बना लिया था। हम बरसों से संसार में हर बरस सबसे अधिक फिल्में बनाने वाले देश बने हुए हैं। इधर भारतीय फिल्मों का एशियाई और अरबी देशों में लोकप्रियता के स्तर पर भारी विस्तार हुआ है। हमने बड़ी संख्या में ऐसे निर्देशक पैदा किये हैं जिनमें से कई जैसे : सत्यजीत राय, ऋत्विक घटक, मृणाल सेन, मणि कौल, अडूर गोपालकृष्णन, कुमार शहानी आदि विश्व स्तर के निर्देशक माने जाते हैं। दूसरे शब्दों में, एक ओर भारत में सिनेमा मनोरंजन की आज सबसे लोकप्रिय लोकव्यापी कलाविधा है तो दूसरी ओर उसने कई बार श्रेष्ठ स्तर की कलात्मक ऊँचाई और विश्वमान्यता भी अर्जित की है। जिसे हम लोकप्रिय संस्कृति कहते हैं उसका सिनेमा तो लगभग एक केन्द्रीय तत्त्व है। फिर ऐसा क्यों है कि हमारे गम्भीर अकादेमिक और बौद्धिक विमर्श में सिनेमा की गहराई और तीक्ष्णता से समझने के प्रयत्न बहुत कम हुए हैं? ऐसे कितने आलोचक हैं—गीता कपूर, गौतम राज्याध्यक्ष, इकबाल मसूद आदि इने-गिनों को छोड़ दें—जिन्होंने सिनेमा की आलोचना को अपना गम्भीर और उत्तरदायी बौद्धिक विमर्श बनाया हो? बरसों पहले शास्त्रीय संगीत और शास्त्रीय नृत्य की ही तरह सिनेमा को शास्त्रीय गरिमा प्रदान करने की दृष्टि से मध्यप्रदेश फिल्म विकास निगम से 'पटकथा' नाम से एक गम्भीर पत्रिका निकाली थी। वह बन्द हो गयी और हिन्दी में सिनेमा को गम्भीरता से लेने के इस प्रयत्न के समाप्त होने पर किसी ने टिप्पणी तक नहीं की!

मेरा ध्यान इस ओर इसलिए गया कि मैंने कहीं पढ़ा कि पिछले वर्ष अमेरिका में सिनेमा पढ़ाने के लिए 51 पद विज्ञप्त किये गये थे जिनमें 36 पद साहित्य के ज्यादातर अंग्रेजी विभागों में थे। इसका एक आशय यह है कि अमेरिका में साहित्याध्ययन के विभागों में लचीलापन है और वे साहित्य के लिए सिनेमा को जरूरी मानते हैं। दूसरा यह कि अगर एक वर्ष में इतने सारे पद विज्ञप्त हो रहे हैं तो पहले से सैकड़ों स्थायी पद और सिनेमा को पढ़ने वाले हजारों छात्र मौजूद हैं। हमारे यहाँ क्या किसी भी विश्वविद्यालय में सिनेमा एक विषय के रूप में पढ़ाया जाता है? कम से कम मेरी जानकारी में तो कहीं नहीं, फिल्म इन्स्टीट्यूट या जनसंचार माध्यम संस्थाएँ छोड़ कर। विख्यात चिन्तक और आलोचक फेडेरिक जैम्सन, जिन्होंने उत्तर-पूँजीवाद और उत्तर-आधुनिकता के अन्तस्सम्बन्ध पर विस्फोटक प्रकाश डाला है, ड्यूक विश्वविद्यालय में उस विभाग के अध्यक्ष हैं जिसमें मणि कौल इन दिनों हर वर्ष सिनेमा पर एक कोर्स

पढ़ाने जाते हैं। स्वयं जैम्सन कुछ साल पहले भारत शायद पहली बार एक अन्तर्राष्ट्रीय फिल्म समारोह में ही हिस्सा लेने आये थे।

(8 अक्टूबर, 2000)

आत्मविस्तार

अब यह कुछ आध्यात्मिक-सी बात है, पर क्या करें है, कि लिखना आत्माभिव्यक्ति के साथ-साथ आत्मविस्तार भी है। लिखते आप अपने बारे में हैं और वह लिखने के कारण ही वह दूसरों के बारे में हो जाता है। हाल ही में मैंने अपने पिता की बरसी पर उन्हें याद करते हुए कुछ लिखा। कलकत्ते से एक पाठक ने लिखा कि उन्हें अपने पिता की याद आयी। दिल्ली में एक वैज्ञानिक-बुद्धिजीवी ने कहा कि उनके पिता भी कुछ ऐसे ही थे। कई पाठकों के पत्र आये जिनमें यही बात दोहरायी, कमोबेश। एकाध 'दिग्विद' विजय बहादुर को उसमें व्यर्थ का महिमामण्डन दिखा क्योंकि सागर में कभी होने के कारण उन्हें असलियत का पता था।

सुबह छह बजे कोई मुरादाबाद से फोन कर कहता है कि उसके मन में लेखकों की बड़ी अच्छी छवि है और वह कभी-कभार मेरी किसी टिप्पणी से उन्हें लेकर हैरत में पड़ जाता है। पटना से कोई पत्र लिख कर स्तम्भ में उल्लिखित किसी पुस्तक के प्रकाशन और दाम का ब्यौरा माँगता है। इलाहाबाद में कोई शिकायत करता है कि वहाँ के किसी आयोजन में शिरकत के बावजूद मैंने उस पर कोई टिप्पणी नहीं की। मुम्बई में रिजर्व बैंक का एक वरिष्ठ अधिकारी बताता है कि उसने स्तम्भ की कतरनें सँभाल कर रखी हैं पर एक बिला गयी है और क्या मैं उसे उसकी फोटो कॉपी भेज सकता हूँ। इण्डियन एयरलाइंस के काउण्टर पर बैठा व्यक्ति टिकट पर नाम पढ़ते ही खड़ा होकर बताता है कि वह हर इतवार की शुरुआत इस स्तम्भ को पढ़ कर करता है। बाबूलाल माली नाम के एक हितैषी मध्यप्रदेश के किसी कस्बे से हर सप्ताह पाँच या छह पोस्टकार्डों का एक धारावाहिक पत्र लिख कर 'कभी-कभार' की पिछली किस्त पर बाकायदा सिलसिलेवार टिप्पणी करते हैं। बिहार के किसी कस्बे से पत्र लिख कर कोई बताता है कि 'तालाब के पखेरू' कविता लिखने वाले विस्मृत और वयोवृद्ध कवि राम इकबाल बहादुर सिंह राकेश वहीं रहते हैं और अपनी कविता का उल्लेख पढ़ कर प्रसन्न हुए। जनसत्ता के सम्पादक को एक हिन्दी कवि-टिप्पणीकार सलाह देता है कि उन्हें

इस स्तम्भ को तत्काल बन्द कर देना चाहिए। एक परोपकारी आलोचक कृतकृत्य कवि से पूछता है कि मुफ्तखोरी वाली टिप्पणी में इशारा किनकी (आपकी?) तरफ है, यह समझ में नहीं आया। एक वरिष्ठ आलोचक की आत्मरति पर टिप्पणी छपते ही फोनों की झड़ी-सी लग जाती है, जिनमें से अधिकांश उन लोगों के हैं जो उनके बहुत नजदीकी हैं लेकिन जो सख्त टिप्पणी की ताईद करते हैं। रायपुर का 'देशबन्धु' भी यह स्तम्भ छापता है और पंजाबी मासिक 'अक्षर' इसकी चुनी हुई टिप्पणियों का पंजाबी अनुवाद।

लेखक और पाठकों की एक नयी साझादारी बनी है—एक स्वतःस्फूर्त बिरादरी। उसमें मेरा सच या सच का मेरा आभास या भ्रम फैल कर दूसरों का भी बनता गया है। वे उसमें जोड़ते-घटाते हैं या उसे संशोधित और परिवर्द्धित करते हैं। मैं इस आत्मविस्तार से चकित होता हूँ और उन सबको धन्यवाद देता हूँ जो कि इस वितान में शामिल हैं और जिनके कारण ही शायद यह 'दूसरी आवाज' अब तक थकी या ऊबी नहीं है : हम गवाह नहीं हिस्सेदार हैं। अपने समय के, अपने समय में साहित्य और कलाओं के सच ऐसे ही बनते-बिगड़ते हैं।

विचारधारा से वफादारी जरूरी नहीं कि आपको विचारशील बनाये। अनुभवों की बहुतायत जरूरी नहीं कि आपको सयानी समझ दे। आत्म से सरोकार जरूरी नहीं कि आपको सामाजिक बनाये। आत्म को सार्थक होने के लिए विस्तार चाहिए। विस्तार के इस भूगोल की कोई परिधि नहीं है। इस स्तम्भ की तीसरी वर्षगाँठ पर उसके सभी पाठक यही आशीर्वाद दें कि उसमें आत्म के विस्तार का यत्न कभी शिथिल न हो : जब तक चले, आत्म और अन्य के सहज सहकार से ही उसे गति और ऊर्जा मिलती रहे।

(22 अक्टूबर, 2000)

जनसंघर्ष और लेखक

यह थोड़ा विचित्र नहीं है कि 'नर्मदा बचाओ आन्दोलन' जिसने विश्वव्यापी ध्यानाकर्षण किया, हिन्दी लेखकों को अपनी ओर नहीं खींच सका? प्रसिद्ध भारतीय अंग्रेजी कथाकार अरुन्धती राय ने बड़ी सक्रियता और मुखरता से इस आन्दोलन में हिस्सा लिया; उस पर एक बहुचर्चित निबन्ध लिखा और संसार के कई मंचों पर उसके बारे में बात की, मुद्दे उठाये। सर्वोच्च न्यायालय के फैसले पर उन्होंने फिर कई बार उग्र टिप्पणी की है। समूचे

हिन्दी अंचल में सम्भवतः इस आन्दोलन से बड़ा और बुनियादी प्रश्न उठाने वाला कोई और आन्दोलन पिछले दो दशकों से नहीं हुआ है। लेकिन हिन्दी का कोई बड़ा, नामधारी लेखक या कि जनसंघर्ष को साहित्य-रचना और उससे निकटता या दूरी को साहित्य के मूल्यांकन का आधार मानने वाले लेखक इस आन्दोलन में कभी शामिल नहीं हुए। न ही उसे उनका कोई सर्जनात्मक या नैतिक समर्थन ही मिल पाया। वे भी नहीं, जो कि साहित्य को हम जैसे कला-साहित्यवादियों से उलट, पर्याप्त कर्म नहीं मानते और इस पर इसरार करते रहे हैं कि लेखक को अपनी सामाजिक जिम्मेदारी और हिस्सेदारी का साक्ष्य सीधी कार्रवाई कर देना जरूरी है। यह सही है कि कृष्ण कुमार, अनुपम मिश्र जैसे लेखकों और बौद्धिकों ने नर्मदा को लेकर और इस आन्दोलन से अपने को जोड़ते हुए सकर्मकता का प्रमाण दिया है पर ये लोग तो हिन्दी की मुख्यधारा यानी प्रगतिशील और जनवादी धारा के लेखक नहीं माने जाते हैं। इन अपवादों से यही सिद्ध होता है कि कुल मिला कर यह आन्दोलन हिन्दी लेखकों को अपनी ओर आकर्षित नहीं कर पाया है।

इसके कई कारण हो सकते हैं। एक तो यह कि विराट परियोजनाएँ हमारे यहाँ प्रायः सोवियत मॉडल से प्रेरणा लेकर बनी हैं और इस आन्दोलन को समर्थन का आशय उस मॉडल का विरोध होता जिसे सार्वजनिक रूप से कर पाने की हिम्मत अभी तक ज्यादातर वामपंथी नहीं जुटा पाये हैं। दूसरे, इस आन्दोलन के मुखिया बाबा आमटे और मेधा पाटकर जैसे गाँधीवादी रहे हैं और यह आशंका हो सकती है कि उनकी रहनुमाई जनवादी प्रखरता की धार को शायद कुन्द कर देती। तीसरे, पुनर्वास का मामला आदिवासियों से जुड़ा हुआ है जो कि हमारी प्रगतिशील जनवादी संवेदना के भूगोल से बाहर हैं। जो इतिहास से बाहर हैं यानी आदिवासी वे 'इतिहास-बोध' के अन्दर कैसे जगह बना सकते हैं? इससे पहले कि आप मुझे महाश्वेता देवी की याद दिलाकर प्रतितर्क करना चाहें मैं याद दिलाना चाहूँगा कि वे बांग्ला कथाकार हैं, हिन्दी लेखक नहीं। चौथे, बड़ा बाँध या कुछ गाँवों का डूबना या कुछ हजार परिवारों का विस्थापित होकर शरणार्थी बनना इतने बड़े मुद्दे नहीं, जितना कि लाखों गरीब किसानों के लिए सम्भव होने वाली खुशहाली। वैसे भी ज्यादा बड़े मुद्दे साम्प्रदायिकता और फासीवाद हैं जिनसे जूझा जा रहा है और ऐसे जन-आन्दोलनों में शक्ति का अपव्यय करने के बजाय उसे उन पर एकाग्र करना ज्यादा होशियारी की बात है। हो सकता है कि हो। यह और बात है कि बावजूद इस सन्नद्धता और संघर्ष के साम्प्रदायिकता बढ़ती गयी है और फासीवाद भी (आप ही के अनुसार) तेजी से बढ़ रहा है।

मेरी अटकल यह है कि असल कारण बिल्कुल और ही है। वह यह है कि हिन्दी लेखक, उनकी विचारधारा कुछ भी क्यों न हो और उनकी

रचना का जो भी रंग-रंगत हो, कुल मिला कर साहित्यवादी ही है। वे सीधे आन्दोलन या संघर्ष से दूर रहते हैं और दूर से समर्थन देने में अपनी सुरक्षा समझते हैं। यह अकारण नहीं हो सकता कि पिछले कई दशकों में किसी जन-आन्दोलन में सीधे हिस्सा लेकर अपनी जुझारू छबि बना सकने वाला प्रायः कोई भी लेखक नहीं हो पाया है। अब अगर आप कहें कि शिक्षकों का वेतनमान बढ़ाओ आन्दोलन, या कि प्रगतिशीलों और जनवादियों के आपसी झगड़ों को भी जनान्दोलनों के संस्करण मानना चाहिए तो जाहिर है कि यह आन्दोलन शब्द के अर्थ का दयनीय 'फुगावा' होगा, कोई संगत तर्क नहीं।

जनसंघर्ष और आन्दोलनों के लेखक की दूरी का कुछ न कुछ सम्बन्ध हिन्दी लेखकों की हिन्दी प्रदेशों की राजनीति को प्रभावित कर पाने में कई तरह से प्रगट विफलता से भी है। साहित्य की राजनीति का, हिन्दी साहित्य के वर्तमान परिदृश्य के सन्दर्भ में, जमीन की राजनीति से कोई सम्बन्ध नहीं है। जनसंघर्ष में हिस्सेदारी सिर्फ एक छड़ी है जिससे दूसरों को पीटा जा सकता है, वास्तव में ऐसी हिस्सेदारी का कोई प्रमाण नहीं है। बल्कि यह अतिशयोक्ति करने का आधार है कि हिन्दी साहित्य की राजनीति अब पूरी तरह से एक स्वायत्त मामला है और उसका जनान्दोलनों और जन-राजनीति से कोई सम्बन्ध और सहकार बाकी नहीं रह गया है।

(29 अक्टूबर, 2000)

बुरा लगा

यों तो अब ऐसा वक्त आ गया है कि कड़ी से कड़ी बात कोई कह या कर दे तो बुरा नहीं लगता। पुरस्कारों की संख्या इतनी बढ़ और उनमें से अधिकांश की प्रतिष्ठा इतनी घट गई है कि वे किसे मिलते हैं या नहीं मिलते हैं इससे इन दिनों न तो कोई फर्क पड़ता है, न अच्छा-बुरा लगता है। फिर भी इस बार जो पद्म पुरस्कार भारत सरकार ने घोषित किए उनमें जिस तरह से समकालीन कला और हिन्दी साहित्य की पूरी तरह से उपेक्षा की गई उससे मुझे बुरा लगा। पिछले कई बरसों से इन पुरस्कारों का ऐसा अवमूल्यन हो चुका था कि यद्यपि वे राष्ट्रीय स्तर के हैं और उन्हें राष्ट्रीय सरकार देती है, राष्ट्रीय राजधानी के अनेक राष्ट्रीय अखबार उन्हें पाने वालों की पूरी सूची तक नहीं छापते रहे हैं। इस बार सूची सौभाग्य से व्यापक रूप से छपी और वह काफी लम्बी भी थी। इसीलिए मुझे बुरा लगा।

पहली विडम्बना तो यही है कि भारत सरकार के समर्थन से इन दिनों दिल्ली में उसी द्वारा स्थापित-पोषित ललित कला अकादेमी द्वारा आयोजित विश्व की समकालीन कला की त्रैवार्षिकी चल रही है। जाहिर है, इस त्रैवार्षिकी के आयोजन के पीछे यह विश्वास है कि समकालीन भारतीय कला इतनी परिपक्व और गतिशील है कि उसे विश्व के कलाजगत में अपनी उचित जगह बनाना चाहिए। लेकिन पद्म-सूची में समकालीन भारतीय कला का एक भी कलाकार अगर नहीं है तो यह बात इस विश्वास के विरुद्ध जाती है। पिछले लगभग एक दशक में भारतीय कला को विश्व-स्तर पर नोटिस किया गया है। स्वयं भारतीय डायस्पोरा ने इस मान्यता में अपनी उचित भूमिका निभाई है। हुसेन, रज़ा, तैयब मेहता, सूजा, अकबर पदमसी आदि के रूप में कम से कम पाँच-सात चित्रकार ऐसे हमारे बीच सक्रिय हैं जो किसी भी दृष्टि से पद्मभूषण या पद्मविभूषण के सर्वथा उपयुक्त अपने आप में और उनकी तुलना में भी, जिन्हें ये पुरस्कार इस वर्ष दिए गए हैं। अपनी ऊर्जा, जीवट, रेंज और आविष्कारक क्षमता के आधार पर हुसेन तो मेरी नजर में भारत रत्न के योग्य हैं : वे कितने ही विवादास्पद क्यों न हों, यह निर्विवाद है कि सारे भारत में हर स्तर पर एक कलाकार जिसे समाज में तुरन्त और अलग से पहचाना जा सकता है वह हुसेन ही हैं। वे कई मायनों में भारत के पिकासो हैं और उन्हें भारत रत्न माना जाना चाहिए।

दूसरी विडम्बना यह है कि इस बार समूचा हिन्दी साहित्य इस सूची से गायब है। यह तब जबकि ऐसा दावा लगातार किया जा रहा है और उसमें दम है कि हिन्दी में पिछले पाँच दशकों में जो साहित्य रचा गया है वह विश्व स्तर का है। यह ठीक है कि अधिकांश हिन्दी साहित्य इस दौरान व्यवस्था-विरोधी रहा है और उसने सत्ता को सन्देह से देखने और उसके विभिन्न रूपों को लगातार प्रश्नांकित करने की अपनी तेजस्वी परम्परा कायम रखी है। इसलिए अगर सत्ता ऐसे साहित्य को सन्देह की नजर से देखे, यह स्वाभाविक है। लेकिन निश्चय ही चालीस करोड़ से अधिक भारतीयों की भाषा हिन्दी में ऐसे कितने ही साहित्यकार हैं जिन्हें भारत सरकार को पद्म-पुरस्कृत करना चाहिए, उनकी उपलब्धि और दीर्घ साधना के आधार पर : कुछ नाम, सिर्फ उदाहरण के लिए, त्रिलोचन, कृष्णा सोबती, कुँवर नारायण, कृष्ण बलदेव वैद, निर्मल वर्मा, नामवर सिंह आदि। हो सकता है कि इनमें से कुछ ऐसा कोई अलंकरण स्वीकार न करें, पर यह उनका मामला है। एक प्रजातान्त्रिक सरकार को वस्तुनिष्ठ ढंग से उपलब्धि का आकलन करना चाहिए। किसी लेखक का सरकार या सत्ता के प्रति क्या रुख है, यह अप्रासंगिक होना चाहिए।

(11 फरवरी, 2001)

जोधपुर में लेखक-स्मरण

यह संयोग की बात नहीं है कि मैं इससे पहले कभी जोधपुर नहीं गया था। पहले कभी किसी ने बुलाया ही नहीं। इस बार गया तो विशेषतः युवा आलोचक-अध्यापक डॉ. रामबक्ष के अनुरोध पर। विश्वविद्यालय का परिसर विशाल है और उसमें जो सक्रियता है उसे देखकर अच्छा लगा। ऐसे ही शहरों में अभी तक साहित्य के प्रति अनुराग बचा हुआ है। राजस्थान संगीत अकादेमी के कक्ष में जब तक पहुँचा तब तक शाम काफी देर हो गई थी, लेकिन बड़ी संख्या में लेखक, रंगकर्मी और संस्कृति प्रेमी जुड़े थे जिनमें राजस्थान उच्च न्यायालय के एक न्यायाधीश भी थे। मैंने पढ़े-लिखे लोगों की, विशेषतः हिन्दी क्षेत्र में, सांस्कृतिक निरक्षरता का जिक्र और कुछ विवेचन किया। इस धारणा को दुहराया कि सहिष्णुता, समझ और उत्तराधिकार की परम्परा गैर पढ़े-लिखे लोगों ने ज्यादा जतन से सँभाली और बचाई है। हिन्दी का क्षेत्र इतना विशाल और जनबहुल है कि उसमें फैलता सांस्कृतिक विस्मरण बहुत घातक सिद्ध हो सकता है। संस्कृति को बचाने और बढ़ाने में भाषा की भूमिका महत्त्वपूर्ण है और भाषा के प्रति बेगाने रहकर संस्कृति का बचना-बढ़ना असम्भव है।

पिछली अधसदी की कविता पर बोलते हुए जयनारायण व्यास विश्वविद्यालय में मैंने कहा कि इस दौरान परिदृश्य बहुकेन्द्रिक रहा है और कई केन्द्रीय अभिप्राय बने और खिसके हैं। फिर भी अगर कोई एक केन्द्रीय अभिप्राय खोजना ही हो तो वह है : साधारण की महिमा। कविता के संसार से नायक की निष्क्रान्ति हो चुकी है और ऐतिहासिक नायकों या पौराणिक आभा से दमकते नायक अब नेपथ्य में ढकेल दिए गए हैं : रंगशीर्ष पर है निपट साधारण आदमी। साथ ही विडम्बना है कि कविता तो साधारण के पास आई है पर साधारण कविता से दूर हो गया—शायद इतनी दूर वह पहले के किसी दौर में नहीं रहा।

जोधपुर का हिन्दी साहित्य संसार में इसलिए भी महत्त्व है कि वहाँ अज्ञेय जैसे साहित्यकार पहली बार प्राध्यापक बने थे और नामवर सिंह ने अपनी आचार्य-यात्रा वहीं से शुरू की थी। मुझे यह जानकर प्रसन्नता हुई कि विश्वविद्यालय में वहाँ के वर्तमान कुलपति ने स्वयं अपनी गाँठ से रुपया देकर एक नामवर सिंह व्याख्यानमाला स्थापित की है जिसका पहला व्याख्यान नामवर जी दे आए हैं। लेकिन उनसे कुल एक बरस कम वहाँ रहे अज्ञेय की कोई स्मृति विश्वविद्यालय में नहीं है—और न ही रखी गई है। अज्ञेय ने वहाँ रहते हुए अंग्रेजी में एक पत्रिका 'कलवाक्' सम्पादित की और छपाई थी। उनके चले आने के बाद वह प्रेस में पड़ी रह गई और उसे बाकायदा प्रकाशित तक नहीं किया गया। कई बार मुझे यह

देख कर हैरत होती है कि हमारी संस्थाएँ लेखकों को भुलाने के लिए क्या-क्या जुगत करती हैं। किसी को अगर याद रखती हैं तो भी हैरत की ही बात है।

(11 फरवरी, 2001)

पश्चात्पद भूमिका

पिछली शताब्दी में साहित्य को अनेक भूमिकाएँ दी गईं या कि वह आत्मप्रेरणा से भी ऐसी कई भूमिकाएँ निभाता रहा है : अवाँ गार्द, क्रान्तिकारी, मधुमती, राष्ट्रीय, अन्तर्राष्ट्रीय और इधर भूमण्डलीय। इस सबके चलते उसकी किसी नई भूमिका के बारे में सोचना कठिन लगता है। यह भी तर्क किया जा सकता है कि हर समय में साहित्य की कई भूमिकाएँ एक साथ हो सकती हैं और वह अलग-अलग स्थितियों में तदनुसार उन्हें निभाता भी रहा है। यह अटकल कई क्षेत्रों में लगायी जा चुकी है या रही है कि नई शताब्दी में, कम से कम उसके आरम्भ पर, मनुष्य के अनेक पुराने अनुशासनों की भूमिका क्या होने जा रही है। साहित्य के बारे में ऐसी अटकल लगाना खतरे से खाली नहीं क्योंकि वह अकसर बँधे-बँधाए ढर्रे पर नहीं चलता और अकसर ऐसा करता रहता है जो कि अप्रत्याशित या कि अपूर्वानुमेय हो। फिर भी लगाता हूँ।

परिवर्तन की गति तेज से तेजतर होती जा रही है और जाहिर है कि एक अपेक्षा हर समय यह की जाती रही है कि साहित्य परिवर्तन का अग्रदूत हो या कम से कम उसका सहचर बने। यों तो साहित्य का रसायन परिवर्तन से ही बनना-बिगड़ता है, मुझे लगता है कि अब साहित्य को परिवर्तन का साथ देने की आकांक्षा तज देना चाहिए। अपनी लम्बी परम्परा और मनुष्य के अपेक्षाकृत अधिक टिकाऊ और चरम अनुभवों और प्रश्नों से जूझने की अपनी आदत के कारण साहित्य में परिवर्तन की रफ्तार बहुत तेज न हो, यह न सिर्फ साहित्य के लिए जरूरी है बल्कि व्यापक समाज के लिए भी वांछनीय है। कुछ हो तो जो परिवर्तन की आँधी के बरक्स अपनी जगह पर कायम रह पाने की हिम्मत और हौसला जुटा पाए। यह नहीं कि साहित्य में परिवर्तन नहीं होंगे : यह भी नहीं कि वह अपने समय, समाज और बदलती संवेदनाओं और मनोभावों आदि के प्रति उदासीन हो जाएगा। यह उसके लिए कभी भी न तो सम्भव है और न ही उसके जीवत्व के लिए गुणकारी। पर शायद वक्त आ गया है कि साहित्य परिवर्तन को प्रतिरोध दे और अपना स्वत्व, अपनी

अद्वितीयता, परिवर्तन के हल्ले में गँवाने से बचे। साहित्य एक तरह का निरन्तर वृद्धिशील कॉमनवेल्थ है : उसमें कुछ न कुछ हर समय जुड़ता रहता है और जाहिर है कि यह इजाफा परिवर्तन ही है। लेकिन यह इजाफा पुरानी पूँजी को गँवा-भुलाकर नहीं होता। साहित्य ने सदियों से जो कुछ पाया—अर्जित किया है वह उसके पास है : ऐसा परिवर्तन साहित्य के किसी काम का न होगा जिसमें पहले के पाए हुए को गँवाना जरूरी हो जाए। हम अब अधिक से अधिक जिस दुनिया में रहने के लिए ठेले जा रहे हैं वह ऐसी दुनिया है जिसमें कुछ भी ठहराव नहीं है और सब कुछ इतनी तेजी से बदल रहा, पिछले को लगातार अपदस्थ कर रहा है कि ऐसे परिवर्तन का ईमानदार सहचारी बनने के लिए साहित्य को अपना सारा पूर्वकृत जानबूझकर भूलना-गँवाना पड़ेगा। एक ऐसी दुनिया में जिसमें कुछ भी बचाने की जरूरत न रह जाए, साहित्य के लिए दरअसल जगह ही नहीं होगी क्योंकि साहित्य स्मृमि है, संग्रह है, परम्परा है। अगर अगला समय एक निरन्तर वर्तमान रहने वाला है जैसा कि अब तक के संकेतों से लगता है तो साहित्य ऐसी वर्तमानता का प्रतिरोध किए बिना साहित्य रह नहीं सकता। यह प्रतिरोध वह तभी कारगर ढंग से कर सकता है जब वह कंजर्वेटिव हो जाए। कभी-कभी शान्त कंजर्वेटिविज्म बड़बोले परिवर्तन से अधिक क्रान्तिकारी सिद्ध होता है।

(18 फरवरी, 2001)

पोलिश चेष्टा

भारतविद्या के औपनिवेशिक उद्गम का यह थोड़ा विलम्बित परिणाम है कि आज तक यूरोप के ज्यादातर विश्वविद्यालयों में, जहाँ हिन्दी पढ़ाई जाती है, ध्यान और प्रयत्न के केन्द्र में अधिकतर प्राचीन और मध्यकालीन साहित्य है। एक दृष्टि से तो यह उचित भी है क्योंकि स्वयं हिन्दी साहित्य की अनेक स्वर्णिम उपलब्धियाँ इन्हीं कालों में सम्भव हुई हैं। लेकिन दूसरी दृष्टि से हिन्दी और उस कारण समकालीन भारत की आधुनिक सर्जनात्मकता और उसकी उपलब्धियों के प्रति यह उदासीनता है : जैसे समकालीन भारत में हिन्दी में जो लिखा-समझा जा रहा है, उसका उतना महत्त्व न हो। यह न तो हिन्दी की सही समझ है और न ही उस भारत की, जिसकी हिन्दी एक प्रमुख भाषा है और जिसके माध्यम से आज का भारतीय मनुष्य अपने को, अपने समाज, परम्परा और समय को अनेक दृष्टियों से प्रगट और चरितार्थ करता है। इस सन्दर्भ में पोलैण्ड के क्रेको स्थित यग्येल्लीन्यन विश्वविद्यालय के प्राच्य भाषा संस्थान में ध्यान हिन्दी की

आधुनिक सर्जना पर दिया जा रहा है। अगले सितम्बर में वहाँ होने वाले एक अन्तर्राष्ट्रीय सम्मेलन में संस्कृत के अलावा आधुनिक हिन्दी को प्रमुखता से शामिल किया गया है : भारत से कृष्णा सोबती, निर्मल वर्मा, कुँवर नारायण, केदारनाथ सिंह, विष्णु खरे आदि को इस सम्मेलन में आमन्त्रित किया गया है। इस संस्थान की हिन्दी विदुषी डॉ. रेनाता चेकाल्स्का इन दिनों भारत आई हुई हैं। उन्होंने बताया कि इस सम्मेलन में आधुनिक साहित्य पर एकाग्र लगभग बीस यूरोपीय विशेषज्ञों के शामिल होने की उम्मीद है। उनके अनुसार, ऐसे कुल विशेषज्ञों की संख्या यूरोप में इससे बहुत अधिक नहीं है। वे हिन्दी में ताद्यूश रुजेविच के हिन्दी अनुवादों का विशेष संकलन और अध्ययन कर रही हैं। वे अज्ञेय और उनके बाद की हिन्दी कविता का एक संचयन भी तैयार कर रही हैं और उनका इरादा है कि वे उसका सीधे हिन्दी से पोलिश में अनुवाद करेंगी। संचयन में हर कवि की कम से कम पाँच कविताएँ होंगी। दिलचस्प यह है कि वे सम्बन्धित कवियों पर हिन्दी आलोचना से कुछ सटीक अंश भी पोलिश में अनुवाद कर साथ ही देना चाहती हैं। उन्होंने इधर प्रकाशित बहुत सारे हिन्दी कविता संग्रह खरीदे हैं और इन दिनों उन्हें पढ़ रही हैं। पोलिश में प्रकाशित होने वाली विश्व-साहित्य की एक पत्रिका के लिए उन्होंने हाल ही में कुँवर नारायण, केदारनाथ सिंह आदि की कविताओं के पोलिश अनुवाद किए हैं। उनकी पी-एच.डी. 'तार सप्तक' पर है। उनके नेतृत्व में अगर आधुनिक हिन्दी साहित्य और भाषा का एक केन्द्र क्रेको में विकसित हो गया तो फिर यूरोप में हाइडेलबर्ग, वेनिस, लाइडेन आदि के अलावा एक और मुकाम हो जाएगा जहाँ गम्भीरता और जिम्मेदारी से और उचित दूरी से आधुनिक हिन्दी का अध्ययन और विश्लेषण हो सकेगा। पोलिश इस समय यूरोप, बल्कि संसार में एक अत्यन्त साहित्य-समर्थ भाषा है और उसमें आधुनिक हिन्दी साहित्य का किंचित् प्रवेश निश्चय ही उत्तेजक और स्वागत योग्य है।

(25 फरवरी, 2001)

पौरुष और सौन्दर्य

कई बार छोटी-सी घटना आपके जीवन में बड़ा परिवर्तन लाती है, भले उस समय आपको इसका कोई अन्दाजा नहीं होता कि ऐसा होने जा रहा है। सागर जैसे छोटे शहर में शास्त्रीय संगीत के नाम पर प्रायः कुछ नहीं था। दो-चार संगीत विद्यालय जरूर चलते थे लेकिन उनकी शहर की सांस्कृतिक दुनिया में कोई भूमिका नहीं दीख पड़ती थी। ऐसा ही

एक विद्यालय चलाते थे रिंगे मास्टर साहब, जिनका मेरे गुरु लक्ष्मीधर आचार्य से अच्छा परिचय था। उन दिनों मैं कुन्दनलाल सहगल और लता मंगेशकर के गानों का दीवाना था और उनके सैकड़ों गीत-गजलें मुझे याद थीं : अपनी नाति मधुर आवाज में मैं अकसर उन्हें गाता भी था। शास्त्रीय संगीत क्या-कैसा होता है, इसका मुझे कुछ पता नहीं था।

1957 की उस शाम तीन बत्ती के सरस्वती वाचनालय के सामने एक कवि सम्मेलन हो रहा था। उसमें हमेशा की तरह कुछ बेहद खराब कविता प्रस्तुत हो रही थी। मैं और मेरे कविसखा रमेशदत्त दुबे कुछ देर वहीं कटरा बाजार की मुख्य सड़क पर खड़े-खड़े उसे सुनते रहे और जब वह बिलकुल असह्य हो गया तो हम वहाँ से आगे चल पड़े। थोड़ी ही दूर पर म्युनिसिपिल हाई स्कूल था जिसके हॉल में मुझे याद आया, कि उसी शाम ग्वालियर के पण्डित कृष्णराव शंकर पण्डित का शास्त्रीय गायन था, रिंगे मास्साब के विद्यालय के वार्षिक समारोह में। कविता से इतनी देर हुई ऊब और पक्के गाने के प्रति अपने कुतूहल के कारण हम उस हॉल में पहुँचे। वहाँ एक सुदर्शन और धवलकेश व्यक्ति बेहद सशक्त आवाज में गा रहा था। उस संगीत में जटिलता तो थी ही, उद्दाम आवेग और एक किस्म का ओज था जिसे तब तक मैंने संगीत के सन्दर्भ में न जाना, न सुना था। मैं ग्वालियर घराने के बारे में बिलकुल अनजान था लेकिन मेरे लिए एक बिलकुल अप्रत्याशित संसार मानो यकायक खुल गया : मुझे लगा कि संगीत तो दरअसल यह है और इस एक 'श्रवण' ने संगीत में मेरी रुचि जीवन भर के लिए बदल दी। बाकी राग तो मुझे याद नहीं रह गए हैं लेकिन उस शाम समापन के तौर पर गाया गया भैरवी का टप्पा मुझे आज तक याद है : 'साड्डे गल नल करके चला'। संगीत में इतनी बारीकी, ऐसी लयकारी, इतनी जटिलता और ऐसी शक्ति हो सकती है, इसका मुझे पहली बार पता चला। चालीस से अधिक वर्षों का लोकप्रिय संगीत से मेरा लगभग अन्धा अनुराग उसी शाम की उपज है। एक तरह से मैं उस शाम से आज तक उसी महफिल में बैठा रह गया हूँ।

एक दिन सुबह जब मैं अपनी परछी में बैठा कुछ कर रहा था, भोपाल के चौहत्तर बँगले के हमारे मकान के सामने एक तांगा आकर रुका। मैं कुछ चकित इसलिए हुआ कि नए भोपाल में तब तक तांगे चलना बन्द हो चुका था। निकल कर आए लाठी के सहारे चलते हुए पण्डित कृष्णराव शंकर पण्डित—उतने ही सुदर्शन, अधिक धवलकेश, अधिक बूढ़े, पर अपनी साधना की निश्छल प्रभा में दमकते हुए। पण्डित जी भोपाल आकाशवाणी पर रिकॉर्डिंग कराने आए थे और हस्बेमामूल पुराने भोपाल के एक होटल में ठहरे हुए थे। अधिकतर मुसलमानों की बस्ती में वह शायद एकमात्र शाकाहारी होटल था और पण्डित जी की आदतों से खूब

परिचित। पण्डित जी राज्याश्रय के अभ्यस्त थे और राजपुरुषों के प्रति उनमें गहरा आदर-भाव था। उनका अपना संगीत ऐश्वर्य और गरिमा से भरा संगीत था। वे अकसर पिछले बेहतर दिनों को हसरत से याद करते थे। उनकी लोकप्रियता के भूगोल में पंजाब और महाराष्ट्र विशेष रूप से आते थे। वे कई बार कराची और लाहौर के संस्मरण सुनाते थे। संस्कृत की अष्टपदियों से लेकर पंजाबी भाषा में टप्पे तक पण्डित जी की विपुल सम्पदा में शामिल थे। उनमें अपने घराने और संगीत के प्रति गहरा स्वाभिमान था। मुझे लगता है कि गायिका-विदुषी नीला भागवत ने मध्यप्रदेश कला परिषद के लिए पण्डित जी पर हमारे आग्रह पर लिखे अपने मोनोग्राफ में यह सर्वथा उचित अवधारणा की थी कि पण्डित जी की संगीत-परम्परा पितृमूलक थी : उसमें पौरुष से ही सारा जटिल सौन्दर्य उपजता था। शास्त्रीयता, परम्परा और उत्तराधिकार के मूल्यों को जतन-समझ से बचाने-पोसने में पण्डित जी ने अपना पूरा जीवन लगा दिया : उनको प्रयोग की शायद कभी न जरूरत पड़ी, न उसका अवसर आया। आज सोचता हूँ और कृतज्ञ होता हूँ कि उन जैसे लोगों की जिद, निष्ठा और अविचल आस्था के ही कारण, बल्कि अपने जीवन को परम्परा के लिए उत्सर्ग कर उसे उज्ज्वलमुख और स्वयंप्रभ बनाने के उद्यम के ही फलस्वरूप, संगीत जीवित रह पाया है।

(4 मार्च, 2001)

शहर और लेखक

अपवादों को छोड़ दें जो कि इन दिनों और भी कम होते जाते हैं तो आमतौर पर हिन्दी लेखक शहरों में रहने वाले प्राणी हैं। शुरू किसी छोटे शहर से करते हैं जहाँ जन्मते और बढ़ते हैं और फिर प्रायः किसी बड़े शहर में चले जाते हैं : बिलासपुर से दिल्ली, भागलपुर या मुंगेर से पटना, बस्ती से इलाहाबाद, सागर से भोपाल आदि। धीरे-धीरे छोटे शहर से सम्पर्क शिथिल पड़ जाता है : शहर बदलता भी जाता है और कई बार तो इतना बदल जाता है कि वह लगभग अपरिचित लगने लगता है। सागर का गोपालगंज मुहल्ला भले मेरी आरम्भिक कविता से लेकर आज तक की मेरी कविता में एक स्थायी अभिप्राय की तरह सक्रिय है पर मैं उस मुहल्ले से अब निकलने तक से घबराता हूँ, क्योंकि वह शान्त मुहल्ला अब एक छोटा-मोटा बाजार-सा बन गया है जिसमें हर तीसरा मकान दुकान हो गया है : आज से चालीस सालों पहले जब मैंने उसे छोड़ा था तो पूरे मुहल्ले में गिनती की पाँच-सात दुकानें भर थीं।

लेखक फिर भी अपने पुराने शहर नहीं भूलते लेकिन शहर अपने पुराने या अब दूर बस गए लेखकों को अकसर याद नहीं रखते। बल्कि वहाँ ऐसे युवा लोग आते-जाते हैं जिन्हें इसका पता ही नहीं होता और कोई परवाह भी नहीं होती कि फलाँ लेखक उनके यहाँ का है। मैं कई बार इस पर भौचक-सा रह जाता हूँ कि शहरों की, हमारे शहरों की स्मृति इतनी क्षीण होती है। पर ऐसी विस्मृति सिर्फ हमारा गुण हो, सो बात नहीं है। मुझे याद आता है कि लगभग पच्चीस बरस पहले मैं मिस्र के इस्कन्दरिया शहर गया था। वह एक प्राचीन और ऐतिहासिक शहर है और वहाँ बीसवीं शताब्दी में ग्रीक आधुनिकता के स्थपति कवि कवाफी रहते थे। मैं दो दिनों तक परेशान हुआ लेकिन न तो दुभाषिया और न कोई और सरकारी प्रतिनिधि मुझे कवाफी का घर बता और वहाँ ले जा सका। शायद यूरोप के शहर इस मामले में बेहतर हैं : विस्मरण पूर्वी रोग लगता है।

शहरों और लेखकों के सम्बन्धों का गहरा अध्ययन भी हमारे यहाँ हुआ नहीं लगता। प्रसाद में बनारस कितना रसा-बिंधा है? त्रिलोचन में कौन-सा और कितना बनारस बोलता है? महादेवी की कविता और इलाहाबाद का क्या सम्बन्ध था? जैनेन्द्र कुमार के यहाँ कितनी-कैसी दिल्ली बसी है,? निर्मल वर्मा के भूगोल में कितना शिमला है, कितनी दिल्ली? दिल्ली ने कितना बचाया या बरबाद किया केदारनाथ सिंह को? कुँवरनारायण और श्रीलाल शुक्ल में बसा लखनऊ कैसा-कहाँ है? मुक्तिबोध में कितना नागपुर रहा और कितना राजनांदगाँव बस सका? परसाई में जबलपुर कितनी आवाजों में बोला और रेणु में कितनी पूर्णियां थी और कितना उसे दबोचे पटना? इस तरह के अध्ययन किसी हद तक हिन्दी आलोचना को उसकी उबाऊ रूढ़ियों से मुक्त कर सकते हैं और शायद उन शहरों को, किसी हद तक, उनकी लेखक-स्मृति लौटा सकते हैं।

(4 मार्च, 2001)

सच्चाई और सच

सच्चाई और सच में सम्बन्ध खोजने के लिए कुछ खास कोशिश करने की जरूरत नहीं है : आमतौर पर सभी जानते-मानते हैं कि दोनों एक-दूसरे पर आश्रित हैं–सच के बिना सच्चाई कैसी और वह सच क्या जो सच्चाई में प्रकट न हो! लेकिन हुआ यह है कि बीसवीं सदी ने बीतते-न-बीतते इस सीधे-साधे सम्बन्ध को कुछ टेढ़ा कर दिया है। ऐसी सच्चाई गढ़ी-चुनी

और दिखाई जा सकती है जिसमें सच न हो। ऐसा सच हो सकता है जो सच्चाई में जाहिर होने से रह जाता है। एक रूमानियन कथाकार नार्मन मेनिया की कुछ रचनाओं और बातचीत को पढ़ते हुए मुझे यह एक बार फिर शिद्दत से लगा।

अपने अनुभव से मेनिया बताते हैं कि सख्त साम्यवादी दिनों में सेंसरशिप थी लेकिन जब सख़्ती कम हुई और कुछ उदारता बढ़ी तो उसका स्थान आत्म-सेंसरशिप ने ले लिया। तानाशाही व्यवस्था में नागरिक और उन पर पहरा देने वाले लोग, दोनों ही महान झूठ का सामना करते हैं। लेकिन तथाकथित स्वतन्त्र समाजों में, प्रजातान्त्रिक व्यवस्था में भी झूठ का कम बोलबाला नहीं है। ऐसे स्वतन्त्र समाजों में सच कहने में जोखिम कम है, फिर भी सच का सामना करने से कतराने वाले लेखकों और लोगों की संख्या कम नहीं है। मेनिया तो यहाँ तक कहते हैं कि झूठ मनुष्य का असाधारण आविष्कार है। वह एक महान साहित्यिक थीम तो रहा ही है : सरवांतीस का उपन्यास 'डान किहोते', गोगोल का 'द इंस्पेक्टर जनरल', शेक्सपियर की महान ट्रेजेडी 'ओथेलो' आदि कृतियाँ सिद्ध करती हैं कि झूठ का संसार कितना जटिल, निर्णायक और बहुस्तरीय है। झूठ कामेडी का भी स्रोत है और ट्रेजेडी का भी।

संसार के अनेक देशों में राजनैतिक, मनोरंजनात्मक, बाजारू व्यवस्थाएँ विराट और दैत्याकार हो चुकी हैं : उनमें साहस, ईमानदारी, सत्यनिष्ठा आदि सभी का शोषण और दुर्विनियोजन किया जा सकता है, बल्कि धड़ल्ले से किया जा रहा है। पश्चिम में आज 'किश' को, कचरे को, तुच्छ और छुटभैये को जितनी महिमा मिल रही है, उतनी शायद, इतिहास में पहले कभी नहीं मिली। ऐसी 'सच्चाई' रोज दिखाई और परोसी जा रही है जिसका किसी मानवीय सच से कोई सम्बन्ध नहीं है। हर चीज की लगभग हर पल और हर मोड़ पर आवृत्ति उसे एक ऐसे अतियथार्थ में बदल रही है कि रोजमर्रा की छोटी-बड़ी सच्चाइयों और उनमें अन्तर्भूत सचों से हमारी पकड़ छूट रही है। हम विराट समग्रीकरण के समक्ष असहाय से खड़े हैं– सच और सच्चाई से दूर कहीं एक त्रिशंकुलोक में, जिसमें कर्म और शब्द से, विचार और अनुभव की निजता, आन्तरिकता और सामुदायिकता से हमारा सम्बन्ध रोज-ब-रोज शिथिल पड़ रहा है। सच शायद कहा जा रहा है, हम सुन नहीं पाते। सच्चाई है पर हम देख नहीं पाते। हमारा अपना सच हमसे छूट रहा है : हमारी अपनी सच्चाई हमसे दूर जा रही है। कई बार पता ही नहीं चलता कि हम किस बड़े और अपने काबू से बाहर झूठ का अनजाने ही हिस्सा बन गए हैं या बनाए जा रहे हैं।

(4 मार्च, 2001)

अस्तित्व पर चुप्पी

अगर यह मान भी लिया जाए जैसा कि दावा किया जाता है कि पिछले पचास वर्षों के साहित्य में यथार्थ का बोलबाला रहा है तब भी इस अपर्याप्तता को नजरअन्दाज नहीं किया जा सकता कि यह यथार्थ मानवीय जीवन और अस्तित्व के कई अन्य पक्षों की उपेक्षा या अवहेलना कर रचा गया यथार्थ है। इस यथार्थ से वह सारा हिस्सा गायब है जिसे मनुष्य का आध्यात्मिक यथार्थ कह सकते हैं। जाहिर है कि ऐसा प्रमादवश नहीं हुआ है: यह समझ-बूझकर किया गया निश्चय है कि मनुष्य का आध्यात्मिक पक्ष यथार्थ नहीं माना जा सकता। भौतिक, सामाजिक, निजी, राजनैतिक, आर्थिक, सांस्कृतिक—सभी पक्ष यथार्थ का हिस्सा हैं लेकिन अध्यात्म नहीं। वृहत्तर से सम्बद्ध, ब्रह्माण्ड और मनुष्य तथा प्रकृति का सम्बन्ध, नश्वरता और अनश्वरता-अनन्त और समय आदि ऐसी बातें हैं जो सदियों से मनुष्य को व्यथित और उद्वेलित करती रही हैं। वे ऐसे सरोकार हैं जो संसार के अनेक महान लेखकों के लिए अपने समय और समाज का सच और सच्चाई समझने-पकड़ने के लिए जरूरी रहे हैं। स्वयं हिन्दी में इस सदी के उत्तरार्द्ध में जयशंकर प्रसाद, निराला, हजारी प्रसाद द्विवेदी, जैनेन्द्र कुमार और अज्ञेय के यहाँ यथार्थ के इस पक्ष की अनिवार्यता रही है। यह तो पिछले तीनेक दशकों का चमत्कार है कि न सिर्फ मनुष्य के अस्तित्व के ये प्रश्न अप्रासंगिक करार दिए गए, उन्हें हमारे समय के यथार्थ से देशनिकाला ही दे दिया गया। अगर इन दिनों आप अध्यात्म का जिक्र भी करें तो फरसा लेकर खड़े हमारे आलोचक-प्रवर आपका सिर, इसे हिन्दुत्व का समर्थन मानकर, कलम करने को उतारू बैठे हैं। हो सकता है उन्हें अपनी तीक्ष्ण दृष्टि से इसमें फासीवाद का कोई नया संस्करण भी नजर आ जाए। भयावह सामाजिक यथार्थ से यह मुँह चुराना तो खैर है ही!

निर्मल वर्मा ने अपने नए निबन्ध-संग्रह 'आदि, अन्त और आरम्भ' (राजकमल) में जो कुछ प्रश्न गहरी पीड़ा, सयानी समझ और वैचारिक पारदर्शिता के साथ उठाए हैं, उनमें स्वयं अपने सम्पूर्ण यथार्थ से बचने की आत्मवंचना और तेजी से क्षरित हो रहे आत्मबोध के प्रश्न प्रमुख हैं। अपने एक व्याख्यान में, जो इस पुस्तक में संगृहीत है, उन्होंने कहा है : 'यह उल्लेखनीय है कि साहित्य में अस्तित्व से जुड़े प्रश्न—जिन्हें हम चाहें तो 'आध्यात्मिक' प्रश्न भी कह सकते हैं—आस्था से उत्प्रेरित न होकर संशय की प्रश्नाकुलता से जन्म लेते हैं...क्या यह अजीब विडम्बना नहीं कि पिछले वर्षों में हमारा अधिकांश कथा-साहित्य उन प्रश्नों को अप्रासंगिक मानता रहा है, जिनके बिना स्वयं मनुष्य का 'मनुष्यत्व' एकांगी, अधूरा और बंजर पड़ा रहता है? यथार्थवाद के नाम पर हमने मनुष्य को उस

'यथार्थ' से विलगित कर दिया जो उसके जीवन और मृत्यु के प्रश्नों को अर्थ प्रदान करता है। जैनेन्द्र और अज्ञेय के उपन्यासों के बाहर शायद ही किसी लेखक ने मनुष्य की अस्तित्वगत विडम्बनाओं को अपने कथा-साहित्य में जगह देना जरूरी समझा हो।' इस व्याख्यान में निर्मल वर्मा एक और व्यथित प्रश्न पूछते हैं : 'एक छोटे हिन्दुस्तानी कस्बे की विसंगतियों का बखान जो हमें विनोद कुमार शुक्ल के उपन्यासों में मिलता है, क्या वह उसी 'लघु' मानव की संवेदन-कथा नहीं है, जिसे आज तक हम मानव-मुक्ति के उदात्त आदर्शों की ओट में अनदेखा करते आए थे? यह एक साहित्यिक विडम्बना ही मानी जाएगी कि जो आलोचक असली 'भारतीयता' तथाकथित सामाजिक-यथार्थवादी उपन्यासों में देखते आए थे, उनका कथ्यात्मक ढाँचा हमने यूरोप के तथाकथित यथार्थवादी उपन्यासों से आयातित किया था जबकि अमूर्त-सी दिखनेवाली रूपवादी रचनाएँ, जिन पर विदेशी प्रभाव का आरोप अकसर लगाया जाता है, अकसर भारतीय अनुभव के बीहड़पन को अधिक अन्तरंगता से अभिव्यक्त कर पाती हैं।'

यह उत्तर-आधुनिक समय है और उसमें उन बीहड़ों को देखने, उन आवाजों को सुनने और सच्चाई या यथार्थ के उन हिस्सों पर इसरार करने का क्षण आ चुका है जिन्हें दबाया, छुपाया, हाशिए पर ठेला या नजरअन्दाज किया गया है। मनुष्य के यथार्थ और साहित्य के यथार्थ में हमेशा ही जो अन्तर और द्वैत है उसे बिना इस यत्न के ठीक से समझना सम्भव नहीं है।

(22 अप्रैल, 2001)

मैले समय में उजले लोग

यों तो हरेक पीढ़ी को अपना समय पहले से अधिक कठिन, अधिक असह्य और अधिक दुस्साध्य लगता है। लेकिन हमारा समय कम से कम इस क्षण कुछ अधिक मैला लगने लगा है। वह प्रकृति ने, गर्दोगुबार ने, तूफान और आँधी ने मटमैला नहीं किया है : वह मैला है हमारी अपनी करतूतों से जिनमें से ज्यादातर, दुर्भाग्य से, काली ही कही जा सकती हैं। जो जितना सफेदपोश आज है, वह उतना ही शक पैदा करता है : काले को ढँकने या नजर से ओझल करने के लिए सफेद का इतना इस्तेमाल शायद पहले कभी नहीं हुआ। जो बड़ा लकदक सफेद नजर आता है, वह जल्दी ही किसी काले धन्धे में लिप्त पकड़ा जाएगा, यह सन्देह रोजमर्रा होता और अकसर सही साबित होता रहता है।

इसका अर्थ यह नहीं लगाना चाहिए, हालाँकि वैसा करने का लोभ बहुत अधिक हो सकता है, कि हमारे समय की सामाजिक व्यवस्था, आर्थिक तन्त्र, राजनैतिक परिवेश और जीवन-पद्धति ऐसे हो गए हैं कि उनसे अपार, बेरोकटोक और लगातार कचरा ही पैदा होता रहता है जो हमें, हमारे जीवन और समय को मैला ही कर सकता है। इसलिए कि ऐसे मैले समय हमें सचमुच कुछ उजला करने वाले लोग भी आपको जहाँ-तहाँ जब-तब मिलते रहते हैं। ऐसे लोग भी, जो दिखने में इतने साफ-सुथरे न लगते हों, कुछ उजला कर पाते या कि जतन और कष्ट से किसी उजली चीज को बचाने में जुटे हैं। कई बार यह देखकर आशा बँधती है कि ऐसे लोगों में से अधिकांश युवा पीढ़ियों के हैं। साहित्य, कलाओं, संस्कृति, पर्यावरण, जनस्वास्थ्य, शिक्षा, विज्ञान आदि अनेक क्षेत्रों में यह उजलापन अभी भी बचा हुआ है। हमारा राजनैतिक तन्त्र और हमारी आर्थिक व्यवस्था भले उनका नोटिस न ले और न ही उससे प्रतिकृत हो, यह उजलापन एक तरह की प्रतिराजनीति है। वह राजनीति और अर्थतन्त्र से आक्रान्त समय में मैल और कचरे के विरुद्ध एक अघोषित और ज्यादातर असंगठित सफाई अभियान है। उसमें दुनिया को 'बेहतर' बनाने के लिए 'मेहतर' बनने की विनम्रता तो है ही, स्वयं अपनी और अपने आसपास की जिन्दगी की उतनी ही शिद्दत से सफाई पर जोर है। हममें से बहुत से लोग अगर अपनी जिन्दगी का कचरा और अपने समय का मैल हटाने का उद्यम अपनी कायरता या आत्मतुष्टि की वजह से नहीं कर सकते तो कम से कम इतना तो हमें कर सकना चाहिए कि जो लोग कुछ उजला कर रहे हैं उनकी समय रहते पहचान कर सकें और अपनी उज्ज्वलता को सशक्त करने में हो सके तो उनकी कुछ सहायता कर सकें।

(22 अप्रैल, 2001)

संस्कृति के लिए चिन्ता

छत्तीसगढ़ का नया राज्य बने अभी कुल छह महीने पूरे हुए हैं। छमाही पूरी होने के पहले वहाँ राज्य शासन ने स्वयं अपने अंचल और देश भर से विशेषज्ञों को बुलाकर एक सम्मेलन कर डाला जिसमें छत्तीसगढ़ के सांस्कृतिक विकास के लिए क्या किया जाए, इस पर लम्बा विचार-विमर्श हुआ। मैं नहीं जानता कि किसी और राज्य ने कभी, अपने साधनों की अपर्याप्तता के बावजूद, संस्कृति के क्षेत्र में ऐसी सक्रियता दिखाई हो या पहल की हो। स्वयं मध्यप्रदेश में, जिसका एक हिस्सा अब पुनर्गठित

होकर छत्तीसगढ़ का नया राज्य पिछले 1 नवम्बर, 2000 को बना, शासन के स्तर पर संस्कृति के लिए सुचिन्तित ढंग से और विशेषज्ञों के परामर्श और भागीदारी से कुछ सार्थक करने की शुरुआत बहुत देर से यानि मध्य प्रदेश की स्थापना के लगभग 17 बरसों बाद हो पाई थी। अनेक हिन्दीभाषी राज्यों की सरकारों में, जैसे उत्तर प्रदेश या बिहार में, संस्कृति को लेकर अपनी किसी जिम्मेदारी का अहसास बहुत क्षीण रहा है। चूँकि सांस्कृतिक क्षरण की प्रक्रिया हिन्दी अंचल में सबसे व्यापक और तेज है, होना तो यह चाहिए कि उसकी सरकारें इस बारे में चौकन्ना होकर, समझ और तैयारी से, तुरन्त कुछ करें। लेकिन उनकी खेदजनक उदासीनता उसी सांस्कृतिक क्षरण का इजहार है : जब समाज ऐसे क्षरण के प्रति अनमना नजर आता है तब भला सरकारें उससे अप्रभावित कैसे रह सकती हैं?

रायपुर में तीन दिनों के इस सम्मेलन में हम कई लोग एकत्र हुए : रंगकर्मी हबीब तनवीर, पर्यावरणविद् कार्तिकेय साराभाई, कलाविद् अर्चना शास्त्री, सम्प्रेषक सिद्धार्थ काक आदि। इसके अलावा वन, भूगर्भ, पुरातत्त्व, नृतत्त्व आदि के कई आंचलिक और राष्ट्रीय विशेषज्ञ। छत्तीसगढ़ से लेखक, कलाकार आदि तो थे ही जिनमें विनोद कुमार शुक्ल, राजेन्द्र मिश्र, ललित सुरजन, निरंजन महावर, अलखनन्दन, राजकमल नायक, शान्ति यदु, रमाकान्त श्रीवास्तव, प्रभात त्रिपाठी आदि थे।

छत्तीसगढ़ में इस पहल का एक महत्त्वपूर्ण पहलू यह है कि इसमें संस्कृति को वन, पर्यावरण आदि से जोड़कर देखने की कोशिश है। यह खतरा जरूर है कि ऐसा करने से संस्कृति के अधिक संगठित रूपों जैसे साहित्य और कलाओं के प्रति कुछ दुर्लक्ष्य भी हो सकता है। अतिव्याप्ति हो जाए तो प्रयत्न की एकाग्रता भोंथरी पड़ सकती है। लेकिन यह अहसास निरन्तर सक्रिय रखना जरूरी है कि संस्कृति एक सुसम्बन्धित प्रक्रिया है और जीवन के अनेक क्षेत्रों को औरों से अनायास ही जोड़ती-जुड़ती चलती है। दूसरे महत्त्व की बात यह है कि मुख्यमन्त्री से लेकर अनेक मन्त्रियों और अधिकारियों ने यह बात दुहराई कि सरकार संस्कृति में हस्तक्षेप नहीं करेगी, उसकी वैचारिक बहुलता का सम्मान करेगी और अपनी भूमिका समर्थन-प्रोत्साहन-सम्मान तक सीमित रखेगी। छत्तीसगढ़ शासन की ओर से यह घोषणा भी की गई कि वे संस्कृति की कोई नीति नहीं बनाएँगे बल्कि सिर्फ अपनी आकांक्षा का एक वक्तव्य जारी करेंगे। नीति निर्माण से नियन्त्रण, हस्तक्षेप, दिशा-निर्धारण आदि की जो अन्तर्ध्वनियाँ आती हैं उनसे छत्तीसगढ़ सरकार बचना चाहती है। यों तो इसके बरक्स कुछ प्रतितर्क दिए जा सकते हैं : पहला यह कि हस्तक्षेप या नियन्त्रण या निर्देशन की इच्छा न रखना अपने आप में एक नीति ही है। दूसरा यह कि अगर स्पष्ट नीति न हो तो प्रजातान्त्रिक जवाबदेही में बाधा आ सकती है। तीसरा यह कि अगर नीति नहीं होगी तो संस्कृति विभाग किस आधार

पर अपनी गतिविधियाँ नियोजित और कार्यान्वित करेगा। मुझे लगा कि संस्कृति को लेकर छत्तीसगढ़ की सत्ता में जरूरी विनय है और उसे यह पता है कि संस्कृति, सत्ता और राजनीति—दोनों से अधिक व्यापक है, अधिक टिकाऊ और अधिक जननिर्मित भी। मैंने यह कहा कि छत्तीसगढ़ को, मध्यप्रदेश में डाली गई परम्परा का अनुसरण करते हुए, शुरू से ही यह प्रथा अपनानी चाहिए कि स्वयं अपने बनाए या पोषित मंचों से सरकार की या अपनी आलोचना सुनने और उस पर ध्यान देने की स्थिति बनी रहे।

एक अच्छा सुझाव यह भी आया कि छत्तीसगढ़ सरकार एक बड़ी राशि देकर संस्कृति के लिए एक स्थायी निधि बना दे जिसमें उसके अलावा छत्तीसगढ़ में कार्यरत औद्योगिक और अन्य इकाइयाँ और साधारण नागरिक भी अंशदान दें। एक संस्कृति सलाहकार मण्डल हो जो इस निधि का नियमन भी करे और सरकार की ओर से संस्कृति के क्षेत्र में जो किया जाना है उसके बारे में सलाह दे, कार्यक्रमों की समीक्षा करे और आमतौर पर चौकसी रखे। यह जानकर मुझे अच्छा लगा कि सरकार अपने अधिकतर आयोजन देहाती क्षेत्र में करना चाहती है, शहरों के बजाय।

यह आवाज कई बार उठी कि छत्तीसगढ़ को छत्तीसगढ़ी ही सबसे अधिक समझते-रचते हैं इसलिए बाहरवालों को दूर रखा जाए। किसी हद तक यह ठीक है : जहाँ मुक्तिबोध, श्रीकान्त वर्मा, प्रमोद वर्मा, हबीब तनवीर, सत्यदेव दुबे, कार्तिक राम, कल्याण दास, झाड़ूराम देवांगन, विनोद कुमार शुक्ल, तीजनबाई जैसे राष्ट्रीय स्तर के लेखक और कलाकर्मी हो चुके हैं वहाँ किसी तरह की परमुखापेक्षिता अनावश्यक होनी चाहिए। लेकिन सही यह भी है कि इनमें से कई बाहर जाकर ही अपने उत्कर्ष पर पहुँचे और आज की बदली हुई और तेजी से सिमटती और पास आती दुनिया में संस्कृति के क्षेत्र में संकीर्णता खतरनाक होगी। छत्तीसगढ़ को बाहर के प्रति खुला रहना चाहिए : बाहर से आत्मसम्मान और समकक्षता के स्तर पर आवाजाही नहीं होगी तो उत्कृष्टता का सन्धान सम्भव नहीं होगा और मीडियाक्रिटी छा जाएगी। ऐसे अनेक क्षेत्र हैं जिनमें कम से कम इस समय छत्तीसगढ़ की प्रतिभा और सक्रियता सर्वथा अपर्याप्त है जैसे शास्त्रीय संगीत, ललित कलाएँ आदि। मैंने यह भी कहा कि छत्तीसगढ़ के प्रोत्साहन के लिए सब कुछ किया जाए लेकिन यह बात न भुलाई जाए कि छत्तीसगढ़ी हिन्दी परिवार का सदस्य है और छत्तीसगढ़ एक तरह से हिन्दी का एक सीमान्त प्रदेश है। दोनों के बीच सहकार और जब-तब सर्जनात्मक तनाव तक होना चाहिए लेकिन विरोध नहीं।

मैंने इस पर भी जोर दिया कि भूमण्डलीकरण आदि की जो नई शक्तियाँ आज सक्रिय हैं और जिनसे अनेक स्थानीयताओं को खतरा हो सकता है, उनका प्रतिरोध करने की क्षमता और उनका सामना करने का साहस

जुटाने की जिम्मेदारी भी आज किसी भी सांस्कृतिक कर्म को अनिवार्यतः उठानी चाहिए। जैसी सदाशयता और उत्साह आज इस नए राज्य में है उनके चलते यह आशा बँधती है कि शायद संस्कृति-कर्म का एक और मॉडल वहाँ जल्दी ही विकसित हो पाएगा—सुसम्बद्ध और प्रतिरोधमूलक।

(6 जून, 2001)

विफल होने का जोखिम

मेरे एक गैर-साहित्यिक मित्र बरसों यह कहते रहे हैं कि हमारा दुख असल में यह है कि हम सार्थकता के युग से सफलता के युग में पहुँच गए हैं : उनके अनुसार इन दिनों सफल होना जरूरी और अधिक प्रतिष्ठादायी है बजाय सार्थक होने के। मुझे उनका यह मत याद आया जब मैं प्रसिद्ध अंग्रेजी कवि डब्ल्यू.एच. ऑडेन के शेक्सपियर पर दिए गए व्याख्यानों पर आधारित एक पुस्तक की समीक्षा पढ़ रहा था। ऑडेन अपनी सूक्तियों के लिए भी उतने ही मशहूर रहे हैं जितने कविता के लिए। इस समीक्षा में इस पुस्तक के हवाले से यह बताया गया है कि ऑडेन की राय थी कि एक छोटा कलाकार कभी विफल होने का जोखिम नहीं उठाता और जैसे ही उसकी अपनी विशिष्ट शैली और दृष्टि मिल जाती है उसका कलात्मक इतिहास समाप्त हो जाता है। इसके बरक्स बड़ा कलाकार लगातार कोशिश में लगा रहता है : जैसे ही वह एक चीज स्वायत्त कर लेता है, वैसे ही वह रुककर कुछ और करने की कोशिश करता है—कुछ नया, और इसकी चिन्ता नहीं करता कि वह कहीं विफल तो नहीं हो जाएगा। ऑडेन के अनुसार, विफलता की चिन्ता न करने वाले बड़े कलाकार शेक्सपियर, वाग्नर और पिकासो ऐसे ही लोग थे। उनका यह भी मानना है कि शेक्सपियर को जो कुछ कहना होता था, वे सानेट में कह देते थे और फिर सानेट को जैसे-तैसे समाप्त कर देते थे। यह एक बड़े कलाकार का दोष है— एक छोटा कलाकार हमेशा रचना को सावधानीपूर्वक समाप्त करता है।

अगर ऑडेन के छोटे-बड़े के पैमाने को इधर के हिन्दी साहित्य पर लागू करें तो कुछ दिलचस्प तथ्य सामने आते हैं। पहली नजर में मुझे विफलता का जोखिम उठाने वाले तीन-चार कवि सूझते हैं : मुक्तिबोध, शमशेर बहादुर सिंह, रघुवीर सहाय और विनोद कुमार शुक्ल। मुक्तिबोध ने अपनी कविता के लिए ऊबड़-खाबड़, लम्बा और जटिल शिल्प चुना—प्रायः सम्प्रेषणीयता की बहुत चिन्ता नहीं की। अन्दर और बाहर को मिलाने की यातनाभरी

चेष्टा उन्हें लम्बी कविताएँ छापने की ओर ले गई। उनके जीवनकाल में उनका एक संग्रह तक नहीं छप सका। वे कई अर्थों में हमारे सबसे विफल कवि हैं और शायद इसीलिए पिछले पचास वर्षों के एक असंदिग्ध मूर्धन्य। शमशेर हमारे साथ में दुरुहता, अर्द्धकथन, आड़ी-तिरछी रेखाओं में बँटी कठिन कविता के रचयिता और सबसे अदम्य प्रयोगशील कवि रहे हैं : उन्होंने शुद्ध शिल्प के स्तर पर सफलता-विफलता से निरपेक्ष रहकर आजीवन प्रयोग किए। वे नई कविता की वृहत्त्रयी में गिने जाते हैं और हमारे शिखर-कवि निस्सन्देह हैं।

रघुवीर सहाय ने स्वयं अपनी कविता की मूर्ति को जब ढहाकर कुछ नया करने की कोशिश की थी तो उन्हें किसी सफलता की आश्वस्ति नहीं हो सकती थी। समकालीन राजनीति का अतियथार्थ, पत्रकारिता की भाषा, साधारण मनुष्य के हर दिन आदमी से एक दर्जा नीचे रहने की तकलीफ आदि के गड्डमड्ड से उन्होंने बिलकुल नए ढंग का अपना काव्यशास्त्र रचा। वहीं विनोद कुमार शुक्ल ने अपने दौर की सारी कविता से अलग जाकर काव्यकथन के प्रायः सभी ढंग छोड़कर व्याकरण तक को तितर-बितर करते हुए अपना अद्‌भुत शिल्प गढ़ा। हाल ही में उन्होंने उसे भी छोड़कर अपनी विषयसम्पदा में फिर एक नया पहलू जोड़ दिया है।

हो सकता है कि मेरी कमनजरी का यह नतीजा हो, पर मुझे ऐसा जोखिम उठाने वाले इधर कम ही दिखाई देते हैं, इन दिनों सभी को सफलता की बीमारी है। जिन चेहरों पर थोड़ी देर के लिए सफलता की दमक दिखाई देती है, क्योंकि कोई पुरस्कार मिल गया या कि उनके वैचारिक सहचारियों ने उनकी पुस्तक की तेईसवीं समीक्षा निकाल दी या कि किसी विख्यात आलोचक ने भोपाल या गोरखपुर में भाषण देते हुए उन्हें बीसवीं शताब्दी के अन्त पर महत्त्वपूर्ण आवाज की तरह गिनाया और भुनाया, उन चेहरों पर सार्थकता की आभा कभी आ पाएगी, इसमें शक होता है। शायद सार्थक लोग अपने समय में ज्यादातर विफल ही होते हैं और शायद इसीलिए सार्थकता सफलता को हमेशा सन्देह से देखती है और सफलता सार्थकता से डरती है।

(6 जून, 2001)

यन्त्रणा के इन्दराज

पिछली शताब्दी की संदिग्ध विशेषताओं में से एक यह रही है कि मनुष्य को यन्त्रणा देने के जितने सूक्ष्म, कारगर और व्यापक उपकरण इस दौरान

विकसित किए और आजमाए गए, उतने शायद पहले किसी शताब्दी में नहीं रहे। साथ ही यन्त्रणाओं के अभिलेखन की भी अभूतपूर्व विधियाँ आविष्कृत हुईं और अमल में आईं। इधर जो चिन्तन सारे संसार में मनुष्य की परिस्थिति और उसकी विडम्बनाओं को लेकर हो रहा है उसमें यन्त्रणा और उसे दर्ज करने दोनों को लेकर कई समस्याएँ उभरी हैं। राजहिंसा, मानवाधिकार, न्याय की प्रक्रियाओं, वैर-शमन, स्मृति और निजी स्मृति आदि सभी का इधर प्रश्नांकन हो रहा है। उत्तर-पूँजीवादी व्यवस्था में बढ़ती जातीय हिंसा, धार्मिक उन्माद, मीडिया के रुझान और भूमिका, साक्ष्य के रूप में और प्रकार आदि भी प्रश्नांकन के घेरे में हैं। कई देशों में सत्य के आयोग गठित किए गए हैं, जैसे कि दक्षिण अफ्रीका में, जिनकी जिम्मेदारी सच का पता लगाना और समाधान खोजना है। जरूरी नहीं कि जो शिकार हुआ है वही यन्त्रणा को दर्ज करे : दर्ज करने वाला कोई और भी हो सकता है। कई बार, नाजियों की तरह, यंत्रणा देने वाला ही स्वयं उसके इन्दराज भी करता है। पर क्या ऐसा इन्दराज या कि अन्तःसच्चाई का पता लग जाने के बाद जीवन, आचरण, जिजीविषा, नैतिक अस्तित्व, नैतिक मर्यादाओं को जो क्षति यन्त्रणा से पहुँचती है, उसकी कोई पूर्ति इस प्रक्रिया से हो पाती है? क्या यन्त्रणा के नाजियों के यहाँ या कि सोवियत व्यवस्था में भयावह विस्तार और फलस्वरूप हुए भीषण नरसंहार की सच्चाई जानने के बाद किसी राज्य या व्यवस्था ने कोई सबक सीखा? भारत के बँटवारे के समय या उसके बाद से आज तक दंगों में हो रही हिंसा, दक्षिण अफ्रीका, अर्जेंटीना, रुवाण्डा, ग्वाटेमाला, कम्बोज, बोस्निया, कासोवो, फ्रांस, अमेरिका, उत्तरी आयरलैण्ड, इण्डोनेशिया आदि के उदाहरणों से नहीं लगता कि मनुष्य जाति ने कोई सबक सीखा है। सिविल समाज के उदय के साथ राज्य की हिंसा का प्रतिकार कर सकने की क्षमता निश्चय ही बढ़ी है लेकिन स्वयं राज्य की हिंसा करने की इच्छा कम हुई है, ऐसा नहीं लगता। इस प्रसंग में तरह-तरह के सचों के बीच तनाव और द्वन्द्वात्मक है : कानूनी सच, अनुभव का सच, मीमांसा का सच, बखान का सच, स्मृतियों का सच, अभिलेखन का सच आदि कई तरह के सच न सिर्फ गड्डमड्ड हो जाते हैं, कई बार एक-दूसरे के विरुद्ध पड़ जाते हैं।

इस ऊहापोह में साहित्य और कलाओं की गवाही अपना अलग स्थान रखती है क्योंकि उसमें अकसर छूट गए, गायब और दबा दिए गयों का इतिहास आकार लेता है। कला जगत में जर्मनी के कासेल नगर में नियमित रूप से होने वाले प्रतिष्ठादायी कला आयोजन 'डॉक्यूमेण्टा' में इधर एक नया विचारोत्तेजक आयाम यह जुड़ा है कि अब वह कलाप्रदर्शनी के अलावा इस समय के कुछ ज्वलन्त प्रश्नों पर संसार के कई शहरों में एक खुला विचारमंच भी है। 'सत्य के प्रयोग' नाम से एक विचारमंच इण्डिया हैबिटाट

सेण्टर में कलाविदुषी अलका पाण्डेय के कुशल संयोजन में 8-12 मई, 2001 को आयोजित हुआ। संसार के कई देशों के बुद्धिजीवी, इतिहासज्ञ, समाजशास्त्री, कलाकार, कलामर्मज्ञ आदि इस मंच पर एकत्र और मुखर हुए। दिल्ली में गोष्ठियों और सेमिनारों में जो एक तरह की सतही भद्रता और कामचलाऊपन अकसर होता है इस विचारमंच में उनसे बिलकुल अलग सच्ची, गहरी और विचलित करने वाली विचारोत्तेजना थी। विभिन्न अनुशासनों के इतने भारतीय शीर्षस्थ भी इतनी बड़ी संख्या में कम ही नजर आते हैं। जितनी बड़ी संख्या में वे इस आयोजन में थे। मुझे लगता है कि विभाजन और उसके बाद दंगे-फसादों की सार्वजनिक हिंसा, राजहिंसा, पूँजी और मीडिया की हिंसा आ।दे को लेकर ऐसा ही एक बेलाग और खुला आयोजन स्वयं भारत में एक आन्तरिक संवाद के रूप में नियमित रूप से होना चाहिए। हम स्मृतिवंचित किए जाने के कगार पर हैं : भूलने से भी दुनिया के नष्ट होने की शुरुआत होती है।

(20 मई, 2001)

अवमूल्यन की विधियाँ

अब एक ऐसा दौर आया है कि अवमूल्यन सिर्फ एक अनिच्छित परिणाम या आकस्मिक परिणति नहीं है : वह एक प्रक्रिया का प्रतिफल है। हम जानबूझ कर अवमूल्यन करते हैं। उसकी दो विधियाँ पिछले सप्ताह दिल्ली में प्रगट हुईं। संगीत नाटक अकादेमी ने अपने राष्ट्रीय पुरस्कारों के वितरण का एक ऊपर से भव्य लगने वाला आयोजन अशोक होटल के कन्वेन्शन हॉल में किया। दो वर्षों के पचास पुरस्कार लगभग बीस मिनटों के अन्दर, स्कूल की किसी कक्षा में छात्रों की ली जा रही हाजिरी की तरह क्षिप्रता से दे दिए गए। जो राजपुरुष ये पुरस्कार देश के कुछ श्रेष्ठ और वयोवृद्ध कलाकारों और विशेषज्ञों को अर्पित कर रहे थे उनकी ओर से अर्पण कम, वितरण ज्यादा था। जाहिर है कि वे जल्दी में रहे होंगे और उनका कोई अन्य महत्त्वपूर्ण काम रहा होगा कि वे इससे अधिक समय नहीं दे सकते थे। वे पूरे समारोह में अन्यमनस्क बने रहे और उन्होंने किसी भी कलाकार से एक शब्द तक नहीं कहा। कोई भाषण भी नहीं दिया। किसी कलाकार की प्रशस्ति में एक शब्द भी नहीं कहा गया अकादेमी की ओर से, ताकि पता चल सके कि किसी को भी यह सम्मान उसकी किस उपलब्धि और कृतित्व के लिए दिया जा रहा है। बारी-बारी से कलाकार मंच पर रखी पन्द्रह-बीस कुर्सियों पर बैठते और पुरस्कार पाकर तुरन्त फुरती से नीचे उतरते, या उतार दिए जाते रहे। मुझे इसमें कोई

सन्देह नहीं है कि पूरा आयोजन कलाकारों का सम्मान न होकर उनका लगभग सार्वजनिक अपमान था। बहुत से पुरस्कृत कलाकवियों ने अपमानित महसूस भी किया लेकिन उसका कोई सार्वजनिक इजहार क्यों नहीं किया, यह कम से कम मुझे समझ में नहीं आया। समझ में मुझे यह भी नहीं आता कि संगीत नाटक अकादेमी राजपुरुषों से, जिनके पास अब ज्यादातर न सुरुचि, न कलाओं के प्रति कोई अनुराग या आदर, न उसके लिए धीरत और समय बचे हैं, पुरस्कार दिलवाने को क्यों जल्दी और महत्त्वपूर्ण मानती है। क्या इसका एक कारण कहीं न कहीं यह नहीं है कि प्रदर्शनकारी कलाकारों के बीच राजपुरुष का आकर्षण अभी भी बचा हुआ है जबकि साहित्य और रूपंकर कलाओं में वह ध्वस्त हो चुका है। दुर्भाग्य से मुझे यह दुखद सन्देह होता है कि शायद ये कलाकार अपने पुरस्कार को राष्ट्रीय नहीं मानेंगे जब तक कि वह किसी राष्ट्रीय राजपुरुष के हाथों न दिया गया हो। मुझे याद आता है कि बरसों पहले भोपाल में मध्यप्रदेश शासन के राष्ट्रीय और प्रादेशिक सम्मान महादेवी वर्मा, पण्डित रविशंकर और मकबूल फिदा हुसैन द्वारा दिए गए थे। क्या संगीत नाटक अकादेमी भारत रत्न से हाल ही में विभूषित उस्ताद बिस्मिल्लाह खाँ से ये पुरस्कार नहीं दिलवा सकती थी ताकि ऐसी हड़बड़ी न होती और आपके पास पुरस्कृत कलाकारों आदि के प्रशस्ति में दो वाक्य कहने-सुनने का उचित धीरज होता? संगीत नाटक की सहोदर साहित्य अकादेमी हर वर्ष अपने राष्ट्रीय पुरस्कार बरसों से अपने अध्यक्ष के हाथों देश के चुने हुए लेखकों को देने की परम्परा का पालन करती रही है। उसका अनुसरण क्यों नहीं किया जा सकता? आप राजपुरुष को बुलाएँ कि नहीं यह आपकी स्वायत्ता पर नहीं, स्वाभिमान पर निर्भर करता है। कम से कम स्वायत्ता के किसी अभाव की आड़ इस मामले में संगीत नाटक अकादेमी को सुलभ नहीं हो सकती।

मध्यप्रदेश शासन के प्रतिष्ठित पुरस्कार कबीर सम्मान और मैथिलीशरण गुप्त सम्मान दिल्ली में दिए जाने के एक आयोजन का निमन्त्रण आया एक प्रकाशक से, जो कि मेरे भी एक प्रकाशक हैं। उसमें सिर्फ प्रीतिभोज मध्यप्रदेश शासन के सौजन्य से दिए जाने का उल्लेख था। मैं नहीं जानता कि भोपाल के बजाय यह आयोजन दिल्ली में करने की क्यों नौबत आई। अगर किसी वजह से यह जरूरी हो गया था तो मध्यप्रदेश शासन का संस्कृति विभाग, जिसके सांस्कृतिक अवदान की भूरि-भूरि प्रशंसा इस अल्पमत में आचार्य नामवर सिंह ने की, क्या दिल्ली में स्वयं ऐसा आयोजन नहीं कर सकता था? दिल्ली में उसी समय मौजूद उड़िया कवि सीताकान्त महापात्र इस आयोजन में न तो कबीर सम्मान प्राप्त करने गए और न ही अपना वक्तव्य देने। मुझसे उन्होंने इस विचित्र आयोजन के औचित्य के बारे में अपनी आपत्ति भी निजी तौर पर व्यक्त की। मुझे याद आया

कि एक जमाना था कि जब वामपंथी मित्र इस बात पर आपत्ति करते थे कि सम्मान समारोह भारत भवन में होता है तो श्रेय संस्कृति विभाग के बजाय भारत भवन को मिल जाता है जबकि सम्मान सरकार के हैं, भारत भवन के नहीं। स्वयं भारत भवन सरकार द्वारा स्थापित पोषित है, यह बात तब भुला दी जाती थी। अब वही वामपंथी पेशो-पेश थे मध्यप्रदेश शासन के सम्मान समारोह को एक निजी प्रकाशक के खाते में लिखाने के लिए। शायद इसलिए कि यह सब अपने आदमी कर रहे थे और कम से कम एक सम्मान अपने आदमी को मिल रहा था। एक निजी प्रकाशक के बुलावे पर मैं इस आयोजन में नहीं गया। विष्णु खरे और सीताकान्त महापात्र के अलावा इस अवमूल्यन पर किसी और को आपत्ति हुई हो तो मुझे पता नहीं। नामवर जी की प्रशंसा से मुदित संस्कृति मन्त्री जी को शायद इसका अन्दाजा नहीं होगा कि कैसे यह आयोजन उनका और उनके विभाग का दरअसल सरासर अवमूल्यन है।

(20 मई, 2001)

लेखकों की चिन्ता

हाल ही में शैलेश मटियानी की दारुण परिस्थिति में मृत्यु ने एक बार फिर यह क्रूर सच्चाई उजागर कर दी कि न सिर्फ हिन्दी समाज, हमेशा की तरह, अपने लेखकों की चिन्ता नहीं करता है बल्कि यह भी कि स्वयं लेखक-समाज अपने सदस्यों के लिए बहुत चिन्तित नहीं है। सारे संसार को संवेदनशीलता और सहानुभूति का पाठ पढ़ाने वाले लेखक संगठित और स्वतःस्फूर्त ढंग से अपने साहित्य-सहयोगियों और समानधर्माओं के लिए कुछ करना जरूरी न समझें, यह उनकी सामाजिक विश्वसनीयता पर एक प्रतिकूल टिप्पणी है। ऐसे अवसरों पर सरकार की निन्दा करना, समाज की बेरुखी पर उग्र प्रतिक्रिया करना अब रस्मी, भले किसी हद तक जरूरी भी, होता जा रहा है। यह समझना मुश्किल है कि स्वयं लेखक-समाज संगठित होकर कुछ करने की पहल क्यों नहीं करता। हम सभी जानते हैं कि ऐसे अनेक बुजुर्ग लेखक हैं जिनके पास उच्च कोटि की उपलब्धि के बावजूद बुढ़ापे में या बीमारी की हालत में देखभाल कर पाने लायक पर्याप्त मानवीय और वित्तीय साधन नहीं हैं। उनकी चिन्ता करना अगर दूसरे लेखकों की जिम्मेदारी नहीं है तो फिर किसकी है?

हमारे यहाँ जो लेखक, संघ या संगठन या मंच आदि सक्रिय हैं उनका मुख्य काम लेखकों के अधिकारों, हितों, व्यावसायिक मामलों आदि की

चौकसी और चिन्ता करना नहीं, वैचारिक निष्ठा, प्रतिबद्धता आदि की निगरानी करना और उन्हें विपथगामी होने से रोकना-बचाना है। हो सकता है कि अगर कोई प्रतिबद्ध या वैचारिक सहचारी कष्ट में पड़ जाए तो ये संस्थाएँ अनौपचारिक रूप से उसकी मदद भी करती हों, लेकिन लेखकों के अधिकार, उनकी सामाजिक सुरक्षा और कल्याण उनके मुख्य लक्ष्य का हिस्सा नहीं है। हमारे यहाँ राष्ट्रीय स्तर पर और राज्यों में जो अकादेमियाँ और परिषदें आदि बनीं उन्होंने शुरू से ही अपने को इन झंझटिया सरोकारों से मुक्त रखा है।

यह सही है कि हिन्दी समाज अन्यभाषी समाजों की तुलना में आर्थिक दृष्टि से पिछड़ा है। लेकिन विशेषतः कम से कम नाम के लिए ही सही, हिन्दी के राजभाषा बन जाने के बाद हिन्दी के कारण अपनी आजीविका कमाने वाले अध्यापकों, पत्रकारों, लेखकों आदि की संख्या बहुत तेजी से बढ़ी है और वे इस देश के सबसे बड़े मध्यवर्ग का महत्त्वपूर्ण हिस्सा हैं। यह हिन्दीजीवी वर्ग निश्चय ही इतने रुपए कमाता है कि उसका एक नगण्य भाग वह स्वयं हिन्दी पर खर्च कर सके। हिन्दी मध्यवर्ग की विराट और लगभग सर्वग्रासी अनीति का यह नतीजा है कि वह ऐसा कुछ भी करना जरूरी नहीं मानता। अगर ऐसा हर हिन्दीजीवी व्यक्ति हर वर्ष कुल एक हजार रुपए इस काम के लिए निकाले—पितृऋण, गुरुऋण, देवऋण, राजऋण की ही तरह एक तरह का भाषाऋण—जिसका आधा वह सीधे नई पुस्तकों की खरीद पर और बाकी एक लेखक कल्याण कोष में दे तो ऐसे कोष में हर वर्ष लगभग पच्चीस लाख रुपए नियमित रूप से जमा होते रह सकते हैं जिसकी स्थायी निधि के ब्याज से जरूरतमन्द लेखकों की ठोस मदद की एक योजना बखूबी चल सकती है। यह भी अपेक्षा की जा सकती है कि हिन्दी प्रकाशक, हिन्दी क्षेत्रों में कार्यरत औद्योगिक इकाइयाँ, सार्वजनिक न्यास, समाजसेवी संस्थाएँ, महाविद्यालय और विश्वविद्यालय आदि भी नियमित रूप से इस कोष में अपना योगदान देंगे। एक बार ऐसा कोष बन जाए तो फिर हिन्दी प्रदेशों की सरकारों और केन्द्र सरकार से भी उसमें नियमित अंशदान की व्यवस्था कराई जा सकती है। यह भी सर्वथा उचित और आवश्यक होगा कि हिन्दी अंचल के सभी विधायक और सांसद भी इस कोष में नियमित रूप से राशि दें। अगर हिन्दी के दस-पन्द्रह शीर्षस्थ लोग इस तरह की पहल स्वयं अपनी ओर से कुछ राशि देकर करने को तैयार हों तो हाशिए का होने के बावजूद मैं अपनी ओर से यत्किंचित् करने को तैयार हूँ।

(3 जून, 2001)

युवा कवि को सलाह

लगता है कि मैं अधेड़ अब किसी और मसरफ का नहीं रहा सो आजकल जब-तब कोई युवा कवि मिल जाता, फोन करता या चिट्ठी लिखता है कि मैं उसे सलाह दूँ कि कविता के क्षेत्र में कैसे आगे बढ़ना चाहिए। भले अकसर मेरी सलाह मानी नहीं जाती है मैंने उसे निःशुल्क और लगातार देने में कभी कोई कोताही नहीं की है। नतीजा यह है कि कई लोग करते तो अपने मन की ही हैं जो कि उचित भी है, लेकिन मुझसे सलाह भी लेते रहते हैं। अलबत्ता दोस्तों के लिए नासेह नहीं बना हूँ, उनका तो चारासाज और गमगुसार बनना ही ठीक है जैसा कि मिर्जा गालिब ने पिछली सदी में ही ठीक तजवीज कर दिया था।

युवा कवियों को सार्वजनिक रूप से सलाह देना इसलिए उचित है कि वे ऐसी सलाह चाहते हैं और उन्हें अलग-अलग सलाह देने का सुयोग प्रायः नहीं बन पाता। पहली बात तो यह है कि किसी भी युवा कवि को तुरन्त अपने शहर या कस्बे में सक्रिय किसी शील-संघ या वादी-संगठन या कृतिमंच का सदस्य बन जाना चाहिए। ये सभी लेखकों के भारतव्यापी संगठन हैं, भले ही उनके कई पदाधिकारियों के लेखक न होने का वाजिब सन्देह युवा महत्त्वाकांक्षी को हो सकता है। ऊपर से सख्त लगते इन संगठनों में प्रवेश पाने में बहुत कठिनाई नहीं होगी। अच्छी बात यह है कि वे इस पर इसरार नहीं करते कि आप अच्छी कविता लिखें। उनका आग्रह खास किस्म की वैचारिक निष्ठा और वफादारी पर है जिसका इजहार जरूरी नहीं कि कविता में हो। वे तो यह चाहेंगे कि आप अपने वक्तव्यों में फासीवाद, साम्प्रदायिकता, पूँजीवाद, बाजारवाद, उत्तर-आधुनिकता आदि का विरोध करें। अब ये ऐसी प्रवृत्तियाँ हैं जिनका विरोध वैसे तो सारा साहित्य ही करता है—दूसरे, ऐसे विरोध से कोई नुकसान नहीं होता। एक बार सदस्यता मिल जाए तो फिर युवा यशःप्रार्थी के सामने सम्भावना के अनेक द्वार खुल जाएँगे। सभी कहते हैं कि युवाओं को खूब साहित्य पढ़ना चाहिए, लेकिन यह बताने वाले कहीं नहीं हैं कि क्या पढ़ना चाहिए, क्या नहीं। ऐसे संगठन आपकी इस मामले में बड़ी मदद करते हैं। उदाहरण के लिए वे बताएँगे कि अज्ञेय, निर्मल वर्मा, विद्यानिवास मिश्र, कृष्ण बलदेव वैद आदि प्रतिक्रियावादियों को नहीं पढ़ना चाहिए। उन्होंने स्वयं इन सब प्रगतिविरोधी लेखकों को पहले से पढ़ रखा है—आप इन कलावादियों की असलियत, बिना उन्हें पढ़ने की जहमत उठाए समझ जाएँ, इससे अच्छी सहायता और क्या हो सकती है? मार्क्सवाद इत्यादि का जिक्र जब-तब आया करेगा, उससे आतंकित होने की जरूरत नहीं है : संगठन के पदाधिकारियों में से अधिकांश ने भी मार्क्स वगैरह पढ़ा नहीं है। उनके सुर में सुर मिलाकर यह बार-बार कहना भर जरूरी होगा कि मार्क्सवाद

अभी भी पूरी तरह प्रासंगिक है। अपनी रचनाएँ सिर्फ प्रायः हर मित्र-पत्रिका में प्रकाशित होती हैं। रचनाएँ छपें, इसके लिए शायद आपकी ओर से इतनी कोशिश जरूर होनी चाहिए कि आप उनके कुछ ग्राहक अपने मित्रों या भाई-भतीजों को बनवा दें। जिन पत्रिकाओं के नाम ऐसी सूची में न हों उनको पढ़ना तो दूर, पास भी नहीं फटकने देना चाहिए। पत्रिकाओं के सम्पादकों को रचनाएँ भेजते समय उनके पिछले अंकों में प्रकाशित कुछ रचनाओं के सिलसिले में सामाजिक यथार्थ, जनपक्षधरता, संघर्ष, शोषण आदि शब्दों का उपयोग अवश्य करना चाहिए। अपनी सुरुचि को ठीक दिशा देने के लिए यह भी जरूरी है कि आप आठ-दस कवियों के नाम याद कर लें। उनका जब-तब उल्लेख वक्तव्य, पत्र आदि में करना लाभप्रद होगा। ऐसे कवियों की सूची मित्र-पत्रिकाओं के लेखों में आसानी से मिल जाएगी। वह बार-बार छपती रहती है, किसी न किसी बहाने। उनमें से उन कवियों की पुस्तकों की हो सके तो कहीं समीक्षा करना भी अच्छा रहेगा जो किसी अखबार, किसी अधिकरण में काम करते हों। ऐसे कवि सत्ता में रहकर भी, उससे सर्वथा अस्पृश्य रहते हुए, अपनी प्रतिबद्धता कैसे निभाते हैं, यह दर्शनीय और अनुकरणीय है। ऐसी संस्थाओं के सम्मेलनों में जाना भी जरूरी है। अकसर युवा कवि को समझ में नहीं आएगा कि बहस किस बात पर हो रही है: उन्हें ही यह कहाँ पता होता है जो बहस कर रहे होते हैं! लेकिन उसे सही समय पर हाथ उठाना, समर्थन में नामावली के साथ कुछ कहना, यह सब आ ही जाएगा। अगर उसे कविता पढ़ने का सुअवसर मिले तो युवा कवि को या तो पूरे पाठ को या कि किसी कविता को किसी उपस्थित वरिष्ठ कवि को अवश्य समर्पित करना चाहिए। यह सब करने में काफी समय और परिश्रम लगेगा। हो सकता है कि युवा कवि को यह सन्देह होने लगे कि वह इस धमाचौकड़ी में अधिक लिख नहीं पा रहा है। इस स्थिति से घबराने या कुण्ठित अनुभव करने की कतई जरूरत नहीं है। जिस यशस्वी नामावली का ऊपर जिक्र किया गया है उसके अधिकांश कवि दो या तीन पुस्तकों के कवि हैं। विपुलता एक कलावादी लक्षण है जिसे अब पहचान कर दूर हटाया जा रहा है।

युवा कवि को यह नहीं समझना चाहिए कि कविता सिर्फ राग से बनती है, इन दिनों उसका अधिकांश विद्वेष से बनता है। दूसरे कवियों से विद्वेष कर इधर रात भर हारमोनियम बजते रहे हैं। ऐसे विद्वेष से ऐसा विमल विवेक आता है, ज्ञान का रंजन होकर इस महादेश की वैज्ञानिक चेतना का ऐसा उदय होता है कि सर्वत्र प्रकाश छा जाता है। चूँकि अपना जीवन तो सृजन में होम हो जाने के कारण विशेष बचता नहीं, दूसरों के जीवन को सृजन का उपजीव्य बनाना सर्वथा नैतिक और अत्यन्त अग्रगामी चेष्टा है। देर-सबेर युवा कवि को पुस्तक-भर कविताएँ लिख

कर उन्हें पुस्तकालय में प्रकाशित करना चाहिए लेकिन जरूरी है कि उसका लोकार्पण हो। कोई नामधारी ऐसा अवश्य मिल जाएगा जिसे युवा कवि में किसी प्राचीन मूर्धन्य की अनुगूँज, सारे शोरगुल से हट कर, स्पष्ट सुनाई दे ही जाएगी। सफलता की लम्बी आश्वस्तिकारी राह खुल चुकी होगी : ऐसे अवसर पर थोड़ा-बहुत रसरंजन जरूर हुआ चाहिए। उसे विलास में नहीं, संघर्ष का परिपाक माना जाता है।

विफलता और निरर्थकता के बीच कहीं विजड़ित मैं एक अधेड़ कवि अपने से युवतर मित्रों को सफलता की व्यावहारिक सलाह दे रहा हूँ, सार्थकता की अमूर्त सैद्धान्तिक बहस में उलझाए बिना। मैं भला उन्हें अपना अटपटा हताश उदाहरण कैसे और क्यों दूँ!

(3 जून, 2001)

विचित्र विपर्यय

मैं इस विपर्यय पर अकसर सोचता हूँ कि ऐसा क्यों हुआ है कि जब से हमारा साहित्य समाज के प्रति अभिमुख हुआ है, समाज में उसकी जगह बढ़ने के बजाय घटती-सी गई है। मेरे पास इसका कोई उत्तर या समाधान नहीं है। यह कारण सर्वथा अपर्याप्त लगता है कि समाज अपने प्रतिरूप या विकल्प देखने-जानने में दिलचस्पी नहीं रखता। संगीत और चित्रकला की आज भारतीय समाज में अधिक जगह और पूछ है। शायद यह कहना अनुचित नहीं होगा कि संगीत और चित्रकला, दोनों ही माध्यम ऐसे हैं जो साहित्य की तुलना में तथाकथित सामाजिक सच्चाई, सरोकारों आदि को कम सम्बोधित हैं। फिर ऐसा क्यों है कि समाज उन्हें अधिक जगह और ध्यान देता है, अगर मीडिया आदि को सामाजिक मान्यता और प्रतिष्ठा का प्रमाण माना जाए? इससे एक विचित्र नतीजा निकाला जा सकता है : जो माध्यम समाज की जितनी चिन्ता करता है, समाज उसकी उतनी ही कम चिन्ता करता है। निश्चय ही इस नतीजे से बहुत-से लोग घोर असहमति व्यक्त करेंगे और शायद इसे मेरे कुख्यात समाज-विरोधी रुख का एक और इजहार भर मान कर खारिज कर देंगे। पर उसे बदलने के लिए कुछ जबर्दस्त प्रतितर्क चाहिए—ऐसे तथ्य, जिन्हें मैं जानबूझ कर या अज्ञानवश नजरअन्दाज कर रहा हूँ।

(3 जून, 2001)

ज्वायस, शगाल और मिलोष

यूरोप और अमेरिका में प्रसिद्ध लेखकों और कलाकारों की अज्ञात कृतियों, पाण्डुलिपियों, पत्रों, सम्बन्धों आदि की खोज लगातार चलती रहती है। कुछ इस तरह मानो इन 'आत्मा के गुप्तचरों' की भी लगातार जासूसी की जा रही हो। अकसर किसी चित्रकार की नई प्रदर्शनी के साथ यह घोषणा भी होती है कि उसके अब तक अप्रदर्शित कुछ चित्र उसमें शामिल हैं और जो अगले महीने बुदापेस्त के यहूदी संग्रहालय में आयोजित होने जा रही है। उसमें ऐसी सात कलाकृतियाँ शामिल होंगी जिनका अभी तक पता नहीं था और जो हाल ही में शगाल के उत्तराधिकारियों को प्राप्त हुई हैं। इन कलाकृतियों में 1914-15 के बरसों में बनाई वे कृतियाँ शामिल हैं जिनके शीर्षक हैं : 'भट्टी के सामने माँ', 'खिड़की पर लीजा' और 'बिगड़ैल बेटा'। मुझे याद आया कि मैंने एक अमेरिकी स्त्री की एक सचित्र पुस्तक बरसों पहले पढ़ी थी जो कि अमेरिका में लगभग सात बरस शगाल की प्रेमिका और पत्नी रही थी, जिससे उसे एक बेटा भी हुआ था लेकिन जिसका शगाल के अधिकृत वृत्तान्त में उल्लेख तक नहीं होता।

प्रसिद्ध नीलाम-घर सदबी ने घोषणा की है कि उन्हें जेम्स ज्वायस के प्रसिद्ध उपन्यास 'यूलीसीज' का एक प्रारूप-अध्याय मिला है जो कि किसी निजी संग्राहक के पास है और जिसकी अगले महीने नीलामी में कीमत बारह लाख पौण्ड हो सकती है। इस प्रारूप पर ज्वायस ने काफी मेहनत की थी और समझा जाता है कि उस महान उपन्यास का अन्तिम रूप किस तरह विकसित हुआ, इस बारे में इस अध्याय से काफी रोशनी पड़ सकती है। पिछले साल दिसम्बर में इसी तरह के एक अध्याय की पाण्डुलिपि दस लाख पौण्ड में नीलाम हुई थी और उसे आयरलैण्ड की नेशनल लाइब्रेरी ने खरीदा था। ज्वायस ने यह उपन्यास लिखने में सात वर्ष लगाए थे। पूरा उपन्यास एक ही दिन 16 जून, 1904 को घटित होता है और अब प्रतिवर्ष यह दिन डब्लिन में ब्लूम्स-डे के रूप में मनाया जाता है जबकि लोग और पर्यटक शहर के उन स्थानों और गलियों की यात्रा करते हैं जहाँ उपन्यास का चरितनायक लियोपाल्ड ब्लूम भटकता था।

30 जून को पोलिश महाकवि और नोबेल-सम्मानित चेस्लाव मिलोष नब्बे बरस के हो जाएँगे। उस दिन क्रैको शहर के मुख्य चौक की एक पूरी सड़क उन्हें समर्पित होगी। उस पर एक बड़ा पुस्तक मेला लगेगा जिसमें उनकी और उन पर पुस्तकों के अलावा अन्य पुस्तकों को शामिल किया जाएगा, उनके छायाचित्रों की एक बड़ी प्रदर्शनी होगी, उनके कृतित्व पर आधारित प्रतियोगिताएँ, कविता पाठ आदि अनेक आयोजन होंगे। उनका एक नया कविता संग्रह पोलिश में हाल ही में आया है 'वह'। अभी

तक उसका अंग्रेजी अनुवाद नजर नहीं आया। यों भी वारसा के मुकाबले क्रैको में आधुनिक पोलिश कविता के अंग्रेजी अनुवाद मिलना थोड़ा दुष्कर है हालाँकि पुस्तकों की मुख्य चौक पर कई सजी-धजी और कुछ नई दुकानें हैं।

(24 जून, 2001)

देर से सही

जब मैं यह लिख रहा था तो हिन्द-पाक शिखरवार्ता आगरा में शुरू हो चुकी थी और पहला दौर ऐसी उम्मीद बँधा रहा था कि हिन्द-पाक सम्बन्धों में कुछ सुधार और विस्तार अवश्यंभावी है। वार्ता का जो भी हश्र हुआ, दोनों तरफ के जानकार हलकों में इस बात का अहसास दिन-ब-दिन गहराता जाता है कि सरहद के पार एक-दूसरे को हम कितना कम जानते हैं। बँटवारे के समय की भयावह यादें और उसके पहले की यादों का रूमान जिन लोगों को मथता था वे कम हो रहे हैं : ऐसी युवतर जनसंख्या बढ़ रही, बल्कि गई, है जो भारत या पाकिस्तान को घृणा, बैर या अपरिचय के रूपाकारों में ही देख पाती है। तभी न जब इस या उस तरफ के बच्चे या कलाकार दूसरी तरफ जाते हैं तो उन्हें यह देख-पाकर अचरज होता है कि 'वे' कितना 'हम' जैसे हैं।

इस सिलसिले में साहित्य और संस्कृति के क्षेत्र परस्पर परिचय बढ़ाने और सर्जनात्मक सहकार की कुछ ठोस शुरुआत करने की गरज से मुझे, देर से ही सही, कुछ बातें सूझती हैं। पहला सुझाव यह है कि हर वर्ष भारत और पाकिस्तान पर केन्द्रित संगीत, नृत्य, रंगमंच, ललित कला, साहित्य आदि विधाओं के मिले-जुले उत्सव दोनों देशों में हों, राजधानियों के अलावा मुम्बई, कलकत्ता, लाहौर, कराची जैसे केन्द्रों में भी। दूसरा यह कि हर वर्ष दोनों देशों के कलाकार मिलकर कोई प्रस्तुति तैयार करें जो दोनों देशों में कई स्थानों पर प्रदर्शित की जाए। शुरुआत मिर्जा गालिब की गजलों से की जा सकती है। पाकिस्तान के पास श्रेष्ठ गजलगायक हैं और भारत के पास श्रेष्ठ कथक नृत्यकलाकार। सात गजलों पर आधारित एक कथक नृत्यसंरचना बनाई जा सकती है जिसमें सात गायक-गायिकाएँ पाकिस्तान से हों और सात नर्तक-नर्तकियाँ भारत से। अगली बार कोई नाटक हो सकता है। तीसरा यह कि ललित कलाओं की हिन्द-पाक त्रैवार्षिकी की एक नई शृंखला राष्ट्रीय कला वीथिका और पाकिस्तान की कोई शीर्ष कला-संस्था संयुक्त रूप से आयोजित करना शुरू करें। हमारे

राष्ट्रीय नाट्य विद्यालय में आकर कोई पाकिस्तानी रंगनिर्देशक किसी पाकिस्तानी नाटक की भारतीय प्रस्तुति यहाँ के अभिनेताओं के साथ तैयार करे जो दोनों देशों में दिखाई जाए। ऐसा ही पाकिस्तान किसी भारतीय रंगकर्मी को अपने यहाँ आमन्त्रित कर किसी भारतीय नाटक के साथ कर सकता है। चौथा यह कि दोनों देश अपने-अपने यहाँ के संस्कृति प्रधान शहरों को दूसरों से जोड़कर युग्म बनाएँ। लाहौर और लखनऊ, कराची और जयपुर आदि और दोनों शहरों के बीच लगातार सांस्कृतिक आदान-प्रदान हो। नागरिक, युवा, छात्र, पत्रकार, बुद्धिजीवी जाकर सम्बन्धित शहर में परिवारों के साथ रहें आदि। पाँचवाँ यह कि आजादी के बाद के भारतीय साहित्य और स्थापना के बाद के पाकिस्तानी साहित्य के अनुवाद के संचयन दोनों देश प्रकाशित करें। छठवाँ यह कि दोनों देशों के विश्वविद्यालयों के बीच अकादेमिक संवादों की शृंखला चले। सातवाँ सुझाव यह है कि दोनों देश मिलकर फिल्में बनाने की शुरुआत करें। अगर हम सौभाग्य से कुछ ठोस करने को आगरा के बावजूद राजी हो पाए तो करने को बहुत है। देर पहले ही बहुत हो चुकी है—'अब विलम्ब केहि काज'।

(22 जुलाई, 2001)

आलोचना और परेशानी

साहित्य में कई परेशानियाँ आए दिन सामने आती रहती हैं। उनमें से एक परेशानी आलोचना भी है। अकसर उसे लेकर लेखक त्रस्त रहते हैं। उनमें से ज्यादातर इस बात पर सहमत होंगे कि आलोचना के बिना साहित्य का काम बखूबी चल सकता है। लेकिन उनमें से प्रायः हर लेखक चाहता है कि उसके लिखने का ही नहीं, खाँसने-खखारने का भी आलोचना नोटिस ले। सार्वजनिक गोष्ठियों और परिसंवादों से लेकर निजी महफिलों तक में अकसर चर्चा किसी कृति की नहीं, उस पर लिखी गई अच्छी-बुरी आलोचना की होती रहती है। इधर बहुत सारी आलोचना सौभाग्य से सूचीबद्ध आलोचना है: उसमें लेखकों और कृतियों के नाम गिना दिए जाते हैं। लाभ यह है कि सूची में अपना नाम या कृति पाकर या न पाकर लेखक सुखी-दुखी होते रहते हैं और उन्हें पूरी आलोचना पढ़ने की जरूरत नहीं पड़ती। भोपाल के हमारे कवि-कथाकार मित्र ध्रुव शुक्ल का अनुभव है कि कई बुजुर्ग लेखकों को लगता है कि उनसे युवतर लेखकों का जन्म ही इसलिए हुआ है कि वे बुजुर्ग लेखकों की पुस्तकों की समीक्षा करें! ऐसे लेखक कम नहीं हैं जो सार्वजनिक मंच से आलोचना की व्यर्थता

की घोषणा बारम्बार करते नहीं अघाते लेकिन सम्पादकों की चिरौरी करते रहते हैं कि किसी तरह उनकी नवप्रकाशित कृति की समीक्षा वे छाप दें। 'पूर्वग्रह' पत्रिका के सम्पादन के अनुभव से मैं लगभग पच्चीस बरसों से यह जानता रहा हूँ कि सम्पादक का बोझ हल्का करने के लिए कई लेखक किसी आलोचक-मित्र से समीक्षा कराके आपके पास भेज देते हैं। कवि के रूप में मेरे पास ऐसी दो-चार समीक्षाओं की पाण्डुलिपियाँ कहीं पड़ी होंगी जो कुछ समीक्षकों ने कृपापूर्वक मेरी पुस्तकों पर लिखकर मुझे ही भेज दी थीं कि मैं उन्हें अपने सम्बन्धों का इस्तेमाल कर किसी अच्छी जगह प्रकाशित करा दूँ।

लेखकों और आलोचकों के बीच का गोरखधन्धा नए-नए रूप धरता रहता है। तुम डाल-डाल, हम पात-पात। दस पुस्तकें लो, छह उपन्यास लो और उन पर एक लम्बी समीक्षा लिखो उसी का एक प्रकार है। दो-दो तीन-तीन पैराग्राफ में हर पुस्तक निपट जाती है : एक-दो उद्धरण, कुछ कथासार, दो-तीन टिप्पणियाँ। इस 'सौजन्य से सभी खुश रहते हैं'– सम्पादक खुश कि दस पुस्तकें निपट गईं, लेखक खुश कि उसका नोटिस लिया गया और समीक्षक खुश कि उसे सारी पुस्तकें आद्यंत पढ़कर कुछ अधिक सोच-विचार करने की जहमत नहीं उठानी पड़ी। रहे पाठक, सो वे सौभाग्य से आलोचना पढ़ते नहीं : हिन्दी पाठक सर्जनात्मक साहित्य ही पढ़ लें तो गनीमत है। हिन्दी आलोचना की एक परेशानी यह है कि वह प्रायः लेखकों के लिए ही लिखी और उन्हीं के द्वारा पढ़ी-समझी-सराही जाती है। इधर 'जनसत्ता' के अलावा कुछ तथाकथित राष्ट्रीय दैनिकों ने पुस्तकों के लिए जगह निकाली है जो बहुत अच्छी बात है। हो सकता है कि इससे कुछ शुद्ध पाठकों अर्थात् लेखक-पाठकों से अलग पाठकों की पुस्तकों में रुचि बढ़े और आलोचना को भी लेखक-सम्बोधित होने के बजाय पाठक-सम्बोधित होने का अवसर और उत्तेजना मिले। इसकी सख्त जरूरत इसलिए भी है कि यह शायद आलोचना को उसके किताबीपन से मुक्त कर उसमें अधिक जिम्मेदारी का भाव, सुथरापन और पठनीयता लाए।

(29 जुलाई, 2001)

झमेले में सच

वैसे तो सदियों से इस पर बहस चलती रही है कि सच साहित्य का लक्ष्य है कि नहीं। हमारे यहाँ पारम्परिक रूप से सत्य के साथ शिव और सुन्दर भी जोड़ा जाता रहा है अर्थात् साहित्य का लक्ष्य ऐसा सत्य है

जो साथ ही शिव और सुन्दर भी हो। यह अत्यन्त उदात्त और काफी असाध्य लक्ष्य है। जो भी हो, इन दिनों लेखक से यह अपेक्षा की जाती है कि वह सच बोले। अगर वह शिव और सुन्दर न भी हो, तब भी। कई बार लेखकगण अपना सामाजिक औचित्य यह दावा कर स्थापित करना चाहते हैं कि जब बाकी ज्यादातर लोग यानी राजनेता, व्यापारी, अफसर, पत्रकार आदि झूठ बोलते और फैलाते हैं, लेखक पूरा जोखिम उठाकर सच बोलने की हिम्मत करता है। सच, जो उसे अपनी नजर, अनुभव और विचार से सच लगता है। अधिक ईमानदार हुआ तो लेखक साथ ही यह भी कहने का विनय दिखाता है कि हो सकता है कि उसका सच, सच न हो पर उसे फिलवक्त सच लगता है सो वह कहता है।

पहले के किसी भी समय के मुकाबले हमारे समय में सच बड़े झमेले में है। इतने सारे परस्पर विरोधी सचों का तुमुल बल्कि घमासान मचा हुआ है। विज्ञान का सच अलग है, राजनीति के अलग-अलग सच हैं—लाल, हरे, केसरिया आदि—धर्म के सच का भूगोल भी अलग-अलग बँटा है। नए संचार-साधन माना जाता है कि अपनी अलग और सर्वथा स्वायत्त सच्चाई गढ़ रहे हैं जिनका अन्तर्भूत सच भी जाहिर है कि अलग होगा। बुद्धि के सच और अनुभूति के सच में द्वन्द्व काफी पुराना है। स्वयं साहित्य का सच भी बहुत विभाजित है। निर्मल वर्मा का सच नामवर सिंह का सच नहीं। अज्ञेय का सच मुक्तिबोध के सच से उलट माना जाता रहा है। कृष्ण बलदेव वैद के सच को राजेन्द्र यादव सच ही नहीं मानेंगे। 'पूर्वग्रह' का सच 'पहल' को मान्य न होगा। मुख्तसर यह कि सच क्या है, इस पर अगर कभी मतैक्य था तो हमारे समय में वह पूरी तरह से खण्डित हो चुका है। यों तो हमारी अपेक्षा यह होती है कि सच को शान्त और निस्पृह होना चाहिए। हमारे समय में ऐसा नहीं है। सच उग्र, आक्रामक और हिंस्र तक है—वह दूसरों को नष्ट करने को तैयार और उतारू है, सिर्फ इसलिए कि उसका ख्याल है कि वह सच है। नाजी जर्मनी ने, सोवियत संघ ने, वियतनाम आदि अनेक देशों में अमेरिका आदि ने जो किया है वह इसका साक्ष्य है। झूठ को सच बनाकर पेश करने की हिकमतें और साधन भी हमारे समय में इतने विकराल रूप से बढ़-फैल गए हैं कि कई बार शक होता है कि अब पता नहीं किन अँधेरे कोनों-अँतरों में सच के लिए जगह बची है। कई बार लगता है कि शायद ठीक इसलिए कि हमारे आधुनिक बल्कि उत्तर-आधुनिक संसार में सच के लिए जगह कम हो गई है, साहित्य में उसकी जगह बढ़नी चाहिए : साहित्य को सच का, अनेक सचों का शरण्य हो सकना चाहिए। कौन जाने ऐसा हो भी रहा हो—हम लक्ष्य न कर पा रहे हों पर भाषा में सच का भूगोल फैल रहा हो।

(29 जुलाई, 2001)

सच के खतरे

साहित्य में सच कहना इतना आसान नहीं है। मैं प्रसिद्ध फ्रेंच उपन्यासकार और चिन्तक सिक्सू की पुस्तक 'थ्री स्टैप्स ऑन द लैडर ऑफ राइटिंग' देख रहा था जिसमें इस बारे में कुछ विचार किया गया है। उनका कहना है कि 'सच कहना या लिखना मौत के बराबर है क्योंकि हम सच नहीं कह सकते। वह हर तरह से निषिद्ध है क्योंकि वह सभी को आहत करता है। हम कभी सच नहीं बोलते—हमें झूठ बोलना पड़ता है जो अधिकतर दो जरूरतों का नतीजा है : प्रेम और कायरता की हमारी जरूरत। प्रेम की कायरता पर प्रेम का साहस भी। कायरता और साहस इतने नजदीक होते हैं कि आपस में बदल जाते हैं। कायरता सम्भवतः साहस का विचित्र और टेढ़ा-मेढ़ा रास्ता है। प्रेम टेढ़ा-मेढ़ा होता है। तो एक पुस्तक के सिर्फ बिल्कुल आखिरी पृष्ठ पर हमें शायद यह अवसर मिलता है कि हम वह कह सकें जो हमने कभी नहीं कहा, वह लिख सकें जो हमने अपने जीवन में कभी नहीं लिखा अर्थात् सबसे खतरनाक, सबसे अच्छा, दूसरे शब्दों में, सबसे बुरा।'

सिक्सू सच को मृत्यु से अनिवार्यतः जुड़ा मानती हैं। हम अन्तिम क्षण के पहले सच नहीं कह सकते क्योंकि हम उसे बरदाश्त नहीं कर सकते। उससे पहले कहने से भारी कीमत चुकानी पड़ती है। यह अन्तिम क्षण कब आता है, कोई नहीं जानता। सिक्सू के अनुसार, हम झूठों से बनी इमारतों में रहते हैं और जीने के लिए हम झूठ बोलते हैं। लिखना अगर सच बोलना नहीं है तो कम से कम उसमें हम झूठ न बोलने की चेष्टा करते हैं। झूठ न बोलना सच की दिशा में उठाया गया कदम होता है।

हम इस विडम्बना के सामने हैं कि साहित्य अगर सच नहीं भी बोलता या बोल पाता तो वह झूठ बोलने से इनकार करता है। ऐसा इनकार हमें अपने आसपास के साहित्य में कितना और कहाँ नजर आता है! क्या यह आज के अधिकांश साहित्य का एक अतिरंजित और अकारण निर्मम आकलन होगा अगर हम कहें कि उसमें झूठ का वैभव और वैविध्य हैं, झूठ की जटिल संरचनाएँ हैं, झूठ की बारीकियाँ और चातुर्य हैं? अब अगर साहित्य की यह हालत है तो आलोचना उससे अप्रभावित नहीं रह सकती। क्या फिर अतिशयोक्ति नामक अलंकार का सहारा लेते हुए यह नतीजा निकाला जा सकता है कि अधिकांश आलोचना भी साहित्य की तरह सत्यभाषी न होकर झूठ के सहारे ही खड़ी या पड़ी है? क्या यह भी खोजा-कहा जा सकता है कि हमारे यहाँ कितना साहित्य और कितनी आलोचना ऐसी है जो झूठ नहीं बोलती है और इसलिए सच पर पहुँचने के रास्ते पर है?

(29 जुलाई, 2001)

मत चुक्के चौहान

अकसर यह उम्मीद की जाती है कि जो विचार या विचारधारा सत्तारूढ़ या वर्चस्वशाली हो जाती है, उसका प्रभाव बौद्धिक और सृजनात्मक क्षेत्रों पर भी पड़ता है। उसके वैचारिक और सृजनात्मक पक्षधरों की संख्या में तेजी से वृद्धि होने लगती है। इस सन्दर्भ में अगर वर्तमान हिन्दी लेखकों और लेखन पर नजर डालें तो उनसे यह अपेक्षा पूरी होती नहीं दिखाई देती। अव्वल तो यह नहीं कहा जा सकता कि सत्ताधारी विचारधारा के लेखकीय पक्षधरों या अनुयायियों की संख्या बढ़ी है। छुटभैये अवसरवादियों को अगर छोड़ दें तो यह नहीं कहा जा सकता कि किसी महत्त्वपूर्ण लेखक ने (शायद दिवंगत अली सरदार जाफरी को छोड़कर) इस सिलसिले में, अपना पाला बदला है। दूसरे, जिन लेखकों को इस समय सत्तारूढ़ विचारधारा से सहानुभूति रखने वाला माना जाता है उनमें से किसी को कोई बड़ा लाभ, पद या प्रतिष्ठा मिल गए हों, ऐसा भी नहीं दीखता। तीसरे, सत्ता के कटु आलोचकों की संख्या में निश्चय ही बढ़ोतरी हुई है। चौथे, सत्ता ने लेखकों-बुद्धिजीवियों को अपने पक्ष में करने के लिए कोई सुनियोजित या दबा-छुपा अभियान चलाया हो, इसकी भी कम से कम मुझे कोई खबर नहीं है।

इस सबकी क्या वजह है, इस बारे में अटकल भर लगाई जा सकती है। पहली तो यह कि साहित्य और साहित्यकारों ने कुल मिलाकर, अपवादस्वरूप हुए विचलनों को छोड़कर, सत्ता और सत्ताधारी विचारधारा से अपनी दूरी बनाने का पाठ अच्छी तरह सीख-समझ लिया है। दूसरी यह कि प्रायः प्रजातन्त्र में साहित्य हाशिए पर होता है सो हमारे प्रजातन्त्र में भी है और सत्ता को न तो इसकी चिन्ता है, न ही इससे कोई खास फर्क पड़ता है कि लेखक और बुद्धिजीवी क्या सोचते हैं। तीसरी यह है कि सत्ता और साहित्य, दोनों ही वयस्क हो गए हैं, हमारा प्रजातन्त्र भी : सभी अपनी-अपनी जगह हैं और एक दूसरे से अलगाव तथा दूरी का सम्मान करते हैं। चौथी यह, कि बावजूद कई तरह के ह्रास के, हिन्दी साहित्य और भाषा की तेजस्विता बची हुई है।

(5 अगस्त, 2001)

अन्तिम परिभाषा के विरुद्ध

जैसे ही मानसून खत्म होती है, मैं देखता हूँ किसानों को
और अपने पिता को व्यस्त दुख लुनने में

चावल के दानों के बीच, जो कभी काफी नहीं थे
अपने बच्चों को बढ़ने और फलने-फूलने में समर्थ बनाते हुए।
नियति और भविष्य के खेतों में।

ऊपर की पंक्तियाँ 'एक किसान-बच्चे की कविता' शीर्षक इण्डोनेशियाई कविता के अंग्रेजी अनुवाद का हिन्दी रूप है। ये इण्डोनेशिया के युवा कवि एगस सारजोनो की लिखी हैं जो मानते हैं कि 'कविताएँ लिखना या अन्य साहित्य रचना मनुष्य जाति की प्रत्येक परम और अन्तिम परिभाषा के विरुद्ध संघर्ष करना है'। हालाँकि वे राजनैतिक बोध से सम्पन्न कवि हैं, वे कभी फूल या बुलडोजर की आवाज में बोलते हैं और कभी अमन-चैन के लिए अपनी इच्छा का इजहार, राजनैतिक स्थिति के बारे में असंख्य बार दुहराए हुए वक्तव्यों को सुनते हुए, प्रेम-कविता लिखकर करते हैं। वे तीखेपन से पूछते हैं कि 'क्या एक देश की स्थापना सिर्फ उसके लोगों को चुप कराने और उनकी आजादी सीमित करने के लिए की गयी है? जब तक यह चलता रहेगा, मैं अपनी कविताएँ लिखता रहूँगा।'

सारजोनो के लिए साहित्य मनुष्यता को समझने का एक माध्यम है : वह सभी जातियों और पंथों के लोगों के बारे में अपनी परिभाषा पर प्रश्न उठाने का भी एक ढंग है। इसके लिए वे अच्छी शिक्षा आवश्यक मानते हैं और इसलिए वे साहित्य-शिक्षा के क्षेत्र में विशेष रूप से सक्रिय हैं। अपनी पत्रिका 'होरीसन' की एक अनुषंग गतिविधि की तरह उन्होंने अपने देश के शिक्षकों के लिए साहित्य लिखने, पढ़ने और उसका आस्वाद लेने के लिए प्रशिक्षण का एक प्रोजेक्ट शुरू किया है। जावा-सुमात्रा के तेरह शिक्षक-समूहों ने इस प्रशिक्षण में हिस्सा लिया है और साहित्य की शिक्षा का उपयोग 'शिक्षा मात्र के उन्नयन और विशेषतः भावनाओं और अनुभवों को मानवीय प्रसंग में वापस अवस्थित करने के लिए' किया जाने लगा है। सारजोनो की पहल पर और उनके साथ चालीस से अधिक लेखक और कवि हाईस्कूलों और परिसरों में जाते हैं, विशेषतः पश्चिमी मध्य जावा और जोगजकार्ता के अंचलों में, और बच्चों और छात्रों को अपनी रचनाएँ सुनाते, उन पर संवाद करते हैं। एक नतीजा यह है कि स्कूलों की लाइब्रेरियों में छात्रों द्वारा साहित्यिक पुस्तकों की माँग बढ़ रही है। सारजेनो का ख्याल है कि इस प्रोजेक्ट से यह अहसास सरकारी स्तर पर भी हुआ है कि साहित्य की शिक्षा अधिक सुचिन्तित और व्यापक होने से समूची शिक्षा का स्तर और आकर्षण भी बढ़ते हैं। सारजोनो का एक और कवितांश है :

हमारे देश में सब कुछ एक सरकारी दफ्तर जैसा है
कागजों से अँटा और अधूरे कामकाज से।
एक दिन गप लगाने या शतरंज खेलने से थककर

एक कारकून शायद गलत पते लिखे
और हर तरफ चिट्ठियाँ भेज दे।
उनमें से एक तुम्हारे घर भी आ सकती है
यह बताते हुए कि तुम्हारा नाम पारिवारिक रजिस्टर
से हटा दिया गया है
और तुम्हें उस जगह से जहाँ अब तक तुम रह-हँस रहे थे।
और फिर कई दशकों बाद
तुम्हारे नाती-पोते मुग्ध भाव से देखेंगे
किसी पुरानी फाइल में तुम्हारा चित्र
जिसे कोई निपटाना भूल गया।

(12 अगस्त, 2001)

सरकार की दरकार

हिन्दी को सत्ता में रहने का खास अनुभव नहीं है। आजादी के पहले और अपने जन्म से लेकर तब तक वह कुल मिलाकर कभी मुख्य सत्ता में नहीं रही। अज्ञेय कहते थे कि खड़ी बोली मूलतः विरोध की भाषा रही है : वह सत्ता के विरोध में खड़ी रही है। दूसरे शब्दों में यह कहा जा सकता है कि हिन्दी का राजभाषा बनने का उपक्रम अपने आप में एक अटपटी-सी बात थी क्योंकि अपने स्वभाव से वह इसके लिए तैयार नहीं थी। यह बिडम्बना ही है कि प्रजातान्त्रिकता के सामान्य तर्क से उसे यह भूमिका निभाने के लिए उद्यत होना पड़ा। यह तो गनीमत है कि सरकारें, उनकी राजनीतियों और तन्त्र ने मिलकर हिन्दी को राजभाषा किसी ठोस और वास्तविक अर्थ में बनने ही नहीं दिया। हिन्दी की तेजस्विता अगर मुख्यतः अपने साहित्य और जनधर्म के कारण है और उसका एक हिस्सा इस अन्यमनस्कता के कारण भी बचा रह गया। जब तक ये पंक्तियाँ आप पढ़ेंगें, 'हिन्दी दिवस' हर वर्ष की तरह इस वर्ष भी आकर बीत चुका होगा हालाँकि 'हिन्दी सप्ताह' अभी भी औपचारिक वक्तव्यों, प्रतीकात्मक कार्रवाइयों के तले दम तोड़ रहा होगा। पूरे देश में विभिन्न अधिकरणों में फैली-जमी हिन्दी अधिकारियों की जमात साल में इस एक बार हाशिए से कुछ उठकर रोशनी में चापलूसी और सदाशय तुच्छताओं के घेरे में आकर फिर वापस जाने को होगी। हिन्दी के नाम पर आजीविका कमाने वाले लाखों लोग, जिनमें अध्यापक, अधिकारी, पत्रकार आदि शामिल हैं, बिना हिन्दी के लिए कुछ किए, मसलन साल में एक नई किताब बिना खरीदे भी, आत्मतुष्ट सुरक्षा में लौट जाएँगे। पहले की ही तरह,

सार्वजनिक सूचनाएँ और संकेत गलत हिज्जों और अटपटे विन्यासों में दमक रहे होंगे और उनमें से एक भी कम न हुआ या सुधरा होगा। हिन्दी का विशाल और विशालतर होता मध्यवर्ग अपनी मातृभाषा से विश्वासघात की परम्परा को उसी तरह पोस रहा होगा जैसा कि वह बरसों से करता आया है।

आश्चर्य की बात यह नहीं है कि यह सब हो रहा है हिन्दी के साथ। असली आश्चर्य की बात यह है कि इस सबके बावजूद, अवमानना-षड्यन्त्र-उपेक्षा के बावजूद, हिन्दी डटी हुई है और उसका भूगोल निरन्तर बढ़ रहा है। इलेक्ट्रॉनिक मीडिया, बाजार, सूचना-संचार, मनोरंजन आदि सबको यह समझ में आ गया है कि लगभग चालीस-पचास करोड़ लोगों की भाषा को अपनाए बिना काम चल नहीं सकता। कई बार मुझे लगता है कि हिन्दी को अब सरकार की दरकार नहीं है। सिनेमा, बाजार, अखबार आदि हिन्दी को ऐसे ही दूर-दूर तक, बिना किसी मदद के, पर अपनी व्यावसायिक मजबूरी से फैला-बढ़ा रहे हैं। अगर यह सच्चाई हिन्दी समाज उसके सारे आशयों में समझ ले तो वह हिन्दी को राजभाषा होने के व्यर्थ के बोझ से मुक्त करने की सोच सकता है। राजभाषा होकर हिन्दी का कुछ भी भला नहीं हुआ, अलबत्ता उसके विरुद्ध गैरहिन्दी भाषियों में अनेक निराधार पूर्वग्रह और विकसित हो गए। इसकी कोई सम्भावना नहीं है कि कोई भी प्रधानमन्त्री लाल किले की प्राचीर से देश को हिन्दी के अलावा किसी और भाषा में सम्बोधित करे, कि स्टार टीवी जैसे चैनल अपना अधिकांश प्रसारण अंग्रेजी में करें हिन्दी के बजाय, कि बॉलीवुड की फिल्में किसी और जुबान में बनने लगें। हिन्दी दिवस को जल्दी ही हमें हिन्दी को राज से मुक्ति और अपने बुनियादी स्वाभिमान के इजहार के अवसर के रूप में मनाना चाहिए।

(16 सितम्बर, 2001)

कर्म का प्रलोभन

मूर्धन्य रंगकर्मी विजय तेंदुलकर ने हाल ही में 'कथा' संस्था के कथा-चूड़ामणि पुरस्कार को एक दूसरी मूर्धन्य महाश्वेता देवी से प्राप्त करते हुए एक बेचैन करने वाली बात यह कही कि साहित्य या रंगकर्म से ठोस कुछ नहीं हो पाता। उनसे अगर कोई लेखक होने की सलाह माँगता है तो वे उससे यही कहना चाहेंगे कि डॉक्टर या कुछ ऐसा बनो कि दुनिया में कुछ ठोस कर्म कर सको, लेखक बनने से कुछ नहीं होता।

साहित्यकर्म को कर्म या पर्याप्त कर्म न मानने का रिवाज लेखकों में पुराना है। विजय तेंदुलकर उन लेखकों में से हैं जिन्होंने भारतीय रंगमंच को प्रश्नवाचक रंगमंच बनाने में महत्त्वपूर्ण योगदान किया है। उनके नाटकों की रंगभूमि सत्ता, नैतिकता आदि के ज्वलन्त प्रश्नों की रणभूमि भी है। उन्होंने कोई ऐकान्तिक साधना नहीं की है। अनेक बार सार्वजनिक मुद्दों पर सीधी कार्रवाई में हिस्सा भी लिया है। फिर भी, अपने जीवन के उत्तरकाल में, अपनी मूर्धन्यता का अखिल भारतीय सिक्का मनवा लेने के बाद भी उन्हें अगर लगता है कि साहित्य ठोस कर्म नहीं है तो इसके पीछे की पीड़ा को तो समझा जाना ही चाहिए। यह प्रश्न भी उठना चाहिए कि हमने कुल मिलाकर ऐसी व्यवस्था अपने देश में बना ली है जिसमें प्रत्यक्ष ही ठोस है, अप्रत्यक्ष और परोक्ष जैसे हमेशा के लिए हाशिए पर ढकेल दिया गया है! राजनेता, खिलाड़ी, सार्वजनिक कार्यकर्ता आदि तो कर्मठता की शबीहें हैं, लेखक-कलाकार नहीं। जिस समाज में साहित्य और कलाओं की कर्म के रूप में पहचान शिथिल-धूमिल पड़ती जाती है वह समाज सतहीपन को अपने लिए एक स्थायीभाव बना रहा है।

विजय तेंदुलकर ने पुरस्कार किसी राजनेता के बजाय महाश्वेता देवी के हाथों पाने पर विशेष प्रसन्नता व्यक्त की। मुझे याद आया कि मराठी में साहित्य और भाषा के संसार में राजनेताओं को अधिक महत्त्व न देने की लम्बी परम्परा है। परभणी में हुए मराठी साहित्य सम्मेलन में मैंने अपनी आँखों सिर्फ लेखकों को व्यासपीठ पर और राजनेताओं और बड़े अधिकारियों को श्रोताओं के बीच बैठे देखा था। तेंदुलकर ने कहा कि उन्हें राजनेताओं से चिढ़ या विरक्ति नहीं है। निजी स्तर पर 'ऑफ द रिकॉर्ड' वे बहुत दिलचस्प लोग होते हैं। राजनीति की हम उपेक्षा नहीं कर सकते क्योंकि हमारी जिन्दगी के काफी बड़े हिस्से पर उसका नियन्त्रण होता है। लेकिन संस्कृति के क्षेत्र में राजनेताओं की घुसपैठ या उन्हें महत्त्व देने के वे विरुद्ध हैं। उन्होंने साफ कहा कि किसी भी राजनैतिक दल को संस्कृति का उपयोग अपने दलीय हितों के लिए करने की छूट नहीं होनी चाहिए।

(16 सितम्बर, 2001)

मज्झिम निकाय

ऐसे लोग हैं जो यह कहते हैं कि बीच में रहने वाले लोग सुरक्षाकामी लोग हैं, वे ध्रुवांत पर जाने का खतरा नहीं मोल लेते और दोनों तरफ

मान्य बने रहने की भावना से ग्रस्त रहते हैं। यह भी तर्क दिया जा सकता है कि मानवीय परिस्थिति में सच या तो एक तरफ होगा या दूसरी तरफ। वह दोनों तरफ थोड़ा-थोड़ा हो ही नहीं सकता। बीच वाले लोग इस तर्क से सच के बजाय सुरक्षा चुनने वाले लोग कहलाएँगे। आगे बढ़कर यह कुतर्क भी दिया जा सकता है कि सच के बजाय सुरक्षा, साहस के बजाय कायरता चुनने वाले लोग अवांछनीय ही हो सकते हैं। उनसे समाज या साहित्य में कोई परिवर्तन की आशा नहीं की जा सकती।

ऊपर जिस समझ का कुछ खुलासा किया गया है, जाहिर है, वह थोड़ी सरलदिमागी है और इस मान्यता के चलते है कि परिवर्तन ध्रुवांत से ही हो सकता है, बीच से नहीं। अगर हम बीसवीं सदी का, राजनीति और साहित्य में, जायजा लें तो लगेगा कि कई बड़े परिवर्तन उन लोगों ने किए हैं जिन्होंने 'खुले खतरनाक बीच' को अपने लिए चुना था, जो मध्यममार्गी थे। इस सिलसिले में मेरा ध्यान पोलिश कवि अदम जगयेवस्की के एक वक्तव्य की ओर गया जिसमें उन्होंने कहा कि 'सभी कवियों का यह धर्म होना चाहिए कि वे दोनों तरह की दृष्टियों, यानी वाम और दक्षिण, के मूर्खों की पड़ताल करें। कवि तो जन्मजात मध्यममार्गी होता है, उसकी संसद कहीं और होती है जिसमें जीवित और मृत, दोनों निवास करते हैं।'

लेखक और साहित्य हमेशा प्रतिपक्ष में होते हैं, यह उक्ति भी हिन्दी में खूब चलती रही है। सत्ता और साहित्य के सम्बन्ध को लेकर जो बहस इधर फिर से उठी है उसके सन्दर्भ में भी ये सभी वक्तव्य प्रासंगिक हो उठते हैं। इस बात को अनदेखा नहीं किया जा सकता कि अकसर, और पिछली शताब्दी के मुकाबले बीसवीं में तो और भी, राजनीति और सत्ता ने मूल्यों के द्वन्द्व से किनारा कर लिया है। उनके नाम पर वह अधिकार और प्रतिष्ठा, शक्ति और अनुयायी भले अर्जित कर लेती हैं, काबिज हो जाने पर उनकी पकड़ उस पर सबसे पहले ढीली पड़ती है। साहित्य कोई तपोभूमि नहीं है और उसे लेकर कोई पवित्रतावादी दृष्टि अवास्तविक होगी। लेकिन इतना जरूर कहा जा सकता है कि साहित्य में, कुछ भी हो जाए, मूल्यों का मामला, उनके द्वन्द्व और चरितार्थता के विचार, कभी शिथिल या अप्रासंगिक नहीं होते या हो सकते। मूल्यवत्ता का यही स्थायी सरोकार उसे नैतिक हक देता है कि वह पहले अपने को और फिर राजनीति को प्रश्नांकित करे। अगर आज साधारण भारतीय नागरिक यह फैसला लगभग कर चुका है कि सारी राजनीति चतुर प्रबन्धन हो गई है और कि सभी राजनेता प्रायः एक ही थैली के चट्टे-बट्टे हैं तो इस जनमत की उपेक्षा जन के ही बल और आधार से अपना औचित्य और पोषण पाने वाले लेखक कैसे कर सकते हैं, समझ में आना कठिन है। साहित्य की संसद अलग होती है : उसमें बहिष्कार नहीं, स्वीकार की सभा जुड़ती

है। जो बीच में रहने का चुनाव करते हैं, वे शायद सच के सबसे विश्वसनीय पक्षधर कहे जा सकते हैं क्योंकि उनके लिए जो उस तरफ है वह जरूरी तौर पर हर समय गलत या दुश्मन नहीं होता। मध्यममार्गी को सबसे बड़ा खतरा यह उठाना पड़ता है कि उसे दोनों तरफ वाले गलत समझते और अपना दुश्मन मानते हैं। लेकिन ऐसी गलतफहमी, यहाँ तक कि दुश्मनी, वह कीमत है जो सच के लिए चुकाने में संकोच या पछतावा नहीं होना चाहिए।

(16 सितम्बर, 2001)

वर्तमान की प्राचीनता

मुझे सन्देह होता है कि वर्तमान को निरा वर्तमान मानने की आदत सारे संसार में इतिहास के लगभग सबसे कच्चे और अबोध देश अमेरिका के वर्चस्व के बाद फैली-बढ़ी है। बहुत अधिक इतिहास न होने के कारण—वह कुल मिलाकर दो सौ बरसों का मामला है—अगर अमेरिका के वर्तमान में प्राचीन की अनुगूँजें और तहें नहीं हैं तो यह समझ में आता है। लेकिन इस प्रभुत्वशाली चौधरी की इस विवशता का बोझ संसार की प्राचीनताओं को अगर मिटा-पोंछ नहीं दिया, अपने बालहठ या खिलवाड़ में, तो कम से कम उन पर धूल जमा कर दी है—यह धूल विस्फोटों-प्रकोपों के कारण ही हो या फिर चमक-दमक भरे हाट-बाजारों की जनाकीर्णता का प्रतिफल। कई अर्थों में भारत अमेरिका का प्रतिलोम है, सभ्यता के अर्थ में, इतिहास और परम्परा के अर्थ में। निश्चय ही अनेक समानताएँ भी हैं जैसे प्रजातन्त्र, बहुलता आदि। पर ध्यान से देखें तो लगता है कि आम अमेरिकी निहायत स्थानीय किस्म के लोग हैं जिन्हें शायद यह मालूम भी नहीं होगा कि काबुल या काठमाण्डू या दमिश्क कहाँ और क्यों हैं। यह एक विडम्बना ही है अमेरिकी सत्ता पिछले पचास बरसों से विश्व-आक्रान्त सत्ता है जबकि अमेरिकी जन अपने परिवार और पुरा-पड़ोस को ही पर्याप्त विश्व मानते हैं। जो अनेक जातियों, देशों और भाषाओं के लोग मिलकर अमेरिका बनाते हैं, उनकी जातीय स्मृतियाँ धीरे-धीरे धूमिल हो चुकी हैं या कि अमेरिकी 'संक्षिप्त स्मृति' में उनका विलयन हो चुका। इसके उलट भारत में ऐसा वर्तमान लगभग असम्भव है जिसमें प्राचीन अन्तर्ध्वनित न होता हो : हर मोड़ पर, बावजूद सारे ध्वंसों और काल के अनिवार्य संहार के इतिहास हैं। बहुलता, रंगों, वाहनों, मकानों, खाने-पीने, लोगों, कलाओं, पहरावों आदि से फूटी पड़ती है। इसी बहुलता ने आरम्भ से लेकर अब तक हमारी सभ्यता बनाई, हमारा इतिहास गढ़ा है : हम एक हैं क्योंकि

अनेक हैं। हम इस अर्थ में भी बहुल हैं कि इतने सारे हैं। अब तो प्रायः कुछ भी निर्जन नहीं है। मुझे यह सब सूझा फ्रेंच लेखक ज्यां वलोद कारिए की मूल फ्रेंच पुस्तक का अंग्रेजी अनुवाद 'इन सर्च ऑफ द महाभारत' (महाभारत की खोज में) पढ़कर, जो हाल में मैकमिलन ने प्रकाशित किया है। यह एक यात्रा वृत्तान्त है, 1982-85 के बीच की गई भारत यात्राओं का, तब का, जब लेखक पीटर ब्रुक की विश्वविख्यात रंगप्रस्तुति के लिए 'महाभारत' का आलेख तैयार कर रहे थे। कई बार पीटर या उनकी प्रस्तुति में शामिल अनेक विदेशी अभिनेता आदि भी साथ थे। इन सभी को इस बात ने बार-बार चकित किया था कि 'महाभारत' सिर्फ एक शब्द महाकाव्य भर नहीं है : वह सहज भाव से भारत के तमाम हिस्सों और अंचलों के सामान्य जीवन में, 'जब चाहो तो नजर आए' के भाव से, उपस्थित और सक्रिय है। कुछ इस तरह और कि कहा जाए कि लोग भारत में नहीं, महाभारत में भी रहते हैं। परम्परा के पुनर्नवा होने का करिश्मा भी लेखक को बार-बार दीखा। लेखक कारिए को लगता है कि भारत ने न सिर्फ 'महाभारत' नामक नाटक लिखने में उनकी मदद की, बल्कि स्वयं भारत में रहने और उसे अपना घर जैसा समझने में भी। वे कहते हैं : 'एक काव्य और एक महाद्वीप'। दरअसल दो महाद्वीप। उस स्थान से पुनर्युक्त जो बहुल है, फिर भी एक। जैसे कृष्ण ने व्यास से कहा, ईश्वर ने मनुष्य से : 'हममें से किसने दूसरे का आविष्कार किया!'

(23 सितम्बर, 2001)

महाकाल की आरती

यों तो मुझे सारी चीजों से, दुनिया और हिन्दी साहित्य से, संस्थाओं और प्रजातन्त्र से, दोस्तों और दुश्मनों से, अपने किए-धरे से खासा असन्तोष है। पर एक क्षेत्र मेरे सौभाग्य से ऐसा है जहाँ मुझे गहरा सन्तोष, लगभग आश्वस्ति है। वह है हिन्दुस्तानी शास्त्रीय गायन। इस अपेक्षाकृत कठिन, दुस्साध्य और वादन के ग्लैमर के बरक्स अपेक्षाकृत कम समर्थन पाने वाली विधा में पिछले कुछ बरसों में ऐसे युवा गायकों की एक कतार सामने आई है जिसने शास्त्रीय गायन को नई आभा और सम्भावना दी है। इस युवा गायकी में शैलियों और बन्दिशों, रागों और उनके प्रकार में मिश्रणों की विविधता है और सबसे बढ़कर अच्छी तैयारी है। नई दिल्ली के भीड़-भाड़ और चकाचौंध भरे माहौल में एक संगीतप्रेमी उद्योगपति श्री वीरेन्द्र कपूर युवा गायकों की प्रस्तुति का एक नियमित मंच अपने साधनों

का सदुपयोग करते हुए संचालित करते रहे हैं। 'बैठक' नाम से यह मंच बेहद आत्मीय गरमाहट, उत्सुकता और रसिकता के स्पन्दित परिवेश में हर बार सम्पन्न होता है। दो-दो घण्टे के दो सत्र होते हैं जिसमें आप आराम और धीरज से किसी युवा गायक को उसकी कई रंगतों और विस्तार में, रेंज और गहराई में बहुत पास से सुनते-सराहते हैं। पिछले शनिवार को इण्डिया हैबिटाट सेण्टर के बेसमेण्ट में 'बैठक' में बनारस के देवाशीष दे का गायन था जिसके साथ बड़ी सुरीली, समझदार और सक्षम सारंगी पर थे भोपाल के उस्ताद अब्दुल लतीफ खाँ के शिष्य और पोते सरवर हुसैन जी। गायक की शिक्षा बनारस के जिन गुरुओं के पास हुई है उन्हें आमतौर पर प्रसिद्ध गुरु नहीं कहा जा सकता। इसमें से अधिकांश के नाम शायद पहली बार ही सुने होंगे। लेकिन इन गुरुओं को अपने शिष्य पर निश्चय ही भरोसा और अभिमान होगा। देवाशीष दे ने राग झिंझोटी, मालकौंस और खमाज में एक से बढ़कर एक खूबसूरत बन्दिशें पेश कीं। उनके गायन की संरचना सुगठित थी और उसमें बन्दिश के सौष्ठव को खिलने का भरपूर अवकाश था। आचार्य रतनजनकर की एकाध सुपरिचित बन्दिश के अलावा सभी मुझे नई लगीं : पारम्परिक, लेकिन इधर की गायनसूची से बाहर की। उनका संगीतोचित कवित्व भी मनोरम था। एक बार फिर एक युवा लेकिन जतन-समझ भरी आवाज में हिन्दुस्तानी शास्त्रीय संगीत की अपार ऐन्द्रियता, आत्मीय पदार्थमयता, शक्ति और आवेग, ठहराव और तरंगाकुलता, सुरों और तानों की जगमगाती लड़ियाँ हम सबके सामने थीं। एक बन्दिश से शब्द उधार लेते हुए कहा जा सकता है हमारा शास्त्रीय संगीत 'महाकाल की आरती' है। हम समयबद्ध अस्तित्व को समयातीत में जाते-विचरते, चकित और मुग्ध, विभोर और कृतज्ञ देखते बल्कि सुनते रहे।

(21 अक्तूबर, 2001)

शहर में आबरू

अपने बारे में सभी को गलतफहमियाँ होती हैं, सो मुझे भी हैं। उनमें से एक यह है कि अच्छा-बुरा जैसा भी, 'अपन ने' थोड़ा-बहुत किया है जिसे आसानी से नकारा या मिटाया नहीं जा सकता। मेरे कुछ हितचिन्तक, लेकिन, इस बात को लेकर परेशान हैं कि जब मेरे पास कोई पद नहीं रहेगा तो मेरा क्या होगा, मेरे अतिरंजित कद का क्या होगा? उनका सुचिन्तित मत है, जो कि संकोचवश वे मेरे सामने नहीं पीठ-पीछे ही व्यक्त करते हैं, कि सत्ता और पद पर और उनके निकट रहने के कारण

मुझे जो हैसियत या कीर्ति मिली हुई है वह उनसे दूर होते ही अगर ग़ायब नहीं तो बहुत कम ज़रूर हो जाएगी। मैं इस बात से इनकार तो नहीं कर सकता कि मैं सत्ता में, और कई पदों पर रहा हूँ। हालाँकि उनमें से किसी का भी मैंने कभी अपने प्रक्षेपण के लिए दुरुपयोग नहीं किया। वहाँ रहते जो किया, उसके फलस्वरूप कुछ जस-अपजस जरूर मिलता रहा है। कई बार मुझे लगता है कि पिछले दो-ढाई दशकों में जिन लेखकों को लगातार, मुनासिब बेरहमी और बिना किसी रू-रियायत के, खासा पीटा जाता रहा है, उनमें मैं भी हूँ। पहले इसलिए पीटा जाता रहा कि अफसर होकर भी लेखक होने और बने रहने की जुर्रत कर रहा हूँ और अब आगे पीटा जाऊँगा कि जब अफसर नहीं रहा तो भला लेखक मैं किस मसरफ का? एकाध दिग्विजयी मित्र ऐसे हैं जो मानते हैं उन्होंने मेरी इतनी पूजा कर दी है कि मेरी आने वाली कई पीढ़ियाँ सिर न उठा पाएँगी, भले मैं फिलवक्त बेवजह सिर उठाए हुए हूँ। अपने किए-धरे से बहुत गहरा असन्तोष मुझे होता रहता है और यह भी शिद्दत से लगता रहता है कि मैं जितना कर सकता था, उतना नहीं कर पाया। ऐसे मित्र भी हैं जिनकी नेक सलाह यह है कि अब मुझे ज्यादा भागदौड़ और बकबक नहीं करना चाहिए : साठ के बाद गति धीमी कर सुलह-सफाई की ओर बढ़ना ही सयानापन है। लेकिन मैं हूँ कि कुभक बोलने की अपनी हरकत से बाज नहीं आता। इस समय साहित्यिक मान्यता के जो भी प्रतिष्ठापक संघ या संगठन हैं उनसे मैंने अरसे से बैर मोल ले रखा है। अपनी पाँच-सात की असली मित्र मण्डली के भरोसे और अपनी यत्किंचित् प्रतिभा से साहित्य में ज्यादा दिन चलना शायद मुमकिन ही नहीं हो पाएगा। सो न सही, जब तक पैरों में दम है चलेंगे—कोई संगी-साथी न होगा तो अकेले चलेंगे, आबरू न हो तो बेआबरू सही। जीवित रहते आप अपने उपयुक्त कद पर आ जाएँ यह अच्छा ही है। बल्कि असल पहचान तो तभी होगी जब लिखे और किए के अलावा कुछ और सामने न हो। यों मुझे जल्दी नहीं है। कुछ देर मूँग और दलने की इच्छा पूरी तरह से मरी नहीं है। पर बाद में अगर कुछ को भी लगे कि शाह का मुसाहिब होकर भी मैं इतराता नहीं फिरा तो शहर में कुछ तो आबरू शायद बची रहेगी। मेरे मरणोत्तर सन्तोष के लिए इतनी काफी होगी : तब तो महत्त्वाकांक्षा, जैसे कि देह और आत्मा, तिरोहित हो चुकी होगी।

(26 नवम्बर, 2001)

'देश को खोकर...कविता'

बहुतों को श्रीकान्त वर्मा की ये प्रसिद्ध पंक्तियाँ याद होंगी : 'मूर्खो! देश को खोकर ही/मैंने प्राप्त की थी यह कविता'। 1965 के आसपास ये लिखी गई थी और तब तक देश लगभग एक वर्जना बन चुका था, कविता में। सिर्फ दुर्दशा के सन्दर्भ में ही उसका जिक्र जायज रह गया था। पिछले पैंतीस वर्षों में यह स्थिति बदली नहीं है। उड़िया कविता की, हिन्दी कविता के सन्दर्भ में, एक बड़ी विशेषता यह रही है कि उसमें जातीय स्मृति, सारी आधुनिकता के बावजूद बराबर और अदम्य रूप से सक्रिय रही है। फिर भी, जब उड़िया कवि हरप्रसाद दास के 'देश' शीर्षक काव्य के शंकरलाल पुरोहित और गिरधर राठी द्वारा किए गए हिन्दी अनुवाद को देखा, जो कि राजकमल प्रकाशन द्वारा प्रकाशित हुआ है, तो बहुत सुखद आश्चर्य हुआ। पहली बात तो यह कि देश जैसी थीम को लेकर एक विशद और विपुल लम्बी कविता सर्वथा आधुनिक अर्थों में लिखी जा सकती है। कविता न तो देशाटन है, न ही अभिनन्दन। उसमें, सौभाग्य से, अनेक अनुभवों को बहुत जतन, कल्पनाशीलता और अत्यन्त सुघर कौशल से गूँथा गया है। देश एक निरी अवधारणा या भूभाग न रहकर अनेक ऐन्द्रिय उपस्थितियों में प्रगट होता, विन्यस्त किया जाता और प्रश्नांकित होता चलता है। दो अंश देखिए :

मैं खड़ा नहीं हो पाता मेरे देश
मैं झुक-झुक, घिसट-घिसट चल रहा
रात की धमनी में धार भर लहू जैसा
जहाँ से आरम्भ
उनका पथ रोध, जहाँ से आरम्भ
तेरे नाम का बदलना,
जहाँ खेत का हँसी हँसना
हो जाता है शेष।

\- - -

पूछना मत क्यों मैं तेरे अभिसार से
खींच लाया हूँ नील दुकूल
निराशा का
यदि दीप जल रहा है अब भी
उसकी नग्नता की रक्ताभ उषा में,
अब भी यदि
खुल रही है भोर
काल के संदिग्ध भाल पर

मैं किसी दिन बताऊँगा तुझे चुपके से
कि मेरा अपना पाप था
तेरे हर अपराध में।

इधर कुछ बरसों से कविता से महाकाव्यात्मक आकांक्षा के गायब हो जाने पर हम जैसे कुछ आँसू बहाते रहे हैं। दूसरी बात जो मुझे अच्छी लगी वह यह कि हरप्रसाद दास ने उस तत्त्व का एक तरह से पुनर्वास किया है। एक बड़े फलक पर प्रगल्भता और कल्पनाशील निर्भीकता से उन्होंने, बिना किसी पुराणकथा या इतिहास-वृत्तान्त का सहारा लिए, लगभग सवा दो सौ पृष्ठों लम्बी कविता लिखने का दुस्साहस किया है। मेरे जाने हिन्दी में तो निश्चय ही नहीं, किसी और भारतीय भाषा में भी ऐसी कविता ऐसी थीम को लेकर, उसको अनेक जटिलताओं और अनेक स्तरीयता में भेदती-खोजती हुई, नहीं है। श्रीकान्त वर्मा की पंक्तियों का विलोम करते हुए कहा जा सकता है कि देश को पाकर भी सच्ची-खरी और मूल्यवान कविता लिखी जा सकती है। हरप्रसाद दास ने यही किया है।

(26 नवम्बर, 2001)

कविता की लोकप्रियता

यों तो हिन्दी बोलने-बरतने वालों की संख्या के हिसाब से संसार की सबसे बड़ी भाषाओं में गिनी जाती है, उसमें महत्त्वपूर्ण साहित्य की लोकप्रियता बेहद सीमित है। साक्षरता बढ़ने से इस स्थिति में परिवर्तन हुआ नहीं लगता। महत्त्वपूर्ण साहित्य में भी कविता सबसे कम लोकप्रिय है, अल्पसंख्यक मामला है, भले ही हिन्दी आलोचना का अधिकांश और मूल्यवान हिस्सा कविता को ही सम्बोधित है। ऐसा भी माना जाता रहा है कि बीसवीं शताब्दी में आधुनिक कविता के उदय और विस्तार ने कविता के पाठक बढ़ाने के बजाय घटाने की संदिग्ध भूमिका निभाई है। अपनी एक पिछली यात्रा में लन्दन के हवाई अड्डे पर पुस्तकों की एक दुकान पर, उस पर पुस्तकों की तीन या चार दुकानें हैं, मेरे हाथ बी. बी.सी. द्वारा प्रकाशित एक पेपरबैक लग गया : 'द नेशंस फेवेरिट ट्वेंटींथ सेंचुरी पोएम्स' यानी राष्ट्र की बीसवीं शताब्दी की मनपसन्द कविताएँ। ग्रिफ राइस जोंस द्वारा सम्पादित इस संचयन में वे सौ कविताएँ संकलित हैं जिन्हें ब्रिटिश जनता ने बी.बी.सी. के एक जनमत संग्रह द्वारा अपनी पसन्द की कविताओं के रूप में चुना है। कुल 54 कवि हैं लेकिन उनमें कोई भी बिम्बवादी या कांक्रीट कवि शामिल नहीं है—एजरा पाउण्ड और टाम गन भी नहीं। सबसे अधिक कविताएँ, आठ, फिलिप लार्किन की

हैं और उसके बाद, सात, जान बेट्जेमैन की। टी.एस. इलियट के दो कवितांश हैं उनकी दो लम्बी कविताओं 'द वेस्टलैण्ड' और 'लिटिल गिडिंग' से। यह भी स्पष्ट है कि ब्रिटिश रुचि ज्यादातर ब्रिटिश कवियों को ही पसन्द करती है : और देशों की अंग्रेजी कविता अंग्रेजों को कम ही पसन्द आती है। अमेरिका तक से राबर्ट फ्रॉस्ट, ईई कमिंग्ज, माया एंजेलू और एलिस वाकर ही अंग्रेजी पसन्द के घेरे में आ पाए हैं। डिलन टामस की पाँच और नोबेल पुरस्कार पाए शीमस हीनी की चार कविताएँ इस संचयन में हैं। सम्पादक के अनुसार यह संचयन सिद्ध करता है कि समकालीन जनरुचि प्रगीतात्मक कविताओं की ओर अधिक झुकी है—उन कविताओं की ओर, जो किसी भाव-विशेष को समाहित करती हैं बजाय विश्लेषणात्मक प्रयत्नों के। आधुनिक कविता के अनेक आन्दोलनों और अनेक किस्म की अग्रगामिता के प्रति वह रुचि उदासीन है। कविता के पारम्परिक विषयों जैसे खेती-किसानी, जिन्दगी की झंझटों आदि के प्रति जनरुचि का आकर्षण भी स्पष्ट है। वह जटिल विषय के प्रति सहज एप्रोच की अधिक ताईद करती जान पड़ती है। प्रकृति, मृत्यु, हानि आदि के प्रति भी पर्याप्त आकर्षण ब्रिटिश पाठकों में है।

मैं अटकल लगा रहा था कि अगर इसी तरह के जनमत संग्रह से हिन्दी की बीसवीं शताब्दी की सबसे लोकप्रिय कविताओं का संचयन किया जाए तो उसमें क्या-कैसा होगा। मुझे सन्देह है कि हमारे कुछ बड़े कवियों जैसे मुक्तिबोध, शमशेर, त्रिलोचन से लेकर अनेक स्वयंप्रभ और अपनी उपलब्धियों से आक्रान्त कवि, जो खद्योतों की तरह इन दिनों कविता की अमा-निशा में जगमगा रहे हैं, हिन्दी पाठकों की बहुसंख्यक रुचि से गायब पाए जाएँगे। अच्छी और महत्त्वपूर्ण कविता से ब्रिटिश रुचि इतनी दूर नहीं है, जितनी दुर्भाग्य से, हिन्दी रुचि लगती है। इस सन्दर्भ में हिन्दी आलोचना के विशद व्यापार की एक असफलता नोट भर की जा सकती है: उसके अधिकांश से हिन्दी रुचि अप्रभावित रही है, भले आलोचक प्रथमतः और अन्ततः एक सजग पाठक ही होता है जिसकी बुनियादी जिम्मेदारी अच्छे और महत्त्वपूर्ण साहित्य के लिए जनरुचि तैयार और दीक्षित करना है। यह शायद इस दुखद तथ्य का एक और प्रमाण है कि दरअसल हिन्दी आलोचना का अधिकांश दूसरे लेखकों को सम्बोधित है, पाठकों को नहीं।

(2 दिसम्बर, 2001)

हिन्दी की विश्वयारी

हिन्दी साहित्य के बारे में दो गर्वोक्तियाँ, कम से कम में, बिना किसी संकोच के कर सकता हूँ। पहली यह कि संसार में शायद ही किसी भाषा ने पिछली सदी में इतिवृत्तात्मकता की सीढ़ी से चढ़ना शुरू कर इतनी कम अवधि में तथाकथित उत्तर-आधुनिक झरोखों तक अपनी पहुँच बनाई होगी जितनी हिन्दी ने। दूसरी यह कि हालाँकि हिन्दी में, जैसे कि अन्य भारतीय भाषाओं में भी, यूरोप, लातीनी अमेरिका, अफ्रीका आदि के साहित्य से परिचय साठ बरस से अधिक पुराना नहीं और वस्तुतः स्वतन्त्रता के बाद की घटना है, हिन्दी साहित्य में विश्वसाहित्य का गहरा अवबोध सक्रिय है। इसका एक प्रमाण तब और मिला जब पोलिश कवि तादेऊष रूजेविच की कविताओं के हिन्दी अनुवाद सहित एक द्विभाषिक संचयन 'जीवन के बीचोंबीच' (वाणी प्रकाशन) प्रकाशित हुआ जिसमें कुँवर नारायण से लेकर कमलेश, प्रयाग शुक्ल, असद जैदी, नीलाभ जैसे कवियों ने, बिना किसी प्रोजेक्ट के याकि संस्था द्वारा मदद पाए, अपने आप, स्वेच्छा से इस पोलिश महाकवि की कविताओं के अनुवाद किए। यही नहीं, एक परिसंवाद में इन कवियों, बल्कि इस सन्दर्भ में कवि-अनुवादकों ने रूजेविच की कविता के विभिन्न पक्षों, उसके व्यापक मानवीय आशयों, हमारे लिए उसकी मार्मिकता, अनुवाद की कठिनाइयों आदि के बारे में जो कहा उससे स्पष्ट था—पोलैण्ड से आई हिन्दी विदुषी और रूजेविच की मित्र रेनाता चेकाल्स्का यह सब सुन कर चकित थीं, कि हिन्दी कवि संवेदना में पीढ़ियों के आर-पार, काव्यचिन्तन का एक ऐसा स्तर सहज ही विकसित हो गया है जो गम्भीर, उत्तरदायी, मानवीय ऊष्मा और साहित्यिक सूझ बूझ से सम्पन्न है। प्रायः सभी ने रूजेविच की कविता की पारदर्शिता का जिक्र किया जो कि उनके यहाँ सिर्फ शिल्पगत मामला नहीं, बल्कि एक नैतिक जिम्मेदारी की अभिव्यक्ति है। रूजेविच का नायकहीन संसार निपट साधारण को संसार के केन्द्र में अवस्थित कर उसे जो नैतिक आभा देता है, वह उन्हें हमारे लिए किस कदर प्रासंगिक बना देता है इसका भी कुछ विश्लेषण हुआ। यद्यपि रेनाता ने अपने शोधपूर्ण निबन्ध में रूजेविच की कविता में भारतीय अभिप्रायों को बखूबी उजागर किया, यह बात नोट करने की है कि रूजेविच की कविता का जो आकर्षण हिन्दी में विकसित हुआ है उसमें इस बात की कोई भूमिका नहीं रही है, बल्कि जिन कविताओं का अनुवाद स्वतःस्फूर्त ढंग से हिन्दी कवियों ने किया है उनमें प्रायः एक भी कविता ऐसी नहीं है जिसमें कोई दबा-छुपा या जाहिर भारतीय अभिप्राय विन्यस्त हो। यह बात रूजेविच के अलावा अन्य उन पोलिश कवियों जैसे ज्बेग्न्यू हर्बेर्त, चेस्लाव मीलोष और शिम्बोर्स्का के बारे में भी उतनी ही सही है। हम संसार के दूसरे लेखकों को इसलिए नहीं पढ़ते-सराहते कि उनके साहित्य में भारत की कोई उपस्थिति है : यह

साहित्य में हमारी विश्वयारी के परिपक्व होने का भी साक्ष्य है।

इस सिलसिले में यह बात भी नोट करने की है कि भारत से बाहर के लेखकों और कृतियों के हिन्दी अनुवाद और विश्लेषण का काम अधिकतर वे लोग कर रहे हैं जो अकादेमिक परिसर के बाहर हैं। रूजेविच के सभी हिन्दी अनुवादक—कवि गैर अध्यापक हैं। यह सोचने की बात है कि जिस संस्था का नाम ही 'विश्वविद्यालय' होता है उसके हिन्दी साहित्य और भाषा के विभागों में प्रायः विश्व-साहित्य के प्रति इतनी कम सजगता, लगभग उदासीनता क्यों होती है। नीलाभ ने उचित ही यह याद दिलाया कि विश्व-कविता का पहला हिन्दी संचयन धर्मवीर भारती ने सन् साठ के आसपास, अपने ही अनुवाद से, 'देशान्तर' नाम से किया था। उससे पहले शमशेर बहादुर सिंह फ्रेंच कवि पाल एलुआर और लुई अरागां की कुछ रचनाओं का हिन्दी अनुवाद कर चुके थे। नाजिम हिकमत की कुछ कविताओं का चन्द्रबली सिंह द्वारा किया गया अनुवाद 'कवि' पत्रिका ने 'हाथ' नाम से छठवें दशक के अन्त के आसपास ही प्रकाशित किया था। हिन्दी में विश्वयारी को व्यापक और परिपक्व बनाने में ऐसे कई प्रयत्नों का हाथ है : वे सभी, बिना किसी संस्थागत समय के, अपने अनुराग और रुचिवश किए गए थे। यह बात इसे रेखांकित करती है कि हिन्दी की विश्वयारी उसकी लेखक-बिरादरी की अपनी स्वायत्त उपलब्धि है, किसी संस्था की पहल पर की गई चेष्टा नहीं, शायद इसीलिए वह इतनी टिकाऊ और पुनर्नवा भी है।

(2 दिसम्बर, 2001)

छोटी जगहों में साहित्य

मुझे दिल्ली आए अगले जून में दस बरस हो जाएँगे। उससे पहले लगभग बीस बरस मैं भोपाल रहा हूँ। इसलिए यह कहा जा सकता है कि मेरा अधिकांश जीवनानुभव छोटे शहरों जैसे सागर, महासमुन्द, रायपुर, सीधी, अम्बिकापुर आदि में रहने का ही है। महानगर में लगभग एक दशक रहने के बाद भी मेरी कविता, कुल मिलाकर छोटे शहर की ही कविता है। मुझे अपनी कविता में महानगर बसाने का उत्साह कभी नहीं हुआ, भले अपने पड़ोस में ब्रह्माण्ड लाने की जिद करता रहा हूँ। इसलिए जब किसी छोटी जगह में अपनी कविताएँ सुनाने का अवसर मिलता है तो मन प्रसन्न हो जाता है। लोग, दिल्ली से बाहर अकसर चाव और प्रेम से, बिना आपकी किसी छवि से आक्रान्त हुए, आपके रचे शब्दों को, उनके विभिन्न विन्यासों और संयोजनों को सुनते और उनसे प्रतिकृत होते

हैं। दिल्ली वालों की तरह अकसर मनहूस, नकचढ़े या चिड़चिड़े-से चेहरे बनाए गुमसुम नहीं बैठे रहते। इसलिए मुजफ्फरपुर के विश्वविद्यालय की अतिथिशाला के एक हॉल में वहाँ के कवि-लेखकों, अनेक विषयों के अध्यापकों, जिनमें कुलपति और प्रतिकुलपति आदि भी थे, को अपनी कविताएँ सुनाना प्रीतिकर लगा। कई बार ऐसे पाठ से स्वयं आपको अपनी कविता की शक्ति और उसकी कमजोरियों का सीधा पता चलता है। श्रोताओं में ऐसे मित्र थे जिन्हें मेरी कुछ बहुत पहले की कविताएँ याद थीं और उन्हें किंचित् निराशा थी कि मैंने कुछ पुरानी और 'जबरजोत' जैसी बदनाम कविताएँ उस शाम नहीं सुनाई। अपने पोते पर लिखी दो किंचित् लम्बी कविताओं को सुन कर बुजुर्गवार ने कहा कि उनके जाने पोते पर पहली बार लिखा गया है और उसमें सिर्फ वात्सल्य नहीं, 'पौत्र रस' है!

विश्वविद्यालय का पुनश्चर्या कार्यक्रम हिन्दी कथा साहित्य के वैचारिक स्रोतों पर केन्द्रित शुरू हुआ जिसमें देश भर से कई अध्यापक एकत्र हैं। इसमें कोई सन्देह नहीं है कि हिन्दी में बीसवीं शताब्दी की सबसे बड़ी उपलब्धि हिन्दी गद्य ही है, बावजूद इसके कि इस दौरान अत्यन्त महत्त्वपूर्ण कविता भी निश्चय ही लिखी गई है। कथा और आलोचना ने कुल एक शताब्दी में जितनी मंजिलें और मुकाम तय किए हैं, हिन्दी में, उतने शायद कम भाषाओं में मिलेंगे। मैंने इस पर इसरार किया कि साहित्य अन्यत्र विन्यस्त या खोजे गए विचारों का उपनिवेश नहीं होता : उसकी अपनी वैचारिक सत्ता है जो अन्य वैचारिक अनुशासनों से जब-तब संवाद, सहकार और मुठभेड़ करती रहती है। प्रेमचन्द का सच या कि प्रसाद का सच गांधी के सच में विलीन नहीं किया जाना चाहिए क्योंकि उनका अलग और तेजस्वी अस्तित्व है। जैसे भक्ति काल में कविता हिन्दी में जनतान्त्रिकता की वाहक थी, वैसे ही हमारे समय में गद्य उसका वाहक बना है। साहित्य में इस दौरान व्याप्त और प्रतिष्ठित साधारण की महिमा भी गद्य में अधिक स्पष्टता से देखी जा सकती है। किसी हद तक हिन्दी कविता तत्समता की ओर झुकी है जबकि कथा-साहित्य तद्भवता की ओर। स्वयं कवियों ने जब गद्य लिखा तो यह अन्तर लक्ष्य किया जा सकता है। प्रसाद अपनी 'कामायनी' में एक पुराणभूमि रचते हैं लेकिन उनकी 'गुण्डा' कहानी में बनारस की निपट स्थानीयता है : 'राम की शक्तिपूजा' और 'तुलसीदास' जैसी कविताओं के रचयिता गद्य में 'बिल्लेसुर बकरिहा' जैसा चरित्र रचते हैं। कुछ इसका भी विचार किया जाना चाहिए कि उपन्यास की प्रकृति में ही एक तरह की नैतिक दुविधा, एम्बीवैलेंस, है जो कि वैचारिक प्रतिबद्धता से बेमेल होती है। कट्टर लोग उपन्यास नहीं लिख सकते, कम से कम अच्छे उपन्यास।

(9 दिसम्बर, 2001)

यूरोप का सामान्यीकरण

हम भारतीय इधर यह कहने के बहुत आदी हो गए हैं कि पश्चिम में भारत की असली और पुरानी बहुलता की पहचान आज तक नहीं बन पाई है : जिसे हम एक भारत कहते हैं वह अनेक अस्मिताओं को समेकित कर बना है जिनमें हरेक अस्मिता सक्रिय और दूसरों से, ज्यादातर समरस है। जब हमारी संस्कृति या सभ्यता या धर्म या भाषा की बहुलता को ध्यान में न रखकर हमें सामान्यीकृत और दरअसल सरलीकृत कर दिया जाता है तो हमें उचित ही क्षोभ होता है। क्या यही बात हम स्वयं यूरोप के बारे में सोचते हुए उसके साथ नहीं करते—यानी सारे यूरोप को एक मान लेते हैं, उसका उचित बहुलीकरण नहीं करते, यूरोपीय सभ्यता में अलगाव और भिन्नताएँ हैं, उन्हें विचार में नहीं लेते।

इधर उत्तर-औपनिवेशिक चिन्तन में यूरोप के 'प्रदेशीकरण' की बात उठी है। पिछले दिनों इस सन्दर्भ में मूलतः आइसलैण्डी लेकिन इन दिनों आस्ट्रेलिया के ला त्रोब विश्वविद्यालय में प्रोफेसर और 'थीसिस इलेवन' के सम्पादक योहान पी आर्नसान ने यूरोकेन्द्रितता के विरोध के उपयोग और दुरुपयोग की चर्चा करते हुए इस अवधारणा की अपर्याप्तता की बात उठाई। उन्होंने इस तथ्य की ओर हमारा ध्यान खींचा कि शीत युद्ध के दौरान जिन दो महाशक्तियों के बीच संसार बाँट-सा दिया गया वे दोनों ही, सोवियत रूस और अमेरिका, सीधे यूरोपीय सभ्यता के संस्करण नहीं, बल्कि उससे भिन्न कुछ हैं। उनकी सत्ता-व्यवस्था और वैचारिक संरचना को यूरोपीय उदाहरण का विस्तार नहीं कहा जा सकता।

यह प्रश्न भी उठा है कि क्या मानवाधिकार और चल पूँजी के दो स्तम्भों पर एक विश्वसभ्यता का निर्माण हो सकता है जैसा कि आसानी से माना या मनवाया जा रहा है? स्वयं यूरोप ने अपना जो प्रश्नांकन किया है उसको इस सन्दर्भ में क्या बिलकुल भुलाया जा सकता है? ग्रीस से यूरोपीय परम्परा सर्वथा अटूट नहीं रही है। पश्चिमी ईसाइयत में ग्रीक विरासत बारहवीं और तेरहवीं शताब्दियों में समायोजित हुई है लेकिन इस विकास में भी बाइजेंटाइन और इस्लामी दुनियाओं के साथ उसकी मुठभेड़ की महत्त्वपूर्ण भूमिका रही है। प्रोफेसर आर्नसान ने सभ्यता-समीक्षा के प्रसंग में इन बातों की ओर हमारा ध्यान खींचा, इसके लिए हमें उनका कृतज्ञ होना चाहिए।

(16 दिसम्बर, 2001)

ऐसा साहित्य लिखा गया है जो हिंसा की वैधता में भरोसा करता है, हिंसा को परिवर्तन का जरूरी माध्यम मानता है। ऐसे लेखक हुए हैं जो हिंसक आन्दोलनों में हिस्सेदार रहे हैं। फिर भी, सामान्य रूप से यह कहा जा सकता है कि दक्षेस (साक) देशों में कुल मिलाकर साहित्य का स्वर, उसकी अनेक भाषाओं के आर-पार, शान्ति के पक्ष और हिंसा के विरोध का है। स्वयं भारत में पिछले वर्षों में नक्सलवादियों को छोड़कर शायद ही किसी और किस्म के लेखकों या साहित्य ने हिंसा की वकालत या युद्ध की हिमायत की हो। हमारी परिस्थिति की एक केन्द्रीय विडम्बना यह है कि इसके बावजूद इस क्षेत्र में हिंसा और युद्ध को बढ़ावा और उकसावा देने वाली शक्तियाँ और प्रवृत्तियाँ सक्रिय हैं। ठीक उसी तरह से जैसे भारत में साम्प्रदायिकता और धर्मोन्माद को समकालीन साहित्य और लेखकों से प्रायः कोई समर्थन नहीं मिलता बल्कि उनका विरोध ही मुख्य और प्रभावशाली स्वर है, भारतीय समाज में इन प्रवृत्तियों की सक्रिय उपस्थिति है। पाकिस्तान में जेहादी दस्ते, श्रीलंका में लिट्टे की कारगुजारियों, नेपाल में माओवादी हिंसा, बांग्लादेश में बढ़ रही कट्टरता और भारत में उदार समरसता और कट्टरता के बीच प्रखर होता व्यापक द्वन्द्व आदि कुल मिला कर आतंक के विभिन्न रूप हैं जो अनदेखे नहीं किए जा सकते और जिनकी काली छाया जैसे इन देशों के दैनिक और सार्वजनिक जीवन पर पड़ती है, वैसे ही साहित्य पर भी। इसलिए 13-15 दिसम्बर, 2001 को आयोजित सार्क देशों के चौथे सम्मेलन में अगर यह मुद्दा केन्द्रीय है तो इसमें कोई अचरज नहीं होना चाहिए।

सवाल यह है कि ऐसी भयावह और सचमुच आतंककारी परिस्थिति में साहित्य और लेखक क्या कर सकते हैं? इसका कोई एक उत्तर सम्भव नहीं है। पहले तो लेखक का काम है कि आग और विध्वंस के बीच, धुएँ और खूनखराबे के माहौल में भी अपनी आँखों से मानवीय सच्चाई और उसकी जटिल और अनगिनत परतों को ओझल न होने दे। दूसरा यह है कि ऐसे समय में साहित्य को सच की पनाहगाह होना चाहिए : आतंक के बरक्स बिरादरी, परस्पर समझ और सहकार, प्रेम और लगाव, प्रतिरोध और प्रश्नांकन के मूल्य और प्रवृत्तियों का शरण्य। तीसरा यह कि आतंक के दौर में एक तरह का ध्रुवीकरण भले अनिवार्य हो जाता हो, वह होता स्थिति का सरलीकरण ही है : इसलिए लेखक को दूसरे पक्ष को समझने-समझाने की, गलत समझे जाने का जोखिम उठाते हुए भी, कोशिश कभी नहीं छोड़ना चाहिए। चौथा यह कि साहित्य मनुष्य का और उसकी दुनिया का मैला आँचल है : उसमें सब कुछ स्याह-सफेद में ठीक-ठीक नहीं बाँटा जा सकता। एक तरह की नैतिक दुविधा साहित्य की असली शक्ति है, उसे आतंक में भी नहीं छोड़ना चाहिए। अपने-अपने

ढंग से सार्क के लेखक ऐसा निश्चय ही अपनी रचना और सार्वजनिक कर्म और अभिव्यक्ति के क्षेत्रों में कर ही रहे होंगे। यह सम्मेलन उनसे रू-ब-रू होने का एक अच्छा और विचारोत्तेजक अवसर है, इसमें शक नहीं। यह अहसास निरन्तर गहराता रहना चाहिए कि हम इन सभी देशों में लेखकों की एक बिरादरी हैं जिसकी चिन्ताएँ, प्रश्न और सरोकार कई मायनों में समान हैं।

(16 दिसम्बर, 2001)

यूरोप में हिन्दी कथा-साहित्य

यह थोड़ा विस्मयकारी भले लगे, पर है सही कि आधुनिक हिन्दी कथा-साहित्य का बहुत कम यूरोप की भाषाओं में अनूदित हुआ है। इसका एक कारण तो भारत को एक अतीतजीवी प्राच्य निर्मिति मानकर मनोग्रन्थि उसके वर्तमान की लगभग अवज्ञा की यूरोपीय मनोग्रन्थि रही है जिसके चलते समकालीन भारत की सृजनात्मकता के प्रति कोई आकर्षण पैदा नहीं हो सका। दूसरा कारण यह है कि स्वयं भारत की ओर से अपने वर्तमान को, अपनी समकालीन रचनात्मकता को सुनियोजित ढंग से यूरोप में प्रक्षेपित करने की कोई कोशिश भी नहीं की गई। महात्मा गांधी अन्तर्राष्ट्रीय हिन्दी विश्वविद्यालय ने पोलैण्ड की सांस्कृतिक राजधानी क्रैको में स्थित येगोलेनियन विश्वविद्यालय के प्राच्य भाषा संस्थान के साथ परस्पर सहयोग का एक कार्यक्रम तैयार किया है जिसके अन्तर्गत समकालीन हिन्दी साहित्य की चुनी हुई कृतियों के यूरोपीय भाषाओं में अनुवाद की एक कार्ययोजना तैयार कर उसे कार्यान्वित करने का प्रयत्न होगा। इस शृंखला में पोलिश कवि तादेऊष रूजेविच की कविताओं के आठ हिन्दी कवियों द्वारा किए गए अनुवादों के द्विभाषिक संकलन 'जीवन के बीचोंबीच' का पिछले महीने प्रकाशन हुआ।

14-15 दिसम्बर, 2001 को क्रैको में पोलैण्ड के अलावा ब्रिटेन, जर्मनी, इटली, फ्रांस आदि कई देशों के हिन्दीविदों और अनुवादकों की एक बैठक हुई जिसमें भारत से हिन्दी के तीन शीर्ष कथाकार—श्रीलाल शुक्ल, मनोहर श्याम जोशी और विनोद कुमार शुक्ल ने भाग लिया। इस बैठक में इस बात का आकलन किया जाना था कि अब तक विभिन्न यूरोपीय भाषाओं में आधुनिक हिन्दी कथा साहित्य की कौन-सी कृतियों, कहानियों और उपन्यासों के अनुवाद हो चुके हैं, कौन से इस समय हो रहे हैं और उनके पुस्तकाकार प्रकाशन की क्या स्थिति और सम्भावनाएँ हैं। इस बात का भी अन्दाजा लगाया जाना था कि अनुवाद कार्य में भारत से किस

तरह की सहायता की अपेक्षा की जा सकती है। यह अपेक्षा जीवित कथाकारों से निजी सहयोग, अनुवाद के भारतीय विशेषज्ञों से संवाद और सहकार, प्रकाशन में वित्तीय मदद आदि कई मुद्दों पर हो सकती है। इस बैठक का मकसद यह था कि ठोस सम्भावनाओं और कठिनाइयों को ध्यान में रखते हुए अगले लगभग पाँच बरस में अमल में आ सकने वाली एक कार्ययोजना बना ली जाए, अनुवादकों की यथासम्भव प्रतिश्रुतियाँ ले ली जाएँ और यह उम्मीद की जाए कि इस दौरान हिन्दी से पच्चीस-पचास कथाकृतियाँ यूरोपीय भाषाओं में अनूदित और यथासम्भव यूरोप के महत्त्वपूर्ण प्रकाशकों द्वारा प्रकाशित हो जाएँ। शायद इस काम में भारत सरकार के अलावा प्रवासी भारतीयों से भी वित्तीय मदद मिल सकती है। पर वह तभी मिलेगी जब एक सुचिन्तित योजना सामने हो। यों अपने आप भी कुछ अच्छी बातें इस सन्दर्भ में हुई हैं। निर्मल वर्मा के दो उपन्यास फ्रेंच में प्रकाशित हुए हैं और जैनेन्द्र कुमार के 'त्यागपत्र' के दो फ्रेंच अनुवाद हो गए हैं। विनोद कुमार शुक्ल के 'नौकर की कमीज' का अंग्रेजी अनुवाद प्रकाशित और उस पर डच सहयोग से मणि कौल की बहुप्रशंसित फिल्म प्रदर्शित हो चुके हैं। कृष्णा सोबती की लम्बी कहानी 'ऐ लड़की' का स्वीडिश अनुवाद कुछ महीने पहले प्रकाशित और स्वयं उनकी उपस्थिति में स्वीडन के कई शहरों और पुस्तक मेले में लोकार्पित हुआ है।

(23 दिसम्बर, 2001)

युवा प्रतिभा को प्रोत्साहन

इन दिनों का मुहावरा ही यह बन गया है कि किसी भी क्षेत्र में बिना सिफारिश या दबाव के कुछ नहीं होता। पिछले दिनों दिल्ली के इन्द्रप्रस्थ कॉलेज में हिन्दी की स्थिति पर केन्द्रित एक परिसंवाद के अवसर पर एक छात्रा-लेखिका ने मुझसे कहा कि इन दिनों युवा प्रतिभा को प्रोत्साहन के पर्याप्त अवसर नहीं हैं और अज्ञात या अल्पज्ञात युवा लेखकों की रचनाएँ बहुत मुश्किल से पत्रिकाओं आदि में छप पाती हैं। मैंने उसे यह समझाने की कोशिश की कि ऐसे अवसर पहले तो और भी कम थे : आज इतनी पत्रिकाएँ, विभिन्न राज्य अकादेमियों द्वारा युवा प्रतिभा को प्रोत्साहित करने की स्पर्धाएँ, पुरस्कार, प्रकाशन-सहायता आदि हैं जो पहले नहीं थे। मुझे याद आया कि जब मैं आठवीं कक्षा का छात्र था तो अपने गुरु श्रीलक्ष्मीधर आचार्य की कृपा से रवीन्द्रनाथ ठाकुर की 'गीतांजलि' पढ़ने का अवसर मिला। उसके प्रभाव और नकल में मैंने कुछ रहस्यवादी

ढंग के गद्यगीत लिखे। उनमें से एक मैंने श्री हरिहर निवास द्विवेदी द्वारा सम्पादित ग्वालियर की मासिक पत्रिका 'भारती' में प्रकाशनार्थ भेजा, अपने पते और टिकट लगे लिफाफे सहित। वह स्वीकृत हुआ और उन दिनों के अत्यन्त यशस्वी कवि दिनकर की एक रचना के नीचे प्रकाशित हुआ। नवीं कक्षा में था तो एक गीत लिखकर, बिना यह बताए कि मैं छात्र हूँ, मैंने तब सत्यकाम विद्यालंकार द्वारा सम्पादित 'धर्मयुग' में भेजा जो उसमें प्रकाशित हुआ। बाद में सोलह-सत्रह की उमर तक पहुँचते-पहुँचते मेरी कविताएँ तब की प्रसिद्ध पत्रिकाओं जैसे– 'वसुधा', 'कल्पना', 'राष्ट्रवाणी', 'युगचेतना', 'सुप्रभात', 'ज्ञानोदय' आदि में प्रकाशित हो गई थीं। मैं साहित्य में सर्वथा अज्ञातकुलशील था : सागर जैसी छोटी जगह में रहता था। फिर भी, तब हिन्दी में इतना खुलापन था कि मेरी कविताएँ इतनी सारी पत्रिकाओं में छपीं। उनमें से अधिकांश, मुझे लगता है, बेहद खराब थीं और मैंने उन्हें अपने किसी संग्रह में शामिल भी नहीं किया। जब मैं सेण्ट स्टीफेन्स कॉलेज, दिल्ली में पढ़ रहा था तो भारतीय ज्ञानपीठ ने बड़ी संख्या में अज्ञेय, कुँवर नारायण, धर्मवीर भारती आदि प्रतिष्ठित लेखकों की पुस्तकें छापना शुरू किया। उन दिनों 'ज्ञानोदय' निकलता था कलकत्ते से और उसके सम्पादक श्री लक्ष्मीचन्द्र जैन से मेरा पत्राचार था। मैंने उन्हें पत्र लिखकर सुझाव दिया कि ज्ञानपीठ को हर वर्ष पाँच युवा लेखकों की पहली पुस्तकें प्रकाशित कर युवा प्रतिभा को समुचित प्रोत्साहन देने की पहल करनी चाहिए। उनकी प्रतिक्रिया अनुकूल थी। उन्होंने मुझसे अपने पहले कविता संग्रह की पाण्डुलिपि तुरन्त भेजने को कहा। मैं इसके लिए कतई तैयार नहीं था। अन्ततः डेढ़-दो बरसों बाद मैंने 'शहर अब भी सम्भावना' की पाण्डुलिपि उन्हें भेजी जो जून 1966 में पुस्तकाकार प्रकाशित हुई : तब मैं कुल पच्चीस बरस का था।

ज्ञानपीठ और कुछ अन्य प्रकाशकों को अन्य युवा कवियों के संग्रह छापने के लिए समझाने में विफल होने के बाद मैंने 1970 में अपने मित्र रवीन्द्र कालिया द्वारा इलाहाबाद में एक प्रेस लेने का थोड़ा नाजायज-सा लाभ उठाते हुए 'पहचान' पुस्तक पत्रिका की सीरीज शुरू की जिसमें चार अंकों में पन्द्रह युवा हिन्दी कवियों के पहले कविता संग्रह छपे जिनमें श्रीराम वर्मा, जितेन्द्र कुमार, विनोद कुमार शुक्ल, चन्द्रकान्त देवताले, देवेन्द्र कुमार, विष्णु खरे, प्रभात त्रिपाठी, विष्णु नागर आदि शामिल थे।

उस समय अवसर, मंच और साधन कम थे। युवा प्रतिभा कुछ संघर्ष करे, उसे सब कुछ आसानी से न मिल जाए, यह जरूरी है। तब आज किसी युवा को लगे कि प्रोत्साहन कम है, यह बात तथ्यों से मेल नहीं खाती है। कहीं ऐसा तो नहीं है कि बढ़ती वैचारिक कट्टरता के कारण हमने युवा प्रतिभा के साथ खुला और निश्छल व्यवहार करना छोड़ दिया है।

(23 दिसम्बर, 2001)

तुलसीदास पर बहस

अकसर बड़े कवियों और लेखकों को लेकर मतैक्य नहीं हो पाता : उनकी प्रासंगिकता के सवाल उठते रहते हैं और अकसर प्रतिक्रियाएँ ध्रुवान्तों पर पहुँचती रहती हैं। बड़े होने की एक परिभाषा ही यह की जा सकती है कि बड़ा वह जो लगातार बहज उपजाता रहे। इस तरह देखें तो हमारे यहाँ कबीर, तुलसी, प्रेमचन्द, निराला, रामचन्द्र शुक्ल, मुक्तिबोध आदि इसलिए बड़े हैं कि उन पर बहस कभी खत्म नहीं होती। कुछ दिनों पहले तुलसीदास पर ऐसी एक बहस में हिस्सा लेने का मौका मिला भागलपुर के श्री भगवान सिंह की एक पुस्तक 'आधुनिकता और तुलसीदास' (भारती प्रकाशन, दिल्ली) के लोकार्पण के बहाने। यह पुस्तक स्वयं सुविचारित और तार्किक ढंग से सप्रमाण तुलसीदास को आधुनिकता की बहस में अवस्थित करने की बहुत अच्छी कोशिश है। इस कोशिश का महत्त्व इसलिए भी है कि जैसे धर्म, अध्यात्म आदि की बात करना पोगापंथियों और एक विशेष किस्म की धर्मोन्माद और साम्प्रदायिकता पर चलने वाली राजनीति की तरफ झुकने का लांछन न्यौतना है, वैसे ही तुलसीदास पर विचार करना, जबकि विद्रोह के ध्वजाधारी कबीर हैं, अपने को कुछ इसी तरह के लांछन का पात्र बनाना है। ऐसे में तुलसीदास की राजनैतिक हचेतना, सामाजिक बोध, सांस्कृतिक पक्षधरता आदि का बारीकी और तीक्ष्णता के साथ विश्लेषण कर श्री सिंह ने तुलसी के अनेक पक्षों की ओर ध्यानाकर्षण किया है जो इस लांछन व्यापार में ओझल हो गए हैं। जैसे एक यही कि तुलसीदास ने अपने समय की व्यवस्था के बरक्स रामराज्य की परिकल्पना के रूप में राजसत्ता का एक विकल्प अपनी कविता में विन्यस्त किया। इस विकल्प का विश्लेषण श्री सिंह ने ग्रीक चिन्तक प्लेटो के 'द रिपब्लिक' में प्रस्तुत आदर्श राज्य की आवधारणा के सन्दर्भ में किया है। उनका यह सुचिन्तित मत है कि भक्ति की अधिरचना को न्यायपरक और समतापरक राजनीतिक और सामाजिक व्यवस्था के आधार पर तुलसी ने खड़ा किया है जो आज की दृष्टि से भी काफी सुसंगत है। "तुलसीदास ने यहाँ राज्य और व्यक्ति के सम्बन्ध के प्रति सतर्कता बरती है और कदाचित तुलसी के इस पक्ष ने भी महात्मा गांधी को 'रामराज्य' की अवधारणा अपनाने को अभिप्रेरित किया हो, क्योंकि गांधी के चिन्तन में भी व्यक्ति की स्वायत्तता प्रमुख थी, इसीलिए वे 'राज्य द्वारा कम से कम शासित' होने वाली धारणा के पक्षधर थे।" आलोचक मैनेजर पाण्डेय ने यह स्पष्ट किया कि भक्ति-साहित्य के बारे में प्रचलित यह धारणा गलत है कि भक्त कवि अपने समय और उसकी राजनीति के प्रति उदासीन थे। सही तो यह है कि न सिर्फ तुलसीदास बल्कि कबीर, सूर और मीरा जैसे मूर्धन्य सभी भक्त कवियों में गहरी राजनैतिक चेतना थी लेकिन साथ ही अपनी-अपनी निजता भी। तुलसीदास की अविच्छिन्न

लोकप्रियता का जिक्र करते हुए उन्होंने बताया कि संसार के महान कवियों में तुलसीदास इस मामले में भी निराले हैं कि वे स्वयं जनता को कवि बनने के लिए उकसाते हैं। गाँव-देहात में लोग तुलसीदास को सिर्फ पढ़ते नहीं, जीते भी हैं। अगर किसी चौपाई की अर्द्धाली याद न आए तो अपनी ओर से अर्द्धाली बनाकर उसे पूरा कर देते हैं। आलोचक विश्वनाथ त्रिपाठी ने तुलसीदास को दुख और दुखियारों का कवि बताया। चूँकि तुलसीदास का आरम्भिक जीवन घोर गरीबी में बीता था, दुख-दैन्य, गरीबी, भूख-अकाल आदि का उनका वर्णन बेजोड़ और अभूतपूर्व है। बड़ा कवि सिर्फ परम्परा का उत्तराधिकारी भर नहीं होता, वह उसे बदल भी देता है। तुलसी इस अर्थ में पारम्परिक और क्रान्तिकारी, दोनों एक साथ हैं। बीसवीं शताब्दी का एक कुपाठ यह रहा है कि उसने आस्था को पूरी तरह से नष्ट कर दिया और आधुनिक वही है जिसके पास न तो कोई आस्था बची है और न वह कोई आस्था चाहता है। सच तो यह है कि आधुनिकता और आस्था में न सिर्फ कोई अन्तर्विरोध है बल्कि गहरा सम्बन्ध है। आप अपनी आस्था को प्रतिबद्धता कहें और दूसरे के विश्वास को बासी पड़ गई आस्था, इससे कोई फर्क नहीं पड़ता।

तुलसीदास आस्थावान होते हुए भी एक प्रश्नाकुल कवि थे जिन्होंने एक बड़े सामाजिक और सांस्कृतिक फलक पर समाधान खोजने, विकल्प विन्यस्त करने का दुस्साहस किया। चूँकि वे अपने समय में गहरे रसे-बसे थे, उन्होंने मानवीय आचरण, सम्बन्ध, समाज, व्यक्ति की गरिमा आदि प्रश्नों को अपनी कविता में सम्बोधित किया और उसके लिए एक पूरी समर्थ समावेशी भाषा गढ़ी। उस समय के बारे में वे आज भी हमसे बोलते हैं। साधारण पहलवाल और अपढ़ से लेकर चतुर-सुजानों तक के समान रूप से बात करने वाले कितने कवि हमारे पास हैं? जितने हैं उनमें सबसे ऊँचे और टिकाऊ तुलसीदास हैं इसमें सन्देह नहीं। इसीलिए तुलसीदास से झगड़ना, उनसे बहस करना जरूरी है क्योंकि वे हमारी अस्मिता के प्रतीक भी हैं, उसका एक अक्षय स्रोत भी।

संसद पुस्तकालय

संसद के पास की सड़क से गुजरने पर अब यह साफ नजर आने लगा है कि संसद के पुस्तकालय का नया भव्य भवन तेजी से पूरा होने जा रहा है। हम जैसे निर्लज्ज पुस्तक प्रेमियों और कभी-कभार पुस्तकें लिखने वाले व्यक्तियों के लिए यह अच्छी खबर है कि संसद के ठीक बगल में ही बल्कि उसके विशाल परिसर में ही एक बड़ा पुस्तकालय होगा जिसमें,

उम्मीद है कि सांसदों के अलावा अन्य पाठकों को भी प्रवेश मिल सकेगा। सांसदों को तो राजकाज और अन्य जरूरी कामों से पुस्तकें पढ़ने जैसे काम के लिए शायद ही फुरसत मिल पाती होगी। पर कोई भी पुस्तकालय सिर्फ पुस्तकों और भव्य भवन से नहीं बनता : उसके लिए पाठक भी उतने ही जरूरी हैं। उम्मीद है कि संसद के पुस्तकालय की नई व्यवस्था बनाते समय इस बात का ध्यान रखा जाएगा।

मेरा सुझाव यह है कि जैसा कि संसार के बड़े पुस्तकालयों में होता है, मसलन वाशिंगटन की लायब्रेरी कांग्रेस में, कि किसी वरिष्ठ या बुद्धिजीवी को पुस्तकालय का प्रमुख बनाया जाए। यह एक तरह का सम्मानास्पद पद माना जाता है। अनेक मूर्धन्य कवि, जैसे कि आर्किबाल्ड मैकलीश, जोसफ ब्रोडस्की, बोर्खेस, रावर्तो हुआरोज ऐसे पुस्तकालयों में प्रमुख रह चुके हैं। भारत में भी यह परम्परा डालने का समय आ गया है। निदेशक आदि भले पुस्तकालय-विज्ञान के विशेषज्ञ हों पर प्रमुख किसी प्रमुख लेखक या बुद्धिजीवी को होना चाहिए। हर नियुक्ति की अवधि निर्धारित हो, जैसे तीन वर्ष या दो वर्ष। उस दौरान पुस्तकों, ज्ञान साहित्य के इर्द-गिर्द अपनी दृष्टि से वह व्यक्ति कुछ महत्त्वपूर्ण गतिविधियाँ पुस्तकालय में आयोजित कर सकता है। ऐसा कोई मंच आज तक नहीं बन सका जहाँ नियमित और खुले रूप से देश के सांसद और लेखक, संस्कृतिकर्मी और बुद्धिजीवी संवाद कर सकें। नए पुस्तकालय भवन में जो नई सुविधाएँ सुलभ होंगी उनके मद्देनजर अब यह जिम्मेदारी संसद पुस्तकालय निभा सकता है अगर उसका प्रमुख किसी लेखक या बुद्धिजीवी को बनाया जाता है। तब संसद का पुस्तकालय आसानी से उस बड़ी भारतीय दुनिया से भी जुड़ जाएगा जो समकालीन सृजन, विचार और बुद्धि की है।

बीसवीं में उन्नीसवीं

कुछ बरस पहले संग्राहक और कलाविद् ज्योतीन्द्र जैन ने एक बार कहा कि कम से कम भारत में बीसवीं शताब्दी को समझने के लिए उन्नीसवीं शताब्दी को नए ढंग से उसकी पूरी जटिलता और व्याप्ति में समझना जरूरी है। हम लोगों ने यह भी सोचा था कि अगर कहीं से ठोस मदद मिल जाए तो उन्नीसवीं शताब्दी की संस्कृति, साहित्य, लोक और शास्त्रीय कलाओं पर अनेक विशेषज्ञों के साझा प्रयत्न से तीन या चार जिल्दों में एक ग्रन्थ तैयार किया जाए। बात आई-गई हो गई। पर मुझे याद आई जब पिछले एक इतवार को भारतेन्दु हरिश्चन्द्र के एक सौ इक्यानवें जन्मदिवस के उपलक्ष्य में एक सर्वथा अज्ञातकुलशील संस्था कम्युनिकेटर्स

को-आपरेटिव ने रवीन्द्र भवन दिल्ली के सभागार में आयोजन किया जिसमें भारतेन्दु के कुछ प्रसिद्ध पदों का लोक और शास्त्रीय धुनों में किशोर कुमार चौधरी द्वारा चित्ताकर्षक गायन हुआ और दो विद्वानों के व्याख्यान भी।

आधुनिकता, राष्ट्र, धर्म आदि को लेकर भारतेन्दु के दुचित्तापन का जिक्र पिछले दिनों होता रहा है। इनमें से कई मुद्दों ने बीसवीं शताब्दी के अन्त तक आते-आते तीखापन और दो-टूकपन भले पा लिया हो, उन्नीसवीं शताब्दी के उत्तरार्द्ध में उन्हें लेकर अनिवार्य अन्तर्विरोध थे। मुझे यह बात उचित और प्रासंगिक लगती है कि हिन्दी आधुनिकता के आरम्भ में ही एक तरह की 'एम्बीवैलेंस' थी। उसे खोकर हमने क्या पाया है, इस पर अलग से बहस हो सकती है और यह तर्क भी दिया जा सकता है कि वह आधुनिकता सिरे से संदिग्ध और किसी हद तक अप्रामाणिक होगी तो एकतान हो, जैसी कि आधुनिकता के पहले की प्रवृत्तियाँ अकसर होती मानी जाती थीं। आधुनिकता तो एम्बीवैलेंस यानी दुचित्तापन को केन्द्र में रखकर ही अपनी सिसृक्षा, जिज्ञासा और जिजीविषा को रूपायित करती रही है। इसी वजह से उसमें परस्पर विरोधी विचारों का द्वन्द्व और उपस्थिति रही है और उसकी समावेशिता के लिए किसी हद तक यह बात ही जिम्मेदार है। मुझे यह सोचकर अच्छा लगता है कि हिन्दी आधुनिकता में, कम से कम उसकी शुरुआत के दौर में, भारतेन्दु के उदाहरण से स्पष्ट है कि गहरी रसिकता भी थी जो बाद में प्रसाद, निराला, अज्ञेय तक चली और फिर सूख ही गई। भारतेन्दु को गाया, खेला और 'सैलीब्रेट' किया जा सकता है और वे हमारी आधुनिकता के प्रथम स्थपति थे। तीसरी बात, जैसा कि उस दिन नामवर सिंह ने कहा, भारतेन्दु में हिन्दुओं के अलावा मुसलमानों के आचार, धर्म आदि पर अपनी आपत्तियाँ खुले रूप में दर्ज करने की हिम्मत थी। आज जैसी दमघोंटू संकीर्णता नहीं थी कि कहने को तो हम उत्तर-आधुनिक समय में पहुँच गए हैं लेकिन आज हिन्दू मुसलमानों पर या कि मुसलमानों हिन्दुओं पर टिप्पणी नहीं कर सकते। करें तो दंगा-फसाद हो सकता है। इस लगभग अमानवीय और पोंगापंथी विभाजन को मान्यता मिल गई है कि मुसलमान जिन्दगी पर मुस्लिम लेखक ही लिखेंगे, हिन्दू नहीं। चौथी बात कि हिन्दी आधुनिकता के शुरू में ही परम्परा को तजने या पूजने के बजाय उसे आलोचनात्मक ढंग से देखने की आदत भारतेन्दु ने डाली थी और अपने समय की विडम्बनाओं को व्यंग्य से देख सकने की शुरुआत भी की थी।

नामवर जी ने दो मर्मस्पर्शी तथ्यों की ओर ध्यान खींचा। भारतेन्दु की मृत्यु पर, जो कि कुल पैंतीस बरस से कम की आयु पर हुई थी, बनारस के बाजार अपने आप बन्द रहे थे—उस बनारस में, जिसमें कुछ दशकों बाद प्रेमचन्द की शवयात्रा में बमुश्किल तमाम दस-बीस लोग ही थे।

बनारस की नगरवधुओं ने उस समय भारतेन्दु के उन पदों का एक संचयन अलग से प्रकाशित किया था जिन्हें वे अकसर गाती थीं। दूसरा यह कि ग्रियर्सन ने भारतेन्दु को तब भी उत्तर भारत का सबसे 'सैलीब्रेटेड राइटर' बताते हुए उन्हें एक प्रखर सामाजिक आलोचक के रूप में मान्यता दी थी। उन्नीसवीं शताब्दी में भारतेन्दु को व्यापक समाज में जो प्रतिष्ठा और लोकप्रियता मिली थी, वैसी बीसवीं शताब्दी के किसी भी हिन्दी लेखक को शायद ही मिली हो। ऐसे अवसरों पर हम बीसवीं शताब्दी के पोसे-मारे हुओं को अगर उन्नीसवीं से कुछ ईर्ष्या हो तो इसमें आश्चर्य क्या!

बर्फ में आत्मीय संवाद

बाहर न सिर्फ बर्फ लगभग लगातार गिर रही थी, तापमान शून्य से सोलह डिग्री सेल्सियस नीचे था। सड़क पर बर्फ जमी हुई थी और सँभहल कर चलना पड़ रहा था। पर इमारतों में अन्दर घुसते ही राहत देने वाली गरमी थी। यह गरमी सिर्फ भयानक ठण्ड में यूरोप में अधिकांश घरों और इमारतों को अन्दर से गरम रखने की व्यवस्था की उपज भर नहीं थी। उसमें हमारे आतिथेय येग्योलेनियन विश्वविद्यालय के प्राच्य भाषा संस्थान की तीन अध्यापिकाओं—रेनाता, हलीना और आग्नेयश्का की निरन्तर चौकन्नी पर अजस्र आत्मीयता भी घुली-मिली थी। विश्वविद्यालय की प्रशासनिक इमारत के एक हॉल में हम बैठे, जो कि सुसज्जित था पुराने यूरोपीय वैभव से। यह आकस्मिक या अनायास नहीं है कि यूरोप में विश्वविद्यालय, चर्च और राजकीय आवास एक जैसे वैभवशाली रहे हैं। यूरोप विद्या को भी वैभव का अंग मानता रहा है बल्कि शायद यह कहना अधिक उपयुक्त हो कि धर्म और सत्ता की ही तरह वह विद्या को भी महत्त्व और आदर देता रहा है। हम यानी श्रीलाल शुक्ल, मनोहर श्याम जोशी, विनोद कुमार शुक्ल और मैं भारत से, इटली से मेरिओला आफरीदी, फ्रांस से अनी मोंतो और जर्मनी से लोठार लुत्से। पोलिश से ऊपर उल्लिखित तीन देवियों के अतिरिक्त अन्य अध्यापक, विशेषज्ञ और छात्र-छात्राएँ।

जब हमने यूरोपीय भाषाओं में हिन्दी कथा साहित्य के अनुवाद की स्थिति का आकलन किया तो पाया, जैसी कि आशंका ही थी, कि अधिकांश में बहुत कम कृतियों का अनुवाद हुआ है। यह जानना तो सुखद था कि इन सभी यूरोपीय भाषाओं में प्रेमचन्द के अनुवाद हुए हैं। इतालवी में उषा प्रियंवदा, श्रीलाल शुक्ल, राही मासूम रज़ा, मोहन राकेश, रघुवीर सहाय, कृष्ण बलदेव वैद, निर्मल वर्मा, कृष्णा सोबती, असगर वजाहत,

पंकज बिष्ट, भीष्म साहनी आदि की कथाकृतियों के अनुवाद हुए या हो रहे हैं। फ्रेंच में मन्नू भण्डारी, भैरव प्रसाद गुप्त, मोहन राकेश, अज्ञेय, निर्मल वर्मा, राजेन्द्र यादव, हरिशंकर परसाई, गिरिराज किशोर, कृष्ण बलदेव वैद, जैनेन्द्र कुमार, भीष्म साहनी, अलका सरावगी, अमरकान्त, महीप सिंह आदि के अनुवाद हुए हैं और उनमें से कुछ प्रकाशित हुए या होने जा रहे हैं। जर्मन में मृदुला गर्ग, जगदीश चन्द्र, मोहन राकेश, भीष्म साहनी, यशपाल, निर्मल वर्मा, अज्ञेय, अमरकान्त, बदीउज्जमा, कमलेश्वर, गिरिराज किशोर, अमरकान्त, राजेन्द्र यादव, मार्कण्डेय, अश्क, जैनेन्द्र कुमार, भीष्म साहनी, रेणु आदि अनूदित हैं। पोलिश में जैनेन्द्र कुमार, अज्ञेय, रेणु, कृष्णा सोबती, प्रसाद, मृणाल पाण्डेय, रघुवीर सहाय, मुक्तिबोध आदि के अनुवाद हुए हैं। संवाद के दौरान कई दिलचस्प बातें पता चलीं। एक यह कि पोलैण्ड को छोड़कर, जहाँ कहानियों में व्यापक दिलचस्पी है, अन्य तीन यूरोपीय भाषाओं में कहानियों के अनुवाद के प्रकाशक बहुत मुश्किल से मिलेंगे। दूसरी यह कि इतालवी में अगर किसी हिन्दी उपन्यास का अंग्रेजी अनुवाद निकल गया हो तो प्रकाशकों की उसके इतालवी अनुवाद प्रकाशित करने में कोई दिलचस्पी नहीं होगी। तीसरी यह कि जर्मन में भी जो अनुवाद निकले हैं वे अकादेमिक धारा में ही मुख्यतः हैं और अब तक जर्मन में भारतीय साहित्य के अनुवाद की कोई ध्यानाकर्षक जगह नहीं बन पाई है। चौथी कि पोलिश में इस तरह के अनुवादों के प्रकाशक नहीं के बराबर हैं और पाँचवीं यह कि अगर हिन्दी साहित्य की कोई सीरीज इन भाषाओं में चले तो उसके अन्तर्गत होने वाले प्रकाशनों के उस सीरीज में ही भारत प्रेमियों तक महदूद होकर रह जाने का खतरा है जबकि होना यह चाहिए, जैसा कि धीरे-धीरे फ्रेंच में हो रहा है और इतालवी में भी प्रबल सम्भावना है, कि उन भाषाओं के प्रमुख प्रकाशक हिन्दी से अनुवादों को विश्व साहित्य के अन्य अनुवादों की ही तरह छापें। हमने इस पर भी विचार किया कि अगर भारत से वित्तीय और अन्य किस्म की कुछ सहायता सुलभ कराई जा सके तो क्या हिन्दी के कम से कम पच्चीस उपन्यासों का अनुवाद और प्रकाशन इन भाषाओं में सम्भव हो सकता है? इटली और फ्रांस में तो इसकी सम्भावना है बशर्ते महात्मा गांधी अन्तर्राष्ट्रीय हिन्दी विश्वविद्यालय वित्तीय सहायता दे लेकिन उसके बावजूद पोलिश और जर्मन में दस-दस उपन्यासों का अनुवाद और प्रकाशन ही सम्भव है। इस सन्दर्भ में हमारी ओर से लेखक-बन्धुओं ने इस पर आग्रह किया कि अनुवाद तभी अच्छे होंगे जबकि अनुवादक किसी अकादेमिक विवशता के कारण नहीं बल्कि कृतियों को पसन्द करने की वजह से अनुवाद करें। अनुवादक और मूल कथाकार के बीच सहयोग और संवाद बहुत जरूरी और लाभप्रद है, हिन्दी की सभी पीढ़ियों, विचारदृष्टियों और विविधता को अनुवाद में पूरा स्थान

मिलना चाहिए। हम अपने साथ लगभग तीस-पैंतीस उपन्यास भी ले गए थे जिनमें से सभी विदेशी मित्रों ने लपक लिए। साफ था कि अगर इस क्षेत्र में कुछ ठोस होना है तो एक आक्रामक कार्ययोजना बनाना जरूरी है जो वित्तसम्पन्न, उदार और विश्वदृश्य को ध्यान में रखकर बनाई गई हो।

(6 जनवरी, 2002)

सेवाग्राम में साहित्य का इतिहास

यों तो बीसवीं शताब्दी के पूर्वार्द्ध में सेवाग्राम में भारतीय इतिहास को बदलने का एक बेहद कारगर और सुचिन्तित उपक्रम हुआ था और अन्ततः अंग्रेजों को भारत छोड़ने पर मजबूर होना पड़ा था। सन् बयालीस के भारत छोड़ो आन्दोलन का लम्बा और क्रान्तिकारी प्रस्ताव सेवाग्राम में ही तैयार हुआ था। लेकिन स्वयं साहित्य के इतिहास से सेवाग्राम का विशेष सम्बन्ध नहीं रहा है। महात्मा गांधी अन्तर्राष्ट्रीय हिन्दी विश्वविद्यालय ने वहाँ हिन्दी अध्यापकों का एक पुनश्चर्या कार्यक्रम 'साहित्य के इतिहास' विषय पर आयोजित किया जिसमें देश के कई अंचलों से प्रतिभागी आए और विशेषज्ञ भी।

मुझे लगता है कि साहित्येतिहास को लेखकगण किसी पुस्तक में पढ़कर स्वायत्त नहीं करते हैं बल्कि वह उन्हें उत्तराधिकार में मिलता है। इतिहास बहुत हद तक परम्परा बनकर ही लेखक के काम का या उसके काम में बाधा है। उसके लिए अपने मनपसन्द या मूर्धन्य लेखकों और कृतियों को इतिहास के रूप में देखने का उतना अभ्यास नहीं होता जितना कि एक तरह की तात्कालिकता की बिरादरी के रूप में महसूस करने का। ऐसी कई प्रवृत्तियाँ, जो शायद इतिहासकार के अनुसार व्यतीत हो चुकी होती हैं, लेखक के लिए समाप्त नहीं मानी जा सकतीं जैसे भक्ति या रीति। निराला की अन्तिम कविताओं, अज्ञेय-काव्य के एक उल्लेखनीय अंश को, नरेश मेहता आदि में जो भक्ति तत्त्व है उसे क्या इतिहास से बाहर मानना होगा या कि शमशेर, श्रीराम वर्मा आदि में सक्रिय रीति-तत्त्व को? जाहिर है कि इतिहासकार के लिए सामान्यीकरण एक मजबूरी है जबकि साहित्य अधिकतर सामान्यीकरण के विरुद्ध, एक तरह से, मनुष्य का असमाप्य सत्याग्रह ही है। फिर हमें यह नहीं भूलना चाहिए कि साहित्य का इतिहास किसी एक व्यक्ति द्वारा देखा-समझा-लिखा आख्यान है। अगर वह आचार्य रामचन्द्र शुक्ल जैसा उदारचरित, कुशाग्र

और समावेशी हुआ तो उसके आख्यान में खुलापन होगा, वह अधिक स्वीकार्य भी होगा हालाँकि उसे तटस्थ नहीं कहा जा सकता : साहित्य में कुछ भी तटस्थ नहीं होता—सारा दारोमदार इस पर होता है कि अपनी दृष्टि को तजे बिना आप दूसरों की, दूसरी दृष्टियों का कितना एहतराम करते या उन्हें कितनी जगह देते हैं। इतिहास अन्ततः दूसरों के बारे में लिखा जाता है और आप दूसरों में क्या-कितने चुनते हैं और किन्हें नजरअन्दाज करते हैं, इससे आपकी प्रामाणिकता तय होती है। एक दिक्कत यह भी है कि अकसर साहित्य में हो रहे परिवर्तनों को व्यापक सामाजिक परिवर्तनों के प्रतिफल या सहोदर के रूप में देखा जाता है। ऐसा हो सकता है बल्कि हुआ ही है। साहित्य में कई परिवर्तन उसके अपने तर्कों से होते हैं, जिनका किन्हीं सामाजिक परिवर्तनों से कोई सम्बन्ध न हो। ऐसे परिवर्तनों और उनके महत्त्व की इतिहास में अवज्ञा या अवहेलना हो सकती है। मुझे कई बार लगता है कि किसी को हिन्दी समाज का एक समूचा इतिहास उसके साहित्य के साक्ष्य पर लिखना चाहिए। आखिर पता तो चले कि हिन्दी साहित्य से किस तरह का हिन्दी समाज प्रगट और चरितार्थ होता है।

वर्धा में इसी दौरान हिन्दी विश्वविद्यालय के अपने परिसर में ग्रामीण विज्ञान केन्द्र द्वारा सर्वथा स्थानीय साधनों से बनाई गई एक अस्थायी इमारत 'प्रथमा' का गृहप्रवेश भी हुआ। पुनश्चर्या कार्यक्रम का समापन वहीं से होने जा रहा है।

(13 जनवरी, 2002)

पुनर्दर्शनाय

छठवें दशक के अन्त में जब हम जैसे कई तरुणों ने नई कविता के प्रति आकर्षित होकर नई शैली को अपनाया था तो उसके साथ दुर्भाग्य से स्वयं अपनी कविता-परम्परा के बारे में अनेक अतर्कित और सर्वथा अपरीक्षित पूर्वाग्रहों को भी अपने ऊपर थोप लिया था। हममें ऐसे कई थे जो हिन्दी साहित्य के बाकायदा छात्र नहीं थे और इस कारण भी शायद इन पूर्वाग्रहों को जड़ जमाने में आसानी हुई होगी। नई कविता के उस समय के सबसे प्रखर और योद्धा-नेता तो अज्ञेय थे और दिलचस्प यह है कि स्वयं उनके मन में अपने अनेक पूर्ववर्तियों के प्रति अथाह सम्मान था और हमने जो पूर्वाग्रह पाल लिए थे उनसे उनका कुछ लेना-देना नहीं था। इन पूर्वाग्रहों में से एक था कि बालकृष्ण शर्मा 'नवीन',

भगवतीचरण वर्मा, बच्चन, दिनकर आदि की कविता किसी मसरफ की नहीं है। इन कवियों की जो कविता हमने पढ़ी थी उसने न तो हमें अभिभूत किया, न उससे कुछ सीखने की प्रेरणा मिल सकती है, ऐसा लगा। पहली बार जब विजयदेव नारायण साही ने 'लघु मानव के बहाने हिन्दी कविता पर एक बहस' शीर्षक अपने लम्बे हालाँकि अपूर्ण निबन्ध में बच्चन, नवीन आदि की कविता का विश्लेषण कर उनका महत्त्व दिखाया तो हममें से कुछ की आँखें खुलीं।

मुझे यह याद आया, नन्दकिशोर नवल द्वारा सुसम्पादित 'कसौटी' पत्रिका के नए अंक में आज से सत्तर बरस पहले लिखी गई 'मनोरथ' कविता पढ़कर जो कि उसमें बालकृष्ण शर्मा 'नवीन' की चुनी हुई प्रकाशित दस कविताओं में से एक है। उसकी छान्दिकता, लोकतत्त्व और जीवनछवियों का संश्लेषण मुझे सुन्दर लगता है। कम से कम मैंने पहले यह कविता नहीं पढ़ी थी और 'कसौटी' का कृतज्ञ हूँ कि उन्होंने एक सुन्दर, पुरानी कविता सुलभ कराई। आप भी देखें :

मनोरथ

अलमस्त हुई मन झूम उठा, चिड़ियाँ चहकी डरियाँ-डरियाँ,
चुन ली सुकुमार कली बिखरी मृदु, गूँथ उठी लरियाँ-लरियाँ;
किसी प्रतिमा हिय में रखिके नव अर्त करूँ थरियाँ-थरियाँ?
किस ग्रीव में हार ये डाल रखी, अँसुआन ढरूँ झरियाँ-झरियाँ?
सुकुमार, पधार खिलो टुक तो इस दीन गरीबिन के अँगना;
हँस दो, कस दो रस की रसरी, खनका दो अजी कर के कँगना;
तुम भूल गए कल से हल्की चुनरी गहरे रंग में रँगना?
कर में कर थाम लिए चल दो रंग में रँग के अपने संग-ना?
निज ग्रीव में माल-सी डाल तनिक कृतकृत्य करौ शिथिला बँहियाँ;
हिय में चमके मृदु लोचन वे, कुछ दूर हटें दुख की छँहियाँ;
इस साँस की फाँस निकाल, सखे, बरसा दो सरस रस की फुहियाँ;
हरखे हिय, रास रसे जियरा, खिल जायँ मनोरथ की जुहियाँ।

(13 जनवरी, 2002)

कविता, भूमण्डल और भारतीयता

बात जोधपुर की है जहाँ जनवरी 2002 के पहले सप्ताह में मैं अपने पोते की पहली दिल्ली बाहर यात्रा, यानी एक निजी पारिवारिक प्रसंग

के सिलसिले में और जैसलमेर के रास्ते दो दिनों के लिए था। यों तो हमारे समाज में लेखक होने का कोई खास मतलब नहीं है लेकिन उसका परिवार उसके निजी परिवार से अकसर बड़ा होता है और अकसर उसके अनजाने बढ़ता जाता है। इसलिए जब उर्दू कवि मित्र शीन काफ निजाम ने यह आग्रह किया कि मैं एक शाम जोधपुर की संस्था 'अनुभूति' के तत्त्वावधान में काव्यपाठ करूँ तो मुझे लगा कि अन्ततः रसिकों के समक्ष काव्य निवेदन भी एक पारिवारिक मामला है और उसे मानने से जोधपुर में कविता के रसिकों के परिवार से भेंट हो जाएगी। वह हुई और एक बार फिर साबित हुआ कि हिन्दी के छोटे शहरों में कविता के लिए रसिकता गहरी और उदार है : वह आपकी कविताओं से आपको जाँचने की वस्तुनिष्ठता बरतती है और आपकी सार्वजनिक छवियों से अपने आकलन और प्रतिक्रियाओं में आक्रान्त होने से अपने को भरसक मुक्त रखती है।

अब जब कविता पढ़ने से बाज नहीं आएँ तो आपके सामने जोधपुर विश्वविद्यालय के सदाशयी आलोचक रामबृक्ष के इस इसरार को टालने का विकल्प नहीं बचा कि आप 'भूमण्डलीकरण और भारतीयता' विषय पर विस्तार-व्याख्यान दें। यह आयोजन जैसलमेर से लौटने पर हुआ और उसमें, मेरे सौभाग्य से, कुलपति के अलावा अन्य विषयों, विशेषतः समाज-विज्ञान के लोग मौजूद थे। हमने आजादी के बाद, गांधी जी की सलाह को अस्वीकार करते हुए, आधुनिक विकास का जो मार्ग चुना, वह कुल मिलाकर देश, समाज, बुद्धि आदि के और गहरे पश्चिमीकरण का ही मार्ग सिद्ध हुआ हैः आज हम आजादी के पहले से कहीं अधिक पश्चिम के वर्चस्व की चपेट में हैं। इस विकास के बाद अब हमारे सामने भूमण्डलीकरण से अपने को अलग-थलग रखने का विकल्प नहीं है। सवाल यह है कि किस तरह का रिश्ता हम पश्चिमीकरण के इस नए, आक्रामक और संक्रामक संस्करण से बनाते हैं। जो लोग साम्यवाद के ध्वंस के बाद मार्क्सवाद को समाप्तप्राय मानने लगे हैं, उनसे असहमत होते हुए मेरी यह धारणा है कि भूमण्डलीकरण को उत्तर पूँजीवाद की तरह भी देखा जाना चाहिए और पूँजीवाद को, जिसमें उसका उत्तरराग निश्चय ही शामिल है, समझने में मार्क्स का विश्लेषण और युक्तियाँ अभी भी बहुत मददगार हैं। स्वयं हिन्दी में साहित्य के स्तर पर विश्वचेतना आधुनिक काल में छायावादियों से आरम्भ होती है। कविता में वह अज्ञेय, शमशेर बहादुर सिंह, धर्मवीर भारती आदि से विस्तार पाती है। लेकिन यह एक विडम्बना ही है कि इधर मुझे लगता है कि हिन्दी की ताजातरीन पीढ़ी विश्व में साहित्य में क्या हो रहा है, इसके प्रति वैसी जिज्ञासु नहीं रही जैसी कि उससे पहले की लगभग पाँच-सात पीढ़ियाँ लगातार रह चुकी हैं। इस पीढ़ी में अनुवादक लगभग न होना इसका सीधा प्रमाण है।

भूमण्डलीकरण से अगर आलोचनात्मक और द्वन्द्वात्मक रिश्ता बनाना है तो गहरी और जानकार विश्वचेतना जरूरी है। किसी ज्ञानसमाज की रचना या उसमें प्रवेश निरी सूचनाओं के आधार पर सम्भव नहीं होगा और उसके लिए जरूरी है कि हम ज्ञानोत्पादन की अपनी स्थिति की निर्मम समीक्षा करें। आर्थिक क्षेत्र की मैं नहीं जानता पर मुझे सन्देह हो रहा है कि ज्ञान के क्षेत्र में हम तेजी से दिवालिया हो रहे हैं। यह कितना बड़ा ऐतिहासिक व्यंग होगा कि भारत ज्ञान में 'बनाना रिपब्लिक' बन जाए।

अवधारणात्मक स्तर पर भूमण्डलीकरण बहुलता और विविधता को स्वीकार करता है। लेकिन अमल में उसमें स्थानीयताओं का लोप या विलय होता दीख पड़ रहा है। पश्चिम यह अच्छी तरह से जानता है और नए आतंकवादी दौर में शायद यह पाठ वह देर-सवेर सीख ही लेगा कि ऐसी कई व्यवस्था संसार में कारगर नहीं हो सकती जिसमें स्थानीयताओं को दबाया या हाशिये पर किया जाए। सोवियत संघ, युगोस्लाविया जैसे महादेशों का कई देशों में बिखर जाना, बांग्लादेश का उदय आदि हाल के उदाहरण इस सिलसिले में प्रासंगिक हैं। स्वयं भारतीयता, जिस बहुलता और सामासिकता के मूलाधारों पर टिकी और जिनसे उसकी विशिष्टता की सबसे सशक्त परिभाषा होती है, बहुधार्मिकता, बहुभाषिकता, बहुपंथगामिता आदि से ही रची-गढ़ी गई है : उसमें स्थानीयता का सहज स्वीकार और उचित जगह है। भूमण्डलीकरण इस भारतीयता से कुछ जरूरी और कारगर सबक ले सकता है।

(20 जनवरी, 2002)

बड़े की अहम्मन्यता

ऐसा नहीं है कि बड़े लोग मूर्खताएँ नहीं करते। करते हैं और खूब करते हैं और उसका दुष्परिणाम हम आप जैसे छोटे लोग भुगतते हैं। पर उनके बड़प्पन की चकाचौंध ऐसी होती है कि कोई उनसे नहीं कह पाता कि आप यह मूर्खता कर रहे हैं। विद्याधर शिवसागर नायपॉल इस समय संसार के मूर्धन्य लेखक हैं जिन्हें हाल ही में नोबेल पुरस्कार से नवाजा गया है और भारत से उनके सम्बन्ध के कारण इस पर शायद सबसे अधिक प्रसन्नता भारतीयों को ही हुई। पिछले दिनों सम्पन्न भारतीय साहित्य के महोत्सव के शुभारम्भ पर उन्होंने अंग्रेजीतर भारतीय भाषाओं के साहित्य को लेकर अनेक मूर्खतापूर्ण वक्तव्य दिए। नायपॉल, हमारे दूसरे मसखरे

बड़े खुशवंत सिंह की ही तरह शायद ही कोई भारतीय भाषा जानते हों जो कि अपने आप में कोई बुरी बात नहीं है। वे अपने इस अज्ञान के बावजूद बड़े हैं। लेकिन बिना जाने उनका भारतीय साहित्य का अतर्कित और अनावश्यक रूप से मूल्यांकन करना लगभग अभद्रता है। पहली बात नायपॉल ने कही कि भारतीय भाषाओं के पाठक नहीं हैं। यह झूठ और गलत है। बांग्ला, मराठी, कन्नड़, मलयालम आदि में साहित्य के पाठकों की बहुत बड़ी संख्या है। वहाँ समाज के अनेक तबकों में, जिनमें साधनहीन तबके भी शामिल हैं, लेखकों का बहुत सम्मान और स्थान है। दूसरी बात उन्होंने कही कि जब पाठक नहीं हैं तो भारतीय साहित्य में आलोचक भी नहीं हैं। नॉयपाल को पता नहीं है कि हिन्दी, बांग्ला, मराठी, मलयालम आदि में प्रखर आलोचक हैं जिनकी तुलना संसार की किसी भी भाषा के, जिनमें उनकी एकमात्र भाषा अंग्रेजी शामिल है, आलोचकों से की जा सकती है। अंग्रेजी के पंकज मिश्र के मुकाबले, जो निश्चय ही प्रतिभाशाली हैं, अकेली ही हिन्दी में ही उनसे कुशाग्र, ज्यादा पढ़े-लिखे और व्यवस्थित पाँच आलोचक तो निकल ही आएँगे। सच तो यह है कि भारत के ज्यादातर अंग्रेजी लेखक न सिर्फ भारतीय भाषाओं के साहित्य के बारे में कम जानते हैं, वे अंग्रेजी के अलावा संसार के अन्य साहित्य के बारे में काफी कम जानते हैं। फ्रेंच, पोलिश, इतालवी, स्पेनिश, डच, जर्मन समकालीन साहित्य की जितनी जानकारी इस समय भारतीय भाषाओं के लेखकों को है, वह बहुतों के लिए ईर्ष्या का विषय हो सकती है।

नायपॉल ने फारूख धोंडी के साथ इण्टरव्यू में यह भी कहा कि मुगल कला भारतीय कला नहीं है क्योंकि उसे भारतीय लोगों ने न देखा या इस्तेमाल किया, क्योंकि वह अभिजात वर्ग तक सीमित थी। उसी कुतर्क से क्या यह नहीं कहा जा सकता कि अधिकांश अंग्रेजी साहित्य भी भारतीय नहीं है क्योंकि भारत की जनता का बहुलांश उसे पढ़ तक नहीं सकता।

मैं नीमराना नहीं गया जहाँ इस महोत्सव का अधिकांश सम्पन्न हुआ क्योंकि मुझे बुलाया ही नहीं गया था। कृष्णा सोबती और निर्मल वर्मा भी नहीं गए, हालाँकि उन्हें बाकायदा बुलाया गया था लेकिन एक ऐसे आयोजन में जिसमें डेढ़ पुस्तक के अंग्रेजी लेखक भाषा लेखकों से तिगुनी संख्या में मौजूद थे, जो भाषा लेखक गए उनकी हिम्मत की दाद देनी चाहिए कि वे एक लगभग अपमानजनक स्थिति में भी संवादरत रहे और निश्चय ही उन्होंने भारतीय भाषाओं की शक्ति, प्रतिरोध और परिपक्वता का प्रभाव औरों पर डालकर अपने जाने का नैतिक और बौद्धिक औचित्य प्रतिपादित किया होगा।

(3 मार्च, 2002)

मोक्ष पर बहस

पेरिस में दो दिनों से, 21 जून, 2002 की रात से लगभग सुबह तक संगीत-दिवस होने की वजह से इतना शोर गुल, युवाओं की संगीतमय चीत्कार, चीख-पुकार और आवाजाही थे कि यह सोचना लगभग असम्भव है कि यहाँ मोक्ष जैसे स्वतन्त्र और गम्भीर विषय पर बहस का कोई मौका हो सकता है। निश्चय ही फ्रांस में और पेरिस में ऐन इस वक्त ऐसे लोग जरूर होंगे जो ऐसे चरम प्रश्नों पर सोच-विचार रहे होंगे सिवाय इसके कि उनके होने का कोई सबूत मुखर-चपल पेरिस में कहीं नजर नहीं आता। इसलिए यह थोड़ा अजब था कि बूलेवार के एक रेस्तरां में रात के भोजन पर एकत्र रज़ा, प्रकाशक रविकुमार, हिन्दी विदुषी अनी मॉन्तो और मेरे बीच बहस मोक्ष को लेकर हो गई। मुझे लगा कि मोक्ष या निर्वाण का आदर्श तो यह बौद्ध विश्वास है कि बुद्ध जब निर्वाण-रेखा के निकट पहुँचे तो उसे पार करने के पहले इसी ओर ठिठक गए। उन्होंने सोचा कि अगर वे उसे पार कर लेंगे तो यह बेहद स्वार्थी काम होगा। इसलिए बुद्ध अनन्त प्रतीक्षा में निर्वाण-रेखा के इस पार खड़े हैं कि संसार का हर प्राणी उनसे पहले निर्वाण प्राप्त करे, वे अन्तिम होंगे। मुझे प्रथम का इस तरह अन्तिम होने का निर्णय बहुत आकर्षित करता है। ऐसे व्यक्ति जो अपना सब कुछ त्याग कर, संन्यास ग्रहण कर मोक्ष की आकांक्षा करते हैं, आत्मतुष्टि की 'वंचना के दुर्ग' में कैद नजर आते हैं, थोड़े दयनीय लगते हैं। जिस मोक्ष का दूसरों के लिए कोई अर्थ या परिणाम न हो वह मोक्ष क्या? मुझे नहीं लगता कि 'आत्म' बिना 'अन्य' को सम्बोधित हुए कोई सार्थकता पा सकता है। अलबत्ता बिना 'आत्मा' के 'अन्य' के साक्षात्कार की चेष्टा भी निरर्थक होंगी। 'आत्म' अपने को 'अन्य' के सन्दर्भ से ही परिभाषित कर सकता है। ऐसे ऋषि-मुनि हुए ही हैं जिन्होंने कृच्छ-साधना से मोक्ष प्राप्त किया होगा पर मेरी पसन्द तो वे ऋषि हैं जिन्होंने वेद, उपनिषद, पुराणों, स्मृतियों आदि की रचना की जो दूसरों के काम के हैं। अन्ततः हममें वही शाश्वत और टिकाऊ हो सकता है जो दूसरों के काम आता है, उनकी मदद करता, उन्हें राहत और शक्ति देता है।

मैंने यह तर्क भी किया कि मोक्ष के सभी रास्ते विराग के हों, यह अनिवार्य नहीं है। कम से कम एक रास्ता राग का भी है। सब कुछ को तज कर नहीं, बल्कि सब कुछ को समाहित कर, अपने में आत्मसात् कर भी मोक्ष के रास्ते जाया जा सकता है। सृजन का रास्ता ऐसा ही रागसिक्त मार्ग है। मैं यह मानने को कतई तैयार नहीं कि वाल्मीकि, व्यास, कालिदास, कबीर, तुलसीदास, सूरदास, गालिब, शेक्सपियर आदि किसी ऋषि-मुनि, बैरागी, संन्यासी या साधक की तुलना में मोक्ष के किसी कदर कम पात्र

हैं। मोक्ष अन्ततः अनन्त में विलीन होना है। सर्जकों-चिन्तकों आदि ने मनुष्य का अनन्त रचा-गढ़ा है। वे उस अनन्त में हमेशा दीप्त रहेंगे।

इसी तरह, मुझे लगता है कि पुनर्भवता से मुक्ति मोक्ष का एकमात्र प्रमाण नहीं हो सकती। सृजनधर्मी रागसिक्त मार्ग का इसरार तो इस बात पर है कि संसार, यह जीवन, यह अस्तित्व सभी विधेयात्मक हैं। हो सकता है कि मैं कभी एक काँपती हुई हरी पत्ती रहा होऊँ, या कि एक निर्जन चट्टान, या कि एक फुदकता हुआ पक्षी आदि। पता नहीं आगे, अपने कर्मों-कुकर्मों की बदौलत, न जाने क्या होऊँ। संसार और अस्तित्व को पत्ती, चट्टान, पक्षी और मनुष्य न तो एक जैसा देख-समझ पाते हैं, न ही एक जैसा सहते-बदलते हैं। होने की यह बहुलता पुनर्भवता से ही सम्भव है। मुझे तो लगता है कि पुनर्भवता ही मुक्ति है। लोप नहीं, विलय नहीं, फिर उपस्थिति, फिर लय मुक्ति है। अगर नहीं है तो, एक लेखक के नाते, मुझे लगता है होना चाहिए। हमें मोक्ष की तलाश इस अद्भुत पुनर्भवता में भी क्यों नहीं करनी चाहिए?

(30 जून, 2002)

पाँच यहाँ, एक वहाँ

अब इससे इनकार करना कठिन है कि जैसे कई अन्य समकालीन क्षेत्रों में, वैसे ही समकालीन कला में एक तरह की भारतीय अदम्यता स्पष्ट और विन्यस्त हो रही है। इसका एक स्पंदित-दीप्त प्रमाण है पेरिस में बसे पाँच भारतीय चित्रकारों की एक प्रदर्शनी, जो इन दिनों पेरिस के एक उपनगर बिलांकू के एस्पास लैण्डोस्की में चल रही है। मध्य प्रदेश के बाबरिया में जन्मे रज़ा, नई दिल्ली के राजेन्द्र धवन, कलकत्ते में जन्मी अंजू चौधरी, केरल से आए विश्वनाथन और जयपुर में जन्मी पुणे में पली सुजाता बजाज, भारत के पाँच अंचलों से आकर, बरसों से पेरिस में हैं। सबके काम की अलग-अलग शैली और मुहावरे हैं : सबने पेरिस और फ्रेंच कला को जज्ब किया है लेकिन हरेक में परिष्कार और यत्न की तहों के भीतर से ऐसा विशिष्ट अनुभव बोलता या झाँकता है जिसे उनका अपना निजी लेकिन भारतीय सच कहा जा सकता है। सभी में आकार हैं, रंगों की तहें हैं पर आकृतियाँ नहीं हैं। यहाँ किसी तरह का सतही समन्वय या नासमझ और अपरिपक्व घालमेल या गड्डमड्ड नहीं है। रज़ा के काम में रूपाध्यात्म की विकलता और शान्ति के दो छोर हैं तो विश्वनाथन की कृतियों में गहरा दार्शनिक विन्यास है। धवन के

चित्रों में अवसन्न सुरुचि है तो सुजाता के यहाँ रंगाकारों के बीच प्राचीन पाण्डुलिपियों के शब्दांकित हिस्से सर्वथा चाक्षुष बन गए हैं। अंजू चौधरी की कृतियों में बाँस, वनस्पतियों के हिस्से क्षुब्ध आत्मीयता में सन्तुलित हैं। इसी हॉल में ऊपर प्रसिद्ध फ्रेंच वास्तुकार ला कार्बूजिए के 'अधूरे' प्रोजेक्ट चण्डीगढ़ पर एक पूरी सुनियोजित प्रदर्शनी है। उसमें वास्तुकार के नोट्स, चित्रांकन, आरम्भिक नक्शे, निर्माण कार्य के समय के निर्देश, चण्डीगढ़ में बनाए गए शहर और इमारतों की वर्तमान जिन्दगी आदि के छायाचित्र सभी प्रदर्शित हैं। विभाजित पंजाब को एक नई राजधानी देने के बहाने पंजाब को नया आत्मविश्वास और पीड़ा से मुक्ति देने की नेहरू-चेष्टा, इस प्रदर्शनी को देखने से बखूबी समझ में आती है।

खबर छपी है कि बोर्खेज की कहानी 'दक्षिण' की, जो उन्होंने 1958 में लिखी थी और उनकी सबसे महत्त्वपूर्ण आत्मकथात्मक रचना मानी जाती है, कुल आठ पत्रों की पाण्डुलिपि पेरिस में पिछले सप्ताह हुई नीलामी में एक स्विस फाउण्डेशन ने एक लाख पैंसठ हजार डॉलर में खरीदी है। पाण्डुलिपि में बोर्खेज की सावधान हस्तलिपि है और हाशिए पर कुछ नोट्स भी।

(30 जून, 2002)

छन्द-छन्द पर कुंकुम

हिन्दी आलोचना पिछले कुछ दशकों से साहित्य के अवधारणात्मक वशीकरण में कुछ इस कदर व्यस्त रही है कि कृतियों को ध्यान-जतन से पढ़ने और उनमें अनिवार्यतः विन्यस्त आशयों, संकेतों, आभासों और अन्तर्ध्वनियों को पकड़ने और सामने लाने की आदत अगर एकदम गायब नहीं हो गई तो कमजोर जरूर पड़ गई है। यह तब जबकि आलोचना के उत्तर-आधुनिक दौर में संसार भर में कृतियों का पाठ और विवेचन एक केन्द्रीय उद्यम के रूप में सुप्रतिष्ठित हुआ है। इस बात की भी प्रायः अनदेखी की जा रही है कि पाठ, टीका आदि की अनेक नई विधियाँ भारतीय प्रसंग में प्राक्-आधुनिक हैं, भले इधर वे हिन्दी आलोचना के परिसर से बाहर ही रही आई हैं। ऐसे समय में हमारे मित्र वागीश शुक्ल द्वारा निराला की कालजयी कविता 'राम की शक्तिपूजा' की इस टीका का आत्यन्तिक के अलावा ऐतिहासिक महत्त्व है। गणित के अध्यापक वागीशजी भारतीय परम्परा, संस्कृत, हिन्दी, फारसी और उर्दू के निष्णात विद्वान होने के साथ-साथ हिन्दी के विरले आलोचक हैं। परम्परा की

गहरी समझ और उत्तर-आधुनिक संसार की ताजातरीन प्रविधियों और विचार-सरणियों के प्रति उनका निस्संकोच लेकिन सतर्क खुलापन उन्हें हिन्दी साहित्य-विमर्श के भूगोल में एक ऐसी जगह में अवस्थित करते हैं जो दुस्साध्य है लेकिन जिससे पूरे भूगोल पर जब-तब ऐसी रोशनी पड़ती है कि वह अप्रत्याशित ढंग से जगमगा जाता है। बरसों से टलती आ रही 'राम की शक्तिपूजा' की यह टीका हिन्दी आलोचना और विश्लेषण की एक अनूठी उपलब्धि है। परम्परित, लेकिन खुले नेत्रों से इससे पहले शायद ही किसी आधुनिक कृति को इतने सारे ब्यौरों में सिलसिलेवार पढ़ा और समझा गया हो। यह टीका निराला की कविता को उसकी पूरी अर्थाभा, आशयों और अन्तर्ध्वनियों में, समकालीन सन्दर्भों और पारम्परिक स्मृति के अत्यन्त सर्जनात्मक रसायन के रूप में पुनरायत्त करने का अवसर सुलभ कराती है। इस बहुचर्चित कविता की हिन्दी में पहले जो व्याख्याएँ हुई हैं उन्हें वागीशजी ने विचार में लिया है और उनमें प्रमाणपूर्वक अपनी सहमति या असहमति व्यक्त करते हुए अपनी टीका को आगे बढ़ाया है। भारतीय काव्यशास्त्र की ऐसी कितनी ही अवधारणाएँ, आशय और इंगित हैं जिन्हें वागीशजी ने इस टीका के बहाने मानो आधुनिक हिन्दी साहित्य को समझने में सर्वथा प्रासंगिक बल्कि जरूरी सिद्ध किया है। प्रकारान्तर से यह टीका सत्यापित करती है कि निराला की आधुनिक संवेदना में परम्परा के कितने सन्दर्भों-स्मृतियों और अन्तर्भावों का गुम्फन और पुनराविष्कार है। उसका एक अघोषित किन्तु असंदिग्ध प्रतिपाद्य यह भी है कि श्रेष्ठ आधुनिकता के स्थापत्य में परम्परा की अनेक तहों और घटित स्तरों का आधार है : यह भी कि प्रश्नाकुलता आधुनिकता भर का नहीं, हमारे यहाँ परम्परा का भी स्वभाव रही है। 'छन्द-छन्द पर कुंकुम' शीर्षक से यह टीका पुस्तकाकार महात्मा गांधी अन्तर्राष्ट्रीय हिन्दी विश्वविद्यालय के लिए प्रभात प्रकाशन, दिल्ली ने प्रकाशित की है। वागीशजी ने अपनी समझ से इस प्रसिद्ध कविता का एक नया विकल्प पाठ तैयार किया है जो निश्चय ही विचारणीय है।

(4 नवम्बर, 2002)

दूर से ग़ालिब

एक मित्र वहीं मिले जहाँ मैं अकसर पाया जाता हूँ यानी इण्डिया इण्टरनेशनल सेण्टर में और जब संगीत सभा में थोड़ा-सा अन्तराल आया तो उन्होंने कहा कि तुमने बहुत दिनों से गालिब को याद नहीं किया है। उन्होंने यह भी

जोड़ा कि तुम्हारा बहुत-सा लिखना तो गालिब 'सुमरन को बहानो है।' संयोग से उसी शाम मैं अमेरिकी कवि राबर्ट ब्लाई और सुनील दत्त द्वारा किए गए गालिब के कुछ अंग्रेजी-अमेरिकी अनुवादों की एक पुस्तक खान मार्केट से खरीदकर लाया था। 'द लाइटनिंग शुड हैव फॉलन ऑन गालिब' (बिजली गालिब पै गिरना चाहिए) भारत में रूपा द्वारा प्रकाशित है। अंग्रेजी अनुवाद के अलावा हर रचना मूल उर्दू और देवनागरी में भी दी गई है। चूँकि गालिब की कविता बहुत हद तक उनके निराले अन्दाजे-बयां में है और एक तरह की बानी है, उसका अंग्रेजी में अनुवाद लगभग असम्भव है। यह अनुवाद इसका अपवाद नहीं है हालाँकि वह गालिब को अंग्रेजी में किसी कदर पठनीय और ग्राह्य जरूर बनाता है। राबर्ट ब्लाई मूर्धन्य अमेरिकी कवि हैं जिनकी अमेरिकी कविता की दुनिया में लातीनी अमेरिकी, भारतीय और अन्य यूरोपीय देशों से आवेग विकल कविता का प्रवेश कराने में बड़ी भूमिका रही है। कबीर और मीरा को लेकर उनके भारतीय कविता से अनुवाद के दो संग्रह के 'कबीर छन्द' और 'द मीरा बुक' पहले ही प्रकाशित और विख्यात रहे हैं। गालिब को लेकर अपने विस्मय का बखान करते हुए राबर्ट ब्लाई ने कहा है कि कबीर में जो ईश्वर और आत्मा को लेकर आह्लाद है। या रूमी में जो उल्लास और आश्वस्ति है, उसके बाद गालिब की निराशा समझने में उन्हें कठिनाई हुई। उन्हें लगा कि "मानो जब कबीर ईश्वर को चिट्ठी लिखते हैं तो ईश्वर हमेशा जवाब देता है लेकिन जब गालिब चिट्ठी भेजते हैं तो ईश्वर कोई जवाब नहीं देता :

कोई उम्मीद बर नहीं आती
कोई सूरत नजर नहीं आती।

गालिब की नपी-तुली और परिष्कृत पंक्तियाँ सच के लिए हमारी आवयिकता को ऐसे फैलाती है जैसे कि हम बिरले ही फैलाते हैं।

ये न थी हमारी किस्मत कि विसाले-यार होता
अगर और जीते रहते, यही इन्तजार होता।

हारी आशाओं की गालिब की तीखी-खट्टी घोषणा कई विषयों को लेकर है।

गम अगरचे जां-गुसिल है, पै कहाँ बचे कि दिल है।
गमे-इश्क गर न होता, गमे-रोजगार होता।

कबीर, रूमी और मीराबाई के प्रफुल्ल आत्मविश्वास से गालिब की निराशा की विचलन : इसका क्या अर्थ हो सकता है? शायद विफलता की ओर मोड़ रूमी की छह शताब्दियों और कबीर की शताब्दियों के बाद स्वाभाविक ही है। शायद आध्यात्मिक उपलब्धि में अधिक कठिनाइयाँ हैं तब के मुकाबले या कि टोन में इस बदलाव का इतिहास से कुछ भी लेना-देना नहीं है।

शायद गालिब हर दिन ईश्वर को छह चिट्ठियाँ ही लिखते हैं बजाय चालीस के, शायद वे मार्ग से विभ्रान्त होते हैं उन प्रेम व्यापारों के कारण, जिन्हें वे मार्ग का सार मानते हैं। वे मार्ग गँवाने के बारे में सच बोलने वाले कवि हैं।"

इन दिनों अमेरिकी सत्ता जिस तरह की बर्बरता से पेश आ रही है उसके चलते यह बात हम भूल सकते हैं कि अमेरिकी साहित्य-संस्कृति दूसरों के प्रति बहुत खुली और ग्रहणशील रही है। संसार भर की भाषाओं की कविता के जितने अनुवाद अमेरिका में हुए और प्रकाशित हुए हैं उतने और किसी देश में नहीं हुए जिनमें पुराना सोवियत संघ शामिल है। इस मामले में अंग्रेजी साहित्य-मानस अपेक्षाकृत संकुचित रहा है। एक उदाहरण काफी होगा : 1965 में इण्डिवाना यूनिवर्सिटी प्रेस से, विद्यानिवास मिश्र के सम्पादन में और अज्ञेय की भूमिका के साथ, अंग्रेजी अनुवाद में आधुनिक हिन्दी कविता का एक संकलन निकला था जिसमें अमेरिकी कवियों ने जिनमें लियोनार्ड नैथन, जोजेफीन माइल्स आदि ने हिन्दी कविताओं का अनुवाद किया था। मैथिलीशरण गुप्त, निराला, पन्त, दिनकर, बच्चन, नवीन, अज्ञेय, शमशेर, मुक्तिबोध, रघुवीर सहाय, भवानी प्रसाद मिश्र, त्रिलोचन, नामवर सिंह, दुष्यन्त कुमार, मलयज आदि की कविताओं के अनुवाद इस संकलन में शामिल किए गए थे।

इंग्लैण्ड में उसके पैंतीस बरस बाद भी यानी आज तक आधुनिक हिन्दी कविता के अंग्रेजी अनुवाद का एक भी संकलन प्रकाशित नहीं हुआ।

(1 नवम्बर, 2002)

समाज-चिन्तन की मुश्किलें

हिन्दी और कई भारतीय भाषाओं को लेकर एक चिन्ता लगातार व्यक्त की जाती रही है कि उनमें इस समय सार्थक और मौलिक समाज-चिन्तन लगभग नहीं के बराबर है। इस चिन्ता के इर्द-गिर्द जो परिसंवाद विकासशील समाज अध्ययन पीठ दिल्ली ने आयोजित किया उसमें डॉ. कृष्ण कुमार ने पते की बात यह कही कि हमारा समय स्वयं समाज-चिन्तन के संसार भर में, विशेषतः उसके समाजशास्त्रीय रूप में संदिग्ध हो जाने का समय है और अगर हिन्दी में समाज-चिन्तन को नए सिरे से सक्रिय और सार्थक होना है तो वह वही समाज-चिन्तन नहीं हो सकता जो पश्चिम में पैदा होकर सार्वभौम का दावा करते हुए संसार के अवधारणात्मक

वशीकरण की चेष्टा में लगा रहा है और जो स्वयं बहुत सारी हिंसा, औपनिवेशिकता और शोषण के लिए जिम्मेदार और अकसर उनका सहभागी रहा है। ऐसे समाज-चिन्तन को हिन्दी में आयात कर न तो ज्ञान का कोई लाभ होगा, न समाज को समझने में कोई मदद मिल सकती है और न ही उसे किसी तरह का मौलिक चिन्तन कहा जा सकता है। भले हिन्दी में आज कोई समादृत समाजशास्त्री लगभग न हो, लेकिन ऐसा नहीं है कि समाज-चिन्तन नहीं हुआ है। स्वतन्त्रता के पहले गांधी से लेकर बाद में आचार्य डॉ नरेन्द्रदेव, डॉ. राममनोहर लोहिया आदि तक इस चिन्तन की परम्परा देखी जा सकती है। राहुल सांकृत्यायन, हजारीप्रसाद द्विवेदी, रामविलास शर्मा, अज्ञेय, मुक्तिबोध, विजयदेव नारायण साही, रघुवंश आदि में, फिर गोविन्दचन्द्र पाण्डेय, दयाकृष्ण, मुकुन्द लाठ, नन्दकिशोर आचार्य आदि में भी वह स्पष्ट देखा-पहचाना जा सकता है। पत्रकारिता के माध्यम से राजेन्द्र माथुर, रघुवीर सहाय, राजेन्द्र यादव, प्रभाष जोशी आदि ने भी इसमें योगदान किया है। पूरणचन्द्र जोशी और श्यामाचरण दुबे तो बाकायदा समाजशास्त्री रहे हैं जिन्होंने हिन्दी में मूलतः बहुत लिखा है। जरूरत इस पूरी परम्परा को विन्यस्त और समाकलित करने की है। यह एक विचित्र विडम्बना है कि स्वयं हिन्दी में साहित्य पिछले सत्तरेक बरसों से मुख्यतः प्रश्नवाची रहा है लेकिन उसका यह प्रश्नांकन भाषा के अन्य क्षेत्रों में, विचार की दूसरी सरणियों में बहुत कम सक्रिय रहा है। प्रश्नांकन का भूगोल फैले और हम पश्चिमी प्रत्ययों, अवधारणाओं और युक्तियों को उसके घेरे में ला सकें तभी हम ऐसे चिन्तन की ओर बढ़ेंगे जो प्रासंगिक और समझदार होगा। उसकी कम से कम एक समझ यह होगी कि भारतीय समाज को समझने के लिए हमें आधुनिकता के जो औजार और अवधारणाएँ चाहिए। वे हमें स्वयं आविष्कृत करनी होंगी—उनका पश्चिम से आयात बहुत काम का नहीं है।

इस सिलसिले में मुझे याद आया कि हाल में हाइडेलबर्ग के प्रसिद्ध विश्वविद्यालय में कार्यरत विदुषी गीता धर्मपाल से बात हो रही थी। वे दिल्ली विश्वविद्यालय में कुछ बुद्धिजीवियों से दो दिनों तक संवाद कर चुकी थीं और इस बात से थोड़ा त्रस्त थीं कि हम अकसर पश्चिमी बुद्धिजीवियों और संस्थानों को भारतीय समाज या इतिहास या परम्परा के अध्ययन-अनुसन्धान आदि में मदद करने के लिए उतारू रहते हैं। पर स्वयं यह प्रस्ताव या कोशिश कभी नहीं करते कि हम पश्चिमी समाज या इतिहास या परम्परा को भारतीय दृष्टि से जाँचें-परखें। मैं कहता हूँ कि यह शायद इसलिए है कि हमने यह मान लिया है कि पश्चिमी दृष्टि या विचार-प्रणालियाँ सार्वभौम हैं। यह तब जबकि स्वयं पश्चिमी अब यह मान रहा है या कि मानने को विवश हुआ है कि उसकी अवधारणाएँ

सार्वभौम नहीं हैं। मुझे याद आता है कि बरसों पहले चित्रकार जगदीश स्वामीनाथन का भोपाल में जाहिर हुआ एक विचार। एक बार स्वामी तमक कर बोले कि पश्चिम ने अपने अलावा बाकी सभी मनुष्य जातियों को पिछड़ा या अविकसित या बर्बर करार देकर उन्हें अजायबघर के लायक बना दिया है अगर वे विकास को उसके मॉडल का अनुसरण न करती हों। हमें भारत में पश्चिमी मनुष्य का एक संग्रहालय बनाना चाहिए जिसमें उसको भी वैसी ही नृतत्त्व की सामग्री की तरह देखा-परखा जाए जैसा कि पश्चिम आदिवासी या अफ्रीकी जनजातियों को देखता रहा है।

(16 मार्च, 2003)

रंग-जिजीविषा

रंगकर्मी गिरीश कर्नाड ने सही कहा है कि दुनिया में कहीं भी जाओ, यही सुनने को मिलता है कि रंगमंच मर रहा है : रंगमंच हमेशा मरता रहता है पर दरअसल कभी मरता नहीं है। संगीत नाटक अकादेमी ने अपनी स्वर्ण जयन्ती के अवसर पर जो 'रंग स्वर्ण' नामक बृहत् समारोह किया है और जो इन दिनों दिल्ली में कई मंचों पर एक साथ बड़ी धूमधाम से चल रहा है, उसका एक बौद्धिक आयोजन 'दुनिया में रंगमंच : व्यक्तित्व और सामूहिक दृष्टियाँ' विषय पर एक अन्तर्राष्ट्रीय परिसंवाद था जो 10 से 12 अक्टूबर को सम्पन्न हुआ। परिसंवाद में और कुछ हुआ हो या नहीं, कुछ बातें साफ उभर कर आईं : दुनिया भर में रंगमंच जीवित है बल्कि इस लगभग जादुई कला के दीवाने बड़ी संख्या में, हजार बाधाओं के बावजूद, इस कला को जीवित और प्रासंगिक बनाने में लगे हुए हैं। दुनिया, इस समय में भी, रंग-जिजीविषा को उकसाने और बनाए रखने का एक अत्यन्त स्पंदित परिसर है। स्वयं रंगमंच इधर-उधर ढकेले जाने के बाद भी अपनी जगह न छोड़ रहा है, न छोड़ने वाला है। कलाओं में अपने स्वत्व और आत्मरक्षा के लिए जो जरूरी बेशर्मी होती है उसका रंगमंच में कभी अभाव नहीं रहा है और न आज है। अकसर जिसे किसी कला की समाप्ति कहकर जताया जाता है वह उसकी समाप्ति नहीं, उसमें आ रहे परिवर्तनों को समझने की असमर्थता से उपजने वाली लाचारी का इजहार होता है। शील, भद्रता, नैतिकता का मजाक बनाते हुए दूसरे छोर पर पहुँचा और राजनैतिक रूप से विद्रोह और असहमति के ध्रुवान्त पर अकसर रहने वाला रंगमंच कितना ही बदल जाए, अपनी असली और केन्द्रीय मानवीयता को तजने-भूलने को वह, सौभाग्य से, तैयार नहीं है।

उसे कुछ और हो जाने के दर्जनों प्रलोभन हैं जैसे विज्ञापन, बाजारू दिखावा, निरे तकनीक की चकाचौंध, नग्नता का आयाम, राजनैतिक नारेबाजी आदि। लेकिन रंगमंच जिद करके संसार के सभी देशों और अधिकांश भाषाओं में रंगमंच अर्थात् निपट मानवीय, स्फूर्त रूप से संघर्षशील, जीवन और समाज की, व्यक्ति और सम्बन्ध की, प्रकृति और मनुष्य की विडम्बनाओं की रंगभूमि बना रहा है। सिनेमा, टेलीविजन, इलेक्ट्रॉनिक माध्यमों आदि द्वारा प्रचलित और सुलभ अनेक नई तकनीकों का रंगमंच ने अकसर कल्पनाशीलता और निर्भीकता से रंग प्रयोग करने में कभी हिचक नहीं दिखाई है। रंगस्थानों और रंगशैलियों की सारे संसार में आश्चर्यजनक विविधता है—अकसर एक ही भाषा में कई तरह की शैलियाँ और दृष्टियाँ एक साथ मौजूद और सक्रिय हैं—शास्त्रीयता, लोकधर्मिता और प्रयोगशीलता के जितने रसायन आज रंगमंच पर दीखते हैं, शायद ही किसी अन्य कला माध्यम में। हर जगह रंगमंच के लिए एक ओर पुराने दर्शक अगर कम हो रहे हैं तो दूसरी ओर नए दर्शक जुट भी रहे हैं। अगर कई देशों में उसे राज्याश्रय से वंचित होना पड़ा है तो नया जनाधार खोज-पा रहा है। राजनैतिक और सामाजिक रूप से रंगमंच हमेशा ही एक बेचैन विधा रहा है। अनेक स्तरों पर विन्यस्त और व्यक्त यह बेचैनी आज भी रंगकर्म का बुनियादी अध्यात्म बनी हुई है। परिसंवाद की एक उपलब्धि यह निश्चय ही कही जा सकती है कि उससे जाहिर हुआ कि रंगमंच पर गम्भीरता से सोचने वालों की एक अन्तर्राष्ट्रीय बिरादरी है और यह कि रंगभूमि से अन्यत्र रंगसंवाद सम्भव और वांछनीय है। चेक कवि मिरोस्लाव होलुब की ये पंक्तियाँ बहुत प्रासंगिक लगीं :

बहुत सम्भावना है
इस परिस्थिति में
कि इतने सारे लोगों के पास सिर हैं।

बल्कि होलुब ने यह भी कहा है :

हम अलग रख देते हैं
बेकार हड्डियाँ,
रेंगनेवालों की पसलियाँ,
बिल्लियों के जबड़े
तूफान की पुट्ठा-हड्डियाँ,
भाग्य की इच्छा-हड्डियाँ
टेकने के लिए
आदमी का बढ़ता सिर
हम खोजते हैं
एक रीढ़ की हड्डी

जो बनी रहेगी
सीधी।

यह कहना गलत न होगा कि हमारे समय में सच्चा रंगमंच आदमी के लिए यही रीढ़ की हड्डी खोज रहा है।

(19 अक्तूबर, 2003)

नाटक और अभिनेता

जैसे रंगमंच की आसन्न मृत्यु की घोषणा बारहा होती रहती है पर वह जीवित रहा आता है, वैसे ही अच्छे नाटकों के अभाव की शिकायत प्रायः हर भाषा में की जाती है जबकि बड़ी संख्या में नए और अच्छे नाटक लिखे जा रहे हैं। संकट नाटकों और रंगमंच के जोड़ का है। कन्नड़ रंगकर्मी रघुनन्दन की इस बात में काफी बल था कि इन दिनों नाटकों में जो भाषा लिखी जा रही है वह बहुत अभिधात्मक और अनुगूँजहीन है : उसमें पहले नाटकों जैसी जातीय स्मृतियाँ, अनुगूँजें और अन्तर्ध्वनियाँ, भंगिमाओं का जटिल संभार गुँथा नहीं है। मराठी नाटककार महेश एलकुंचवार की इस शिकायत में भी बल था कि आज के रंगकर्मी मुखरता को बरतने में तो दक्ष और अनुभवी हैं, चुप्पियों और मौन के व्यवहार में नहीं। कन्नड़ रंगकर्मी रघुनन्दन को, सन्देह है कि गम्भीर लोग समय की बाट देख रहे हैं–वे आज जो प्रमुख समस्याएँ और मुद्दे सामने हैं उन पर कुछ लिखने से मानो रुके हुए हैं। आखिर बाजार या सम्प्रदायिकता के विरुद्ध गम्भीर और बड़े नाटक कहाँ हैं? उधर स्लोवाकिया से आई रंगकर्मी सोनिया उलीस्रा का कहना था कि दुनिया में मुद्दे और विषयों की बहुतायत है पर उन पर उतने ही नाटक नहीं हैं। अपने देश स्लोवाकिया के उदाहरण से उन्होंने कहा कि जब हम साम्यवादी तानाशाही के अन्तर्गत थे हमें साँसत महसूस होती थी और हम मुक्ति की कामना इसलिए भी करते थे कि मुक्त होकर हम मनचाहे विषयों पर नाटक कर पाएँगे। मुक्त हुए एक दशक बीत गया है लेकिन नाटकों में वह मुक्ति नहीं आ पाई है। लगता है कि रंगमंच जैसी कला वर्जनाओं और बन्दिशों के माहौल में, प्रतिरोध के रूप में, जो कर पाती है वह अन्यथा मुक्त माहौल में नहीं। दूसरी ओर मुख्यतः मुम्बई के रंग-परिदृश्य पर टिप्पणी करते हुए कुशाग्र रंगकर्मी और विश्लेषक रामू रामनाथन ने नाटककार के सामने कई उजाड़ गिनाए जैसे बहुतायत, प्राचीन अतीत, जड़ों, अनुवाद, भारतीय अंग्रेजी रंगमंच, रिहर्सल, रूपक, राजनीति, यथार्थवाद आदि के

उजाड़। इसी सिलसिले से इसका जिक्र आया कि भारत जैसे स्वतन्त्र लोकतन्त्र में हबीब तनवीर, दक्षिण बजरंगे, जयन्त पवार, मछीन्द्र कांबली आदि अनेक रंगकर्मियों को विभिन्न कारणों से या तो राजनैतिक विरोधियों द्वारा या कट्टरपंथियों या राज्य द्वारा तंग किया जा रहा है। रंगमंच की सनातन प्रश्नवाचकता उसे बार-बार सत्ताधारियों या पोंगापंथियों या उग्रवादियों का कोपभाजन बनाती है : भारत में और सारे संसार में। यह अहसास बार-बार तीखा होता जाता है कि रंगमंच की असली राजनीति उन आवाजों को सुनना और जगह देना है जो दबाई या हाशिए पर फेंक दी गई हैं। ये आवाजें औरतों, गरीबों, दलितों, अपराधियों, समलैंगिकों, बच्चों, अल्पसंख्यकों, विद्रोहियों आदि की हो सकती हैं। यह सवाल बना रहता है कि क्या आज हिन्दी रंगमंच पर ऐसी राजनीति है?

बावजूद इसके कि इस समय रंगमंच पर महान अभिनेताओं का युग बीत गया लगता है, परिसंवाद में विभिन्न क्षेत्रों के विशेषज्ञों से यह जानकर कुछ आश्वस्ति हुई कि अभिनेता अभी भी रंगमंच की जान है और उसका महत्त्व किसी कदर कम नहीं हुआ है। निर्देशक का महत्त्व बढ़ा है लेकिन वह अभिनेता की कीमत पर नहीं। बड़े से बड़े निर्देशक को कुशल अभिनेताओं की बहुत व्याकुल तलाश रहती है जो उसकी दृष्टि और रूपाकार से समरस उसे सच्चे और जीवन्त रंगमंच में रूपान्तरित कर सकें। इस पर कुछ चिन्ता अलबत्ता उचित व्यक्त हुई कि यथार्थवादी अभिनय के अलावा अन्य किस्म के अभिनयों के लिए उचित प्रशिक्षण और तैयारी की कुछ कमी हो रही है। नए समय की नई उलझनों और चुनौतियों के लिए नया नाटक तभी हो सकता है जब अभिनय के भी नए मुहावरे विकसित हों जो नए समय की उलझी मानवीय सच्चाई और उसकी सूक्ष्मताओं को सक्षमता और सघनता के साथ चरितार्थ कर सकें।

(19 अक्तूबर, 2003)

उदात्त और हास्यास्पद

हमारे रंग-संवाद से गिरीश कर्नाड थोड़ी देर उठकर इसलिए कहीं गए थे कि भारत सरकार कन्नड़ में रवीन्द्रनाथ ठाकुर के समतुल्य माने जाने वाले शिवराम कारन्त पर एक डाक-टिकट जारी कर रही थी और उन्हें उस आयोजन में रहने का बुलावा था। शिवराम कारन्त एक कालजयी मूर्धन्य रहे हैं और उनकी स्मृति में टिकट निकले, यह सर्वथा उचित है। साहित्य के अलावा कन्नड़ रंगमंच और यक्षगान के पुनर्जीवन में उनकी बड़ी भूमिका थी। इसलिए यह और भी समयोचित लगा कि जब 'रंगस्वर्ण'

जैसा विराट आयोजन चल रहा हो, कारन्त पर टिकट जारी हो।

अखबारों में इधर पढ़ा कि पत्रकार, कवि और चिन्तक नरेन्द्र मोहन पर एक टिकट जारी हुआ जिसमें प्रधानमन्त्री, उपप्रधानमन्त्री आदि उपस्थित थे। श्री मोहन का देहावसान पिछले वर्ष हुआ और वे हिन्दी के प्रतिष्ठित पत्रकार थे, यह सही है। पर सरकार ने कभी इस दौरान दिवंगत हिन्दी के अत्यन्त प्रखर पत्रकार जैसे राहुल बारपुते, रघुवीर सहाय या राजेन्द्र माथुर पर टिकट नहीं निकाला। हिन्दी में प्रभाष जोशी, राजकिशोर, मृणाल पाण्डेय जैसे कुशाग्र और विचारोत्तेजक समकालीन पत्रकारों के रहते नरेन्द्र मोहन का कद हमेशा छोटा ही रहा है। संक्षेप में, वे इतने बड़े पत्रकार नहीं थे कि उन पर डाक टिकट निकले। रहे कवि तो उन्हें कवि मानने वाला या उनको किसी तरह से उल्लेखनीय कवि मानने वाला कौन आज हिन्दी साहित्य जगत में है, मुझे नहीं मालूम। मैंने उनकी जो कविताएँ पढ़ी हैं वे निहायत लचर और बासी-बीते मुहावरे में लिखी कविताएँ थीं जिनका साहित्य की दृष्टि से कोई महत्त्व नहीं हो सकता। चिन्तक शब्द एक गोलमाल-सा शब्द है। फिर भी नरेन्द्र मोहन जी को चिन्तक कहना इस शब्द और उसके पीछे की अवधारणा का अक्षम्य अवमूल्यन होगा। वे सोचते-विचारते व्यक्ति थे जैसे कि और बहुत-से होते हैं। लेकिन चिन्तक किसी तरफ से नहीं थे। उनकी पत्रकारिता भी किसी वैचारिक प्रखरता या प्रश्नाकुलता से ओतप्रोत रही है, ऐसा नहीं कहा जा सकता। संक्षेप में, नरेन्द्र मोहन पर, पत्रकार-कवि-चिन्तक की उनकी उपलब्धि और कद को देखते हुए उन पर टिकट निकालने का कोई औचित्य नहीं लगता। लगभग पाँच बरस पहले, मैंने प्रधानमन्त्री जी और तत्कालीन संचार मन्त्री, जो इस समय संस्कृति मन्त्री हैं, को एक पत्र लिखकर उनकी पचहत्तरवीं वर्षगाँठ पर पण्डित कुमार गन्धर्व पर टिकट निकालने का अनुरोध किया था। कुछ नहीं हुआ आज तक। अगले वर्ष कुमार जी की अस्सीवीं वर्षगाँठ होगी!

(19 अक्तूबर, 2003)

तब भी अब भी

गजानन माधव मुक्तिबोध पर कुछ पुनर्विचार की शुरुआत हो रही है। उनकी कीर्ति लगभग पूरी तरह से मरणोत्तर है : उनकी मृत्यु को, पिछले ग्यारह सितम्बर को, उनतालीस बरस हो गए। उनका पहला कविता-संग्रह उनके दुखद निधन के बाद ही निकल पाया और उनकी रचनावली, 2000

से अधिक पृष्ठों की छह जिल्दों में, अपने प्रकाशन से यानी 1980 से लेकर अब तक, सबसे अधिक बिकने वाली रचनावली है। अटपटी भाषा में लम्बी और जटिल-कठिन कविताएँ लिखने वाले मुक्तिबोध की लोकप्रियता आश्चर्यकारी है। वे इस मामले में अद्वितीय कवि हैं कि उनका न कोई पूर्वज समझ में आता है और न ही कोई वंशज दिखाई देता है। उनकी कविताएँ पढ़ना आसान काम नहीं है। आज कविता की भाषा में जिस तरह के अखबारीपन का वर्चस्व है उसके चलते मुक्तिबोध की भाषा असह्य, उबाऊ और बासी तक लग सकती है। जब वह लिख रहे थे तब भी उनकी भाषा अपने समय के मुहावरों से न सिर्फ अलग बल्कि कुछ पिछड़ी हुई थी। फिर भी, यह कोई नहीं कह सकता कि मुक्तिबोध अब प्रासंगिक नहीं रह गए हैं। यह सिर्फ इस डर से नहीं कि सारा प्रगतिशील-जनवादी तबका, जो अत्यन्त विशाल और सुसंगठित है, खौखिया कर पीछे पड़ जाएगा। बल्कि इसलिए भी कि हमारे समय की सच्चाई आज भी मुक्तिबोध की कविता के मानचित्र में इस तरह विन्यस्त है कि इससे इनकार या उसे नजरअन्दाज करना सम्भव नहीं है। यह नोट करने की बात है कि हमारे समय में अँधेरी हिंस्र मनुष्यविरोधी शक्तियों के जो नए संस्करण और गठबन्धन उभर रहे हैं, भारत में शायद मुक्तिबोध एकमात्र ऐसे कवि हैं जिन्हें इसका गहरा पूर्वाभास था। उनकी अपनी पंक्तियाँ हैं :

सत्य आए व चले गए
रश्मि उभरी व लीन हुई
अन्धकार किन्तु जो तब भी था, अब भी है।

यह सही है कि मनुष्य की मुक्ति की जो उम्मीद जिन शक्तियों से मुक्तिबोध ने लगाई थी वह सही साबित नहीं हुई। जिस 'मुक्तिकामी' विचारधारा पर मुक्तिबोध को यकीन था वह स्वयं मुक्ति के रास्ते बड़ी बाधा बनी। लेकिन इससे मुक्ति की आकांक्षा कितनी ही असम्भव क्यों न लगे, अपने आप में अवास्तविक या असिद्ध नहीं हो जाती। हम कवि के पास विचार के लिए उतना नहीं जितना सच्चाई के लिए जाते हैं: सच्चाई की मुक्तिबोध की शिनाख्त बासी नहीं पड़ी है। उनकी कविता आज भी, अपनी सारी भाषाई उलझनों और अटपटेपन के बावजूद, 'अन्तःकरण का आयतन' बढ़ाने वाली है। यह जानना कविता की मानवीयता में विश्वास जमाने के लिए काफी है कि 'भयंकर एक नया ईमान' रखने वाला व्यक्ति सच्चाई में अपनी आत्माभियोगी शिरकत के साथ प्रासंगिक बना रहता है, भले उसके भरोसे सही साबित न हों। कविता अन्ततः मानवीयता में विनिवेश है और मुक्तिबोध की अब तक चली आ रही प्रासंगिकता उसका एक आश्वस्तिकर प्रमाण है।

(9 नवम्बर, 2003)

अन्तिम अरण्य

'जब (ज्ञान) आता है, तब तक बहुत देर हो चुकी होती है...तब आदमी उसके काबिल नहीं रहता। वह अपने चिमटे से सुख नहीं, उसकी राख उठाने आता है...'

'पुराने दोस्तों के चेहरे हमें अपने होने के खँडहरों की याद दिलाते हैं...'

'जैसे हम उनके समय की तलछट पर अपनी बची हुई जिन्दगी को कुतर रहे हों, पैरासाईट, परजीवी, जिनका अपना होना दूसरे के न होने की दीवार पर टँगा रहता है।'

'एक ऐसा उम्मीदवार, जिसके पीछे लौटने की कोई उम्मीद नहीं दिखाई देती थी।'

'जो लोग तुम्हें प्यार करते हैं, वे तुम्हें कभी माफ नहीं करते।'

'बीतता कुछ भी नहीं है।'

'हम जीते नहीं, उसकी कॉपी करते हैं, जो कहीं पहले से ही किया जा चुका है...'

'समय वहाँ-वहाँ है, जहाँ-जहाँ हम जीते हैं।'

'वह यहीं है बाबूजी...घर का कोई आदमी घर थोड़े ही छोड़ देता है!'

'मरने के बाद आदमी अपने से छूट कर कितने लोगों के बीच में बँट जाता है!'

'क्या इसी तरह हर आदमी अन्त तक बँटता जाता है?'

'सुख कभी पूरा होता है!'

हमारे समय के प्रमुख कथाकार-चिन्तक निर्मल वर्मा के नए उपन्यास 'अन्तिम अरण्य' से ऊपर उद्धृत उक्तियाँ, बखान या वाक्य न सिर्फ उनकी अनूठी शैली, औपन्यासिक संरचना और ऐन्द्रिय पकड़ का कुछ स्वाद देते हैं पर उस गहरी आध्यात्मिक व्याकुलता का भी, जो कि यह कृति अन्ततः है। उसमें कोई असाधारण नायक नहीं है पर साधारण लोग ही असाधारण

परिवेश में फँस कर अपने को, अपने बीतने और समय को, दूसरों की उपस्थिति और अनुपस्थिति को पकड़ने-समझने की कोशिश करते हैं। यह कोशिश किसी सीधी-सादी उम्मीद से परे जा चुकी है : उसमें न कोई दैवी सहारे बचे हैं, न ही कोई लौकिक आश्वासन। फिर भी उसका अपना अध्यात्म जीने की कठिन-जटिल प्रक्रिया से ही उभरता है और जीने में ही जीवन अर्थ से भरता और फिर खाली हो जाता है। यह उपन्यास उस समय का साक्ष्य है जो हमारे जाने-अनजाने सारी ऊपरी उथल-पुथल के बावजूद कहीं हमारे अन्दर बीतता रहता है—एक ऐसा दस्तावेज, जिसमें होना न होने की प्रतीक्षा है और जिसमें अब उसे कुतरने वाली उम्मीद की दीमकें तक नहीं बची हैं; जिसमें होना टिमटिमाता, डबडबाता, खुलता-छुपता और बीत जाता था। पूरा उपन्यास मानो कि प्रार्थना है जहाँ होने की पवित्रता को आशा-आकांक्षा दूषित नहीं कर पातीं।

(9 जनवरी, 2000)

भारती पर पुनर्विचार

धर्मवीर भारती लगता है कि विचार और जाँच-परख के दायरे में वापस आ रहे हैं। इसका मुख्य कारण तो यह है कि इधर उनकी सम्पूर्ण कृतियाँ एक रचनावली के रूप में हाल ही में वाणी प्रकाशन ने प्रकाशित की हैं। उनके पत्रों का एक बड़ा संग्रह भारतीय ज्ञानपीठ से निकला है। उनकी पत्नी श्रीमती पुष्पा भारती ने उनकी कविताओं का एक नया संचयन 'मेरी वाणी गैरिकवसना' शीर्षक से सम्पादित किया है जिसका लोकार्पण पिछले सप्ताह वरिष्ठ कवि कुँवर नारायण ने भारतीय ज्ञानपीठ के एक आयोजन में किया। उनके साक्षात्कारों का भी एक संग्रह प्रकाशित हुआ है। इतनी सारी सामग्री एक साथ सामने आने से भारती जी के कृतित्व और उपलब्धि पर व्यापक विचार का एक वातावरण-सा बना है। ऐसे अवसरों पर हिन्दी में रस्मिया तौर पर की जाने वाली अतिशयोक्तियों को छोड़ दें तब भी यह स्पष्ट है कि इतने बरसों से हिन्दी साहित्य की चर्चा से बाहर रहे धर्मवीर भारती उसमें वापस आ गये हैं। यह बात अब व्यापक रूप से स्वीकार की जा रही है कि 'अन्धा युग' जैसे काव्यनाटक, 'कनुप्रिया' जैसी लम्बी कविता, 'सूरज का सातवाँ घोड़ा जैसे प्रयोगधर्मी उपन्यास, 'गुलकी बन्नो', 'सावित्री नम्बर दो' आदि जैसी कहानियों के कृतिकार को पिछले पचास बरसों की उपलब्धि के भूगोल से बाहर नहीं रखा जा सकता। अगर ऐसा हो रहा है तो जाहिर है कि इसका एक बड़ा कारण तो हिन्दी में अब भी सक्रिय न्याय-बुद्धि है जिसके

रहते अन्ततः सच्चे और खरे कृतित्व और उपलब्धि की अवहेलना कर पाना बहुत देर तक सम्भव नहीं रह पाता। यह भी स्पष्ट है कि यह एक दुर्भाग्यपूर्ण विडम्बना है कि स्वयं भारती जी के जीवित रहते उन्हें हिन्दी जगत ऐसी आश्वस्ति नहीं दे पाया था। हिन्दी में एक जमाने की बढ़िया साहित्यिक पॉलेमिक्स करने वाले भारती जी को उनके उत्तरकाल में चल रही पॉलेमिक्स में कभी शामिल ही नहीं किया गया। किसी हद तक यह भी सही है कि वे स्वयं भी उसमें भाग लेने को उत्साहित नहीं हुए।

इन दिनों यह देखना दिलचस्प है कि जिन वरिष्ठ कवियों और आलोचकों ने पिछले बीसेक बरसों से साहित्यिक चर्चा में धर्मवीर भारती को विचारणीय और इसलिए नामोल्लेख के योग्य भी नहीं माना था उन पर इधर प्रशंसात्मक टिप्पणियाँ कर रहे हैं। लेकिन वे कृपापूर्वक यह नहीं बता रहे हैं या कि बताना जरूरी नहीं समझ रहे हैं कि क्यों उनका हृदय-परिवर्तन हुआ है। अगर यह हृदय-परिवर्तन है तो उसके लिए अधिकांशतः जिन कृतियों का जिक्र हो रहा है वे खासी पुरानी हैं, लगभग तीस-चालीस बरसों पुरानी। यह बात ताजा आकलन के औचित्य को और उलझा और किसी हद तक संदिग्ध बना देती है। अगर यह किसी लेखक के प्रति उसकी मृत्यु के बाद विकसित वस्तुनिष्ठता का उदाहरण है तो उसका नैतिक बचाव और भी मुश्किल हो जाता है। एक बात तो साफ है कि हिन्दी में मूल्यांकन बेहद उलझा हुआ मामला है और इतना सीधा-सादा नहीं है जितना कई बार नजर आता है।

(2 जनवरी, 2000)

सदी के किस्से

बीसवीं सदी में जितना भी साहित्य संसार भर में लिखा गया है इसे 'सदी के किस्से' कहकर अभिहित किया जा सकता है : आखिर हर रचना एक तरह से, फिर वह कविता या निबन्ध ही क्यों न हो, उस आदमी का जो लिखता है और उस समय का जिसमें उसे लिखा जाता है, किस्सा होती है। हम लेखक लोग अकसर अपने से ही पर औरों से भी, अपने पर और अपने आस-पास और इस दुनिया और समय में जो बीत रहा है, जो सच-अधसच हमें नजर आता या हमारी पकड़ में आ जाता है उसका किस्सा ही तो कहते हैं! यह दिलचस्प है कि जब किसी समय का इतिहास लिखा जाता है तो अकसर कुछ खाली जगहें पड़ती हैं तब

उन्हें भरने के लिए साहित्य पर नजर डाली जाती है। सच तो यह है कि बिना ऐसा दावा या घोषणा किए, किसी भी समय में लिखा गया साहित्य उस समय का इतिहास ही होता है : आदमियत का, उसकी तकलीफों और उलझनों का, उसके हर्ष-विषाद, उसकी विफलताओं और उपलब्धियों का एक अनौपचारिक लेखा-जोखा। यह एक ऐसा आदमीनामा भी होता है जो सरलीकृत या सामान्यीकृत होने से बराबर इनकार करता है क्योंकि उसकी अद्वितीयता इसी में है कि वह विशिष्टताओं के माध्यम से ही अपने को गूँथता है, अस्तित्व में आता और अर्थ पाता है। एक अर्थ में अलग से बीसवीं सदी को लिखने की जरूरत नहीं है क्योंकि वह पहले ही असंख्य कविताओं, कहानियों-उपन्यासों, बौद्धिक विमर्शों, नाटकों आदि में लिखी जा चुकी है।

फिर भी हाल ही में नोबेल पुरस्कार से विभूषित जर्मन उपन्यासकार-कवि गुण्टर ग्रास ने एक नई पुस्तक लिखी है: 'मेरी सदी'। लगभग 280 पृष्ठों की पुस्तक का अंग्रेजी अनुवाद हाल ही में फेबर एण्ड फेबर ने प्रकाशित किया है। वर्ष 1900 से लेकर 1999 तक हर वर्ष के लिए इसमें एक स्वतन्त्र और आत्मपूर्ण वृत्तान्त है। बल्कि हर किस्सा और हर किस्से का कहनेवाला अलग है। ग्रास ने इस दिलचस्प दस्तावेज में युद्ध जैसी बड़ी घटनाओं से लेकर स्ट्रा हैट जैसी छोटी चीजों को उसमें शामिल किया है। उसमें नई तकनीकी खोजें, वैज्ञानिक विकास, संस्कृति, खेलकूद, हत्या, दुर्घटना आदि सब है। किसी भी समय रहना, जीना कितने ही छोटे-बड़े सचों, चीजों, घटनाओं, भावनाओं के बीच, उनमें फँसे, रचे-बसे रहना होता है। यह सच्चाई पूरी मार्मिकता से ग्रास ने समझी और इस कृति में बड़ी ताजगी और अकसर मुस्कराते हुए पेश की है।

(16 जनवरी, 2000)

संगीत-विचार

इतनी समृद्धि और अटूट परम्परा होने के बावजूद हमारे शास्त्रीय संगीत का वैसा बौद्धिक विश्लेषण नहीं हो पाया है जिसके कि वह सर्वथा योग्य है। हमारे यहाँ संगीतकारों ने भी संगीत के बारे में विचारोत्तेजक बहुत कम कहा है और हमारी संगीतालोचना तो बौद्धिक रूप से खासी पिछड़ी और इकहरी रही है। इस शताब्दी के—और अगर किसी गणना से शताब्दी समाप्त हो गई हो तो पिछली बीसवीं शताब्दी के—अत्यन्त प्रयोगशील संगीतकार जान केज की एक पुस्तक मेरे हाथ आई जिसमें उनके व्याख्यानों

और टिप्पणियों का संग्रह है। नाम है: साइलेंस। केज पश्चिमी संगीत के सन्दर्भ में अत्यन्त क्रान्तिकारी कम्पोजर, पश्चिमी जगत् के एक अत्यन्त विवादास्पद जीनियस माने जाते रहे हैं। उनकी कुछ दिनों पहले ही मृत्यु हुई है।

इस पुस्तक में पूर्वी विचारों और धार्मिक अभिप्रायों का स्पष्ट प्रभाव है। जो बात चकित करती है वह है इस संगीत-चिन्तक का रेंज। एक पूरा लम्बा निबन्ध अमेरिकी चित्रकार रोशेनबर्ग के बारे में है और कई टिप्पणियाँ नृत्य और कविता के बारे में भी। पश्चिम में अवां गार्द आन्दोलन की विभिन्न कलाओं और साहित्य में लगातार जो बिरादरी बनती रही है वह भारत में सम्भव नहीं हुआ, भले इसका कारण पश्चिमी-उत्प्रेरित आधुनिकता रही हो जिसने कलाओं की पारम्परिक बिरादरी को भंग कर उनके बीच वर्ण विभाजन कर दिया।

मेरा ध्यान अटका शताब्दी के पूर्वार्द्ध में ही दिवंगत संगीतकार एरिक सैती से जान केज के एक काल्पनिक संवाद पर, जिसमें केज ने सैती के वास्तविक उद्धरण दिए हैं। सैती का कहना था : 'जो भी हो, हमें ऐसा संगीत सामने लाना चाहिए जो फर्नीचर की तरह हो—एक ऐसा संगीत जो माहौल की आवाजों का हिस्सा हो, जो उन्हें हिसाब में लेता हो। मैं उसके बारे में सोचता हूँ कि वह सुरीला होगा, चाकुओं और काँटों की आवाजों को थोड़ा मद्धिम करता हुआ, उन पर चढ़ने या उन पर रौब ग़ालिब करनेवाला नहीं। वह उन भारी चुप्पियों को भर देगा जो कभी होती हैं जब दोस्त साथ खा रहे होते हैं। उसके कारण वे अपनी उस उक्तियों पर ध्यान देने से बच जाएँगे और साथ ही साथ वह सड़क की उन आवाजों को निष्प्रभावी बेअसर कर देगा जो बातचीत की लय में बेसमझी से दखल करने लगती हैं। इस तरह का संगीत बनाना एक जरूरत का जवाब देना है।'

हमारे संगीत ने, जो मनुष्य के कई व्यापारों को ध्यान में लेता है, कभी इस तरह का होने का सोचा है! हमारे यहाँ शास्त्रीय संगीत अपना अलग संसार रचता है और यह उसकी आविष्कार प्रतिभा और सामर्थ्य का प्रमाण है। लेकिन वह हमारे रोजमर्रा के संसार में वैसी जगह नहीं खोजता जैसी कि साहित्य या कुछ अन्य कलानुशासन खोजते हैं। ऐसा क्यों?

(23 जनवरी, 2000)

दो कला-पुस्तकें

एक ऐसे देश में जहाँ कलाओं सम्बन्धी अनेक शास्त्र लिखे-रचे गये और सदियों से उनका भाष्य और पुनर्भाष्य होता रहा है, यह विडम्बना ही है कि समकालीन कला-सक्रियता के साथ-साथ शास्त्ररचना या आलोचनात्मक विश्लेषण कम ही हुआ है। शास्त्रीय नृत्य जैसी सूक्ष्म और जटिल कला के तो जो आलोचक-विशेषज्ञ पूरे देश में हैं, उनकी संख्या बमुश्किल पन्द्रह होगी।

हाल में नृत्य-समीक्षक शान्ता सर्बजीत सिंह के सम्पादन में शास्त्रीय नृत्य पर एक सुमुद्रित और अनेकों रंगीन और सादे छायाचित्रों से सजी पुस्तक प्रकाशित की है प्रसिद्ध कला-प्रकाशक रविकुमार ने। नाम हैं 'इण्डियन डांस': द अल्टीमेट मेटाफ़र' और उसमें सातों शास्त्रीय नृत्यों के अलावा मुखौटों और तबला की कला पर भी निबन्ध संकलित हैं। लेखकों में के एस श्रीनिवासन, कावलम नारायण पणिक्कर, जीवन पाणि, सुनील कोठारी, दर्शना झावेरी, मंजरी सिन्हा आदि हैं। अगर यह जानना हो कि भारतीय सचाई को हमारे शास्त्रीय नृत्य कैसे विन्यस्त करते हैं और इस विन्यास में कैसे सूक्ष्म परिवर्तन आते रहे हैं; कि भारत में अतीत कैसे बीतता नहीं और वर्तमान में रूपान्तरित होता रहता है तो यह पुस्तक पढ़ना उपयोगी हो सकता है।

कलाविदुषी और इतिहासकार गीति सेन की बांग्ला चित्रकार गणेश पाइन पर पुस्तक 'रिवेलेशन्स' का लोकार्पण भी हाल ही में हुआ। गणेश पाइन ने अपने एक चित्र में एक पंक्ति अंकित की है : 'सारे सृजन का एक ही उद्‌गम है—विस्मय-भाव'। गणेश उन चित्रकारों में से हैं जिनकी कला के पीछे शब्द की प्रेरणा है—कविताओं की, विचारों की। मध्यकालीन साहित्य, बांग्ला लोकगान आदि गणेश की कल्पना को उसका विशिष्ट रूपाकार पाने में हमेशा मदद करते रहे हैं। साधारण जिन्दगी की छबियों में भी उनके यहाँ एक तरह का रहस्य प्रगट होता है और इन छबियों को अनेक अर्थाशयों से आलोकित कर देता है। आकार और अमूर्तन उनके यहाँ अन्तःविन्यस्त हैं और गीति सेन ने जतन और समझ से उनकी कला के कई पहलू उभारे हैं। आक्तावियो पाज ने गणेश पाइन के चित्र पर की ये पंक्तियाँ उकेरी हैं :

हमें खुली आँखों सोना चाहिए
हमें अपने हाथों से सपना देखना चाहिए

×××

हमें गाना चाहिए तब तक जब तक कि
गान में जड़ें तने, शाखाएँ, चिड़ियाँ और सितारे
न निकल आएँ।

(6 फरवरी, 2000)

अन्त में बोर्खेस

बोर्खेस की चुनी हुई कविताओं, कथाओं और गैरकथात्मक लेखन के तीन बड़े पुस्तकाकार संचयन उनकी जन्मशती के सिलसिले में हाल ही में वाइकिंग ने छापे हैं। मैं इन दिनों उनका गद्य पढ़ रहा हूँ। 1927 में लिखे अपने एक निबन्ध का समापन बोर्खेस ने यह कहकर किया कि एक तरह की कोमल और निश्चित अनश्वरता उस कवि की होती है जिसका नाम दुनिया की किसी जगह से जुड़ जाता है जैसे अंग्रेजी कवि राबर्ट बर्न्स का स्कॉटलैण्ड से जुड़ा है। पर, बोर्खेस के अनुसार, सबसे अच्छी अमरताएँ, जो कि भावनाओं के क्षेत्र की हैं, अभी तक खाली हैं। ऐसा कोई कवि नहीं है जो कि प्रेम, घृणा या निराशा की समूची आवाज हो। इस कमी की वजह से ही अभी उम्मीद करने की गुंजाइश है।

बोर्खेस ने अन्यत्र लिखा है कि नहीं जानते कि संगीत कभी संगीत से या कि संगमरमर कभी संगमरमर से निराश हो सकता है। लेकिन उन्हें पता है कि साहित्य एक ऐसी कला है जो ऐसे समय की कल्पना कर सकती है जब वह शान्त हो चुकी होगी, एक ऐसी कला जो अपने ही गुणों से उत्तप्त होती है, अपने पतन से भी प्यार करती है और खुद अपने अन्त का पीछा करती है।

(6 फरवरी, 2000)

लेखकी

यह लगभग चालीस बरस पहले की बात है। मैं सागर जैसे छोटे शहर से दिल्ली जैसे महानगर और सेंट स्टीफेंस कॉलेज में एमए करने आया था। कुछ कविताओं के बल पर एक कवि के रूप में थोड़ा-बहुत जाना जाने लगा था। चूँकि एक पत्रिका का सम्पादन कर चुका था और

'ज्ञानोदय' जैसी पत्रिका में मेरी एक कविता को लेकर विवाद हो चुका था, मुझे अपने कवि होने का कुछ ज्यादा ही ख्याल हर वक्त रहता था। उन दिनों श्रीकान्त वर्मा के साथ जिस लेखक-मण्डली में शामिल हुआ उसमें अशोक सेकसरिया भी थे। मुझे याद है कि बीएस नायपाल का उपन्यास 'ए हाउस फार मिस्टर बिस्वास' और इतालवी लेखक सिजारे पावेज की डायरी 'दिस बिजनेस ऑफ लिविंग' आदि अशोक के कारण ही हम कई युवा लेखकों ने पढ़ी थीं। उनमें हिन्दी को लेकर गहरा लगाव था लेकिन सारी दुनिया में क्या हो रहा है इसको लेकर अथक जिज्ञासा भी। वे एक बड़े परिवार के थे पर एक हिन्दी अखबार में छोटी-सी नौकरी करते थे और अक्सर देर रात तक ड्यूटी करते थे। अशोक के सामान्य व्यवहार से ही एक तरह से मैंने यह जानना शुरू किया था कि लेखक सिर्फ अपनी भाषा और कौशल में ही संवेदनशील और तत्पर प्राणी नहीं होता—अगर वह चाहे तो वह उस समुदाय और समाज में भी वैसा ही हो सकता है जिसमें कि वह रहता-विचरता है। मैले-कुचैले कपड़े, दाढ़ी, कई दिनों से मानो न नहाने के लक्षण इन सब के साथ अशोक सेकसरिया की छवि एक निपट मध्यवर्गीय व्यक्ति की थी और है जिसमें अपनी शर्तों पर संसार को देखने और उसमें रहने और कुछ करने की जिद थी। उनके यहाँ लेखकी का अर्थ बेहद चौकस होते हुए भी निस्पृह बने रहने का था—अपने साथ पूरी सख्ती और दूसरों के साथ अचूक उदारता। भाषा में कठोर संयम और किसी तरह के विलास का प्रतिरोध। दूसरों की परवाह किये बिना और बिना किसी नाटकीयता के अपनी बात कहने की जुर्रत। अशोक सार्वजनिक आयोजनों में शायद ही कभी बोलते होंगे और दोस्तों के बीच शायद ही कभी चुप रहे होंगे। अशोक ने बहुत कम लिखा है क्योंकि जरूरत से ज्यादा एक शब्द भी उन्हें लिखना कभी गवारा नहीं रहा। उनकी कुछ ही कहानियाँ हैं और अब उन्हें संकलित कर वाग्देवी प्रकाशन ने पुस्तकाकार 'लेखकी' नाम से छाप दिया है। अशोक सेकसरिया की अनुमति के बिना यह प्रकाशन हुआ है। वे नाराज होते हों सो हों, हम जैसे उनके अनेक मित्रों को इस प्रकाशन से निजी और आध्यात्मिक सन्तोष है। उनकी लेखकी अपने किस्म की अकेली थी और उसका साक्ष्य एकत्र और सबके सामने होना चाहिए।

(13 फरवरी, 2000)

अज्ञेय की दो पुस्तकें

अक्सर किसी बड़े लेखक से हमारा परिचय उसकी रचनाओं के माध्यम से अपनी युवावस्था में होता है और हमें यह ख्याल भी नहीं आता कि

ऐसा लेखक कभी बच्चा रहा होगा। हालाँकि अज्ञेय ने अपने पहले उपन्यास 'शेखर : एक जीवनी' में बचपन का बखान किया है, उनकी प्रचलित छवि एक प्रौढ़ व्यक्ति की ही रही है। इसलिए प्रभात प्रकाशन द्वारा उनकी एक नयी पुस्तक 'स्मृति के गलियारों से' में अज्ञेय के 'बचपन की तीखी, प्रखर और स्पष्ट यादें' देखना अच्छा है। अज्ञेय ने इसी पुस्तक में एक जगह याद दिलाया है कि 'याद ही तो एक ऐसी चीज है जो स्वप्न और यथार्थ के बीच की सीमारेखा को मिटाती नहीं तो धुँधला करती चलती है। 'हिन्दी में बड़े लेखकों के बचपन को लेकर इतने कम संस्मरण हैं कि यह एक अनूठी पुस्तक है। कई बार लगता है कि अगर हम निराला, प्रसाद, शमशेर, मुक्तिबोध, रेणु आदि के बचपन के बारे में इतना कम जानते हैं जितना कि जानते हैं तो कहीं न कहीं यह उनके बारे में भी अन्ततः कम जानना है।

प्रभात प्रकाशन से ही अत्यन्त सुमुद्रित दूसरी पुस्तक में अज्ञेय के वे दो उपन्यास हैं जो पूरे नहीं हो पाये। पुस्तक के दो नाम हैं 'बीनूभगत' और 'छाया मेखल' और वह दोनों ओर से खुलती है। एक ओर एक उपन्यास है और उलटकर दूसरी ओर दूसरा उपन्यास। बल्कि उपन्यास नहीं, दो असमाप्त उपन्यास। यह भी एक अनोखी पुस्तक है क्योंकि इसके पहले कम से कम मैंने ऐसी पुस्तक नहीं देखी जिसमें दो असमाप्त उपन्यास संग्रहीत हों। अज्ञेय की औपन्यासिक दृष्टि को समझने में ये सहायक तो हैं ही, उनमें उस दृष्टि को कुछ नया खोजते भी देखा जा सकता है। एक लेखक का कृतित्व वही नहीं होता जो मुकम्मल हमें मिलता है : वह भी उसका जरूरी हिस्सा होता है जो अधूरा, कच्चा, अप्रकाशित छूट जाता है। हमें उनका कृतज्ञ होना चाहिए जो बाद में जतन से समझ और संवेदना के साथ ऐसी सामग्री को सहेजकर प्रस्तुत करते हैं। अज्ञेय की इन दो पुस्तकों के लिए हमें कृतज्ञ होना चाहिए इला डालमिया कोइराला का जिन्होंने सूझ-बूझ के साथ ये दोनों पुस्तकें तैयार की हैं।

(13 फरवरी, 2000)

पत्रिकाओं की बहार

हिन्दी के बारे में एक व्यापक भ्रम यह है कि उसमें अब अच्छी पत्रिकाएँ नहीं रही हैं। यह सच है कि 'धर्मयुग', 'दिनमान', 'सारिका', 'साप्ताहिक हिन्दुस्तान' जैसी लोकप्रिय पत्रिकाएँ दृश्य से सर्वथा लुप्त हो चुकी हैं। लेकिन इन दिनों छोटी पत्रिकाओं की एक नयी बहार आयी हुई है। इनमें

से अधिकांश छोटी-छोटी जगहों से निकल रही हैं बजाय हिन्दी के पारम्परिक केन्द्रों जैसे इलाहाबाद, बनारस आदि से। 'पहल', 'वागर्थ', 'साक्षात्कार', 'हंस', 'कथादेश', 'साहित्य अमृत', 'वर्तमान साहित्य' आदि नियमित पत्रिकाओं के अलावा इधर कई पत्रिकाओं ने अपना पुनराविष्कार किया है जैसे 'मधुमती', 'कथन' आदि ने। 'तद्भव' जैसी पत्रिका ने दृश्य में नयी ताजगी भर दी है। 'कथन' एक गम्भीर और उत्तरदायी पुनरुपस्थिति है जिसमें साहित्य के बृहत्तर सन्दर्भ और प्रश्नों के लिए सजग चिन्ता है। बहुत सारी पत्रिकाओं के अपने वैचारिक और किसी हद तक उबाऊ पूर्वग्रह भी हैं : उनके बावजूद वे इस बात का प्रमाण तो हैं ही कि साहित्य और उसके दृश्य और प्रश्नों को गम्भीरता से लेने वाले लोगों और मंचों की संख्या बहुत बड़ी है और सौभाग्य से विकेन्द्रित है। एक मोटा-सा अन्दाज यह किया जा सकता है कि हिन्दी में इन दिनों जितनी अच्छी और बड़ी संख्या में छोटी पत्रिकाएँ निकल रही हैं उतनी शायद ही किसी और भारतीय भाषा में निकल रही हैं। इस बात से भी सन्तोष किया जा सकता है कि कुल मिलाकर इन पत्रिकाओं की ग्राहक और पाठक संख्या काफी होगी, तभी न वे चल पा रही हैं। पटना से नन्दकिशोर नवल ने आलोचना की एक नयी पत्रिका निकाली है 'कसौटी' और नयी खबर यह है कि राजकमल से 'आलोचना' त्रैमासिक फिर से निकलने जा रहा है। आलोचना की अन्य पुरानी पत्रिकाएँ 'दस्तावेज', 'पूवर्गह' और 'समीक्षा' दृश्य पर सक्रिय बनी हुई हैं।

(5 मार्च, 2000)

कसमसौआ कोट से बाहर

भूमण्डल से तो नहीं लेकिन निश्चय ही भूमण्डलीकरण की दैनंदिन चर्चा से थोड़ा त्रस्त होकर और विश्वग्राम की काँव-काँव से भाग कर मैं किसी बहाने पिछले सप्ताहान्त में राजस्थान के अभयारण्य सरिस्का चला गया। सौभाग्य से अरण्य में भूमण्डल बहुत कम भासता है : मुझे यह भी लगा कि अन्ततः भूमण्डलीकरण का सबसे बड़ा प्रतिरोध स्थानीयता ही होगी। भूमण्डल को प्यार करना कठिन है, स्थानों को चाहना आसान और स्वाभाविक है।

मैं अपने साथ जो दो पुस्तकें ले गया उनमें से एक थी हाल ही के पुस्तक मेले में खरीदी और सारांश प्रकाशन द्वारा प्रकाशित मधुकर उपाध्याय की पुस्तक 'किस्सा पाण्डेय सीताराम सूबेदार'। यह एक अद्वितीय

पुस्तक है—मैंने ऐसा कोई वृत्तान्त पहले कभी नहीं पढ़ा। सबसे पहले तो वह अवधी में है। हमारा परिवार मूलतः अवध का ही है। हालाँकि स्वयं मेरा जन्म मध्यप्रदेश में और लालन-पालन बुन्देलखण्डी में हुआ। इसलिए मेरे मन में अवधी के लिए आकर्षण है। मेरे पिता तो अपने जीवन के उत्तरकाल में रोज शाम एक वैद्यराज के साथ कुछ वक्त सिर्फ इसलिए गुजारते थे कि वे सज्जन बेहद मीठी और खांटी अवधी में बतियाते थे। इस पुस्तक के बहाने अवधी में गद्य पढ़ने का मेरे जीवन में यह पहला ही अवसर है।

यह वृत्तान्त सीताराम पाण्डेय नाम के एक अवधी सैनिक ने 1860-61 में मूल अवधी में लिख कर अंग्रेज सैनिक अधिकारी जेम्स नारगेट को भेजा था। 1812 में अंग्रेजों की फौज में शामिल हुए इस मामूली पढ़े-लिखे इनसान ने सात बड़ी लड़ाइयों में हिस्सा लिया। छह बार वे घायल हुए और उन्हें बहादुरी के लिए सात तमगे मिले थे। अपने सिपाही होने और बाद में हवलदारी-सूबेदारी के दौरान वे आगरा, बीकानेर, जयपुर, कन्धार, गजनी, सन्थाल क्षेत्र और लखनऊ में तैनात रहे। जेम्स नारगेट ने मूल अवधी से इस वृत्तान्त का अंग्रेजी अनुवाद किया था और 1863 में लन्दन के 'टाइम्स' ने उसकी सराहना की। बाद में 1910 में भारत में ब्रितानी सेना में काम करने के इच्छुक लोगों के लिए वह एक पाठ्यपुस्तक के रूप में निर्धारित की गई। मूल अवधी प्रति मधुकर उपाध्याय को सीताराम के गाँव तिलोई जाकर भी नहीं मिल सकी। रामपुर की रज़ा लाइब्रेरी में भी पाण्डुलिपि नहीं है। सो मधुकर उपाध्याय ने अंग्रेजी अनुवाद का फिर अवधी में अनुवाद किया जो कि अब यह पुस्तक है। अनुवाद इतना अच्छा है कि मुझे तो मूल का-सा मजा आया। अवधी में कविता की तो महान परम्परा रही है पर उन्नीसवीं शताब्दी में एक साधारण सैनिक उसमें इतना बढ़िया और किस्सागोई के तत्त्वों से भरपूर गद्य लिख सकता था, यह बात आश्चर्यजनक है। दिलचस्प यह है कि सीताराम अपनी आपबीती लिखने के साथ-साथ अंग्रेजों के चरित्र और सामाजिक व्यवहार पर सटीक टिप्पणियाँ भी करते चलते हैं। एक जगह वे कहते हैं : 'यहि सरकार के कानून विचित्रे हैं और ओकर ब्यौहार समझ में नहीं आवत। लड़ै कै कौन फायदा अगर मनई अपने दुस्मन का न मारे। हम जैसे लड़त रहन ओनके लिए ई अजीब बात रही।' अन्यत्र यह टिप्पणी है: 'अंगरेजन के कानून अंगरेजन खातिर नीक हैं लेकिन हमरे सब खातिर हिन्दू नेम ठीक हैं। हम उहै चाही। हमार नेम-कानून यस भासा मा लिखा है जौन मनई समझि सकत है लेकिन हिन्दू लोग अंगरेजी कानून नहीं समझि पउते काहे कि ऊ सब अरबी मा लिखा रहत है। हम कयू पढ़े-लिखे मनइन से पूछेन कि हमार कानून यस भासा मा काहे नहीं लिखा जाय सकत जेहका सब समझि लेंय लेकिन वह कहिन कि कानून हिन्दी मा

लिखै नहीं जाय सकत। हमें लागत है कि जौन जुरुम लोगन के भासा मा लिखा न जाइ सकै ओकरे खातिर सजा कै इन्तजाम काहे करै।' हिन्दी यानी खड़ी बोली के कसमसौआ (कसे हुए) कोट से बाहर निकलने का यह पुस्तक एक अद्वितीय अवसर देती है।

(12 मार्च, 2000)

स्थानीयता का तद्भव-तत्सम

सरिस्का जो दूसरी पुस्तक साथ ले गया था वह थी ज्ञानेन्द्रपति की राधाकृष्ण द्वारा हाल ही में प्रकाशित नई कविता पुस्तक 'गंगातट'। आज से लगभग तीस बरस पहले यानी 1970 में जब मैंने सीधी से 'पहचान' नाम की एक पत्रिका निकाली थी, तब उसके पहले ही अंक में उस समय अत्यन्त युवा, शायद अठारह-उन्नीस की उमर के, ज्ञानेन्द्रपति के पहले कविता संग्रह 'आँख हाथ बनते हुए' छापने का सुयोग हुआ था। इस बीच उनसे बहुत अधिक सम्पर्क नहीं रहा है लेकिन वे एक अलग किस्म की कविता लिख कर अपनी अलग राह बनाते रहे हैं जो मेरे लिए यानी उनके बहुत पहले के सम्पादक के लिए हर्ष और सन्तोष की बात रही है।

वे तब तो बिहार में थे। इधर कई बरसों से वे बनारस में रहते हैं। यों तो बनारस पर कई कविताएँ हैं और ऐसे कई कवि हैं जो बनारस में थे और अब उसे छोड़ कर अन्यत्र चले गए हैं। उनसे से किसी की कविता में बनारस इतना रसा-बसा नहीं है जितना वह ज्ञानेन्द्रपति की कविता में। सिर्फ बनारस की गंगा, उसका तट, उसके मणिकर्णिका और दशाश्वमेध घाट भर नहीं बल्कि उसके मुहल्ले, चरित्र, अनेक गन्धें, उसके लोग जिनमें निराला, रामचन्द्र शुक्ल की प्रतिमा से लेकर सन्त विवेकदास, काशी के तकवाहे, खजुही कुतिया, हनीफ रिक्शेवाला, लालाटिक स्वामी, राम्विलासजी, भैंससर, मोती झील, पोखरा पिशाचमोचन, कबीर आदि सब शामिल हैं। एक प्राचीन और आधुनिक नगर का उसके तत्सम और तद्भव सभी रूपों, शब्दों और बिम्बों, स्मृतियों और प्रतीकों का एक विलक्षण वाद्यवृन्द इन कविताओं में हैं। मुझे ऐसा कोई और कविता संग्रह याद नहीं आता जो इतना स्थानीय हो—एक शहर पर एकाग्र और फिर भी इतने अपार और अटूट वैविध्य से समृद्ध। तत्सम और तद्भव को बहुत मार्मिकता और सजगता से साधते हुए ज्ञानेन्द्रपति ने एक निपट स्थानीय बनारस अपनी कविता में बसाया है जो अपने 'काल' में अवस्थित रहते

हुए अपने समय में रचा-बसा है। यह कोई हवाई या काल्पनिक बनारस नहीं है हालाँकि बिना सजग कवि कल्पना के वह सम्भव नहीं था। उसमें अपार पदार्थमयता है और सबसे ऊपर अदम्य जिजीविषा, जो कविता की भाषा और शिल्प को भी नई और अर्थदायी आभा देती है। स्वयं कवि के शब्दों को उधार लेकर कहें कि यह कविता 'जिजीविषा से भरी/हड़ियल है जिसका लालित्य/कड़ियल है जिनकी ममता'।

ज्ञानेन्द्रपति ने बनारस के कई ऐसे लोकचरित्र और देवता चुने हैं जिनके बारे में हमें उनकी कविता न बताती तो शायद कभी न जान पाते :

हाँ, मैं चुनता हूँ
मुँड़कट्टा बाबा को ही अपना देवता—
मुँड़कट्टा बाबा ही हो सकते
कुम्हारों और कवियों के अपने देवता—
कि कभी गिरे मेरी गरदन पर
किसी विष्णु का सुदर्शन चक्र
या किसी औरंगजेब की तलवार
तो मुझे अचरज न हो

और सौभाग्य से उनके यहाँ अनेक ऐसे मर्मक्षणों को पकड़ने का उत्साह बाकी है जिन्हें सिर्फ कविता ही लक्ष्य कर सकती है, जैसे इस छोटी-सी कविता 'पाँच चिड़ियों ने' में :

पाँच चिड़ियों ने
खाली आकाश को
सूने घाट पर नहाने आई सखियों-सा
अपनी क्रीड़ाओं से भर दिया
फिर आए
राहगीर पक्षियों के
मंथर झुण्ड
काँपते आकाश को
सुतल करते

(12 मार्च, 2000)

धूप की लपेट

नई कविता के आरम्भिक स्थपतियों में प्रायः सभी का छन्द पर अधिकार था। उनमें से कई ने, विशेषतः अज्ञेय, रघुवीर सहाय और सर्वेश्वरदयाल

सक्सेना ने, जब-तब छन्द का व्यंग और विडम्बना के लिए बहुत चतुर और सुघर इस्तेमाल किया था। ऐसे लोग, कवियों और पाठकों दोनों के बीच, होंगे जिन्हें सर्वेश्वर जी की कविता, 'चुपाई मारौ दुलहिन' याद होगी जो कि उनकी पहली पुस्तक 'काठ की घण्टियाँ' में संगृहीत है। सर्वेश्वर जी के यहाँ तरल रागात्मकता और सहज व्यंग अगर इतनी समरसता में आ पाते हैं तो इसका एक कारण निश्चय ही उनकी लोकधारा से निकटता थी। यह निकटता नई कविता के क्षेत्र में नागार्जुन के यहाँ भी अत्यन्त उदग्र और सक्रिय रही है। इधर वाणी प्रकाशन ने सर्वेश्वर जी की 1951-81 की असंकलित और उनके द्वारा अनूदित कविताओं का एक संग्रह 'धूप की लपेट' नाम से प्रकाशित किया है। उसमें अज्ञेय की सर्वेश्वर जी की कविता पर एक सुलिखित टिप्पणी है और स्वयं एक कवि वक्तव्य की अन्तिम पंक्तियाँ हैं :

'अपनी रचना का स्रष्टा और द्रष्टा मैं स्वयं हूँ—स्वयं ही रहना चाहता हूँ। इसे मैं अनुशासन के नाम पर न कलाधर्मियों को सौंप सकता हूँ, न समाजधर्मियों को, न राजनीतिकर्मियों को। हर वह व्यक्ति, संगठन और व्यवस्था जो मेरी रचनाधर्मिता के मार्ग में किसी भी स्तर पर किसी भी रूप में बाधक है मेरे लिए अप्रासंगिक ही नहीं, मेरा शत्रु है। उससे मैं लड़ूँगा क्योंकि मैं जानता हूँ, जैसा कि मैं कह भी चुका हूँ, अभिव्यक्ति की स्वतन्त्रता मिलती नहीं, ली जाती है। इसे मैं अर्जित करूँगा।'

इस संग्रह में कई तरह की कविताएँ हैं—यहाँ तक कि कुँवर नारायण के विवाह पर, भारतभूषण अग्रवाल पर, उनके साथ मिल कर, मनोहर श्याम जोशी के विवाह पर नई कविता का हिन्दी शैली में प्रथम सेहरा, योगराज थानी को टाइप करते देख कर कविताएँ हैं। मेरा ध्यान गया इस ग़ज़ल पर :

शमा जलती है तो जलने दो, तेरे बाप का क्या
उम्र ढलती है तो ढलने दो, तेरे बाप का क्या?
बुलबुला एक हूँ पानी पे मैं उतराया हुआ
हवा चलती है तो चलने दो, तेरे बाप का क्या?
खुदकुशी करने को हर शाम कमर कसता हूँ
मौत टलती है तो टलने दो, तेरे बाप का क्या?
नाम ले-ले के खुदा का न मेरा सिर खाओ
जीस्त छलती है तो छलने दो, तेरे बाप का क्या?

'नीली घण्टियों का रंग' शीर्षक कविता, जो सम्पादक की असावधानी से पृष्ठ 35 और पृष्ठ 103 पर दो बार छपी है, सम्भवतः 1959 की लिखी है, इन पंक्तियों से समाप्त होती है :

घण्टियाँ खामोश होती जा रहीं परदे रहे गिर
रंग नीली घाटियों का अब बहुत गहरा गया है।

जिस कविता के नाम पर इस संग्रह का नाम रखा गया है उसकी शुरू की पंक्तियाँ हैं :

लो,
धूप को ऊन के गोले की तरह
तुम्हारे ऊपर फेंकता हूँ
जैसे तुम अपनी हँसती आँखों की चमक
मेरे ऊपर।
थामो इसे
नहीं तो यह सुख के इस क्षण की ढलान पर
लुढ़कता खुलता जाएगा,
'म्याऊँ' नहीं है समय
कि उसे दौड़ कर पकड़ ले
और उससे खेलने लगे।

(26 मार्च, 2000)

पोलिश में पहली बार

भले मैं कुछ भावुक-सा हो गया था लेकिन इसमें कोई अतिशयोक्ति नहीं थी जब मैंने पोलिश में अपनी 36 कविताओं के अनुवाद के चयन 'रूपक' (बहुवचन में) के लोकार्पण के अवसर पर कहा कि मैं नहीं जानता कि बच्चा अपने जन्म के अवसर पर उत्तेजित अनुभव करता है या नहीं, लेकिन मैं एक अधेड़ कवि अपने पोलिश भाषा में पुनर्जन्म के अवसर पर बेहद उत्तेजित और कुछ चकित अनुभव कर रहा हूँ। अचरज अनुवादिका रेनाता चेकाल्स्का को भी था क्योंकि अंतिम क्षण तक तय नहीं था कि पुस्तक छप कर समय पर आ ही जाएगी और कुछ इस पर भी कि पोलिश लेखक संघ के उस छोटे से हाल में इतने लोग उस शाम जमा होंगे बल्कि जगह कम पड़ गई और काफी लोग बगल में हाल में बैठ कर शायद कुछ कठिनाई से कुछ कविताओं का अनुवाद और मूल में पाठ सुनते रहे। अपनी किसी हिन्दी पुस्तक की इतनी प्रतियों पर हस्ताक्षर करने का सुयोग नहीं हुआ जितना उस शाम यानी 13 अप्रैल की शाम पोलिश 'रूपक' की प्रतियों पर करने का बना। पाठ और उसके बाद प्रश्नोत्तर लगभग दो घंटे चले। एक वयोवृद्ध भारतविद को कविताएं

अच्छी लगीं लेकिन उनमें भारतीय परम्परा की अनुगूँज नहीं सुनाई दी! उनका प्रत्याख्यान एक संस्कृत विदुषी ने किया यह कह कर कि ऐसी कविताएँ सर्वथा पूर्वी हैं, उन्हें कोई सीधे पोलिश में नहीं लिख सकता और इसी कारण उनके पोलिश में अनुवाद का औचित्य बनता है। एक पोलिश कवि यूसफ बारान ने अनुवाद के किंचित पुराने मुहावरे में होने की बात कही जिसका प्रतिवाद अनुवादिका ने यह कह कर किया कि कवि स्वयं जानबूझ कर अपनी कविताओं में नवछायावादी मुहावरे का उपयोग करता है और उसे सपाट आधुनिक बना देना गलत होता। किसी ने कहा कि मैं अपनी संवेदना में यूरोपीय लगता हूँ जिसे किसी ने यह कह कर संशोधित किया कि मैं लिखता तो भारतीय की तरह हूँ पर बोलता यूरोपीय की तरह हूँ। संघ के अध्यक्ष ने ससंकोच यह कहा कि हालाँकि किसी भारतीय कवि की किसी यूरोपीय कवि से तुलना करना न्यायसंगत नहीं है, उन्हें कविताओं का स्वर रिल्के के नजदीक लगता है। भारत में कविता में पाठ की परंपरा, प्रकाशन, कवियों की सामाजिक स्थिति, परंपरा और कविता के सम्बन्ध पर भी प्रश्न हुए। दो युवा कवयित्रियों ने कहा कि उनमें से एक प्रश्न हुए। दो युवा कवयित्रियों ने कहा कि उनमें से एक प्रेम पर और दूसरी मृत्यु पर कविताएं लिखती हैं जबकि मैं प्रेम और मृत्यु दोनों पर लिखता हूँ : मैंने चुटकी ली कि मैं अधेड़ भी तो हूँ और मुझे अब समय रहते सब कुछ कर लेना चाहिए! जब हम रात के भोजन के लिए एक गली में, बाद में, मुड़े तो कवि बारान ने, हवा में कुछ पारदर्शिता लक्ष्य कर, कहा कि चलिए, आपके यहाँ रहते वसंत तो आ गया। मैंने कृतज्ञ भाव से अपने अंदर कहीं सुना कि पोलैंड में पहला, और कौन जाने, मेरे लिए अंतिम वसंत!

(23 अप्रैल, 2000)

उचित वक्ता

सरस्वती यन्त्र से छप कर, कलकत्ता बड़ा बाजार, सूती पड़री नं. 65 से प्रति शनिवार को 'प्रकाशित' होने वाले एक तेजस्वी साप्ताहिक 'उचित वक्ता' की कुछ प्रतियाँ सांसद-अध्यापिका डॉ चन्द्रकला पाण्डेय ने महात्मा गांधी अन्तर्राष्ट्रीय हिन्दी विश्वविद्यालय को उसके दुर्लभ पाण्डुलिपियों और पत्र-पत्रिकाओं के संग्रह के लिए दी हैं। यह साप्ताहिक आज से 120 वर्ष पहले निकला था और पहली बार 7 अगस्त, 1880 से फरवरी 1887 तक लगातार निकलता रहा। फिर 10 मार्च, 1889 से 7 जुलाई, 1889 तक निकला। तीसरी बार वह 26 मई, 1894 से 10 नवम्बर, 1894 तक

निकला। उसके बाद भी अनियमित निकलता रहा। उसके नियमित लेखकों में दयानन्द सरस्वती, भारतेन्दु हरिश्चन्द्र जैसे लोग शामिल थे। पण्डित दुर्गाप्रसाद मिश्र उसके सम्पादक थे।

'उचित वक्ता' के प्रवेशांक में एक स्तम्भ है 'समाचारावली'। उसके कुछ अंश रिपोर्ट की जा रही घटनाओं और उनका बखान करनेवाली भाषा, दोनों की ही दृष्टि से देखने योग्य है :

'बम्बई के धर्मशाला नामक नगर में एक मनुष्य ने एक संन्यासी को नाना साहिब समझ कर पुलिस में पकड़ा दिया था परन्तु वह नाना साहिब न था। यह जानकर 500 रु. की जमानत पर पुलिस ने उसे छोड़ दिया।' 'अमेरिका के एक डॉक्टर ने लिखा है कि मानसिक पीड़ित मनुष्यों के शयनगृह में सुगन्धि-पुष्प रखने से अनेक शान्ति होती है।' 'मध्य भारतवर्ष और राजपूताने के स्वास्थ्य और शस्य की अवस्था अच्छी है।' 'एक हिन्दू रमणी का एक उपयुक्त पुत्र अपनी माँ के सन्दूक से 1064 रुपए का अलंकार निकालकर काशी चला गया। इधर उसकी माँ ने उसके नाम वारण्ट जारी कर बनारस में पकड़ मँगाया। विचार होने पर 6 महीने की सजा हुई।'

(30 अप्रैल, 2000)

कविता का साक्ष्य

17 जनवरी 1994 को वह मारा गया।
तब से हर दिन वह मृत रहा है।

आज भी वह मृत है,
शुक्रवार, 24 फरवरी 1995 को।...

सेमेज्दीन मेहमेदीनोविच

माँ, खिड़की खोलो
बारातियों की तरह आ रहे हैं खूनी लोग।
वे घर खोद निकालेंगे

आग से
हमारे सितारों से रौशन पेड़ के नीचे से
वे छायाएँ मिटा देंगे।

ढालों या प्रार्थनाओं से अब
हमारा काम नहीं चलने वाला
और सिरपेचे का सुहावना फैलाव
दरवाजे के खम्भे पर ही नष्ट हो जाएगा।

इवान कोर्दिव

ऊपर का कवितांश और कविता दो बोस्नियाई कवियों की हैं जहाँ हाल ही में एक भयानक युद्ध लड़ा गया है जिसे हमारे समय का स्पेनिश युद्ध कहा जाता है। इस बात पर उचित ही शंका की गई है कि बोस्नियाई युद्ध के हेमिंग्वे, पाज, कोएस्लर, स्पेण्डर, आर्वेल, आडेन, मार्लो और वील कहाँ हैं। सार्वजनिक जीवन से लेखकों के अपसरण का यह दुखद उदाहरण है कि खुली और बन्द व्यवस्था के बीच, घृणा-शुद्धता और प्रजातन्त्र बहुलता के बीच के इस द्वन्द्व को लेकर साहित्य-संसार में वैसा नैतिक विक्षोभ नहीं जागा जैसा कि स्पेन को लेकर हुआ था। हालाँकि दोनों में समान मानवीय मूल्य दाँव पर लगे थे।

संसार उदासीन रहे या अनदेखी करे, स्वयं बोस्नियाई कविता इस संघर्ष और उससे प्रगट 'सभ्यता की भंगुरता' का सजग साक्ष्य है। पिछले वर्ष क्रिस एजी द्वारा सम्पादित और अंग्रेजी में ब्लडेक्स बुक्स द्वारा प्रकाशित संचयन 'पत्थर पर घाव का निशान' में लगभग पच्चीस कवियों की कविताएँ और गद्यांश संकलित हैं। दारा सेकूलिच की 'विलाप' शीर्षक कविता है :

जहाँ से मैं आया था
वहाँ जन्म लेने का कोई अर्थ नहीं था
मैं अपने सभी छोटे भाइयों के नाम याद नहीं
कर सकता।

तुम खुद धरती की तरह थीं
शायद इसीलिए तुम्हारी गोद इतनी गरम थी।
हर पतझर में तुम्हारी सफेद किसानी पोशाक
जन्म देने के बाद लाल पड़ जाती थी।

तुम्हारे बालों का क्या रंग था?
तुम्हारा काला रूमाल मुझे रोटी की याद दिलाता था।

अगर मुझे पता होता कि तुम कहाँ दफ्न हो
तो मैं मजबूर कर देता धरती के झरनों को रोने पर।

अब अन्धे हो गए हुसेन तहमीशिच का एक कवितांश यों है :

मैं बताता हूँ तुम्हें सबसे छोटी कहानी
उन खून-चूसू आचार्यों की अनसुनी करो
मैं बताता हूँ कि सचमुच कवियों का आशय
क्या था
—तुम आदमी नहीं हो अगर तुम मरते नहीं हो।

मुझे अपनी हथेली बाँचने दो
और अपने हृदय से पूछताछ करने दो
जब वे सच के साथ छेड़छाड़ करें तो उन्हें
सराहो मत
मुझे अपनी आँखों को बेचैन आसमान से आ रही
रोशनी से धोने दो
—तुम आदमी नहीं हो अगर तुम मरते नहीं हो।

मुझे सातवें आसमान को उतार कर
अपने को भेंट करने दो
हम अपनी मरजी से न जाएँ किसी लुभावने रास्ते
मुझे अपने माथे पर एक मोमबत्ती धरने दो
खोलने दो दरवाजा रात का
—तुम आदमी नहीं हो अगर तुम मरते नहीं हो।

(11 जून, 2000)

आओ उसकी याद करें हम

एक व्यक्ति ने सन् 1926-28 में लगभग नौ-दस हजार मील की यात्रा पैदल और रेल से करके लगभग 12 हजार ग्रामगीत एकत्र किए थे। 'और गीत-संग्रह में सब प्रकार के खर्च मिला कर कुल 38-39 सौ रुपए खर्च किए। समय, धन और स्वास्थ्य—तीनों को अपनी शक्ति से अधिक खर्च करके मैंने पाया क्या? 10-12 हजार गीत, और ग्राम्य जीवन के अनमोल अनुभव।' यह व्यक्ति था रामनरेश त्रिपाठी, जिसने अपने प्रसिद्ध संचयन 'कविता-कौमुदी' के पाँचवें भाग की भूमिका में यह कथा कही है। ग्रामगीतों का यह संचयन संवत् 1986 में पहली बार प्रकाशित हुआ था। उसकी एक प्रति आलोचक-कवि पुरुषोत्तम अग्रवाल के पास से मुझे मिली और स्वयं उन्हें उसकी एक फोटो प्रति लन्दन के स्कूल ऑफ ओरिएण्टल एण्ड अफ्रीकन स्टडीज के पुस्तकालय से मिली है। यद्यपि

'गुड़ और पूरियों ने' उनके 'स्वास्थ्य को खा डाला', रामनरेश त्रिपाठी ने सत्तर पृष्ठों की विस्तृत भूमिका लिखी है। सहायकों की एक नामावली भी है जिसमें 25 देवियों और 65 सज्जनों के नाम और शहर दिए गए हैं। लाला लाजपत राय, रवीन्द्रनाथ ठाकुर, भगवान दास, पण्डित मदनमोहन मालवीय, रामानन्द चटर्जी और श्याम बिहारी मिश्र के पत्र भी प्रकाशित हैं।

पिछले पन्द्रह बरसों से विशेषतः प्रगतिशील आलोचक और अनुवादक उदात्त नायकों से अलग, साधारण जन के सुख-दुख पर एकाग्र, संस्कृत कविता की दूसरी परम्परा को पहली बार सामने लाने का श्रेय लेते रहे हैं। उसे एक अभूतपूर्व खोज की तरह प्रस्तुत किया गया है। रामनरेश त्रिपाठी की भूमिका इस सिलसिले में एक आश्चर्यजनक दस्तावेज है। उन्होंने बिना कोई दावा किए बहुत सारे संस्कृत पद्य मूल में हिन्दी अनुवाद के साथ दिए हैं। उनमें से कुल दो अनुवाद देखिए :

'मेरे घर में (आहार न मिलने से) नहीं चुहिया-जैसी तो मूषिका, मूषिका जैसी बिल्ली, बिल्ली जैसी कुतिया, और कुतिया जैसी मेरी स्त्री है। औरों की तो बात ही क्या? इस प्रकार प्राण छोड़ते हुए बच्चों को देख कर मकड़ी के जाले से ढके हुए मुँहवाली चूल्ही झींगुर के स्वर में रो रही है।'

'हे राजा! रात में मेरा घर जल से पूर्ण तालाब की तरह हो जाता है। उसमें पीढ़े तो कछुवों की तरह, झाड़ू मछली की तरह तैरने लगते हैं। कलछी साँप की तरह चेष्टा करके बच्चों को भयभीत करती है। स्त्री सूप से आधा सिर ढक लेती है और दीवार गिरने वाली है।'

आज से सत्तर वर्ष पहले इसी भूमिका में रामनरेश त्रिपाठी ने कहा था, कि 'एक विचित्र प्रकार की शिक्षा के माध्यम से हम लोग अपने देश से बहुत दूर हो गए हैं। हम अपनी भाषा के थोड़े-से शब्दों की परिधि में कैद हैं। न हम उस परिधि से बाहर जाना चाहते हैं और न वे शब्द देश के अन्तर्नाद को हमारी सीमा में प्रवेश करने देते हैं।' भयावह शब्द संकोच से ग्रस्त क्या आज के हमारे साहित्य पर यह एक सटीक टिप्पणी नहीं है!

ग्रामगीतों का संग्रह करते समय त्रिपाठीजी ने चारों ओर जो दुख-दैन्य देखा, उसका भी विस्तृत विवरण इस भूमिका में है। एक उद्धरण देखें :

'...यहाँ के दुखों पर तो शरत् बाबू उपन्यास लिखते-लिखते और रवीन्द्रनाथ कविता रचते-रचते थक जाएँगे।

यहाँ तो चारों ओर दुख ही दुख है। एक गरीब व्यक्ति बहुत-सी टोकरियाँ

एक लाठी से लटकाए गाँव की ओर जा रहा है। टोकरियों का जितना बोझ उसके कन्धे पर है, उससे कहीं अधिक बोझ उसके मन पर कुटुम्बियों की उन लालसाओं का है जो टोकरियों की बिक्री से प्राप्त हुए पैसों से पूर्ण होंगी। उस घासवाली बुढ़िया की तरह यह भी अपने पुत्र, पौत्र, स्त्री, छोटे भाई या अन्य कुटुम्बी से किसी न किसी चीज का वादा करके घर से चला है।'

'कविता-कौमुदी' (भाग पाँच) में सोहर, जनेऊ, विवाह, जांत, सावन, निवाही, हिंडोले, कोल्हू, मेले के गीत और बारहमासा संकलित हैं। भाषा, जीवन और सुख-दुख का विशाल वितान, जिसे पढ़ कर हम अपनी परम्परा को बेहतर जान पाते हैं, इस कृतज्ञ बोध के साथ कि एक ऐसा पूर्वज था जिसने इतने जतन और समझ से हमारे लिए यह सब जमा-जोड़ा।

(2 जुलाई, 2000)

अमर्त्य सेन और पंचांग

विश्वविख्यात अर्थशास्त्री और सामाजिक चिन्तक अमर्त्यसेन और पंचाग में कोई सम्बन्ध हो सकता है इसकी आसानी से कल्पना नहीं की जा सकती। लेकिन अमर्त्यसेन ने एक नई भारतीय पत्रिका 'द लिटिल मैगजीन' में भारतीय पंचांगों पर एक लम्बा निबन्ध लिखा है जिसमें जानकारी है और सूक्ष्म विश्लेषण भी। 1952 में भारत सरकार ने डॉ. मेघनाथ साहा की अध्यक्षता में एक पंचांग सुधार समिति नियुक्त की थी जिसने पाया था कि उस समय देश में तीस से अधिक सुविकसित पंचांग बाकायदा इस्तेमाल में थे। व्हिटेकर्स एलमैनेक में भारत के सात पंचांगों का जिक्र है जिनमें कलियुग, बौद्ध, विक्रम, शक, वेदांग ज्योतिष, बंगाली सन्, कोल्लम शामिल हैं। इन पंचांगों के हिसाब से सन् 2000 ईस्वी क्रमशः 6001 (कलयुग), 2544 (बौद्ध), 2057 (विक्रम), 1922 (शक), 1921 (वेदांग ज्योतिष), 1407 (बंगाली सन्) और 1176 (कोल्लम) वर्ष बैठता है। अमर्त्यसेन ने विश्लेषण के बाद यह भी बताया है कि इसका प्रचुर साक्ष्य है कि कलयुग पंचांग शक, विक्रम, बौद्ध और जैन पंचांगों से बाद का है।

दीने इलाही की तरह अकबर ने उस समय प्रचलित भारतीय पंचांगों और इस्लाम के हिजरी पंचांग को मिला कर एक नया समन्वित पंचांग 'दीनेतारीखी' शुरू किया था जो उनके समन्वित धर्म दीने इलाही की ही तरह उनकी मृत्यु के कुछ बरसों बाद नहीं चल पाया। इस लम्बी

पंचांग-गाथा से यह भी प्रकट होता है कि भारतीय बौद्धिक परम्परा में गणित और विश्लेषणात्मक तर्क बुद्धि का प्राधान्य रहा है, अवलोकनपरक विज्ञानी का नहीं। सेन के विवेचन से यह जानना भी दिलचस्प है कि संगीत, चित्रकला, स्थापत्य आदि की तरह पंचांग के क्षेत्र में भी समन्वय की प्रवृत्ति लगातार सक्रिय रही है। बंगाली सन् पंचांग पर अकबर के दीनेतारीखी का गहरा प्रभाव पड़ा। उसमें सूर्यकेन्द्रित और चन्द्रकेन्द्रित अभिप्रायों को इस तरह गूँथा गया है कि जब एक बंगाली हिन्दू इस पंचांग के अनुसार कोई हिन्दू संस्कार की तिथि बरतता या मनाता है तो, बिना जाने, वह मोहम्मद की मक्का से मदीना की यात्रा के किसी मुकाम का भी उत्सव मना रहा होता है। अमर्त्यसेन ने यह भी बताया है कि मुसलमानों के आने के पहले का भारत हिन्दू भारत नहीं था और उसमें बहुधार्मिकता थी और कई तरह के पंचांग भी। एक ऐसे समय में जब हमारी बहुलता पर कई तरह के दबाव पड़ रहे हैं, एकात्मता से लेकर भूमण्डलीकरण के, यह साक्ष्य कि हमारे पंचांग भी हमारी बहुलता को रूपायित और प्रतिबिम्बित करते रहे हैं, हमें कुछ आत्मविश्वास दे सकता है। यह जानना स्फूर्तिदायी है कि हमारे जीवन और समय के कितने सारे ताने-बाने, यहाँ तक कि तीज-त्योहार तक, एक-दूसरे से इतने गुँथे-बिंधे हैं और कि हमारा समय हमारे अपने पंचांगों में अलग-अलग और फिर भी एक साथ समय है।

अमर्त्य सेन ने इस बात को नोट किया है कि भारतीय कालगणना में उज्जैन एक स्थायी केन्द्र रहा है और आज तक है जबकि राजनैतिक शक्ति, साहित्यिक और सांस्कृतिक वर्चस्व के केन्द्र से उज्जैन को हटे कई युग बीत चुके हैं। मुझे पता नहीं था कि विख्यात अंग्रेजी कथाकार ई.एम. फोर्स्टर 1914 में उज्जैन गए थे और शिप्रा नदी में घुटनों भर पानी में खड़े होकर उन्होंने कालिदास द्वारा वर्णित उज्जयिनी का पूरा वैभव फिर से प्रत्यक्ष करने की चेष्टा की थी। पुराने अवशेषों से उन्हें कुछ खास रोशनी नहीं मिल सकी थी और स्थानीय लोगों ने उनकी साहित्यिक और ऐतिहासिक खोज में कोई दिलचस्पी नहीं ली थी। उदार फोर्स्टर ने लिखा था : 'पुराने भवन, भवन हैं, अवशेष, अवशेष हैं।' यहाँ यह याद किया जा सकता है कि फोर्स्टर कुछ वर्ष देवास में वहाँ की राजकुमारी के शिक्षक रहे थे और उनकी 'कालिदास की उज्जयिनी' की खोज में उज्जैन-यात्रा उनके देवास-प्रवास के ही दौरान हुई होगी।

'द लिटिल मैगजीन' का पहला अंक आया है जिसमें अमर्त्यसेन के अलावा नोम चोम्स्की, मार्था नुसबाम, आशीष नन्दी, कृष्ण बलदेव वैद, केकी दारूवाला, नवनीता देव सेन, कृष्णा सोबती, रमाकान्त रथ, मृणाल पाण्डेय, राजकमल झा आदि की रचनाएँ और अनुवाद हैं। मैंने किसी भारतीय अंग्रेजी पत्रिका का पहला अंक इतना परिपक्व, कलासज्जित, प्रासंगिक

और कुशाग्र बरसों से नहीं देखा। सम्पादक अन्तरा देव सेन ने निश्चय ही पहले अंक से ही 'द लिटिल मैगजीन' को भारतीय साहित्य और बुद्धि जगत् की अगली पंक्ति में आत्मविश्वास के साथ खड़ा कर दिया है।

(9 जुलाई, 2000)

1814 और हिन्दी कविता

हिन्दी साहित्य के इतिहास का विधिवत मेरा ज्ञान कम है। फिर भी, जितना मैं जानता हूँ उतने के आधार पर कह सकता हूँ कि उसमें अभी तक 1814 वर्ष का कोई विशेष जिक्र या महत्त्व नहीं है। अगर इन दिनों ऑक्सफोर्ड में हिन्दी पढ़ा रहे हंगारी विद्वान इमरे बंधा खोज कर न लाते तो मुझे और शायद अधिकांश हिन्दी विद्वानों को भी यह पता न चलता कि 1814 में ईस्ट इण्डिया कम्पनी की सेवा में नियुक्त एक मेजर टामस डूएर ब्रॉटन ने लन्दन से 'सिलेक्शंस फ्राम द पॉपुलर पोएट्री ऑफ द हिन्दूज' नामक एक पुस्तक प्रकाशित की थी जो सम्भवतः न सिर्फ हिन्दी कविता का अंग्रेजी में अनूदित पहला संकलन है बल्कि ब्रजभाषा के कवियों का पहला छपा संचयन भी है। दिलचस्प यह है कि इस संकलन में शामिल सभी 53 पद्य मेजर ब्रॉटन ने अपनी फौज के सिपाहियों से जब-तब सुने थे जिनमें से अधिकांश ब्राह्मण और राजपूत थे। ये पद्य सूरदास, रामप्रसाद, गिरधर कविराय, मण्डन, आनन्द, हीरामन आदि के अलावा केशवदास, बिहारी और देव के हैं। जिस रीतिकाल को हमारे कई जनधर्मी विशेषज्ञों ने समाज-विरोधी अभिजात वाग्विलास, दरबारी आदि कह कर लांछित कर रखा है उसके प्रमुख कवि की चीजें साधारण सिपाहियों तक को मुखाग्र याद थीं और उनको दुहरा कर वे अपना समय बिताते और दुख-सुख अनुभव करते थे। यह तब भी सच था और आज भी सच है कि जनरुचि अधिक खुली और संवेदनशील रही है और वह वैचारिक नवीकरण के आधार पर नहीं अनुभव और अभिव्यक्ति के सौष्ठव के आधार पर कविता पसन्द या नापसन्द करती है। संकलित 53 पद्यों में से 40 पद्य रीति कवियों के होना निरी संयोग की बात नहीं हो सकती।

मेजर ब्रॉटन ने अपनी लम्बी भूमिका में कुछ रोचक स्थापनाएँ भी कीं। उनके अनुसार यूरोप और एशिया में बोली जाने वाली किसी भी अन्य भाषा की तुलना में हिन्दी से अंग्रेजी में शब्दशः अनुवाद सबसे सुकर है। फारसी और उर्दू के जानकार ब्रॉटन को हिन्दी कविता फारसी से इसलिए बेहतर लगी कि उसमें सुन्दर विचारों को बढ़ा-चढ़ा कर अतिशयोक्ति

नहीं की जाती, न ही गँवार या सीधे-सादे स्पष्टीकरण की मिलावट द्वारा उन्हें दूषित किया जाता है। उनका यह भी मत था कि उनके देशवासी यह देख कर प्रसन्न होंगे कि उनकी 'भारतीय प्रजा' की लोकप्रिय कविता उन्हें प्राचीन ग्रीक और स्काटिश कविता की याद दिलाती है। ब्रॉटन ने हर पद्य का प्राक्-रूमानी शैली में अंग्रेजी अनुवाद भी किया। इमरे बंघा का मानना है कि यह पुस्तक स्वयं ब्रिटेन में रोमेंटिसिज्म के इतिहास का एक हिस्सा है और यह दर्शाती है कि उस युग में पूर्वी साहित्य में कितनी व्यध्धपक जनरुचि थी। इमरे बंधा इस पुस्तक का एक नया संस्करण तैयार कर रहे हैं जिसमें मूल हिन्दी पद्य का यथासम्भव शुद्ध या प्रामाणिक रूप देवनागरी में भी दिया जाएगा, एक नये अंग्रेजी अनुवाद के साथ।

(23 .जुलाई, 2000)

पिपरिया का तनाव

पिपरिया एक कस्बा है मध्यप्रदेश के होशंगाबाद जिले में। प्रसिद्ध हिल-स्टेशन पचमढ़ी रेलगाड़ी से वहीं उतर कर जाना होता है सड़क से। वहाँ से एक छोटी-सी पत्रिका 'तनाव' बरसों से लगातार निकल रही है। सम्पादक हैं युवा कवि वंशी माहेश्वरी, जो कविता लिखने और सम्पादन करने के अलावा शायद कोई छोटा-मोटा व्यवसाय करते हैं। उसका नया अंक, जो कि उसका इकहत्तरवाँ अंक है और जिस पर जुलाई-सितम्बर 1999 की तारीख डली है, उस आखिरी डाक में आया जो शाहजहाँ रोड वाले मकान में रहते मेरे सामने आयी। बरसों से 'तनाव' का हर अंक किसी कवि के अनुवाद पर एकाग्र होता आया है। इस बार 36 पृष्ठों के अंक में सभी कविताएँ महान जर्मन कवि रेने मारिया रिल्के की हैं और हिन्दी अनुवाद, मेरा अनुमान हैं अंग्रेजी अनुवाद से, कवयित्री इला कुमार ने किया है।

हिन्दी में इस तरह बरसों से अनुवाद पर केन्द्रित 'तनाव' अपने ढंग की अकेली पत्रिका है। मैं नहीं जानता कि किसी और भारतीय भाषा में ऐसी कोई पत्रिका है जिसकी सामग्री अगर एकत्र कर दी जाये तो बीसवीं शताब्दी की विश्व-कविता का एक बृहत और मूल के बजाय अनुवाद से अनुवाद होने की विवशता के बावजूद, खासा प्रतिनिधि संकलन बन सकता है। कुछ इसका भी पता चलता है कि कितने सारे युवा और वरिष्ठ हिन्दी कवि संसार के किसी न किसी कवि के अपनी भाषा में

पुनवतरण की चेष्टा में लगे रहे हैं। यह बात पहले भी नोटिस की गयी है कि पिछले तीसेक बरसों में हिन्दी कविता पर पड़ने वाले प्रभावों और बाहर की कविता से उसके प्रतिकृत होने का भूगोल बहुत बदला और फैला है। 'तनाव' इस भूगोल को समझाने और उसकी रंग-रेखाओं को साक्षात करने का एक विनम्र लेकिन विश्वसनीय माध्यम रहा है। मैं नहीं जानता कि वंशी माहेश्वरी इतने बरसों से कविता के अनुवाद की यह विलक्षण छोटी पत्रिका निकालने के लिए साधन कहाँ से जुटाते हैं। शायद वे अपनी कमाई का पैसा उसमें लगाते होंगे। उनके इस पारदर्शी साफ-सुथरे और सदाशयी प्रयत्न ने धीरे-धीरे ऐसी निर्मल प्रतिष्ठा अर्जित कर ली है कि प्रायः हिन्दी कवि जब अनुवाद करते हैं तो सबसे पहले उसे 'तनाव' में ही प्रकाशनार्थ भेजने की सोचते हैं। जैसे भी हो, पिपरिया के 'तनाव' में, बरसों बाद भी, मनोहर खिंचाव बना हुआ है। 'तनाव' के इसी अंक में अनुवाद में रिल्के का कवितांश है :

मेरी इस पुकार को
किसी न किसी तक पहुँचना चाहिए
जिसे साथ-साथ बदा है किसी अच्छाई
के बीच लुप्त हो जाना।

मुझे मालूम है कि 'तनाव' की पुकार, पिपरिया से, बहुत दूर तक पहुँचती रही है और उम्मीद है कि 'किसी अच्छाई के बीच लुप्त' होने की स्थिति से वह काफी दूर रही आएगी।

(6 अगस्त, 2000)

कवियों के पत्र

रामविलास शर्मा निश्चय ही उन मूर्धन्यों में से हैं जो अभी अनेक वर्ष, अपने देहावसान के बाद भी, हिन्दी मानस पर छाए रहेंगे। वाणी प्रकाशन ने उन्हें विभिन्न कवियों द्वारा लिखे गये पत्रों और कवियों को लिखे गये रामविलास जी के पत्रों का एक संचयन इसी सप्ताह 'कवियों के पत्र' नाम से प्रकाशित किया है। मैथिलीशरण गुप्त, सुभद्रा कुमारी चौहान, दिनकर, बच्चन, पन्त, महादेवी, त्रिलोचन, नागार्जुन, शमशेर, अज्ञेय, सुमन, केदारनाथ अग्रवाल, नेमिचन्द्र जैन आदि कवियों के पत्र इस संचयन में शामिल हैं। रामविलास जी की एक भूमिका भी। 275 पृष्ठों की यह पुस्तक एक पूरे दौर, उसके कवियों और एक आलोचक के निजी सम्बन्धों का बहुत रोचक दस्तावेज है।

रामविलास जी ने 'स्वास्थ्य सुधारने के लिए' सुभद्रा कुमारी चौहान को सलाह दी थी कि 'दूध-बादाम का सेवन करें। उन्होंने ऐसा किया भी परन्तु उससे उन्हें लाभ नहीं हुआ। दूध-बादाम पचाने के लिए व्यायाम आवश्यक है। व्यायाम की बात मैं उन्हें लिखना भूल गया था।' रामविलास जी के इस आग्रह पर कि अज्ञेय उनकी पत्रिका 'समालोचक' में लिखें, अज्ञेय ने उत्तर दिया था : 'भविष्य में उसके लिए कुछ भेज सकूँगा अवश्य, यह नहीं कह सकता कि आपके सुझाये विषय पर ही। गालियाँ खाने का जब मन होता है तब खा लेता हूँ। पर निमन्त्रित होकर गालियाँ खाना अच्छा नहीं लगता। इसलिए नयी कविता और यथार्थवाद पर तभी लिखूँगा जब स्वतन्त्र रूप से उसकी प्रेरणा होगी।' नेमिजी ने एक पत्र में लिखा कि 'बीच में मुझे एक बार सूचना मिली थी कि आप मुझे गालियाँ देकर याद कर लिया करते हैं।' और गिरिजा कुमार माथुर ने लिखा : 'पहले नववर्ष की बधाई और तत्पश्चात कुछ गालियाँ—इस कारण कि हम तो खत लिखते हैं लेकिन उत्तर नदारद।' इस पर रामविलास जी की टिप्पणी है : 'जो कवि गालियाँ दे लेते हैं, व्यंग्य वचन बोलते हैं, उनमें कुण्ठा और घुटन नहीं होती।' 'तारसप्तक' के कवि गालियाँ देने में निपुण थे, यह इस बात का प्रमाण है कि वे प्रयोगवाद से दूर थे। स्वयं 'तारसप्तक' के बारे में उसकी रजत जयन्ती के अवसर पर उनकी टिप्पणी है : 'वरना एक पुस्तक जीवित रही 25 वर्षों कहीं? बात बहुत कुछ सच है। किन्तु पुस्तक की अन्तर्वस्तु के अलावा उसका ऐतिहासिक वस्तुगत महत्त्व भी था। इसलिए वह 25 वर्षों बाद अभी तक जीवित है।'

8 नवम्बर, 1947 को सुमन जी ने रामविलास जी को एक पत्र में लिखा : 'अज्ञेय से इस बार तुम्हारी बड़ी चर्चा रही, प्रायः नित्य ही। उन्होंने शरणार्थियों पर एक दर्जन कविताएँ लिखी हैं। तुम्हें सुनाने को उत्सुक थे। पहले-पहल प्रगतिवाद के क्षेत्र में उतरे हैं। तुम अवश्य ही सुन कर प्रसन्न होगे।' रामविलास जी की टिप्पणी है कि '1947 के उत्तरार्द्ध में अज्ञेय को अभी हिन्दी लेखक प्रगतिशील कवियों में ही गिनते थे।' केदारनाथ अग्रवाल ने एक पत्र में लिखा : 'काल की सवारी शब्द और अर्थ मिल कर करते हैं। तभी अपने गन्तव्य पर उस बिगड़ैल घोड़े को ले जा पाते हैं। मैंने तो उस पर जो सवारी की है वह सहज-सरल भाव से, पुचकार कर, की है। वह दुलत्ती मारता तो मैं धराशायी हो जाता।'

शमशेर जी ने 18 मई, 1963 को एक लम्बे पत्र में लिखा : बहुत-सी बातें मेरे दिल में उठती हैं, अपना हल खोजती हैं, डाग्मा में नहीं, लाइन में नहीं...अपने उस इतिहास में जिसका मैं एक अभिन्न अंग हूँ, जिसका मैं और मेरे नीचे की मंजिल में सिलाई की मशीन चलाने वाले शब्बीर मास्टर अभिन्न अंग हैं...और मैं और वह कितने अलग-अलग हैं! जिसका

मैं, और भन्ते धर्मरक्षित जी, प्रिंसिपल महाबोधि कॉलेज, अभिन्न अंग हैं, मैं और संघल, लिंक वाले, मैं और नागार्जुन, और त्रिलोचन, और अज्ञेय और तुम और स्वर्गीय राहुल, अभिन्न अंग हैं, डॉ. वासुदेवशरण अग्रवाल और स्वर्गीय मौलाना आजाद और डॉ. रघुवीर अभिन्न अंग हैं। जिसके दक्षिण भारत और उत्तर भारत, और नेहरू और मुन्नेत्र कजगम अभिन्न अंग हैं। इन प्रतिनिधियों के लघु रूपों से हमारा देश, पूरा देश बसा हुआ है, और जी रहा है। और रचनाकार इसको ग्रैस्प करना चाहता है, उसको समझना और व्यक्त करना चाहता है। सीमाएँ तोड़ कर अपनी दृष्टि में बहुत कुछ लाना चाहता है। और समय तेजी से बीत रहा है और हर चीज बदल रही है, और तेजी से, एण्ड नाट आल फार दि बेटर ओनली।'

बीसवीं सदी के उत्तरार्द्ध का अगर कोई कविसम्बन्धों के माध्यम से एक दूसरे किस्म का इतिहास लिखना चाहे तो यह पुस्तक बहुत मूल्यवान उपजीव्य होगी। हिन्दी समाज की बीसवीं शताब्दी का एक इतिहास अगर उसके साहित्य के आधार पर लिखा जाना चाहिए तो स्वयं हिन्दी साहित्य की बीसवीं शताब्दी का एक इतिहास उसके लेखकों के निजी दस्तावेजों, सम्बन्धों, संवादों, नोकझोंकों, विवादादि और पत्रों के माध्यम से भी लिखा जाना चाहिए।

(3 सितम्बर, 2000)

जल्दी होती देर

अब एक साल होने आया : इन्हीं दिनों मैंने पिछले साल लन्दन में एक पुस्तक खरीदी थी वायसेज फॉर कोसोवो'। कुल अठत्तर पृष्ठों की सुमुद्रित पुस्तक का मूल्य साढ़े सात पौण्ड था जो कि इसलिए ज्यादा नहीं लगा था कि इस पुस्तक की बिक्री की सारी राशि कोसोवो के शरणार्थियों की सहायता के लिए प्रतिश्रुत है। बच्चों के उद्‌गारों के अलावा, जो जितने निश्छल हैं उतने ही मार्मिक और अबोध, उसमें कुछ कविताएँ भी हैं। मेरा ध्यान आटका एंडी ब्राउन की एक कविता पर जिसका शीर्षक है 'जल्दी होती देर।' उसके अन्तिम अंश का हिन्दी में अनुवाद कुछ यों होगा :

रोशनी छलकती है सुबह से रात को,
उलझे हुए शब्दों की तहों के पीछे छिपे
तुम्हारे चेहरे को बदलती हुई।

जल्दी होती हे देर। तुम्हारे पाँव चल पड़ते हैं।
तुम्हें अजनबी सोचना मुश्किल है।

लोग, पंखुरियों की तरह, ज्यादातर
रात को गिरते लगते हैं।

इसी तरह सारायेवो बोस्निया के एक कवि मार्को विसोविच का एक कवितांश हिन्दी अनुवाद में यों है :

और इससे पहले कि तुम जाओ
इन वृक्षों की छाल पर हाथ फेरो
जिन्होंने हमेशा ही
ऊँचे खड़े रहने का तुम्हें
निःशुल्क पाठ सिखाया है।

यह सोचना भले ही भयावह है, पर सच है कि बीसवीं शताब्दी की बहुत सारी महान और मर्मस्पर्शी कविता भयंकर अमानवीयता और अपार क्रूरता से जूझते हुए लिखी गयी है। यों तो सब समय पर हमारे समय में तो कविता मानवीयता का एक शरण्य निश्चय ही रही है : कई बार यह आश्वासन रहा है कि वह है इसीलिए हममें मानवीयता बची हुई है।

जान मोल का एक कवितांश एक तरह से हमारे समय में कविता के जरूरी काम का रूपक ही बन जाता है :

बिखरे हुए अंगों से
ठोकर खाते हुए
एक माँ
ले जाती है अपने बच्चे को

इसके लिए कोई शब्द नहीं
सिर्फ चुप्पी
हर खुले मुँह की।

(17 सितम्बर, 2000)

'कल्पना में अश्रु हैं'

'कल्पना में अश्रु हैं

आज तक एक भी बात पूरी नहीं की जा
सकी। आपकी कृपा की विभूति यहाँ तक
सीमित है।'

'मिला महादेवी का मुझको आमन्त्रण
राखी बाँधेंगी दुख हुआ, डबल है, भोजन
सात्विक उनके यहाँ, राजसिक'

'...रविदासजी ज्ञानमार्गीय श्रेष्ठ कवि थे। वे सच्चे अर्थ में द्विज थे। मैं उनके प्रति प्रणाम निवेदित करता हूँ।'

'...किताबें भी बाजार में चलने वाली लेते आएँगे। सरकार से लखनऊ में बातचीत कर लेंगे। आप वाजपेयीजी, केशवजी आदि शिक्षा विभाग के मित्रों से रामायण को प्रथमा, मध्यमा, एफए बीए या नाइंथ टैंथ में कोर्स करने की लिखा-पढ़ी कीजिए। बिहार सीपी, यूपी आदि जगहों में। ...हम अकेले हैं। दूध पीते हैं या भिगोये चने चबाते हैं या लाई।'

'...मैं गुजराती पढ़ना चाहता हूँ। काका साहब की कोई पुस्तक जो मूल गुजराती में हो, भेज दें। और एक मासिक पत्र, मैं यहाँ मूल्य चुका दूँगा।'

'... हाँ एक थैला, जिसमें गीतिकादि और एक फटी-सिली धोती, एक तालपत्र की टोकनी में दो पूड़ियों के साथ, रह गये हैं।'

'...हम अनुष्ठान कर रहे हैं। दीर्घ उपवास के बाद अब केवल दूध और भीगे चने खाकर रहते हैं प्रसन्न हैं। कुछ परकाल साधन करते हैं।'

'...25-30 दिन जाड़ा और है। फिर छरहरे निकलने के दिन आ जाएँगे।'

ऊपर के सभी अंश उन पाण्डुलिपियों में से हैं जो निराला जी की अपनी हस्तलिपि में उनके एक सुहृद डॉ. बलदेव प्रसाद मेहरोत्रा ने अब तक सँजो कर रखी हुई थीं और जो उनके अनुग्रह से अब महात्मा गाँधी अन्तर्राष्ट्रीय हिन्दी विश्वविद्यालय के पुस्तक और पाण्डुलिपि संग्रह में शामिल हो गयी हैं। इनमें निराला जी की 23 कविताओं की 76 पृष्ठों में उनकी अपनी हस्तलिपि में पाण्डुलिपियाँ और मैथिलीशरण गुप्त, मिश्र बन्धु, नवीन, शिवदान सिंह चौहान, जानकीवल्लभ शास्त्री आदि के नाम उनके 16 अप्रकाशित पत्र भी हैं। वयोवृद्ध श्री मेहरोत्रा इलाहाबाद में रहते हैं और हिन्दी साहित्य की इस थाती को अब तक जतन से उन्होंने

बचा कर रखा है। इनमें 'जागो फिर एक बार', 'जुही की कली', 'विधवा', 'बादल राग', 'कुकुरमुत्ता' जैसी कविताएँ शामिल हैं। 1947 में निराला मेहरोत्रा जी के यहाँ गायघाट बनारस में लगभग आठ महीने रहे थे। उन्होंने राष्ट्रभाषा विद्यालय की ओर से निराला की तीन पुस्तकों–देवी, रामायण का विनयखण्ड और कुकुरमुत्ता के दूसरे संस्करण का प्रकाशन भी किया था।

(17 सितम्बर, 2000)

सर्वत्र पुण्या नर्मदा

पिछले दिनों जैसा कि मुहावरा है, नर्मदा खबर की सुर्खियों में थी। उसमें जब-तब आने वाली बाढ़ के कारण नहीं बल्कि उस पर बन रहे विशाल बाँध पर सर्वोच्च न्यायालय के फैसले के कारण। इस कारण भी कि पर्यावरण और पुनर्वास के प्रश्नों को लेकर चलने वाले देश के सबसे बड़े जनान्दोलनों में से एक 'नर्मदा बचाओ आन्दोलन' को इस फैसले से गहरा आघात पहुँचा है। पर नर्मदा पर ध्यानाकर्षण का मेरे लिए एक निजी कारण बनी मध्यप्रदेश हिन्दी ग्रन्थ अकादेमी द्वारा प्रकाशित अमृतलाल बेगड़ की पुस्तक 'अमृतस्य नर्मदा' जो इसी दौरान मेरे पास आयी।

अमृतलाल बेगड़ पेशे से चित्रकार और ललित कलाध्यापक रहे हैं। सुरुचि और संकोच से सम्पन्न बेगड़ जी बरसों से नर्मदाव्रती रहे हैं : उन्होंने नर्मदा की परिक्रमा की है, उस पर सैकड़ों कोलाज और चित्र बनाये हैं और नर्मदा पर यह उनकी दूसरी पुस्तक है। मैं और किसी ऐसे लेखक-यात्री को नहीं जानता जिसने एक नदी को इस तरह अपने सर्जनात्मक प्रयत्न और जीवन का केन्द्र बनाया हो। नर्मदा बेगड़ जी के लिए सिर्फ एक नदी नहीं, एक रूपक है, एक उपस्थिति है, एक जीवनकथा है। उसकी कितनी ही आवाजें, छवियाँ, मर्म और रस, प्रवाह और उच्छृंखलता उनके शब्दों में बोलती हैं। हिन्दी में ऐसी नदीगाथा दूसरी नहीं है। नर्मदा पर उनकी पहली पुस्तक 'सौन्दर्य की नदी नर्मदा' को हिन्दी के अनेक लेखकों जैसे श्रीलाल शुक्ल, रमेशचन्द्र शाह, विष्णु खरे, अरुण कमल आदि ने सराहा था। बेगड़ जी अपने को 'नर्मदा सौन्दर्य का सांस्कृतिक संवाददाता' कहते हैं और उनका दावा है कि वे इस पद पर आजीवन बने रहेंगे, 'शायद मरणोपरान्त भी।' निर्मल वर्मा ने इस नयी पुस्तक की प्रस्तावना की समापन करते हुए बहुत ठीक कहा है : 'यदि गणेशजी अपने माता-पिता के इर्द-गिर्द घूम कर धरती की परिक्रमा कर सकते हैं तो क्या हम बेगड़

जी की पुस्तक के पन्नों पर चलते हुए घर की चौखट से बाहर कदम रखे बिना, नर्मदा माई की परिक्रमा करने का पुण्य नहीं लूट सकते।' इस पुण्य के लिए हिन्दी हमेशा ही बेगड़ जी की ऋणी रहेगी। वे न होते और लिखते-उकेरते तो नर्मदा इस शताब्दी के उत्तरार्द्ध में सिर्फ एक विवादग्रस्त नदी बन कर रह जाती और हम उसकी अपार सौन्दर्य-गाथा से वंचित रह जाते।

मुझे याद आता है कि बचपन में सागर और जबलपुर में सुबह कार्तिक-स्नान करने के बाद लौटते हुए स्त्रियों द्वारा एक बुन्देली लोकगीत कई बार सुना था जिसका मुखड़ा था : 'नरबदा मैया ऐसे तो मिलीं रे कि जैसे मताई और बाप रे।' याद तो यह भी आता है कि बरसों पहले इन्दौर में शहर में पीने के पानी के प्रदाय के लिए नर्मदा का पानी लाया गया था। तब उस योजना के समापन और प्रदाय के उद्घाटन के लिए वर्तमान प्रधानमन्त्री आये थे। मैं उन दिनों मध्यप्रदेश सरकार का सूचना प्रकाशन संचालक था। हमने इस अवसर पर जो विज्ञापन अखबार में दिया था उसमें सम्भवतः नर्मदा-पुराण से एक पंक्ति उद्धृत की थी 'सर्वत्र पुण्या नर्मदा।' आशय यह था कि गंगा और अन्य नदियाँ विशेष तीर्थों पर पुण्यशील होती हैं लेकिन नर्मदा हर जगह पुण्या है।

पटना के श्री देवकुमार मिश्र ने भी सोन नदी की परिक्रमा कर 'सोन के पानी का रंग' नामक पुस्तक लिखी थी जिसे मध्यप्रदेश हिन्दी ग्रन्थ अकादेमी ने ही छापा था। ऐसा क्यों है कि हिन्दी में नदियों और पर्वतों पर इतनी कम पुस्तकें हैं?

(29 अक्टूबर, 2000)

विश्वविद्यालय में महाभारत

दिल्ली विश्वविद्यालय में बी.ए. ऑनर्स के स्तर पर एक परचा ऐसा शामिल किया गया है जिसमें 'महाभारत' और 'ईलियड' के अंश रखे गए हैं। अभी तक अंग्रेजी साहित्य ही पढ़ाने वाले अध्यापकों के बीच इसे लेकर खासी बेचैनी-सी है। उनमें से कई ऐसे हैं जिन्हें अंग्रेजी साहित्य के अध्ययन को इस बहाने अपनी संस्कृति से जोड़ने की कुछ सम्भावना और निश्चय ही एक नई चुनौती लग रही है। स्थिति को थोड़ा जटिल यह तथ्य बनाता है कि दिल्ली के अधिकांश महाविद्यालयों में ऐसे कॉस्मोपॉलिटन छात्र आते हैं जिनके परिवार में 'महाभारत' पढ़ने-जानने की कोई परम्परा बाकी नहीं रही। सो कक्षा में 'महाभारत' की कथा बताने की जिम्मेदारी अध्यापक

की हो जाती है।

जाकिर हुसैन महाविद्यालय में अंग्रेजी के अध्यापकों का एक रोचक संवाद हाल ही में 'महाकाव्य पर पुनर्दृष्टि' विषय पर आयोजित हुआ। उसमें भारतीय महाकाव्य और ग्रीक महाकाव्य की दृष्टियों, परम्परा, फलितार्थों आदि पर विस्तार से गहन विचार-विनिमय हुआ। मुझे लगता है कि छात्रों और अध्यापकों, दोनों को ही यह जानना चाहिए कि ग्रीक महाकाव्य की तरह 'महाभारत' एक विजड़ित पोथी नहीं है : वह आज भी भारत की सजीव और सक्रिय शास्त्रीय कलाओं, लोक परम्परा और आधुनिक सर्जनात्मकता में एक जीवित उपस्थिति है। यह नोट करना भी रोचक है कि आधुनिक साहित्य में बीसवीं शताब्दी का पूर्वार्द्ध तो सम्भवतः 'रामायण' केन्द्रित है जबकि उत्तरार्द्ध 'महाभारत' से अधिक प्रेरणा प्राप्त करना प्रतीत होता है। इसलिए कक्षा में 'महाभारत' पढ़ते-पढ़ाते समय इस बात का सजग अहसास जरूरी और सहायक है कि उससे बाहर 'महाभारत' अनेक रूपों और स्तरों पर मौजूद है। बल्कि इन रूपों का उपयोग कक्षा में 'महाभारत' को अधिक ग्राह्य बनाने के लिए करना लाभप्रद होगा।

महाभारत में जो प्रश्नवाचक स्पेस बनता है उसकी ओर भी विशेष ध्यान देने की जरूरत है। महाकाव्यात्मक दृष्टि मनुष्य, अस्तित्व, आचरण और अन्तःकरण के अनेक चरम प्रश्न उठाती है। उसमें मिथक, इतिहास, भूगोल, संस्कृति, जातीय स्मृति, दर्शन, अध्यात्म, राजनीति, समाजदर्शन आदि अनेक अनुशासनों का अत्यन्त जटिल विन्यास होता है। उसमें व्यवस्था की तलाश और स्थापना होती है लेकिन सारे विध्वंस, विसंगतियों, तनावों और अन्तर्विरोधों से यह दृष्टि मुँह नहीं मोड़ती। मर्यादा, जिम्मेदारी, विचलन आदि के तत्त्व इस दृष्टि में अनिवार्यतः प्रश्नांकित होते हैं। महाकाव्य हमें न तो एक प्रश्न देता है और न ही एक उत्तर। उसका सत्य भी एक नहीं है। 'महाभारत' के उदाहरण से स्पष्ट है कि प्रश्न अनेक हैं और उत्तर भी, सम्बन्ध भी अनेक हैं : सत्य भी अन्ततः अनेक हैं। यह अपार लेकिन अदम्य बहुलता ही महाकाव्य को उसका वह गौरव देती है जिसके रहते वह मानवीय नश्वरता के बरक्स एक अनश्वर स्थापत्य की तरह अवस्थित होता है। मुझे 'महाभारत' की बुनियादी प्रजातान्त्रिकता भी बहुत आकर्षित करती है। उसमें इतनी सारी आवाजों के लिए जगह है– मनुष्य का संसार, पाशविक जगत् और दिव्यलोक सभी एक दूसरे से अटूट जुड़े हैं। फिर 'महाभारत' के प्रसंगों-उपकथाओं आदि को लेकर सारी भारतीय भाषाओं में इतनी नई कृतियाँ रची गई हैं कि भारतीय साहित्य का एक इतिहास तो 'महाभारत' की व्याख्या, पुनर्व्याख्या और दुर्व्याख्या, पुनर्रचना, विचलन आदि की गाथा के रूप में ही लिखा जा सकता है। मुझे लगता है कि 'महाभारत' कभी अपने से असहमत या

विपथगामी से उद्विग्न नहीं हुआ है क्योंकि उसे अपने टिकाऊपन में जितना भरोसा है, उतना ही यकीन नई प्रतिभा के दुस्साहस में भी है। कई बार तो लगता है कि 'महाभारत' न हुआ होता तो शायद भारत ही नहीं होता। 'रामायण' की ही तरह वह एक मातृग्रंथ है जिससे और अनेक असंख्य ग्रन्थ और रचनाएँ निकलती रही हैं।

हैरॉल्ड ब्लूम मानते हैं कि पश्चिमी मनुष्य बाइबिल और विलियम शेक्सपियर की रचना है। शायद यह कहना, उसी वजन पर, अनुचित न हो कि भारतीय मनुष्य 'रामायण' और 'महाभारत' की ही सन्तान है। हम सिर्फ भारत में ही नहीं रहते, 'महाभारत' में भी आज तक रहते हैं, हमें उसकी खबर हो, न हो। भारत और 'महाभारत' के बीच निरन्तर द्वन्द्व है : जो सिर्फ भारत में बिना 'महाभारत' के या कि सिर्फ 'महाभारत' में बिना भारत के रहते हैं, वे कम रहते हैं।

(11 फरवरी, 2001)

मीर के यहाँ 'बिस्तार'

हिन्दी-उर्दू के झगड़े के जो भी कारण रहे हों, इतना तो यह है कि उर्दू के अधिकांश साहित्य को देवनागरी में प्रकाशित कर हिन्दी ने जितना उर्दू को आत्मसात् करने की कोशिश की है उतने का ही दसवाँ हिस्सा भी उर्दू ने नहीं किया है। हिन्दी के नए-पुराने कवियों को उर्दू के कितने ही शे'र याद हैं लेकिन ऐसा उर्दू लेखक कतई दुर्लभ है जिसे हिन्दी की दो पंक्तियाँ ही याद हों। इस सिलसिले में महात्मा गांधी अन्तर्राष्ट्रीय हिन्दी विश्वविद्यालय एक ऐसा पाठ्यक्रम विकसित कर रहा है जिसमें हिन्दी और उर्दू का, स्नातकोत्तर पर, एक मिला-जुला अध्ययन किया जाए : उर्दू साहित्य का अध्ययन देवनागरी के माध्यम से होगा।

जानकी प्रसाद शर्मा उन लोगों में से हैं जो हिन्दी और उर्दू के समान अध्येता हैं। इधर उनकी एक नई पुस्तक 'उर्दू साहित्य की परम्परा' वाणी प्रकाशन से आई है। मैं उसे उलट रहा था कि 'मीर के तौर' शीर्षक अध्याय में मेरा ध्यान, उनके दिलाए, इस सुखद तथ्य की ओर गया कि मीर ने जब-तब संस्कृत के शब्दों का भी प्रयोग किया है। हमारे लिए यह जानना उर्दू के बारे में रूढ़ हुए पूर्वग्रहों से मुक्ति पाने जैसा है कि उसमें न सिर्फ हमारी बोलियों की कई लोकधाराएँ गुँथी-बुनी हैं, हमारी शास्त्रीय धरोहर भी बोलती है। जानकी प्रसाद जी के अनुसार 'बिस्तार' शब्द दो गजलों में आया है :

दिल की तह की कहि नहिं जाती नाजुक हैं इसरार बहुत
अंछर तो हैं प्रेम के दो ही लेकिन है बिस्तार बहुत।
है उसके हर्फ़-ए-ज़ेर-ए-लबी का सभों में जिक्र
क्या बात थी कि जिसका ये बिस्तार हो गया।

'दरबार से बाजार के बीच भाषा के अनगिनत स्तर' अपनी कविता में बरतने वाले मीर के यहाँ जनभाषा के क्रियापदों का भी बड़ा सार्थक प्रयोग है। जानकी प्रसाद जी ने एक बेहतरीन उदाहरण दिया है :

इन सुहबतों में आखिर जातें ही जातियाँ हैं
ने इश्क को है सर्फा ने हुस्न का मुहाबा

जाहिर है कि हमारे एक महाकवि मीर ने यहाँ लोक से लेकर शास्त्र तक 'बिस्तार' बहुत था : बिना इसके बड़ी कविता किसी समय में नहीं बनती।

(20 मई, 2001)

चीर-फाड़ की विधा

यों तो यह माना जाता है कि हमारे समय में महाकाव्य का स्थान उपन्यास ने ले लिया है। विशाल फलक पर जीवन के सुख-दुख, अन्तर्विरोध, मानवीय सम्बन्धों की बहुलता, मानवीय अस्तित्व के चरम प्रश्नों आदि को एक साथ समेटने में जितना उपन्यास सफल हुआ है, उतना शायद दूसरी गद्यविधाएँ नहीं। पश्चिमी उपन्यास अगर यह माना जाए कि पश्चिमी समाज की दशा-दिशा को प्रामाणिकता और बेबाकी के साथ प्रस्तुत करता है तो शायद यह कहना असमीचीन न होगा कि इधर उपन्यास पश्चिम में जीवन का उत्सव उतना नहीं मनाता जितना कि उसकी चीर-फाड़ करता है...अन्ततः वह एक दुखद विधा बन गया है।

फ्रेंच दूतावास में कार्यरत मलयाली उपन्यासकार एम. मुकुन्दन ने हाल ही में मुझे पिछले दो बरसों में फ्रांस और यूरोप में धूम मचा रहे फ्रेंच उपन्यास 'एटोमाइज्ड' (अंग्रेजी अनुवाद) की प्रति पढ़ने को दी तो मैंने इस पूर्वग्रह के साथ ही पढ़ना शुरू किया कि उसमें यही चीर-फाड़ होगी, जिजीविषा और जीवन के उत्सव के बिना। आयरलैण्ड में रहने वाले कवि-उपन्यासकार मिशेल ऊइलेबेक का यह उपन्यास निहायत पठनीय होने के साथ-साथ जीवन की, सम्बन्धों और प्रेम की अत्यन्त ऐन्द्रिय ऊष्मा से भरा उपन्यास है। उसमें समकालीन फ्रेंच समाज की नैतिक स्थिति और विकृति को बदलती हुई संस्कृति, विज्ञान और अध्यात्म के अनेक

प्रश्नों और तनावों, मातृत्व, यौन, अनुसन्धान आदि को लेकर बार-बार ठोस मानवीय प्रसंगों में नई जिज्ञासाएँ, शंकाएँ, बेचैनी आकार लेती हैं। ब्रिटिश कथाकार जूलियन बारनेस ने ठीक ही कहा है कि जब दूसरे उपन्यास 'खरगोश का शिकार' कर सन्तुष्ट हो जाते हैं, यह उपन्यास 'बड़ा शिकार' खोजता है। यह भी आकस्मिक नहीं है कि इस उपन्यास ने फ्रांस में जो सनसनी फैलाई है उसे आल्बेयर काम्यू के बाद सबसे बड़ी घटना माना जा रहा है। कहानी दो सौतेले भाइयों की है जिनमें से एक वैज्ञानिक है और दूसरा एक आवारा। पहला आदर्शवादी है पर उसकी न तो ऐन्द्रिय जिन्दगी है, न सामाजिक। दूसरे की असमाप्य वासना का कोई समुचित उत्तर उसे जीवन भर नहीं मिल पाता। दोनों के जीवन में जब-तब कोई मानवीय सम्बन्ध, प्रेम के कुछ क्षण आते हैं जिन्हें वे बचाकर रखने में असमर्थ हैं। वे जिस समाज और संस्कृति में फँस गए हैं, उसका कोई केन्द्र नहीं है: वह उपस्थिति की नहीं, अनुपस्थिति का लोक है। उपन्यास में अपार प्रश्नवाचकता है–ऐसा प्रायः कुछ भी नहीं है जिस पर प्रश्नवाचक नहीं लगता।

एक स्थान पर उपन्यासकार कहता है : "पानी सबसे कम अड़चन का रास्ता लेता है। मानवीय आचरण सिद्धान्त में पूर्वनियत है। अपने प्रायः सभी कर्मों को लेकर और वह बहुत कम चुनने के अवसर देता है... जो देता भी है, उसमें से बहुत कम चुनते हैं।" अन्यत्र एक और उक्ति है : "अनन्त स्पेस का कोई अन्तहीन मौन नहीं है क्योंकि दरअसल कोई स्पेस नहीं है, न ही मौन, न ही शून्य। संसार जो हम जानते हैं, संसार जो हम रचते हैं, मानवीय संसार उतना ही गोल, चिकना, सीधा और गुनगुना है जितना कि एक स्त्री का स्तन होता है"। बीच में दी गई एक कविता का अंश इस प्रकार है :

हम नीचे उतरते हैं लम्बी सुनसान सड़क से
उस जगह पर जहाँ अँधेरा है
बिना बच्चों के, बिना पत्नियों के,
हम झील में प्रवेश करते हैं
आधी रात को
(और हमारे प्राचीन शरीरों पर पानी इतना ठण्डा होता है)

(27 मई, 2001)

पुस्तकों की चमक

मेरे पास कुछ खास पढ़ने को नहीं है। सो अपनी पसन्दीदा पुस्तकों की दुकान 'विलेज वायस' में जाता हूँ जो सौभाग्य से अभी भी रूद प्रिन्सेस पर है। मालिक मुझे थोड़ा पहचान कर बताता है कि थोड़े दिन पहले इतिहासकार रोमिला थापर वहाँ आई थीं जिन्हें उसने विभिन्न कट्टरताओं पर कई नई पुस्तकें चुनने में मदद की। मेरा चुनाव देखकर वह टिप्पणी करता है : बहुत अँधेरी पढ़त होगी...तीन यहूदी एक साथ। मैंने इसे लक्ष्य नहीं किया था कि जो तीन पुस्तकें मैंने खरीदीं– जार्ज स्टाइनर की नई आलोचना-पुस्तक 'ग्रेमर्स ऑफ क्रिएशन' (सृजन के व्याकरण), हिल्डा शिफ द्वारा सम्पादित संकलन 'होलोकास्ट पोएट्री' और जर्मन कवि पाल सेलान की जान फेल्स्टाइनर द्वारा लिखित नई जीवनी–वे सभी यहूदियों द्वारा लिखित और सम्पादित पुस्तकें हैं और उनका उपजीव्य यहूदी जीवन है। तीनों पुस्तकों का यातना से भी सम्बन्ध है जिसकी यहूदियों को अचूक पहचान और पिछली शताब्दी में सबसे मर्मान्तक अनुभव है। तीनों नई पुस्तकें सिर्फ अपने कागज या सज्जाभर से नहीं मानो इस अन्तर्भूत यातना से भी चमक रही हैं... यहूदी चेहरों की तरह।

(17 जून, 2001)

यहूदी समय

मैं इस बार फिर आश्विट्ज गया। नाजियों के इस वधस्थल पर जाना कतई प्रीतिकर अनुभव नहीं है। अडोर्नो ने कभी कहा था कि आश्विट्ज के बाद कविता सम्भव नहीं है। मैं जर्मन-यहूदी कवि पाल सीलान की जो जीवनी इन दिनों पढ़ रहा हूँ उससे जाहिर है कि पाल सीलान आश्विट्ज के बिना सम्भव नहीं था। यन्त्रणा, क्षति, मृत्यु, लगातार सब कुछ छूटने की नियति, हमेशा मनुष्य की बेहद नाजुक और खतरनाक स्थिति आदि के अभिप्राय, द्वितीय महायुद्ध और उसके पहले नाजी नरसंहार से सीलान के यहाँ जैसी मृत्यु-काल-विद्ध कविता बनते हैं वैसी कविता किसी अन्य मानवीय परिस्थिति से लगता है इतनी मर्मान्तक तो क्या, सम्भव ही नहीं थी। वह बेहद दुरूह है जैसे कि जीना बेहद कठिन है, ऐसी मृत्यु की विभीषिका के सम्मुख। सीलान की कविता में जर्मन भाषा अपनी खूँखार हिंसा का सीधे सामना करती है और जिजीविषा की मातृभाषा के रूप में अपना पुनर्वास भी करती है। उसमें यहूदी संस्कारों-अनुष्ठानों-स्मृतियों का, ईसाइयत के अनेक धार्मिक अभिप्रायों का, नाजी यन्त्रणा और संहार

के अनेक फलितार्थों का जटिल सपुंजन है। वह सचमुच साक्षात्कार की कविता है : एक यहूदी, जर्मन और शरणार्थी आँख निर्निमेष दृश्य को देखती है और स्वयं अपने को भी। वह कुछ भी सरलीकृत नहीं करती—वह एक विलाप है लेकिन ऐसा कि वह प्रार्थना भी है, प्रतिरोध तक जाती हुई। जो लोग आश्विट्ज से कभी लौटे नहीं उनकी स्मृति कविता और प्रार्थना के उज्ज्वल पृष्ठों पर खून के छींटे हैं। कई बार मुझे लगता है कि हमारा युग यहूदी समय है : हम बाड़ों में घिरे हैं, हमारा असबाब पीछे छूट गया है, हमारे देवता हमें छोड़कर भाग चुके हैं, हम सिर्फ अपनी बारी की प्रतीक्षा भर कर रहे हैं। लेकिन जहाँ कुछ नहीं था वहाँ हरी घास उग आयी है, जैसे भाषा के निर्जन में अभी भी शब्द सम्भव है। काल भले हमें शायद सदा के लिए संसार से ले जाएगा : हम भस्म हो जाएँगे पर हमारी अजेय जिजीविषा, घास की तरह फिर भी भाषा में जगह बनाएगी।

(24 जून, 2001)

'दीवार में दरार'

हम शायद यह कम जानते हैं कि आधुनिक अरबी कविता में मुक्तछन्द चौथे दशक में आया या कि उसके ऊपर जिन पश्चिमी कवियों का प्रभाव पड़ा, वे लगभग वही हैं जिनका प्रभाव भारतीय कविता पर पड़ा जैसे टी.एस. ईलियट, चार्ल्स बोदेलेयर, ई.ई. कमिंग्ज, सैं जां पर्स आदि। पेरिस में मेरे हाथ लगी इसी वर्ष प्रकाशित नई अरबी कविता के अंग्रेजी अनुवाद की एक पुस्तक, जिसका शीर्षक है 'दीवार में एक दरार'। साकी बुक्स, लन्दन द्वारा प्रकाशित इस संचयन में साठ कवियों की रचनाओं के अनुवाद संकलित किए गए हैं। मारगैरेट ओबैंक और सेम्युएल शीमान द्वारा सम्पादित इस पुस्तक की कविताएँ लन्दन से प्रकाशित होने वाली आधुनिक अरबी साहित्य पर केन्द्रित अंग्रेजी पत्रिका 'बनीपाल' से चुनी गई हैं। महमूद दरवेश के अलावा बाकी सभी ऐसे हैं जिनका मैंने पहले नाम तक नहीं सुना। इन दिनों संग्रह को पढ़ रहा हूँ। दो छोटे नमूने देखिए :

यह दर्द कहाँ से आता है

यह जाता कहाँ है !
मैं अपने घाव कुरेदता हूँ
जैसे एक खानाबदोश अपने गधे को ऐड़ लगाते हुए

अधीर पहुँचने को
सदी के अन्त तक

(फराज बू अल ईशा : लीबिया)

शब्द

भय से बोले गए शब्द में
मैं सिर्फ चाहता हूँ
अपनी खामोशी
मैं माँग करता हूँ अपने नाम की एक भाषा
एक आँख
इतनी बड़ी जितना रेगिस्तान
तुमसे कहना
जो कविता नहीं कहती
और तुम्हें दिखाना
जो ईश्वर ने कभी नहीं देखा।
(अदनान मोहसिन, अल्जीरिया)

(22 जुलाई, 2001)

'चाहो तो खूब बरसो'

बुद्धवचनों के जो कई संकलन हैं उनमें 'सुत्तनिपात' का अत्यधिक महत्त्व माना जाता है। राहुल सांकृत्यायन द्वारा लिखित 'पालि साहित्य का इतिहास' (वाणी प्रकाशन) मैं उलट-पुलट रहा था, अपने अज्ञान को कुछ दूर कर सकने की गरज से। सुत्तनिपात के अन्तर्गत 'धनियसुत्त' के बारे में राहुल जी ने यह कहते हुए कि 'इस सुत्त में सुन्दर काव्य की झलक मिलती है' गण्डक नदी के किनारे बिहार के छपरा या मुजफ्फरपुर जिले में अपनी गौवों को चराते धनिय गोप और बुद्ध के संवाद का यह मोहक अनुवाद दिया है :

'धनिय : भात मेरा पक चुका, दूध दुह लिया, 'मही' (गण्डक) नदी के तीर पर स्वजनों के साथ वास करता हूँ। कुटी छा ली है। आग सुलगा ली है। अब हे देव! चाहो तो खूब बरसो।

बुद्ध : मैं क्रोध और राग से रहित हूँ। एक रात के लिए 'मही' नदी के तीर पर ठहरा हूँ, मेरी कुटी खाली है (आकाश के नीचे रहता हूँ) और (अन्दर की आग) बुझ चुकी है। अब हे देव! चाहो तो खूब बरसो।

धनिय : मक्खी और मच्छर यहाँ नहीं हैं, कछार में उगी घास को गौवें चरती हैं, पानी भी पड़े तो उसे वे सह लें। अब.

बुद्ध : मैंने एक अच्छी तरणी बना ली है। भवसागर को तैर कर पार चला आया। अब तरणी की आवश्यकता नहीं। अब.

धनिय : मेरी ग्वालिन आज्ञाकारिणी और अलोला है; वह चिरकाल की प्रियसंगिनी है। उसके विषय में कोई पाप भी नहीं सुनता। अब.

बुद्ध : मेरा मन वशीभूत और मुक्त है, चिरकाल से परिभाषित और दान्त है। मुझमें कोई पाप नहीं। अब.

धनिय : मैं अपनी मजदूरी आप ही करता हूँ। मेरी सन्तान अनुकूल और नीरोग है। उनके विषय में कोई पाप भी नहीं सुनता। अब.

बुद्ध : मैं किसी का चाकर नहीं, स्वच्छन्द सारे संसार में विचरण करता हूँ। मुझे चाकरी से मतलब नहीं। अब.

धनिय : मेरे तरुण बैल हैं और बछड़े हैं, गाभिन गाएँ और कलोर भी हैं और सबके बीच वृषभराज भी हैं। अब.

बुद्ध : मेरे न तरुण बैल हैं, न बछड़े। न गाभिन गाएँ हैं न कलोर गाएँ, और सबके बीच वृषभराज भी नहीं। अब.

धनिय : खूँटे मजबूत गड़े हैं, मूंज के पगहे नए और अच्छी तरह से बटे हैं, बैल भी उन्हें तोड़ नहीं सकते। अब.

बुद्ध : वृषभ जैसे बन्धनों को तोड़, हाथी जैसे पूतिलता को छिन्न-भिन्न कर मैं फिर जन्म ग्रहण नहीं करूँगा। अब हे देव! चाहो तो खूब बरसो।'

कई बार इस पर दुखद अचरज होता है कि आमतौर पर जब हम परम्परा की बात करते हैं तो पालि, प्राकृत और अपभ्रंश आदि में विन्यस्त परम्परा का कोई बोध उसमें सक्रिय नहीं होता। जिस पालि में ऊपर उद्धृत कविता जैसी समृद्ध कविता हो उसका मानो न हमें पता है, न ही याद। बौद्ध और जैन परम्परा का विपुल साहित्य मानो हमारी परम्परा में आता ही नहीं है। परम्परा को प्रायः वैदिक, वैदिकोत्तर, हिन्दू-मुस्लिम चरणों में देखा-परखा जाना हमारी परम्परा का दूसरों द्वारा नहीं स्वयं हमारा अपने द्वारा किया गया विखण्डन है। कुछ बरस पहले राधावल्लभ त्रिपाठी, राजेश जोशी आदि ने प्राचीन काव्य से कुछ अच्छे और नए मुहावरे में अनुवाद किए थे। अगर कुछ युवतर कवि भी उस राह चलें और अनुवाद करें तो शायद समकालीन विस्मृति से कुछ मुक्ति मिल सकती है। स्वयं राहुल जी ने 'पालि काव्यधारा' नामक जो पुस्तक तैयार की थी वह छपी कि नहीं, मैं नहीं जानता और पता भी नहीं लगा पाया।

(12 अगस्त, 2001)

मर्मस्पर्शी

विद्यानिवास मिश्र द्वारा सम्पादित साहित्यिक मासिक 'साहित्य अमृत' सातवें वर्ष में प्रवेश कर गया और नए वर्ष का पहला अंक उसका अब तक का सर्वश्रेष्ठ अंक सिद्ध हुआ है। लगभग पौने दो सौ पृष्ठों के इस विशेषांक में संस्मरण, यात्रा वृत्तान्त, रेखाचित्र, व्यंग्य, रिपोर्ताज, आत्मकथ्य, डायरी आदि पर अर्थात् रचनात्मकता गद्य पर एकाग्र सामग्री प्रकाशित है। लेखकों में रायकृष्ण दास, श्रीनारायण चतुर्वेदी और देवेन्द्र सत्यार्थी से लेकर अज्ञेय, भीष्म साहनी, राय आनन्द कृष्ण, रेणु, विष्णु प्रभाकर, निर्मल वर्मा, गोविन्द मिश्र, अजित कुमार, श्रीलाल शुक्ल, मन्नू भण्डारी, राजी सेठ, कमलेश्वर, धर्मवीर भारती आदि शामिल हैं। रायकृष्णदास ने मुगलकालीन शैली और ठाकुर शैली के समन्वय से उस्ताद रामप्रसाद द्वारा उमर खय्याम की कविताओं के चित्रांकन के प्रोजेक्ट का रोचक वर्णन करते हुए बताया है कि एक बार रामप्रसाद ने प्रसाद जी से पूछा था कि 'ये गायिकाएँ आपको भैया क्यों कहती हैं' तो प्रसाद जी ने बस हँसकर इतना ही कहा, 'तुम बड़े खल हो'। राय साहब ने प्रसाद जी का हाथीदाँत पर चित्र बनवाया पर 'उसमें लुनाई न आई।' प्रसाद जी का पौरुषमय सौन्दर्य उनके किसी फोटोग्राफ में भी नहीं आ सका।

देवेन्द्र सत्यार्थी का गाँधी जी को लेकर मार्मिक संस्मरण है जिसके अनुसार उनकी पुस्तक 'धरती गाती है' की भूमिका बापू को लिखनी थी। जब सत्यार्थी जी को मालूम हुआ कि बापू वर्धा जा रहे हैं तो वे शिकायत करने पहुँचे। इस पर बापू ने कहा : 'वर्धा में मरने के लिए थोड़े ही जा रहा हूँ! जिस काम में किसी ने बीस बरस लगाए हों उनकी भूमिका बीस पंक्ति में भी लिखना क्या आसान काम है?' मुलाकात के दूसरे ही दिन बापू की हत्या हो गई।

भीष्म साहनी ने अपनी सुपरिचित और मार्मिक सादगी से गाँधी जी, जवाहरलाल नेहरू, लालबहादुर शास्त्री और फिलिस्तीनी नेता यासर अराफात के संस्मरण लिखे हैं। यों तो किसी अमेरिकी पत्रकार ने उचित ही लिखा था, गाँधी जी जहाँ थे वही भारत की असली राजधानी थी। उनसे सम्बन्धित संस्मरण सेवाग्राम के हैं जहाँ गाँधी जी अपनी सुबह की सैर पर एक रोगी व्यक्ति से उसका हाल पूछने हर दिन जाते थे; उन्हें भीष्म जी के शहर रावलपिण्डी की यात्रा के वक्त वहाँ मिले मुसलमान बैरिस्टर मिस्टर जॉन की याद थी। स्वयं भीष्म जी में, एक अपेक्षया उग्र विचारधारा का अनुयायी होने के बावजूद, एक तरह की जो मोहक सौम्य शान्ति शुरू से रही है, कौन जाने उसका उत्स गाँधी जी के प्रभाव में हो। श्रीनगर में नेहरू जी ने भीष्म जी से अखबार तभी माँगा और चुपचाप खड़े इन्तजार करते रहे जब तक कि भीष्म जी ने उसे पढ़ न लिया। शास्त्री जी ने

लेखकों के आग्रह पर कैसे फौरन ही मुक्तिबोध को बेहतर इलाज के लिए दिल्ली लाए जाने के आदेश दिए थे और कैसे ट्यूनिस में अराफात गुसलखाने के बाहर भीष्म जी के लिए तौलिया लिए खड़े थे, इसका रोचक चित्रण इस संस्मरण में है। राजनेताओं की हर दिन मैली होती छवियों के इस अभागे समय में भीष्म जी अपने संस्मरण से कुछ शीर्ष राजनेताओं की निपट मानवीय और सहजता की प्रतिछवियाँ पेश करते हैं और हमें याद दिलाते हैं कि अभी कुछ बरसों पहले तक लेखकों के लिए सम्माननीय राजनेता हमारे बीच थे। दुर्भाग्य से इन दिनों लेखकों में राजनेताओं के लिए कोई सम्मान नहीं बचा और दूसरी तरफ ऐसे राजनेता भी गायब हो गए जिनके मन में लेखकों के लिए सम्मान हो। लेखक छोड़िए, आजकल तो शायद साधारण आदमी का सम्मान और परवाह करने वाले राजनेता नजर नहीं आते जबकि साधारण आदमी आज के साहित्य के केन्द्र में है। जब उसका सम्मान नहीं तो लेखकों का सम्मान किस तर्क से जरूरी या मुमकिन है?

(12 अगस्त, 2001)

एक नई पत्रिका

अयोध्या के आयोजन का सबसे टिकाऊ और बौद्धिक पक्ष था उत्तर प्रदेश–उत्तरांचल स्पिकमैके द्वारा कलाओं पर केन्द्रित एक नई पत्रिका 'थाती' के प्रवेशांक का लोकार्पण। अयोध्या के युवा कवि-सम्पादक यतीन्द्र मिश्र के सम्पादन में निकली यह पत्रिका सिर्फ नई भर नहीं, अनोखी है। हिन्दी की किस पत्रिका में आज आप एक ही अंक में बिस्मिल्ला खाँ को यह कहते कि 'संगीत का असर यह है कि वह सब कुछ भुला देता है। इसलिए इस मजहब में यह हुकुम हुआ कि संगीत पर पाबन्दी लगा दो, नहीं तो लोग खुदा को भूल जाएँगे।'...'अब अगर दिन भर हम मौसीकी में डूबे रहें तो पाँच वक्त की नमाज का क्या होगा? सोचेंगे, थोड़ा और रियाज कर लें। अभी तो पंचम या गांधार का वह कण पकड़ में आया है'...या स्व. डॉ. प्रेमलता शर्मा की यह अवधारणा स्थापित करते कि 'संगीत द्वारा अध्यात्म साधना का लक्ष्य है वितान अथवा विस्तार और विलय के क्रम को अनुभव करना।' या मीर का यह शे'र 'उसकी शुआए-मेहर का झमके है सबमें हुस्न/शमूयेहरम हो या हो दिया सोमनात का' या जगदीश स्वामीनाथन पर यह उक्ति कि 'अस्तित्व अपने अबूझपन रेखांकनों के संकेत छोड़ता है, वही जिसे स्वामीनाथन तान्त्रिक रेखांकनों, कभी आदिवासी चित्रों में महसूस करते हैं।' पढ़ सकते हैं? कुँवर नारायण,

मुजफ्फर अली की डायरियाँ, हुसेन का अखिलेश लिखित जीवनचरित, अप्पू कुट्टन नायर की कुड़ियाट्टम की व्याख्या, संस्कृत और प्राकृत की छोटी कविताओं के कमलेशदत्त त्रिपाठी द्वारा हिन्दी अनुवादों का एक गुच्छा, कृष्ण बलदेव वैद की एक लम्बी कहानी, वागीश शुक्ल का नृत्य और ज्ञान पर निबन्ध, राय कृष्णदास का कलाओं की भावव्यंजना पर निबन्ध आदि सामग्री इस अंक को बेजोड़ और मूल्यवान बनाती है।

पत्रिका का सबसे अभूतपूर्व खण्ड वह है जिसमें बन्दिशों का एक चयन प्रकाशित है। इस चयन में भरत, कालिदास से लेकर निजामुद्दीन औलिया, अमीर खुसरो, कबीर, यारी साहब, पलटू साहब, बख्शू नायक, अदारंग, बिन्दादीन, गोपाल नायक, ईसुरी, जयदेव, तानसेन, विलास खाँ, निराला, चक्रधर सिंह आदि की रचनाएँ संकलित हैं। संगीत के सन्दर्भ में उत्तर भारतीय कविता की सामासिकता, विविधता और निरन्तरता का यह आश्चर्यकारी निदर्शन है। मेरी सलाह है कि बन्दिशों के इस चयन को और बढ़ाकर पुस्तकाकार दो-तीन जिल्दों में प्रकाशित करना चाहिए। स्पिकमैके ने शास्त्रीय कलाओं को युवा पीढ़ी के निकट लाने और अनेक पीढ़ियों को पिछले पच्चीस बरस में अपनी परम्परा का संस्पर्श देने का जरूरी और विलक्षण काम किया है पर दुर्भाग्य से उसमें मातृभाषाओं की अवज्ञा हो रही है: वह ज्यादातर अंग्रेजी माध्यम के स्कूलों-कॉलेजों में ही गया है। 'थाती' की शुरुआत अगर स्पिकमैके के मातृभाषाओं की ओर मुड़ने का भी संकेत है तो उसका दुहरा स्वागत किया जाना चाहिए। पत्रिका वाणी प्रकाशन द्वारा वितरित की जा रही है।

(11 नवम्बर, 2001)

'बाजार में खड़ा दार्शनिक'

मुझे पता है कि यह कहते ही प्रतिबद्ध लोग खौखिया कर मुझ पर हमला करेंगे और यह आरोप लगाएँगे, कि हमेशा की तरह, मैं सामाजिक सच्चाई और अपने समय के भयानक यथार्थ से मुँह मोड़ रहा हूँ और समाज में निरपेक्ष साहित्य की स्वायत्तता स्थापित करने के अपने कुत्सित अभियान को किसी नए मुहावरे में व्यक्त कर रहा हूँ। फिर भी, मुझे लगता है कि अपने समय, समाज और सच्चाई को पूँजीवाद, फासीवाद आदि अवधारणाओं से समझने की वृत्ति बेहद अपर्याप्त और बासी पड़ चुकी है। चीजें इतना आगे जा और बदल चुकी हैं कि इन पदों से सुनिश्चित होने वाली बौद्धिक बिरादरी और प्रतिबद्धता अपने आप में संदिग्ध नहीं

तो समस्यामूलक हो चुकी हैं। यह नहीं कि पूँजीवाद या उसका थोड़ा बढ़ा हुआ संस्करण उत्तर-पूँजीवाद शक्ति या वास्तविकता के रूप में अप्रासंगिक हो गए हैं। यह भी नहीं कि धर्मोन्माद, साम्प्रदायिकता, आतंकवाद, जातीय विद्वेष से ग्रस्त हमारे समय में फासिस्ट शक्तियाँ कमजोर पड़ गई हैं। लेकिन सच्चाई अधिक जटिल और उलझी हुई है और इन पदों का इस्तेमाल करते ही शीत युद्ध और बीसवीं सदी की विचारधारात्मक विकृतियों के जो प्रेत जागते हैं वे हमारी समझ बढ़ाने में कोई मदद अब नहीं करते दिखते।

ज्ञानरंजन के सम्पादन में निकलने वाली पत्रिका 'पहल' का 69वाँ अंक पूरी तरह से वाल्टर बेन्यामिन पर केन्द्रित है। इस विशेषांक का सम्पादन कवि आलोचक विजय कुमार ने बहुत मेहनत और जतन से किया है। उन्होंने उचित ही कहा है कि 'बेन्यामिन ने सभ्यता की समीक्षा की पर सभ्यता की शिखर कलाकृतियों के सहारे नहीं बल्कि उस सभ्यता के खँडहरों में धूल में लिपटी, रंग खो चुकी, उपेक्षित और नाकारा पड़ी चीजों को खँगालते हुए। उन्होंने इतिहास को नीचे से देखा था।' इस उल्लेखनीय संचयन में राजेश जोशी, अरुण कमल, विनोद दास, अनूप सेठी आदि अनेक लेखकों ने बेन्यामिन के नोट्स, डायरी, बातचीत, आलोचना, व्याख्यान, टिप्पणी, पत्रों आदि का हिन्दी अनुवाद किया है। जैसी कि 'पहल' की परम्परा ही है, उम्मीद है कि जल्दी ही यह सामग्री पुस्तकाकार भी सुलभ हो जाएगी।

'आर्केड्स प्रोजेक्ट' का एक अंश इस प्रकार है : 'जन समुदाय के स्वप्न मकान, बाजार, बगीचे, प्रदर्शनी कक्ष, कारखाने, मोम के पुतलों वाले संग्रहालय, जुआघर और रेलवे स्टेशन हैं।'

यह अंश 'एकतरफा मार्ग' से है :

'जो चला गया, उसे कितनी आसानी से प्यार किया जा सकता है। दीपक उसी के लिए जलाए जाते रहे हैं जो एक दूरी पर जाकर गायब हो गए। इन दीयों को जहाज के पीछे छूटते हुए जंग लगे टुकड़ों या रेल की खिड़की से उड़ते दृश्यों से तेल मिला करता है। जुदाई गायब होते आदमी में एक द्युतिमान कण की तरह प्रवेश करती है और उसे एक आभामय संसार में ले जाती है।'

मेरिनेत्ती के हवाले से 1936 में बेन्यामिन ने जो कहा था वह आज नया अर्थ पाता नजर आता है : 'हमारी ऐन्द्रिय तुष्टि को टेक्नोलॉजी ने बदल दिया है और युद्ध इस ऐन्द्रिक परितोष के लिए जरूरी सौन्दर्यबोध जुटता है। यह कला का उपभोक्ताकरण है। होमर के समय में मनुष्य ओलम्पियन देवताओं के चिन्तन-मनन का एक विषय था, आज वह स्वयं के लिए

एक विषय है। इसका अपने आपसे बेगानापन इस हद तक पहुँच गया है कि वह अपने ही विनाश का अनुभव दूसरों की निगाहों से पाए कलात्मक आनन्द की तरह ले रहा है। ये उस राजनीति की हालत है जिसे फासीवाद सौन्दर्यबोध बता रहा है। साम्यवाद इसका प्रत्युत्तर कला के राजनीतिकरण द्वारा दे रहा है।'

(26 नवम्बर, 2001)

बर्बर समय में निर्भीक

शायद ही किसी ने, और उन्नीसवीं सदी से अबाध चली आ रही प्रगति की मिथ के चलते तो और भी, यह उम्मीद की होगी कि बीसवीं सदी का अन्त और इक्कीसवीं की शुरुआत बर्बरता के इतने व्यापक विस्तार से होगी। निजी जीवन से लेकर सार्वजनिक व्यवहार में हिंसा इतनी फैल गई है कि अचरज होता है कि तर्क और ज्ञान, विवेक और विज्ञान के बावजूद, सभ्य मूल्यों को लगभग हर पल किसी न किसी तरह की अदम्य बर्बरता दबोच रही है। इस हद तक कि आतंक की बर्बरता का उत्तर युद्ध की बर्बरता भर रह गया है। दूसरी ओर, समाज को घटाता और अपने को हर कीमत पर बढ़ाता बाजार उपभोग के नाम पर एक तरह की सम्पन्न बर्बरता को बढ़ावा दे रहा है। ऐसे बर्बर समय में बुद्धिजीविता स्वयं एक खतरनाक कर्म बन जाती है। सौभाग्य से हमारे बीच ऐसे बुद्धिजीवी बचे हैं जो पूरी तैयारी और निर्भीकता के साथ समकालीन बर्बरता की परतें और आशय, अर्थ और परिणतियाँ हमारे सामने उघारते रहें। इस सन्दर्भ में अमेरिका में बसे मूलतः अरब बुद्धिजीवी और साहित्यालोचक एडवर्ड सईद का नाम उचित ही अत्यन्त आदरणीय और विवादास्पद है। आमतौर से लोकप्रिय किस्म के कथा-साहित्य के अंग्रेजी प्रकाशक पेंगुइन इण्डिया ने सईद का नया निबन्ध संग्रह, जो छह सौ से अधिक पृष्ठों का है और जिसका दाम चार सौ पंचानबे रुपये है, 'रिफ्लेक्शन्स ऑन एक्जाइल' शीर्षक से हाल ही में प्रकाशित किया है।

एडवर्ड सईद की रुचि और सरोकारों का रेंज बहुत बड़ा है : इस संग्रह में आर.पी. ब्लैकमर, टी.ई. लारेन्स, वीको, नीत्शे, लूकाच, हरमेन मेलविल, जोसेफ कौनरेड से लेकर ओंतोनियो ग्राम्शी, रेमंड विलियम्स, नजीब महफूज, वी.एस. नायपॉल, अर्नेस्ट हेमिंग्वे, जान बर्जर, एरिक हाब्सबाम, बाख, शोपां आदि पर सईद ने विस्तार और तीक्ष्णता से विचार किया है। यह दिलचस्प है कि अपने और फिलिस्तीनियों के शरणार्थी होने को सईद ने अपने

चिन्तन का एक तरह से केन्द्रीय रूपक बनाया है। यह सोचकर दहशत होती है कि बीसवीं शताब्दी ने जाति, विचार आदि के कारण मनुष्य के इतिहास में सबसे अधिक लोगों को शरणार्थी बनने पर मजबूर किया है। शरणार्थी मूर्धन्यों की कमी नहीं है पर उनमें से शायद ही किसी ने सईद की तरह 'शरण' की विडम्बना और उससे उपजने वाले अद्वितीय अनुभवों और अन्तर्दृष्टि को बौद्धिक स्तर पर ऐसी मार्मिक प्रासंगिकता और पैने तीखेपन से विन्यस्त और उजागर किया हो जैसा सईद ने अपनी आलोचना में किया है।

अजनबीयत, दूरी, दिग्विहीनता आदि के कारण शरणार्थी वह सब पाने में सामान्य निवासी के बजाय अधिक बौद्धिक उद्यम और भावात्मक ऊर्जा लगाता है और फिर भी उसमें सन्देह और विडम्बना के भाव बने रहते हैं। हालाँकि शरणार्थी को हमेशा सन्देहग्रस्त और चौकन्ना रहना चाहिए। एक सच्चा बुद्धिजीवी बनने के लिए जरूरी है कि वह विशेषीकरण के जॉर्गन, सत्ता के फुसलावों और आतंक तथा तटस्थता की अकर्मकता से बचे। सईद 'सभ्यताओं की मुठभेड़' की इन दिनों कुख्यात अवधारणा के बरक्स समुदाय-बोध पर जोर देते हुए मार्तीनिक कवि एमे सेजायर की ये पंक्तियाँ उद्धृत करते हैं :

और किसी जाति के पास सुन्दरता का एकाधिकार नहीं
न बुद्धि का, न शक्ति का और
विजय के उत्सव में सबके लिए जगह होगी।

सईद का मानना है कि सभ्यताओं के समुदाय में सौम्य-उदार भूमण्डलीकरण का विकास सम्भव है जैसे कि सभ्यतागत गर्व के शमन से पर्यावरण सम्बन्धी अभियान, विज्ञान के क्षेत्र में सहयोग, मानवाधिकार पर इसरार आदि में हुआ है। शरणार्थी से बेहतर और दुखद ढंग से और कौन जानता है कि सभ्यता का गर्व कितना जरूरी और कितना घातक होता है।

(16 दिसम्बर, 2001)

संगीत-चिन्तन

मुझे यह स्वीकार करने में कोई संकोच नहीं कि शास्त्रीय संगीत के अपने सारे अनुराग और इस स्थायी शिकायत के, कि उस पर उसके समतुल्य आलोचनात्मक और बौद्धिक ध्यान नहीं दिया गया है, मुझे यह पता नहीं था कि इस दिशा में एक महत्त्वपूर्ण प्रयत्न इण्डियन म्यूजिकोलॉजिकिल

सोसायटी बरसों से करती रही है। बड़ौदा से प्रख्यात संगीतविद् प्रो. आर. सी. मेहता द्वारा सम्पादित उसकी पत्रिका 'जिम्स' का जनवरी-दिसम्बर 2001 का विशेषांक देखकर बहुत प्रसन्नता हुई। उसमें संगीत विदुषी डॉ. प्रेमलता शर्मा, दार्शनिक और सौन्दर्यशास्त्री डॉ. सुशील कुमार सक्सेना और कला विदुषी डॉ. कपिला वात्स्यायन के भातखण्डे स्मृति व्याख्यान प्रकाशित हैं जो क्रमशः 1992, 1998 और 2000 में इस सोसायटी के आयोजनों में दिए गए थे। प्रेमलताजी ने समय की भारतीय अवधारणा और भारतीय संगीत के इतिहास पर विचार किया जबकि डॉ. सक्सेना ने हिन्दुस्तानी संगीत के कुछ पक्षों का विवेचन किया है। कपिलाजी के व्याख्यान भारतीय कलाओं की अन्तर्निर्भरता के सिद्धान्त और व्यवहार पर एकाग्र हैं।

प्रेमलताजी ने भारतीय संगीत के इतिहास को काल की भारतीय अवधारणा से जोड़कर समझने की जो चेष्टा की है, वह बेजोड़ है। वे देश, काल और परिवर्तन की व्याख्या करते हुए यह प्रस्तावित करती हैं कि भारतीय संगीत का इतिहास और कालविभाजन कृति, प्रसंग और रूप के आपसी घात-प्रतिघात के आधार पर करना अधिक समीचीन होगा। डॉ. सक्सेना का सुव्याख्यायित मत है कि राग का एक व्यक्तित्व होता है जैसे कि वह सचमुच का एक मानवीय व्यक्ति हो और वह हमें विशिष्ट लग सकता है और उसका एक ठोस अदम्य चरित्र होता है। राग का व्यक्तित्व होने का दावा इस बात पर आधारित है कि उसमें भावनाओं, ऊर्जा, प्रत्यावर्ती उमंग और शान्ति, अनुकूलित सक्रियता की समृद्ध अन्तर्वस्तु है। डॉ. सक्सेना ने संगीत की आध्यात्मिकता पर भी बहुत रोचकता से विचार किया है। ध्रुपद और खयाल, दोनों ही किस्म की गायकियों के सन्दर्भ में।

कपिलाजी के व्याख्यान में इस अवधारणा की पुष्टि और विस्तार है कि भारतीय संगीत को अन्य कलाओं से उसके लम्बे और गहरे अन्तस्सम्बन्ध को विचार में लिए बिना न इतिहास में और न वर्तमान में और न ही सिद्धान्त या व्यवहार के स्तर पर ठीक से समझा जा सकता है। संगीत भारतीय कलावृक्ष की एक शाखा है और उसके विकास का दूसरी शाखाओं और सारे वृक्ष की आवयविक बढ़त से गहरा नाता है। उस बुनियादी अन्तस्सम्बन्धता को समझे बिना संगीत के अनेक आशय, लक्ष्य और रूपाकार ठीक से समझे नहीं जा सकते। इण्डियन म्यूजिकल सोसायटी, जाम्बूबेट, दांडिया बाजार, बड़ौदा-390001 से प्रकाशित यह पत्रिका संगीत-रसिकों के लिए अच्छी खबर है, भले मुझ तक वह देर से पहुँची है।

(23 दिसम्बर, 2001)

एक नया प्रेमकोश

ज्यां क्लोद कारिए पिछले कई बरसों से भारत आते-जाते और उस पर विचार करते रहे हैं। उनका गहरा भारत-प्रेम किसी प्राच्य या अकादेमिक सरोकार से नहीं उपजा है बल्कि वह पीटर ब्रुक की नाट्यप्रस्तुति 'महाभारत' के लिए नाट्यालेख तैयार करने से शुरू हुआ और भारत के विभिन्न अंचलों में लोगों, जलवायु, कलाओं, बातचीत, भोजन, पोशाक, जंगल-नदियों के सीधे और ऐन्द्रिय अनुभव की देन है। पिछले दिनों उनका भारत का, महाभारत के सिलसिले में एक अनूठा यात्रा वृत्तान्त अंग्रेजी अनुवाद में भारत में प्रकाशित हुआ है और उसकी उचित ही प्रशंसा हुई है। इस बीच फ्रेंच में उन्होंने भारत का एक प्रेमकोश तैयार किया है जो पेरिस में प्रकाशित हुआ है और इन दिनों वहाँ चर्चा का विषय है। फ्रांस में भारत के राजदूत ने इस पुस्तक के प्रकाशन के उपलक्ष्य में एक शाम आयोजित की जिसमें संयोगवश पेरिस में होने के कारण मुझे भी शामिल होने का अवसर मिला। काफी बड़ी संख्या में पेरिस में रहने वाले भारतीय कलाकार और अनेक फ्रेंच भारतप्रेमी मौजूद थे। चित्रकार सैयद हैदर रज़ा के साथ तो मैं गया ही था। कारिए हम दोनों से बड़ी गरमजोशी से मिले और पिछली कुछ मुलाकातों को सहजता से याद करते रहे। शक्ति बर्मन, सुजाता बजाज, नारायणन आदि चित्रकार, विजय सिंह फिल्मकार और लेखक आदि कई मित्रों से भेंट हुई। यह स्पष्ट है कि धीरे-धीरे फ्रांस में भारतीय सृजन और विचार की समझ और सराहना का विस्तार हो रहा है। भारत एक निरी प्राच्य निर्मिति नहीं है बल्कि उसका समकालीन और महाकाव्यात्मक अस्तित्व है। मैंने उम्मीद जाहिर की और प्रस्ताव भी कि कारिए की इस पुस्तक का हिन्दी में अनुवाद जल्दी ही होगा। स्वयं वे इसकी सम्भावना से बहुत प्रीत जान पड़े।

(6 जनवरी, 2002)

नई पुस्तकें

यों तो क्रिसमस पर पूरे यूरोप में नई पुस्तकों के प्रकाशन और खरीदी की बड़ी पुरानी प्रथा है। लेकिन जब मैं पेरिस की अपनी प्रिय दुकान 'विलेज वायस' इस बार पहुँचा तो इसलिए नहीं कि वहाँ क्रिसमस पर पुस्तकों की बहार होगी। मैं रज़ा पर अपनी पुस्तक के सिलसिले में कुछ दिनों के लिए वहाँ था और संयोग से वे क्रिसमस के पहले के दिन थे। मैंने जो पुस्तकें खासी अधीरता में खरीदीं, फिलवक्त उनकी सूची दिए दे रहा हूँ और उनमें से कुछ की चर्चा बाद में करूँगा। नए कविता संग्रहों में फ्रेंच कवि पाल

एलुआर की अन्तिम कविताओं के अंग्रेजी अनुवाद का संग्रह 'अनब्रोकन पोएट्री-2', पोलिश कवयित्री शिम्बोर्स्का की कविताओं के अमेरिकी अनुवाद का एक संचयन 'मिरेकिल फेयर', ग्रीक कवि कवाफी की कविताओं के एक नए अमेरिकी अनुवाद का संग्रह 'बिफोर टाइम कुड चेंज देम, रूसी कवि जोसेफ ब्राडस्की का रूसी-अंग्रेजी द्विभाषिक संचयन 'नेटविटी पोएम्स', पोलिश कवि चेस्लाव मीलोष की सत्तर बरसों में लिखी गई पोलिश कविताओं के अंग्रेजी अनुवाद का नया समग्र 'न्यू एण्ड कलेक्टेड पोएम्स 1931-2001' अमेरिकी कवियों जान एशबरी और चार्ल्स सिमिक के नए कविता संग्रह क्रमशः 'युअर नेम हीयर' और 'नाइट पिकनिक', चैक उपन्यासकार इवान क्लीमा के उपन्यास का नया अंग्रेजी अनुवाद 'नो सेंट्स आर एंजेल्स', पुर्तगाली उपन्यासकार लीडिया जार्ज का उपन्यास 'द माइग्रेट पेंटर ऑफ बर्ड्स', इजरायली लेखक अमोस ओज की नई पुस्तक 'द सेन सी', अमेरिकी आलोचक और कथाकार सूसन सोंटेग का निबन्ध संग्रह 'वेयर द स्ट्रैस फाल्स', पोलिश कवि अदम यागेयवस्की की गद्य पुस्तक 'एनदर ब्यूटी' और मीलोष के निबन्धों का एक नया संचयन 'टु बिगिन वेयर आईएम'। आप सोच सकते हैं कि नए वर्षारम्भ पर मैं नई पुस्तकों की सुगन्ध और उपस्थिति में डूबा हुआ हूँ और मुझे दुनिया, दहशत और युद्ध के बादलों के मँडराने के बावजूद, सुन्दर और बचाने योग्य लग रही है—इसलिए भी कि वह ऐसी है तभी न पुस्तकों की दुनिया हो सकती है और सुन्दर, सार्थक और टिकाऊ भी।

(6 जनवरी, 2002)

रज़ा पर पुस्तकें

बाईस फरवरी 2002 को पेरिस में बसे भारतीय चित्रकार सैयद हैदर रज़ा अस्सी बरस के हो गए। इस अवसर पर उनके चित्रों की एक बड़ी प्रदर्शनी मुम्बई की जहाँगीर आर्ट गैलरी में शरण अप्पा राव द्वारा आयोजित है। पिछले बरस के जून से मैंने रज़ा की जिन्दगी और कला पर एक पुस्तक लिखने का मन बनाया और उस पर काम शुरू किया। पेरिस में उनके साथ तीन बार लम्बी-लम्बी बातचीत हुई। रज़ा उन थोड़े-से चित्रकारों में से हैं जो अपनी बात पूरी सफाई और नपे-तुले अन्दाज में कहते हैं। वे सतर्क रहते हैं और प्रायः कभी किसी को बुरा-भला नहीं कहते। अपने काम के प्रति उनकी एकाग्रता असाधारण है। मैंने सोचा था कि यह पुस्तक अंग्रेजी और हिन्दी, दोनों में एक साथ तैयार और प्रकाशित हो जाएगी। लेकिन जब कदम आगे बढ़ा तो लगा कि यह आसान नहीं होगा। कुछ इसलिए भी कि मैं मुख्यतः साहित्यालोचक हूँ और कलालोचना के क्षेत्र में उतना अभ्यस्त नहीं हूँ जितना

कि रज़ा जैसे मूर्धन्य पर लिखने के लिए होना चाहिए। इस बीच यह तय हुआ कि रज़ा पर एक कला-पुस्तक उनकी अस्सीवीं वर्षगाँठ पर प्रकाशित की जाए। पेरिस में ही बसे कला-प्रकाशक रवि कुमार इस दिशा में फुर्ती के साथ सक्रिय हुए और अब उन पर यह पुस्तक राज और साधारण संस्करणों में, क्रमशः सौ और पाँच सौ प्रतियों की सीमित संख्या में, मुम्बई में 21 फरवरी और दिल्ली में 28 फरवरी 2002 को लोकार्पित होने जा रही है। उसमें रज़ा के चित्रों की 54 रंगीन प्रतिकृतियाँ, कुछ काले-सफेद चित्रों के साथ एक लम्बी बातचीत शामिल की गई है। राज-संस्करण में रज़ा द्वारा हस्ताक्षरित तीन मौलिक सिल्कस्क्रीन भी शामिल हैं।

रज़ा ने अपनी जिन्दगी की कहानी अपनी जुबानी कही है। उसे मुख्याधार बनाकर उनकी जिन्दगी और कला पर दूसरी पुस्तक इस वर्ष के उत्तरार्द्ध में निकालने की योजना है। कला-पुस्तक तो खासी महँगी है लेकिन यह दूसरी पुस्तक सामान्य पुस्तक होगी और हालाँकि उसमें भी रंगीन प्रतिकृतियाँ आदि होंगी, रज़ा चाहते हैं कि वह इतने कम दामों पर मिलनी चाहिए कि युवा छात्र और कलाकार भी उसे बिना कठिनाई के खरीद सकें। रज़ा इस बार दो सप्ताह से कम के लिए भारत-प्रवास पर हैं क्योंकि उनकी चित्रकार-पत्नी जानीन मोंजिला का स्वास्थ्य अच्छा नहीं है। पर इधर उन्होंने अपनी अधिकांश आय एक न्यास को देने का निश्चय किया है, जिसका उद्देश्य युवा कलाकारों और युवा हिन्दी कवियों की मदद करने का है। उम्मीद है कि यह न्यास उसके प्रवास के दौरान ही दो या तीन ऐसे युवा प्रतिभाशालियों को एक-एक लाख रुपए के सम्मान से विभूषित करेगा। अपने आरम्भिक जीवन के कठिन समय को बराबर याद रखते हुए रज़ा अपने वर्तमान साधनों का उपयोग युवा प्रतिभा के समर्थन में करना चाहते हैं। यों भी वे पिछले कई बरसों से अपने हर भारतीय प्रवास में यहाँ के युवा चित्रकारों के चित्र उदार पूर्वक खरीदकर उन्हें प्रोत्साहित करते रहे हैं।

(24 फरवरी, 2002)

रज़ा का आत्मवृत्तान्त

मैं इस बार रज़ा के आत्मवृत्तान्त को अन्तिम रूप देने के लिए पेरिस आया हूँ। पिछले वर्ष उनके साथ जो समय बिताता रहा हूँ उसमें से लगभग दस दिन लगातार बैठकर मैंने उन्हें अपने जीवन को बोलकर याद करने पर विवश किया और वे जैसा बोलते गए, वैसा रिकॉर्ड करता गया। इस वृत्तान्त की विशेषता यह है कि वह एक वयोवृद्ध, संवेदनशील और सजग कलाकार का

आत्मावलोकन है : उसमें कोई नाटकीयता नहीं है। कोई बौद्धिक आडम्बर नहीं। बेवजह के सामान्यीकरण नहीं। पर उसमें 'आत्मा का ताप' है। इसकी भी सीधी-सच्ची मर्मकथा है कि कैसे एक मुसलमान अपने ईमान के साथ-साथ हिन्दू आस्था और मूल्यों, ईसाई गुणों को अपने जीवन और कला में आत्मसात् करता है और कैसे वह फ्रांस में आधी सदी से ज्यादा बिताने के बावजूद अपने मूल में, विस्तार में भारतीय-ईमानदार, सहज और अदम्य बना रहता है। इस वृत्तान्त में, जो जल्दी ही अंग्रेजी और हिन्दी में पुस्तकाकार प्रकाशित होगा, रज़ा का आत्मसंघर्ष, कला-साधना के कई चरण, अपने शिक्षकों और मित्रों के प्रति उनकी कृतज्ञता, समकालीन भारतीय कला पर उनकी प्रबल आस्था, युवतर चित्रकारों की सम्भावना पर भरोसा आदि सब एकत्र हैं। कई बार कुछ घटनाएँ, नाम या यादें दुहराई गई हैं पर वे अखरती नहीं हैं—पूरा वृत्तान्त एक राग की तरह है जिसमें बढ़त है, स्मृति और आवृत्ति हैं, छोटे-छोटे सचों का सुघर विन्यास है, सजग विस्तार है। मैं नहीं जानता कि अब तक किसी भारतीय चित्रकार ने ऐसी सरलता, सहजता और मार्मिकता से अपनी जिन्दगी का बखान किया हो, अपनी आत्मकथा 'कही' हो जैसा कि रज़ा ने इस बार किया है।

अस्सी बरस के रज़ा को दमोह के फुटेरा तालाब के किनारे रखी नन्दी की मूर्ति याद है, बम्बई में एक टैक्सी ड्राइवर की खोली में महीनों किया रैनबसेरा याद है। उन्हें याद है, नागपुर में अपने कला-अध्यापक की पत्नी द्वारा बनाए गए समोसे और वहीं हुए शास्त्रीय संगीत के पहले अनुभव। भारत से लाए गए आमों के एक बीज का उनके दक्षिणी फ्रांसीसी गाँव गोर्बियो में पेड़ बनकर बर्फ में मर जाना वे भूले नहीं हैं और उन्हें रिल्के की कविताएँ याद हैं।

इस बार उनका उदार और अथक आतिथ्य लगभग रोज ही देखना पड़ रहा है। हर दिन कोई न कोई आ रहा है—अक्सर भारत से। कला वीथिकाओं के लोग, कई दूसरे संग्राहक। रज़ा के चित्र चाहते हुए—कई बार उनके स्टूडियो में उनके पुराने लगभग विस्मृत चित्रों को खखूरते हुए। दिलीप पडगांवकर आए हुए हैं और जुलाई के पहले सप्ताह में चित्रकार-मित्र रामकुमार आने वाले हैं। दिलीप काफी देर आन्द्रे मालरो के भारत-सम्बन्ध की बात करते हैं जिसमें रज़ा की गहरी दिलचस्पी रही है। मालरो ने कहा था कि शान्ति कहाँ मिलेगी, दो साँसों के बीच और गौरव दो विचारों के बीच! इस पर हम कुछ बात करते हैं कि यूरोप की ज्यादातर राजनीति दक्षिणपंथी हो रही है। फ्रांस में कुछ वैचारिक ऊहापोह बाकी है अन्यथा लगता है कि मुक्ति का अर्थ हमारे समय में मुक्त बाजार में सीमित या अवमूल्यित हो गया है। इसका भी जिक्र होता है कि विस्तृत यूरोपीय समुदाय की भाषाओं का संकट बढ़ने वाला है। अभी उसमें 11 भाषा-भाषी समाज हैं, 2004 में वे बढ़कर 21 हो जाएँगे। लेकिन एक अखबारी सर्वेक्षण बताता है कि 13 देशों

में अस्सी प्रतिशत सर्वेक्षित लोग अंग्रेजी को एक प्रमुख विदेशी भाषा के रूप में उपयोगी मानते हैं जबकि जर्मन का प्रतिशत 52, फ्रेंच का 17 और रूसी का 6 है। लेकिन भाषाई राजनीति अंग्रेजी को यूरोपीय समुदाय की राजभाषा बनने से निश्चय ही रोकेगी। अगर यूरोपीय लोग यूरोप के प्रजातान्त्रिक संस्थानों से अपनी भाषा में संवाद नहीं कर सके तो यह यूरोप की प्रजातान्त्रिकता पर ही प्रहार समझा जा सकता है। यूरोप के दक्षिणाभिमुख होने पर यहाँ के बौद्धिकों में, उचित ही, गहरी बेचैनी है। आज की अखबारों में बुद्धिजीवियों और कुछ सार्वजनिक हस्तियों का एक वक्तव्य प्रकाशित है जिसमें उन्होंने राजनेताओं से अपील की है कि वे अपना राष्ट्रवादी वाग्विस्तार कुछ कम करें और धुर दक्षिण के उदय को शुरू में ही रोकें। अपीलकर्त्ताओं में जर्मन लेखक गुण्टर ग्रास, फ्रेंच राजनीति शास्त्री जॉक रूपनिका, हंगरी के भूतपूर्व राष्ट्रपति अर्पाद गोंज शामिल हैं।

(30 जून, 2002)

हिन्दी साहित्य पर शामलाल

इधर शामलाल की दूसरी पुस्तक रूपा से आई है : 'इण्डियन रिएलिटीज़ इन बिट्स एण्ड पीसेज।' उसमें प्राचीन भारत, इतिहास, कला और चिन्तन, स्वतन्त्रता के वर्ष और औपनिवेशिक विरासत, राजनीतिक बहुलता की नियन्त्रणहीनता और संस्थाओं का ह्रास; सामाजिक परिवर्तन और पश्चिमीकरण; वाम के चकमे और टालमटोल; बाजार अर्थव्यवस्था की ओर कष्टप्रद संक्रान्ति और कुछ लेखक आदि उपशीर्षकों के अन्तर्गत इस बेहद पठनीय पुस्तक में शामलाल की 106 लघु निबन्ध और टिप्पणियाँ संकलित की गई हैं। अपने को सहज विनम्रता से मात्र एक पत्रकार और स्तम्भकार मानने वाले शामलाल की प्रखर बौद्धिकता का कितना विराट विस्तार रहा है, यह पुस्तक उसका एक और प्रमाण है। जो भी इस पुस्तक को पढ़ेगा यह महसूस करेगा कि वह एक ऐसे व्यक्ति से संवादरत हो रहा है जो भारतीय सच्चाई की अदम्य विविधता, जटिलता और सूक्ष्मताओं को सरलीकृत किए बिना, सच्ची प्रश्नाकुलता, कुशाग्रता और तीक्ष्णता के साथ विश्लेषण कर रहा है और ऐसा करते हुए हमें भारतीयता का एक विराट वितान सुलभ करा रहा है। शामलाल की अन्तर्विरोधों और सन्देहों पर पैनी नजर है। आचरण, बुद्धि, सामाजिक व्यवहार, सर्जनात्मक अभिव्यक्ति, बौद्धिक उद्वेलन आदि सभी में वे मूल तत्त्व तक पहुँचते हैं लेकिन अपने विश्लेषण को हम पर थोपते नहीं, न ही अपने नतीजों को। बल्कि हमें उसमें अपने तरह से साझा करने का न्यौता देते हैं : जो इस न्यौते

को स्वीकार आगे बढ़े उसे अत्यन्त सुस्वादु और सन्तोषप्रद व्यंजन मिलेंगे, इसमें कोई शक नहीं।

हिन्दी लेखकों और कृतियों पर सीधे अंग्रेजी में स्वयं भारतीयों द्वारा कम ही लिखा गया है। इस मामले में भी शामलाल अद्वितीय हैं। इस पुस्तक में उनके प्रेमचन्द, जैनेन्द्र कुमार, फणीश्वरनाथ रेणु, गजानन माधव मुक्तिबोध और निर्मल वर्मा पर निबन्धों के अलावा नई हिन्दी कविता पर एक लम्बी टिप्पणी शामिल है। मुक्तिबोध के प्रसिद्ध निबन्ध 'तीसरा क्षण' पर शामलाल ने जो विस्तृत टिप्पणी की थी वह टाइम्स ऑफ इण्डिया में 4 सितम्बर, 1966 को प्रकाशित हुई थी। तब मुक्तिबोध जीवित थे हालाँकि महीनों से अचेत थे और यह प्रकाशन उनके निधन के ठीक एक सप्ताह पहले हुआ था। जहाँ तक मुझे याद है, यह टिप्पणी मुक्तिबोध की तभी प्रकाशित 'एक साहित्यिक की डायरी' पुस्तक की पहली समीक्षा थी। सच्चा लेखक अपने खुद का दुश्मन होता है, मुक्तिबोध की इस उक्ति से शामलाल की समीक्षा की शुरुआत होती है। उसका समापन होता है मुक्तिबोध की इस धारणा से कि अगर लेखक उन उत्तरों को अन्तिम मान लेता है जो हर तरह से अधूरे और अप्रामाणिक हैं तो उसकी कोई मदद नहीं कर सकता। सृजन का तीसरा क्षण छद्‌म होगा अगर लेखक विश्वास का स्वाँग भरे जबकि सन्देह उसकी हड्डियाँ चीर रहे हों।

निर्मल वर्मा के निबन्ध संग्रह 'शब्द और स्मृति' तथा उनकी कहानियों के अंग्रेजी अनुवाद के एक चयन 'द क्रोज ऑफ डिलीवेरेंस' पर शामलाल की दो अलग-अलग टिप्पणियाँ हैं। शामलाल को लगता है कि जहाँ निर्मल की यह धारणा सही है कि हमारी राष्ट्रीय चेतना में फाँक पड़ गई है, वहाँ उनकी यह धारणा सही नहीं है कि रोजमर्रा की जिन्दगी में तो हमने इतिहास की सशक्त धाराओं में अपने को समंजस कर लिया है लेकिन मानसिक रूप से हम घटनाओं के दबाव का प्रतिरोध करते रहे हैं। शामलाल का मत है कि दोनों ही क्षेत्रों में घटनाओं ने गहरी छाप छोड़ी है। उनके अनुसार निर्मल की यह धारणा तो ठीक है कि हमारे यहाँ सार्वजनिक और बौद्धिक के बीच खाई है पर गाँधी जी का नाम लेकर उससे नहीं निपटा जा सकता। विडम्बना यह है कि महात्मा गाँधी उन्हीं शक्तियों की उपज थे जिनका कि वे प्रतिरोध कर रहे थे। उन्होंने लियो ताल्सताय, जान रस्किन और न्यू टैस्टामैंट से जो सीखा, उसने उनके विचारों को आकार देने में उतनी ही निर्णायक भूमिका निभाई जितनी कि हिन्दू धर्मग्रन्थों ने। शामलाल निर्मल की कहानियों का 'मानवता का शान्ति और उदास संगीत' सुनते और सराहते हैं और उन्हें पता है कि यह उदास संगीत किसी शुद्धता से नहीं, अनुभव की अनेक अशुद्धताओं से रचा गया है।

(9 नवम्बर, 2003)

मौलिकता और मैनरिज्म

ऐसे लेखक हिन्दी में बहुत कम हैं जिन्होंने अपने लिखे के बारे में इतना कम कहा हो जितना विनोद कुमार शुक्ल ने, जिनके उपन्यास 'दीवार में एक खिड़की रहती थी' को हाल ही में साहित्य अकादेमी पुरस्कार मिलने की सुखद घोषणा हुई है। एक तरह की निम्न मध्यवर्गीय अल्पभाषिकता न सिर्फ उनकी कविता का बल्कि बहुत हद तक स्वयं उनका स्वभाव रही है। अपने साहित्य को समझाने या उसका बचाव करने की जरूरत भी विनोद कुमार शुक्ल को शायद ही कभी महसूस हुई है। इसीलिए जब पिछली एक जनवरी को अपने जन्मदिन पर रायपुर में आयोजित एक समारोह में उन्होंने अपने रचनाकर्म पर विस्तार से कुछ कहा तो यह बात हम जैसे कइयों के लिए सुखद आश्चर्य की है।

अपनी तरह से लिखने को ही दरअसल मौलिक होना बताते हुए विनोद जी ने कहा कि 'मैं बार-बार अजनबी नहीं हूँ लेकिन दूसरों के साथ थोड़ी पहचान बढ़ गई है तब भी वही लगता हूँ। मैं बार-बार मैं ही हूँ।' उन्होंने आगे यह भी कहा कि 'मौलिक होना मैनरिज्म नहीं है। तब भी बहुत बारीकी से मैंने अपनी ही मौलिकता को बार-बार बदलने की कोशिश की है। लेकिन ये बार-बार मौलिकता को बदलने की कोशिश भी मेरी अपनी ही मौलिकता है।' यह तो जगजाहिर-सी बात है कि हम किसी भी अच्छे या महत्त्वपूर्ण लेखक से यह उम्मीद करते हैं कि उसका अपना मुहावरा हो, कि वह हमें सच या सच्चाई के पास अपने ढंग और नजर से ले जा सके। मुश्किल यह है कि इसी मुहावरे को हम चाहते हैं कि लेखक बार-बार बदले क्योंकि हमें यह मुहावरा यानी मौलिकता का कारक ही मैनरिज्म लगने लगता है। लेखक मुहावरा शायद इतनी आसानी से बार-बार नहीं बदल सकता क्योंकि अपना मुहावरा वह बना ही इतनी मुश्किल से पाता है। लेकिन उस मुहावरे से वह हर बार हमारे लिए कुछ नया और अप्रत्याशित खोजे, यह आशा करना ज्यादती नहीं है। ऐसा वही लेखक कर पाता है जिसमें मुहावरे में फँसने के बजाय उसका विस्तार करने की क्षमता हो और जो अपने को दुहराने से बचने की हिकमत जानता हो।

विनोद जी ने यह भी बात पते की कही कि 'लेखक तो थोड़े से

जाने-अनजाने पाठकों के बीच जनता के सुनसान में रहता है।...जो जैसा लिख रहा है उसे वैसा ही स्वीकार या अस्वीकार करना चाहिए। किसी भी लेखक से अपनी इच्छाओं के अनुसार अपेक्षा करना वैसा ही बात है जैसे कि किसी लेखक से कहना कि आप जैसा लिख रहे हैं उसका अनुवाद हमारे तरीके से करके दें। अपने लिखे हुए का अनुवाद स्वयं कोई लेखक नहीं करता।' विनोद जी ने प्रश्नोत्तर के दौरान आग्रह किया कि 'लेखक को कोई लेखक माने या न माने, लेकिन मेरी तरह से लेखक हो ऐसा आग्रह कभी नहीं करें।' विनोद जी ने अपने ही मुहावरे में कहा कि पहाड़ या आकाश से कोई कहने नहीं जाता कि वे यानी पहाड़ और आकाश उसे समझ में नहीं आते। इधर जब बाजार लोकप्रियता का दबाव लेखकों पर कुछ बढ़ता-सा दीख पड़ता है और सूक्ष्मता तथा जटिलता से हम अधिकतर बिदकते रहते हैं विनोद कुमार शुक्ल जैसे लेखक की यह जिद कि लेखक को उसी की शर्तों पर स्वीकार या अस्वीकार किया जाए, एक स्वस्थ और जरूरी जिद है। वह उन वैचारिक नियामकों का प्रतिरोध भी है जो साहित्य में प्रगति या जन संघर्ष के तत्त्व न पाकर उसका विरोध करते हैं। अपनी रचना का विधाता और नियामक लेखक है और उसका स्थान किसी और को नहीं दिया जा सकता। विनोद जी ने ठीक ही कहा है कि लेखक की हैसियत में अपनी जवाबदेही से कोई लेखक बरी नहीं होता।

(16 जनवरी, 2000)

कोमल-कठोर-संघर्ष

पिछली शताब्दी में, मुख्यतः पश्चिमी प्रभाव में, लोककलाओं और शास्त्रीय कलाओं के बीच जो कृत्रिम और हमारी अपनी कला और चिन्तन-परम्परा के सर्वथा विपरीत विभाजन और पैदा हुआ उसे अतिक्रमित करने की जो कठिन और लम्बी चेष्टा कुछ विशेषज्ञों ने की उनमें कोमल कोठारी का नाम बहुत आदर से लिया जाता है। राजस्थान की मरुभूमि में जो प्रदर्शनकारी कलाएँ और वाद्य हैं उनको लेकर अद्‌भुत अनुसन्धान, अद्वितीय अभिलेखन और संवेदन तथा कल्पनाशील नियोजन कोमल दा अपनी संस्था 'रूपायन' के माध्यम से करते रहे हैं। किसी अंचल में होने वाली फसलों, वृक्षों, वनस्पतियों यानी उसके ठोस और पार्थिव भूगोल से उस अंचल का संगीत और वाद्य कितने अनिवार्य रूप से जुड़े हैं, इसकी कहानी कोमल दा से रू-ब-रू सुनना कुछ देर के लिए एक ऐसी दुनिया में दाखिल होना है जिसमें सारी आधुनिकता एक तरह से पीछे छूट जाती है और हम

मनुष्य, उसके पर्यावरण और उसकी सिसृक्षा के ऐसे सम्बन्धों और सहकार के माहौल में होते हैं जहाँ अलगाव प्रमुख नहीं, लगाव और अटूटता केन्द्र में हैं।

लंगाओं और मगनियार लोक कलाकारों के बीच कोमल दा एक शीर्षगुरु की हैसियत रखते हैं। वे स्वयं मूलत : साहित्य के व्यक्ति रहे हैं और उन्होंने शुरुआत प्रेमचन्द पर एक आलोचनात्मक पुस्तक लिखकर की थी। पर अब वे इस दूसरी दुनिया में इतने रम गए हैं कि उन्हें साहित्य से कोई खास वास्ता नहीं रह गया है। उनकी प्रमुख चिन्ता लोकसम्पदा के अगली पीढ़ियों को हस्तान्तरण को लेकर है। इस सिलसिले में उन्होंने छोटे बच्चों और तरुणों के बीच नई सांरगियाँ और कमच्छा, विशेष रूप से बनवाकर बाँटे हैं। मुसलमान समुदाय के इन बाल और युवा वादकों-गायकों की एक बड़ी मण्डली संयोगवश उस समय जोधपुर में अभ्यास के लिए थी। उसका उत्साह, हुनर, उमंग देखते ही बनते थे। मीरा, कबीर, सूर आदि कवियों को वे ऐसे मगन होकर गा-बजा रहे थे कि लगता था कि यह लोकसम्पदा अमिट रहेगी। अगर ऐसा हुआ तो उसमें कोमल दा के कठोर संघर्ष का योगदान कम नहीं होगा।

कोमल दा ने हजारों घण्टों की रिकॉर्डिंग कर रखी है जिन्हें उनका संस्थान जतन और समझ से सीडी पर अन्तरित कर रहा है। गाए पद्यों का अभिलेखन ही हजारों पृष्ठों का हो रहा है—एक सर्वथा वाचिक परम्परा का ऐसा अभिलेखन पहली बार ही हो रहा है। राजस्थान सौभाग्यशाली है कि जिसके पास एक कोमल दा हैं।

(20 जनवरी, 2002)

भवानी-स्मृति और मुकुल-प्रतिभा

अपनी युवावस्था में राजनीतिक और सामाजिक रूप से खासी सक्रिय भवानी स्वामीनाथन मूर्धन्य चित्रकार-बुद्धिजीवी जगदीश स्वामीनाथन की पत्नी के रूप में कलाजगत में एक जानी-पहचानी आकृति थीं। वे स्वामीनाथन का साथ देने के अलावा उनके कई अतिचारों को नियन्त्रित-संयमित भी करती रहती थीं : मित्रों के लिए अथक आतिथ्य और युवतर कलाकारों के लिए उदार वात्सल्य भवानी जी के ऐसे गुण थे जिन्हें इस महीने उनके दुखद देहावसान के बाद हममें से बहुतों ने कृतज्ञतापूर्वक याद किया। स्वामी के कृतित्व के पीछे कहीं न कहीं भवानी जी का अटूट समर्थन और जीवट भी था।

चित्रकारों, लेखकों और आलोचकों की एक आत्मीय गोष्ठी में भवानी जी को याद करते हुए हमने पण्डित कुमार गन्धर्व के सुपुत्र मुकुल शिवपुत्र का गायन, दिल्ली में बरसों बाद, सुना। सौभाग्य से मुकुल का सांगीतिक मानस कुमार जी की आविष्कारक मनीषा का सच्चा और विचारशील उत्तराधिकारी है। कई बार ऐसा लगता है कि वे बेचैन होकर राग के अँधेरे में भटक सा रहे हैं लेकिन इसी बेचैनी से वे ऐसी रागदीप्ति तक जा पहुँचते हैं जहाँ पूरा रूपाकार नयी अर्थाभा से दमकने लगता है। तब समझ में आता है कि भटकाव और बेचैनी कुछ अद्वितीय और अप्रत्याशित पाने की है। इस चेष्टा को समझने के लिए धीरज भी चाहिए और कल्पनाशील समझ भी। भारवा गाते हुए मुकुल शिवपुत्र की विकलता को ये दोनों रसिकों से पर्याप्त मात्रा में मिल पाये।

कुमार गन्धर्व ने रामचरितमानस चतुश्शताब्दी के अवसर पर 'तुलसी : एक दर्शन' नाम से महाकवि तुलसीदास की रचनाओं पर केन्द्रित एक अनूठा कार्यक्रम तैयार किया था। मुकुल शिवपुत्र ने उस सरोकार को बरकरार रखते लेकिन परम्परा से नया विस्तार करते हुए अपने ढंग से तुलसीदास की कुछ दूसरी रचनाओं को गाने का उपक्रम किया है। उनमें से दो, जो कि पार्वती पर एकाग्र हैं, मुकुल ने भवानी जी की स्मृति में गायी। एक बार फिर जाहिर हुआ कि भक्ति काव्य और शास्त्रीय संगीत के बीच कैसी सहज समरसता है और यह भी कि भक्ति काव्य के कितने ही पहलू हमारे समय में अभी संगीत से आलोकित होना बाकी हैं। कुमार जी कहते थे कि कविता को तभी गाना चाहिए, जब गाने से कविता को फर्क पड़े यानी ऐसे अर्थ उसमें खुलें जो अन्यथा नजर नहीं आते। मुकुल शिवपुत्र ने तुलसी को ऐसा नया अर्थ दिया यह बड़ी और स्मरणीय बात है।

(30 जनवरी, 2000)

रज़ा की मौजूदगी

बूढ़े तो वे अब कई बरसों से हैं लेकिन अब कुछ झुक भी गये हैं। उन्हें देखने में कुछ तकलीफ भी होती है पर जो अदम्य है वह है उनकी जिजीविषा, युवा कलाकारों के काम के प्रति उनका अथक उत्साह और कितना भी कठिन हो हर बरस भारत आकर अपने को पुनर्नवा करने की उनकी इच्छा। वे कहते हैं कि वे अगली बार भारत में कहीं अज्ञातवास कर सिर्फ सफेद कैनवास पर सफेद रंग के चित्र बनाना चाहते हैं—अपना समापन-अध्याय। मानो वे पवित्रता के भी सारांश तक पहुँचना चाहते

हैं। वे अपसरण करना चाहते हैं लेकिन संन्यास नहीं लेना चाहते। वे अपनी विकलता और उत्साह में, अपने कौशल और दृष्टि में, अपनों की बिरादरी में रहना चाहते हैं। वे सैयद हैदर रज़ा हैं जो फिर इन दिनों, कुल पन्द्रह दिनों के लिए, काफी कष्ट उठाकर स्वदेश आये हैं। थकावट और तनाव के बावजूद वे प्रसन्न हैं कि वे फिर अपनों के बीच हैं।

ग्वालियर के हवाई अड्डे पर उनकी अगवानी करने के लिए युवा कलाकारों की बड़ी भीड़ थी। फूल-मालाएँ लिये युवा कलाकार, समीक्षक, लेखक आदि। वहाँ से रवाना होने के पहले रज़ा कार के पीछे गये और उन्होंने, हमेशा की तरह, थोड़ी सी धूल उठाकर अपने माथे से लगायी। बाद में मुझसे बोले कि यह मध्यप्रदेश की मिट्टी है और इस बार मैं ग्वालियर में ही पहले पहल अपने मातृ प्रदेश में आया हूँ।

ग्वालियर के इन्स्टीट्यूट ऑफ टेक्नोलॉजी एण्ड मैनेजमेंट दिल्ली की कला वीथिका। आर्ट इंडस के साथ मिलकर अपने परिसर में अमूर्त कला का एक संग्रहालय बनाने जा रहे हैं। रज़ा उसी का शिलान्यास करने ग्वालियर पहुँचे। हममें से अनेक को इस पर अचरज तो हुआ लेकिन बहुत अच्छा लगा कि एक तकनीकी संस्थान के अन्तर्गत ऐसा संग्रहालय होने जा रहा है। स्वयं ग्वालियर घराने की खयाल गायकी में और उससे भी पहले ध्रुपद में आवाज का अद्भुत अमूर्तन होता है। कम्प्यूटर, वास्तुकला आदि में जो कि संस्थान में पढ़ाये जाते हैं कई तरह के अमूर्तन होते हैं जैसे कि हमारे रोजमर्रा के जीवन और अनेक संस्कारों में भी। लेकिन हम इन्हें कला के अमूर्तन से जोड़कर देख और समझ नहीं पाते हैं। आखिर भाषा अपने आप में वस्तुजगत का अमूर्तन ही है। भाषा और अमूर्तन मनुष्य के परिभाषक आविष्कार रहे हैं। इधर हमारा जो व्यापक सांस्कृतिक क्षरण हुआ है उसके चलते भाषाई और रूपंकर दोनों ही क्षेत्रों में निरक्षरता बढ़ी है। अगर भाषा, संगीत, वास्तु और चिन्तन के अमूर्तन से जोड़कर कला के अमूर्तन को देखा-पहचाना जाये तो फिर वह ऐसा अजूबा और पश्चिम से आयातित नहीं लगेगा जैसा कि ज्यादातर लोगों को अपनी सांस्कृतिक निरक्षरता में लगता है। यह बात भी ध्यान में रखने की है कि स्वयं पश्चिम में अमूर्त कला का मुहावरा बासी पड़ चुका है। यह संग्रहालय अमूर्तन को ठोस भारतीय सन्दर्भ में रखकर उसे जीवन और अन्य अनुशासनों में, जिनमें विज्ञान और टेक्नोलॉजी भी शामिल है, व्याप्त अमूर्तन से जोड़कर प्रस्तुत कर सके तो यह एक बड़ी बात होगी। अगर हम आदिवासी कलाओं, शादी-ब्याह के संस्कारों आदि में अन्तर्भूत अमूर्तन के प्रति सजग हो पायें तो यह हमारी जातीय रूपंकर संवेदना के पुनर्वास का एक आधार बन सकता है।

(13 फरवरी, 2000)

कविता से बाहर

वे बूढ़े और बीमार हैं लेकिन अपने एक मूर्धन्य कवि होने का सहज आत्मविश्वास उनके चेहरे पर अब भी चमकता है। वे इस वर्ष अस्सी के होना शुरू हो जाएँगे। वे बताते हैं, हिन्दी में अपनी कविताओं के अनुवादों की फोटोकॉपियाँ देखते हुए, जिन्हें मैं उनके आग्रह पर अपने साथ ले गया था, वे कहते हैं कि भले मैं न समझ पाऊँ पर मुझे यह जानकर बहुत अच्छा लगता है कि दूर भारत में वहाँ की एक भाषा में मेरी कविता जीवित है। मैं उन्हें बताता रहा हूँ कि प्रयाग शुक्ल, असद जैदी, सोमदत्त आदि हिन्दी कवियों ने अंग्रेजी से उनकी कविताओं के हिन्दी अनुवाद किए हैं। इस बीच रेनाता चेकाल्स्का ने अधिकांश कविताओं पर उनके मूल पोलिश नाम लिख दिए हैं। पोलैण्ड प्रवास के अन्तिम दिन क्रैको से कार से लगभग छह घण्टों की यात्रा तय करके हम ब्रोत्ज्लाव शहर आए हैं जहाँ पोलिश महाकवि तादूयूश रूजेविच रहते हैं। मेरे लिए इससे बड़ा सौभाग्य क्या हो सकता है कि पोलैण्ड-प्रवास शुरू हो ज्बनेन्यू हर्बेर्त पर आधारित एक प्रदर्शनी देखने से और समापन रूजेविच से उनके ही शहर के एक शान्त होटल में लम्बी बातचीत से। उस बातचीत को विस्तार से अन्यत्र लिखा जाएगा क्योंकि वह लम्बी है और रूजेविच ने कहा कि जिन्दगी में अपने बारे में इतनी लम्बी बातचीत उन्होंने पहले कभी किसी से नहीं की है।

कवि होने के अलावा रूजेविच नाटककार भी हैं और उनके नाटकों के अंग्रेजी अनुवाद का एक संकलन जल्दी ही प्रकाशित होने जा रहा है। वे वायदा करते हैं कि मुझे एक प्रति भेजेंगे। रिचर्ड एटेनबरो की फिल्म 'गाँधी' उन्हें अच्छी लगी थी और वे देर तक ताल्सताय और गाँधी के सम्बन्धों को लेकर बात करते हैं। मैं उन्हें यह विडम्बना बताता हूँ कि शताब्दी के अन्त पर संसार भर में गाँधी-दृष्टि को लेकर नई उत्सुकता है जबकि स्वयं भारत में गाँधी को हाशिए पर से केन्द्र में लाने का कोई बड़ा और प्रभावशाली उपक्रम नहीं हो रहा है। इस बीच वे मेरी कविताओं के पोलिश अनुवाद की पुस्तक उलटते-पलटते हैं और बिना किसी दम्भ के दावा करते हैं कि वे आदमी को उसकी कविताओं से पहचान सकते हैं। 'क्योंकि मैंने लगभग पचास वर्ष कविता का अभ्यास किया है'। 'हरी बिल्ली' नाम की कविता उन्हें पसन्द आती है और रेनाता इस पसन्द की ताईद यह करके करती हैं कि इस पर उन्होंने एक पूरा निबन्ध लिखा है।

रूजेविच बताते हैं कि वे सुबह छह बजे उठ कर कविता लिखना पसन्द करते हैं : उन्हें लगता है कि दिन का उजाला उनकी कविता को चेक करता है जैसे कल्पना की बुद्धि परीक्षा कर रही हो। जो रात को लिखा

जाता है उसकी ऐसी चेकिंग नहीं हो सकती। 'मैं इन दिनों चुपचाप बिना शोरगुल या किसी नाटकीयता के कविता से बाहर जाने की कोशिश कर रहा हूँ। अधिकांश कवियों को कविता की ऐसी आदत पड़ जाती है कि वे उसे कभी छोड़ने की सोच भी नहीं पाते।' रूजेविच कहते हैं कि उनके जीवन का क्षितिज अब धुँधला रहा है। उन्हें स्वर्ग या नरक या पुनर्जन्म में कतई विश्वास नहीं है। आप थोड़े दिन अपने निकट के प्रेमी जनों की स्मृति में जीवित रहेंगे और फिर वह भी नहीं क्योंकि अन्ततः प्रेमी जन भी मर जाएँगे। रूजेविच ने कहा कि वे नहीं मानते कि वे अपनी कविताओं में जीवित रह पाएँगे। अन्त सिर्फ और निपट अन्त है।

थोड़ी देर बाद जब हम वारसा की ओर लगभग बेतहाशा भाग रहे थे कार में, तब मैं सोच रहा था कि अपनी अलंकारहीन निपट-निहत्थी कविता की ही तरह अपने अन्तिम दिनों में एक महाकवि अपनी कविता, अपनी उपलब्धि से बिल्कुल निःस्पृह है या कि यह एक ठण्डा अवसाद है, अन्त के निकट। उनकी इधर की एक कविता का अन्तिम अंश है :

हवाई और बन्दूकों की लड़ाई से बचा मैं
अपने सफर के अन्त पर समझ पाया हूँ
कि अर्थ के साथ कविता
आखिरकार निरर्थक है।

(23 अप्रैल, 2000)

सूने में शिवदान

जल्दी ही 'आलोचना' पत्रिका का पुनर्जन्म होने जा रहा है। इस अवसर पर कइयों को यह याद नहीं रह गया है कि इस पत्रिका के संस्थापक-सम्पादक शिवदान सिंह चौहान थे। वे पिछले कई वर्षों से हिन्दी से विरक्त-से रहे हैं हालाँकि एक समय वे हिन्दी के सम्भवतः सबसे उदग्र, तैयार और कुशाग्र प्रगतिवादी आलोचक थे। जिक्र आने पर निर्मल वर्मा कह रहे थे कि शिवदानजी ने बड़ी स्पष्टता और पैशन के साथ आलोचना लिखी थी। ऐसा आलोचक स्वयं हिन्दी प्रगतिशीलता के हाशिए पर कैसे और क्यों फेंक दिया गया यह बात समझने के लिए प्रगतिशील आन्दोलन के आन्तरिक शक्ति-सन्तुलन पर नजर डालना होगा जिसका यहाँ फिलवक्त मौका नहीं है। अभी तो इतना ही कि शिवदानजी के अवदान का वस्तुनिष्ठ आकलन शेष है और इस आकलन के लिए हिन्दी साहित्य की स्वाभाविक न्यायबुद्धि को सामने आना चाहिए बजाय प्रगतिशीलों की धूमिल-शिथिल

पड़ गई न्यायबुद्धि के जागने की प्रतीक्षा करने के।

उस दिन गुड फ्राइडे की छुट्टी थी। दिल्ली में इतने बरसों से रहने के बावजूद मैं कभी शिवदानजी से मिला नहीं था। वे इन दिनों काफी बीमार भी चल रहे हैं। सो हम तीन जने यानी कवि नीलाभ, कवि बोधिसत्व और मैं उनके घर पहुँचे। वे बूढ़े और कमजोर हैं। देर तक बैठ कर बात नहीं कर सकते। उन्होंने बहुत संकोच के साथ लेकिन हमारे आग्रह पर लेट कर ही हमसे बात की। इस उम्र और बीमारी में भी उनके सोच-विचार में स्पष्टता और उनकी यादों में प्रामाणिक मार्मिकता है। उनके साथ उनकी वयोवृद्ध पत्नी विजयजी रहती हैं जो खुद बीमार हैं पर उनकी मदद और देखभाल में मुस्तैद लगती हैं। पहले तो शिवदानजी ने मेरे सम्बन्ध से श्री नेमिचन्द्र जैन और नीलाभ के सम्बन्ध से अश्कजी को बड़ी गरमाहट और आत्मीयता से याद किया। बताने लगे कि कैसे प्रगतिशील लेखक संघ की एक बैठक के सिलसिले में वे आगरा में पहले-पहल नेमिजी और भारतभूषण अग्रवाल से मिले थे जबकि वे दोनों ही वहाँ छात्र थे। विजयजी नीलाभ प्रकाशन, कौशल्याजी आदि के बारे में पूछती रहीं। वे स्वयं और शिवदानजी, दोनों स्वतन्त्रता संग्राम में शिरकत करने वाले परिवारों से हैं। इसका भी कुछ जिक्र आया।

नीलाभ के यह कहने पर कि शिवदानजी के सम्पादकत्व में 'आलोचना' के हर अंक में एक सुलिखित सम्पादकीय जाने की प्रथा थी जो बाद में नहीं रही, शिवदानजी बताते हैं, बिना किसी कटुता के, कि बाद में इतने बरसों तक 'आलोचना' निकली लेकिन उन्हें उसकी एक भी प्रति कभी नहीं भेजी गई। वे अपने इलाहाबाद के छात्र दिनों की याद करते हुए बताते हैं कि वे जब वहाँ इविंग क्रिश्चियन कॉलेज में पढ़ते थे तो बाद में फिल्मी गीतकार के रूप में प्रसिद्ध प्रदीप के साथ कॉलेज की हिन्दी सभा के सचिव थे। उस दौरान उन्होंने आचार्य रामचन्द्र शुक्ल और प्रेमचन्द को अपने कॉलेज में व्याख्यान देने बुलाया था। शिवदानजी कहते हैं कि आचार्य शुक्ल बड़े 'बोर' किस्म के वक्ता थे : वे बिना किसी की तरफ देखे नीरस बोलते जाते थे। जब प्रेमचन्द आए तो उन्हें सुनने कॉलेज के हॉल में भारी भीड़ आई। विश्वविद्यालय के हिन्दी विभाग के आचार्यगण डॉ. धीरेन्द्र वर्मा, डॉ. बाबूराम सक्सेना भी आए। उन्हें प्रेमचन्द के साथ मंच पर सादर बैठाया गया। प्रेमचन्द, शिवदानजी हँसते हुए बताते हैं, बोलने में काफी गालियों का प्रयोग करते थे। हिन्दी विभागों के अध्यापकों के बारे में कुछ बोलते हुए, सम्भवतः मंचासीन डॉ. वर्मा और डॉ. सक्सेना को देख कर, वे गाली पर आते-आते अटक गए और हँसने लगे। उनकी मंशा समझ कर सारा हॉल हँसने लगा। प्रेमचन्द ने इस पर फिर देर तक अट्टहास किया। अपनी अधूरी बात उन्होंने पूरी की और इस दौरान धीरे–से फिर एक गाली निकल ही गई। उन्हें तकलीफ

न हो इसलिए हम ज्यादा नहीं रुके। लौटते समय यह सन्तोष मन में था कि हम एक अच्छे वैचारिक योद्धा, स्पष्ट दृष्टि वाले भले और चौकन्ने आदमी से मिल कर लौट रहे हैं। यह विडम्बना है कि शिवदानजी सूने में हैं, हिन्दी के कृतज्ञ उजाले में नहीं।

(30 अप्रैल, 2000)

असावधान आत्मरति

'कहने को तो मैं भी प्रेमचन्द की तरह कह सकता हूँ कि मेरा जीवन सरल सपाट है। लेकिन औरों की तरह मैं भी जानता हूँ कि प्रेमचन्द का जीवन सरल सपाट नहीं था। अपने जीवन के बारे में भी नहीं कह सकता कि यह सरल सपाट है।'

'मैंने आजीविका के लिए भी किसी के सामने हाथ नहीं फैलाया। अपने स्वाभिमान और आत्मविश्वास के कारण मैं कहीं सिर नहीं झुका सकता।. ..काशी हिन्दू विश्वविद्यालय में मुझे जो नौकरी मिली थी, आचार्य हजारीप्रसाद द्विवेदी ने नहीं दी थी। अपने लिए पोस्ट मैं खुद ले आया था।'

'...लेकिन मैंने लड़ाई लड़ी।...बहरहाल बड़ी मुश्किल से केदारनाथ सिंह को और बाद में मैनेजर पाण्डेय को मैं ला सका।'

'मैंने किसी के हाथ के नीचे तो अपना हाथ नहीं रखा। रखा है तो किसी के हाथ पर हाथ रखा है। और रखा है तो उसके बदले कुछ लिया नहीं है।'

'निर्णायक भूमिका रही है सोवियत लैण्ड नेहरू अवार्ड में।...आज मैं स्वीकार करता हूँ कि मेरे पास एक सूची थी।...उस अवधि में जो पुरस्कार दिए गए उनमें मेरा हाथ जरूर था।'

'ऐसे खराब वक्त में मैंने राजकमल की मदद की थी। मैं 'नई कहानियाँ' के सम्पादन के लिए भीष्म साहनी को ले आया।...मैंने फणीश्वरनाथ रेणु से आग्रह किया कि अपनी किताबें राजकमल को ही दें।...मैंने दो नए काम भी किए, एक राजकमल प्रकाशन से डॉ. रामविलास शर्मा का अनुबन्ध करवाया...दूसरे, मैंने गुरुदेव हजारीप्रसाद द्विवेदी से अनुरोध किया कि राजकमल से आप जुड़िए।'

'और जब मैंने पहला अंक निकाला, उस समय कुछ ऐसी स्थिति थी

कि उस अंक का ऐतिहासिक महत्त्व है।'

'मैं यह संकेत देना चाहता था कि हिन्दी में आलोचना का नाम लेते ही लोग आचार्य रामचन्द्र शुक्ल या नन्ददुलारे वाजपेयी को ही याद करते थे, जबकि आलोचना उससे आगे भी है।'

'उन्हीं दिनों मैं 'कविता के नए प्रतिमान' पुस्तक लिख रहा था जिसमें आधुनिक कविता का कैनन बदलने का सवाल मेरे सामने था।... हजारीप्रसाद द्विवेदी पर विशेषांक निकालकर मैंने आलोचना के कैनन में परिवर्तन किया था, अब मैंने मुक्तिबोध पर विशेषांक निकाला।...इस तरह मैंने कविता में कैनन बदलने की कोशिश की।'

'...लेकिन शुरुआत करने का श्रेय 'आलोचना' को ही जाता है।'

'आलोचना, में जिस प्रवृत्ति का प्रारम्भ मैंने किया, वह प्रवृत्ति है साहित्य के समाजशास्त्र की।'

'मैंने उन्हें साधना से अर्जित किया है। इसीलिए मेरा उनसे टकराव भी है। एक प्रकार का आत्मसंघर्ष। मुक्तिबोध का-सा आत्मसंघर्ष।'

ऊपर दिए गए उद्धरण, बहुतों को यह जानकर अचरज होगा, लखनऊ से प्रकाशित और सुसम्पादित पत्रिका 'तद्भव' में छपी श्री नामवर सिंह की 'आत्मकथा' से हैं। दो लम्बे खण्डों में प्रकाशित यह आत्मवृत्तान्त हमारे आलोचक-प्रवर ने क्यों लिखा यह समझ सकना कठिन है। आलोचक आत्मकथा अक्सर नहीं लिखते हैं। यों तो रचनाकार भी कम ही लिखते हैं। उनकी रचना ही एक तरह से आत्मकथा का संस्करण प्रायः मानी जाती और होती है। इसलिए अगर नामवर सिंह जैसा आलोचक अपनी आत्मकथा लिखे तो उम्मीद यह होती है कि वह अपने बारे में, अपने निजी जीवन और वैचारिक संघर्षों के बारे में ऐसा कुछ बताएगा जो हमें अन्यथा मालूम न रहा हो। दुर्भाग्य से यह आत्मकथा ऐसा बहुत कम हमें बताती है। उसमें जहाँ-तहाँ दूसरों को लेकर बेबाकी है पर अपने बारे में नहीं। अपने बारे में इतने सारे दावे नामवर जी ने किए हैं कि हैरत होती है। उनके शिष्यों-छात्रों, कृपापात्रों और प्रशंसकों का एक बड़ा हुजूम है। इतने बरसों में उनके लिए एक बड़ी कान्स्टुएन्सी बनी है। वे लोग अगर उन्हें लेकर ऐसे दावे करें तो समझा जा सकता है पर स्वयं नामवर जी लिखकर और बिना कोई वैचारिक विश्लेषण किए दावे करें यह न तो उचित है, न ही जरूरी। ऐसा करना उनके कद को कम करता और उन्हें बौद्धिक रूप से दयनीय बनाता है। खुद को कविता और आलोचना में कैनन बदलने वाला कहकर, अपने जीवन को प्रेमचन्द जैसा और अपने आत्मसंघर्ष को मुक्तिबोध जैसा बताकर नामवर जी स्वयं अपना महिमामण्डन करें, यह क्या उन्हें किसी भी तरह शोभा देता है?

अपनी याददाश्त के लिए प्रसिद्ध नामवर जी चुन-चुन कर याद करते और जब चाहें, भूल जाते हैं। उदाहरण के लिए, दुर्भाग्य से मैं कभी कहीं भी उनका छात्र नहीं रहा हूँ हालाँकि आलोचक बनने के पीछे उनका प्रोत्साहन था। इसलिए उनका यह वाक्य 'पढ़ाया शायद मैंने उनको नहीं' जानबूझकर भ्रामक है। सागर विश्वविद्यालय से निकाले जाने के प्रसंग में नामवर जी के बयान को लेकर तद्भव-3 में प्रकाशित अपने पत्र में शिवकुमार मिश्र ने भ्रामकता का एक और संकेत दिया है। राजकमल को अनेकशः कृतार्थ करने वाले को 'आलोचना' से शिवदानसिंह चौहान के निकालने का कारण पता न हो, कैसे माना जा सकता है? 'आलोचना' से विष्णु खरे के जाने की वजह उन्हें पता है पर नन्दकिशोर नवल को हटाने का कारण कैसे उन्हें पता नहीं है? सोवियत लैण्ड पुरस्कारों के स्वघोषित कर्णधार सोवियत संघ के विघटन या उससे उत्पन्न वैचारिक संकट पर कुछ अपने आत्मवृत्तान्त में क्यों नहीं कहते?

शायद ही किसी और लेखक ने इतने स्पष्ट ढंग से पहले स्वीकार किया हो कि उसे आलोचक बनाने में प्रगतिशील लेखक संघ की इतनी केन्द्रीय भूमिका रही है। पर विचित्र यह है कि उन्हीं के बयान के मुताबिक नामवर जी का सारा लेखकीय जीवन विचारधारा-सुनयोजित जीवन है और उसमें कहीं कोई संशय या कि आत्मसंघर्ष दिखाई नहीं देता। संघ या विचारधारा से इस असामान्य रूप से एकतान सम्बन्ध में कभी कोई तनाव आए या सन्देह जागे, इसका कहीं कोई जिक्र इस आत्मवृत्तान्त में नहीं है। नामवर सिंह ने, उन्हीं के अनुसार, बहुतों को कृतार्थ किया (जिनमें केदारनाथ सिंह और विष्णु खरे तक शामिल हैं)। लेकिन नामवर जी को कोई समवयसी या युवतर लेखक कभी कृतार्थ नहीं कर पाया! कम से कम ऐसे किसी के प्रति सच्ची कृतज्ञता इस आत्मवृत्तान्त में कहीं नहीं व्यक्त की गई है। पूछने को मन करता है ऐसा अकृतज्ञ लेखकीय जीवन क्या नहीं, कैसे जिया?

इस वृत्तान्त का गद्य निहायत, नामवर जी का ही एक शब्द उधार लेकर कहें, लद्धड़ है, उबाऊ ढंग से मैं-मैं वादी और बेहद ढीला। उसमें गद्य के वे कोई गुण नहीं हैं जिनकी ताईद नामवर जी करते रहे हैं और जो उनके अपने गद्य के भी कभी गुण रहे हैं। कहना न होगा कि आत्मरति एक सीमा से आगे न सिर्फ अनैतिक होती है, वह ऐसा 'असावधान' गद्य भी लिखवा लेती है। सत्तर से अधिक वर्षों के बाद नामवर जी अपने जीवन और कृतित्व का पुनवलोकन करें और उन्हें एक भी नया विचार, नया मर्म प्रसंग, नई अन्तर्दृष्टि न सूझे, यह बेहद निराश करता है। नामवर जी दो-टूकपन के बड़े हिमायती हैं और मैं, उन्हीं के इस आत्मवृत्त के अनुसार, न उनका मित्र हूँ, न ही शत्रु। मेरा दो-टूक और हताश सुझाव यह है कि उन्हें अपनी इस असावधान ढंग से लिखी और

बड़बोली, व्यर्थ के दावों से भरी, ज्यादातर कृतज्ञताहीन, संघर्ष-द्वन्द्व शून्य और (आरम्भिक जीवन वाले अंश को छोड़कर) मर्मच्युत आत्मकथा को वापस ले लेने पर विचार करना चाहिए। उनकी जीवनदायी विचारधारा और संघ में, जिसके वे आजकल महाध्यक्ष और प्रवक्ता हैं, ऐसे अपसरण की प्रथा रही है। वे चतुर-सुजान हैं और 'अपना सच' बखूबी जानते हैं। अगर दुर्भाग्य से उनका सच वही और उतना ही है जो जितना इस 'आत्मकथा' में है तो इसे जानने से उनकी हानि होती है और हमारे हाथ कुछ खास नहीं लगता। अगर अपने बारे में सख्ती, चुस्ती और बेबाकी मुमकिन नहीं तो कितने ही नामवर क्यों न हों, आत्मकथा क्यों लिखना?

(28 मई, 2000)

प्रेम के कसाईखाने में

मेरी बदनामी का एक बड़ा कारण मेरी कुछ उक्तियाँ रही हैं। उनमें से एक यह थी कि 'साहित्य कसाईखाना है जिसमें कोई चोर दरवाजा नहीं है और जिसमें प्रतिभाहीन सीधे जिबह कर दिया जाता है।' मैं इधर तेरहवीं शताब्दी के महान सूफी कवि रूमी की कविताओं का हाल में आया अंग्रेजी में अनुवाद देख रहा था। (किसी फारसी और हिन्दी जानने वाले को सीधे फारसी से इस महाकवि को हिन्दी में उतारना चाहिए।) मेरा ध्यान इन पंक्तियों पर अटक गया :

प्रेम के कसाईखाने में वे सिर्फ श्रेष्ठ को मारते हैं
कमजोर या अपंग को नहीं,
इस मरने से भागो नहीं।
जो प्रेम के लिए नहीं मारा जाता
मरा हुआ माँस भर है।
एक और कवितांश है :
जिस क्षण मैंने अपनी पहली प्रेमकथा सुनी
मैंने तुम्हें खोजना शुरू किया, बिना जाने कि
वह खोज अन्धी थी।
प्रेमी अन्ततः कहीं नहीं मिलते
वे सदा होते हैं एक दूसरे में ही।

यह आकस्मिक नहीं है कि पश्चिम में जहाँ कविता के माध्यम से आध्यात्मिक निरन्तरता के पुनर्वास की एक चेष्टा हो रही है (खुदा के लिए इसे उत्तर-पूँजीवादी चोंचला कहकर कोई अपनी बौद्धिक फूहड़ता

कृपया जाहिर न करे) उसमें रूमी जैसे कवियों पर ध्यान जा रहा है। अमेरिका में कोलमैनबाक्र्स के इसी रूमी अनुवाद ने रूमी को अमेरिका में सबसे अधिक पढ़ा जाने वाला कवि बना दिया है। साधारण जीवन व्यापार में भी रूमी के यहाँ गहरा आशय प्रगट होता है :

जो हम करते हैं वही सुन्दरता हो
जिसे हम प्यार करते हैं–
जमीन को चूमने
और उस पर झुकने के सैकड़ों ढंग हैं।

उनका यहाँ अप्रत्याशित भी बेहद घरेलू है। 'पानी-कहानी' शीर्षक कविता शुरू होती है :

कहानी पानी की तरह है
जिसे तुम अपने नहाने के लिए गरम करते हो
वह तुम्हारी त्वचा और आग के बीच सन्देश ले जाती है।
वह उन्हें मिलने देती है और तुम्हें स्वच्छ करती है।
अन्त में रूमी की ये पंक्तियाँ :
तुम सच्चाई के दरवाजे दस्तक देते हो,
अपने विचार पंख कँपाते हो
अपने कन्धे ढीले करते हो
और खोलते हो।

(28 मई, 2000)

एक शाम की गपें

ऐसा कम होता है कि एक शाम आपको दो-दो फिल्मकार एक साथ मिल जाएँ जो अभी उस शाम मुझे मिल गए। सईद मिर्जा हिमाचल से अभी किसी नई फिल्म के लिए स्क्रिप्ट का पहला प्रारूप पूरा कर मुम्बई के रास्ते उस शाम दिल्ली में थे। फिल्म उनके छायाकार मित्र वीरेन्द्र सैनी निर्देशित करने वाले हैं। सईद मिर्जा इन दिनों अपने अनुभवों को लेकर एक आत्मवृत्तान्त लिख रहे हैं। वे बोले कि मैं दो साल से इस पर लगा हुआ हूँ पर कहीं पहुँच नहीं पा रहा हूँ। फिर आ गए मलयालम के प्रसिद्ध फिल्मकार अडूर गोपालकृष्णन। उन्होंने कथकलि के प्रसिद्ध कलाकार कलामण्डलम गोपी पर विदेश मन्त्रालय के लिए एक फिल्म बनाई है। बातचीत में कहने लगे कि दूरदर्शन पर विचित्र किस्म की पंजाबी

हिन्दी का वर्चस्व बढ़ रहा है जिसे लेकर देश के अनेक भाषाभाषियों में क्षोभ है लेकिन स्वयं हिन्दी वाले इस तरफ उदासीन हैं। उन्होंने कहा कि बचपन में उन्होंने स्वेच्छा से हिन्दी की परीक्षाएँ अतिरिक्त रूप से पास की थीं क्योंकि उन दिनों हिन्दी सीखना एक राष्ट्रीय कर्त्तव्य माना जाता था। लेकिन अब वह बात नहीं है और दक्षिण में हिन्दी को लेकर बेचैनी बढ़ रही है। उन्होंने यह भी कहा कि अकसर भारतीय सिनेमा को बम्बई का हिन्दी सिनेमा मान लिया जाता है जबकि भारतीय सिनेमा अन्य कई भारतीय भाषाओं में बनता सिनेमा है। फिर कहने लगे कि उन्हें भारत भवन के दिन बहुत याद आते हैं, पहली बार एक ऐसी संस्था उत्तर भारत में बनी थी जिसे दक्षिण की सर्जना, अवदान और सक्रियता का लगातार ख्याल रहा। मुझे फिर लगा कि दक्षिण में विशेषतः हिन्दी के सद्भाव को लेकर इतने संवेदनशील और जानकार हलकों में इतनी गलतफहमी है तो इस अलक्षित नहीं करना चाहिए।

आलोचना की लगन

हिन्दी में सर्जनात्मकता के जो बड़े केन्द्र रहे हैं, जैसे बनारस, इलाहाबाद, लखनऊ, पटना आदि, उनमें स्थित विश्वविद्यालयों की भी इस सर्जनात्मकता को बढ़ावा देने और पुष्ट-समृद्ध करने में अपनी भूमिका रही है। पर उससे अधिक विश्वविद्यालयों की भूमिका आलोचना के क्षेत्र में रही है। एक जमाने में इस सिलसिले में बनारस को अग्रणी कहा जा सकता है जहाँ बाबू श्यामसुन्दर दास, पण्डित केशव प्रसाद मिश्र से लेकर आचार्य रामचन्द्र शुक्ल, आचार्य नन्ददुलारे वाजपेयी, आचार्य हजारी प्रसाद द्विवेदी, डॉ. नामवर सिंह आदि हुए। लेकिन नए साहित्य की आलोचना के सन्दर्भ में इलाहाबाद विश्वविद्यालय अधिक उर्वर रहा जान पड़ता है। डॉ. रघुवंश, डॉ. धर्मवीर भारती, विजयदेव नारायण साही, डॉ. विपिनकुमार अग्रवाल, डॉ. जगदीश गुप्त, डॉ. रामस्वरूप चतुर्वेदी, डॉ. दूधनाथ सिंह आदि का एक लम्बा और प्रभावशाली सिलसिला है।

उन्हीं में से एक रामस्वरूप चतुर्वेदी से पिछले दिनों कुछ गप हुई। पता चला कि जल्दी ही विपिनकुमार अग्रवाल की ग्रन्थावली लोकभारती से प्रकाशित होने जा रही है। चतुर्वेदी जी स्वयं इन दिनों रामचन्द्र शुक्ल पर काम कर रहे हैं। उनकी पहली पुस्तक हिन्दी नवलेखन पर 1960 में प्रकाशित हुई थी और तब से वे लगातार सक्रिय रहे हैं। इधर उनका एक लम्बा निबन्ध 'तीन समकालीन क्लैसिक' इलाहाबाद संग्रहालय ने एक नैमित्तिक निबन्ध के रूप में प्रकाशित किया है। इस निबन्ध में

रेणु के 'मैला आँचल', धर्मवीर भारती के 'अन्धा युग' और रघुवीर सहाय के 'आत्महत्या के विरुद्ध' का विस्तृत और विचारोत्तेजक विश्लेषण है। उनके अनुसार तीन अलग-अलग विधाओं की ये कृतियाँ समकालीन क्लैसिक के रूप में हमारे सामने उभरती हैं : 'अपने काल में डूबकर ही कोई कृति कालजयी हो सकती है।' अब जब हिन्दी साहित्य की एक पूरी शताब्दी का समापन हो रहा है तब ऐसे अनेक विमर्श सामने आने चाहिए और क्लैसिकों के अपने-अपने चुनाव भी। इतना तो तय है कि अगर बीस-पच्चीस क्लैसिक चुने जाएँ तो उनमें ये तीन अनिवार्यतः होंगे। अगर तीन ही चुनना हो—हालाँकि संख्या की ऐसी बन्दिश क्यों हो—तो हो सकता है कि कोई अन्य आलोचक कोई अन्य कृतियाँ चुनें।

मुझे यह जानकर भी अच्छा लगा कि इलाहाबाद का प्रसिद्ध प्रकाशन लोकभारती वहीं के स्वामित्व में रहेगा और उसे दिल्ली के बड़े प्रकाशकों द्वारा लेने की नौबत नहीं आई। इलाहाबाद जैसे हिन्दी साहित्य के पारम्परिक केन्द्र में एक बड़ा प्रकाशक तो होना ही चाहिए और उसे दिल्ली का उपनिवेश नहीं बनना चाहिए। यों चतुर्वेदी जी विनोद में यह कह रहे थे कि मैं कहता हूँ कि अगर कोई काम न करना हो तो मुझे बताइए। पर सच तो यह है कि लगन से लगातार अपना काम करते रहे हैं और यह सुखद समाचार है कि इस वर्षान्त तक आचार्य रामचन्द्र शुक्ल पर उनकी नई पुस्तक आ जाएगी। उसमें उन्होंने शुक्लजी की कविताओं और अंग्रेजी में लिखे-छपे लेखों पर भी विचार किया है। बता रहे थे कि शुक्लजी बेहद 'अपटूडेट' थे और वे रिचर्ड्स आदि से लगभग समकक्षता के भाव से संवाद कर रहे थे।

(18 जून, 2000)

यहाँ-वहाँ

पुल देशपाण्डे महाराष्ट्र में एक विराट उपस्थिति थे। वे जितना अपने रंगकर्म और सामाजिक लक्ष्यों में योगदान के लिए जाने जाते थे, उतने ही अपने संगीत और साहित्य-प्रेम और विनोदप्रियता के लिए। अपने समय के अनेक मूर्धन्य संगीतकारों और कवियों से उनकी लगभग पारिवारिक मित्रता थी। उनके समूचे व्यवहार में अद्भुत प्रजातान्त्रिकता थी और वे अपने कद की ऊँचाई या अपने अत्यन्त व्यापक लोक प्रभाव को कभी आड़े नहीं आने देते थे। अपने पर हँसने की उनकी आदत निराली थी। पिछले वर्ष पुणे में जब मैं उनसे मिलने गया था तो वे मुश्किल से चल

पा रहे थे लेकिन हँसकर कह रहे थे कि अब इस बूढ़े को अपने अन्त के निकट बच्चे की तरह लड़खड़ाकर चलने का अभ्यास करना पड़ रहा है। उस दशा में भी, भारत भवन से एक न्यासी के रूप में सम्बद्ध रह चुकने के कारण, उसकी स्थिति को लेकर वे चिन्तित थे। शायद ही भारत में कर्नाटक संगीत की गायिका सुब्बालक्ष्मी को छोड़कर किसी और कलाकार ने सामाजिक कार्यों के लिए अपने प्रदर्शनी से इतनी राशि जमा कर दान में दी हो जितनी पुल देशपाण्डे ने की। यह राशि एकाध करोड़ रुपए से अधिक बैठती थी कुछ वर्ष पहले। यह महाराष्ट्र में पुल की अद्‍भुत लोकप्रियता और सच्चे सामाजिक सम्मान का भी प्रमाण है। इस शताब्दी में समूचे भारत में ऐसे कलाकर्मी-लेखक गिने-चुने होंगे जिनकी ऐसी प्रतिष्ठा और लोकप्रियता रही हो जैसी पुल की। ऐसे मामलों में तुलना करना व्यर्थ है पर शायद हिन्दी में महादेवी ही उस टक्कर की बैठेंगी।

अपनी इतनी ऊँची और भारी हस्ती होने के बावजूद मैंने एकाधिक बार पुल देशपाण्डे को हारमोनियम पर पण्डित मल्लिकार्जुन मंसूर और पण्डित कुमार गन्धर्व के साथ संगत करते देखा है। इन दोनों ही संगीतकारों से उनकी बहुत घनिष्ठता थी और यह भी स्पष्ट है कि वे कठिन पारम्परिक संगीत और प्रयोगधर्मा संगीत, दोनों के साथ संवाद करने में पूरी तरह सक्षम थे। यह उनकी आधुनिकता की एक परिभाषा भी है। वे मानते थे कि परम्परा प्रयोग से ही पुनर्नवा होती है। पुल की महफिल में गपबाजी का बेहद मजा था। उनके पास बातचीत, संस्मरणों और विनोदी प्रसंगों का अपार खजाना था। स्वयं कवि न होते हुए भी वे मराठी कविता के बड़े संवेदनशील पाठक थे। मुझे याद आती है एक शाम जब वे मुम्बई के नेशनल सेंटर ऑफ परफार्मिंग आर्ट्स के टाटा सभागार में मराठी कवि मर्ढेकर की कविताओं का एक विशेष रूप से तैयार पाठ कर रहे थे। उनके सामने एक महाराष्ट्रीय लोटे में पीने का पानी भर था। वे बिना थके लगभग डेढ़ घण्टे तक बीच-बीच में रोचक टिप्पणियों के साथ यह कविता पाठ करते रहे। सभागार ठसाठस भरा था। यह स्पष्ट था कि उनके पाठ से अनेक कविताओं के नए अर्थ और मर्म श्रोताओं के समक्ष खुल रहे थे। अब वहाँ स्वर्ग में भी वे मंसूर जी और कुमार जी के साथ संगत कर रहे होंगे और मर्ढेकर को स्वयं उनकी कविताएँ सुनाकर हँस रहे होंगे। वे यहाँ पुल थे : वहाँ भी पुल ही रहेंगे।

(18 जून, 2000)

पीढ़ी के कई लेखक और कवि ऐसे हैं जिन्हें पन्त जी की उदात्त और वरद उपस्थिति को सीधे महसूस करने का सुअवसर मिला था। मुझे याद है, लगभग तीस बरस पहले इलाहाबाद में 'परिमल' संस्था का रजतपर्व था जिसमें बहुत बड़ी संख्या में लेखक एकत्र थे जिनमें सम्भवतः सबसे वरिष्ठ पन्त जी ही थे। विचार के लिए एक विषय था : 'रचना की प्रासंगिकता का निकष'। जब मेरे कुछ कहने की बारी आई तो सामने पन्त जी बैठे थे और अध्यक्षता बालकृष्ण राव कर रहे थे। मेरी स्थापना थी कि रचना में व्यक्त दृष्टि मात्र उसकी प्रासंगिकता का निकष नहीं हो सकती। निकष होते हैं वे ब्योरे, जीवनच्छवियाँ और अनुभव जो उस दृष्टि को चरितार्थ करते हैं। मैंने पन्त जी के उस समय प्रकाशित और प्रायः बहुनिन्दित महाकाव्य 'लोकायतन' का उदाहरण देते हुए यह कहने की धृष्टता की कि उसमें व्यक्त दृष्टि तो सकल चराचर और मानव के कल्याण की दृष्टि है जो अपने आप में प्रासंगिक है पर अगर महाकाव्य इसके बावजूद अप्रासंगिक है तो इसका कारण उसके ब्योरे और जीवनानुभव हैं जो इस दृष्टि को सचमुच चरितार्थ करने में सफल नहीं हुए हैं। गोष्ठी के बाद चाय पर मैं पन्त जी से कतरा रहा था। लेकिन बालकृष्ण राव मुझे पकड़कर उनसे मिलवाने ले गए और बोले कि यही अभी आपके बारे में दुष्टता कर रहा था। पन्त जी हल्के-से मुस्करा भर दिए। उसमें कहीं भी क्षुब्ध या आहत होने का भाव नहीं था। मैंने एक बार फिर पहचाना था कि वे उदारचरित व्यक्ति हैं।

अज्ञेय ने पन्त की षष्ठिपूर्ति पर हिन्दी प्रकृति-काव्य का प्रख्यात संचयन 'रूपाम्बरा' सम्पादित-प्रकाशित कर उन्हें भेंट किया था। जाहिर है, यह हिन्दी के प्रकृति-काव्य में पन्त की शीर्षस्थानीयता का एक कविजनोचित स्वीकार था। उन्हीं दिनों नरेश मेहता और श्रीकान्त वर्मा द्वारा सम्पादित पत्रिका 'कृति' ने गजानन माधव मुक्तिबोध और नामवर सिंह के निबन्ध विशेष रूप से प्रकाशित कर उन्हें एक और तरह की आलोचनात्मक प्रणति दी थी। चार दशक बीत जाने के बाद यह स्वीकार करने का अवसर है कि न सिर्फ हिन्दी प्रकृति-काव्य में, बल्कि समूचे आधुनिक काव्य में पन्त की गौरवस्थानीयता असंदिग्ध है और उसे स्पष्ट किया जाना चाहिए। हिन्दी में आधुनिकता का इतिहास बिना पन्त के अवदान के लिखना सम्भव नहीं है।

(25 जून, 2000)

निश्छल बुजुर्ग

यों तो बुजुर्गों को, अपनी उमर के हिसाब से, स्वाभाविक रूप से निश्चल होना चाहिए। पर न तो जिन्दगी में ऐसा होता है, न ही साहित्य में। बल्कि कई बात तो लगता है कि साहित्य में कटुता भरे और बेहद अतृप्त बुजुर्गों की संख्या कुछ बढ़ती ही जाती है। परिपक्व आयु में हाल ही में दिवंगत कवि केदारनाथ अग्रवाल निश्चय ही इसका अपवाद थे, कुछ इस कदर कि उन्हें बहुत बड़ा कवि न मान सकने वाले भी यह निस्संकोच मानते हैं कि वे निश्छल और अजातशत्रु थे। उनके सारे जीवन-व्यवहार बल्कि कविता तक में एक किस्म की घरेलू आत्मीयता थी जो उनकी शक्ति थी और जब-तब कमजोरी भी।

मुझे याद है कि लगभग पच्चीस बरस पहले एक बार, शायद पहली ही बार वे हमारे निमन्त्रण पर कवितापाठ के लिए भोपाल आए थे। वह पाठ इस मायने में कुछ ऐतिहासिक-सा इसलिए हो गया था कि भोपाल में पहली बार, और कई बरसों बाद वैसे भी पहली बार, शमशेर बहादुर सिंह, नागार्जुन, त्रिलोचन और केदारनाथ अग्रवाल एक आयोजन में कवितापाठ कर रहे थे। सुबह दस बजे, वह भी जाड़ों में, मध्यप्रदेश कला परिषद की कला-वीथिका में शुरू हुआ वह कवितापाठ दोपहर लगभग तीन बजे तक चला था—और हम सबने यानी लगभग दो सौ काव्य-रसिकों ने मन भर इन बुजुर्गों से कविताएँ सुनी थीं। उस समय भोपाल में कायदे का एक भी होटल नहीं था। शमशेर जी का हम लोगों से बहुत पुराना पारिवारिक-सा सम्बन्ध था इसलिए यह तय हुआ था कि बाकी कवि तो होटल में रुकेंगे, शमशेर जी हमारे साथ। वे एक दिन पहले आ भी गए। जिस सुबह केदारजी को आना था उस सुबह उन्हें लेने कोई कर्मचारी स्टेशन गया था। डी-8 चौहत्तर बँगले की परछी में मैं सुबह बाहर बैठा कुछ कागज-पत्तर देख रहा था कि गेट के सामने एक ताँगा आकर रुका। भोपाल के इस इलाके में आमतौर पर ताँगे न चलते थे और न ही पुराने भोपाल से इस ओर आते थे। देखा कि उसमें से केदारजी अपना टीन का ट्रंक लिए उतर रहे हैं। उनकी धजा ऐसी थी, यानी एक सामान्य निपट कामकाजी व्यक्ति की, कि उन्हें कवि की तरह पहचानना कठिन था और स्टेशन पर कर्मचारी उन्हें खोज नहीं पाया था। मैंने मुआफी माँगी और तुरन्त यह तय किया कि अब उनसे अपने साथ ही रुकने का आग्रह किया जाए। यह जानकर कि शमशेरजी भी मेरे साथ ही ठहरे हैं, वे सहज ही राजी हो गए। दोनों बुजुर्ग शायद तीन दिन हमारे साथ रहे। उन दिनों बेटा छह-सात साल का और बेटी दो-एक साल की थी। दोनों इन दोनों बुजुर्गों के साथ ऐसे रमे कि लगता रहा कि वे हमारे परिवार के ही बुजुर्ग हों। मैं कभी-कभार उन्हें किसी साहित्यिक चर्चा

के लिए उकसाता तो फौरन ही दोनों बच्चों में से कोई आकर घेर लेता और वे उसे बहलाने-खिलाने में ज्यादा रस लेने लगते। यह जानना शिक्षाप्रद है कि बड़े लेखक भले और पारिवारिक लोग भी हो सकते हैं।

(2 जुलाई, 2000)

अपसरण के दो चेहरे

उनका व्यक्तित्व भव्य है। अज्ञेय के बाद अगर अपनी धजा से किसी को फौरन एक साहित्यकार की तरह पहचाना जा सकता है तो वे नरेश मेहता हैं। अपने साहित्य में वे गुरुगम्भीर रहे हैं और उन्होंने एक तरह की अचूक गरिमा का कभी पल्ला नहीं छोड़ा। बूढ़े होने के साथ-साथ वे प्रायः अस्वस्थ रहते हैं। अपने एकमात्र बेटे की सड़क दुर्घटना में मृत्यु के बाद उन्हें बहुत धक्का भी लगा है। वे अपनी पत्नी और बेटे की विधवा बहू के साथ भोपाल में रहते हैं। मध्यप्रदेश सरकार ने उन्हें ज्ञानपीठ पुरस्कार प्राप्त एकमात्र मध्यप्रदेशी होने के नाते एक अच्छा मकान दिया है। कम लोग जानते हैं कि अपने लेखक की गम्भीरता के बरक्स निजी बातचीत और महफिल में नरेशजी के विट का कोई जवाब नहीं है। एक जमाने में यह विट इलाहाबाद के कॉफी हाउस और वहाँ की गोष्ठियों और महफिलों की छटा रहता था। मुझे कई बार इसका खेद होता है कि पता नहीं क्यों यह विट नरेशजी के लेखन में जगह नहीं बना सका। इस बार पिछले सप्ताह जब मैं उनसे मिला तो बोले कि वैसे तो हम जैसे लोगों को जीने का कोई हक नहीं है पर बेशरमी से जिए जा रहे हैं। बहुत मालाएँ पहन ली हैं और अब पहनने का मन नहीं होता। किसी आयोजन में जाने से इसलिए कतराता हूँ कि कहीं मेरी तबियत की वजह से वहाँ कोई बखेड़ा न हो जाए, कोई सीन न बन जाए। 'बहुत सीन बन लिए, अब तो दुनिया को बख्शो।' फिर कहने लगे कि मुझे भोपाल के बाहर कोई बुलाए तो कैसे जाऊँ : वह मेरा खर्च दे, सो तो ठीक। अकेले जा नहीं सकता और पत्नी या बहू को अकेले पीछे छोड़ नहीं सकता, सो अब बिचारा दो और व्यक्तियों का खर्च उठाए। लाद दे, लदान दे, लादने वाला साथ दे! यह देख कर अच्छा लगा कि अपनी विवशता का मजाक मनाने का उनका स्वभाव पहले जैसा ही है : वे तीन व्याख्यान अगले जाड़ों में इलाहाबाद में देने के लिए तैयारी कर रहे हैं। मुझे याद आया कि कुछ बरसों पहले भारत भवन में दिए गए उनके अज्ञेय और मुक्तिबोध पर व्याख्यान संस्मरण और आकलन की अनूठी मिसाल थे। दोनों पुस्तकाकार अलग-अलग छपे हैं।

जितेन्द्र कुमार हिन्दी के सबसे झक्की लेखकों में हैं जो साहित्य-जगत से दूर रहना अपने और साहित्य, दोनों के ही स्वास्थ्य के लिए हितकर मानते रहे हैं। वे भी भोपाल में रहते हैं और अब प्रायः घर के बाहर ही नहीं निकलते, किसी साहित्यिक आयोजन में जाने की बात तो दूर। अपने बारे में निःस्पृह और निर्मम होने का जितेन्द्र कुमार को लगभग एक प्रतिमान ही कहा जा सकता है। स्त्री-पुरुष सम्बन्ध को जितनी निर्मम और जिद्दी पुरुष-दृष्टि से जितेन्द्र ने पूरी बेबाकी और क्रूरता के साथ खोजा-उकेरा, उतना बहुत कम करने की हिम्मत कर पाए हैं। कुछ बरसों पहले उनकी एकमात्र सन्तान उनका बेटा कश्मीर के सैन्य अभियान में एक मिलिट्री डॉक्टर के रूप में कार्यरत मारा गया था। उस मरणान्तक आघात से उबरने में जितेन्द्र ने बहुत मार्मिक कविताएँ लिखी हैं लेकिन उन्हें छपने देना इसलिए नहीं चाहते कि वे बहुत निजी हैं। किसी को साहित्य में अत्यन्त निजी में झाँकने की उनके यहाँ मानो इजाज़त नहीं हो सकती। यह सख्ती भी उसी निर्ममता का हिस्सा है जो जितेन्द्र का कवि-स्वभाव रही है। वे कहते हैं कि मेरा बोझ कोई और क्यों उठाए?

नरेश मेहता और जितेन्द्र कुमार में यों तो कुछ सम्बन्ध नहीं है सिवाय इसके कि लगभग चालीस बरस पहले नरेशजी और श्रीकान्त वर्मा द्वारा सम्पादित 'कृति' पत्रिका में जितेन्द्र की पहली कविताएँ छपी थीं जिन्होंने ध्यानाकर्षण किया था। दोनों के अपसरण का अपना स्पेस और कारण हैं। पर दोनों ही जीवन और साहित्य को एक विषण्ण-सी आभा से आलोकित कर रहे हैं, बिना ऐसी कोई मुद्रा बनाए।

(2 जुलाई, 2000)

बुजुर्गों की बातें

इतवार का दिन संयोगवश बजुर्गों से बातों में बीता। हुआ यह कि सुबह कृष्ण बलदेव वैद से बात हुई। कई दिनों से उनसे सम्पर्क नहीं हुआ था। मुझे शक हुआ कि जरूर वे किसी बड़े काम में लगे हैं। सो अब पता चला कि वे अपना नया उपन्यास पूरा कर रहे हैं जो कि पहली बार डायरी शैली में लिखा गया है। यों तो वैद-शैली में जिस तरह के एकालाप और, उन्हीं के शब्दों में, 'प्रलाप' आदि होते हैं उन्हें डायरी के प्रकार ही कहा जा सकता है। लेकिन इस बार सीधे डायरी है और वह भी एक नौकरानी की। वैद साहब का कहना है कि वह एक व्यक्ति की चेतना-प्राप्ति की कथा है; इस चेतना तक पहुँचने में भाषा जो भूमिका

अदा करती है और कैसे चेतना से लगभग तदाकार हो जाती है यह भी, जहाँ तक मैं सुन-समझ पाया, इस उपन्यास की मूल चिन्ता में शामिल है। उपन्यास इसी महीने पूरा हो जाने की आशा है। इन दिनों वैद साहब उसका उपयुक्त समापन करने के द्वन्द्व में फँसे हैं। रचना जो दो कष्ट प्रायः सभी को देती है, शायद अपने को भी, वे हैं कि वह कैसे शुरू की जाए और कैसे खत्म की जाए। ऐसा भी होता रहा है कि कई बार पाठकों को लगता है कि कोई कृति पहले ही समाप्त हो जाती तो बेहतर था या कि उसका अन्त विकल्पतः कुछ और होता तो शायद अधिक उपयुक्त होता। असल में तो अक्सर कृतिकार और कृति दोनों ही कृति का अन्त खोजते हैं—कई बार कृतिकार नहीं, कृति तय कर देती है कि उसका अन्त कैसे होगा। बहरहाल, अभी तो हम वैद साहब की इस नई कृति की प्रतीक्षा ही कर सकते हैं, बिना अन्त के बारे में कोई अटकल लगाए।

इतवार की शाम को अकस्मात् कथाकार भीष्म साहनी, चित्रकार-लेखक रामकुमार और उनकी पत्नी विमला जी मिल गए। वे स्वयं थोड़ी देर पहले अकस्मात् ही मिले थे। राजकुमार अपने यमुनापार मकान में शाम होने पर ऊब रहे थे और भीष्म साहनी अपनी बेटी के घर पास ही में थे और टहलने इधर निकल आए थे। बातचीत के दौरान पता चला कि दोनों काँगड़ा जिले में दो अलग-अलग स्थानों पर पिछले दिनों रह कर आए हैं। भीष्म जी के दामाद ने एक घर बनाया है और रामकुमार ने अन्द्रेता में नोरा रिचर्ड्स के पुराने परिसर में एक छोटा-सा मकान बनाया है। आसपास और कलाकार भी हैं जिनमें भवेश सान्याल, परमजीत सिंह आदि शामिल हैं। शान्त और ठण्डी जगहें हैं और भीष्म राम को सलाह दे रहे थे कि उन्हें अधिक समय, साल में कम से कम दो बार, वहाँ बिताना चाहिए।

इन दिनों चूँकि मैं स्वयं अपना आवास बदलने के किंचित् लोमहर्षक दौर से गुजर रहा हूँ तो रामकुमार ने बताया कि बरसों मथुरा रोड पर किराए पर अपने लिए मकान से जब से अपने मकान भारती आर्टिस्ट कॉलोनी, यमुनापार गए थे तो कई ट्रकों में उनके चित्र और बाकी सामान कई दिनों तक गया था। फिर वे बोले कि अच्छा होता अगर आग लग जाती, जैसे कि उनकी एक मित्र के यहाँ हाल में लगी, और सब कुछ भस्म हो जाता। फिर हम सब मोह की बातें करने लगे। लोगों से तो मोह होता ही है, मोह चीजों से भी होता है। पुरानी चीजों को फेंकने का मन नहीं करता। इसी मोह में हमारे घर एक तरह के कबाड़खाने बनते जाते हैं, भले ही हमारी अपनी जिन्दगी के। दोनों बुजुर्ग इस बात पर एकमत थे बाद में पुरानी चिट्ठियों, अन्य स्मरणीय चीजों की कोई परवाह नहीं करने वाला। इसलिए इस मोह से ये मुक्ति सम्भव नहीं कि अपने

रहते उन्हें व्यवस्थित कर जाओ, जबकि ऐसा करने का उत्साह और समय नहीं होते।

भीष्म जी ने 'कथन' पत्रिका में अपनी हाल में दिवंगत पत्नी शीला जी के बारे में एक मार्मिक संस्मरण लिखा है, मैंने उसका जिक्र किया। यह भी बताया कि बरसों से उन दोनों को शास्त्रीय संगीत की सभाओं में साथ आते और बैठे देखता रहा हूँ। विमला जी से पता चला कि 'राजधानी' नामक किसी सीरियल में भीष्म जी इन दिनों अभिनय कर रहे हैं।

थोड़ी देर में तीनों लोग चले गए—मैं उन्हें देखता रहा और इसे सौभाग्य मानते हुए कुछ देर और बैठा रहा कि अपने जीवन के उत्तरकाल में छल-छन्द से दूर, सक्रिय जिजीविषा और निष्कटु सहजता से भरे-पूरे-पके बुजुर्ग हमारे साथ हैं जिनके साथ बैठकर कोई भी शाम अपने आप जीवन की आभा से दीप्त हो जाती है।

(30 जुलाई, 2000)

शरणार्थी नम्बर 137214

उनका जन्म तो 1939 में कोसोवा के एक गाँव में हुआ था, वे पढ़ाई के लिए उसकी राजधानी प्रिस्टीना आ गये थे। लेकिन अब वे एक शरणार्थी हैं लन्दन में, इस बुढ़ापे में। उनका नम्बर है 137214। उन्हें लगता है कि हालाँकि ब्रिटेन में उन्हें सहायता और जगह मिली है और वे अपनी बेटी के साथ हैं, यह सच्चाई छुपाई नहीं जा सकती कि अब वे सिर्फ एक नम्बर भर हैं और एक आदमी के रूप में उनका कोई महत्त्व नहीं।

रहमान देदाज अल्बानियाई कवि हैं। उनकी कोशिश ऐसे शब्द और रूपक पाने की है जो सामाजिक और आध्यात्मिक सच्चाई को प्रस्तुत कर सकें और विशेषतः एक ओर डर, बगावत और राष्ट्रीय पहचान और दूसरी ओर मानवीय स्वतन्त्रता और दुर्भाग्य के बीच जो द्वन्द्व है उससे निपट सकें। वे जानते हैं कि कविता से सच्चाई बदली नहीं जा सकती पर कविता को हमेशा मौन-मुखर होकर सच, मानवीय स्वतन्त्रता, अस्मिता और गरिमा के नाम पर अपनी आपत्ति दर्ज करना चाहिए। उनकी एक कविता में उनका यह सरोकार पूरी तरह प्रगट है :

मेरे कमरे के फूलदान में हालीहोक का एतराज

मैं इस कांच के फूलदान में क्या कर सकता हूँ
बिना हवा या गरमी या बारिश के?

मेरी आजादी कुछ और है।
धुँधुआते सपने और इंसानी दर्द के इस कमरे में
एक जड़ कैसे फैल सकती है?
मैं मुस्कराना चाहता हूँ भींगी घास में
एक बीज की तरह और गन्धाना बारिश की तरह।
मेरी आजादी कुछ और है।
प्यास के इस फूलदान में
जो लोगों की बाइबिलों के बगल में रख दिया गया है
मैं क्या करूँगा?
मेरी समझदारी क्या करेगी? वह उस चिड़िया की
उड़ान की तरह होगी जो गाते हुए मरती है।
ओ आदमी, मैं बारिश की तरह गन्धाना चाहता हूँ।
मेरी आजादी कुछ और है।

(13 अगस्त, 2000)

सागर में रमे रमेश

कुल एक दिन के लिए सागर था। शहर इतना बदल गया है और अपना पुराना मुहल्ला इतना बेपहचाना—सा हो गया है कि अब वहाँ जाने की हिम्मत नहीं होती सो रहा अपने छोटे भाई के विश्वविद्यालय परिसर के क्वार्टर में ही। सागर जाने का एक बड़ा सुख अपने तरुण-सखा रमेशदत्त दुबे से मिलने का होता है जो जिद कर पिछले साठ सालों से सागर में ही जन्मे हैं। इन दिनों वे कई तरह के काम रहे हैं—रिटायर होने के बाद। सबसे दिलचस्प है वह संचयन जो उन्होंने मैथिलीशरण गुप्त से लेकर आज तक की हिन्दी कविता से चुन कर चिड़िया पर लिखी कविताओं का तैयार किया है। इस सिलसिले में उनका मानना हे कि जैसे यह लोकविश्वास है कि जिस घर में चिड़िया घोंसला नहीं बनाती वह घर निरबंसिया हो जाता वैसे ही जिस कवि की कविता में चिड़िया आकर नहीं बसती उसका भी कमोबेश ऐसा ही हश्र होता है। उन्होंने पाया है कि अनेक प्रसिद्ध और प्रतिष्ठित कवियों ने चिड़िया पर कुछ नहीं लिखा है। उनको लगता है कि ऐसे कवियों का कविता में कोई वंशधर न होगा।

एक दिलचस्प बात रमेश ने यह भी कहा कि हिन्दी में आधुनिकता के निर्माण और रूपायन में हरिवंशराय बच्चन की भूमिका और अवदान को

अवमूल्यित या अलक्षित किया गया है जबकि एक पूरी नयी भाषा कविता के लिए अर्जित करने और साधारण को केन्द्र में लाने के प्रयत्न में बच्चन का बहुत मूल्यवान योगदान है। बच्चन का 'मैं' एक साधारण व्यक्ति है किसी तरह के महिमामण्डल या मण्डन से दूर और सर्वथा वेध्य।

रमेश दत्त दुबे ने इन दिनों मध्यप्रदेश के भूतपूर्व मुख्यमन्त्री, एक समय सागर विश्वविद्यालय के कुलपति और 'कृष्णायन' महाकाव्य के रचयिता द्वारिका प्रसाद मिश्र पर एक लम्बा निबन्ध लिख रहे हैं। मिश्रजी की जन्मशती इन दिनों मनायी जा रही है और उसी सिलसिले में उन पर कोई पुस्तक निकल रही है। रमेश बता रहे हैं जिन्हें लगता है कि अगर वे किसी बड़े केन्द्र या महानगर में चले गये होते तो उन्हें साहित्य में अधिक अवसर मिल सकते थे और मान्यता भी जल्दी हाथ आती। वे उनसे सहमत नहीं हो पाते। जो भी हो, वे सागर में अडिग रहे हैं। सागर की वाचालता, हर चीज को अपनी नजर से तौलने का माद्दा और धीरज, वैचारिक कट्टरता में फँसने के बजाय बेबाक खुलापन, अपनी जिद पर कायम रहने की आदत, कम लिखने लेकिन अलसाये हुए खूब पढ़ने का रिवाज आदि सब रमेश में एक साथ हैं। सागर वालों में एक तरह का अक्खड़पन भी होता है : वे आसानी से किसी का रौब नहीं खाते। रमेश भी रौब में नहीं आते, भले रोजमर्रा की जिन्दगी में थोड़े बहुत जरूरी किस्म के समझौते वे जरूर करते होंगे। बिना लाग-लपेट के जब-तब कुभक बोलने की उनकी आदत बरकरार है यह देख कर अच्छा लगा : अपने मानवीय दृश्यों और भयावह रूप से जनाकीर्ण और दुर्व्यवस्थित लगते परिवेश में सागर भले बदल गया हो, वह रमेश दत्त दुबे में अपनी समूची प्रामाणिकता में बचा हुआ है।

(20 अगस्त, 2000)

शिवदान सिंह चौहान

कुछ महीने पहले जब मैं शिवदान सिंह चौहान से उनके घर पर मिला था तो वे बेहद बीमार थे। उन्हें कैंसर था और वे बेहद कष्ट में थे। पर जीवन, साहित्य और विचार के प्रति उनके उत्साह में कोई कमी न थी। यह भी उतना ही स्पष्ट था कि हालाँकि हिन्दी साहित्य संसार, विशेषतः उसका प्रगतिशील-जनवादी तबका उन्हें भूल-सा गया था, उनके मन में इसे लेकर कोई कटुता नहीं थी और न ही अपनी प्रतिबद्धता को लेकर कोई संशय। कुछ बरस पहले नागार्जुन, हाल में रामविलास शर्मा, केदरनाथ

अग्रवाल और अब शिवदान सिंह चौहान के निधन से उस बड़ी जमात का लोप हो गया जिसे हिन्दी में प्रगतिशीलता का स्थपति कहा जा सकता है। रामविलास जी के साथ शिवदान जी प्रगतिशीलता के आदि वास्तुकार रहे हैं। इस चौकड़ी ने जो भी अतिचार या कभी-कभार अत्याचार किया हो इसमें सन्देह नहीं कि उन्होंने मिल कर, शमशेर बहादुर सिंह और मुक्तिबोध के साथ, साहित्य को सामाजिक स्तर पर एक गम्भीर और जवाबदेह कार्रवाई के रूप में प्रतिष्ठित किया, उसके सामाजिक भूगोल का विस्तार किया और साहित्य को अपने समय के जीवन्त सामाजिक और वैचारिक आन्दोलनों से जोड़ने में महत्त्वपूर्ण योगदान किया। इस प्रगतिशील हस्तक्षेप के बाद हिन्दी साहित्य वही नहीं रह गया जो कि पहले था।

शिवदान सिंह चौहान में, जहाँ तक मैं समझ-देख पाया हूँ शुरू से ही परिपक्वता थी। शायद इसलिए कि वे अन्य ज्यादातर प्रगतिशीलों की तरह अपनी प्रगतिशीलता द्वारो सामाजिक सक्रियता से पहले-पहल जुड़ने नहीं जा रहे थे बल्कि पहले से ही स्वतन्त्रता-संग्राम में भागीदार थे। यह सही है कि उनकी प्रगतिशीलता लगभग जीवन भर एकतान रही और जब हाल ही में बरसों बाद अचानक, उन्हें याद कर 'आलोचना' पत्रिका के पुनर्प्रकाशन पर लाया गया तो उनके वक्तव्य में सारा तेवर पुराना और कट्टर ही था। फिर भी अगर हम जैसे अनेक लेखकों के मन में उनके प्रति आदर जागा तो इसलिए कि कम से कम उन्होंने किसी अवसरवादिता या छद्म उदारता के चलते अपनी दृष्टि से विचलित होने का आसान और लुभावना रास्ता नहीं चुंना और लगभग मरते दम तक अपनी प्रतिबद्धता और वैचारिक निष्ठा पर कायम रहे। यह बात चालू चर्चा से भले गायब हो गयी हो लेकिन सच है कि 'आलोचना' पत्रिका को उसके पहले ही अंक से शिवदान सिंह चौहान ने जो स्तर और गम्भीरता दी उन्हें बाद में जब-तब कायम भले रखा गया हो उनसे बेहतर वह नहीं हो पायी।

एक आलोचक के रूप में शिवदान जी के अवदान पर पुनर्विचार जरूरी है। कई बार लगता है कि उनका काम रामविलास शर्मा जैसे महाकाव्यात्मक विस्तार और निरन्तरता वाले आलोचक के सामने कुछ दुर्लक्ष्य हो जाता है। मुझे लगता है कि शिवदान जी में कई बार विरल किस्म की कुशाग्रता और सटीकपन था जिसे प्रगतिशील आलोचना-सम्पदा के एक स्मरणीय भूषण के रूप में देखा और याद किया जाना चाहिए। उनके ग्रन्थों का चार-पाँच खण्डों में विधिवत प्रकाशन और उन पर पुनर्विचार जरूरी है, पिछली अधसदी में साहित्य और आलोचना की बौद्धिक संघर्ष-कथा को ठीक से समझने के लिए।

(3 सितम्बर, 2000)

एक हैं श्रीराम वर्मा

इधर जब से बहुवचन-3 में श्रीराम वर्मा का शमशेर बहादुर सिंह के बारे में एक लम्बा संस्मरण प्रकाशित हुआ है, तब से मित्रमण्डली में उनका नाम बार-बार आ रहा है। उनकी उम्र साठ से ऊपर की है और उन्होंने अपने जीवन का एक बड़ा हिस्सा, इलाहाबाद के बाद, आजमगढ़ में अध्यापन करते हुए बिताया है। हालाँकि वे इलाहाबाद से प्रकाशित बहुचर्चित पत्रिका 'नयी कविता' और हिन्दी साहित्य सम्मेलन से प्रकाशित मासिक 'माध्यम' के सम्पादन से जुड़े रहे हैं, वे एक निश्छल, कटुताहीन और अल्पलक्षित अच्छे कवि रहे हैं जिन्होंने इन सम्पादकीय अवसरों का उपयोग आत्मप्रक्षेपण के लिए नहीं किया। उन्हें कोई पुरस्कार मेरे जाने कभी नहीं मिला। साहित्य की खसरा-खतौनी में उनका नामोल्लेख प्रायः नहीं होता। वे इलाहाबाद के केन्द्रीय साहित्य मण्डल से जुड़े रहने के बावजूद अगर अल्पलक्षित रहे तो इसका एक कारण निश्चय ही उनका निराकांक्षी स्वभाव है। अन्यथा उनकी कविता में इतना नवाचार है, भाषा के इतने अधिक स्तर सक्रिय हैं कि अचरज होता है कि ये बातें कायदे से नोटिस क्यों नहीं की गयीं। हमारी पीढ़ी में शायद श्रीराम वर्मा की कविता ही ऐसी है जिसमें संस्कृत की गरिमा और बिल्कुल आज का विट और विनोद भाव सहजता से साथ-साथ हैं। उनका पहला कविता संग्रह 'पहचान' सीरीज में छपा था और वह उस सीरीज का सबसे मोटा संग्रह था। बरसों बाद जब उनके बाकायदा पुस्तकाकार पहले संग्रह की प्रतियाँ मध्यप्रदेश में पुस्तकालयों के लिए खरीदी गयी थीं तो दिल्ली के एक राजनेता ने उनकी एक कविता की फोटोप्रतियाँ भेजते हुए यह आरोप लगाया था कि तत्कालीन प्रधानमन्त्री इन्दिरा गाँधी के विरुद्ध लिखने वाले कवियों को मध्यप्रदेश में प्रश्रय दिया जा रहा है। अन्य कवि थे नागार्जुन और भवानीप्रसाद मिश्र। श्रीराम वर्मा की कविता इमरजेंसी के दौरान इन्दिरा जी को लेकर थी। मुझे तब लगा था कि श्रीराम वर्मा जैसे 'सुकवियों के कवि' भी राजनीतिक कविता लिख सकते हैं और यह कि उनका रेंज कितना बड़ा है।

श्रीराम वर्मा में अपनी सारी उपेक्षा के बावजूद स्नेह, सहजता और विनोद भाव है। उन्हें अगर लगेगा कि पर्याप्त रसपान हो चुका और अब उन्हें थकान लग रही है तो वे अपने आतिथेय से विदा लेकर उसी की गाड़ी में अपने डेरे लौटने पर इसरार कर सकते हैं। वे आलोचक नहीं हैं पर श्रीराम वर्मा ने जब आलोचना लिखी है तब अधीत ढंग से लिखी है। उनका एक कहानी संग्रह भी प्रकाशित है। शमशेर वाले बहुचर्चित संस्मरण से उन्होंने अपनी स्मृति, मानवीयता और परिवेश को जगा सकने की प्रतिभा और मोहक बेबाकी का परिचय दिया है। वे इलाहाबाद के

साहित्यिक जीवन के भरोसेमन्द इतिहासकार हो सकते हैं। कौन जाने वे चुपचाप ऐसे ही संस्मरणों के माध्यम से यही कर रहे हों।

(16 सितम्बर, 2000)

श्वेत स्पन्दन

यों तो सैयद हैदर रज़ा की कीर्ति उनके रंगक्षोभ के आधार पर ही बनी है। वे अपनी सशक्त और मुखर रंगभाषा के लिए बरसों से अलग जाने-पहचाने जाते रहे हैं। लेकिन इधर कुछ बरसों से, बिना अपनी अद्वितीय रंगशैली को तजे, वे सफेद रंग की ओर बढ़ते रहे हैं। उनके अनुसार यह रंगों से अपसरण नहीं, एक तरह से उनके मूल में जाना है– वह जैसे आदिरंग की ओर लौटना है। मुम्बई की गैलरी-7 में उन्होंने भोपाल की युवा चित्रकार सीमा घुरैया के साथ 'सिम्फनी इन व्हाइट' शीर्षक जो प्रदर्शनी लगाई है वह शान्ति और स्पन्दन के बीच बेहद नाज़ुक लेकिन अचूक ढंग से सन्तुलित है। रज़ा के चित्रों में एक प्रकार की पवित्र ज्यामिति है, रंग धूसर और धूमिल पड़ गए हैं–पड़ नहीं गए हैं बल्कि ऐसे ही हैं। उनके हाथों का स्वाभाविक कम्पन जैसे उनके आकारों में हस्तान्तरित हो गया है। बिन्दु हो या वृत्त, रेखाएँ हों या त्रिभुजाकार–सभी स्पन्दित हैं, अपनी पवित्रता में काँपते हुए– अब रंगक्षुब्ध नहीं बल्कि रंग-शान्त, लगभग रंगमूक। कई बार लगता है कि रज़ा एक अदृश्य मन्दिर की दीवारों पर कुछ उकेर रहे हैं– शायद उनके चित्रों से ही वह अदृश्य मन्दिर दृश्य हो रहा है। गैलरी में अधिक लोग नहीं थे जब मैं रज़ा के साथ वहाँ गया। फिर भी लगता था कि जैसे एक अनहद वन्दना वहाँ अनुगुंजित है। आप सिर्फ अपनी आँखों से चित्र देख भर नहीं रहे हैं बल्कि कुछ विराट को छू रहे हैं। आपका दबा-छुपा या बचा-खुचा अहंकार भी मानो कुछ देर के लिए तिरोहित हो गया।

बूढ़े होने के बावजूद रज़ा इधर नियम से हर बरस भारत यानी स्वदेश आते रहे हैं। वे इधर हर बार किसी युवा कलाकार के साथ अपने चित्र प्रदर्शित करते हैं। युवा प्रतिभा को, भारतीय दृश्य में सक्रिय युवा प्रतिभा को प्रणति देते हुए और उस बहाने अपने सयाने सरोकारों को युवा उत्सुकताओं के साथ मिलाते–सन्तुलित करते हुए। सीमा घुरैया के चित्रों की रज़ा-भाव के साथ अद्‌भुत हमआहंगी नजर आती है : आयु के दो छोरों पर खड़े–सीमा और रज़ा की आयु में लगभग एक अधसदी का अन्तर होगा–दो कलाकार जैसे एक ही तरह की नहीं, लेकिन समानधर्मा

पवित्रता और अमूर्तन की खोज कर रहे हैं। सीमा के चित्रों में अमूर्तन की एक के ऊपर एक कई परतें हैं : बहुत धूमिल रंगों की परत के ऊपर परत। हर परत जैसे एक छाप है दूसरी पर। रज़ा के यहाँ तो निश्चय ही पवित्रता का गहरा और गहराता हुआ बोध है लेकिन सीमा के यहाँ वह अन्तश्चेतना में कहीं है, अविवक्षित। पर फिर भी, दोनों की कलाकृतियाँ मिलकर अनुग्रह का एक तारतम्य बनाती हैं। आप जब प्रदर्शनी से बाहर रोजमर्रा की धूल-धक्कड़ से भरी दुनिया में वापस आते हैं तो आपको लगता है कि आप अनुग्रह की छाया से, स्पन्दित श्वेताभा से बाहर आ गए हैं।

(4 फरवरी, 2001)

वह हकलाता है कविता की तरह

जो लोग साहित्य अकादेमी के वर्तमान सचिव के. सच्चिदानन्द के कार्यकाल में अकादेमी के किसी सार्वजनिक आयोजन में गए होंगे उन्होंने प्रायः हर बार पाया होगा कि मलयालम का यह समकालीन कवि वाग्संक्षेप में विश्वास नहीं करता है। अक्सर किसी लेखक का परिचय देते हुए, किसी परिसंवाद की प्रस्तावना करते हुए या कि स्वागत-भाषण देते हुए सच्चिदानन्द विस्तार से कुछ कहते हैं—वह प्रासंगिक और सुचिन्तित होता है भले वह कई बार जरूरत से थोड़ा ज्यादा लगता है। वे बरसों से मेरे मित्र और हितैषी हैं और मुझे लगता है कि चाहे कविता हो या सार्वजनिक वक्तव्य का कोई अवसर, उनकी विवक्षा अदम्य है। समकालीन भारतीय कविता में उनकी आवाज महत्त्वपूर्ण और ध्यान से सुनने योग्य रही है। वह उकसाती है, उद्घाटित और आश्वस्त करती है : उसमें अपना स्पन्दन और सरोकार है। वह बौद्धिक रूप से जानकार आवाज है लेकिन हमेशा ही सहज ऐन्द्रियता में पगी हुई। यह विवक्षा निराधार नहीं है : सच्चिदानन्द के पास अपने और दुनिया के बारे में, हमारे समय और संकट के बारे में, हमारे दुख और तकलीफ के बारे में कहने को कुछ है। वे बोलते हैं क्योंकि विवक्षा एक तरह का अभिषेक भी है :

वह शब्द का अभिषेक करता है
अकेले की आह से
भीड़ों के क्रोध से,
वह शब्द को भेंट करता है बुद्ध का नमक ईसा की शराब।

यह सब मुझे तब सूझा जब इसी सप्ताह उनकी कविता के तीन दशकों

में से चुनकर कुछ कविताओं का अधिकांशतः स्वयं कवि द्वारा किया अंग्रेजी अनुवाद पुस्तकाकार 'सो मेनी बथूर्स' (कोणार्क) शीर्षक से और रति सक्सेना द्वारा सीधे मलयालम से हिन्दी अनुवाद 'अपूर्ण और अन्य कविताएँ' (राजकमल) लोकार्पित हुए। सच्चिदानन्द यों तो काफी यात्रा करते हैं. ..किसी हद तक उनका वर्तमान पद इसे अवश्यंभावी ही बनाता है। वे अज्ञेय की तरह एक यायावर कवि हैं। शायद उनके समवयसियों में किसी और ने यात्राओं से प्रेरित-उत्साहित इतनी कविताएँ नहीं लिखी हैं जितनी उन्होंने : धनबाद, कोणार्क, मैसूर, श्रीरंगपटनम्, ऊटी, फतेहपुर सीकरी, भोपाल, रोम, सारेयेवो, मास्को, फ्रैंकफर्ट, बीजिंग, पेरिस आदि। बल्कि उनके इस चयन का नाम 'इतनी सारी यात्राएँ' होता तो गैरमौजूं न होता।

सच्चिदानन्द एक बुद्धिजीवी कवि भी हैं यानी एक ऐसे कवि जो अपनी कविता में विचारों से उलझते हैं। उनमें यह पहचानने का साहस है कि 'विचारधाराएँ मदद करती हैं। लेकिन सच कभी-कभी ज्यादा मदद करता है" और वे 'सत्ता की बढ़ती पोर्नोग्राफी के प्रति चौकन्ने हैं।

प्रसिद्ध चीनी कवि आई छिङ् को बैंकाक में पढ़ते हुए वे अपनी एक कविता में लिखते हैं :

कोई शासक कवियों को कवि नहीं समझ पाता, आई छिङ्
उन्हें डर लगता है
कविता के चिर जागरूक नेत्रों से
उसके हजार पुनर्जन्मों से।
ईमानदारी और वफादारी अब साथ नहीं चलतीं।
प्याले में अभी भी कुछ जहर है।

बल्कि यह कहना अनुपयुक्त न होगा कि सच्चिदानन्द कवियों के कवि हैं : इस अर्थ में कि उन्होंने बड़ी संख्या में कवियों पर या उनके लिए कविताएँ लिखी हैं। इस संकलन में ही पाल सेलान, मायकोवस्की, कार्लोस जरमन बेली, दिलीप चित्रे, शक्ति चट्टोपाध्याय, केदारनाथ सिंह, टैसास डेनेग्रिस, रसूल गमजातोव, इज्जत सारयेलिक आदि के लिए कविताएँ हैं। यह कलावाद नहीं है, एक से संकट और तकलीफ में पड़े, अपने समय में समान दुस्साहस कर रहे लोगों की खुली बिरादरी है।

'हकलाने पर' कविता का समापन इस तरह होता है :

ईश्वर भी हकलाया होगा
जब उसने मनुष्य रचा था।
इसीलिए मनुष्य के सारे शब्दों के
अलग-अलग अर्थ हैं।
इसी कारण जो भी वह बोलता है,

उसकी प्रार्थनाओं को लेकर उसके आदेशों तक,
वह हकलाता है
कविता की तरह।

एक ऐसे समय में जब आतयायी और शक्तिसम्पन्न लोग बड़ी स्पष्टता से अपनी बात कह-मनवा रहे हैं, हमें प्रतिरोध के लिए शायद हकलाती आवाजें चाहिए क्योंकि वे इस बात का आश्वासन हैं कि कविता ने हथियार नहीं डाल दिए हैं।

(18 फरवरी, 2001)

भव्य और निष्कलुष

लगभग बारह बरसों पहले की बात है। अत्यन्त वरिष्ठ संगीतकारों या संगीतविदों का दिए जाले वाला तानसेन सम्मान मध्यप्रदेश शासन ने 1986 में मुम्बई में रहने वाली गायिका श्रीमती मोधूबाई कुर्डीकर को देने का निश्चय किया। वे वयोवृद्ध थीं और अस्वस्थ भी रहती थीं इसलिए उनका ग्वालियर आकर यह सम्मान लेना सम्भव नहीं था जहाँ कि वह हर वर्ष दिया जाता था। पहले दो बार ऐसा हुआ था कि अस्वस्थता के कारण सम्बन्धित व्यक्ति सम्मान लेने भोपाल नहीं आ सके थे तो उन्हें सम्मान उनके घर जाकर दिया गया था। पहली बार मुख्यमन्त्री अर्जुन सिंह श्री हरिशंकर परसाई को शिखर सम्मान देने जबलपुर नेपियर टाउन स्थित परसाई जी के घर गए थे और दूसरी बार काफी समझाने-बुझाने के बावजूद अनाश्वस्त मुख्यमन्त्री मोतीलाल वोरा जब मरणासन्न बंगला रंगकर्मी श्रीमती तृप्ति मित्र को कालिदास सम्मान देने कलकत्ता नहीं जा सके थे तो तृप्ति जी की मृत्यु के कुल चार सप्ताह पहले मैं ही सम्मान लेकर कलकत्ता गया था और हमारे आग्रह पर फिल्मकार मृणाल सेन ने उनके निवास स्थान पर यह सम्मान उन्हें भेंट किया था। चूँकि मुख्यमन्त्री सुन्दरलाल पटवा को किसी और काम से मुम्बई जाना ही था, वे मोधूबाई को तानसेन सम्मान उनके घर जाकर देने पर राजी हो गए, विशेषतः यह जानकारी मिलने के बाद कि वे विख्यात गायिका श्रीमती किशोरी अमोणकर की माँ और गुरु हैं और उन्हीं के साथ रहती हैं। धवलकेशा मोधूबाई में न तो जरा भी अभिमान का भाव था, न ही वे अपनी बेटी की तरह तुनुकमिजाज लगीं। पर उनमें एक तरह की सहज भव्यता थी जो निष्कलुष तेज की तरह उनके बूढ़े चेहरे पर सहज भाव से चमक रही थी। अपने ज्यादातर आयोजकों को लगभग रुला देने वाली किशोरी जी उनके सामने

भयभीत-सी बैठी थीं : यह देखकर अच्छा लगा कि अपनी तेजस्वी माँ और कठिन गुरु के सामने वे बेटी-शिष्या की विनम्रता के साथ ही बैठी और प्रायः चुप थीं। मोधूबाई को उस्ताद अल्लादिया खाँ ने स्वयं अपनी शिष्या बनाया था। जयपुर-अतरौली घराने की लगभग राजसी जटिलता, पारदर्शी लालित्य और स्वरों का कठिन वितान उन्हें सीधे उत्तराधिकार में मिला था। इस उत्तराधिकार को मोधूबाई ने बड़ी जतन-समझ से बचाया और पोसा...आगे बढ़ाया। उनके गायन में एक तरह की शक्ति और तेज था जो प्रायः पुरुष-गायकों में अधिक आसानी से पाया जाता है। यह वह गाना था जो दम-खम का था, सब कुछ को घेरकर संगीत में रूपान्तरित करता हुआ और सुनने वाले को विनम्र बनाता और अभिभूत करता हुआ। एक ऐसे समय में जब अधिकांश शास्त्रीय संगीतकारों ने दुर्भाग्य से लोकप्रियता के चक्कर में छोटे-बड़े कई समझौते कर लिए, मोधूबाई का संगीत आजीवन पूरे आत्मविश्वास के साथ, परम्परा और शुद्धता पर जिद कर अड़ा हुआ संगीत था। यह अकारण नहीं था कि उनका बेहद सम्मान था। पिछले सप्ताह अत्यन्त परिपक्व आयु में उनकी मृत्यु एक बार फिर इस दुखद सच्चाई को रेखांकन है कि नई शताब्दी में अगर ऐसे लोग और ऐसी आवाजें न हुईं तो वह विपन्न होगी। यह विपन्नता इन दिनों दिखाई दे रही है, सारी चकाचौंध के बावजूद।

(4 फरवरी, 2001)

आत्मा एक पर्वत है

जैसे कि मेरे प्रगतिशील-जनवादी मित्रों को सन्देह हुआ होगा वैसे ही मुझे भी हुआ कि साहित्य के लिए पिछला नोबेल पुरस्कार जिस चीनी को दिया गया है, उसे देने के कारण शुद्ध साहित्यिक न होकर राजनैतिक भी हैं। इस मेरे लिए अज्ञात कुलशील लेखक के नाम जब पुरस्कार घोषित हुआ तो यह खबर भी जोर-शोर से छपी कि वह जनवादी चीन से एक बहिष्कृत लेखक है जो पिछले कई बरसों से फ्रांस में रहता है। तिएनमान चौक की रक्तरंजक घटना के बाद वह जिलावतन हुआ। ये सब बातें इस शंका को जन्म देने के लिए काफी थीं कि साहित्यिक उपलब्धि से अधिक लेखक की राजनैतिक स्थिति इस पुरस्कार का आधार बनी लगती है। इसलिए जब मुझे एक आस्ट्रेलियाई लेखिका माबेल ली द्वारा इस चीनी लेखक गाओ जिंग्जियान की अंग्रेजी में अनूदित पुस्तक 'सोल माउण्टेन' एक दुकान में नजर आई तो मैं उसकी ओर विशेष आकर्षित नहीं हुआ। पाँच सौ से अधिक पृष्ठों का मुटापा भी एक कारण था और पौने सात

सौ रुपयों की कीमत भी। बाद में मैंने उसे कुतूहलवश कुछ उलटा-पलटा तो लगा कि शायद वह इतना अरोचक नहीं है। बहरहाल, मैं उसे खरीद कर पढ़ गया। पैर में आ गई मोच की वजह से विवश निष्क्रियता ने भी समय दिया।

मैं चकित हूँ कि मैंने इस लेखक का नाम इस पुरस्कार से पहले क्यों नहीं सुना। मैं चकित हूँ कि यह उपन्यास स्वाधीनता और मुक्ति की खोज में की गई एक ऐसी यात्रा है जिसका चरितनायक अपने को कई सर्वनामों में विभाजित कर अपनी 'संज्ञा' समझना-पकड़ना चाहता है। स्थानीयता, आंचलिक बिम्बों और अन्तर्ध्वनियों से गुँथा यह बेजोड़ वृत्तांत चीन की निरन्तरता और परिवर्तन को अपने अनगिनत छोटे-बड़े चरित्रों और जगहों, गन्धों और ऐन्द्रिय संवेदनों में सघन-सक्रिय बेहद मानवीयता और मर्म में प्रगट करता है। कई बार तो वह लगभग भारतीय लगता है: एक ड्राइवर और जेलखाने का एक वार्डेन छूटते ही माँ की गाली देते हैं; काले कौए का सुबह बोलना असगुन है; एक नदीतट है जिस पर आधी रात एक अशरीरी छायाकृति भटकती है क्योंकि कई स्त्रियों ने उस नदी में डूब कर आत्महत्या की थी; किसी स्त्री पर कोई अन्य आत्मा काबिज होकर भविष्यवाणी करती है आदि। चरितनायक से लेकर बाकी सबकी जीवनगाथा अधूरी ही रही आती है : सब अपनी-अपनी जगह जिजीविषा और रहस्य से भरे हैं—जीवन हर कहीं, चाहे सड़क किनारे का ढाबा हो, किसी अरण्य में बचा रह गया बौद्धविहार, आश्चर्यजनक है। उपन्यास सचमुच साधारण लोगों के जीवन, जीवट और सुख-दुख का महाकाव्य है। उसे इस कारण कतई नजरअन्दाज नहीं किया जा सकता कि उसके लेखक को चीन की वर्तमान सत्ता अछूत मानती है। एक भगोड़े की पलायन-कथा को महाकाव्यात्मक आयाम देने वाली इस रचना में चीनी जनजीवन का विराट स्पन्दन है, जिजीविषा का अथक वाद्यवृंद—उसके लालित्य, उसकी हृदयस्पर्शी रंगतों और क्रूरताओं को समोए हुए। कम से कम मुझे यह जानकर बहुत अच्छा लगा कि जैसे भारत में वैसे ही चीन में, आज भी जीवन-लय प्रकृति और ऋतुचक्र से इतनी तदाकार और समरस है। एक बार फिर लगता है कि किसी देश की राजनीति और सत्ता उसकी समग्र सच्चाई का न तो पूरा नक्शा होती है, न ही सबसे विश्वसनीय साक्ष्य ही। राजनीति और साहित्य में भरोसेमन्द तो साहित्य ही है, अन्ततः।

(25 फरवरी, 2001)

रात के दस बजे रहे होंगे जब फोन की घण्टी बजी। उस तरफ से कारन्त जी ने मुझसे पूछा कि क्या मेरे पास पाँच-छह सौ रुपए नकद होंगे। मेरे हामी भरने पर उन्होंने कहा कि फौरन लेकर मेरे घर आइए अपनी कार से, हम दोनों को तुरन्त स्टेशन चलना है। कारन्त अपने अहाते के गेट पर खड़े थे : हम लोग फौरन स्टेशन की ओर चल दिए। रास्ते में आकर पता चला कि उनके रंगमण्डल के एक चौकीदार की बेटी की शादी है जिसमें वह चौकीदार रात की गाड़ी से जा रहे हैं। कारन्त ने उससे कुछ रुपए इस मौके पर देने को कहा था लेकिन वे भूल गए और इतने रुपए, उतनी रात, उनके पास नहीं थे। हम लोग स्टेशन पहुँचे। मुझे देखकर स्टेशन के ड्यूटी पर लगा सिपाही भी साथ लग गया। हम लोग गाड़ी के हर डिब्बे में चौकीदार का नाम पुकारते उसे ढूँढ़ते रहे। इतनी भीड़ और शोर थे कि आसानी से कोई कुछ सुन नहीं सकता था। बमुश्किल तमाम, वह चौकीदार मिला और अपने 'बाबा' को गाड़ी चलने के दो मिनट पहले रुपए देने आया देखकर भौचक रह गया।

सबसे पहले मेरी बेटी ने यह गौर किया कि अक्सर जब कारन्त जी हमारे यहाँ खाना खाते हैं तो भात खाते हुए वे चुपके-से उसमें कुछ पानी मिला लेते हैं। उसने एक दिन मुझसे यह जिज्ञासा की कि दाऊ, कारन्त जी ऐसा क्यों करते हैं। उसका इसरार था कि उसने कारन्त जी को ऐसा करते कई बार देखा था। अगली बार जब कारन्त जी आए तो मैंने ध्यान दिया और पाया कि वे सचमुच भात में पानी मिला रहे हैं। ससंकोच मैंने पूछा कि क्या भात बहुत गीला कर खाने की उनकी आदत है? कारन्त जी हम सबको निरस्त्र करते हुए बोले कि नहीं, उनका बचपन बेहद गरीबी में गुजरा था। घर में भात के साथ खाने के लिए नमक के अलावा कुछ और नहीं होता था। इसलिए वे उसमें पानी मिलाकर उसे खाद्य बना पाते थे। उन्हें अब भी भात में स्वाद नहीं आता अगर वे उसमें पानी न मिलाएँ। लेकिन ऐसा वे वहीं करते हैं जहाँ आतिथेय उनके अन्तरंग हों और इसे खाने में उनका भदेस ढंग न मानें।

एक दिन सुबह कारन्त जी के यहाँ पहुँचा तो एक किंचित् भीमकाय सज्जन वहाँ अपना असबाब लिए थोड़ी देर पहले आए थे। वे थे संस्कृत फिल्म 'आदि शंकराचार्य' के निर्देशक श्री जी.वी. अय्यर। वे आए थे अपनी फिल्म का संगीत रिकॉर्ड कराने। संगीत निर्देशक कारन्त जी थे और उन्होंने पहले से कोई तैयारी नहीं कर रखी थी। लेकिन अगले दो-तीन दिनों में बीस-बीस घण्टे काम कर कारन्त जी ने संगीत तैयार और रिकॉर्ड करा दिया। वाद्ययन्त्रों के अलावा अपनी घर-गृहस्थी के बरतनों जैसे कड़ाही, गुण्ड, करछुल, कटोरा आदि सब उन्होंने अपने वाद्यवृन्द में इस्तेमाल कर

लिए। शास्त्रीय संगीत में विधिवत् दीक्षित कारन्त का रंग संगीत जाने कहाँ-कहाँ की धाराओं और यन्त्रों को मिलाकर रचा जाता है। अमेरिकी कवि वाल्ट् व्हिटमैन के बारे में यह दावा किया जाता है कि वह ऐसे कविता लिखता था मानो उसके नाम लेने से चीजें पहली बार अस्तित्व में आ रही हैं। कारन्त इस मायने में भारतीय रंग संगीत के व्हिटमैन हैं : हमारे आसपास जो भी पदार्थ हैं उन सबको बजाकर उनसे संगीत पैदा किया जा सकता है–लकड़ी, धातु, पत्थर, मिट्टी आदि से बनी सभी चीजों को कारन्त बजाते हैं और उनसे अपना निराला संगीत गूँधते हैं यह जानना कितना रोमांचक है कि कारन्त जी के यहाँ हर चीज की गूँज और अनुगूँज है।

(22 मई, 2001)

निरन्तर कारन्त

वे देखने में कमजोर लगते हैं : बूढ़े हो गए हैं। सत्तर से ऊपर के हो चुके। उम्मीद होती है कि अब शायद थक गए होंगे और कुछ विरक्त भी। लेकिन अब कारन्त जैसा रंगयोगी और कर्मयोगी मिलना कठिन है। वे अगर सुमित्रानन्दन पन्त की कविताओं की संगीत-प्रस्तुति न तैयार कर रहे हों या किसी नए नाटक का निर्देशन न कर रहे हों तो दिल्ली में 'अनामदास का पोथा' के लिए संगीत-रचना कर रहे होंगे। बंगलौर से कुछ समाप्त कर दिल्ली आ रहे होंगे या चण्डीगढ़ कुछ करने जा रहे होंगे। मैं लगभग चालीस बरसों से भारतीय रंगपटल पर निरन्तर कुछ करते जिन थोड़े-से व्यक्तियों को पूरी जिजीविषा और कर्मठता के साथ जुटा देखता रहा हूँ उसमें बव कारन्त निश्चय ही एक हैं। इस अर्थ में तो वे अद्वितीय ही हैं कि वे एक साथ दो भाषाओं, कन्नड़ और हिन्दी के शीर्षस्थानीय रंगकर्मी हैं। दोनों भाषाओं के पिछले पचास वर्षों के रंगमंच की कारन्त के बिना कल्पना नहीं की जा सकती। उन पर एकाग्र जयदेव तनेजा की पुस्तक के लोकार्पण पर राष्ट्रीय नाट्य विद्यालय के हाल ही में हुए आयोजन में नामवर सिंह ने ठीक कहा कि हिन्दी पर उनका विशेष ऋण इसलिए है कि उन्होंने हिन्दी के दो मूर्धन्य नाटककारों–भारतेन्दु हरिचन्द्र और जयशंकर प्रसाद को रंग सजीव कर उनके बारे में प्रचलित इस पूर्वग्रह को सर्वथा निराधार सिद्ध किया कि उनके नाटक पढ़े जा सकते हैं, खेले नहीं जा सकते। इस बात को याद करना भी उचित है कि स्वयं हिन्दीभाषी अंचल में अनेक शहरों, जैसे लखनऊ, भोपाल आदि को कारन्त ने अपने शिविरों और प्रस्तुतियों से रंगसक्रिय बनाने में लगभग

केन्द्रीय भूमिका निभाई है। भोपाल जैसे रंगसंस्कारहीन केन्द्र में अगर नाटकों के लिए लोकप्रिय भूख पैदा हुई तो उसे उकसाने-पोसने में 1974 के अपने पहले रंगशिविर से लेकर 1981-86 तक भारत भवन में रंगमण्डल के साथ उनके अथक कार्य का केन्द्रीय योगदान रहा है। हबीब तनवीर को छोड़कर बव कारन्त पहले हिन्दी रंगनिर्देशक हैं जिन्होंने बुन्देलखण्डी, मालवी आदि बोलियों में सबसे पहले आधुनिक नाटक किए और उनमें शेक्सपियर, ब्रेख़्त, शूद्रक और कालिदास को सम्भव बनाया। आधुनिक हिन्दी साहित्य बोलियों के साहित्य को उनका उचित स्थान दे पाने में पिछड़ गया पर कारन्त के नेतृत्व में आधुनिक हिन्दी रंगमंच में बोलियों में नाटकों को उनकी उचित प्रतिष्ठा मिल पाई।

यों कारन्त सिद्धान्तकार नहीं हैं, प्रयोक्ता ही हैं। लेकिन उनमें अपने रंगानुभव को विन्यस्त कर उसमें से कुछ अनूठी स्थापनाएँ रखने की विलक्षण क्षमता है। एक बार वे बोले कि रंगमंच की निपट भौमिकता उसकी बड़ी कमजोरी भी है : कविता में तो आप यह कह सकते हैं कि 'वह आदमी चल गया ...' पर रंगमंच पर सचमुच एक आदमी को जाना होगा।

(27 मई, 2001)

विराट के त्रिलोचन

वयोवृद्ध कवि त्रिलोचन पर साहित्य अकादेमी एक फिल्म बना रही है। उस सिलसिले में फिल्मकार ने मुझसे एक प्रश्न यह पूछा कि क्या त्रिलोचन को आधुनिक कवि माना जा सकता है क्योंकि उनकी भाषा जनपदीय है। आधुनिक काव्य-परिदृश्य में त्रिलोचन का क्या स्थान होगा, इसे लेकर भी वे आश्वस्त नहीं जान पड़े। तथाकथित भूमण्डलीकरण, लगता है, धीरे-धीरे हमारी मानसिकता को दबोच रहा है और उसमें अपनी स्थानीयता को लेकर शंका फैल रही है। आधुनिकता की जो अवधारणा हमारे यहाँ वर्चस्वशाली है उसमें संसार या ब्रह्माण्ड की विराटता के लिए प्रायः कोई स्थान नहीं है। त्रिलोचन अपनी जिजीविषा और अपार जीवन छवियों के लिए उचित ही प्रसिद्ध हैं। लेकिन वे साथ ही साथ विराट से जुड़े कवि भी हैं : शायद प्रगतिशीलों की जिस चौकड़ी में वे गिने जाते हैं, उनमें सबसे अधिक। लगभग बीस वर्ष पहले 1982 में कुल सवा तीन महीनों के अन्दर लिखित 116 कविताओं का एक संग्रह 'शब्द' निकला था। उसे त्रिलोचन के इस अनूठे रुझान के सिलसिले में देखना दिलचस्प है। एक कवितांश है :

मरकत मणि के ढक्कन में हम ढके हुए हैं
सूरज, चाँद, मेघ, तारों की तरह और भी
आते हैं, जाते हैं– सिर पर किन्तु मौर भी
रखे रखाए चलते हैं पर थके हुए हैं...

'ढके हुए' के साथ 'थके हुए' का प्रयोग सिर्फ तुक के कारण नहीं है : यही वह तत्त्व है जो त्रिलोचन को अपनी परम्परा में रहते हुए भी आधुनिक बनाता है।

एक और अंश है :

महाकाल का कलश सुनील पारदर्शी है
उसमें अपनी पृथ्वी स्थित है, घूम रही है,
घण्ट के भीतर घट है, घट से चाक पर चढ़े
घूम रहे हैं, कभी सँवरते, कभी बिगड़ते,
और चाक यह, अहोरात्र चलता जाता है,
कैसे कैसे कहाँ कहाँ...

त्रिलोचन को जाहिर है कि इसकी चिन्ता नहीं रही है कि वे अपनी कविता में उन आध्यात्मिक अभिप्रायों को शामिल करें जो उनकी परम्परा और 'जनपद' का स्वाभाविक उत्तराधिकार है लेकिन जो हमारी आधुनिकता में दुर्भाग्य से संदिग्ध और त्याज्य माने जाने लगे। त्रिलोचन सहज भाव से बिना किसी नाटकीयता के यह लिखने का दुस्साहस हमारे समय में कर सकते हैं :

जल के हिल जाने पर जैसे तल की छाया
हिलने लगती है वैसी ही मेरे मन के
हिल जाने पर मेरा छायापुरुष गगन के
प्रभा-लोक में हिलने लगता है...

मैंने कई बार कुछ मित्रों को यह कहकर चिढ़ाया है कि त्रिलोचन एक रूपवादी कवि हैं। हिन्दी में उनके मुकाबले और कोई कवि नहीं जो इतनी जिद करके एक ही रूपाकार, सानेट पर एकाग्र रहा हो। उसमें अब यह इजाफा किया जा सकता है कि वे एक आध्यात्मिक रूपवादी हैं जिससे उनकी वैचारिक आस्था या अदम्य जिजीविषा कतई बेमेल नहीं रही है।

(10 जून, 2001)

'आवाज में जंगल का पानी'

बीसवीं शताब्दी कुछ इस कदर हिंसा, युद्ध, नरसंहार, अतिक्रमण, अतिचार आदि से जुड़ी रही है कि हम प्रायः यह भूल जाते हैं कि इस शताब्दी में, उसकी सारी प्रबल, संसारव्यापी और मूल्यविध्वंसक आधुनिकता के बावजूद, महान प्रेम कविता भी लिखी गई है। रिल्के, पाल एलुआर, पास्तरनाक, डिलेन टामस, ऑडेन, ई.ई. कमिंग्ज, आक्तोवियो पाज, लोर्का, राबर्तो हुआरोज, पाब्लो नेरुदा आदि बीसियों महाकवियों के नाम इस सिलसिले में याद आते हैं। हमारे यहाँ प्रसाद, निराला, अज्ञेय, शमशेर, धर्मवीर भारती, रघुवीर सहाय आदि।

त्रिलोचन के सानेट संग्रह 'शब्द' पलटने के बाद मुझे याद आया पाब्लो नेरुदा का सानेट संग्रह 'सौ प्रेम सानेट'। नेरुदा की एक राजनैतिक रूप से प्रतिबद्ध कवि के रूप में छवि इतनी रूढ़ और लोकप्रिय हो चुकी है कि हम यह नजरअन्दाज कर सकते हैं कि उसकी तथाकथित क्रान्तिकारी कविता का उत्स उनका प्रेम ही था। नेरुदा उन कवियों में से हैं जिनमें प्रेम और क्रान्ति के बीच कोई फाँक नहीं है। लातीनी अमेरिका में नेरुदा की मुख्य ख्याति और प्रतिष्ठा जितनी उनकी राजनैतिक आस्था के वक्तव्यों के लिए है, उतनी ही उनकी ऐन्द्रियता और विषयासक्ति के लिए है। यहाँ यह याद किया जा सकता है कि फ्रेंच कथाकार और चिन्तक आल्बेयर काम्यू ने कहा था कि वही लोग सामान्य मानवता को प्यार करते हैं जो किसी व्यक्ति-विशेष को प्यार करने में असमर्थ या विफल होते हैं। नेरुदा अगर एक मानवतावादी के रूप में उभरे तो निश्चय ही उसका अधिकार उन्होंने अपने गहरे प्रेम से अर्जित किया था। यूरोप की अपेक्षाकृत शहराती किस्म की आधुनिकता के सौभाग्य से, लातीनी अमेरिकी आधुनिकता में धरती से जुड़ी जिन्दगी की केन्द्रीय भूमिका है। तभी न नेरुदा यह लिख पाते हैं :

मैं एक झुलसी हुई चट्टान की तरह हूँ
जो अचानक गाती है जब तुम नजदीक होती हो,
क्योंकि वह पीती है वह पानी
जो तुम जंगल से लाती हो, अपनी आवाज में।

कई बार इन सानेटों में गहरे राजनैतिक अभिप्राय गुँथ जाते हैं और जब-तब नश्वरता आदि के आध्यात्मिक अभिप्राय भी। नेरुदा के यहाँ प्रेम, स्त्री-पुरुष के बीच सम्बन्ध होकर भी, एक समवेशी महाभाव है :

मृत्यु सिर्फ विस्मृति का पत्थर है।
मैं तुम्हें प्यार करता हूँ, मैं तुम्हारे ओठों पर स्वयं सुख को चूमता हूँ।
चलो हम ईंधन की लकड़ी इकट्ठा करें। हम पहाड़ पर आग जलाएँगे।

नेरुदा प्रेम से प्रश्नाकुलता को सीधे जोड़ते हैं :

ताकि हमारी नींद एक अकेली कुंजी से
आकाश के सारे तारकप्रश्नों के उत्तर दे सके
एक अकेले दरवाजे से
बन्द हो सकें परछाइयाँ।

हालाँकि आधुनिकता का मूल स्वभाव संशय का है और स्वयं नेरुदा में ऐसी संशयात्मकता का अभाव नहीं है, उनकी प्रेम-कविता एक तरह की पारदर्शी और परम आस्था की उपज है :

तुम्हारी देह चिकनी है जैसे पानी में पत्थर,
तुम्हारे चुम्बन फलों के गुच्छे हैं, ओस-से ताजे
मैं तुम्हारे बाजू में रहता हूँ,
तो मैं धरती के साथ रहता हूँ।

हमें नेरुदा जैसे कवि का कृतज्ञ होना चाहिए कि उसने एक बेहद कठिन-जटिल, हिंस्र और क्रूर समय में प्रेम, कोमलता, ललक और लालित्य की उपस्थिति और सम्भावना को हमारे समय की कविता में ऐसी उच्छलता-उदग्रता और भरे-पूरेपन के साथ सजीव-सक्रिय रखा।

(10 जून, 2001)

एक अवसान

जगदीश गुप्त की नई कविता को आकार और प्रतिष्ठा दिलाने में जो भूमिका रही है उसकी स्मृति लगभग गायब नहीं तो बेहद शिथिल हो चुकी है। प्रगतिवाद और प्रयोगवाद के मताग्रहों से मुक्त कविता के एक नए समावेशी आन्दोलन ने जब सन 50-55 के आसपास रूप लेना शुरू किया तो अपने कुछ अन्य सहयोगियों के साथ जगदीश गुप्त द्वारा सम्पादित पुस्तक-पत्रिका 'नई कविता' उसका एक प्रमुख, उत्तरदायी और खुला मंच बनी थी। आज जब मित्र पत्रिकाओं द्वारा अपनी सूची से बाहर पत्रिकाओं और लेखकों को लगभग शत्रु मानने का चलन है, यह याद करना उत्प्रेरक है कि 'नई कविता' के पृष्ठों में कितनी सहज और आत्मीय उदारता थी। अकादेमिक जगत में धँसे होने के बावजूद जगदीश गुप्त में आचार्यों पर बौद्धिक आक्रमण करने, अज्ञेय की मण्डली का होने के बावजूद उनसे सार्वजनिक रूप से असहमत होने, नई कविता के नए काव्यशास्त्र की खोज में 'अर्थ की लय' जैसी नई अवधारणा प्रस्तुत करने का सहज और

अनाटकीय साहस था। साहस तो उनमें यह भी था कि स्वयं ब्रजभाषा की छन्द-परम्परा से आते हुए उन्होंने कविता के एक अग्रगामी आन्दोलन का उस समय पूरे उत्साह और समझ-सहानुभूतिपूर्वक साथ दिया जबकि वह अपने आरम्भ में था— बेहद अनाश्वस्त, चारों तरफ से आपत्तियों और विरोध से घिरा हुआ। आज तो नई कविता, यहाँ तक कि कल तक की कविता पर आलोचना और शोध करने का एक विराट, व्यर्थ, मन्दगति उद्योग ही चल निकला है। लेकिन छठे दशक में विश्वविद्यालय में रहकर नई कविता के साथ रह सकने वाले बहुत कम थे। जगदीश गुप्त उन विरलों में से थे : उनका हिन्दी कविता, विशेषतः आज के कवियों को कृतज्ञ होना चाहिए क्योंकि उन जैसे व्यक्तियों के सामाजिक और आत्मसंघर्ष का ही नतीजा है कि कविता के लिए इतनी स्वच्छन्द, खुली और सम्मानजनक जगह आज हिन्दी में है।

जगदीश गुप्त प्रागैतिहासिक कला पर गहराई और परिश्रम से काम करने वाले विशेषज्ञों में बहुमान्य थे। जब-तब कला पर कुछ लिख देने वाले कवि तो कई हैं लेकिन जगदीश गुप्त ने कला के अपने क्षेत्र में गहरे अध्यवसाय से जो विद्वत्ता हासिल की थी वह दुर्लभ है। वे पुरातत्त्व के सजग और दृष्टिवान संग्राहक भी थे। उनके निजी संग्रह में मैंने ऐसी अनेक पुरावस्तुएँ देखीं जो चकित करने वाली हैं। वे कई बरसों से रोगग्रस्त थे लेकिन उनका जीवट अदम्य था। सारे कष्टों के बावजूद, स्मृति और बोलने में कठिनाई के रहते भी वे इलाहाबाद की गोष्ठियों में आने और भाग लेने पर इसरार करते थे। इस एक और अवसान से इलाहाबाद और हिन्दी साहित्य और विपन्न हो गया।

(10 जून, 2001)

बाबरिया, बचई और ककैया

पेरिस में बसन्त के बाद गर्मियाँ आ रही हैं। मुझे तो हल्की ठण्ड लगती है लेकिन पेरिसवासियों के लिए मौसम गरम है। मैं बरसों से सैयद हैदर रज़ा पर एक पुस्तक लिखने की सोचता रहा हूँ। कुमार गन्धर्व पर तो पुस्तक उनकी पचहत्तरवीं वर्षगांठ के अवसर पर कविताओं और निबन्धों को मिला कर एक पुस्तक बन गई थी। रज़ा अगले बरस अस्सी बरस के हो जाएँगे। सोचता हूँ कि उन पर अपनी पुस्तक इस दौरान लिखकर उस अवसर पर प्रकाशित करा सकूँ : हिन्दी और अंग्रेज़ी, दोनों भाषाओं में एक साथ। सो इसीलिए छुट्टी लेकर उनसे लम्बी बातचीत करने यहाँ आया हूँ। पुस्तक का मुख्य खण्ड यही बातचीत होगी : कम से कम

अभी तो यही योजना है। अब लिखने और विन्यस्त करने के दौरान इस रूपाकार में कोई परिवर्तन हो जाए तो अभी अन्दाजा नहीं है।

हालाँकि मैं बरसों से ये नाम रज़ा से सुनता रहा हूँ, पेरिस में एक बार फिर बाबरिया, बचई और ककैया शब्द सुनना इस बेहद अभिजात और धुर यूरोपीय शहर पेरिस में अचानक आपको उसके किसी आतंक से मुक्त कर देता है : रज़ा के स्टूडियो में नरसिंहपुर और मण्डला जिले के गाँवों के इन नामों का उच्चारण ही जैसे उनका भूगोल बदल देता है...एक तरह की आत्मीय, रहस्यमयी और बचपन की आभा से कमरा भर जाता है मानो कमरे में पेरिस की धूप नहीं, यह मध्यप्रदेश के सुदूर वनगाँवों की आभा छा गई है। रज़ा इन दिनों एक बड़े चित्र 'सूर्य नमस्कार' पर कार्य कर रहे हैं। उसमें उनके अनेक परिचित आकारों और ज्यामिति, कई तरह के रंगों में, तुमुल-सा है...सधा हुआ, पर स्पन्दन से थरथराता हुआ पुनर्विन्यास। मैं इन गाँवों के नाम उनके मुँह से सुनता हूँ तो लगता है कि वे 'सूर्य नमस्कार' के बहाने इन गाँवों की, उनकी बूढ़ी आँखों से अब तक धूमिल न हो पाई, धरती को नमस्कार कर रहे हैं। इस नमस्कार में एक तरह की प्रफुल्ल प्रणति है जैसे एक तरह का रंगरागवृन्द चित्र के पूरे स्पेस में बज रहा है। उसमें सूर्य का बिम्ब नहीं है बल्कि सूर्य स्वयं अस्तित्व का, उस पर हर पल छाए देवाशीष का बिम्ब है।

बाबरिया में कुल नौ घर थे जहाँ रज़ा का जन्म हुआ था। वहाँ से एक मील की दूरी पर बचई गाँव में वे जीवन के अपने पहले स्कूल में पढ़ने गए थे। ककैया में उनके लड़कपन के पाँच वर्ष बीते थे। उन्हें खुद तो सीधे याद नहीं है पर उनकी माँ बताती थीं कि उनके पिता, जो वन विभाग में रेंजर थे, एक शेर मारकर उसके बच्चे घर ले आए थे जिनसे एक बालक के रूप में उन्होंने खिलवाड़ की थी। मण्डला के उनके घर से दूर नर्मदा नदी नजर आती थी। दिन में मनोरम लगने वाला दृश्य रात के अँधेरे में पशुओं की आवाजों, जंगल के सन्नाटे से भयावह हो जाता था। जो प्रकृति दिन में सुन्दर थी, रात में डरावनी लगती थी। रज़ा कहते हैं कि कई बार उन्हें लगता है कि उस डर के रेशों को वे अपने जीवन से पूरी तरह आज तक नहीं निकाल पाए हैं। मैं उनका बूढ़ा, श्रमतप्त, अपने में एकाग्र चेहरा देखता हूँ : मुझे उसमें कहीं भय नहीं बल्कि कला का एक निर्भय और आत्मविश्वस्त श्रमिक दिखाई देता है जो अभी फर्श पर बैठकर रंगों की कूचियों से अपनी दैनिक प्रार्थना शुरू कर देगा जो उसे और उसके आसपास, जो भी उससे प्रतिकृत होता है उसे निर्भय बनाती है। बाबरिया, बचई और ककैया जैसे एक मन्त्र के शब्द हैं जो आपस में मिलकर रुद शरोन्न पर स्थित एक मकान में एक प्रार्थना बनता है। बल्कि ऐसी प्रार्थना, जो कि प्रतिरोध भी है।

रज़ा हर इतवार को थोड़ी देर के लिए पास के एक चर्च में जाते रहे हैं जहाँ उनकी पत्नी का बपतिस्मा हुआ था। इस बार, एक बार फिर, मैं उनके साथ जाता हूँ। सत्रहवीं शताब्दी के चर्च में प्रार्थना एक भव्य अनुष्ठान है जिसमें पादरियों के अलावा काफी बड़ी संख्या में साधारण नागरिक भी, कई पीढ़ियों के, हिस्सा लेते हैं : कई बार, बिना बेसुरे हुए, सामूहिक रूप से प्रार्थना गाते हैं। रज़ा चुपचाप लगभग आधा घण्टे वहाँ रहते हैं। उन्होंने न अपना धर्म छोड़ा है, न ही अपनी भारतीय नागरिकता। मुझे याद है, बरसों पहले उन्होंने इसी चर्च को जाते हुए मुझसे कहा था कि प्रार्थना तभी सम्भव है जब आप पूरी तरह से खाली हों।

(17 जून, 2001)

अस्मिता की तलाश

दुर्घटनाएँ कई बार जीवन में ऐसे परिवर्तन कर देती हैं कि वह एकबारगी बदल जाता है। जर्मनी में एक सड़क-दुर्घटना के बाद चित्रकार विश्वनाथन से, उनके होश में आने के बाद, अस्पताल के डॉक्टर ने पूछा था कि वे कौन हैं। यह प्रश्न तब से उनका केन्द्रीय प्रश्न बना हुआ है। वे तुरन्त, कष्ट के बावजूद, जो उत्तर दे सकते थे वह उन्हें अपर्याप्त लगा। उन्हें लगा कि अब तक उन्होंने स्वयं अपने आप से यह प्रश्न पूछा ही नहीं था। वे भारतीय कलाकार हैं लेकिन उनकी भारतीयता का और उनके कलाकार होने का सच्चा आशय क्या है? तब से उनका ध्यान इस मूल बेचैन करने वाली जिज्ञासा पर एकाग्र हो गया है।

पेरिस में अपने स्टूडियो में वे बताते हैं कि उन्हें भारत का कला जगत बहुत आत्मतुष्ट और आरामदेह लगता है। उसमें किसी तरह की आध्यात्मिक बेचैनी या उत्सुकता का अभाव है। जैसे भारतीय हस्तशिल्प और कलात्मक हुनर को कम्पनी स्कूल में एक नई मानसिकता की सेवा में लगा दिया गया था, वैसे ही अब नवधनाढ्यों की सेवा-टहल में आज के भारतीय कलाकार लग गए हैं। उन्हें लगता है कि वह अधिकतर सुखी लोगों की और उनके लिए कला है।

मेरे यह पूछने पर कि क्या पेरिस का कला-जगत पहले जैसा ही खुला और सक्रिय है, वे कहते हैं कि नए और प्रयोगशील के लिए, अवां गार्द और दुसाहसिकता के लिए पेरिस की प्यास मिटी नहीं है। संसार की प्रायः सभी नागरिकताओं के साठ से सत्तर हजार कलाकार पेरिस में हैं। बड़ी संख्या में उनके लिए पेरिस की नगरपालिका स्टूडियो-घर बहुत कम

किराए पर सुलभ कराती है। प्रायः सभी नई सार्वजनिक रिहायशी इमारतों में कुछ स्टूडियो अनिवार्यतः बनाए जाने का रिवाज है। पेरिस में सफल चित्रकारों में गिने जाने वाले विश्वनाथन बिना किसी समर्थन या संरक्षण के बरसों पहले पेरिस आए थे और सिर्फ अपने काम के बल पर यहाँ एक सुप्रतिष्ठित गैलरी का ध्यान आकर्षित करने में सफल हुए थे।

इन दिनों वे कलकत्ता पर अपनी दो घण्टों की फिल्म पूरी करने में लगे हैं। कलकत्ता में अपनी पिछली प्रदर्शनी के दौरान उनके पास काफी समय खाली होता था जिसका उन्होंने बहुत सारा फुटेज शूट करने में इस्तेमाल किया। पंचतत्त्वों की अपनी सीरीज में वे जल, समीर आदि पर फिल्में बना चुके हैं। उनकी अगली फिल्म, इस सीरीज में, आकाश पर होगी। उनका मत है कि पेरिस अपने समूचे कला वैभव के साथ बहुत-सी चुनौतियाँ खड़ी करता है और यहाँ रहना उस वैभव के पड़ोस में लेकिन इन चुनौतियों के साथ रहना है।

(17 जून, 2001)

जाकोपाने में हिन्दी रुजेविच

हालाँकि यह बात पता थी, फिर भी उसे एक बार फिर महसूस कर अचरज हुआ कि जिस एक आधुनिक पोलिश कवि के हिन्दी में सबसे अधिक अनुवाद हुए हैं यह तादयूश रुजेविच हैं जो इसी वर्ष अक्टूबर में अस्सी बरस के हो जाएँगे। जाकोपाने से उनका इतना सम्बन्ध तो जरूर होगा कि चूँकि वे क्रैको में कला-इतिहास के छात्र रहे हैं, वे इस सुरभ्य पहाड़ी स्थल में सैर-सपाटे के लिए जरूर आए होंगे। हमने एक पूरा बारिश-भींगा दिन उनकी कविताओं के हिन्दी अनुवादों को एक संचयन के लिए चुनने में बिताया जिसे इसी वर्ष प्रकाशित करने का इरादा है, मूल पोलिश कविताओं के साथ। कुँवर नारायण, सोम दत्त, प्रयाग शुक्ल, नीलाभ, मंगलेश डबराल, असद जैदी आदि अनेक हिन्दी कवियों ने इस पोलिश महाकवि की कविताओं का हिन्दी में, अंग्रेजी अनुवादों से, अनुवाद किया है। हिन्दी विदुषी रेनाता चेकालस्का उन्हें मूल पोलिश के बरक्स पढ़ती चलती हैं: उनकी आम धारणा यह है कि ज्यादातर अनुवाद मूल से दूर नहीं हैं। कहीं बलाघात, संरचनात्मक मोड़, बिम्ब आदि के कुछ अन्तर हैं पर ऐसे कि उन्हें नजरअन्दाज या दुरुस्त किया जा सकता है। हम एक सीधा-सादा पैमाना यह बनाते हैं कि किसी एक कविता के दो या चार तक अनुवादों में से एक उस एक को चुनें जो हिन्दी में मुकम्मल कविता लगता हो,

मूल से उसकी संगति हो, सुगठन हो और व्यर्थ की स्फीति से बचा हो। हम दिन भर में लगभग सत्तर कविताएँ चुन लेते हैं। मेरा ध्यान इन कुछ पंक्तियों की ओर जाता रहता है :

भोलापन तुम्हें देगा भरोसा सुन्दरता पर
भावकुता से तुम पहुँचोगे मनुष्य पर भरोसे तक
लजाओ मत आँसुओं से
आँसुओं से न लजाओ युवा कवियो

(सोमदत्त)

आकाश चुप था
धरती खामोश थी
और अगर कोई आवाज सुनायी दी
पृथ्वी, पानी और आकाश से
बह कर आती हुई
तो वह एक आदमी की आवाज थी।

(नीलाभ)

बड़े-बड़े खानों में
सूखे बालों के बादल
दम घुटने से मरे हुओं के
और एक गुँथी हुई चोटी बदरंग
रिबन से बँधी हुई एक चुटिया
जिसे शरारती बच्चे
खींचते थे स्कूल में

(मंगलेश डबराल)

(1 जुलाई, 2001)

मध्य यूरोप में भरे करेले

भरे करेले का जिक्र आते ही मुझे दिदिया यानी अपनी माँ याद आती हैं : उन्हें भरे करेले बनाने में महारत हासिल था। बचपन में इतनी कड़वी सब्जी इतनी स्वादिष्ट हो सकती है, इस आश्चर्य से उबरना कठिन था। उसके बाद से हमारे यहाँ पाक विद्या में कुशलता का यह पैमाना ही बन गया कि किसी को भरे करेले बनाना और अच्छे बनाना कितना आता है। परिवार में जब नई बहू आती है तो उससे एक बार भरे करेले बनवा कर उसके पाक-कौशल की एक अघोषित परीक्षा ली जाती है। जो हो,

दिदिया को भी यह अन्दाजा नहीं था कि आसानी से लगभग दो सप्ताह भारत से लाए भरे करेलों के बल पर यूरोप के बिल्कुल अलग अन्दाज से पाक-आघात का सामना किया जा सकता है। यह गुर पता नहीं मेरी वास्तुकार बहू को कहाँ से पता है। सो इस बार उसने एक पूरा पैकेट उनका रख दिया। यूरोपीय भोजन से मुझे कोई परहेज या परेशानी नहीं है। उसके मसाले, उसका स्वाद-विज्ञान अपनी तरह का है। लेकिन उससे देर-सबेर, अनभ्यास के कारण ऊब भी होने लगती है। अपने मसालों की याद सताती है। उस याद को इस बार अधिक भटकना नहीं पड़ा। मैं हर सुबह फ्रिज से अपने भरे करेले निकालकर डबल रोटी आदि के साथ बहुत चाव से खाता और तृप्त होता रहा हूँ। खाने के बाद लगता है कि अब अगर दिन में कुछ भी रोचक खाने को न मिले तो कोई फर्क नहीं पड़ता। कुल दो सप्ताह में चार-पाँच जगहों में अलग-अलग कमरों में रहना पड़ा है। लेकिन उन सबमें इन भरे करेलों के कारण कम से कम सुबह नाश्ते के समय एक तरह की तीखी घरेलू गन्ध छा जाती है और लगता है कि भवसागर में जहाँ भी फँसे हों, 'अपन' जिन्दा हैं और जीवन को सहा जा सकता है। मुझे यह पता नहीं था...जाहिर है कि स्वयं अभी तक विदेश न गई मेरी बहू को है...कि यूरोप की ठण्ड में भरे करेले बिना खराब हुए इतने दिनों बखूबी चल सकते हैं। पर मुझे तो लगता है कि उनका स्वाद दिन-ब-दिन बेहतर होता चला जाता है जैसे-जैसे अपने ठण्डे अँधेरे में भुने हुए मसाले करेलों की त्वचा को प्यार-दुलार से घेरते-भेदते चलते हैं। अब ये और बात है कि यहाँ की रोटी, रोटी नहीं लगती। नाश्ते में तो डबल रोटी जब-तब खाने का अभ्यास है पर उसे या उसके ही किसी संस्करण को लंच और डिनर में भी खाना पड़े तो बात अन्ततः नहीं बनती। कल क्रैको के चौक पर एक मिस्री रेस्तरां 'स्फिक्स' में हमारे यहाँ जैसी फूली रोटी देखकर हम वहाँ गए। खाना भारतीय जैसा था। विदेश में भारतीय भोजन नहीं खोजना चाहिए, क्योंकि वह अक्सर निराश करता है। खाने के पहले, मसलन, दो लौकी के बराबर समोसा परोस देंगे...अब भला बताइए आप दो समोसे खाकर क्या खाक भोजन खाएँगे? बेहतर है, अपने साथ भरे करेले ले जाना, अगर बनाना या ठीक से बनवाना आता हो।

अमृत गुरु

जिन्होंने अभी कुछ महीनों पहले दिल्ली के एक सभागार में उन्हें एक युवती के पूरे लालित्य को अपनी देह से, उसकी पूरी ऐन्द्रियता और ऐश्वर्य में प्रगट करते देखा हो, उन्हें यह यकीन करना मुश्किल है कि गुरु केलुचरण

महापात्र पचत्तर वर्ष के हो चुके हैं। उनकी बूढ़ी पड़ गई देह में यह चमत्कार उनकी लम्बी और अथक ओडिसी साधना का प्रतिफल है। ऐसा एक शताब्दी में एकाध बार ही हो पाता है कि किसी शास्त्रीय कला पर किसी कलाकार या गुरु की ऐसी छाप पड़े कि दोनों पर्यायवाची ही हो जाएँ । बीसवीं शताब्दी की ओडिसी नृत्यशैली पर केलुचरण महापात्र की एक ही गुरुछाया है। अगर इस शताब्दी के साहित्य और कलाओं के मूर्धन्यों की एक शती बनाई जाए तो निश्चय ही उसमें केलु बाबू शामिल होंगे। वे उन विरले गुरुओं में से हैं जिन्होंने श्रेष्ठ शिष्यों-शिष्याओं की कई पीढ़ियाँ दीक्षित की हैं। शास्त्रीय नृत्य के क्षेत्र में इस मामले में शायद ही कोई और गुरु उनका मुकाबला कर सके। शायद ही कोई और गुरु है जिसके तीन-चार पीढ़ियों में फैले इतने उच्च कोटि के कलाकार-शिष्य हुए हैं। संयुक्ता पाणिग्रही, सोनल मान सिंह, रानी कर्णा, माधवी मुद्‌गल, मीनाती मित्र, कुमकुम मोहान्ती, कुमकुम लाल से लेकर आलोका कानूनगो, सुतपा तालुकदार, इलियाना चितारस्ती, शर्मीला बिस्वास, सुजाता मोहान्ती आदि। ओडिसी प्रस्तुति का जो इन दिनों प्रचलित रूप है वह भी बहुत कुछ केलु बाबू की ही संरचना है। उन्होंने ओडिसी को शास्त्र और लोक, दोनों से बराबर जोड़े रखा है : उनकी ओडिसी में जयदेव की अष्टपदियाँ हैं तो उड़िया के लोक और पारम्परिक शृंगारगीत भी।

5-6 जुलाई, 2001 को उनके शिष्य-शिष्याओं ने उन्हें दो दिनों के एक समारोह में प्रणति दी जिसमें उनकी 1946 से लेकर 2000 तक विचरित प्रस्तुतियाँ शामिल नहीं थीं। लगभग तीस की संख्या में फैली इन प्रस्तुतियों से केलु बाबू की विलक्षण सर्जनात्मकता अपने पूरे वैभव, विविधता और विस्तार में जाहिर हुई। उसमें एक अधसदी से अधिक की कल्पनाशीलता, प्रयोगधर्मिता और शास्त्रीयता के सहज विस्तार का अत्यन्त ऊर्जस्वित साक्ष्य था। मेरे जेहन में दक्षा अनूवाला की प्रस्तुति अटक-सी गई है क्योंकि उसमें भगवान जगन्नाथ के एक मुसलमान भक्त-कवि साल बेग की रचना पर आधारित नृत्य में मार्मिक अभिनय तो था ही, इस्लाम में इबादत की मुद्राओं का ओडिसी नृत्य में अत्यन्त सुचारु समावेश भी। वह ऐसी सूक्ष्मता और सहजता से नृत्य में विन्यस्त था कि प्रस्तुति के सुगठन में सर्वथा एकान्त था। मुझे लगता है कि इस अवसर पर आयोजकों को, जिनमें गन्धर्व महाविद्यालय प्रमुख है, अन्य शैलियों और क्षेत्रों के मूर्धन्यों को केलु बाबू के अभिनन्दन के लिए आमन्त्रित करना था : कितना मार्मिक और अविस्मरणीय होता अगर कथक गुरु बिरजू महाराज, भरतनाट्यम की श्रेष्ठ नृत्यांगना यामिनी कृष्णमूर्ति, चित्रकार मकबूल फिदा हुसेन, कथाकार कृष्णा सोबती, रंगकर्मी इब्राहीम अलकाजी, ध्रुपद गायक उस्ताद फहीमुद्‌दीन डागर आदि मंच पर एकत्र होकर केलु बाबू को फूल भेंट

करते। उन्हें दिया गया चैक भी नृत्य-विदुषी डॉ. कपिला वात्स्यायन के हाथों दिलवाया जाना अधिक सोहता।

(15 जुलाई, 2001)

लोकमूर्धन्य की आत्महत्या

चित्रकार जगदीश स्वामीनाथन जब माण्डला जिले में वैरियर एल्विन के पुराने गाँव पाटनगढ़ की खोज में भटक रहे थे तो उन्हें सड़क पर गिट्टी तोड़ने का काम करता एक युवक अचानक मिला था, जिसका नाम था जनगढ़ सिंह श्याम। वह चित्र भी बनाता था और यह स्वामीनाथन की अचूक पकड़ थी कि वे उसे भारत भवन ले आए। जनगढ़ ने जल्दी ही अपने चित्रों से सबका ध्यान खींचना शुरू कर दिया। वह अधिकतर वृक्ष, पक्षी, जीव-जन्तु, सूर्य-नक्षत्र आदि ही चित्रित करता था। पर उनमें उसकी जातीय स्मृतियाँ ऐसे गुँथ जाती थीं कि उसके चित्र बेहद जटिल-सघन संयोजन होते थे। जनगढ़ में नई कलासामग्री रंगों आदि का प्रयोग करने में जल्दी ही बहुत सुधर और कल्पनाशील दक्षता आ गई। स्वामीनाथन के रहते उस पर आधुनिक शहराती कला के जो प्रभाव पड़े वे उसकी बुनियादी चेतना के विस्तार थे, उसे अपदस्थ करके बैठी नई कोई मानसिकता नहीं। घर-झोंपड़ी की दीवारों पर जब-तब चित्र बनानेवाला यह युवक धीरे-धीरे विशाल कैनवास बनाने लगा। जब पेरिस में 'धरती के जादूगर' नामक आदिवासी या प्राथमिक कला की एक विश्व-प्रदर्शनी आयोजित हुई तो स्वामीनाथन की पहल पर ही उसमें जनगढ़ के कई चित्र शामिल हुए। जनगढ़ ने भोपाल के विधान भवन में विशाल चित्रांकन किंए और दिल्ली के हस्तशिल्प संग्रहालय ने जब आदिवासी लोक कला के कुछ चुने हुए भारतीय मूर्धन्यों 'दि अदर मास्टर्स' नाम से एक प्रदर्शनी की तो उसमें जनगढ़ को एक मूर्धन्य की तरह सादर शामिल किया गया था। जनगढ़ को मध्यप्रदेश शासन का शिखर सम्मान भी मिला था।

वही जनगढ़ दो-ढाई महीने पहले जापान में कहीं एक गाँव में बन रहे मिथिला संग्रहालय में कुछ काम करने गया। हालाँकि उसने शायद तीन महीने वहाँ काम करने का करार किया था। वह पता नहीं क्यों दुखी था और वापस आने को आकुल था। पता नहीं कैसे इस व्याकुलता ने उसके वहाँ से स्वदेश रवाना होने के लगभग पन्द्रह दिन पहले ऐसी भीषणता पा ली कि उसने आत्महत्या कर ली। चूँकि मामला अभी जापानी पुलिस की तफ्तीश में है, उसे पक्की तौर पर आत्महत्या कहना कठिन है। जनगढ़ कई बार विदेश जा चुका था इसलिए अनभ्यस्त नहीं था। अगर उसने

सचमुच अपनी जीवन स्वयं ले लिया तो यह अन्दाजा करना कठिन है कि उसने ऐसा किस तनाव में किया। कई दिनों झंझट के बाद उसका शव भारत और भोपाल पहुँचा है। पर इतना असंदिग्ध है कि यह भारतीय कला की एक गहरी क्षति है। वह एक ऐसा लोक कलाकार था जो आधुनिकता को अपनी शर्तों पर बरत रहा था, बिना अपनी जड़ें या जातीय स्मृति खोए-गँवाए, और जिसमें नए माध्यम अपनाने और उन्हें पालतू बनाने का निराला कौशल था। जनगढ़ के बिना भारत भवन कुछ और सूना हो जाएगा।

जनगढ़ ने देश के संस्कृति जगत में क्या हैसियत बना ली थी, इसका अन्दाजा क्राफ्ट्स म्यूजियम में 7 जुलाई, 2001 को उसके निदेशक और कलाविद् डॉ. ज्योतीन्द्र जैन की पहल पर आयोजित शोकसभा से लगा जिसमें मकबूल फिदा हुसेन, निर्मल वर्मा, कृष्ण बलदेव वैद, मनजीत बावा, कृष्ण कुमार, ओमप्रकाश जैन, गीता कपूर, विवान सुन्दरम, राजीव लोचन, जया जेतली, सुधीरचन्द्र, सुरेश शर्मा, चम्पा वैद, यशोधरा डालमिया, गायत्री सिन्हा, राम रहमान, रणवीर कालेका, हर्षवर्द्धन, कालिदास, रश्मि वाजपेयी, नरेश कपूरिया, सुनीत चोपड़ा आदि शामिल हुए। शोकसभा में सभी ने एक स्वर से यह माँग की कि इस दुखद मृत्यु के कारणों की पूरी छानबीन की जानी चाहिए, भारत सरकार को ऐसी प्रक्रिया और निर्देश कला समुदाय से सलाह लेकर बनाना चाहिए जिससे देशी या विदेशी संस्थाएँ भारतीय कलाकारों विशेषतः आदिवासी और लोक कलाकारों का शोषण आदि न कर सकें। सभी ने मस्तमौला, हँसमुख, जनगढ़ को, उसकी लोककला की सर्वथा असंदिग्ध आधुनिकता और उसके कल्पना-कौशल को मार्मिकता से याद किया। यह गौरतलब था कि जनगढ़ को यह श्रद्धांजलि अधिकतर उन कलाकारों, लेखकों और कलालोचकों ने दी जो स्वयं आधुनिक कला से सम्बद्ध हैं, आदिवासी लोककला से नहीं। शायद इससे यह भी प्रगट हुआ कि अन्ततः आधुनिकता के परिसर में आदिवासी लोककला भी अपना स्थान पा गई है। जनगढ़ को उन अग्रदूतों में से एक की तरह याद किया जाएगा जिसने कुल बीस बरसों से कलाजीवन से इसमें मूल्यवान और अविस्मरणीय भूमिका निभाई।

(15 जुलाई, 2001)

पचहत्तर के नामवर

जो लोग यह मानते हैं कि पचहत्तर की उमर अपसरण और हिस्सेदारी के बजाय दृश्य को दूर से देखने-परखने की है, उनके लिए जल्दी ही

पचहत्तर के होने जा रहे नामवर सिंह एक अनूठा अपवाद हैं। उनका एक महारत तो यही है कि बरसों से बहुत कम लिखकर, अधिकतर बोलकर ही, वे दृश्य में पूरी मजबूती और केन्द्रीयता के साथ जमे हुए हैं। वे जब-तब हाशिए पर पड़े लेखकों या मुद्दों को उठाते रहे हैं पर स्वयं कभी हाशिए पर नहीं रहे हैं। जब से उनकी आलोचकीय प्रतिभा पहचानी गई तब से वे हमेशा ही केन्द्र के निकट रहे हैं। कारण जो भी हो, अर्थात् साहित्यानुराग के बजाय वैचारिक आग्रहों का प्रेम ही सही, वे नए से नए साहित्य को पढ़कर सराहते रहे हैं। उनकी उम्र के आलोचक अक्सर युवतम पीढ़ी से मुँह मोड़ लेते हैं, आज के लिखे से उन्हें ऊब और उकताहट होने लगती है, ऐसे में नामवर जी विरले हैं कि उनमें ऊब के बजाय उत्साह और उकताहट के बजाय उम्मीद अभी तक सक्रिय है।

बहुपठित होने के बावजूद नामवर सिंह ने शुरू से अपनी ऐसी आलोचना-भाषा विकसित की जो सहज, सम्प्रेषणीय और किताबीपन से सर्वथा मुक्त रही है। वे जो कहते हैं उससे, जब-तब पहले भी और इन दिनों ज्यादा ही, हम जैसों की घोर असहमति रहती आई है लेकिन उनके कथ्य को लेकर कोई संशय नहीं होता : उसे हमेशा स्पष्ट सम्प्रेषित करने की उनकी क्षमता आज तक मौजूद है। अपनी दृष्टि और अपनी रुचि के द्वन्द्व को स्वयं नामवर जी कैसे देखते-समझते हैं, यह मैं ठीक से नहीं जानता। मैं यह आरोप इधर लगाता रहा हूँ कि उनके यहाँ रुचि ने दृष्टि के सामने आत्मसमर्पण कर दिया है। लेकिन यह भी सच है कि जब-जब वे एक आलोचक के रूप में इस द्वन्द्व के प्रति सजग हुए हैं, तब-तब उनकी आलोचना में मानवीय और बौद्धिक दोनों ही स्तरों पर कुछ अप्रत्याशित और विचारोत्तेजक हो पाया है।

उनके आत्मसंघर्ष और वैचारिक संघर्ष के बीच सम्बन्ध कितना जटिल और द्वन्द्वात्मक रहा है, इसका विस्तार से विश्लेषण करने का यह अवसर नहीं है। इतना भर कहा जा सकता है कि जब भी वह उदग्र और बेचैन हुआ है नामवर जी ने ऐसा कुछ किया है जो अच्छे अर्थों में चौंकाने और परेशान करने वाला रहा है। पिछले पचास बरसों में वे शायद एकमात्र ऐसे आलोचक हैं जिन्होंने आलोचना, वैचारिक विनिमय आदि का एजेण्डा बदलने को अपना मुख्य लक्ष्य बनाया। उसे कभी 'दूसरी परम्परा' कहा, कभी कुछ और। एजेण्डा कितना बदला यह अलग बात है, लेकिन इसमें शक नहीं कि इसकी उन्होंने लगातार कोशिश की। इसमें भी शक नहीं कि सौभाग्य या दुर्भाग्य से, यह बहुत सारे लेखकों का एजेण्डा भी बन गया। उनके पंचांग से कई छुटभैयों ने अपनी दैनन्दिनियाँ भी मिला-जुला लीं। ऐसा बहुत सारा है जो नामवर जी कर सकते थे पर पता नहीं क्यों नहीं कर पाए। उनकी तैयारी ऐसी है कि यह कहने में कम से कम मुझे हिचक नहीं कि अभी भी इंशाअल्लाह वक्त है। आज साहित्य

का जो दृश्य है उसके निर्माताओं में से वे एक हैं : उसे बेहतर बनाने की जिद उन्हें छोड़ना नहीं चाहिए—हो सके तो अपनी रुचि से कुछ लिखना चाहिए, अपनी दृष्टि को थोड़ा पीछे धकेल कर।

(22 जुलाई, 2001)

चौकन्ना आदमी

इस बार बहुत दिनों बाद 'हंस' पत्रिका की वर्षगाँठ के आयोजन में फिल्मकार मृणाल सेन से मुलाकात हुई। वे कोने में चुपचाप खड़े गुलाबजामुन खा रहे थे। मिलते ही याद करने लगे कि हम पिछली बार कब मिले थे। उन्हें याद आया कि हमारी पिछली मुलाकात शेखर कपूर की फूलन देवी पर आधारित फिल्म 'बैंडिट क्वीन' के एक प्रदर्शन से निकलते हुए हुई थी। मृणाल दा को यह भी याद था कि फिल्म से मृणाल पाण्डे बेहद नाराज थीं।

वे कहने लगे कि उन्हें हिन्दी लेखकों की दुनिया में आकर कुछ अटपटा इसलिए लग रहा है कि उनकी हिन्दी इस बीच बेहतर नहीं हो पाई है। उन्होंने बताया कि वे संसद में बहुत कम जाते है : उतनी ही हाजिरी लगाते हैं जितनी कि अनिवार्य है। उन्हें लगता है कि संसद में उनकी जगह नहीं है। फिर खुद ही जोड़ा कि शबाना आजमी संसद में हैं। काफी रस-बस गई हैं। मैं सोचने लगा कि ऐसा क्या है कि हमारी संसद के माहौल में जो कला के कई मूर्धन्यों को वहाँ अक्सर चुप और प्रायः अप्रासंगिक कर देता है। हम याद कर सकते हैं कि संगीतकार पण्डित रविशंकर और चित्रकार मकबूल फिदा हुसेन अपने संसदीय कार्यकाल में वहाँ अक्सर चुप और निष्क्रिय ही रहे थे।

प्रेमचन्द की कहानी 'कफन' पर मृणाल दा ने तेलुगू में जो फिल्म बनाई थी उसकी शूटिंग के किस्से सुनाने लगे। उनके लिए तेलंगाना का इलाका बिल्कुल अपरिचित था और वे तेलुगू का एक शब्द भी नहीं जानते थे। उनके अनुरोध पर साम्यवादी नेता पी. सुंदरैया ने वहाँ के एक कार्यकर्त्ता को मृणाल दा की मदद के लिए साथ कर दिया था। वे उस इलाके के लोगों, उनके व्यवहार, भाषा आदि में खासे रसे-बसे थे। मृणाल दा अक्सर हिन्दी या बांग्ला की किसी अभिव्यक्ति का समतुल्य खोजने में उनकी मदद लेते थे। एक बार सवाल आया कि हिन्दी और बांग्ला की समान अभिव्यक्ति 'हम डाल-डाल, तुम पात-पात' का तेलुगू समतुल्य क्या हो। फौरन उस व्यक्ति को कुछ नहीं सूझा और तब यह तय किया गया

कि इस अभिव्यक्ति को यों ही तेलुगू में अनूदित कर रख दिया जाए। बात आई-गई हो गई। शाम को वे मृणाल दा के पास वापस आए और बोले कि उन्होंने गाँव वालों से बात की है और उन्हें तेलुगू में समतुल्य मिल गया है। वह था : 'अगर तुम बादलों पर चलते हो तो मैं सितारों पर चलता हूँ'। यह किस्सा बताते हुए मृणाल दा और सुनते हुए मैं, दोनों ही लोकचित्त की अपार सृजनात्मकता और काव्य-क्षमता पर मुग्ध थे।

(5 अगस्त, 2001)

परस्परता की हदें

रोहिणी भाटे कथक में एकमात्र ऐसी कलाकार हैं जो साथ ही साथ विदुषी भी हैं। मैं पिछले लगभग तीस वर्षों से यह देखता रहा हूँ कि वे नृत्य को लेकर जब भी कुछ कहती हैं, बहुत सोच-विचारकर कहती हैं और उसमें परम्परा की गहरी समझ की आभा स्पष्ट झलकती है। 'अभिनय और साहित्य' को लेकर पिछले सप्ताह नई दिल्ली में हुए एक परिसंवाद में उन्होंने ससंकोच यह कहा कि एकाधिक बार ऐसा भी हुआ है जब उन्हें लगा है कि नृत्य उस कविता के अर्थ से कहीं आगे चला गया है जिस पर कि वह आधारित था। ज्ञानेश्वरी से एक छन्द का उदाहरण देते हुए उन्होंने अपनी बात रखी। उन्होंने यह भी कहा कि सम्भवतः सदियों तक साथ-साथ रहने के बाद साहित्य और कलाएँ तो मानो स्वायत्त हो गए लेकिन नृत्य ने ऐसी स्वायत्तता अर्जित नहीं की : वह आज भी साहित्य का सहारा जब-तब लेता है।

मुझे याद आया कि मेरे कई बार उकसाने और दबाव डालने पर एक बार कुमार गन्धर्व ने लगभग खीझ कर कहा था कि कालिदास की कविता, उनके गाए बिना भी महान है। वे उसे तभी गाएँगे जब उनके गाने से कालिदास की कविता को फर्क पड़े। साहित्य और नृत्य दो अलग अनुशासन हैं। साहित्य और नृत्य की कोई जरूरत नहीं जान पड़ती और नृत्य भी चाहे तो उसकी अपनी सम्पदा और अमूर्तन का भण्डार इतना विपुल है कि वह बखूबी साहित्य के बिना अपना काम चला सकता है। नृत्य-कलाकारों का यह भी कहना वाजिब था कि वे अक्सर उन्हीं साहित्यिक रचनाओं को नृत्य में ढालने के लिए चुनते हैं जिनमें कविता के अलावा नृत्य को भी कुछ कहने का अवकाश मिलता हो। दुर्भाग्य से इसका एक दुष्परिणाम यह भी है कि नृत्य के लिए, विशेषतः उत्तर भारत में, जो कविताएँ चुनी

जाती रही हैं वे सतही और साहित्य की दृष्टि से अविचारणीय ही रही हैं। नृत्य की अपनी परिष्कृत और सूक्ष्म भाषा है और साहित्य की अपनी : दोनों के बीच संवाद और सहकार तभी सार्थक हो सकता है जब दोनों एक-दूसरे की मर्यादाओं का सम्मान करें, परस्पर जगह देने-बनाने को तैयार हों और एक-दूसरे पर हावी होने की चेष्टा न करें। कोई कला दूसरी कला के बारे में या उसका अलंकरण होकर कभी महत्त्वपूर्ण नहीं हो सकती।

अगर कविता और नृत्य साथ-साथ आते हैं तो उनका समागम अर्थ तभी रखेगा जब दोनों माध्यमों का अर्थ-विस्तार करे यानी एक ऐसा अर्थ पैदा करे जो सिर्फ काव्यार्थ या नृत्यार्थ न हो। न तो नृत्य सामान्य नृत्य रह जाए, न कविता सामान्य कविता। दोनों के रचनात्मक साझे से कोई नई अर्थाभा उपजे जो सिर्फ नृत्य या सिर्फ कविता से नहीं उपज सकती। आमतौर पर ऐसा नहीं होता। इसी सप्ताह दो नृत्य प्रदर्शनों से यह बात साफ हुई। विख्यात और निष्णात भरतनाट्यम कलाकार अलारमेल वल्ली ने संगम कविता पर आधारित एक पूरी पुस्तुति की। उसमें कुल मिलाकर नृत्य कविता का नृत्य में रूपान्तरण ही था। आपने कविता में जो सुना, वह नृत्य में भी लगभग हू-ब-हू देखा। सारी दक्षता और कुशल संभार के बावजूद न तो कविता का अर्थ अधिक उत्कट या सघन हुआ, न ही नृत्य की भंगिमाओं-गतियों की विपुल सम्पदा में कुछ नया जुड़ा दिखाई दिया। दूसरी रोहिणी भाटे की प्रस्तुति में जिसमें संस्कृत श्लोक, पारम्परिक छन्द, विद्यापति और कबीर के पद लिए गए थे, नए अर्थों की मानो छटा-सी थी। विद्यापति की शृंगारिकता और कबीर का अध्यात्म लगभग दो छोर हैं : रोहिणी जी ने कविता को नृत्य की भाषा में किसी तरह ठूँसने-समोने की चेष्टा नहीं की। बल्कि उन्होंने कविता को नृत्य के लिए नई सम्भावना खोजने का माध्यम बना लिया। इस कल्पनाशील उद्यम में कविता का अर्थविस्तार और ऐन्द्रिय प्रत्यक्षीकरण हुआ और स्वयं कथक एक तरह से अपनी सीमाओं को ठेलता आगे चला गया। छिहत्तर बरस की उमर और अपनी लम्बी अस्वस्थता के बावजूद रोहिणी भाटे यह दुर्लभ चमत्कार कर सकीं, यह प्रमाण है कि उनकी नृत्यनिष्ठा, कल्पनाशीलता और प्रयोग-जिजीविषा कितनी गहरी और अदम्य है। दर्शकों में, जिनमें अनेक प्रख्यात नृत्य-कलाकार कई शैलियों के थे, सभी चकित और विभोर थे, अपने एक अभी भी सृजनक्षम चमत्कारी बुजुर्ग पर अभिमान करते हुए।

(16 सितम्बर, 2001)

त्रिलोचन का स्वास्थ्य

त्रिलोचन इन दिनों सागर में बीमार हैं। कहना यह चाहिए कि एक बड़े संकट से उबर कर अब स्वास्थ्य लाभ कर रहे हैं। उनके उदर में एक फोड़े के फूट जाने से उनकी हालत अचानक गम्भीर हो गई थी। उनकी हालत ऐसी नहीं थी कि उन्हें सागर से बाहर कहीं बेहतर इलाज के लिए ले जाया जा सके हालाँकि मध्यप्रदेश शासन ने इस सिलसिले में अपनी परम्परा निबाहते हुए यह प्रबन्ध कर दिया था कि अगर जरूरी हो तो उन्हें हेलीकॉप्टर से भोपाल या दिल्ली ले जाया जाए। सागर के कलेक्टर नायडू, जैसे कि त्रिलोचन जी के छोटे बेटे-बहू, अनिल वाजपेयी, गोविन्द द्विवेदी आदि ऑपरेशन के दौरान उपस्थित रहे और वह सफल हो गया। एकाध न लिखने वाले को इधर बड़ा पुरस्कार दिए जाने पर इस दौरान उन्होंने कटूक्ति भी की जो इसका प्रमाण है कि वे अपने ढब पर लौट आए हैं। वे जानते होंगे कि हिन्दी का लेखक-समुदाय और समाज अपने इस निराले मूर्धन्य की दीर्घायु की शुभकामना करता है।

(16 सितम्बर, 2001)

मिलोष का क ख ग

हाल ही में नब्बे की परिपक्व आयु पर पहुँचे फिर भी पूरी तरह से सजग-सक्रिय पोलिश कवि और चिन्तक चेस्लाव मिलोष पिछले कुछ बरसों से बाकायदा सुगठित पुस्तकें न लिखकर एक तरह का बहीखाता लिख रहे हैं। इस स्तम्भ के पाठकों को याद होगा कि पहले हम उनकी पुस्तक 'गली का कुत्ता' का जिक्र कर चुके हैं। उनकी नई पुस्तक, अंग्रेजी अनुवाद में, इसी वर्ष आई है जो कि फिर उनके विभिन्न इन्दराजों का संग्रह है। शीर्षक है : 'मीलोष का क ख ग'। पुस्तक में अंग्रेजी वर्णमाला के क्रम से ए से लेकर जेड तक के इन्दराज हैं। मीलोष का कहना है कि यह पुस्तक बीसवीं शताब्दी के बारे में उनके उपन्यास, निबन्ध या संस्मरण के बजाय है। अक्सर उसमें कई व्यक्तियों पर जैसे बालजाक, बोदेलेयर, दास्तोवस्की, शोपेनेहावर, राबर्ट फ्रास्ट, डेनिस लेवर्तोव, आर्थर कोस्लर आदि पर टिप्पणियाँ हैं। इसके अलावा कुछ मनःस्थितियों जैसे जिज्ञासा, प्रसिद्धि, ईर्ष्या, अप्रामाणिकता, घृणा और आदि और शहर, चर्च, बौद्ध धर्म, पूँजीवाद आदि पर भी।

मीलोष ने फ्रेंच लेखक आल्बेयर काम्यू, ज्यां पाल सार्त्र और उनकी

जीवनसखी सिमों द बुवा पर जो टिप्पणियाँ की हैं वे दिलचस्प हैं। उनके अनुसार काम्यू ने एक स्वतन्त्रचेता व्यक्ति की तरह लिखा था लेकिन इसकी छूट उस समय सम्भव नहीं थी क्योंकि उस दौर की लाइन थी साम्राज्यवाद का विरोध, जिसका अर्थ था अमेरिका का विरोध और सोवियत संघ का समर्थन। अपनी पत्रिका में सार्त्र ने काम्यू के विरुद्ध अभियान छेड़ा था और लिखा था : 'अगर तुम्हें साम्यवाद या पूँजीवाद में से एक पसन्द नहीं है तो मैं तुम्हारे लिए एक ही जगह देखता हूँ– गालापैगास द्वीप।' मीलोष के मुताबिक काम्यू एक सत्यभाषी आदमी और महान लेखक था जिस पर राजनैतिक दुरुस्ती के चक्कर में तथाकथित बुद्धिजीवियों ने थूकने की हिमाकत की थी। हद तो यह है कि सिमों द बुवा ने काम्यू को बदनाम करने के लिए उसके निजी जीवन के बारे में गपबाजी और अफवाहों को काम्यू की रायों से जोड़कर एक पूरा उपन्यास ही लिख डाला था।

मीलोष मानते हैं कि सभी जीवनियाँ झूठी होती हैं जिसमें उनकी इस पुस्तक से उभरने वाली जीवनी भी शामिल है। जीवनियों के अलग-अलग अध्याय एक पूर्वनिर्धारित क्रम से जुड़े होते हैं जबकि असल में वे न जाने किस क्रम और सम्बन्धों से जुड़े हैं। जीवनियाँ उन घोंघों की तरह होती हैं जिनसे उन मोलस्कों के बारे में कुछ भी नहीं जाना जा सकता जो एक समय उनमें रहते थे।

मीलोष ने स्वीकार किया है कि बीसवीं शताब्दी के बारे में कुछ कहते समय वे ईमानदार होने की कोशिश करते रहे हैं और इसमें उनके गुणों ने कम और उनके दोषों ने उनकी ज्यादा मदद की है। उन्हें लगता है कि अपने समय का पूरा सच शायद ही किसी के पास हो पाता है। अपने बारे में सच हमें उसे मोजैक की याद दिलाता है जो कई छोटे-मोटे पत्थरों से बना होता है—अलग-अलग मूल्यों और रंगों वाले पत्थर।

(23 सितम्बर, 2001)

दूसरे किनारे पर

मैं दूसरे किनारे पर जाना चाहता हूँ
नदी का पानी बदल देता है
आकाश का रंग
और बदल देता है मुझे
मैं प्रवाह में हूँ

मेरी परछाई खड़ी है नदी के किनारे
एक बिजली-गिरे वृक्ष की तरह।
मैं दूसरे किनारे पर जाना चाहता हूँ
दूसरे किनारे पर के वृक्षों में
एक जंगली कबूतर
मेरी तरफ चौंककर उड़ता है

(सरहद)

बेई दाओ का नाम उन थोड़े-से चीनी लेखकों में से हैं जिन्हें चीन से बाहर भी जाना जाता है। कहते हैं कि उनका नाम नोबेल पुरस्कार की दौड़ वाले नामों में भी शामिल रहा है। माओवादी चीन की कट्टरताओं के बरक्स एक वैकल्पिक साहित्य रचने और प्रतिष्ठित करने में उनकी भूमिका महत्त्वपूर्ण रही है। न्यू डायरेक्शंस से प्रकाशित उनकी कविताओं के अंग्रेजी अनुवाद का एक संग्रह 'द आगस्ट स्लीपवाकर' इधर मेरे हाथ आया। हालाँकि दाओ की कविताओं की चीन में एक किस्म की राजनैतिक भूमिका रही है, हमें वे मानवीय असमंजस के अपने बुनियादी सरोकार के कारण आकर्षित करती हैं। उनकी कविता दुरूह भी है तो सिर्फ इसलिए नहीं कि सेंसरशिप से बचने का एक उपाय ऐसे समाजों या व्यवस्थाओं में दुरूहता है —सत्ता दुरूह को समझने और इसलिए उसे रोकने में असमर्थ होती है, सौभाग्य से—बल्कि इसलिए भी हमारे समय में दमन और शोषण से होने वाली तकलीफ इतनी विकट-उत्कट है कि पारम्परिक रूपकों से काम नहीं चल सकता। उन दिनों की लड़ाइयों में जो मारे गए उनके लिए :

आखिरी पहर के चन्द्रमा की तरह
फड़फड़ाती झाड़ियों से ऊपर उठते गए
एक पैगम्बर की आवाज में कहते हुए
तुम किसी भी तरह से उत्तरजीवी नहीं हो
तुम्हारे पास कभी घर नहीं होगा
एक नई विचारधारा सीटी बजाती हुई पास से गुजरती है
युग की पीठ पर चोट करते हुए
एक मक्खी के खून की बूँद ने मुझे भौचक्का कर दिया

ऊपर के कवितांश से दाओ की बढ़ती कटुता का अन्दाजा लग सकता है या कि इन पक्तियों से :

परम्परा एक हवाई फोटो है
दृश्यालेख घटकर मौजवृक्ष के टुकड़ों-सा
लोग हमेशा जी-हुजूरी करते हैं

प्रवचन की, नकल की, संघर्ष की
और अपने ही गौरव की।

दाओ चीनी सत्ता और कट्टर व्यवस्थाओं द्वारा फैलाए गए 'सचों' के विरुद्ध 'झूठ' बोलने की हिम्मत करने वाले कवि रहे हैं। ऐसे झूठ जो सच्चाई को, अधिकृत सचों से कहीं अधिक, ईमानदारी, मार्मिकता और जटिलता के साथ विन्यस्त करते हैं। सच्ची कविता किसी भी समय और समाज में सच और सुन्दरता की दुनिया पर हमारे अधिकार का इजहार और उस पर इसरार, दोनों ही करती है। दाओ बिना किसी ऐसे रावे या मुखरता के वही करते रहे हैं और इसीलिए शायद वे चीनी स्थापित व्यवस्था के प्रहारों का निशाना बनते रहे हैं। सौभाग्य से वे अप्रतित और अदम्य हैं और इसीलिए उनकी कविताएँ हमें साक्षी-सहचर की बेबाक बेचैन रचनाएँ लगती हैं।

(21 अक्तूबर, 2001)

राघव मेनन का निधन

पिछले इतवार को मुझे डॉ. राघव मेनन का फोन आया और उन्होंने कुछ उल्लसित भाव से मुझे बताया कि आखिरकार कुमार गन्धर्व पर उनकी पुस्तक 'ए कोलम्बस ऑफ राग' छपकर आ गई है और वे उसकी एक प्रति मुझे भेंट करना चाहते हैं। उन्हें मेरे कुमार जी के अनन्य भक्त होने के अलावा शायद यह बात भी याद रही होगी कि बरसों पहले उन्हें संस्कृति मन्त्रालय की एक वरिष्ठ वृत्ति देकर मैंने कुमार जी पर एक पुस्तक लिखने का आग्रह किया था। हम दोनों ही चाहते थे कि इस पुस्तक का प्रकाशन कुमार जी की पचहत्तरवीं वर्षगाँठ के अवसर पर हो जाए पर उनका अंग्रेजी प्रकाशक यह नहीं कर पाया जिसका कि उन्हें भी खेद था। वे चुपचाप एक कोने में बैठकर अपनी पाण्डुलिपि दुरुस्त करते नजर आते थे। उन दिनों यानी जिन दिनों वे यह पुस्तक लिख रहे थे, कभी-कभी उनसे इण्डिया इण्टरनेशनल सेंटर में भेंट हो जाती थी : एकाध बार उन्होंने अपनी पुस्तक का कोई अंश सुनाया भी था। वे कई दिनों से बीमार थे क्योंकि मैं महीनों से उन्हें संगीत सभाओं आदि में नहीं देख रहा था। फोन पर उन्होंने कहा कि अब वे ठीक हैं और शायद इस पुस्तक के लोकार्पण आदि का आयोजन हो। लेकिन उनके जीवित रहते यही नहीं हो सका : वे मंगलवार को किसी संगीत सभा में जाने के पहले कुछ देर आराम करने सोए और नींद में ही गुजर गए। राघव मेनन अनूठे

रसिक और संगीत-समीक्षक थे। शायद इस समय भारत में एकमात्र जो भारतीय और पाश्चात्य, दोनों ही शास्त्रीय संगीतों के अत्यन्त कुशाग्र, संवेदनशील और जानकार समीक्षक थे। केरल के मूल निवासी और गणित में डॉक्टरेट पाए मेनन ने कम से कम भारतीय अंग्रेजी में संगीत समीक्षा की एक पहली और काव्यात्मक भाषा ईजाद की थी। भारतीय संगीत को लेकर उनका दृढ़ मत था कि वह निरी कला की नहीं, जीवन और अध्यात्म की भी एक कठिन और दुस्साध्य विद्या है और हमारे संगीत को उसके आध्यात्मिक आशयों और संकेतों को पकड़े बिना न ठीक से समझा जाता है, न ही सराहा। मौका पड़ने पर वे हिन्दी में बोल जरूर लेते थे लेकिन उनका लेखन अंग्रेजी में ही रहा। उनकी रुचि निरे शास्त्रीय तक महदूद न थी : उन्होंने प्रसिद्ध गायक कुन्दनलाल सहगल पर भी एक पूरी पुस्तक लिखी थी। राघव मेनन भारतीय शास्त्रीय संगीत को एक साधना भी मानते थे और उनका मत था कि वह गुरु-शिष्य परम्परा से ही सम्प्रेषित और हस्तान्तरित हो सकती है। स्वर के गम्भीर अर्थों और अभावों को, स्वर-संयोजन के अनेक ललित फलितार्थों को, राग-//प के स्थापत्य और अभिप्रायों को राघव मेनन ने विलक्षण सूक्ष्मता और सयानी समझ के साथ अपनी संगीत समीक्षा में विन्यस्त किया था। यह एक दुखद सच्चाई है कि हालाँकि शास्त्रीय संगीत के लिए रसिकता में अभूतपूर्व और प्रजातान्त्रिक विस्तार हुआ है, बौद्धिक और वैचारिक स्तर पर उसे वह आलोचनात्मक दृष्टि और प्रखरता कम ही मिली है जिसका कि वह सर्वथा सुपात्र है। राघव मेनन में वह आलोचनात्मक ऊँचाई थी जो उनके चले जाने से और भी विरली हो जाएगी। यह एक निजी क्षति भर नहीं, सांस्कृतिक और सामाजिक हानि भी है।

(21 अक्तूबर, 2001)

'मिट्टी-मिट्टी भूगोल'

आधुनिक हिन्दी में किसी और कवि को आचार्य नहीं कहा जाता, पिछले जमाने में अलबत्ता केशवदास जैसे कवि हुए हैं जिनके नाम के आगे लगभग अनिवार्यतः 'आचार्य' लगता रहा है। हमारे समय में ऐसे एकमात्र कवि आचार्य जानकीवल्लभ शास्त्री हैं। इस बार जब पहली बार मुजफ्फरपुर गया तो अनेक बरसों बाद फिर उनके दर्शन किए। वे जिस घर में रहते हैं उसका नाम 'निराला निकेतन' है : उनका कहना है कि यह दरअसल पागलखाने का अधिक अभिजात नाम है क्योंकि निराला से बड़ा पागल हमारे समय में भला और कौन हुआ। सभी जानते हैं कि आचार्य शास्त्री

की निराला से आत्मीय निकटता रही है बल्कि उन्हें बहुत हद तक निराला स्कूल का ही कवि कहा जा सकता है।

निराला निकेतन जिस सड़क पर स्थित है उसका नाम आचार्य जानकीवल्लभ शास्त्री पथ है। मैं नहीं जानता कि हिन्दी के किसी और शहर में किसी जीवित लेखक के नाम पर कहीं कोई और सड़क है : जाहिर है कि शहर अपने इस बड़े कवि और आचार्य का सम्मान करता है। हिन्दी शहरों की प्रायः अपने लेखकों के प्रति उदासीनता के चलते यह सुखद अपवाद है। अपवाद तो निकेतन इस अर्थ में भी है कि वह एक गोशाला भी है, जिसमें कई गाएँ और बछड़े भी हैं। शास्त्री जी कई कुत्तों से घिरे बैठे थे और उन्हें एक बरनी से निकालकर बिस्कुट खिला रहे थे जब हम उनके निकेतन पहुँचे । कहते हैं कि कई बिल्लियाँ भी उन्होंने पाल रखी हैं, जो कम से कम, हमारे वहाँ रहते नजर नहीं आईं।

शास्त्री जी की मेरे दिवंगत पिता से मैत्री थी। वे बहुत देर तक उन्हें बड़ी आत्मीयता से याद करते हैं और मेरे ताऊ आनन्द मोहन वाजपेयी को भी, जो कि बनारस में आचार्य रामचन्द्र शुक्ल के शिष्य थे, रायगढ़ दरबार में शास्त्री जी के साथ रहे थे और सागर विश्वविद्यालय के हिन्दी विभाग के पहले अध्यक्ष थे। शास्त्री जी एक तेजस्वी लेकिन नाराज बुजुर्ग हैं और पूरी बेबाकी से अपनी नाराजी जाहिर करते हैं। हिन्दी में नितान्त समसामयिकता का जो अनर्जित वर्चस्व है और अपनी ऊर्जस्वी परम्परा के जीवित तत्त्वों और मुकामों के प्रति जैसी व्यापक अकृतज्ञ संवेदनहीनता है, उनके रहते अगर शास्त्री जी अपने सहज विनोदभाव के बावजूद कटु हैं तो इसमें आश्चर्य नहीं। उनका सम्पर्क अपने समय के मूर्धन्यों, जैसे निराला, पृथ्वीराज कपूर आदि से रहा है। शास्त्री जी का महाकाव्य 'राधा', जिसके बारे में अनेक अधीत विशेषज्ञों की राय है, कि वह धर्मवीर भारती की 'कनुप्रिया' और रमाकान्त रथ की 'श्री राधा' से कहीं अधिक मूल्यवान और प्रगल्भ रचना है, अभी तक पूर्ण रूप में पुस्तकाकार प्रकाशित तक नहीं हो पाया है। उस पर कुछ बात होती है और यह तय होता है कि इस बारे में पाण्डुलिपि तैयार हो जाए। अपने आकार में शायद वह खड़ी बोली का सबसे बड़ा महाकाव्य है जो हरिऔध के 'प्रियप्रवास' और प्रसाद की 'कामायनी' से कई गुना बड़ा है।

मैंने शास्त्री जी को दो बार सार्वजनिक व्याख्यान देते हुए सुना है : लगभग चालीस बरसों पहले दिल्ली हिन्दी साहित्य सम्मेलन में और उज्जैन के कालिदास समारोह में क्रमशः हिन्दी और संस्कृत में धाराप्रवाह बोलते हुए। यह कहना अतिशयोक्ति नहीं होगी कि शास्त्री जी जैसा हिन्दी और संस्कृत पर समान अधिकार रखने वाला कोई और कवि आधुनिक काल में नहीं हुआ। शास्त्री होने के बावजूद परम्परा की उनकी समझ बिल्कुल आधुनिक

है। बरसों पहले 'हंस बलाका' में उन्होंने लिखा था : 'जीवन गढ़ने के लिए ही शास्त्रों का निर्माण हुआ है, शास्त्र गढ़ने के लिए जीवन नहीं बनाया गया है, क्योंकि स्वयं जीवन शास्त्रों से कहीं अधिक मूल्यवान है।' दिल्ली के अपने व्याख्यान में उन्होंने डॉ. नगेन्द्र का प्रत्याख्यान करते हुए प्रतिपादित किया था कि भारतीय परम्परा बार-बार अपने को तोड़ने और फिर नया बनाने की रही है। हिन्दी के युवा आलोचक रेवती रमण द्वारा सम्पादित शास्त्री जी की कविताओं का एक अच्छा और सुचिन्तित संचयन 'उत्तम पुरुष' के नाम से अभिधा प्रकाशन से निकला है। उसमें कई सुन्दर कविताओं की ओर ध्यान जाता है। देखिए कुछ अंश—

मेरे पथ में न विराम रहा
'कुछ दूर और, कुछ दूर और' करता मैं आठों याम रहा।
पर्वत की चोटी पर बैठी चिड़िया बोली— हाँ, चढ़ो-चढ़ो,
सागर की लहर पुकार उठी—'लौटो मत, आगे बढ़ो-बढ़ो।'
मैं चढ़ा किया, मैं बढ़ा किया, हारा हिम्मत न रुका पल भर,
यह शिखर दिखा, वह महासिन्धु, कहना ही मेरा काम रहा।

फटा गगन-पट कौन सिएगा।
रवि-किरणों से प्यास बुझाकर
ज्योत्स्ना मथ, माखन बिलगा कर
कालफणी से छीन प्राणमणि
कोई कैसे अभय जिएगा!

पार गगन के तुम गाते हो!
अर्थ-डंसे स्वर बरसाते हो!

लहर-लहर की आपाधापी,
कर्दम-सनी अतलता मापी!
एक शून्य संकेत अचेतन,
तुम असीम में क्या पाते हो!

(9 दिसम्बर, 2001)

ढसाल की ठसक

कवि केदारनाथ सिंह, जो उन थोड़े-से लोगों में से थे जो उस शाम साहित्य अकादेमी के सभागार में एकत्र थे, बता रहे थे कि ऐसा माना जाना

है कि मराठी कविता की भाषा को तुकाराम के बाद सबसे अधिक नामदेव ढसाल ने बदला है। फिर भी, और इसके बावजूद कि वे समकालीन भारतीय कविता के एक प्रमुख कवि माने जाते हैं, उन्हें सुनने गिनती के लोग आए यह दुखद है। यों नामदेव यह देखकर प्रसन्न थे कि उन्हें कम सही लेकिन राजेन्द्र यादव, प्रयाग शुक्ल जैसे लोग सुनने आए। लगभग एक घण्टे के कविता पाठ में, जो हिन्दी और अंग्रेजी के अनुवादों के बिना समझने में बहुतों को कठिनाई हुई, नामदेव का आत्मविश्वास, बेबाकी और अत्यन्त जटिल तकलीफ को कविता में बदलने की क्षमता पूरी तरह से जाहिर थी। प्रेम और दुख के बीच की जगह पर कविता को रखने वाले नामदेव ने बिना झिझक या नाटकीयता के अपनी जिन्दगी के कई पहलुओं का जिक्र किया। उनके पिता मुम्बई में एक कसाई के यहाँ हम्माली करते थे और वे स्वयं तीन बरस उस महानगर में टैक्सी चालक रहकर उसके अण्डरवर्ल्ड से दो-चार हुए : वहीं उनकी दोस्ती तमाम किस्म के नम्बरी और कई बार खूँखार बदमाशों से हुई। उन्हें चरस की लत लगी और उन्होंने वेश्याओं की जिन्दगी को नजदीक से जाना। इस गन्दे-मैले खुरदरे-कच्चे मर्मस्पर्शी यथार्थ को नामदेव ने सीधे अपने सभी चारित्रिक मुहावरों के साथ अपनी कविता का भूगोल बनाया है। वे हर वर्ष बाबा साहेब अम्बेडकर पर एक कविता लिखते हैं। माँ पर उन्होंने कई कविताएँ लिखी हैं। नामदेव ढसाल ने बरसों पहले दलित पैन्थर्स पार्टी बनाई थी। वे कई बार पिटे और जेल में रहे हैं। बाल ठाकरे के घर पर उन्होंने कई बार धावा बोला है पर इन दिनों वे शिवसेना के साथ हैं। उनके अखबार 'सामना' में वे नियमित रूप से स्तम्भ लिखते हैं। उनकी पत्नी मराठी की विख्यात लेखिका मल्लिका शेख हैं जिनके निम्नमध्यवर्गीय संस्कारों का अपने पर पड़ा प्रभाव नामदेव स्वीकार करते हैं। उनका कहना है कि कविता में उनके प्रवेश के लिए मराठी की छोटी पत्रिकाओं का आन्दोलन जिम्मेदार है और उनके भारतीय परिदृश्य में आने के लिए भारत भवन। बिना किसी प्रसंग के उन्होंने मुझसे बेसाख्ता कहा कि वे मानते हैं कि व्यवस्था के मूल्यों के विरुद्ध मैंने लगातार संघर्ष किया है। नामदेव ने एक वर्ष कला-शिक्षा प्राप्त की थी और उनकी कविता की अपार चित्रमयता का राज शायद उनकी इस कलावृत्ति में है। हालाँकि नामदेव ढसाल सीधे राजनैतिक कार्रवाई के क्षेत्र में बरसों से मुब्तिला रहे हैं। वे कहते हैं मैं सियासत में रम नहीं पा रहा हूँ। उनकी कविताओं का जर्मन अनुवाद पुस्तकाकार प्रकाशित हुआ है। उनकी कविताओं का अनेक देशी-विदेशी भाषाओं में अनुवाद हुआ है, इसका जिक्र वे बहत सहज भाव से करते हैं। नामदेव ढसाल की कविता ने मराठी काव्य शास्त्र की कई रूढ़ियों को सिरे से बदल दिया लेकिन अपनी क्रान्तिकारिता को वे किसी बोझ की उठाए या ध्वजा की तरह फहराते हुए वे नहीं दीख पड़ते। यह याद रखने की बात है कि सलमान रुश्दी से पहले नामदेव ढसाल

जैसे कवि ने बम्बइया जिन्दगी की अपार अशुद्धताओं को साहित्य प्रवेश कराया था और कविता में बखान और बयान की आधुनिक परम्परा को सिरे से बदल दिया था।

सत्तर के सिंघवी

वे लगातार इतने बरसों से कानून, वकालत, संविधान, संसद, राजनय, मानवाधिकार, संस्कृति, राजनीति के क्षेत्रों में उपस्थित और सक्रिय रहे हैं कि मेरी तरह बहुतों को यह भ्रम होगा कि डॉ. लक्ष्मीमल सिंघवी की आयु सत्तर से कहीं अधिक होगी जबकि सच्चाई यह है कि वे पिछले सप्ताह ही सत्तर के हुए। इण्डिया इण्टरनेशनल सेंटर, राष्ट्रीय नाट्य विद्यालय, सर्वोच्च न्यायालय बार एसोसिएशन, संस्कृति प्रतिष्ठान, इन्दिरा गाँधी राष्ट्रीय कला केन्द्र, ज्ञानपीठ पुरस्कार और जमनालाल बजाज पुरस्कारों की प्रवर परिषदों, भारत मूल के लोगों के लिए गठित उच्चस्तरीय राष्ट्रीय समिति आदि अनेक शीर्ष संस्थाओं के डॉ. सिंघवी या तो आज अध्यक्ष हैं या रह चुके हैं। कभी आप उन्हें किसी सभा में अंग्रेजी या हिन्दी में बहुत प्रभावशाली ढंग से भाषण करते हुए पाएँगे तो कभी किसी गोष्ठी में सजग रसिकता के साथ कविता या संगीत सुनते हुए देख सकते हैं। वे संसद सदस्य हैं और बरसों पहले जब चीन के साथ हमारे युद्ध के सन्दर्भ में तब के मन्त्री कृष्ण मेनन ने इस्तीफा दिया था तो उनका संसद में बचाव करने वाले वे एकमात्र सांसद थे : उनके तर्क लोकसभा ने शान्त होकर सुने थे जबकि वह सभा स्वयं मन्त्रियों या दूसरों को, इस मामले में, सुनने के लिए तैयार नहीं थे। डॉ. सिंघवी अपने हिन्दी प्रेम के लिए भी जाने-माने हैं। बिट्रेन में भारत के उच्चायुक्त के रूप में लम्बे समय काम करने के दौरान उन्होंने ब्रिटेन में हिन्दी के प्रसार और संवर्द्धन के लिए बहुत काम किया जिसे वहाँ आज भी कृतज्ञता और गरमजोशी के साथ याद किया जाता है। अब जब अधिकांश राजनेताओं ने, सुविधापरक अवसरवादिता के चलते, हिन्दी के प्रश्न को अपने सरोकारों और व्यवहार की दुनिया से बाहर फेंक दिया है, डॉ. सिंघवी अपनी मातृभाषा के लिए बराबर सन्नद्ध हैं और इसे भारत की व्यापक अस्मिता का एक केन्द्रीय उपकरण मानते हैं। 9 नवम्बर को संस्कृति केन्द्र आनन्द ग्राम में जो लोग डॉ. सिंघवी को जन्मदिन की बधाई देने एकत्र हुए उनमें वकील, बुद्धिजीवी, लेखक, संगीतकार, पत्रकार, फिल्मकार, नर्तक, रंगकर्मी आदि बड़ी संख्या में शामिल थे। इस संख्या में अपने-अपने क्षेत्र के मूर्धन्यों की शिरकत इतनी बड़ी थी कि वहाँ आसानी से इन दिनों एक जगह

पा सकना बहुत कठिन है। यह प्रसन्न उपस्थिति इस तथ्य का भी रेखांकन थी कि डॉ. सिंघवी की उपस्थिति कितनी आत्मीय और लोकप्रियता कितनी विविधवर्गी है।

रूजेविच के साथ

कम से कम मैंने यह उम्मीद नहीं की थी कि अस्सी बरस के बीमार और बूढ़े पोलिश कवि तादेऊष रूजेविच आठ हिन्दी कवियों द्वारा किए गए उनकी कविताओं के पोलिश-हिन्दी द्विभाषिक संचयन 'जीवन के बीचोंबीच' के क्रैको-लोकार्पण में आ पाएँगे। पर प्रसिद्ध पोलिश कलाकार यूजेफ मेहोफर के निवास में, जो अब विश्वविद्यालय के पास एक संग्रहालय की तरह है, वे आए और इस पर बहुत प्रसन्न दीखे कि वे अब हिन्दी कविता के भी एक नागरिक हो गए हैं। मनोहर श्याम जोशी ने जब उनसे यह कहा कि उनके बेटे ने दिल्ली में लोकार्पण के अवसर पर उन पर एक मार्मिक लेख भेजा था जो कि दिल्ली परिसंवाद में पढ़ा गया था तो वे सन्तुष्ट दीखे। उन्होंने कहा कि अक्सर उनकी अपने बेटे के साहित्यिक मत के बारे में राय अच्छी नहीं रहती है पर अगर सम्बन्धों की किंचित असहजता के बावजूद उसने उन पर अच्छा लिखा है तो उन्हें शायद अपनी राय बदलनी चाहिए। कुल तीस-पैंतीस लोग ही इस आयोजन में थे क्योंकि रूजेविच भीड़ नहीं चाहते थे कि ठण्ड और बर्फ के बावजूद उनकी प्रतिष्ठा और लोकप्रियता की वजह से आसानी से जुड़ जाती। पोलैण्ड में भारत के राजदूत आर. नारायण आए थे।

रूजेविच ने अपने संक्षिप्त-से वक्तव्य में भारत से अपने सम्बन्ध की शुरुआत का विस्तार से जिक्र किया कि कैसे जब वे बहुत छोटे थे 1929 में एक अखबार में उन्होंने महात्मा गाँधी के दो चित्र देखे थे। एक में वे लगभग अधनंगे दीख रहे थे और दूसरे में अपने साथ एक बकरी लिए हुए। उनके बाल-कुतूहल को रूजेविच के पिता ने गाँधीजी के महत्त्व के बारे में उन्हें समझा कर शान्त किया था। तब से भारत के प्रति उनका आकर्षण शुरू हुआ। उन्हें समझ में आया था कि वहाँ एक दूसरे किस्म की पर्याप्तता और आध्यात्मिक सम्पन्नता है। रूजेविच ने संचयन से कुछ कविताओं का पाठ भी किया जिनके कुँवर नारायण, सोमदत्त, नीलाभ, असद जैदी आदि द्वारा किए गए हिन्दी अनुवाद भी सुनाए गए। रूजेविच लगभग शान्त और निर्विकार भाव से, बिना आवाज ऊँची या नीची किए, कविताएँ पढ़ रहे थे : उसके बरक्स हिन्दी कविता-पाठ अधिक उदग्र-सा था जिससे एक रोचक कन्ट्रास्ट आ गया। श्रोताओं में से कई

ने अपने जीवन में पहली बार इस बहाने हिन्दी कविता-पाठ सुना जो उन्हें लयात्मक और संगीतमय लगा। लगभग सभी ने पुस्तक की प्रति पर रूजेविच से दस्तखत कराए। बाहर बर्फ थी सफेद, सब कुछ को ढाँके हुए और अन्दर मानवीय गरमाहट और आत्मीयता का स्पन्दन था, सयानी सर्जनात्मक और निश्छल उपस्थिति को केन्द्र में रखे, उससे प्रतिकृत और अभिभूत होता हुआ।

(6 जनवरी, 2002)

होना न होना

बारह जनवरी, 2002 को कुमार गन्धर्व के देहावसान को हुए एक दशक हो गया। हममें से कुछ के लिए यह कहना कठिन है कि वे जब जीवित थे तब हमारे जीवन में अधिक अदम्य उपस्थित थे या कि अब, जब वे नहीं हैं। उनकी बेटी और युवा गायिका कलाविथी ने देवास से लिखा है कि 'वास्तव में कहें तो उस दिन कुमार जी का ही स्वर गूँजना चाहिए परन्तु वह, उस दिन विशेष, असम्भव लगता है सहन करना। शायद इसीलिए कोई दूसरा ही गाए-बजाए तो कुछ क्षण टीस तो कम होती ही है।' कुमार जी के देवास-स्थित निवास 'भानुकुल' में उस दिन यशवन्त बुवा जोशी गाएँगे और उनके अनन्य भक्तों में से एक शंकर अभ्यन्तर सितार वादन करेंगे।

इसके पहले कुमार गन्धर्व-हीन दशक में उन्हें लेकर जो सबसे महत्त्वपूर्ण घटना हुई है वह है राघव आर. मेनन द्वारा बरसों से कुमार जी पर लिखी जा रही पुस्तक की समाप्ति और प्रकाशन। विजन बुक्स द्वारा प्रकाशित यह पुस्तक न सिर्फ कुमार जी के सन्दर्भ में एक क्लॉसिक है बल्कि समूचे भारतीय संगीत के सन्दर्भ में संगीत की आलोचना और चिन्तन का भी क्लॉसिक है। राघव मेनन कुमार जी के घनिष्ठ मित्र थे इसलिए उनकी पुस्तक गहरी रसिकता, उत्कट विचारशीलता और सयानी और अनुभवपुष्ट समझ से लिखी गई है। उसमें कुमार जी की जीवनयात्रा और कलायात्रा को जिस तरह से गूँथकर देखा-समझा गया है, वह विलक्षण है। घरानों के लम्बे बरामदों में से गुजरकर कुमार गन्धर्व ने रागसंगीत में कैसे अपना घर बसाया, इसकी संघर्षगाथा राघव मेनन ने सतर्कता और संयम से प्रासंगिक ब्योरे चुनते हुए बिना व्यर्थ के विस्तार के कही है। अपनी परम्परा के अनेक विस्मृत पक्षों और तत्त्वों को समझने और पुनस्सक्रिय करने की चेष्टा में कुमार गन्धर्व कैसे एक लगभग नई परम्परा

का आविष्कार कर सके इसका बहुत रोचक और उल्लसित विश्लेषण इस पुस्तक में है। शास्त्रीय संगीत को अनेक दार्शनिक और आध्यात्मिक अभिप्रायों से सतही तौर पर जोड़ा जाता है। राघव मेनन ने उन्हें संगीत की सूक्ष्मताओं, प्रशिक्षण, साधना आदि से जोड़कर नई और सच्ची अर्थाभा दी है। कुमार गन्धर्व ने लोकजीवन में कैसे, बिना नृतत्त्वशास्त्री या समाजवैज्ञानिक हुए, जीवन की परिपूर्णता पाई और कैसे उस जीवन में व्याप्त गीतों और धुनों को बाद में उन्होंने नए-पुराने रागों में सँजोया, इसकी रोचक कहानी भी मेनन के विश्लेषण में है। मेनन के अनुसार, जब कुमार जी कोई ख्याल गाते थे तो वह जिस राग में होता था उससे बँधा नहीं लगता था बल्कि मानो उस राग से ही निकलता था जैसे कि समुद्र में डूबी हिमशिला उससे निकलती है। अगर कुमार जी के गाने में जब-तब अप्रत्याशित यतियाँ होती थीं तो किसी भौतिक विवशता के कारण नहीं बल्कि इसलिए कि वे प्रतीक्षा के पल थे जिनमें से आश्वस्त होना चाहते थे कि उनका संगीतार्थ रसिकों तक पहुँच रहा है—अचानक यति एक तरह से उस बात को उजागर कर देती थी, कौंध की तरह, जिसे वह व्यक्त करने की चेष्टा कर रहे होते थे। मेनन ने कुमार जी को यह कहते उद्धृत किया है कि जो मौन के स्वभाव को नहीं समझता न वह बोल सकता है और न ही गा।

राघव मेनन का कुमार गन्धर्व का गुणगान गहरे और ठोस विश्लेषण और गहन चिन्तन पर आधारित है। उन्होंने यह सर्वथा उचित ही कहा है कि कुमार गन्धर्व भारतीय आकाश में एक उल्का की तरह आए जिसने भारतीय संगीत को दो भागों में विभाजित कर दिया—पहला, कुमार गन्धर्व के पहले और दूसरा उनके बाद, कुछ-कुछ चालू कैलेण्डर की तरह, जैसे ईसापूर्व और फिर ईस्वी।

(13 जनवरी, 2002)

पचहत्तर के रामनारायण

कई लोगों की उम्र के बारे में कभी ख्याल नहीं आता—अन्दाजा लगाने का मन भी नहीं करता क्योंकि ऐसों की उम्र अक्सर अन्दाजे से ज्यादा निकलकर थोड़ा हैरानी में डालती है। यही हुआ हाल में सारंगी-वादक पण्डित रामनारायण को लेकर जब उनकी पचहत्तरवीं वर्षगाँठ में शामिल होने और उन पर कुछ कहने का न्योता मिला। 23 फरवरी, 2002 की शाम मुम्बई के नेहरू सेंटर का सभागार लगभग खचाखच भरा था, जिससे

साफ जाहिर था कि मुम्बई में संगीत-रसिकता की लम्बी परम्परा अभी भी सजीव-सक्रिय है, कि रामनारायण लोक-समादृत संगीतकार हैं और सारंगी जैसा वाद्य इतनी देर और दूर तक लोगों को बाँधे रखने में समर्थ है। अपनी बेटी अरुणा और पोते हर्षनारायण के साथ पण्डितजी ने अपेक्षाकृत कठिन राग भी बजाया : बड़ा ही लोमहर्षक दृश्य था जब तीन पीढ़ियाँ एक साथ सारंगी बजा रही थीं। उनमें सामंजस्य और समरसता थी लेकिन दुहराव नहीं : गुरु और शिष्यों के बीच समझ भी स्पष्ट और प्रगट थी लेकिन तीनों का अलग-अलग व्यक्तित्व भी साफ झलक रहा था। शास्त्रीय परम्परा में सच्चा गुरु शिष्य के रूप में अपना एक और संस्करण नहीं तैयार करता बल्कि एक नए व्यक्ति को उसके व्यक्तित्व के अनुरूप उचित संस्कार देता है।

सारंगी सुनते हुए हमेशा मुझे लगता है कि मुख्यतः उसका संगीत पुकार का संगीत है : ऐसा संगीत जो सिर्फ भावों या अनुभूतियों को, अलंकारों और विस्तार को ही नहीं पुकारता बल्कि—मौन को भी पुकारता है। सारंगी संगीत और मौन, दोनों को एक साथ साधती है, जैसे शायद, और सिर्फ सरोद करती है। सारंगी में जैसे वर्तमान ही नहीं, अतीत भी पुकारा जाता है। इस अर्थ में वह मुझे हिन्दुस्तानी संगीत का मर्मवाद्य लगता है। वह मित्रवाद्य भी है : किसी और वाद्य ने गायन का ऐसी ईमानदारी, सूक्ष्मता और विश्वसनीयता से साथ नहीं दिया है जितना कि सारंगी ने। बरसों पहले जब हमने भारत भवन में एक सारंगी मेला किया था, जिसमें लगभग एक सौ तीस सारंगीवादक आए थे, तब वहाँ से जारी भोपाल घोषणा में सारंगी के इस योगदान को कृतज्ञतापूर्वक स्वीकार किया गया था। पण्डित रामनारायण उन कलाकारों में अग्रणी हैं जिन्होंने सारंगी को मित्र और मर्मवाद्य के रूप में प्रतिष्ठा दिलाई। बल्कि एकल वादन के रूप में उसकी सबसे प्रबल प्रतिष्ठा हमारे समय में सब से अधिक रामनारायण के प्रयत्नों और उदाहरण से सम्भव हुई है। यही नहीं, उन्होंने सारंगी की सामाजिक मुक्ति में भी महत्त्वपूर्ण भूमिका निभाई है। यों तो शहनाई को हमारे ही समय में उस्ताद बिस्मिल्ला खाँ ने जो प्रतिष्ठा दिलाई वह अभूतपूर्व है पर शहनाई को सारंगी की तरह किसी सामाजिक लांछन से ग्रस्त कभी नहीं होना पड़ा था—आखिर वह विश्वनाथ के मन्दिर में बजने वाला वाद्य थी। लेकिन सारंगी का रिश्ता कोठों आदि से जुड़कर सामाजिक रूप से बहुत निचले स्तर का माने जाना लगा था। इस लांछन से मुक्त करने और फिर उसे विश्व स्तर पर प्रतिष्ठा दिलाने का काम संगीत के इतिहास में क्रान्तिकारी है। यह बात भी याद रखने की है कि हिन्दुस्तानी शास्त्रीय संगीत को विश्व के संगीत-नक्शे पर स्थापित करने में भूमिका पण्डित रविशंकर, उस्ताद अली अकबर खाँ, उस्ताद विलायत खाँ आदि के साथ पण्डित रामनारायण की भी है। मैंने पेरिस

में बरसों पहले पण्डित रामनारायण के दर्जनों रिकॉर्ड बिकते देखे थे। बीसवीं शताब्दी के महान चित्रकार मार्क शगाल की अस्सीवीं वर्षगाँठ पर पेरिस के बाहर उनके घर पर सारंगीवादन के लिए अगर पण्डितजी आमन्त्रित किए गए थे तो यह पश्चिम में उनकी उपस्थिति का एक नाटकीय एहतराम भर था।

मराठी कवि-आलोचक, अनुवादक और फिल्मकार दिलीप चित्रे भी इस आयोजन में पुणे से आए थे। वे शास्त्रीय संगीत के गहरे मर्मज्ञ हैं और पिछले सात-आठ बरसों से पण्डित रामनारायण से उनके जीवन, संगीत आदि पर बातचीत करते रहे हैं। वे इन दिनों, लगभग पचास-साठ घण्टों में फैली इस रिकॉर्ड की हुई बातचीत के आधार पर पण्डितजी पर एक पुस्तक लिख रहे हैं, जो उनके अनुसार, पिछली शताब्दी के उत्तरार्द्ध की हिन्दुस्तानी संगीत की निजी दृष्टि से देखी-कही गाथा भी होने जा रही है। वयोवृद्ध फिल्मी संगीतकार नौशाद अली ने इस आयोजन में यह कहा कि उनके गानों में सारंगी बजाकर पण्डितजी ने उन्हें इज्जत बख्शी है।

(24 फरवरी, 2002)

रज़ा के साथ

यह कहना अतिशयोक्ति न होगा कि पिछला सप्ताह मेरे लिए रज़ामय गुजरा। उनके साथ रहना संवेदना, नम्रता और नफासत के परिवेश में रहना है। मुम्बई में यह देखना कि साधनहीन युवा कलाकारों से लेकर उनके धनाढ्य संग्राहकों तक सभी में उनके प्रति अपार गरमाहट और सम्मान है। जिस गेस्ट हाउस में वे ठहरे थे और जिसमें तीन दिन हमने भी उनके साथ गुजारे उसमें उनके लिए फोन, देर रात छोड़कर, कभी बजना बन्द नहीं होता था। युवा चित्रकार, जितनी ललक और अपेक्षा से रज़ा को अपने चित्र दिखाकर उनकी प्रतिक्रिया जानना चाहते हैं, उतना उनके समवयसी शायद ही किसी और चित्रकार को। रज़ा कहते हैं, थककर, कि बेहद मसरूफियत है पर अगर आप अपने चित्र दिखाना ही चाहते हैं तो आ जाइए। नतीजतन, भीड़ लग जाती है : रज़ा धीरज और जतन से, अक्सर फर्श पर घुटनों के बल बैठकर चित्र देखते हैं और अपनी सलाह देते हैं। कभी उनकी आँखों में चमक आती है और वह कहते हैं कि देखिए इस चित्र में सन्तुलन बन रहा है, आपका मुहावरा दिखाई देता है, या कि रंग की समझ जाहिर है। कभी उनकी आँखें बुझती-सी हैं और वे तमक कर कहते हैं कि भई, इसमें आप कहाँ हैं—बाकी सब

तो ठीक है पर चित्र में अपनी आत्मा डालिए।

जहाँगीर आर्ट गैलरी में भारी भीड़ जुड़ती है जब उनकी पुनरवलोकी प्रदर्शनी 21 फरवरी को शुरू होती है। गैलरी के वर्तमान अध्यक्ष आदिल जहाँगीर रज़ा के प्रति बहुत कृतज्ञता व्यक्त करते हैं कि उन्होंने अपना एक चित्र उन्हें गैलरी के पुनर्नवीकरण के लिए मुफ्त उपहार में दिया जिसे उन्होंने साढ़े सत्रह लाख रुपए में नीलाम किया है। वहाँ जमा मित्रों में बाल छाबड़ा, तैयब मेहता, जहाँगीर सबावाला आदि हैं। चित्रों का चयन सावधानी से किया गया है और रज़ा की कलायात्रा का सुचिन्तित समाकलन उसके माध्यम से प्रगट है। उन पर प्रकाशित कला-पुस्तक का रज़ा के लम्बे समय के मित्र दिलीप पड़गाँवकर लोकार्पण करते हुए रज़ा की जड़ों का जिक्र करते हैं। मैं उनके व्यक्तिगत और कलात्मक, दोनों ही स्तरों पर उदात्त स्वभाव, सहज गरिमा और अथक सर्जनात्मकता का उल्लेख करता हूँ। रज़ा अपने उत्तर में मुम्बई से शुरू हुई अपने कला-संघर्ष का बखान करते हुए इसरार करते हैं कि वे कहीं और नहीं गए, फ्रांस में रहकर भी भारत में ही रहे हैं, अपनी कला में। ऐसा कोई नहीं है जो इस पर शक करे।

अपनी वर्षगाँठ के दिन रज़ा को बधाई देने जो लोग जमा होते हैं, उनमें कई उनके संग्राहक हैं। उनमें से कइयों ने प्रदर्शनी के लिए अपने संग्रह से रज़ा के चित्र उधार दिए हैं। उनमें से हरेक के चेहरे पर एक तरह के अभिमान का भाव है। मैं सोचने लगा कि लेखकों के जीवन में अपने पाठकों से ऐसे अभिमान का भाव कम ही दिखता है। किसी लेखक की वर्षगाँठ हो तो अक्सर दूसरे लेखक ही एकत्र होते हैं जबकि रज़ा के लिए आयोजन में बड़ी संख्या में उनके संग्राहक भी थे। दिल्ली की वढेरा गैलरी में रज़ा के चित्रों की जगमगाती प्रदर्शनी 27 फरवरी को शाम शुरू हुई जिसमें उनके कुछ बहुत पुराने चित्र भी शामिल हैं। उसमें भी एक ऐसी लम्बी कला-यात्रा की झलक है, जिसमें शुरू से लेकर अब तक शान्त लेकिन अचूक क्षमता और अपने सरोकारों पर एकाग्रता स्पष्ट दिखाई देती है। रज़ा एक बड़े कलाकार होने के कारण अपने को बदलते और नया करते रहे हैं पर उनकी साधना, उनकी रंग-विकलता और उसमें अन्तर्भूत रंगक्षोभ निरन्तर बने रहे हैं। रज़ा से मिलने और उनका काम देखने जो भीड़ इकट्ठा हुई उसमें उनके अनेक वरिष्ठ मित्र रामकुमार, कृष्ण खन्ना आदि शामिल थे। वीरेन दे, मंजीत बावा, मनु पारेख, माधवी पारेख, गीति सेन, शमशाद, प्रयाग शुक्ल, हर्षवर्धन आदि भी थे। रज़ा के आसपास होना एक तरह में उदात्त और गरिमामय के नजदीक होना है, यह एक बार फिर प्रगट हुआ।

(3 मार्च, 2002)

तुकाराम और दिलीप चित्रे

शब्द एकमात्र आभूषण हैं
मेरे पास
शब्द एकमात्र वस्त्र हैं
जो मैं पहनता हूँ
शब्द एकमात्र अन्न हैं
जो मेरे जीवन का पोषण करते हैं
शब्द एकमात्र सम्पदा हैं
जो मैं लोगों मे बाँटता हूँ
कहता है तुका
शब्द को देखो
वह ईश्वर है
मैं उसकी पूजा करता हूँ
शब्दों से

मराठी के प्रसिद्ध कवि, फिल्मकार, आलोचक, अनुवादक और चित्रकार दिलीप चित्रे अपने सारे वयस्क जीवन भर—वे जल्दी ही पैंसठ के होने वाले हैं—यानी अठारह बरस की उमर से अब तक सत्रहवीं शताब्दी के सन्त मराठी कवि तुकाराम के अंग्रेजी अनुवाद करते रहे हैं। उनका लक्ष्य तुकाराम की लगभग चार हजार कविताओं से 750 के अनुवाद का रहा है जो पूरा होने के करीब है। सारे अनुवाद तीन जिल्दों में निकलने हैं और पहली जिल्द पिछले ही महीने 'सेज़ तुका-1' के शीर्षक से प्रकाशित हुई है। दूसरी जिल्द जल्दी ही प्रेस में जा रही है और इस वर्षान्त तक और अन्तिम जिल्द अगले वर्ष के शुरू में आ जाएगी। किसी मध्यकालीन कवि से किसी आधुनिक कवि का ऐसा आब्सेशन दुर्लभ है : भारतीय भाषाओं में से अधिकांश में, और हिन्दी में सबसे अधिक, आधुनिकता तो मध्यकालीन साहित्य के प्रति उदासीनता या नासमझी से उपजी प्रवृत्ति रही है। इसके बरक्स मराठी की उग्र आधुनिकता के एक मान्य स्थपति दिलीप कहते हैं कि तुकाराम उन्हें अपने साथ अनेक अप्रत्याशित जगहों में मिलते रहे हैं : इथियोपिया के अरूसी प्रदेश के पहाड़ों में, अमेरिका में मध्यपश्चिम के तूफानी इलाकों में, शिकागो की सड़कों और आयोवा विश्वविद्यालय के कैम्पस पर, मुम्बई के जनाकीर्ण परिवेश में, रूस, जार्जिया, हंगरी, जर्मनी, फ्रांस, इंग्लैण्ड, जापान में। तुकाराम उनके साथ रहे हैं जब भी वे अजनबियों की भीड़, एअरपोर्टों, अस्पतालों, कब्रगाहों, अकेले कमरों आदि में भटके हैं। दिलीप ने तुकाराम को एक विचित्र साथी पाया है—ऐसा, जो हर मानवीय ट्रेजेडी, विपत्ति, संकट, आपत्ति में ईश्वर को देख पाता है, जीवन के झंझावातों के सामने एक शान्त आत्मा। दिलीप को इस सन्त कवि से ईर्ष्या भी होती रही है क्योंकि उसके जैसी स्वाधीनता उनके

लिए मुमकिन नहीं रही।

दिलीप चित्रे ने तुकाराम के ये बेहतरीन अनुवाद करके इस मध्यकालीन को वैसे ही हमारा समकालीन बना दिया है जैसे बरसों पहले एके रामानुजम ने वीरशैव वचनकवियों को। अनुवाद की होंगी कई और मुश्किलें पर हमें ऐसे अनुवादों का कृतज्ञ होना चाहिए जो इन प्राचीनों और मध्यकालीनों को हमारा समकालीन बनाकर हमारी आधुनिकता के दर्प में विनय की दरार डालते हैं।

(16 मार्च, 2003)

फिर रज़ा

एक महीने से कुछ अधिक समय भारत में रहने के बाद सैयद हैदर रज़ा पेरिस वापिस चले गए हैं। इस बार अपने पुराने मित्र रामकुमार से न मिल पाने का उन्हें खेद रहा : रामकुमार अपने बेटे के पास न्यूजीलैण्ड में हैं। रज़ा वढेरा आर्ट गैलरी में अपने समकालीन स्वर्गीय फ्रांसिस न्यूटन सूज़ा के चित्रों की प्रदर्शनी में खासा वक्त गुजारते हैं। मुम्बई में वे तैयब मेहता, बाल छाबड़ा, अकबर पदमसी आदि से मिलते-बतियाते हैं। लेकिन उनका अधिकांश समय, हर बार की तरह इस बार भी, युवा चित्रकारों के चित्र देखने में बीतता है—चेन्नई, मुम्बई, दिल्ली, भोपाल आदि में, जहाँ भी वे गए। बूढ़े, थोड़े कमजोर और थके होने के बावजूद युवा प्रतिभा के लिए उनकी ललक और उत्साह अनूठे हैं। मैं उनकी उम्र के तो क्या, उसके बाद वाली पीढ़ियों के किसी और चित्रकार को नहीं जानता जो इतने चाव और ध्यान से इतने सारे युवा चित्रकारों का काम, अक्सर फर्श पर घुटनों के बल बैठकर, देखता हो, उनसे विस्तार से उनके बारे में बात करता हो, उन्हें नपे-तुले शब्दों में अपनी प्रतिक्रिया बताता हो, उनकी शैली की सीमाओं और सम्भावनओं का संकेत करता हो और फिर बेहद उदारता से उनमें से कुछ न कुछ चित्र खरीदता हो, कला वीथिकाओं को पसन्द आए युवा चित्रकारों की प्रदर्शनियाँ आयोजित करने के लिए प्रेरित करता हो। अपने कठिन युवा दिनों को याद करते हुए रज़ा ने इधर कला के बाजार में अपने चित्रों की बढ़ी कीमत का एक बड़ा हिस्सा रज़ा फाउण्डेशन में दिया है जिसकी स्थापना उनके द्वारा युवा कलाकारों और युवा हिन्दी कवियों को प्रोत्साहित करने के उद्‌देश्य से की गई है। मुम्बई में 'सेवेन' नामक प्रदर्शनी के उद्‌घाटन के अवसर पर रज़ा ने इस फाउण्डेशन की ओर से दो चित्रकारों, सुजाता बजाज और मनीष पुष्कले को एक-एक लाख रुपए के पुरस्कार और दो कवियों

तेजी ग्रोवर और उदयन वाजपेयी को दस-दस हजार रुपए मासिक की दो वार्षिक फेलोशिप प्रदान कीं। रज़ा पर मार्सेई विश्वविद्यालय में पी-एच. डी. के लिए स्वीकृत प्रबन्ध अंग्रेजी और फ्रेंच में एक साथ जल्दी ही प्रकाशित होने जा रहा है, रैनबो पब्लिशर्स द्वारा। हिन्दी और अंग्रेजी में उनके आत्मवृत्तान्त और कुछ अन्य सामग्री का पुरस्कार प्रकाशन जल्दी ही राजकमल प्रकाशन द्वारा क्रमशः 'आत्मा का ताप' और 'पैशन' नाम से होने जा रहा है।

मुम्बई में सिर्फ मेल-मुलाकात ही नहीं करते रहे हैं : रज़ा ने वहाँ रहकर एक बड़ा चित्र भी पूरा कर लिया है। वे अपने प्राइमरी स्कूल के अध्यापकों को अक्सर ऐसे याद करते हैं जैसे देवताओं को। वे यह कहने से कभी नहीं अघाते कि हालाँकि वे चित्रकार हैं और कई महान चित्रकारों से उन्होंने सीखा है, कविता ने भी उन्हें लगातार प्रेरणा दी है। मुझे याद है कि इस बार भी एक बेहद व्यस्त दिन बिताने के बाद, जिसमें वे भरी धूप में साँची गए थे, हवाई अड्डे जाते हुए वे भारत भवन में कविता की शाम में कुछ देर आए थे और कुछ कविताएँ सुनकर ही मुम्बई गए। इधर का उनका काम फिर बेहद रंगभरा है और मैं उनसे पूछता हूँ कि उनके सफेद में अपसरित होने के इरादे का क्या हुआ? वे हँसकर कहते हैं कि क्या करें, रंग साथ ही नहीं छोड़ते। मैं मन ही मन जोड़ता हूँ, जैसे तुम भी कभी रंग का साथ नहीं छोड़ सकते।

(16 मार्च, 2003)

रज़ा की खबर

सैयद हैदर रज़ा अब थोड़ी सावधानी बरतते हुए छड़ी लेकर बाहर निकलते हैं। यह और बात है कि अक्सर शुरू में ले जाना भूल जाते हैं तो फिर याद आने पर वापस आकर एक कोने से उसे उठाते हैं। वे अकेले हैं और बयासी बरस के इस कलाकार को अपना सब कुछ खुद ही करना पड़ता है। हमेशा की तरह उनका फोन दिन भर बजता रहता है और वे हस्बेमामूल लम्बी बातचीत में लगे रहते हैं। बाहर जाने के लिए भले छड़ी की दरकार हो, अपने स्टूडियो में फर्श पर बैठ कर मनचाहा रंग बनाने और उसे घुटनों के बल खड़े होकर कैनवास पर लगाने में उन्हें किसी सहारे की जरूरत नहीं पड़ती। उनके अपने मुहावरे में तब तो 'दिव्य शक्तियाँ' उनकी सहायता कर रही होती हैं! उनके पास निमन्त्रणों की भरमार रहती है लेकिन अब वे बहुत सख्ती से चुनाव करते हैं कि कहाँ जाएँ। क्राकूव से मेरे वहाँ पहुँचने के पहले रेनबो पब्लिशर्स, दिल्ली

द्वारा उनके कृतित्व पर शोध प्रबन्ध के रूप में लिखी और अब पुस्तकाकार—फ्रेंच और अंग्रेजी में एक साथ प्रकाशित मिशेल एम्बेयर की पुस्तक 'रज़ा : एन इण्ट्रोडक्शन टु हिज पेंटिंग' की दो प्रतियाँ उन्हें मिल चुकी हैं। मार्सेई विश्वविद्यालय द्वारा स्वीकृत इस शोध प्रबन्ध में उनके चित्रों की कई रंगीन प्रतिकृतियाँ भी शामिल हैं। वे प्रकाशन से सन्तुष्ट हैं।

इस बीच सितम्बर में हो रही उनके चित्रों की बर्लिन-प्रदर्शनी के लिए उन्हें कुछ चित्र बनाने हैं। वे विनोबा भावे की किसी पुस्तक से स्त्री-शक्ति के रूपों पर कुछ विचार लेकर एक चित्र बनाना चाह रहे हैं। एक प्रसिद्ध फ्रेंच कला-प्रकाशक उन पर एक पुस्तक की योजना बना रहा है। हम कुछ उस पर बात करते हैं। रज़ा चाहते हैं कि मैं उससे मिल सकूँ पर वह शायद उन दिनों पेरिस में नहीं था।

अगले ही दिन वे कहते हैं कि आप अपनी प्रिय पुस्तकों की दुकान 'द विलेज वायस' नहीं जाएँगे? चलिए, शाम को चलते हैं। उन्हें जल्दी ही एक मैडागास्करन भारतीय मूल के डॉक्टर से अपने दाँतों और मसूड़ों का इलाज कराने पेरिस से दूर क्रूइजो शहर जाना है। वे साथ ले जाने के लिए कपड़े खरीदने जाते हैं, मुझे पुस्तकों के बीच छोड़ कर। मैं प्रस्ताव करता हूँ कि मैं उनके साथ क्रूइजो चलूँ पर वे मना करते हैं क्योंकि वह छोटा-सा उबाऊ कस्बा है और वे वहाँ अपना इलाज कराने के अलावा कुछ चित्र भी बनाना चाहते हैं। पर वे इसरार करते हैं कि मैं पेरिस कुछ दिन और रुकूँ और निकोला द स्टाल और मार्क शागाल की दो प्रदर्शनियाँ, जो उन दिनों पेरिस में चल रही थीं, देख कर ही जाऊँ।

मैंने लक्ष्य किया है कि टिप देने के मामले में भी रज़ा बेहद उदार यहाँ तक कि फिजूलखर्च-से हैं। बीस यूरो की बजाय तीस, पचास की बजाय सत्तर देना उनकी आदत-सी बन गई है। उनका वयोवृद्ध फिर भी सृजन-सक्रिय जीवन उदात्तता और उदारता से उजला है। उनके साथ समय बिताना एक तरह की शुद्धता और पारदर्शिता में शामिल होना है।

(13 जुलाई, 2003)

कम उपयोग का दुख

क्योंकि हम वहाँ से आते हैं जहाँ अभी बँटवारा नहीं है
हाँ और नहीं के बीच, न ही है, होगा और था के बीच।
हम दुखी हैं क्योंकि हमने अपनी लम्बी यात्रा के लिए मिले दान के एक सौंवे हिस्से से कम का उपयोग किया है।

(देर से परिपक्वता)

चेस्लाव मीलोष संसार के जेठे कवियों में थोड़े अद्वितीय हैं कि वे अपनी भरी उमर में भी अपनी स्थिति पर कुछ बेबाकी और उचित निर्ममता से कविता में चिन्तन करते रहे हैं। उनमें विषयवस्तु की अत्यन्त जटिलता है और जब हम उनका अनुवाद कर रहे थे तो बार-बार यह अनुभव हुआ कि एक गहरे अर्थ में वे यूरोपीय परम्परा और चिन्तन के सजग उत्तराधिकारी हैं और उस उत्तराधिकार में उनके देश यानी पोलैण्ड का ऐतिहासिक अनुभव जो तनाव पैदा करता है वह उन्हें सार्वभौमिक यानी एक विश्वकवि बनाता है। यह याद रखने की जरूरत है कि स्वयं विश्व कविता की अवधारणा और उसका प्रभाव पिछली शताब्दी की ही घटना है और कि इस अवधारणा को ठोस और वास्तविक बनाने तथा परिभाषित करने में मीलोष की सशक्त भूमिका रही है।

मीलोष ने अपनी कविता को गवाही जरूर कहा था लेकिन उसके सिर्फ गवाही मानने पर एतराज भी जताया है। वह दूर से किया गया अवलोकन या आकलन नहीं है। उसमें साझेदारी है : मीलोष उसमें शामिल हैं जिसका कि वे बखान करते रहे हैं। वे प्रतिरोध की राजनीति में बरसों सक्रिय रहे हैं। साथ ही वे अपनी आध्यात्मिक विरासत को प्रश्नांकित से भी कभी नहीं चूके। उन्होंने एक बार कहा था कि 'कविता लिखना आस्था का कर्म है, फिर भी अगर कवि के कमरे में उत्पीड़ित की चीजें सुनाई दें तो क्या उसकी कार्रवाई मानवीय पीड़ा की अवमानना नहीं है?'

मीलोष ने अपने नोबेल व्याख्यान में यह माना था कि कर्म के मुकाबले सारी कला कुछ नहीं साबित होती है। फिर भी सच्चाई को इस तरह अपनाना, कि उसमें अच्छाई-बुराई, आशा-निराशा की पुरानी उलझनें संरक्षित रहें, सम्भव है एक दूरी से, उससे ऊपर उठकर ही—लेकिन यह तब नैतिक विश्वासघात लगता है। मीलोष ने कविता को हमारे समय में अन्तःकरण की विधा मानते हुए भी उस पर लगातार शक किया है और उसके महिमामण्डन से इनकार। कितने कवि हैं जो कह सकें कि हमें जितना मिला, उसके बहुत कम का उपयोग हमने किया है? यह व्यथा मुक्तिबोधियन है यह एक साथ देखा जा सकता है।

मीलोष की सत्तर से अधिक कविताओं के हिन्दी अनुवाद का संचयन 'खुला घर' नाम से अगले सप्ताह वाणी प्रकाशन द्वारा प्रकाशित हो रहा है। स्वयं मेरे लिए यह एक अनूठा अवसर इसलिए है कि इससे पहले मैंने कभी किसी कवि के इतने अधिक अनुवाद नहीं किए हैं। पोलिश की दूसरी नोबेल-विजेता षिंबोर्स्का के हिन्दी अनुवाद का काम भी चल निकला है और उम्मीद है कि ऐसा ही एक संचयन अगले वर्ष आ जाएगा।

(9 नवम्बर, 2003)

बरसों बाद सागर

यों तो सागर का हूँ लेकिन इधर वहाँ जाना बहुत कम होता है। शहर इतना जनाकीर्ण हो गया है और कई रिहायशी मुहल्ले लगभग बाजारों में बदल गए हैं कि जो शहर मैंने चालीस बरसों पहले छोड़ा था वह मुश्किल से नजर आता है। वह तालाब, जिसके कारण यह माना जाता है कि सागर शहर का नाम पड़ा, छोटा हो गया है। रमेशदत्त दुबे, जो मेरे सबसे पुराने बालसखा हैं और लगभग साठ बरसों में सागर में रहते हैं, बता रहे थे कि अब तालाब में कमल के फूल नहीं खिलते जबकि उस मेरी एक आरंभिक खराब कविता कमल के फूलों को लेकर ही थी। अपनी पुरानी कविताओं का भूगोल पहचान के परे बदल जाए तो दुख होता है। जिस हाईस्कूल में पढ़ता था और जिसका बड़ा-सा अहाता था एक बड़े बागीचे के साथ वह भी सिमट गया-सा लग रहा था और वह हरी घास का मैदान तो गायब ही हो गया जिसे पार कर मैं रोज सुबह स्कूल जाता था। शहर बदलता जाता है और आप भी बदल जाते हैं : फिर भी मानो दोनों के मन में पुरानी हालत की एक विजड़ित-सी याद बनी रहती है। ऐंद्रियता और जिजीविषा का स्रोत भी सागर ही है। जिंदगी में दरअसल आप कितने ही शहरों की धूल फांकें, रहते आप एक ही शहर में हैं जो बचपन और लड़कपन में आपका था। आप उसी गँवा दिए शहर को बार-बार बसाने की कोशिश करते हैं और कामयाब नहीं हो पाते। शहर हमेशा एक संभावना बना रहता है।

इस बार सागर-यात्रा बहुत ही भागदौड़ की हो गई। कुहरे के कारण दोनों तरफ रेलगाड़ियां आठ से दस घंटों की देरी से चलीं या पहुँची। शहर जरूर बदल गया है पर यह देखकर अच्छा लगा कि जिज्ञासा और प्रयत्न की पुरानी बिरादरी अब भी नए रूप धर कर सक्रिय है। विश्वविद्यालय में आधुनिक हिन्दी साहित्य को लेकर चल रहे एक पुरश्चर्या कार्यक्रम में मुझे आधुनिकता की समस्याओं पर विस्तार से बोलना था लेकिन समय पर नहीं पहुँच पाने के कारण समापन समारोह में मैंने आधुनिकता के दौरान हिन्दी में हुई कुछ बड़ी गलतफहमियों या चूकों का जिक्र किया। ये चूकें हिन्दी के मूर्धन्यों से हुई और साबित करती हैं कि आधुनिकता का हिन्दी-संघर्ष कितना कठिन-जटिल रहा है और

उनसे यह सीख मिलती है कि उन सब लोगों को निरंतर आत्मालोचन करते रहना चाहिए जिन्हें यह आत्मविश्वास है कि उनका आकलन तर्क-तथ्य पुष्टं और वस्तुनिष्ठ है।

आचार्य रामचन्द्र शुक्ल, जिनसे बड़ा आलोचक और साहित्य-मर्मज्ञ हिन्दी तो क्या शायद ही किसी भारतीय भाषा में हुआर हो, छायावाद को समझने और उसका मूल्यांकन करने में चूक गए थे। मित्र रोज सुबह एक-दूसरे से बनारस के बेनीबाग में मिलने वाले प्रसाद के इतिहास-बोध और पूर्व-पश्चिम की गहरी द्वंद्व-चेतना को चेतना प्रेमचन्द समझने में असफल रहे थे और उन्होंने प्रसाद को सलाह दी थी कि 'इन गड़े मुर्दों को उखाड़ने से आज कोई फायदा नहीं'। उग्र के एक उपन्यास को अश्लील मान कर सदाशयी साहित्यकार और संपादक बनारसीदास चतुर्वेदी ने घासलेटी साहित्य के विरुद्ध अभियान चलाया था जबकि उन्हीं के अनुरोध पर महात्मा गाँधी ने उसे पढ़ कर उसमें कुछ भी अश्लील नहीं पाया था। छायावाद को हिन्दी में उसका उचित स्थान दिलाने में अग्रणी आचार्य नन्ददुलारे वाजपेयी ने नए साहित्य और नए मूल्यों की स्थापना में अज्ञेय की भूमिका समझने में भूल की थी। डॉ. रामविलास शर्मा ने मुक्तिबोध की अकाट्य जन-चेतना को समझने में भूल कर उन्हें अस्तित्ववादी सिद्ध करने का एक पुस्तक-भर लम्बा उद्यम किया। स्वयं अज्ञेय ने, जो नई कविता के 'नेता और पुरस्कर्ता रहे थे, 'चौथा सप्तक' में जो कविता संकलित की उसका अधिकांश युवतर कविता के बदले तेवर समझ पाने की असमर्थता का परिणाम था। यों तो मैं किस खेत की मूली हूँ—सागर अपनी मूलियों के लिए नहीं एक जमाने में अपने सिंघाड़ों के लिए मशहूर था और अब उसमें सिंघाड़े, सुना है नहीं होते!—फिर भी, नए साहित्य के प्रति आचार्य नन्ददुलारे वाजपेयी का जो प्रतिरोध था उसे भी हम लोग उस समय अपने उत्साह और उत्तेजना में गलत समझे थे। हम जैसे छोटे लोग बड़ों के बारे में गलतफहमी रखें तो शायद ज्यादा फर्क नहीं पड़ता पर हिन्दी साहित्य की आधुनिक गाथा में तो बड़ों की चूकों का सिलसिला है जिसका कितना गहरा और व्यापक प्रभाव हुआ है इसका सही आकलन अभी किया जाना बाकी है।

अयोध्या में डेढ़ दिन

मैं इससे पहले कभी अयोध्या नहीं गया था। उत्तर भारत के अधिकतर तीर्थ खासे गन्दे और इतने भीड़भाड़ भरे हैं कि वहाँ किसी पवित्रता के भाव से जाना बेहद कठिन है। लेकिन इस बार अयोध्या जाना हुआ वहाँ

आयोजित मध्यकालीन कविता पर पाठाधारित एक कार्यशाला के सिलसिले में। वहाँ इतने अधिक मन्दिर हैं कि यह कहा जाता है कि हर घर में एक मन्दिर है। उनमें से कुछ मैंने देखे। पता नहीं कैसे हमारी धार्मिकता और कलात्मकता सुरुचि के बीच जो गहरा सम्बन्ध और सहकार सदियों तक था वह पिछले कुछ वर्षों में कुछ इस कदर खण्डित हो गया है कि महान स्थापत्य के उत्तराधिकारी हम कैसी भी मूर्तियाँ या रंगरेजी से काम चला लेते हैं। हनुमानगढ़ी में पुराने उत्कीर्ण पत्थर कुछ ही बचे हैं और पूरे मन्दिर को नई टाइल्स और बेहद बेमेल रंगों से रँग दिया गया है। कनक भवन, जो कि ओरछा रियासत का बनाया मन्दिर है, भव्य है : उसका प्रांगण भी विशाल है और वहाँ छोटे सरकार, मँझले सरकार और बड़े सरकार नाम से राम-सीता की जो युगल मूर्तियाँ हैं, वे बहुत पुरानी न होते हुए भी नयनाभिराम हैं। सरयू तट पर एक राम की पैड़ी कुछ-कुछ हरिद्वार की हर की पैड़ी की तर्ज पर बनाई तो गई है लेकिन उसमें जल तेजी से प्रवाहित न होने के कारण ठहरा और अनाकर्षक लगता है। वहाँ सरयू के घाट के सभी मन्दिरों को एक ही रंग में पोतकर किसी हद तक उन्हें भड़काऊ ढंग से चितरंगे होने बचा लिया गया है लेकिन उनकी विविधता उतनी झलकती नहीं है।

अयोध्या जाएँ और बाबरी मस्जिद-राम जन्मभूमि वाली जगह देखने न जाएँ, यह सम्भव नहीं है। पुलिस और अन्य सैन्य टुकड़ियों के पहरे में वह एक छावनी-सी है। जितने दर्शक या श्रद्धालु-जिज्ञासु थे उनसे पाँच-सात गुना वर्दीधारी थे। ध्वस्त मस्जिद या उसका अवशेष दिखाई नहीं पड़ता पर उस स्थान पर रखी रामलला की मूर्तियाँ दिखाई देती हैं और वहाँ एक पण्डित जी बाकायदा दर्शन भी कराते हैं। लोहे की बड़ी-बड़ी रेलिंग्ज के बीच में रामलला को देखना कुछ विचित्र लग रहा था। पूरे परिसर को देखकर यह अनुमान करना कठिन लगता है कि इस जगह के लिए पिछले कुछ वर्षों में इतना कुछ होता रहा है। मैंने इससे पहले ऐसा कोई कस्बा नहीं देखा था जहाँ हर गली या सड़क पर तरह-तरह के साधु दिखाई पड़ें। अयोध्या की अपनी विलम्बित लय है जो बाहर वालों से बहुत विचलित तथा उद्विग्न होती नहीं जान पड़ती। वाल्मीकि मन्दिर में समूची रामायण मूल संस्कृत में संगमरमर के पत्थर पर एक बड़े हॉल में चारों तरफ उत्कीर्ण है। पर चित्र वहाँ भी कैलेण्डरी ढंग के हैं और रंग संयोजन में सुरुचि का अभाव है। नाम भी वाल्मीकि के बजाय 'बाल्मीकि' लिखा है।

अयोध्या का राजवंश सुखद रूप से साहित्यप्रेमी, कलानुरागी और आतिथ्य-कुशल है और इसका एक कारण तो यह होगा कि वह कवि द्विजदेव का वंश है। उनके महल में इतने आईने हैं कि उसे एक अर्थ में आईनाखाना भी कहा जा सकता है। कुल मिलाकर उनके यहाँ सुरुचि है, रसिकता

और मिलनसारिता भी। राजवंश के इन दिनों प्रमुख ने बहुत आदर से पखावजी पागलदास को याद करते हुए बताया कि कैसे बरसों तक सुबह चार बजे के लगभग उनकी नींद पागलदास के पखावज-वादन से टूटती थी क्योंकि वे भोर में ही अपनी साधना शुरू करते थे।

(23 जनवरी, 2000)

कुटिया और जमीन-वापसी

मैं पागलदास जी का घर देखने गया जिसकी सरहद राजमहल से बिल्कुल लगी हुई है। पागलदास जी से मेरा पुराना परिचय था। वे भोपाल के अनेक ध्रुपद समारोहों और राष्ट्रीय रामलीला मेला में अयोध्या से मण्डली लेकर आए थे। उनके फक्कड़पन का पता था लेकिन मैंने यह अन्दाजा नहीं किया था कि वे सचमुच एक कुटिया में रहते थे और वहीं अपनी पखावज-साधना करते और शिष्यों को सिखाते थे। शिष्य अलबत्ता अब उसी चहारदीवारी के अन्दर पक्के मकानों में रहने लगे हैं। उनके देहावसान को तीन बरस होने आए। अपनी निपट सादगी में उनकी कुटिया गाँधीजी की कुटिया की याद दिलाती है। वैसी ही निरलंकार, सीधी, निपट कामचलाऊ।

राजवंश के प्रमुख विमलेन्द्र प्रताप मोहन मिश्र ने एक किस्सा बेगम अख्तर के बारे में सुनाया जो पास के ही फैजाबाद की थीं। उनके बाबा ने उनके गायन से प्रसन्न होकर उन्हें अपनी बेशकीमती जमीन का आधा हिस्सा उपहार में दिया था जो कि पचास एकड़ रकबे का था। जब अख्तरी बाई, जो कि बेगम का आरम्भिक नाम था, फैजाबाद छोड़कर लखनऊ और आगे दिल्ली जाने लगीं तो जमीन वापस करने आईं। तत्कालीन नरेश ने दी हुई जमीन वापस लेने से इनकार किया और कहा कि वे चाहें तो उसे बेच लें। इस पर अख्तरी बाई का तर्क था कि यह उनके उपहार का अपमान होगा और जिद कर उसे नरेश को वापस कर गईं। श्री मिश्र के मन में अगर कई साधु-सन्तों के बजाय पागलदास और बेगम अख्तर जैसे कलाकारों के लिए अधिक सम्मान है तो यह समझ में आता है। किसी हद तक यह अन्दाजा भी लगता है कि अयोध्या की कई कहानियाँ हैं, ऐसी भी कई जो साधना और उत्सर्ग की यशोगाथाएँ हैं। मैं कृतज्ञ अनुभव करता हूँ कि इस दूसरी अयोध्या का कुछ आभास मिला जो दूर से अयोध्या की रूढ़ हो गई छवियों से कहीं अधिक मानवीय, मार्मिक और कई मायनों में आध्यात्मिक है।

(23 जनवरी, 2000)

उम्मीद के द्वीप

जो लोग कथक के परिदृश्य से वाकिफ हैं उन्हें यह तो पता है कि पुणे में रोहिणी भाटे और प्रभा मराठे की संस्थाएँ बरसों से सक्रिय हैं। उनका काम दिल्ली के कथक समारोहों में जब-तब प्रस्तुत होता रहा है। लेकिन बहुत कम यह जानते हैं कि प्रथा मराठे की संस्था 'कलाछाया' उनके अदम्य और अथक जीवट का एक बेहद उज्ज्वल और सक्रिय रूप है। लगभग कुछ नहीं से शुरू करके अपने माता-पिता की यत्किंचित् सम्पत्ति को आधार बना कर प्रभा मराठे ने दो इमारतों का एक परिसर ही तैयार कर लिया है। उन्हें यह लगता है कि नृत्य सिर्फ कौशल नहीं, दृष्टि का भी मामला है और बिना अन्य कलाओं और साहित्य आदि से संवाद किए ऐसी दृष्टि मिलना कठिन है। अपने नए हॉल के उद्घाटन के अवसर पर इसीलिए उन्होंने एक कवि और एक संगीतकार पर व्याख्यान आयोजित किए। सरकारी तन्त्र की लेटलतीफी और उदासीन निष्क्रियता से बरसों तक जूझते हुए प्रभा मराठे ने हार नहीं मानी और बहुत मुश्किल से जमीन हासिल की। अब उसके बाद पुणे की बौद्धिक उदारता के बावजूद आर्थिक कंजूसी से निपटते हुए उनहोंने बहुत कठिनाई से इमारतों आदि के लिए राशि एकत्र की। अब उन्हें कथक की बढ़ती सांस्कृतिक विपन्नता परेशान कर रही है। उनके प्रयास को पुणे के सृजन-समुदाय का बहुत उत्साहित समर्थन प्राप्त है, यह दोनों व्याख्यानों में विशिष्ट उपस्थिति से स्पष्ट था।

पुणे में उम्मीद का एक और द्वीप नजर आया पुणे विश्वविद्यालय के ललित कला केन्द्र में, जिसे नाटककार-रंगकर्मी सतीश आलकेर ने अनोखी कल्पनाशीलता और साहस के साथ एक गतिशील केन्द्र बनाया है। मजे की बात यह है कि इस केन्द्र में रंगमंच, संगीत और नृत्य के प्रशिक्षण और उसमें शोध की व्यवस्था है लेकिन कोई भी स्थायी फैकल्टी नहीं है। लेकिन पुणे और महाराष्ट्र के अनेक श्रेष्ठ कलाकर्मी वहाँ अतिथि गुरु के रूप में आते रहते हैं जिनमें रोहिणी भाटे, वीणा सहस्रबुद्धे, डॉ. अशोक रानडे आदि शामिल हैं। हम जब वहाँ गए तो रंगनिर्देशक-फिल्मकार जब्बार पटेल पढ़ा रहे थे। अंग्रेजों के जमाने के बने कुछ बँगले इस केन्द्र को विश्वविद्यालय ने दिए हैं। उन्हीं में से एक में भीमसेन जोशी पीठ (मराठी में अध्यासन) स्थित है जिसमें गुरु-शिष्य परम्परा में संगीत शिक्षा के अलावा संगीत के रसास्वादन आदि के कार्यक्रम चलाने की व्यवस्था है। कोल्हापुर, नासिक, कंकव्ली, अम्बेजोगाई आदि में केन्द्र ने 'शास्त्रीय रसग्रहण वर्ग' आयोजित किए हैं। केन्द्र में पद्मा तलवलकर, सत्यशील देशपाण्डे, उस्ताद सईदुद्दीन डागर, पण्डित बालासाहेब मूँछवाले आदि ने कार्यशालाएँ की हैं। उन्नीसवीं सदी के मराठी नाटककार विष्णुदास

भावे का, जिन्हें आधुनिक मराठी रंगमंच का स्थपति माना जाता है, पहला नाटक 'सीता स्वयंवर' सन् 1843 में सांगली में खेला गया था। इस केन्द्र के रंगमण्डल ने युवा निर्देशक प्रवीण भोले के निर्देशन में पुनरुज्जीवित किया है। एक नई खुली रंगशाला पर इन दिनों तेजी से काम चल रहा है। यों तो पुणे का बहिरंग तेजी से बदला है, लेकिन उसकी बुनियादी ऊर्जा और जिजीविषा बरकरार है।

पण्डित कुमार गन्धर्व के मित्र और वयोवृद्ध मराठी अध्यापक राम पुजारी शोलापुर में रहते हैं। वे कन्नड़ कवि बेन्द्रे के सहकर्मी रहे हैं और पचहत्तर की आयु पार करने के बाद भी इन दिनों कई न्यास चलाते हैं। इनमें से एक ने शोलापुर में अत्याधुनिक सुविधाओं से लैस एक पुस्तकालय स्थापित किया है और उसकी स्थायी निधि के लिए लगभग एक करोड़ रुपया एकत्र किया है। वे कुमारजी के बड़े अन्तरंग रहे हैं और मैंने उनसे आग्रह किया कि उन्हें कुमारजी की एक सांगीतिक जीवनी लिखना चाहिए। उनके पास संगीतकारों के संस्मरणों का अद्भुत खजाना है जिसकी एक झलक हम सत्यशील देशपाण्डे के सुघर घर के लॉन पर बैठे रात बारह बजे तक पाते रहे।

(2 अप्रैल, 2000)

बर्फ में कविता

वारसा से पोलैण्ड की सांस्कृतिक राजधानी क्रैको ढाई घण्टे में पहुँच गए। वारसा के युद्धोत्तर पुनर्निर्माण के कारण उसका विशिष्ट चरित्र नहीं बचा है। लेकिन क्रैको एक प्राचीन शहर है, उसका पुराना स्थापत्य और दायरा अभी बरकरार है। वहाँ आना एक पुरानी दुनिया में कदम रखना है। जहाँ इतिहास और वर्तमान साथ-साथ हैं और उनके बीच अन्तर भले है, फासला नहीं है। पर क्रैको शहर में प्रवेश करने के बजाय वहाँ के भारत विद्या संस्थान की हिन्दी विदुषी डॉ. दीनाता नेकास्का मुझे अपनी कार में सीधे पोलैण्ड के विख्यात हिल स्टेशन जाकोयाने ले गईं जो लगभग दो घण्टे की दूरी पर था। ज्यों-ज्यों हम आगे बढ़ते गए, मौसम गहराता गया। इतना कि जब हम जाकोयाने पहुँचे तो वहाँ बर्फ गिर रही थी। दीनाता ने कहा कि यों तो इन दिनों बसन्त है और हाल के पतझड़ के बाद नंगे खड़े वृक्षों में फूल-पत्ते आने-आने को हैं, इन दिनों मौसम का भरोसा नहीं रह गया है। अभी ठण्ड ही चल रही है। मैंने इतनी बर्फ अपने जीवन में लगातार रुई के फाहों जैसी गिरती पहले कभी नहीं

देखी थी। फिर भी पेड़ों पर चिड़ियाँ थीं—एकाध काली बिल्ली और कई कुत्ते भी। लोग-सिर से पैर तक अपने को गरम लबादों में ढँके यहाँ-वहाँ आते-जाते लोग।

रास्ते में एक गाँव पोदोलिन से गुजरे थे जहाँ लेनिन आकर रहे थे और जो उन्हें विशेष रूप से प्रिय था। पहले वहाँ उनका एक संग्रहालय भी था जो अब नहीं रहा। क्रैको के बाहर एक ढाबे में हमने पारम्परिक पोलिश किसानी भोजन किया था—स्वादिष्ट और महँगा।

शाम जब चारों तरफ बर्फ थी और सड़कों पर चलना कठिन लग रहा था, पोदोलिन के पास एक दूसरे गाँव गए जहाँ एक मकान में क्रैको विश्वविद्यालय के पूर्वी विद्या संस्थान के छात्रों का एक समूह ठहरा हुआ था। पता यह चला कि यूरोप के प्राचीनतम विश्वविद्यालयों में से एक इस विश्वविद्यालय के जादोयाने में दो अतिथिगृह हैं जहाँ सर्जनात्मक काम करने के लिए कुछ दिन आकर ठहरने की व्यवस्था है। छात्रों के भी शिविर होते रहते हैं। उस शाम छात्रों में से कई छात्राओं ने, जाहिर है कि कुछ कठिनाई से, साड़ियाँ पहनी थीं, बिन्दियाँ लगाई थीं। भारतीय ढंग का भोजन भी स्वयं बनाया था। यह सब, भयानक ठण्ड के बावजूद, बल्कि शायद उसके कारण ही प्रीतिकर था। लेकिन मुझे अचरज तब हुआ जब थोड़ी देर में मेरी कुछ कविताओं का मूल हिन्दी में पाठ किया गया और एक पर एक तरह का मूकाभिनय भी। मुझसे कुछ कविताएँ सुनाने को भी कहा गया। बर्फ और ठण्ड, पोलिश गरमाहट, भारतीय भोजन और हिन्दी कविताएँ—जाकोयाने में पहली बार इससे अधिक विस्मयकारी संयोग भला और क्या होता?

जाकोयाने को सन् 2006 के विण्टर ओलम्पिक्स के लिए चुना तो नहीं गया लेकिन वह जाड़ों के, बर्फ के खेलों का बड़ा केन्द्र है। अगली सुबह जब हम वहाँ की पहाड़ियों के बीच अधर में लटकी हुई ट्रॉलियों से ऊँचे शिखरों की ओर बर्फीले तूफान में जा रहे थे तो सैकड़ों स्कीइंग के खिलाड़ी अपने उपकरणों के साथ या तो आ-जा रहे थे या कि ध्यान से देखने पर काफी नीचे सफेद चादर पर फिसलते धब्बों की तरह नजर आते थे। काफी जोखिम होता है और डर भी लगता है—लेकिन मनुष्य पता नहीं कहाँ-कहाँ अपने खेल के लिए कुछ सामान, कुछ अवसर जुटा ही लेता है। संसार जितना ब्रह्म की लीला है, उससे अधिक मनुष्य का खेल भी तो है।

(16 अप्रैल, 2000)

अर्वाचीन प्राचीन

वारसा पोलैण्ड की राजधानी जरूर है पर क्रैको इस बात को अब तक भूला नहीं है कि कभी वह था, और आज भी पोलैण्ड की सांस्कृतिक राजधानी, किसी हद तक धार्मिक राजधानी वही है। इन दिनों वह अर्निल्यो आदि के साथ वर्ष 2000 के लिए यूरोप का घोषित सांस्कृतिक नगर भी है जिसका कम से कम एक हजार वर्षों का इतिहास तो सीधे-सीधे मिलता है। सन 985 में इब्राहिम इब्न याकूब नामक व्यापारी ने एक समृद्ध व्यापारिक केन्द्र के रूप में इसका उल्लेख किया है। गिरजाघरों और चैनलों की भरमार-सी है इस शहर में, और किसी ने जिक्र किया कि क्रैको पोलैण्ड का बनारस है। वर्तमान पोप रोम जाने के पहले यहीं पर बरसों आर्कबिशप रहे हैं। उनका पोप होना क्रैको के साधारण नागरिकों के लिए भी सहज अभिमान की बात है।

शहर का केन्द्र एक बहुत बड़ा चौक है जिसके केन्द्र में एक पुरानी इमारत है जो कभी कपड़ों की बजाजी की जगह थी और अब एक बाजार है। चारों ओर दुकानें, पब, रेस्तराँ हैं और पुस्तकों की भी कई दुकानें जिनमें काफी भीड़ दिखी। इधर एक प्रकाशक ने आधुनिक पोलिश कवियों में से कई के द्विभाषी संकलन छापे हैं जो इन दुकानों में हैं। पोलिश में अनुवाद बहुत होता है। कई लेखक अध्यापन, पत्रकारिता आदि के अलावा कुछ और काम जैसे अनुवाद आदि, कुछ अतिरिक्त राशि कमाने के लिए करते हैं। क्रैको पैदल घूमने का शहर है। भारतीयों की संख्या यहाँ बहुत कम है। जैसा कि अन्य कई यूरोपीय शहरों में होता है, सड़क पर अचानक कोई भारतीय नहीं मिला या दिखा।

क्रैको की बौद्धिक और सर्जनात्मक जिन्दगी बहुत सक्रिय है। पोलिश साहित्य का उसे लगभग केन्द्र ही कहना चाहिए। जितने लेखक, पत्रिकाएँ आज यहाँ हैं, उतने पोलैण्ड में अन्यन्त्र नहीं हैं। दूसरे युद्ध में क्रैको लगभग अक्षत बचा रहा गया तो इसलिए नहीं कि नाजी जर्मन उसकी परम्परा की रक्षा के प्रति संवेदनशील थे, बल्कि इसलिए कि हालाँकि उन्होंने जाने और छोड़ने के पहले इसे नष्ट करने के लिए डायनामाइट लगा दिए थे, मगर वे हड़बड़ी में उन्हें सुलगाना भूल गए। हर चीज में अचूक माने जाने वाले जर्मन एक बार चूक गए और क्रैको अपनी प्राचीन भव्य सम्पदा के साथ सौभाग्य से बच गया। प्राचीनता के बावजूद क्रैको में अनेक आधुनिक प्रयोग होते रहे हैं। कविता और संगीत में, रंगमंच और ललित कलाओं में। उसमें प्राचीन और अर्वाचीन पड़ोसी हैं—एक-दूसरे से लगातार बतियाते हुए।

(16 अप्रैल, 2000)

क्रैको संवाद

चौक के पास ही एक कहवाघर में एक पोलिश कवि माय से भेंट हुई। वे कभी पोलिश की अग्रगामी कविता के सक्रिय सदस्य थे। हालाँकि इन दिनों कम ही कविता लिखते हैं। कारण पूछने पर उन्होंने कहा कि अध्यापन करने और जीविका के लिए अतिरिक्त साधन जुटाने में व्यस्त रहने के कारण उन्हें समय नहीं मिलता। अगले महीने अमेरिका से उनकी कविताओं का एक संग्रह अंग्रेजी अनुवाद में प्रकाशित होने जा रहा है। उन्होंने बताया कि चूँकि पोलिश कविता को दो बार नोबेल पुरस्कार मिला है, अमेरिका में इन दिनों पोलिश कविता की अच्छी पूछ हो रही है। उनकी कविता में एक तरह का आध्यात्मिक तत्त्व है। 'समय की आखिरी पत्ती', 'एक तितली के जीवन का अनन्त', 'पाँचों अनश्वर इन्द्रियों की सार्वभौम भाषा', 'चीजों को किसी सहारे की जरूरत नहीं पड़ती' आदि उक्तियों से यह सहज ही प्रगट हो जाता है। माय के अनुसार, शिंबोर्स्का की कविता हर्बेर्त के मुकाबले कहीं जटिल और अधिक स्थानीय हैं और इसका अंग्रेजी में अनुवाद अच्छा नहीं हो पाता है। समकालीन राजनीति से माय के अनुसार प्रायः सभी कवि बेहद मायूस हैं क्योंकि एक तरह से उसने धोखा दिया है।

विश्वविद्यालय की प्रतिकुलपति ने एक भेंट में बताया कि उन्हें लगता है कि पोलिश भाषा की प्रकृति अंग्रेजी भाषा से बिल्कुल अलग है और फ्रेंच से उसकी अधिक निकटता है। उनके अनुसार पोलिश कविता का अंग्रेजी के बजाय फ्रेंच में अनुवाद अधिक प्रामाणिक होता है। क्रैको की सम्भवतः सबसे पुरानी गली में स्थित पोलिश लेखक संगठन के अध्यक्ष से जब चर्चा हुई तो हालाँकि वे स्वयं कवि हैं, उनकी भारतीय धर्म परम्परा में गहरी रुचि का पता चला। उन्हें लगता है कि ईसाई मत और हिन्दू धर्म के बीच गहरे और सार्थक संवाद का समय आ गया है। वहीं मिली एक युवा पोलिश कवयित्री ने बताया कि वह प्रेम की कविता लिखती है लेकिन मृत्यु भी उसका एक केन्द्रीय सरोकार है। शायद सारे संसार में कविता यही करती या कर सकती है।

दीनाता शहर के केन्द्रीय चौक में पोलिश कवि विस्केविश की मूर्ति दिखाते हुए किंचित् गर्व से स्पष्ट करती हैं कि पोलैण्ड में राजा या राजनेताओं की तुलना में कवियों और कलाकारों को अधिक गौरव और सार्वजनिक सम्मान दिया जाता है।

विश्वविद्यालय के भारत विद्या विभाग के तत्त्वावधान में मैंने 'भारतीय कविता की अर्धशती', 'हिन्दी कविता का वर्तमान परिदृश्य' और 'परम्परा की आधुनिकता' पर तीन व्याख्यान दिए। इस विभाग में हिन्दी और संस्कृत

का अध्ययन-अध्यापन होता है। दीनाता ने, जो अब यहाँ अध्यापक हैं, तारसप्तक के कवियों पर शोध किया है और अब समकालीन हिन्दी कविता के पोलिश अनुवाद में एक संकलन का काम हाथ में लेने जा रही हैं। उनकी देख-रेख में एक छात्रा निर्मल वर्मा के कहानी संग्रह 'जलती झाड़ी' पर काम कर रही है। वे निर्मल जी की दृष्टि, उनके बुनियादी सरोकारों, रूप-विधान आदि पर कई प्रश्न प्रस्तुत करती हैं। यह देखना-जानना प्रीतिकर है कि अब विदेशों में भारत विद्या विभागों में समकालीन साहित्य पर ध्यान दिया जा रहा है और केन्द्र में भारत अपनी समकालीनता के साथ आ रहा है, अपने 'इण्डोलाजिकल' रूप भर में नहीं। एक अन्य अध्यापिका हिन्दी फिल्मी गीतों पर काम कर रही हैं और उनको इस बात पर थोड़ा अचरज है कि बम्बइया फिल्मों के लिए कभी किसी कायदे के हिन्दी कवि ने गीत नहीं लिखे हैं। हिन्दी कविता के पिछले पचास बरसों में मुख्यतः मुक्त छन्द पर एकाग्र होने पर कई प्रश्न हुए। भारत में अंग्रेजी के महत्त्व और वर्चस्व पर भी जब-तब बातचीत हुई। अधिकांश छात्र समझते हैं कि अंग्रेजी भारत की एक प्रमुख भाषा है और उन्हें यह जानकर बहुत आश्चर्य होता है कि अंग्रेजी जानने वालों का प्रतिशत भारत में पाँच से भी कम है और उसका सार्थक सक्षम अभिव्यक्ति के लिए इस्तेमाल करने वाले तो शायद एक प्रतिशत से भी कम होंगे। यह भी पूछा गया कि क्या भारतीय अंग्रेजी लेखकों का हिन्दी और अन्य भारतीय भाषाओं में उतनी तत्परता से अनुवाद होता है जितना कई विदेशी भाषाओं में? यह देख कर, फिर भी, अन्ततः सुख ही होता है कि नौकरी आदि की कोई उम्मीद न होने के बावजूद क्रैको में हिन्दी और संस्कृत के छात्रों की संख्या बढ़ती जा रही है।

(16 अप्रैल, 2000)

आश्विट्ज

यों तो वह एक छोटे से गाँव का जर्मनों द्वारा दिया गया नाम है जो क्रैको से कुल 75 किलोमीटर की दूरी पर है। गाँव से गुजरते हुए इस बात का कतई कोई अहसास नहीं होता कि आप किसी खास जगह की ओर बढ़ रहे हैं: लोग कम दिखते हैं पर जो भी नजर आते हैं, रोजमर्रा के काम में व्यस्त। लेकिन आश्विट्ज स्मारक पहुँचने और वहाँ फैली बैरकों को देखने पर पहली बार यह आघात होता है कि आप बीसवीं शताब्दी के सबसे बड़े वधस्थल पर हैं जहाँ कम से कम 15 लाख लोग मारे गए थे—कुछ दुर्भिक्ष से, कुछ गोलियों से लेकिन अधिकांश

गैस चैम्बरों में नंगे जहरीली गैस और अँधेरे में घुटन से। आश्विट्ज मनुष्य की क्रूरता, निर्ममता और अत्याचार का नाम है। शायद ही मनुष्य के समूचे इतिहास में किसी एक स्थान पर ऐसी कुशलता और सुघर प्रबन्ध से इतना बड़ा नरसंहार हुआ होगा जितना कुल तीन-चार बरसों के दौरान नाजियों ने आश्विट्ज में किया। मारे गए में से नब्बे प्रतिशत यहूदी थे, सिर्फ पोलैण्ड के नहीं बल्कि यूरोप भर से ट्रेनों में भर कर लाए गए यहूदी।

कँटीले तारों के बाड़े हैं जिन्हें बिजली से सजीव रखा जाता था ताकि अगर बन्दी उन्हें तोड़ कर भागना चाहे तो चिपककर मर जाए। संहार यहाँ उन दिनों रोजमर्रा की सामान्य गतिविधि थी। जो कमजोर, बीमार या बूढ़े थे, सीधे ही गैस-चैम्बर भेज दिए जाते थे। जो थोड़े तन्दुरुस्त थे, उन्हें शिविर में कठोर श्रम करना पड़ता था। लेकिन अन्ततः मारे वे भी जाते थे। मृत और जीवितों के बीच एक और सम्बन्ध था : जो जीवित थे वे सेलर्स से लाशें हटाते थे, लाशों के सिर मूड़ कर बाल निकालते थे और यहूदी मृतकों के मुँहों से सोना निकाल कर अलग करते थे। चूँकि हिटलर का लक्ष्य संसार को यहूदियों से हमेशा के लिए मुक्त करना था, अगर किसी यहूदी औरत के शिविर में रहने के दौरान बच्चा हो तो बच्चे को तुरन्त इंजेक्शन देकर मार दिया जाता था, माँ के साथ ही। यों हर दिन बच्चे गैस चैम्बर में अपने माता-पिता के साथ ठूँसे ही जाते थे पर कुछ थोड़े दिनों के लिए बचा लिए जाते थे जिन पर एक जर्मन डॉक्टर प्रयोग करता था। मृत्यु बल्कि संहार की जो संहिता नाजियों ने बनाई थी उसके अनुसार किसी से यह नहीं कहा जाता था कि उसे मारने के लिए ले जाया जा रहा है। बल्कि गैस चैम्बर में जाने के पहले कपड़े उतारने को कहा जाता था और 'नहाने' के लिए साबुन की एक बट्टी थमाई जाती थी, सिवाय इसके कि चैम्बर में पानी के फव्वारे नहीं, जहरीली सिक्लोन बी गैस छोड़ी जाती थी। नाजी मनुष्य के शरीर का कोई भी हिस्सा बेकार नहीं जाने देना चाहते थे। स्त्रियों के बालों से जर्मनी में कपड़े बनाए जाते थे। आश्विट्ज में जब जगह कम पड़ने लगी तो 1941 में वहाँ से तीन किलोमीटर दूर बिरकेनो में दूसरा शिविर स्थापित किया गया। 1945 में रूस की लाल सेना ने इन शिविरों को मुक्त कराया था और तब की स्थिति पर एक रोंगटे खड़े कर देने वाली फिल्म दिखाई जाती है।

आश्विट्ज की बैरकों में अब मृत्यु और नरसंहार के संग्रहालय हैं। मृतकों के छोटे-बड़े किसिम-किसिम के जूते और सैण्डल, कई टन स्त्रियों के बाल जिनमें बच्चों की पिगेटल्स भी हैं, हजारों चश्मे, असंख्य सूटकेस, सैकड़ों टूथब्रश, प्रार्थना के शालों के ढेर आदि देखना दिल दहला देने वाला है। मौत के घर में जिन्दगी के बचे हुए निशान। यों तो मनुष्य

का इतिहास स्वयं मनुष्य द्वारा मनुष्य पर किए गए अत्याचारों की महागाथा है, आश्विट्ज से बड़े और एक तरह से अब तक रिसते घाव की कल्पना करना कठिन है। वह यातना और यन्त्रणा का चरम है : वह मनुष्य की नैतिक कल्पना का भी ध्रुवान्त है। आश्विट्ज नाजी अमानवीयता का ही स्मारक नहीं है—वह मृत्यु और अत्याचार में मनुष्य की साझेदारी का भी साक्ष्य है। वहाँ स्वयं बचे रह कर, इतने बरसों बाद, वहाँ जो हुआ उसका साक्ष्य देखना कहीं न कहीं शर्म-सी पैदा करता है। नाजियों के बजाय हम होते तो क्या क्रूरता और संहार में कुछ कमी होती! बँटवारे पर, साम्प्रदायिक दंगों में और 1984 में सिखों के खिलाफ बर्बरता में हमने अपने अन्दर की हिंसा और मानव-द्वेष को जिस तरह बाहर किया था वह निर्दयता और निर्ममता में हमें किसी से कम नहीं ठहराता। आश्विट्ज का एक सबक यह है कि हम सभी जिम्मेदार हैं।

संग्रहालय ने आश्विट्ज पर कविताओं का एक बड़ा संकलन अंग्रेजी में प्रकाशित किया है जिसमें कई देशों और भाषाओं के 190 कवियों की रचनाएँ संकलित हैं। उनमें यहूदा अमीखाई, पाल सेलान, ताद्यूश बोरोस्की, रैण्डाल जैरेल, प्रीमो लेवी, राबर्ट लोवेल, ईवा लिप्स्का, सिलविया प्लाथ, एन सैक्स्टन, शिंबोर्स्का, रूजेविच आदि शामिल हैं। आश्विट्ज में कविता असम्भव लगती है लेकिन संकलन का सम्पादक कहता है कि 'काव्यात्मक शब्द ने मनुष्य की आन्तरिकता जगाई और मानवीय गरिमा की रक्षा की'। आश्विट्ज के बाद कविता का कर्त्तव्य इससे कम हो ही नहीं सकता।

(23 अप्रैल, 2000)

कलकत्ते की हिन्दी दुनिया

ऐसा कम हुआ है बल्कि शायद पहली बार ही हुआ है कि मैं कलकत्ते गया हूँ और इस बार काँच और सिरेमिक वैज्ञानिकों के साथ एक सुबह और एक दोपहर छोड़कर मैंने बाकी सारा समय वहाँ की हिन्दी दुनिया केबीच बिताया। इस बार मैंने कलकत्ते के बांग्ला लेखकबन्धुओं, शास्त्रीय संगीत और नृत्य, आधुनिक रंगमंच के अपने मित्रों से कोई सम्पर्क किया ही नहीं। कलकत्ता हिन्दी का सबसे बड़ा शहर हैः वहाँ चालीस लाख से अधिक हिन्दीभाषी रहते है। मुझे सबसे बड़ा अचरज तो इस बात को लेकर है कि कलकत्ते ने अपनी हिन्दी विशालता के बावजूद कोई मूर्धन्य हिन्दी लेखक क्यों पैदा नहीं किया। दिल्ली के मुकाबले आम जिन्दगी में हिन्दी कलकत्ते में अधिक सुनने मिलती है। फिर भी, ऐसा

क्यों हुआ है? शायद इसका उत्तर इस बात में हो कि कलकत्ता घर बहुत कम का है, शरण्य सभी का है। यों ऐसे परिवार काफी हैं जो वहाँ कई पीढ़ियों से बस गये है; भले सत्तर-अस्सी बरस पहले वे पूर्वी उत्तर प्रदेश या बिहार से क्यों न आए हों। कलकत्ते में बसे बंगालियों में भी तो काफी बड़ी संख्या उनकी होगी जो बंगाल के दूसरे शहरों से नौकरी और शरण की खोज में कलकत्ते आकर बसे है। क्या इसका एक कारण यह हो सकता है कि अपनी जमीन से उखड़े इन हिन्दी भाषियों ने कलकत्ते के बंगाली समाज से संवाद और सहकार बहुत कम किया? बंगालियों में हिन्दी साहित्य को लेकर कोई खास जिज्ञासा नजर नहीं आयी।

राष्ट्रीय पुननिर्माण मिशन के अन्तर्गत आयोजित 'कविसंगम' में मुझे यह बात बहुत अच्छी लगी कि बड़ी संख्या में युवक-युवतियाँ नये ढंग की कविता लिखे रहे है। उनमें से कई की मातृभाषा बांग्ला है पर वे विश्वविद्यालय या अन्यत्र हिन्दी पढ़रहे है। उनमें कच्चापन और अनगढ़ता जरूर थी लेकिन एक मोहक किस्म का एडवेंचर का भाव भी। कुछ में तरुणोचित अधीरता और दुनिया पर फैसला देने का प्रलोभन था लेकिन कइयों में अपनी आसपास की जिन्दगी उसकी पदार्थमयता का ऐन्द्रिय अधिग्रहण भी। आलोचक-अध्यापक शम्भुनाथ ने युवा छात्रों से वरिष्ठ लेखकों से संवाद की जो शुरूआत की है वह आगे जाकर रंग ला सकती है। हमारे अकादेमिक परिसरों में युवा प्रतिभा का सक्रिया सर्जनात्मकता से सम्पर्क इतना शिथिल हो गया है कि युवाओं को अक्सर सारा साहित्य बेहद किताबी और इसलिए उबाऊ व्यापार लगने लगता है। स्वयं मेरे लिए यह संवाद स्फूर्तिदायी था। किसी भी लेखक के लिए इससे बढ़ कर कोई और आध्यात्मिक अनुभव और क्या होगा कि वह सिर्फ अपने शब्दों से इतने सारे युवा लोगों से जुड़ सकता है! ऐसा कितना कम होता है कि आप लगभग तीन घण्टे लगभग डेढ़ सौ युवा लोगों के साथ कविता को लेकर हों!

(15 अक्टूबर, 2000)

पटियाला में कविता

हो सकता है कि पंजाबी साहित्य की परम्परा में पटियाला का नाम कविता से भी जुड़ता हो। पर कम से कम मेरे मन में उसका नाम हिन्दुस्तानी शास्त्रीय संगीत के बड़े घराने पटियाला घराने से ही जुड़ता रहा है। यह और बात है कि अनेक सदाशयी व्यक्तियों की मदद और कोशिश के

बावजूद मुझे वह जगह या घर नहीं मिल पाये जहाँ पटियाला घराने के गायक गाते और रहते होंगे। लेकिन मैं पहली बार पटियाला संगीत के सिलसिले में नहीं बीसवीं शताब्दी की पंजाबी कविता के पुनर्मूल्यांकन के लिए पंजाबी विश्वविद्यालय द्वारा आयोजित एक परिसंवाद के शुभारम्भ के लिए गया। यों तो यह पता ही है कि उत्तर भारत की भाषाओं और साहित्य के बीच कई तरह की समानताएँ और अनेक स्तरों पर सहकार रहा है लेकिन पंजाबी के अनेक मूर्धन्य विद्वानों से यह जान-सुन कर अच्छा लगा कि पंजाबी में भी स्वच्छन्दतावाद, प्रयोगवाद, प्रगतिवाद आदि प्रवृत्तियाँ रही हैं। जिस साधारण की महिमा को मैं हिन्दी कविता की बीसवीं शताब्दी का केन्द्रीय अभिप्राय मानता हूँ वह पंजाबी कविता के लिए भी सही है। बल्कि शायद पंजाबी में स्थानीयता और आँचलिकता उसकी आधुनिक कविता में हिन्दी से अधिक ही है। मुझे ऐसा भी लगा कि जिस तरह से हिन्दी का भक्ति काव्य आज की कविता के लिए लगभग अप्रासंगिक है उस तरह की स्थिति, सौभाग्य से, पंजाबी में नहीं है। वहाँ गुरु ग्रन्थ साहिब के आध्यात्मिक अवदान और सूफी परम्परा के उत्तराधिकार का न सिर्फ उल्लेख निस्संकोच होता है बल्कि आज की पंजाबी कविता में उनकी अन्तर्ध्वनियाँ और पुनराविष्कार देखा-सुना जा सकता है।

पंजाबी विश्वविद्यालय ने शाम को अपने सभागार में एक कवि-दरबार भी इस अवसर पर किया जिसमें पंजाबी, उर्दू और हिन्दी के कवि शामिल थे। लगभग तीन घण्टे से अधिक चले इस आयोजन में बड़ी संख्या में युवा और छात्र श्रोता अन्त तक मौजूद रहे—मैंने इसलिए यह विशेष रूप से लक्ष्य किया क्योंकि अन्तिम कवि अध्यक्ष होने के नाते मैं ही था। विश्वविद्यालय के परिसर में एक तरह की प्रबुद्ध रसिकता आकार ले रही है यह इस बात से बार-बार स्पष्ट था कि वह पंजाबी कवि सुरजीत पातर और कवि-कुलपति जसबीर सिंह अहलूवालिया या उर्दू कवि बशीर बद्र की कविताओं से समझदारी से प्रतिकूल हो रही थी।

पुराने रंगकर्मी बलराज पण्डित पटियाला में हैं। उन्होंने अपने एक नये नाटक की पाण्डुलिपि दी। मुझे उनके संगीत-रसिक होने का तो पता था पर यह नहीं मालूम था कि उन्होंने संगीत की कुछ बड़ी ताजे-अनूठे ढंग की बन्दिशें, ठुमरियाँ आदि भी लिखी हैं। उनसे हड़बड़ी में सही उनमें से कुछ सुन कर लगा कि यह एक ऐसा क्षेत्र है जिसमें कविगण प्रवेश ही नहीं करते हैं। कोने में पड़े रह कर भी बलराज पण्डित यह कर रहे हैं यह बात एक बार फिर आश्वस्त करती है कि प्रतिभा 'पानी की तरह' कहीं भी अपनी सक्रियता के लिए जगह बना ही लेती है।

(29 अक्टूबर, 2000)

सुघर प्रयोग

घर पेरिस में सैयद रज़ा का है जिसमें वे अपनी फ्रेंच-कलाकार पत्नी के साथ रहते हैं। ठीक बगल वाला मकान इसी दम्पति का है सिवाय इसके कि उसमें जानीन मोंजीला का स्टूडियो है और सारा मकान उनकी कलाकृतियों से अँटा-सा पड़ा है। जानीन इन दिनों अशक्त हैं लेकिन फिर भी हर रोज किसी न किसी कलाकृति पर काम करती हैं। बरसों से वे चाय की थैलियों से अपनी कलाकृतियाँ बनाती रही हैं : उनका टैक्सचर, ऐन्द्रिय अहसास और उससे बनने वाली संरचनाओं की उपस्थिति बिल्कुल निराली है : आमतौर पर हम सोच भी नहीं सकते कि चाय की थैलियों से रोजाना बनने वाली चाय के अलावा कला भी सम्भव है। बीसवीं शताब्दी ने कला की दुनिया में जो सबसे बड़ी क्रान्ति की है और जो एक तरह की स्थायी क्रान्ति है, वह यह है कि बिल्कुल रोजमर्रा के इस्तेमाल की प्रक्रिया कला का उपजीव्य और उसका माध्यम हो सकती है। अक्सर हमारी निपट और सहज मानवीयता घर-गृहस्थी की छोटी-मोटी चीजों में, बरतनों के पीतल और थाली-गिलास की खनक में सबसे अधिक दमकती और गूँजती है। उनके सन्दर्भ में हम कला की बात प्रायः नहीं सोचते। जानीन मोंजीला इसी घर-गृहस्थी के गहरे संरचनात्मक और शायद किसी हद तक दार्शनिक और आध्यात्मिक आशयों की चित्रकार हैं। उनकी कलाकृतियाँ सामान्य अर्थ में न चित्र हैं, न ही शिल्प। उनमें स्पष्ट चित्रात्मकता है लेकिन वे तीन आयामों की कलाकृतियाँ हैं।

मुझे यकायक खाने की मेज के सामने जानीन की एक बहुरंगी कलाकृति नजर आती है जिसमें छोटी-छोटी कई तरह के रंगोंवाली चिड़ियों से, जो नन्हे लकड़ी के खिलौने हैं, एक पूरा पेड़ रचा गया है। सिर्फ पेड़ का तना लकड़ी का है : बाकी पूरा पेड़ सिर्फ इन चिड़िया-खिलौने से बना है। मुझे याद अया कि अभी उस दिन दिल्ली में सुबह अपने पैर की मोच के कारण कुछ लँगड़ाते हुए टहलते मुझे पार्क के बाहर की सड़क पर एक अमलतास का पेड़ दिखा जिसमें इतने पीले फूल लदे थे कि उसकी पत्तियाँ नजर ही नहीं जा रही थीं : जैसे कुछ देर के लिए उस अमलतास ने यह तय किया हो कि मैं सिर्फ फूल बन जाऊँगा, बिना पत्तियों का। जानीन की उस कलाकृति में वृक्ष पक्षी-वृक्ष है : उसमें न फूल हैं, न पत्तियाँ। ये नन्हे खिलौने उन्हें बनारस से मिले हैं और इसलिए उनकी इस सीरीज का नाम है : बनारस की चिड़ियाँ।

रज़ा बातचीत में किसी प्रसंग में कहते हैं कि अकेले प्रार्थना से नहीं चलेगा, वह पहले हो, पर फलीभूत तभी होगी जब उसके बाद कड़ी मेहनत हो। मैं इस दम्पति को चकित होकर देखता हूँ : कला के लिए कड़ी मेहनत

ही उनके लिए रोजमर्रा की प्रार्थना है। उसकी सुघरता से ही उनके विस्मयकारी प्रयोग निकलते हैं।

(17 जून, 2001)

राबका में लकड़ी का चर्च

जैसे भारत में कहीं जाइए मन्दिरों-मस्जिदों से बचना मुश्किल है वैसे ही पोलैण्ड बल्कि समूचे यूरोप में जहाँ भी जाइए, वहाँ कोई न कोई पुराना चर्च मिल ही जाएगा। गोथिक, बारोक आदि शैलियों में बना हुआ : भव्य, सुगठित और अक्सर सूना। क्रैको से लगभग एक घण्टे की ड्राइव की दूरी पर बसा छोटा-सा कस्बा, राबका, पहाड़ी है और उसकी ख्याति बच्चों के लिए सैनीटोरियल सुविधाओं को लेकर है। याग्योल्लीनियन विश्वविद्यालय का वहाँ एक अतिथिगृह है जिसमें मैं दो दिनों के प्रवास के लिए आया हूँ। मौसम बेहद बदराया हुआ है : कई बार बारिश भी हुई, धूप बहुत कम निकली। दिन लम्बे हैं तो शाम नौ बजे तक भी उजास रहता है। मैंने इस विवश आरामतलबी का फायदा अपने टुटहे टाइपराइटर पर, जिसके आठ किलो वजन को मैं सहर्ष ढो रहा हूँ, कुछ कविताएँ लिखकर उठाया।

राबका से निकलते हुए कस्बे में लगभग सीमान्त पर स्थित एक चर्च देखने का सुयोग हुआ। उसमें वहाँ की पुरानी बीत चुकी रोजमर्रा की चीजों का एक छोटा-सा संग्रहालय भी है। लगभग तेरहवीं शताब्दी से यह इलाका अपने नमक के लिए प्रसिद्ध है। आसपास नमक के कई सोते हैं जिन्हें त्वचा आदि की बीमारियों के लिए बड़ा मुफीद इलाज माना जाता रहा है। आसपास की पहाड़ियों से नमक निकालने की सनद भी इस कस्बे के निवासियों के पास रही है। सन् 1606 में यानी सत्रहवीं शताब्दी के आरम्भ में क्रैको के एक रईस ने यहाँ लकड़ी का एक चर्च बनाया। बल्कि उस इलाके के बढ़इयों से बनवाया : चर्च के एक दस्तावेज के अनुसार सन् 1563 में पहले-पहल यह चर्च बना था जो किसी दुर्घटना में नष्ट हो गया। उसके स्थान पर यह चर्च बाद में 1600-1606 के बीच उस इलाके की बढ़ईगिरी के नायाब नमूने के तौर पर बना। पत्थर के ठोस आधार पर स्थित यह चर्च ऊपर पूरी तरह से लकड़ी का है। शिखर काफी ऊँचा और पूरी तरह से लकड़ी का है और उसमें किसी तरह के लोहे या कीलों का इस्तेमाल नहीं किया गया है। लार्च लकड़ी से बनाया यह चर्च ट्रैट्रा पहाड़ी अंचल की लोक स्थापत्य कला का अद्‌भुत और आश्चर्यजनक रूप से टिकाऊ स्मारक है। अहाते में ओक आदि के

विशाल वृक्ष हैं। सन् 1929-36 के दौरान इस चर्च को एक संग्रहालय के रूप में संरक्षित किया गया और अब वह व्लादिस्लाव ओरकान संग्रहालय के नाम से जाना जाता है।

स्थानीय दस्तकारी, हस्तशिल्प, मिट्टी की बनी कला वस्तुओं का अच्छा संग्रह है। इस इलाके में उन्नीसवीं शताब्दी के अन्त तक रोजमर्रा की प्रायः हर चीज लकड़ी से ही बनती थी। सत्रहवीं शताब्दी से लेकर उन्नीसवीं शताब्दी की जो कला वस्तुएँ यहाँ संगृहीत हैं उनके किसी भी कलाकार का नाम-पता नहीं है और उन सभी का विषय धार्मिक अभिप्राय हैं। लकड़ी, कागज, काँच, कैनवास आदि पर बनाए गए चित्र हैं। पुरानी वेशभूषाएँ, खाना बनाने के बरतन, भेड़ के दूध से पनीर बनाने के उपकरण, शिकार के औजार आदि सब यहाँ हैं। खिलौनों से लेकर स्लेज-गाड़ी भी है। स्त्रियों के लिए अलग पोर्च चर्च में बना है। एक जगह पर मानवीय दाँतों की एक कतार है : पता चला कि सन्त अगाथा दाँत के दर्द के संरक्षक सन्त थे और इसलिए उन्हें दाँत अर्पित किए जाते थे। एक विश्व-धर्म होते हुए भी ईसाइयत निपट स्थानीयताओं से रसी-पगी है।

(24 जून, 2001)

चट्टान का खड्ग

किले का नाम तो है पिएस्कोवा स्कावा, जिसका अर्थ होता है 'छोटे कुत्ते की चट्टान', जो कि एक अत्यन्त सुरम्य वनप्रान्तर में बना मध्यकालीन किला है, एक बड़ी-सी चट्टान पर, जिसका किसी कुत्ते से क्या सम्बन्ध है यह मैं पता नहीं कर सका। ऊँचे हरे-भरे वृक्षों के सघन वन में वह अकस्मात् आ जाता है, निश्चय ही अपने बारे में इस एक पुरानी उक्ति को बिल्कुल सटीक ठहराता हुआ कि वह ऐसा स्थान है जिसे 'प्रकृति, कला और प्रयत्न ने सुन्दर बनाया है।' उसकी एक खिड़की पर सोलहवीं शताब्दी का एक आलेख है : 'मैं यहाँ सुरक्षा के लिए बनाया गया और फिर ईश्वर के सुपुर्द कर दिया गया क्योंकि बिना उसकी सहायता कोई भी किसी चीज की रक्षा नहीं कर सकता।' पुनर्जागरण काल की इस इमारत के कुछ हिस्से और पुराने हैं : दो गोलबुर्ज पन्द्रहवीं-सोलहवीं शताब्दी के हैं और आँगन में जो कुआँ है वह शायद चौदहवीं शताब्दी का है। मुझे याद आता है कि कुछ इसी तरह का कुआँ, हालाँकि कुछ छोटा, और इतना ही पुराना फ्रांस के आविन्यों की उस मोनास्ट्री में था जिसमें रहकर मैंने एक पूरी पुस्तक इसी टुटहे टाइपराइटर पर लगभग सात बरसों

पहले पूरी की थी। किसी ने कहा कि पोलिश लोग या तो पानी का बन्दोबस्त करते थे याकि प्रार्थना करने की जगह बनाते थे। पानी और प्रार्थना का पोलिश युग्म मुझे लुभाता है।

इन दिनों इस किले में एक संग्राहालय है जिसमें अनेक कलावस्तुएँ, कुछ मध्यकालीन वेशभूषाएँ, कुछ फर्नीचर आदि प्रदर्शित हैं। उनमें से अधिकांश उसके मूलसंग्रह में से नहीं हैं। किले के पास ही एक बड़ी-सी चट्टान है जिसे 'हरक्यूलीज का खड्ग' कहा जाता है। वह दिखाई एक विराट खड्ग बल्कि फरसे जैसी जरूर देती है, पर मुझे इस प्रश्न का उत्तर नहीं मिला कि ग्रीक देवता कब और क्यों पोलैण्ड को छोड़ गए? मेरी पोलिश मित्र रेनाता चेकाल्स्का अपनी कार से मुझे रास्ते में एक स्थान दिखाकर बताती हैं कि यह उनके निजी मिथकशास्त्र में बाबायागा नाम की डायन का घर था जिसका डर उन्हें बचपन में उनकी माँ तब दिलाती थीं जब वे खाना खाने से इनकार करतीं या उसमें कुछ ननुनच करती थीं। हँसकर रेनाता बताती हैं कि अपनी बचपन की इस मामले में कोताही का पूरा प्रतिफल अब अपने बच्चों से मिल रहा है—वे भी खाने में ननुनच कर उन्हें बेहद परेशान करते हैं। जंगल, किले, चट्टान के साथ भारत में भी अक्सर इस तरह के मिथक जुड़े हुए हैं : कहीं सीता की रसोई है, कहीं भीम के पाँव की छाप, कहीं पाण्डवों की गुफाएँ, कहीं परशुराम का फरसा, कहीं किसी डायन का घर। हम अपने भूगोल को अपने इतिहास और स्मृति से अपने मिथक और जातीय गल्प से रूपायित कर उसे स्वायत्त करते हैं।

हमने रास्ते में किले की ओर जाते हुए उस लकड़ी के चर्च को देखा था। लौटते हुए हम उसके पास रुकते थे। प्रौंदनिक नदी के जलप्रवाह पर एक छोटे-से पुल पर वह लकड़ी का चर्च बल्कि चैपल बना है। रूसी जार ने पिछली शताब्दी में भूमि पर कहीं भी रोमन कैथोलिक चर्च न बनाने का जो शाही फरमान जारी किया था उससे बचने के लिए स्थानीय लोगों ने यह हिकमत निकाली थी : नदी के पुल पर चैपल। फिर प्रार्थना प्रतिरोध है, हो सकती है।

(24 जून, 2001)

पॉम्पिदू में पॉप कला

पेरिस का पॉम्पिदू कला केन्द्र संसार के सबसे बड़े आधुनिक कला-संग्रहालयों में माना जाता है और यही वहाँ जाने में हर बार परेशानी पैदा करता

है क्योंकि दर्शकों की, विशेषतः पर्यटकों की, भारी भीड़ होती है। मुझे याद है कि मातीस की एक प्रदर्शनी के लिए एक बार हमें क्यू में लगभग दो घण्टे इन्तजार करना पड़ा था। इन दिनों यानी 17 जून, 2001 तक वहाँ पॉप कला की एक बड़ी प्रदर्शनी चल रही है। रज़ा चाहते हैं कि हम दोनों साथ देखें। हम निकल पड़ते हैं। हल्की-सी बारिश हो रही है और इसी कारण यह आशा बँधती है कि शायद ज्यादा भीड़ न हो।

1956 से 1968 के बीच मुख्यतः अमेरिका में शुरू हुए पाप कला-आन्दोलन की यह विराट और सुनियोजित प्रदर्शनी पॉम्पिदू की सबसे ऊपरी मंजिल पर है। उसमें एण्डी वारहल, रोशेनबर्ग, लिचेंस्टाइन जैसे विख्यात कलाकारों के अलावा यूरोप और फ्रांस के भी कई कलाकारों का काम शामिल किया गया है। माध्यमों की बहुलता है, चित्र, शिल्प, कोलाज, संस्थापन, वीडियो आदि। पूरी प्रदर्शनी अंगड़-खंगड़ ऊलजलूल, फूहड़, लोकप्रिय, अश्लील, भौचक करने वाले तत्त्वों से बनी कलाकृतियों का संचयन है। रोजमर्रा की जिन्दगी में इस्तेमाल की जाने वाली प्लास्टिक आदि की चीजों को, हम जिस कचरे से लगातार घिरे और घिरते ही जा रहे हैं उस सबको, कलारूप देने की विध्वंसक चेष्टा रही है पॉप कला। वह सौन्दर्य, राजनीति, इतिहास, परिष्कार, वैभव, परम्परा, कला, रुचि आदि किसी में विश्वास नहीं करती। रज़ा कहते हैं कि उन्हें कला की यह दिशा समझ में आती है : अदम्य अविश्वास से उपजी और उसी को पुष्ट करती वह एक दृष्टि है। उसके कलात्मक नतीजे कैसे भी हों, उन्हें समझा जा सकता है। रज़ा को लगता है कि इस अविश्वास के बरक्स, ठीक समय, भारतीय कला को यह कहकर कि वह विश्वास करती है एक प्रतिबिन्दु की तरह संसार के कला-नक्शे पर उभर सकना चाहिए।

हमारी कला, रज़ा मानते हैं, भरोसे और उम्मीद की कला है : हमारे अपने अन्तर्विरोध और सन्देह हैं, अपनी प्रश्नाकुलता और आध्यात्मिक बेचैनी है। हमने पश्चिम से इस बीच अच्छा-बुरा बहुत सारा लिया है। अब हम उसे कुछ देने की स्थिति में हैं, अगर हममें आत्मविश्वास हो और हम अपनी दृष्टि को सुविचारित और सुसंगठित ढंग से विश्व-स्तर पर प्रक्षेपित करने का कठिन और लम्बा उद्यम कर सकें। वे कहते हैं कि पॉप कला को कला मानकर उसे विश्व-स्तर पर प्रक्षेपित करने का हौसला अमेरिकी अधिकरणों ने दिखाया है। भारत में यह पहल बहुत कमजोर है।

हम नीचे उतरकर केन्द्र की पुस्तकों की बड़ी दुकान में जाते हैं जिसमें कला- सम्बन्धी संसार भर की पुस्तकें, प्रतिकृतियाँ, कैटलॉग आदि फ्रेंच और अंग्रेजी में बिक रहे हैं। भारत के नाम पर कुल दो पुस्तकें हैं : दोनों ही भारत में लोकप्रिय घटिया कैलेण्डरी कला से सम्बन्धित हैं। भारत

में पिछले दो-तीन वर्षों से हुसेन, रज़ा, सतीश गुजराल, रामकुमार, बड़ौदा स्कूल, कालीघाट चित्रों आदि पर जो सुलिखित–समुद्रित पुस्तकें अंग्रेजी में निकली हैं उनका यहाँ किसी को पता ही नहीं है। न ही गीता कपूर, यशोधरा डालमिया, नेविल तुली आदि की पुस्तकों का। हम काउण्टर पर जाकर इस बारे में अपनी चिन्ता व्यक्त करते हैं।

सम्बन्धित फ्रेंच अधिकारी क्षमा-याचना-सी करते हुए आश्वस्त करता है कि अगर हम उसे ऐसी पुस्तकों की सूची दें तो वह उन्हें जरूर प्राप्त कर सुलभ कराने की कोशिश करेगा। वह कहता है कि उन्हें इन प्रकाशनों की कोई सूचना नहीं है। रज़ा झुँझलाकर मुझसे हिन्दी में कहते हैं कि यह सब पता करना और अपनी कला के बारे में जानकारी और सामग्री देना हमारे दूतावास की जिम्मेदारी होना चाहिए। हम उस अधिकारी से पता लेकर विदा लेते हैं।

(1 जुलाई, 2001)

अयोध्या में रात भर

हम लोग पाँच बजे शाम जब अँधेरा होने-होने को था, अयोध्या पहुँचे : बाँसुरी-वादक पण्डित हरिप्रसाद चौरसिया, ध्रुपद गायक उस्ताद रहीम फहीमुद्दीन डागर, कथक नर्तकी उमा शर्मा और मैं। दोपहर में, बिना खाए-पिए लखनऊ से अयोध्या का रास्ता थोड़ा उबाऊ था, भले रास्ते में हम एक-दूसरे को किस्से-कहानियाँ सुनाकर अपना मनोबल बनाए रखने की चेष्टा कर रहे थे। एफ.एम. रेडियो पर 'रसोई' नामक कार्यक्रम आ रहा था जो अपने ब्योरों से पहले तो भूख को तेज और बाद में मन्द कर रहा था। लन्दन के प्रसिद्ध आयोजक वीरेन्द्र शंकर की कंजूसी का जिक्र हो रहा था और इसका भी कि कैसे, बड़ी मुश्किल से, पण्डित चौरसिया को उनसे एक गिलास दूध नसीब हो पाता था!

स्पिकमैके उत्तर प्रदेश- उत्तरांचल ने सितम्बर-अक्टूबर 2001 में मोगूबाई कुर्डीकर और डॉ. रामविलास शर्मा की स्मृति को समर्पित जो कार्यक्रम-शृंखला कई शहरों में आयोजित की थी उसका समापन अयोध्या में एक रात भर चलने वाली संगीतनृत्य सभा से होने की बात थी। फिर भी, यह अन्दाजा करना कठिन था कि पण्डाल में रात के नौ बजे इतनी बड़ी संख्या में लोग होंगे–यह संख्या हजारों में थी और सुबह सात बजे जब पण्डित चौरसिया का वादन समाप्त हुआ, तो भी सैंकड़ों लोग थे। पिछले कुछ वर्षों से अयोध्या का नाम एक अत्यन्त अप्रिय विवाद-प्रसंग से जुड़ा

हुआ है और उसकी कुछ ऐसी छवि बन गई है जैसे वह अयोध्या न होकर रावण की लंका हो। ऐसी अयोध्या में शास्त्रीय कलाओं के प्रति अनुराग और लगाव की एक पूरी रात देखना अयोध्या की एक बिल्कुल दूसरी छवि, उसकी सच्ची आत्मा देखने जैसा था जो किन्हीं स्मारकों में विजड़ित होने के बजाय उसके लोगों के सामान्य जीवन की सहज ऊर्जा और अदम्य सद्भाव में प्रगट और जीवन्त थी। मुझ जैसे आस्थाच्युत व्यक्ति को लगा कि मैं इस अयोध्या को सच्चे मन से प्रणाम कर सकता हूँ और मुझे किसी मन्दिर में दर्शन या ध्वस्त मस्जिद में इबादत करने जाने की जरूरत नहीं है। मैं गया भी नहीं। मेरी किसी कैद में जकड़े देवता के दर्शन की इच्छा नहीं है। मुझे भरोसा है कि उस रात अयोध्या के सभी देवता और समरसता में वहीं आसपास अदृश्य डूबे हुए थे। संगीत का भूगोल सच्चे आध्यात्म का परिसर था और उसमें न नारे थे, न धमकियाँ : उसमें सुरों का सच्चा लगाव था, उनकी ईमानदार सजावट, उनका गहरा रहस्य और उत्फुल्ल आश्चर्य, जो किसी ऐश्वर्य से कम न था। जैसे उस रात का सारा संगीत एक लम्बी प्रार्थना थी : अयोध्या के नाम पर या उसके बहाने किए जा रहे अतिक्रमणों और शोरगुल के विरुद्ध, अशान्ति और आतंक के विरुद्ध, विद्वेष और उन्माद के विरुद्ध।

(11 नवम्बर, 2001)

शेष मध्यकाल

धीरे-धीरे सही, हमें यह समझ आती गई है कि हमारा मध्यकाल यूरोप के मध्यकाल जैसा अँधेरा और बर्बर नहीं रहा है बल्कि उसमें सृजन-विचार, कलाओं और स्थापत्य, भाषाओं और साहित्य की अपार जगमगाहट और उद्वेलन है। जैसमलेर जाना राजस्थान की मरुभूमि में मध्यकाल के एक सुन्दर शहर में होना है जो अपने सौन्दर्य और सौष्ठव में, वैभव और तराश में अभी भी, सौभाग्य से बचा हुआ है। हमारे लिए इस बार जैसलमेर का विशेष महत्त्व इसलिए ही नहीं हुआ कि हम वहाँ पहली बार गए बल्कि इसलिए कि यह हमारे तीन बरस के पोते की दिल्ली से बाहर पहली यात्रा थी, वहीं वह पहली बार जीप में, नाव में और ऊँट पर सवार हुआ था। पर ऋभु ऐसे अटपटे सवाल पूछता है जो कि कई बार गालिबाना लगते हैं, 'अब्र क्या चीज है, हवा क्या है?' एक तरह से चीजों की दुनिया को उसकी आँखों से हम मानो पहली बार पहचान रहे हैं।

जैसलमेर एक मध्यकालीन शहर है और वहाँ की नगरपालिका और जिला प्रशासन की संवेदनशील पहल के कारण उसकी इमारतों और गलियों की मध्यकालीनता अभी बरकरार है। वहाँ का किला, जो कि सत्यजीत राय की फिल्म के कारण सोनार किला के नांम से प्रसिद्ध हो गया है, इस मामले में अद्वितीय है कि वह जितना राजा का था, उससे कुछ अधिक ही प्रजा का। उसमें एक पूरा शहर ही बसा है। बल्कि महल और मन्दिर उसमें रहवासियों के घरों को देखते हुए कुछ संकोच से बनाए गए लगते हैं। जैसलमेर के कलेक्टर ने बताया कि अन्दर जो होटल खुल गए हैं उन्हें वहाँ से बाहर करने का प्रयत्न हो रहा है जो कि मुझे लगता है कि किले की सुन्दरता और सफाई के लिए बहुत जरूरी है। सौभाग्य से इस अभियान को राजनैतिक समर्थन प्राप्त है। चूँकि जैसलमेर का सारा अर्थ-व्यापार पर्यटन पर आधारित हो गया है, उसमें बदरंग, फूहड़ और बेकार पोस्टरों, साइनबोर्डों आदि की भरमार है जो कि दृश्य को बहुत आक्रान्त करते और जैसलमेर की इमारतों की सुषमा को बाधित करते हैं। दूसरा अभिशाप गन्दगी का है। मुझे लगता है कि जैसलमेर के नागरिकों को पर्यटन की दृष्टि से अपने दीर्घकालिक हितों को ध्यान में रखते हुए सफाई का एक नागरिक अभियान चलाना चाहिए। उन्हें समझना चाहिए कि जैसलमेर का आकर्षण उसकी मध्यकालीनता में है जिसे फूहड़ आधुनिकता को कतई ढाँपने नहीं देना चाहिए।

जैसलमेर के पास ही कुलधरा गाँव है जो कि इस मामले में अद्‍भुत है कि एक रात वहाँ के सभी पालीवाल जाति के लोग, तब की राजसत्ता से अप्रसन्न होने के कारण, सैकड़ों मकानों में बसे अपने गाँव को छोड़कर अन्यत्र चले गए थे। ये छोड़े गए मकान अब भी वहाँ हैं: उनमें से एक मकान और एक मन्दिर का जीर्णोद्धार जैसलमेर विकास समिति और इनटैक आदि ने मिलकर किया जिससे यह भी प्रगट होता है कि कितना सुचिन्तित नागरिकता-भाव उन लोगों में था। सड़कें चौड़ी हैं, मकान करीने से कतारों से बने हुए हैं। हर मकान में काफी जगह है, उसके रहवासियों और घरू-मवेशियों के अलावा अतिथि तक के लिए अलग प्रावधान है। पास ही रेत में धँस गई एक बावड़ी भी निकल आई है जो कि अपने स्थापत्य में सुन्दर और अब भी जलपूरित है। सम गाँव में आप भारत की सरहद के निकट और रेत के बहुत नजदीक आ जाते हैं। इस बार भारत-पाक युद्ध की आशंका से सैलानी कम आए हैं। हम जब सूर्यास्त देखने वहाँ पहुँचे तो इतने कम सैलानी देखकर स्थानीय लोग बहुत निराश थे। कह रहे थे कि साहब, इस बार तो हम ठगे गए। रेत के ढूह, रेत का लगभग समुद्र, उन पर तेजी से जाते ऊँट और दूर होता सूर्यास्त—सब मनोरम थे। हमने तो अपनी उमर का ख्याल कर हिम्मत नहीं की लेकिन मेरा बेटा कबीर और ऋभु ऊँट पर सवार होकर लौटे। मरुस्थल के सौन्दर्य

की बातें सुनी थीं। नन्दकिशोर आचार्य और अज्ञेय की कुछ कविताओं से भी उसका कुछ आभास मिला था। पर रेत की दुनिया कल्पना से कहीं अधिक मनोरम और अद्वितीय है। रेत आपको छूकर झरती चलती है और जब आप वापस गाड़ी पर सवार होते हैं तो रेत आपको छोड़ चुकी होती है लेकिन उसका धीरे-धीरे ठण्डा पड़ता कोमल स्पर्श आप भूल नहीं पाते। उसमें प्रथम प्रणय जैसा उच्छ्वास और वैसी ही कोमलता होती है। लेकिन आप रेत से मिट्टी की तरफ लौट जाते हैं।

(20 जनवरी, 2002)

गाँठ और हरियाली

रज़ा मुझे बूलेवार मोपरनास पर स्थित होटल रास्पाइल में छोड़ कर चले जाते हैं। मैं चार दिन और पेरिस में हूँ। होटल के सामने जो चौक है उसका नाम 'प्लास द पाब्लो पिकासो' और उसके एक और रेस्तराँ 'रोतन्द' है जिसमें कभी लेनिन और ट्राटस्की बैठा करते थे। बगल में दो सड़कों के बीच एक त्रिभुजाकर बगीचे में रोदां की बनाई बालजाक की विशाल कांस्य-प्रतिमा है। पेरिस के प्रसिद्ध लग्जेम्बर्ग उद्यान भी पास ही में है। हालाँकि मेरे पास मेट्रो और बस के टिकटों का एक पुलिन्दा है, मैं पैदल चल कर ही इस तरफ का पेरिस एक बार फिर देखना चाहता हूँ।

लग्जेम्बर्ग उद्यान विशाल है : उसमें वृक्षों, फूलों, पक्षियों और गरमी में वहाँ बैठ कर धूप-स्नान करने वालों की अपार विविधता है। उद्यान के चारों ओर, लगभग वृत्ताकार, जो चहारदीवारी है उसका एक बड़ा हिस्सा फोटोग्राफ्स की प्रदर्शनी के लिए अक्सर इस्तेमाल में लिया जाता है। इस बार किसी फोटो-पत्रकार रज़ा के विशाल फोटोग्राफ्स की प्रदर्शनी लगी है जिसे फ्रेंच सीनेट ने आयोजित किया है। लगभग सौ रंगीन चित्र हैं : लोगों के, उनके हाथ, उनके चेहरे, काम करते हुए, मदद करते हुए, खुशी मनाते हुए, दुखी-उदास, भयातुर, झुर्रियों-भरे, नसों-भरे, उत्सुक और श्रमरत, भागते-छोड़ते-गँवाते हुए, सँभाहालते-सहेजते-बिखराते हुए; स्त्रियाँ और बच्चे : सुन्दर, आत्ममुग्ध, नेत्र निमन्त्रण देती हुई, यातनाबिद्ध, बरबाद और घायल; दमकते हुए, भागते-चिल्लाते हुए, खिलखिलाते और रोते हुए, भयभीत और सहमे, चीजों और दृश्यों के आसपास : लोगों की दुनिया, उन्हीं के द्वारा रची और नष्ट की जाती दुनिया—उन्हीं के दुलार से फिर भी बची हुई दुनिया की मार्मिक शबीहें। एक चित्र में दरवेश नाच रहे हैं : नीचे एक उक्ति उद्धृत है—'हम धरती और आकाश के बीच ऊर्जा

की वर्तुल रेखा पर सिर्फ गाँठ भर हैं।'

मेरे लिए हर दिन छुट्टी का दिन है, सो ख्याल नहीं रहता कि उस दिन इतवार था। दो-तीन सड़कें पार कर मैं पैथियान पहुँच गया। वहाँ सामने की एक प्राचीर पर लेखकों और दार्शनिकों के नाम खुदे हुए हैं। पेरिस एक ऐसा अनोखा शहर है जो हर सड़क या गली पर अपने किसी सर्जनात्मक या वैचारिक मूर्धन्य को याद करता है : कहीं किसी कवि के नाम पर सड़क है, किसी विचारक के नाम पर चौक, किसी उपन्यासकार की मूर्ति, किसी चित्रकार का संग्रहालय या घर या स्टूडियो। मैं कुछ पंक्तियाँ आँकता हूँ :

यहाँ सत्ता के दुर्ग ढहते रहे हैं
लेकिन सुरुचि का स्थापत्य अडिग है।
यहाँ 'भाषा का लूव्र' है
शब्दों का गौरव संगृहीत करता हुआ।
ऐसे शहर कम होंगे
जिन्हें सेना नहीं
कवि और कलाकार
बुद्धि का वैभव बचाता है–

और आगे चलने पर मैं पहुँच जाता हूँ नात्रेदाम गिरजाघर के सामने। वहाँ सैलानियों की भीड़ है। पता चलता है कि ग्यारह बजे सुबह, जिसमें तीन मिनट ही बाकी थे, मास होगी। मैं भी कतार में शामिल होकर इस भव्य भवन में प्रवेश कर एक बेंच पर बैठ जाता हूँ। भव्यता, वैभव, सुन्दरता और विनय–सब एकत्र। मास में उपदेश के अलावा धर्मग्रन्थ से पाठ और अनेक स्तुतियों का गायन-वादन भी है। पूरा परिवेश प्रार्थना से गूँजने लगता है : जैसे गिरजाघर के पत्थरों की शिराएँ, गारा तक इस विभोर गान में शामिल हों। अचानक सैकड़ों अपरिचित लोगों की भीड़ में धीरे-धीरे खिसकते हुए एक युवक मेरे पास आकर मेरे हाथ पर हाथ रख देता है। वह भारत से है और फ्रांस में इन दिनों कला पर शोध कर रहा है–मुझे जानता है। तभी मेरी नजर जाती है सन्त मैथ्यू द्वारा संगृहीत ईसा की इस उक्ति पर : 'और जानो कि मैं हमेशा तुम्हारे साथ हूँ : हाँ, समय के अन्त तक।'

(13 जुलाई, 2003)

कब्रिस्तान में

होटल के बाएँ एक सड़क सीधे मोपरनास के कब्रिस्तान में जाती थी। आखिरी दिन मैं वहाँ गया। विशाल है : कई उम्रदराज़ लोग मिले हजारा लेकर अपने किसी प्रिय दिवंगत की कब्र के आसपास पेड़े-पौधों को पानी देते हुए। गेट से सीधा जो मुख्य मार्ग है उस पर मुझे सिर्फ नाटककार यूजीन आयनेस्को की कब्र मिली जिस पर 1909-94 के अलावा एक काला क्रॉस बना हुआ है। ज्यां पाल सार्त्र और उनकी संगिनी सिमों द बुवा एक ही कब्र में हैं जो बेहद सादी-सी है और जिस पर दोनों के मृत्यु वर्ष 1980 और 86 दर्ज हैं। मूर्तिकार ब्रांकुसी की कब्र में एलेक्जेन्द्र और नतालिया भी दफन है और उसके चारों ओर फूल लगे हैं। बोदेलेयर की कब्र खोजने में कुछ कठिनाई हुई क्योंकि वह थोड़ा अन्दर की तरफ है। उस पर एक छोटा-सा बुर्ज जैसा बना है : शायद बोदेलेयर की अदम्यता का एक प्रतीक। उस पर कुछ ताजा फूल, कुछ चीनी मिट्टी के फूल और कुछ बस टिकटें रखी हुई थीं। मारगरीत द्यूरास की कब्र भूरे पत्थर की है जिस पर एक पत्थर का गमला, जिसमें गुलाब का पौधा है और तीन छोटे गमले भी रखे हैं। 12 जून, 2003 का लिखा फ्रेंच में एक खतनुमा भी रखा था। सेमुएल बैकेट की कब्र पर कोई उन्हीं की एक तस्वीर, कुछ पत्थर और कुछ शाखाएँ रख गया था। मुझे ईलियट की पंक्ति याद आई : 'आई डिड नॉट नो डेथ हैड अनडन सो मेनी'!

(13 जुलाई, 2003)

सागर में 'हाशिए पर'

इन दिनों शताब्दी के अन्त या नई सहस्राब्दी की शुरुआत पर कई चीजों का लेखा-जोखा लिया जा रहा है। उपलब्धियों और सफलताओं के इस आकलन में कुछ इसका भी विचार किया जाना चाहिए कि किन चीजों, अवधारणाओं और प्रत्ययों, मूल्यों और विचारों को इस शताब्दी के अन्त पर हमने हाशिए पर फेंक दिया है। सागर विश्वविद्यालय के डॉ. हरिसिंह गौर व्याख्यान के लिए, इसीलिए, मैंने विषय चुना 'हाशिए पर'। एक कारण तो यह भी था कि एक लेखक के रूप में स्वयं जीवन भर हाशिए पर ही रहा हूँ और मेरी वैचारिक दृष्टि तो सकल हिन्दी संसार सिरे से हाशिए की ही मानता रहा है। मुझे लगा कि कभी-कभी हाशिए से देखने पर दुनिया में कई ऐसी चीजें नजर आती हैं जो केन्द्र में रहने वालों के दृष्टिपथ में पड़ती ही नहीं हैं। यह और बात है कि यह दावा भी किया जा सकता है कि जिन्हें हाशिए पर किया जाता है वे जब-तब केन्द्र पर अपने किस्म का दबाव बना कर उसकी गति और दिशा प्रभावित करते हैं। हमारे समय में पर्यावरण, छोटी राष्ट्रीयताएँ, दलित, स्त्री विमर्श और अल्पसंख्यक वर्ग आदि इसके ताजा और ज्वलन्त उदाहरण हैं।

मुझे लगता है बीसवीं शताब्दी ने अपने सभापन तक पहुँचते-पहुँचते क्रान्ति, विचारधारा, आश्चर्यवृत्ति, रहस्यभाव और आत्मसन्देह को हाशिए पर डाल दिया। अपने देश में अहिंसा, गरीबी, समता, महात्मा गाँधी और जवाहरलाल नेहरू हाशिए पर चले गए। भले हम किसी जनमत संग्रह में गाँधी को सहस्राब्दी-पुरुष चुन लें पर अपने सार्वजनिक जीवन और व्यवहार में गाँधी एक अप्रासंगिकता हैं : उनकी दृष्टि और युक्तियों को हमने जानबूझ कर अपने राजनैतिक और आर्थिक जीवन से देशनिकाला दिया है। इसी तरह परम्परा, रसिकता तादात्म्य, छन्द और आस्था भी हमने हाशिए पर रख दी है। परम्परा के बजाय औपनिवेशिक मानसिकता, रसिकता के बजाय उपभोग, तादात्म्य के बजाय दूरी, छन्द के बजाय आपाधापी और आस्था के बजाय छिछली धार्मिकता अब केन्द्र में हैं। हमारी स्मृति क्षीण हो रही है, हमारी संस्कृति-दृष्टि बौद्धिक व्यापार से अपदस्थ की जा चुकी है, अध्यात्म प्रगति विरोधी अवधारणा मान लिया गया है, समयातीत निरा वाग्विलास है और मनुष्य के चरम प्रश्न अब बुद्धि और सृजन के केन्द्र में नहीं है। हम बेहद भयभीत लोग हैं जिनके पास किसी तरह का अभय

शेष नहीं है। हम निर्गुण भजन भले पसन्द करते हों, निर्गुण से बिदकते हैं। हम अपनी सभ्यतागत निरन्तरता से बेगाना हैं। अपने उत्तराधिकार से हम उदासीन हैं और कृतज्ञता का कोई गहरा बोध हममें बाकी नहीं सिवाय औपचारिकता के। हिन्दी में साहित्य, मातृभाषा विचार, विफलता और पारिवारिक हाशिए पर चले गए हैं। हाशिए से देखने पर लगता है कि नई शताब्दी में जो नए द्वन्द्व उभरेंगे उनमें विचार बरक्स प्रबन्ध, व्यक्ति बरक्स सार्वजनिकता, विवेक बरक्स सूचना, संस्कृति बरक्स मनोरंजन और दृष्टि बरक्स कौशल होंगे।

यह एक तरह का 'मंच-विनोद' था। इन मंचकों में परिष्कार और कतर-ब्योंत की गुंजाइश है। हाशिए से मेरी अधेड़ आँखों को कुछ नजर तो आता है पर वह कितना सच या ठीक है, यह मैं नहीं जानता। हो सकता है कि आप जानते हों।

(9 जनवरी, 2000)

स्वराज पर पुनर्विचार

कुछ लोग ऐसा मानते हैं कि संसार जिन विचारों के आधार पर मूलतः गठित और नियमित है वे कुल मिलाकर पहले ही सोचे जा चुके हैं और हम अधिक से अधिक उनमें अपनी समझ और अपने समय के अनुसार परिवर्द्धन-संशोधन ही करते रहते हैं। नतीजा यह है कि इन दिनों हम विचार नहीं, पुनर्विचार कर रहे हैं। यह धारणा सही है या नहीं कहना कठिन है, हालाँकि उसमें कुछ सच्चाई जरूर है। जो हो, इधर जिन पुराने विचारों पर हमने फिर से ध्यान देना शुरू किया है उनमें एक है स्वराज। भारतीय दार्शनिक अनुसन्धान परिषद के तत्त्वावधान में इस सप्ताह के शुरू में एक विचारोत्तेजक संवाद हुआ जिसका विषय था : स्वराज पर फिर सोचते हुए यानी स्वराज पर पुनर्विचार।

यही विचार-विनिमय, जाहिर है, इन दिनों हमें बेहद आक्रान्त किये हुए भूमण्डलीकरण के सन्दर्भ में हुआ और कुछ इस सिलसिले में भी हमारे गणतन्त्र की अर्द्धशती पर यह सोचने का समय आ गया है कि किसी ठोस अर्थ में हमने जो गणतन्त्र विकसित किया वह स्वराज है या नहीं। संवाद में अनेक दार्शनिक, चिन्तक और राजनीति-शास्त्री शामिल हुए। एक बात तो यह रेखांकित हुई कि हमारे स्वतन्त्रता-संग्राम के दौरान स्वराज की अवधारणा धीरे-धीरे विकसित होकर अधिक जटिल और किसी हद तक द्वन्द्वात्मक बनी। उसे लेकर कई मूर्धन्यों में मतैक्य नहीं था मसलन

गाँधी और नेहरू में ही स्वराज, आधुनिकता, औद्योगीकीकरण, आधुनिक व्यवस्था आदि को लेकर गहरे और तात्विक मतभेद थे। फिर श्री अरविन्द जैसे चिन्तक स्वराज की अवधारणा को जो आध्यात्मिक अर्थ और आभा देना चाहते थे वह कइयों के सिर से ऊपर की बात थी। विदेशी शासन से मुक्ति स्वराज का एक प्रमुख लक्ष्य था पर उसे अर्जित करने के बाद लगता है कि स्वराज की जटिल अवधारणा को हमने पूरी तरह से छोड़ दिया। गाँधी जी ने स्वराज की अवधारणा को पश्चिमी आधुनिकता के एक रैडिकल क्रिटीक की तरह भी प्रस्तुत किया था। उनका हिन्द स्वराज तो निश्चय ही सभ्यता-समीक्षा है। दार्शनिक दया कृष्ण ने इस ओर ध्यानाकर्षण करते हुए कहा कि यह स्पष्ट होना चाहिए कि स्वराज पर पुनर्विचार करने का कारण इस समय संसार पर बढ़ता अमेरिकी प्रभुत्व है जो कि भूमण्डलीकरण के नाम से प्रस्तुत हो रहा है : क्या स्वराज के विचार का पुनरुद्भव हमें बौद्धिक और सामाजिक रूप से इस विराट और सब कुछ को लीलने के लिए समुत्सुक अमेरिकीकरण से जूझने के औजार और युक्तियाँ सुलभ करा सकता है यह प्रश्न एक तरह से संवाद पर छाया सा रहा। इतिहासकार रवीन्द्र कुमार ने भारत में बढ़ी जीवन-दर जैसे उदाहरण देते हुए यह कहने की कोशिश की कि भारतीय गणतन्त्र की रचनात्मकता को सिरे से नजरअन्दाज करना गलत होगा। उनका मत था कि इस रचनात्मकता को स्वीकार कर उसे अधिक उदग्र, केन्द्रीय और व्यापक बनाने में ही स्वराज का विस्तार सम्भव है। वैज्ञानिक डॉ. यशपाल ने इस ओर उचित ही ध्यान दिलाया कि अक्सर स्वतन्त्रता के बाद भारत की उपलब्धियों का आकलन करते समय हम राजनीति में अटक कर रह जाते हैं जबकि भारत राजनीति से हटकर कई अन्य क्षेत्रों में बहुत रचनात्मक रहा है और आज भी सैकड़ों-हजारों व्यक्ति और समूह, संस्थाएँ देश के अनेक भागों में रचनात्मक हैं और भारत के स्वराज को सार्थक बनाने की चेष्टा में लगे हुए हैं।

(30 जनवरी, 2000)

पुस्तक-मेले में

भले इन दिनों चल रहा दिल्ली का विश्व पुस्तक-मेला किसी ठोस अर्थ में विश्व पुस्तक-मेला नहीं है और उसमें मैं अंग्रेजी की एक भी ऐसी पुस्तक नहीं खरीद पाया जो पहले से दुकानों पर न मिल रही हो, और भले उसमें खरीदारों की वैसी भीड़ नहीं दीखती जिसे देखकर लेखकों का मन और प्रकाशकों की बाँछें खिल जाएँ, पुस्तक-मेला एक ऐसा अवसर

बन गया है जिसमें हिन्दी लेखकों का सचमुच एक मेला चल रहा है। छोटे-छोटे शहरों के अनेक यशःप्रार्थी सहज भाव से मेले में अपेक्षाकृत लब्धप्रतिष्ठ लेखकों से मिलने और बतियाने का दुर्लभ अवसर पा लेते हैं और बड़े लेखकों के लिए भी बिना किसी टीमटाम के या किसी मंच की चकाचौंध से अपने युवतर बन्धुओं से मिलना स्फूर्तिदायी होता है। मेले में अपने मित्रों और प्रशंसकों के अलावा अपने शत्रुओं और निन्दकों से भी सहज भाव से मिलना हो जाता है जो कुछ लेखकों के लिए आध्यात्मिक रूप से अवश्य गुणकारी होता होगा। शायद कलकत्ते का विख्यात पुस्तक मेला, जो बांग्ला पुस्तकप्रेमियों का भी एक विराट संगम होता है, जिस तरह बांग्ला लेखकों का भी एक अनोखा मेला होता है धीरे-धीरे दिल्ली का मेला हिन्दी लेखकों के लिए भी वैसा ही होता जा रहा है। पुस्तकें बहुत नहीं बिकतीं लेकिन लेखकों का इतना बड़ा जमावड़ा अब हिन्दी में अन्यत्र किस आयोजन में सम्भव रह गया है? मेले में ही सही, हिन्दी के लिए यह स्वस्थ है कि उसके नकचढ़े, परवान-चढ़े, विचारधारा-मढ़े, विचार-वंचित, कला-शोषित, यश-कुण्ठित आदि सब तरह के प्राणी एक ही घाट पर आकर पानी पीते हैं और एक-दूसरे को आत्ममुग्ध दृष्टि से देखने या गुर्राकर तरेरने की अभ्यस्त चर्या से कुछ देर के लिए मुक्ति पा लेते हैं।

अधेड़ लेखकों को, अलबत्ता, कई बार मेला उलझन में भी डालता है। कवयित्री कात्यायनी से मैं इसी तरह के मेलों में एकाधिक बार मिल चुका हूँ लेकिन इस बार अकस्मात वाणी प्रकाशन के स्टॉल पर मिलने पर पहचान नहीं पाया जिस पर उन्होंने उचित ही कुछ कटु शब्द कहकर अपना क्षोभ व्यक्त किया। अब मेले में ऐसा आत्मस्वीकार किस मुँह से करें कि सठियाना शुरू हो गया है!

इस बार लोकार्पण उन हास्यास्पद सरहदों को नहीं छू पाया जो उसने पिछले मेले में छुई थीं। अलबत्ता या कुछ अटपटा था कि कुछ पुस्तकों के लोकार्पक उनके लेखकों ने नहीं, प्रकाशकों ने चुने। इस बार कवितापाठ इत्यादि नहीं हुए; हो सकता है कि हुए हों पर आपको न बुलाया गया हो—लोगों को आपसे ऊबने की छूट तो होनी ही चाहिए और आपको भी हर जगह हो पाने की इच्छा का शमन करना चाहिए।

(13 फरवरी, 2000)

अठारह वर्ष

मुझे तो अपने उससे सम्बन्ध के कारण इतनी दूर की बात नहीं लगती पर सच यही है कि भोपाल के भारत भवन को स्थापित हुए अठारह वर्ष पिछले रविवार को हो गये। इस बार कई बरसों बाद आयोजित हो पा रहे वर्षगाँठ समारोह के शुभारम्भ के अवसर पर उसकी 'अन्तरंग' नाम की रंगशाला में केदारनाथ सिंह, विनोद कुमार शुक्ल, अष्टभुजा शुक्ल और गिरिराज किराडू के कविता पाठ में बैठा हुआ मैं याद कर रहा था उद्‌घाटन समारोह को जिसमें 13 को नहीं 14 फरवरी, 1982 को भारत भवन के वागर्थ कक्ष में ऐसी ही एक कविता को सुबह थी 'पूर्वा' नाम से जिसमें बांग्ला, ओड़िया, असमिया और मणिपुरी के कवियों ने कवितापाठ किया था : भारत भवन में पहली बार। श्रोताओं में अनेक मूर्धन्य कलाकार, रंगकर्मी आदि शामिल थे–कुछ नाम याद आते हैं यामिनी कृष्णमूर्ति, सोनल मानसिंह, गिरीश कर्नाड, कुमार शहानी, मणि कौल, केजी सुब्रमण्यम, मकबूल फिदा हुसेन, रामकुमार, कृष्ण खन्ना, अकबर पद्‌मसी, चार्ल्स कोरिया आदि। भारत भवन में ही यह दुर्लभ संयोग घटित हुआ था कि अनेक कलाओं के लोग कविता या संगीत सुनते थे। मुझे लगता है कि इनमें से अनेक ने इससे पहले ऐसे अवसर नहीं पाये थे।

इसी रविवार की शाम को पण्डित हरिप्रसाद चौरसिया का बाँसुरी-वादन था। ठण्ड होने की वजह से वह 'अन्तरंग' में ही था जो कि जल्दी ही ठसाठस भर गया। संगीत से पहले पण्डित चौरसिया ने अन्तर्राष्ट्रीय छापों की एक प्रदर्शनी का 'रंगदर्शनी' दीर्घा में शुभारम्भ किया जिसमें पोलैण्ड, स्पेन, जापान, स्वीडन आदि के कलाकारों के कई छापे प्रदर्शित हैं। छापे की कला की बारीकियों से मैं स्वयं अपरिचित था जब तक कि भारत भवन में स्वामीनाथन ने बहुत इसरार करके और अद्‌भुत कल्पनाशीलता के साथ उसके लिए एक कर्मशाला नहीं बनायी। स्वयं उसके संचालकों के लिए भी भारत भवन एक पाठशाला थी जिसमें उन्होंने परस्पर सम्मान, सूक्ष्मता और जटिलता के, सम्बन्ध और तनाव के कई जरूरी पाठ सीखे थे। पण्डित चौरसिया ने राग यमन, हंसध्वनि और पहाड़ी में रचनाएँ प्रस्तुत कीं। गाम्भीर्य, माधुर्य और चातुर्य के त्रिगुण उनके वादन में अपने पूरे उरूज पर थे। वे स्वरों से ऐसे खेलते हैं जैसे कोई बच्चा किसी नदी किनारे बैठा उसमें बहते जल से खिलवाड़ कर रहा हो। मैं फिर सोच रहा था कि हम इन दिनों कविता में शब्दों से कितना कम खिलवाड़ कर पाते हैं। इसलिए नहीं कि शब्दों से खेलने से कविता नहीं बनती, बल्कि इसलिए कि वैसी कविता के लिए अब कवि समाज में जगह नहीं रह गयी आखिर में जब पण्डित चौरसिया से उनकी किसी फिल्मी रचना को बजाने का आग्रह कुछ श्रोताओं ने किया तो उन्होंने तुरन्त साफ

इनकार कर दिया। उन्हें स्थान की गरिमा का और भारत भवन की परम्परा का ख्याल था : यह आभिजात्य का नहीं, सुरुचि का प्रश्न है।

अगले पाँच दिनों में उस्ताद देबू का रवीन्द्रनाथ ठाकुर के कुछ गीतों पर आधारित आधुनिक नृत्य, राजशेखर मंसूर और वहाबुद्दीन डागर का शास्त्रीय संगीत, सूरजबाई खाण्डे का भरथरी लोकगायन आदि कार्यक्रम होने वाले थे। मुझे ख्याल आ रहा है कि इन दिनों हिन्दी में संस्थाएँ बनाने वाले लोग लुप्तप्राय हैं पर ऐसे लोग बहुतेरे हैं जो संस्थाओं को हथिया लेते हैं और, अपने अन्यथा घोषित इतिहासबोध से सर्वथा मुक्त होकर, ऐसे व्यवहार करते हैं जैसे कि सब कुछ उनसे ही शुरू हुआ हो। भारत भवन की घाटनुमा सीढ़ियों पर एक अलक्षित पाठ यह भी खुदा हुआ है कि संस्था बनाना बहुत कठिन काम है और उसे एक खुला-बहुल मंच बनाये रखना भी उतना ही कठिन। यों भी बनाने की पीड़ा से कइयों के लिए बेहतर और आसान है तोड़ना और हथियाना। ऐसे करने वालों के चेहरे पर, भले चापलूसी को दबा न पाती, गर्व की आभा भी मैंने इधर कई बार देखी है।

(20 फरवरी, 2000)

हिन्दी संस्कृति

विशाल भूभाग और जनसंख्या में फैली हिन्दी जैसी भाषा की अपनी कोई अलग संस्कृति है क्या? जाहिर है कि अगर ऐसी किसी अवधारणा या सच्चाई को माना जाये तो जैसे हिन्दी सिर्फ एक भाषा का नहीं अनेक बोलियों से बने एक भाषा परिवार का भी नाम है, वैसे ही हिन्दी संस्कृति भी अनेक उपसंस्कृतियों के समावेश को ही कहा जायेगा। क्या हिन्दी समाज के कुछ अलग से पहचाने जा सकने वाले मूल्य, विश्वास, प्रतीक, कलारूप, अभिव्यक्ति की भंगिमाएँ, आचार-विचार, रहन-सहन, सामुदायिक जीवन, आध्यात्मिक प्रेरणाएँ, नैतिक मर्यादाएँ आदि हैं जिन्हें हम हिन्दी संस्कृति होने का साक्ष्य मान सकते हैं? यों तो उर्दू एक अलग भाषा है और उसकी अपनी परम्परा है लेकिन हिन्दी और उसकी परम्परा से उसका गहरा सम्बन्ध है। तब क्या हिन्दी-उर्दू की संस्कृति एक ही है!

लखनऊ के लेखकों, बुद्धिजीवियों, कलाकारों आदि के बीच 'हिन्दी संस्कृति' के प्रश्न को विचारार्थ एक गोष्ठी में महात्मा गाँधी अन्तर्राष्ट्रीय हिन्दी विश्वविद्यालय ने रखा जिसमें डॉ. अवध किशोर शरण, श्रीलाल शुक्ल, कृष्ण नारायण कक्कड़, मुद्राराक्षस, लीलाधर जगूड़ी, नरेश सक्सेना,

अखिलेश, उर्मिल कुमार थपलियाल आदि ने शिरकत की। हिन्दी क्षेत्र में अपनी भाषा के प्रति अनुराग के अभाव, उससे धीरे-धीरे हो रहे शास्त्रीय संगीत और नृत्य के घरानों के लोप, ज्ञान-उत्पादन की शिथिल स्थिति, पुस्तकों से बेरुखी, विद्वता का क्रमिक ह्रास, जातीयता और साम्प्रदायिकता का उभार, पिछड़ापन, परिष्कार सूक्ष्मता-जटिलता के प्रति असहिष्णुता, कामचलाऊपन के वर्चस्व, जनान्दोलनों की अनुपस्थिति, भारत के सबसे अधिक गरीब, सबसे अधिक निरक्षर और सबसे अधिक जनबहुल हिन्दी क्षेत्र के होने की स्थिति आदि का जिक्र हुआ। 1940 में फैजाबाद में हुए हिन्दी साहित्य सम्मेलन के अधिवेशन में प्रसाद और रामचन्द्र शुक्ल के फर्श पर नीचे बैठे होने और जवाहरलाल नेहरू आदि राजनेताओं के मंचासीन होने के दृश्य को याद करते हुए कथाकार श्रीलाल शुक्ल ने कहा कि हिन्दी क्षेत्र के सांस्कृतिक क्षरण का एक बड़ा कारण शायद यह हो सकता है कि जब देश के कई भागों जैसे दक्षिण आदि में कलाओं के विकास और उन्नयन का प्रयत्न हो रहा था हिन्दी क्षेत्र ने अपने सभी संसाधन, एक तरह का सांस्कृतिक उत्सर्ग करते हुए, देश की स्वतन्त्रता का लक्ष्य पाने में झोंक दिये थे। अखिलेश ने कहा कि पहले स्वतन्त्रता हिन्दी का लक्ष्य थी और वह उसकी भाषा ही बन गयी थी। बाद में हिन्दी के पास कोई मकसद नहीं रहा। उन्हें हिन्दी संस्कृति पर सबसे बड़ा संकट एक ओर पुरातनपंथी अतीतजीवी शक्तियों और दूसरी ओर अंग्रेजियत और उसके द्वारा पोषित बाजार की शक्तियों से लगा। मुद्राराक्षस ने हिन्दी संस्कृति और हिन्दू संस्कृति को एक कर देखने की प्रवृत्ति को खतरनाक माना और हिन्दी की ज्ञान-शिथिलता पर खेद व्यक्त किया। यह भी एकाधिक लोगों ने कहा कि हालाँकि हिन्दी में विश्व साहित्य के स्तर का आधुनिक साहित्य है, उसमें भारतीय स्तर तक का विचार और ज्ञान नहीं विकसित हो पाया है। कृष्ण नारायण कक्कड़ का मत था कि हिन्दी और उर्दू को अलग-अलग मान कर परम्परा के साथ न तो न्याय हो सकता है, न ही उसे ठीक से समझा जा सकता है। अमीर खुसरो, कबीर, जायसी, मीर और गालिब के उदाहरण देते हुए उन्होंने कहा कि हिन्दी में कविता और संगीत का गहरा सम्बन्ध आदिकाल से रहा है और रघुवीर सहाय तक बना रहा है। रंगकर्मी थपलियाल का ख्याल था कि साहित्य के बजाय हिन्दी संस्कृति कलारूपों में अधिक प्रामाणिकता के साथ उभरती है। लखनवी उर्दू के विशेषज्ञ वासिफ किरमानी ने कहा कि हिन्दी संस्कृति को उर्दू संस्कृति से अलगाना गलत है क्योंकि वे बेहद मिलीजुली हैं और दोनों मिल कर ही एक विराट संस्कृति बनती हैं, अन्यथा नहीं। नरेश सक्सेना, जो एक कवि-इंजीनियर हैं, कहा कि हिन्दी से कारीगरी की अनेक तकनीकी बोलियाँ गायब हो गयी हैं और इस जातीय ज्ञान को अपनी ही भाषा में गँवा कर हम बाहर से आये ज्ञान से आक्रान्त हैं। श्रीलाल शुक्ल ने कहा कि अगर चक्की पीसने

वाली औरतों के गीत गायब हो गये क्योंकि वह क्रूर प्रथा सौभाग्य से खत्म हो गयी तो इसका उन्हें कोई दुख नहीं है पर बच्चों को खिलाने-सिखाने के अवधी पद्यों का लोप उन्हें सालता है क्योंकि वे अपने पोते को अंग्रेजी राइम नहीं कुछ अपना देना चाहते हैं।

डॉ. शरण के अनुसार हिन्दी भाषा के स्तर पर बहुत सारी अंग्रेजियत घुस गयी है और हिन्दी के अपने मुहावरों का इस्तेमाल बहुत कम रह गया है। हिन्दी में भयावह अराजकता और बेमरजाद हालत है जिस पर रोक लगाने की जरूरत है। उन्होंने इस पर इसरार किया कि बिना भाषा के आधार के संस्कृति का होना सम्भव नहीं है। हिन्दी की अपार बहुलता के अनुरूप ही इस बहस में कई तरह की दृष्टियाँ सामने आयीं और यह भी लगा कि हिन्दी संस्कृति पर अधिक विस्तार और सुविचारित ढंग से विचार करने की जरूरत और समय आ गया है।

(27 फरवरी, 2000)

जनता के सुनसान में लेखक

साहित्य अकादेमी पुरस्कार-समारोह की अगली सुबह पुरस्कृत लेखकों के वक्तव्यों का जो आयोजन 'लेखक सम्मिलन' के नाम से होता है उसका आकर्षण मुख्यतः यह होता है कि ये लेखक अपने और अपने काम के बारे में कुछ बताते हैं। दुर्भाग्य से इन वक्तव्यों के अधिकाशतः अंग्रेजी में होते हैं और उनकी अनौपचारिक स्फूर्ति इस कारण अक्सर मार खा जाती है। इस बार रवीन्द्र भवन का सभागार अन्ततः तो भर गया था लेकिन श्रोताओं में हिन्दी के लेखक दो-चार ही थे। ओडिया कवि और अकादेमी के अध्यक्ष रमाकान्त रथ ने बीच में टिप्पणी की कि इन दिनों कविता के पास कहने के लिए इतना थोड़ा रह गया है। बांग्ला लेखिका नवनीता सेन ने एक बेहद साहित्यिक परिवार होने का जिक्र करते हुए कहा कि उन्हें अपने बचपन से ही अनेक भाषाओं में परिचित लेखकों के रूप में कई रिश्तेदार होने का अहसास था और यह भी कि बांग्ला लेखक होने का एक अर्थ भारतीय लेखक होना भी था। उन्होंने बचपन में निराला और दिनकर को देखा था। वयोवृद्ध मलयालम लेखिका बालमणिम्मा ने उनसे मिलने पर इसका जिक्र किया कि उनकी एक बांग्ला लेखिका-मित्र राधा देवी की बेटी का नाम भी नवनीता था जो रवीन्द्रनाथ ठाकुर ने रखा था। नवनीता जी ने उन्हें बताया कि वे ही वह नवनीता हैं।

कवि-कथाकार विनोद कुमार शुक्ल ने कहा : 'जो युवा और नया है वही मेरा बाहर है, वही खुला हुआ। झरोखे से सुनना जब अच्छा लगता है तो खुशी से इसी बाहर, खुले में निकल आता हूँ। और सुनना न भी चाहूँ तब भी सुनता हूँ, क्योंकि मुझे लगता है कि रचनाकार के कान नहीं होते। वह बिना कान के सुनता है। कान होते तो कोई भी कान बन्द करता और कहता कि केवल हमारी सुनो। शायद खुद भी कान बन्द कर लेता कि इसकी क्यों सुनूँ।'

विनोद जी ने इन दिनों साहित्य में जो छुआछूत फैलायी जा रही है उस पर अपने ही मुहावरे में प्रहार करते हुए आगे कहा कि 'पढ़ कर नकार दी जाने वाली पुस्तकों का ढेर तब भी छोटा है। बिना पढ़े नकार दी गयी पुस्तकों का घूरा बड़ा है। लेखक की एक भी पुस्तक पढ़े बिना लेखक नकार दिये जाते हैं। लेखन के विरोध में लेखन हो तो ठीक है। परन्तु लेखन के विरोध में मुझे लगता है कि लेखक आड़ में न खड़ा हो। जब लेखक निशाने में होता है तब कुछ पाठकों की भी हत्या होती है। और पाठक के साथ कुछ साहित्य भी मरता है। पर मैं कहना चाहता हूँ कि लेखक विरोधी एक भी पाठक नहीं है जब तक एक पाठक है। लेखक विरोधी समाज भी नहीं है यदि एक भी अच्छी पुस्तक छप रही है।'

तकलीफ और भरोसे के इस चमकते वक्तव्य में विनोद जी ने जोड़ा कि 'पुरस्कार जब मिले ठीक है और जब तक नहीं मिले बहुत ठीक। लेखक तो जाने-अनजाने थोड़े से पाठकों के बीच जनता के सुनसान में रहता है। इस पुरस्कार से जनता के सुनसान के मेरे कोने में थोड़ी-सी हलचल हुई मेरे लिए तो भूचाल कि मैं तंग हशिये से लुढ़क कर फिलहाल थोड़ा बाहर हुआ। झाड़-झूड़ कर खड़ा हो गया। कंघी भी कर ली। परन्तु बार-बार एक ही शक्ल-सूरत का एक रूपवादी मैं अपनी इस साज-सज्जा में भी बदला नहीं, कि मैं कुछ भी नहीं हूँ।' विनोद जी ने अपने पुरस्कृत उपन्यास के लिए निराला सृजनपीठ को धन्यवाद दिया, भारत भवन के इस पीठ पर रह कर ही उनका पुरस्कृत उपन्यास 'दीवार में एक खिड़की रहती थी' लिखा गया था। याद आया कि उनका पहला उपन्यास 'नौकर की कमीज' भी मुक्तिबोध फैलोशिप के अन्तर्गत लिखा गया था। सार्वजनिक राशि के उत्कृष्ट सर्जनात्मक उपयोग का यह एक अनूठा उदाहरण है, विनोद जी के मुहावरे में कहें, 'उदाहरण होने से बचकर।'

(27 फरवरी, 2000)

पुणे में कबीर, अज्ञेय और बाबा

'कलाछाया' पुणे के 'संस्कृति' शीर्षक आयोजन में पुणे के इतने सारे लोग एक साथ मिल जाएँगे, इसकी कल्पना नहीं थी। भाषाविद् अशोक केलकर, संगीतकार पण्डित भीमसेन जोशी और सत्यशील देशपाण्डे, रंगकर्मी सतीश आलकेर, कथक गुरु और विदुषी रोहिणी भाटे, सितारवादक और संगीत निर्देशक भास्कर चन्दावरकर, हिन्दी विद्वान आनन्द प्रकाश दीक्षित, वास्तुकार नचिकेत पटवर्धन आदि सब वहाँ थे। पर सबसे विस्मयकारी थी मेरी वरिष्ठ मराठी कवि मंगेश पड़गाँवकर से भेंट, जिन्होंने छूटते ही कहा कि मेरी सारी कविता पुस्तकें उनके पास हैं और उनमें से एक 'कहीं नहीं वहीं' की एक प्रति निकाल कर उन्होंने चाहा कि मैं उस पर दस्तखत कर दूँ। मेरे लिए यह मार्मिक था कि मेरे बिना जाने, मराठी का एक ज्येष्ठ कवि मेरी कविता यात्रा का इतने बरसों से साक्षी रहा है हालाँकि हम मिल रहे पुणे में ही पहली बार थे। पड़गाँवकर ने बताया कि उन्होंने कबीर, मीरा और सूरदास की रचनाओं का मराठी में समश्लोकी अनुवाद किया है और तीनों ही पुस्तकाकार प्रकाशित हैं। उन्होंने मुझे कृपापूर्वक 'कबीर' की एक प्रति भी दी जिसमें उनकी मराठी में लगभग पैंतालीस पृष्ठों की एक लम्बी भूमिका है और 82 पदों व 150 दोहों के हिन्दी मूल के साथ मराठी अनुवाद संकलित हैं। मुझे यह जान कर अच्छा लगा कि तीनों हिन्दी कवियों के मराठी अनुवादों का मराठी जगत् में अच्छा स्वागत हुआ है। 'कबीर' की दो हजार प्रतियाँ बिक चुकी हैं और अब उसका दूसरा संस्करण निकलने जा रहा है।

अज्ञेय पर मेरे व्याख्यान का उपशीर्षक था 'आधुनिकता की उलझनें'। चुपके से मेरे पास बैठे पड़गाँवकरजी ने बताया कि उन्होंने 'शेखर : एक जीवनी' और 'नदी के द्वीप' उपन्यासों को अज्ञेय की कविताओं से अधिक नवाचारी पाया है। बहरहाल, मेरा वक्तव्य मुख्यतः कविता को लेकर था : परम्परा से विद्रोह करने वाले अज्ञेय कैसे अपने कवि-जीवन के उत्तरकाल में परम्परावादी माने जाने लगे थे और कैसे यह विपर्यास भारतीय आधुनिकता के केन्द्र में बसी बेचैनी का एक शिक्षाप्रद उदाहरण रहा है। मैंने हिन्दी में अज्ञेय को लेकर परस्पर-विरोधी रुखों की लगभग एक परम्परा बन जाने का बखान किया और यह दिखाने की भी कोशिश की कि कैसे अज्ञेय के यहाँ परम्परा की कई अनुगूँजें उनकी आधुनिकता को समृद्ध करती हैं और व्यक्ति की गरिमा और समाज की गत्यात्मक उपस्थिति के बीच सघन-सार्थक द्वन्द्व है। कविता में आत्मसचेत सजगता की क्या वांछनीय और कभी-कभार अटपटी परिणतियाँ होती हैं, इसका भी अज्ञेय एक अच्छा उदाहरण हैं। कविता में सक्रिय उनकी सभ्यता-समीक्षा को

हिन्दी की अपनी परम्परा में एक नया विकास मान कर लोकेट करने की कुछ चेष्टा मैंने की।

भास्कर चन्दावरकर ने यों तो सितार की विधिवत् शिक्षा ली है पर उनकी अधिक कीर्ति उनके रंगसंगीत निर्देशन और संगीत रचनाओं से बनी है। वे बेहद घुमक्कड़ हैं और उन विरले संगीतकारों में से हैं जो न सिर्फ आधुनिक चेतना से सम्पन्न हैं बल्कि जो संगीत पर निरन्तर गहरा चिन्तन करने और अपनी बात नए और विचारोत्तेजक ढंग से कहने में सक्षम हैं। उन्होंने सम्भवतः इस शताब्दी के ही नहीं, पिछली कई शताब्दियों के मूर्धन्यतम संगीत गुरु उस्ताद अलाउद्दीन खाँ को अपने व्याख्यान के लिए चुना। चन्दावरकर ने यह दिलचस्प तथ्य बताया कि अब बांग्लादेश के जिस गाँव में उस्ताद का जन्म हुआ था वहाँ के निवासियों के दीर्घायु होने की एक लम्बी परम्परा रही है। इसलिए अगर उस्ताद की मृत्यु के समय उनकी आयु सौ बरसों से ऊपर रही तो इसमें आश्चर्य की बात नहीं है। बाबा, जैसा कि उस्ताद को बाद में आदर से सभी पुकारते थे, संगीत सीखने घर से दो बार भागे थे। उनका असल संस्कार रामपुर में हुआ था जहाँ एक उस्ताद से शिक्षा प्राप्त करने के लिए उन्होंने नवाब की गाड़ी के आगे लेट कर अपना दुराग्रह प्रकट किया था। घरानों की श्रेयकथा में रामपुर के महत्त्व को पर्याप्त मान्यता न मिलने पर चन्दावरकर ने खेद व्यक्त किया और यह समझाया कि कैसे वाद्य संगीत को गायन का अनुकरण करने से मुक्ति दिलाने और उसका अपना विशिष्ट व्याकरण और विन्यास विकसित करने में बीनकारों ने केन्द्रीय भूमिका निभाई है। रामपुर के दरबार में दो सौ से अधिक संगीतकार थे जो कि निश्चय ही एक रिकॉर्ड रहा होगा।

चन्दावरकर ने कई घटनाएँ सुनाते हुए बताया कि कैसे बाबा की शिक्षा पद्धति हर शिष्य के विशिष्ट व्यक्तित्व और उसकी सम्भावनाओं को लेकर बदलती रहती थी। उन्होंने निखिल बनर्जी का सितारवादन सुन कर उन्हें खुद सिखाने का प्रस्ताव किया था। वे सुबह चार बजे हर शिष्य को सिर्फ सप्तक का अभ्यास करने का निर्देश देकर स्वयं उठ कर हर कमरे के बाहर चुपचाप खड़े रह कर वह इसका पालन कर रहा है कि नहीं, इसकी टोह लेते थे। यह बात कम लोगों को पता होगी कि सचिवदेव बर्मन, जयदेव, रोशन आदि फिल्म संगीतकारों ने भी बाबा से सीखा था। वे उदय शंकर के साथ यूरोप की यात्रा में जाने के अलावा अल्मोड़ा में उनके केन्द्र में भी गुरु थे। पेरिस में वे इसरार कर किसी चर्च में सर्विस के समय गए थे और उसके बाद उनका चेहरा आँसुओं से तर था। पूछने पर बाबा ने कहा कि उन्होंने दर्शन पा लिया है। वे नमाज अदा करते थे और हर दिन, जब तक शरीर से सम्भव रहा तब तक,

मैहर की शारदा देवी के दर्शन करने जाते थे। चन्दावरकर ने उचित ही कहा कि बाबा इस शताब्दी के सबसे प्रयोगधर्मी संगीतकार सिद्ध हुए जिन्होंने वायलिन, बाँसुरी, सितार, सरोद, सुरबहार आदि के श्रेष्ठ कलाकार तैयार किए। उनके शिष्य शास्त्रीय और सुगम संगीत के क्षेत्र में बड़े कम्पोजर बने। मैहर के दुर्भिक्षग्रस्त, अनाथ और दलित बच्चों को लेकर उन्होंने मैहर बैण्ड बनाया था जिसमें नलतरंग जैसे उनके द्वारा ही आविष्कृत वाद्ययन्त्र शामिल किए थे।

(2 अप्रैल, 2000)

हिन्दी साहित्य सम्मेलन

मैं पहली बार हिन्दी साहित्य सम्मेलन के वार्षिक अधिवेशन में उसके अन्तर्गत आयोजित साहित्य परिषद का सभापतित्व करने, मुख्यतः अपने आलोचक-मित्र डॉ. सत्यप्रकाश मिश्र के आग्रह पर, बंगलूर गया। परिषद का विषय था : 'साहित्य और मानवीय स्थिति'। मुझे यह देख कर थोड़ा अचरज हुआ कि अब भी सम्मेलन की प्रतिष्ठा है और पाँच सौ से अधिक प्रतिनिधि बंगलूर में एकत्र हुए हैं। लक्ष्मीकान्त वर्मा, राममूर्ति त्रिपाठी, नीलाभ, विमल कुमार जैसे लेखक भी उनमें शामिल थे। मुझे यह जान कर खुशी हुई कि सम्मेलन अपनी पत्रिका 'माध्यम' को एक त्रैमासिक के रूप में फिर से निकालने की सोच रहा है। उसकी प्रख्यात और लोकप्रिय पुस्तकमाला 'आधुनिक कवि' को आगे चलाए जाने का भी विचार है। हिन्दी का व्यापक लेखक-समाज इधर सम्मेलन से प्रायः कट गया है और यह अच्छा है कि सम्मेलन इस सम्बन्ध को फिर से जोड़ने का इरादा रखता है।

साहित्य परिषद का सत्र लगभग तीन घण्टे चला। उसके दौरान सभा स्थल ठसाठस भरा था और कई दृष्टियों से विचार हुआ। साहित्य के समय, समाज, परम्परा आदि से सम्बन्ध और संवाद पर कई विचार सामने आए। प्रतिनिधियों में नई विचारोत्तेजना की ललक थी और हिन्दी की अपार विविधता फिर एक बार प्रकट थी। मुझे लगा कि हम अक्सर यह भूल जाते हैं कि हालाँकि हमारा मुख्य सरोकार हिन्दी अंचल है, भारत की अन्य भाषाओं से अलग, हिन्दी की भारत के अनेक अंचलों में सक्रिय उपस्थिति है और उन तक पहुँचने और उनसे संवादरत हो पाने के लिए हमें उत्सुक और प्रयत्नशील रहना चाहिए। हमारे तुच्छ झगड़ों और संकीर्णताओं का गैर हिन्दी क्षेत्रों के हिन्दी प्रेमियों और सेवियों पर कितना

प्रतिकूल प्रभाव पड़ता है और हिन्दी लेखकवर्ग की कैसी तस्वीर बनती है, इसका हमें अन्दाजा नहीं होता। हिन्दी लेखक अपनी भारतीय जिम्मेदारी से न मुक्त हो सकता है और न ही उससे इतना लापरवाह और बेखबर जितना वह इधर दुर्भाग्य से हो गया लगता है।

(2 अप्रैल, 2000)

तूफान और भरतवाक्य

पोलैण्ड और वारसा की अपनी पहली यात्रा के पहले ही दिन मुझे ज्बेग्न्यू हर्बेर्त के जीवन और कविता पर आधारित एक प्रदर्शनी देखने का अवसर मिला, इससे अधिक सुखद शुभारम्भ की मैं कल्पना भी नहीं कर सकता। हिन्दी और भारत के दो पोलिश विशेषज्ञ-मित्रों डॉ. क्रिस्तोफ बिरिस्की और डॉ. दानूता स्टाशिक के साथ देखी आज मिकीविच साहित्य संग्रहालय में लगी इस प्रदर्शनी का नाम 1998 में प्रकाशित हर्बेर्त के कविता संग्रह 'तूफान का भरतवाक्य' (अनुवाद में यह नाम सुझाया बिरिस्की महोदय ने जो भारत के शास्त्रीय रंगमंच के विशेषज्ञ हैं और केरल के पारम्परिक नाटय प्रका कूड़ीआट्टम पर औरों को तो छोड़िए, स्वयं भारत का ध्यानाकर्षण करने का जिन्हें श्रेय उचित ही दिया जाता है) पर रखा गया है। हर्बेर्त का देहावसान 28 जुलाई 1998 को यानी दो बरस के कुछ कम पहले वारसा में हुआ। वे मेरे और हिन्दी के अनेक कवियों के प्रिय कवि रहे हैं–मझे यह देख कर अच्छा लगा कि उनके देहावसान के बाद उन्हें एक अत्यंत सुविचारित और सुनियोजित प्रदर्शनी के माध्यम से याद किया जा रहा है। हर्बेर्त बीसवीं शताब्दी के अत्यंत सुरुचिसम्पन्न, नवशास्त्रीय और अंतःकरणस्पर्शी कवि हैं : उनके यहाँ सौंदर्याभिरुचि ही मनुष्य की परम राजनीति रही है। यह याद रखना जरूरी और शिक्षाप्रद है कि सर्वसत्तावादिता का निरंतर प्रतिरोध करने के कारण उन्हें पोलिश समाज में जो नैतिक कद हासिल हुआ, वह बहुत कम कवियों को मिल सका। इस प्रदर्शनी के नियोजक जानूश ओर्दोवाश पिएजियाजेक ने कहा 'हर्बेर्त की कविता आपदाग्रस्त गुणों की रक्षा में किए गए संघर्ष का विशिष्ट साक्ष्य है। उसके केन्द्र में एक ऐसा आदमी है, जो कभी हास्यास्पद, कभी दयनीय है। अपने को व्यंग से देखता हुआ लेकिन अंततः मानवीय गरिमा के अपने संघर्ष में हमेशा हीरोइक है।'

प्रदर्शनी पांच कक्षाओं में लगी है। पहला और अन्तिम कक्ष एक ही है : आरम्भ और अन्त एक ही है। हर्बेर्त की एक प्रसिद्ध कविता 'कलम,

स्याही और लैंप की विदाई के लिए एक शोकगीत' से प्रदर्शनी की शुरुआत की गई है जो हर्बेर्त के आखिरी दिनों की एक प्रसिद्ध कविता है। एक प्रदर्शनी स्कूली डेस्क पर, एक कलमदान में एक कलम, स्याही की एक दावात और एक लैम्प रखे हुए हैं—इस कविता के तीन चरितनायक। इन तीनों के बरक्स तीन राजधानियों वारसा, बर्लिन और पेरिस के संस्कृति विज्ञान, सदन, विजय-स्तम्भ और ईफेल टावर के बड़े चित्र हैं—उन शक्तियों के प्रतीक के रूप में जो मानवीय-स्थिति को प्रभावित करती हैं और जिनका एक कवि के रूप में आगे जाकर हर्बेर्त को मानो सामना करना पड़ेगा—सिर्फ एक कलम, एक दावात और एक लैम्प के सहारे। साथ ही प्रदर्शनी में जहाँ-तहाँ हर्बेर्त की कविताओं के उद्धरणों के अलावा समसामायिक संस्थाओं जैसे युद्ध, वारसा पर आक्रमण, जर्मनी और सोवियत संघ के स्थलों, मार्शल लॉ, युद्धोत्तर यूरोप, सालिडैरिटी का उदय आदि के संदर्भ में हर्बेर्त की जिंदगी, भूमिका और संघर्ष को बहुत सूक्ष्म लेकिन अचूक तरह से लोकेट किया गया है। मुझे एक कक्ष में यह देख कर बहुत अच्छा लगा कि थोड़ी बड़ी उमर के स्कूली बच्चों का एक झुण्ड बहुत मनोयोग से वीडियो पर हर्बेर्त के साथ एक लम्बी बातचीत देख-सुन रहा था।

हर्बेर्त की कविता में इतिहास का, उसकी कुछ घटनाओं का पुनरावर्तन एक केन्द्रीय थीम है। जो यहाँ और अभी हो रहा है उसके पीछे 'गहरा' इतिहास है। एक कक्ष में बहुत सारी ऐसी चीजें बिखरी हुई—सी पड़ी हैं जो अब उपयोगी नहीं रह गई हैं—कॉपियर्स, सालिडैरिटी बैजेज आदि जैसे वे 'इतिहास के घूरे' पर पड़ी हैं। हर्बेर्त ने कला-इतिहास पढ़ा था और यूरोप के कुछ चित्रकारों पर उनके बेहद संवेदनशील निबन्ध हैं। वे स्वयं रेखांकन भी करते थे। उनके रेखांकनों का एक प्रभावशाली संकलन भी इस प्रदर्शनी में शामिल किया गया है। ऐसा लगता है जैसे कवि, इस प्रदर्शनी के माध्यम से, वापस आ रहा है

उत्तर देने
डर की फुसफुसाहट का
असम्भव सुख का
अचानक आघात का
एक मरणांतक प्रश्न का

हर्बेर्त की कविता कठिन समय में धीरोदात्त कविता रही है—उसने बहुतों को इस कठिनाई का सामना धीरज और सख्ती से करने का पाठ सिखाया है—इस अर्थ में भी वह 'शास्त्रीय' है।

(9 अप्रैल, 2000)

कहाँ से कहाँ

वारसा में मुख्य चौक के पास और विश्वविद्यालय से ज्यादा दूर नहीं, साहित्य-सदन है जहाँ चार अप्रैल की शाम लगभग पचास लोग एकत्र हुए मेरा कविता-पाठ सुनने। प्रायः उतने ही, जितने राष्ट्रीय नाट्य विद्यालय दिल्ली में जुड़ते हैं एकल रचना-पाठ सुनने। कुल 12 कविताएँ मूल हिन्दी में और दानूता द्वारा किए पोलिश अनुवादों के साथ। बाद में रोचक प्रश्नोत्तर भी हुआ। मेरे यह बताने पर कि तदे-उष रुजेविथ, हर्बेर्त, मिलोष, शिंबोर्स्का की कविताओं से हिन्दी कविता-संसार पिछले लगभग तीस बरसों से सुपरिचित रहा है, कई पोलिश मित्रों को आश्चर्य हुआ। पोलिश लेखक संघ के अध्यक्ष ने अपने आरम्भिक वक्तव्य में भारत और पूर्व के विचित्र आकर्षण का उल्लेख किया और विशेषतः पोलिश कविता में रोमांटिक संवेदना के सन्दर्भ में पूर्वी प्रभाव की चर्चा की। बोहर्वान अर्बेनकोवस्की नाम के इस कवि ने स्वयं बुद्ध, नागार्जुन आदि पर कविताएँ लिखी हैं। मैंने यह कहा कि भारत का प्रभाव पोलिश कविता पर है या नहीं, लेकिन आधुनिक पोलिश कविता का प्रभाव निश्चय ही हिन्दी कविता पर पड़ा है—उसके आत्मव्यंग, विडम्बना-बोध, इतिहास के ट्रैजिक अन्तर्विरोध, मानवीय गरिमा में उसके सरोकार का अंग्रेजी में अनुवाद पढ़ कर अगर आकलन करना अनुचित न माना जाए तो पोलिश में इस समय संसार की महान कविता लिखी जा रही है : ऊपर जिन चार कवियों का उल्लेख है, वे विश्व-स्तर के महाकवि हैं। किसी और भाषा में, जिनमें अंग्रेजी, रूसी, फ्रेंच, जर्मन आदि शामिल हैं, इतनी बड़ी संख्या में महाकवि एक साथ और आज सक्रिय नहीं हैं।

अपने देश से बाहर परदेस में आप बिना चाहे और सारे शील-संकोच के बावजूद विचित्र ढंग से अपने देश के प्रतिनिधि मान लिए जाते हैं। अगर भारतीय हों तो भारतीय संस्कृति, प्रवृत्ति, परम्परा से आपके सम्बन्ध का प्रश्न तुरन्त केन्द्रीय हो जाता है। प्रश्नोत्तर के दौरान ऐसे कई प्रश्न उठे। मैंने एकाधिक बार जोर देकर कहा कि भारत बहुत जटिल देश है और हालाँकि मुझे भारतीय होने का गर्व है, मैं उसका प्रतिनिधि नहीं हूँ। मेरी कविता एक नमूना भर है—वह भी शायद प्रातिनिधिक नहीं। मैं एक अल्पसंख्यक कवि हूँ जो प्रेम, श्रृंगार आदि के पुराने पचड़े में पड़ा हुआ है। दानूता ने अनुवाद के लिए जो कविताएँ चुनीं उनमें ऐसी कई हैं जिन पर शायद ही कभी विशेष ध्यान दिया गया हो। उन पर जो प्रतिक्रियाएँ हुईं उनसे लगा कि जब दूसरी भाषा में कविता पुनर्जीवन पाती है तो उसमें ऐसे अनेक आशय अनुगूँजित होते हैं जो शायद मूल में नहीं थे। अनुवाद पुनर्रचना भर नहीं, विस्तार है। कविता कहाँ से कहाँ पहुँचती है—कवि स्वयं इसे आश्चर्य और कृतज्ञता से देखता भर रह सकता

है। एक भाषाविद् ने कहा कि आपकी कविता में आधुनिक किस्म की शास्त्रीयता है। वह इसी कारण पोलिश में अभी सम्प्रेषणीय है।

(9 अप्रैल, 2000)

पटने में निर्मल आकर्षण

पिछले कई दशकों से सामाजिक अवबोध और जिम्मेदारी को अपना एकाधिकार मानने वाली शक्तियाँ अनेक मंचों से यह लगातार कहती रही हैं कि निर्मल वर्मा जैसे 'व्यक्तिवादी' और 'कलावादी समाज विरोधी' लेखक हिन्दी की मुख्यधारा के अंग नहीं हैं। उन्हें न समाज की कोई समझ है और न ही समाज उन्हें पहचानता है। इस तरह के लांछनों की सच्चाई से दूरी को जानते हुए भी हम लोगों को अचरज हुआ जब 22 अप्रैल, 2000 को पटना के बिहार विधान परिषद के सभागार में हम महात्मा गाँधी अन्तरराष्ट्रीय हिन्दी विश्वविद्यालय द्वारा स्थापित फणीश्वरनाथ रेणु व्याख्यानमाला में निर्मल वर्मा द्वारा दिए गए पहले व्याख्यान 'साहित्य की परती-परिकथा' के सिलसिले में पहुँचे। पटना विश्वविद्यालय और विधान परिषद की कलानिधि द्वारा संयुक्त रूप से आयोजित इस व्याख्यान के लिए सभागार ठसाठस भरा था और बार-बार यह जाहिर होता रहा कि जगह कम पड़ रही है। श्रोताओं में लेखक, पत्रकार, अध्यापक, छात्र तो थे ही, बड़ी संख्या में राजनेता भी थे। परिषद के सभापति, अंग्रेजी साहित्य के प्राध्यापक और उर्दू अदीब जाबिर हुसेन ने बड़ी सुरुचि और परिष्कृत संयम से संचालन किया। केन्द्र में निर्मल वर्मा ही रहे और लोगों ने बहुत ध्यान से उनका व्याख्यान सुना। निर्मलजी ने कहा कि साहित्य में हम शब्द पढ़ते हैं और शब्द हमें भी पढ़ते हैं—साहित्य हमें 'देखना' सिखाता है। उन्होंने कहा कि उपन्यास अपने अन्तिम पृष्ठ पर समाप्त नहीं होता—वह तब तक अपूर्ण रहता है जब तक उसके चरित्रों की अनन्त सम्भावनाएँ पूरी तरह से निचोड़ नहीं ली जातीं। रेणु ने हिन्दी उपन्यास को प्रेमचन्दीय यथार्थवादी ढाँचे से मुक्त ही नहीं किया बल्कि बदली हुई सच्चाई के अनुरूप एक नई कथाभाषा गढ़ी। उपन्यास की सच्चाई तब तक नहीं बदलती जब तक उसकी भाषा न बदले और रेणु इसका सबसे ज्वलन्त उदाहरण है।

अगली सुबह साढ़े नौ बजे पटना की सांस्कृतिक संस्था 'पुनश्च' और आलोचना-पत्रिका 'कसौटी' के संयुक्त तत्त्वावधान में साहित्य, संस्कृति आदि पर निर्मलजी से जो खुली बातचीत दो घण्टे अबाध ढंग से चली—

उसमें भी जगह से ज्यादा भीड़ थी। बहुत-से लोग बाहर खड़े रह कर बातचीत सुनते रहे और कई गर्मी से त्रस्त होकर चले भी गए। शुरू में ही आलोचक नन्दकिशोर नवल ने कहा कि अब धीरे-धीरे सही, पर समझ में आ रहा है कि निर्मल वर्मा के व्यक्तिवों पर एकाग्र साहित्य में भी समाज की उपस्थिति और आहटें हैं और अपने समय और समाज की ऐसी संवेदनशील समझ जो अन्यथा सुलभ या सम्भव नहीं है। एक प्रश्न के उत्तर में निर्मलजी ने कहा कि वे इसे पूरी ईमानदारी से कहना चाहते हैं कि लिखते समय उनके मन में कोई सम्भावित या ठोस पाठक नहीं रहते हैं और न ही अन्य सामाजिक सरोकार आदि। उनका पूरा ध्यान उत्कृष्टता पर रहता है—इस पर कि वे जो करना चाहते हैं वह ठीक से हो पा रहा है या नहीं। 'मुझे वैसे भी नहीं पता कि मेरे पाठक कहाँ हैं—नागपुर, उदयपुर या बिलासपुर में! आश्चर्य है कि छपने के बाद अक्सर पता चलता है कि नागपुर या उदयपुर या बिलासपुर में कोई ध्यान से पढ़-गुन रहा है।' निर्मलजी से यह कहा कि बीसवीं शताब्दी ने अगर सारे यूटोपिया ध्वस्त कर दिए तो लगता है कि मानवीय स्थिति पर से बहुत-सा कुहासा छँट गया है और हम उजाले में हैं। उनके अनुसार हर यूटोपिया में आत्मनाश का बीज भी कहीं छुपा होता है। आत्मबोध के बिना सामाजिक परिवर्तन कभी टिकाऊ नहीं हो सकता। उन्होंने साहित्य की अतिजीविता पर जोर देते हुए कहा कि नाजी गैस चैम्बरों, गुलामों और श्रम शिविरों की यातना और यन्त्रणा के बावजूद साहित्य समाप्त नहीं हुआ। एक प्रश्न के उत्तर में निर्मलजी ने कहा कि कहानी और उपन्यास के बजाय वे लम्बी कहानी लिखने में अपने को सबसे अधिक मुक्त अनुभव करते हैं। हिन्दी समाज में साहित्यिक संस्कृति के अभाव की चर्चा करते हुए निर्मलजी ने कहा कि उनका यह स्वप्न है कि हर मुहल्ले में एक पुस्तकालय हो जिसमें बैठ कर या जिससे पुस्तकें उधार लेकर बच्चे, युवक और बुजुर्ग एक साथ पुस्तकें पढ़ें। उन्होंने यह माना कि पिछले चालीस-पचास बरसों में हिन्दी सर्जना और संवेदना के भूगोल में जैसा अपार विस्तार हुआ है वैसा संसार की कम भाषाओं में सम्भव हो पाया है।

दो दिनों के पटना प्रवास में हमारे सामने यह बार-बार स्पष्ट हुआ कि बिहार की जो छवि इन दिनों रूढ़ हो गई है उससे बिल्कुल अलग, बल्कि उसके प्रतिकूल, पटना में एक सक्रिय और सजग साहित्यिक संस्कृति है : उसमें पढ़ने का व्यसन, अपनी जिज्ञासाओं के समाधान पाने की ललक और अपने बड़े लेखकों के लिए सहज सम्मान है। हम दो आयोजनों में विधान परिषद के परिसर और सभागार में गए जो कि राजनीति का स्वाभाविक मंच है। पर वहाँ ऐसी शालीनता और साहित्य को उसकी जगह देने का अचूक जतन था कि लगा कि वैसा शायद ही कहीं और

सम्भव हो। ऐसे लोगों की संख्या बहुत बड़ी थी जिन्होंने निर्मलजी की पुस्तकें ध्यान से पढ़ी थीं। उनमें एक छोर पर कवि अरुण कमल के वयोवृद्ध पिता थे जिन्होंने निर्मलजी का निबन्ध संग्रह खरीद कर पढ़ा और उनकी कुछ स्थापनाओं से अपनी असहमति बड़ी स्पष्टता से व्यक्त की और दूसरे छोर पर थी हम लोगों को हवाई अड्डे लेने आई एम. ए. की एक छात्रा की स्कूल में पढ़ती बहन जिसे उसकी दादी, उसी के अनुसार, प्रायः हर रोज निर्मलजी की किसी कहानी या निबन्ध का कोई अंश सुनाती रहती है और इसलिए उसे उन्हें देखने की इच्छा थी। सभापति के औपचारिक कक्ष में एक वरिष्ठ व्यक्ति मिले जिन्हें निर्मलजी के उपन्यास की कुछ पंक्तियाँ अक्षरशः और बिल्कुल सही याद थीं। अपनी पुस्तकों आदि पर ऑटोग्राफ देते निर्मलजी कई बार थक-से जाते थे पर मुझे विश्वास है कि वे अपने को लगातार घेरे लोगों से त्रस्त नहीं हुए। ये सभी पाठक थे–उनमें से किसी को निर्मलजी से उनके शब्दों और दृष्टि के अलावा किसी चीज के मिलने की उम्मीद नहीं हो सकती थी। वे किसी कुलपति, महासंघ के मान्यता-बाँटू अध्यक्ष या विचारधारा के प्रवक्ता से नहीं, एक बड़े लेखक से मिल रहे थे और उस मुलाकात की चमक उन सभी की आँखों में थी। पटना ने सिद्ध किया है कि सच्चे लेखक को, ईमानदार चिन्तक को अपनी कान्स्टुएंसी बनाने और पोसने की जरूरत नहीं है। हिन्दी समाज सजग और चौकन्ना है, समझदार भी।

(30 अप्रैल, 2000)

मणि माधव जन्मशती

उत्तर में ही नहीं, दक्षिण में भी कम लोग यह जानते हैं कि केरल में एक ऐसा शास्त्रीय नाट्यप्रकार कूड़ीआट्टम है जिसकी एक हजार वर्ष से अधिक लम्बी अटूट परम्परा है और जिसमें तब से लेकर आज तक महाकवि भास के नाटक खेले जाते रहे हैं। कूड़ीआट्टम की रंगसम्पदा में प्रायः संस्कृत और मलयालम में अभिनय की मिश्रित परिपाटी रही है। उसमें प्रशिक्षण की सुनिश्चित संहिता है और उसके प्रयोक्ता चाक्यार कहलाते हैं। बरसों पहले, लगभग पच्चीस वर्ष पहले जब मैंने केरल के प्रसिद्ध रंगकर्मी कावलम नारायण पणिक्कर की विशिष्ट रंगशैली देखी थी तो मुझे बताया गया था कि उसका कूड़ीआट्टम से घनिष्ठ सम्बन्ध है। मुझे नहीं मालूम कि देश के किसी भाग में कूड़ीआट्टम से अधिक पुरानी या अटूट रंगशैली कोई दूसरी है। यह ख्याल कि एक महाकवि एक रंग

परम्परा हजार वर्ष तक सजीव बना रहता है, मेरे लिए हमेशा ही आह्लादकारी रहा है। इसलिए मैं काफी कष्ट उठाकर और पूरा रतजगा कर त्रिवूर आया-गया कूड़ीआट्टम के महान कलाकार मणि माधव चाक्यार की जन्मशती पर उन्हें प्रणति देने। त्रिचूर केरल की सांस्कृतिक राजधानी माना जाता है और उसके पास प्रसिद्ध गुरुवायूर मन्दिर है जिसमें आज भी 'गीत-गोविन्द' की अष्टपदियाँ देवता की विभिन्न सेवाओं के अवसर पर दिन में कई बार गाई जाती हैं। मणि माधव चाक्यार त्रिचूर के नहीं थे : उनका गाँव वहाँ से कुछ दूरी पर है। कूड़ीआट्टम में भास और गुरुवायूर में जयदेव दो महाकवियों को सदा के लिए बसने को एक रंग प्रकार और एक मन्दिर मिले हैं, वे भी केरल में, जबकि दोनों ही केरल के नहीं थे।

कूड़ीआट्टम ध्रुपद से भी कहीं अधिक धीरज की कला है। उसकी प्रस्तुतियाँ रात भर ही नहीं, कई रातों में चलती हैं। मुझे याद आया कि बरसों पहले एक बार मैं मणि माधव को, जो उस समय अस्सी से ऊपर की वय के रहे होंगे, उज्जैन में कालिदास अकादेमी में ले गया था। उन्होंने कोई आहार्य नहीं किया था। वे कमर तक उघरे बदन थे। उन्हें सहारा देकर कष्टपूर्वक कुरसी पर बैठाया गया था। उन्होंने सिर्फ हस्तकों, अपने चेहरे, आँखों और भौंहों से लगभग पैंतालीस मिनट तक भास की कुल एक पंक्ति पर अभिनय किया था और उस दौरान उनके चेहरे से नज़र हटाना किसी के लिए भी सम्भव नहीं हुआ था : उन्हें देखने के लिए उस सभागार में विजय मेहता, कमलेश दत्त त्रिपाठी जैसे मूर्धन्य रंगकर्मी शामिल थे और संस्कृत के अनेक पण्डित। मुझे याद है कि भरत और नाट्यशास्त्र को उस सुबह हममें से कई ने एक जीवित-सप्राण परम्परा के रूप में पहली बार देखा था : वह एक प्राचीन संस्कृत ग्रन्थ नहीं था बल्कि उसकी हमारे सामने जीवन्त उपस्थिति थी। उस रोमांच को भूलना कठिन है और मैं उस रोमांच का वरदान अत्यन्त उदारता से हमें देने वाली इस महान कलाकार को प्रणति देने त्रिचूर गया था। एक अर्थ में यह उस उत्तर की ओर से भी प्रणति थी जिसमें संस्कृत परम्परा शिथिल और स्मृतिभ्रष्ट हो चुकी है। मलयालम साहित्यकार सुकुमार अझिकोड़ ने उचित ही कहा कि मणि माधव की प्रतिभा का आतंक ऐसा था कि वे बहुत कुछ ऐसा कर ले जाते थे जो दूसरे कोई और करता तो सर्वथा असह्य पाते जैसे 'बालिवध' में बालि मणि माधव की प्रस्तुति में मरने में लगभग बीस मिनट लेता है।

उस शाम मणि माधव के बेटे ने विदूषक का अभिनय थोड़ी देर के लिए किया। यह देखना दिलचस्प था कि परम्परा में हम अपने देवताओं का भी कैसे मजाक बनाते हैं। विदूषक का तर्क था कि सब कुछ कर्मों का फल है—ब्रह्मा सृष्टि करते हैं तो अपने कर्म के कारण, विष्णु संसार का

पालन करते हैं तो कर्म की वजह से और शिव संहार करते हैं कर्म के प्रतिफल के आधार पर। इनमें से हर कोई कर्म से बँधा है और जो भी करता है उसी कारण हम अगर रचे, पाले-पोसे और नष्ट किए जाते हैं तो इसलिए कि यह कर्मफल है, इन देवताओं का अनुग्रह नहीं। श्रद्धा और आस्था के बीच यह व्यंग्य-भाव वही रख सकते हैं जिन्हें परम्परा का गहरा सम्बल और उसकी समझ है।

(14 मई, 2000)

समाजशास्त्र, साहित्य और भाषाएँ

सारे संसार में यह बात व्यापक तौर पर बहुत पहले से मानी-बरती जाती है कि बिना साहित्य और भाषा के किसी समाज को पूरी तरह या गहराई से समझा या विश्लेषित नहीं किया जा सकता। फिर भी, ऐसा लगता है कि भारत में जो सामाजिक सर्वेक्षण होते हैं, जिनके आधार पर सार्वजनिक नीति-निर्धारण भी होता रहता है उनमें साहित्य और भाषा के तत्त्व को विशेष महत्त्व या स्थान नहीं दिया जाता। इसका एक बड़ा कारण तो यही है कि हमारे यहाँ समाजशास्त्र जैसी विधा आधुनिक समय में अंग्रेजी के माध्यम से ही तो पल्लवित और विकसित हुई है और जो इस देश में अंग्रेजी जानता है उसे और कोई भाषा प्रायः अनावश्यक लगता है। ऐसी स्थिति में समाज-विदुषी डॉ. लीला दुबे का दुर्गाबाई देशमुख स्मृति व्याख्यान, अभी उस शाम इण्डिया इंटरनेशनल सेंटर में, एक सामयिक बौद्धिक हस्तक्षेप था, क्योंकि उसमें इस बात पर बल दिया गया था कि सामाजिक अनुसन्धान में साहित्य और भाषाओं को नजरअन्दाज कर हम अक्सर सतही गलत नतीजों पर पहुँचते रहे हैं। स्वयं सामाजिक सिद्धान्त रचना में स्थानीयता की उपेक्षा या अज्ञान उन्हें अप्रामाणिक बनाने की ओर ही ले गये हैं। मुझे यह जान कर थोड़ा अचरज भी हुआ कि हालाँकि आज से तीस बरसों पहले सामाजिक विकास को आर्थिक विकास से अधिक व्यापक धारणा मान लिया गया था, हम अपने नकलची किस्म के सोच के ढाँचे में खिसक कर फिर ऐसे मुकाम पर पहुँच गये हैं जहाँ आर्थिक विकास को फिर सामाजिक विकास का समतुल्य माना जाने लगा है।

डॉ. दुबे ने यह याद दिलाया और व्याख्यान की अध्यक्षता कर रही विदुषी कपिला वात्स्यायन ने सूची बढ़ा कर इसकी पुष्टि की कि किसी भी सामाजिक सर्वेक्षण से बेहतर है श्रीलाल शुक्ल के उपन्यास 'राग दरबारी'

से उतर भारतीय गाँव की हालत समझना या कि फणीश्वरनाथ रेणु और महाश्वेता देवी की कृतियों से सम्बन्धित अंचलों की जटिल सामाजिक सच्चाइयों को पकड़ना। साहित्य का एक जरूरी काम अपने समय और समाज को समझना होता है और इस समझ का उपयोग निश्चय ही समाजशास्त्रीय अनुसन्धान में अधिक विश्वास के साथ किया जा सकता है। यह बात भी उठी कि मानवीय विकास की अब जो अधिक व्यापक अवधारणा संसार के मंचों पर स्वीकृति पर रही उसमें सकल घरेलू उत्पाद के बजाय सकल घरेलू कल्याण को अधिक प्रामाणिक आधार माना जा रहा है। इन दिनों जिस तरह की अधीर मानसिकता के दौर में, भूमण्डलीकरण और निर्बाध बाजार के चलते, हम हैं, उन दिनों बुद्धिजीवी का यह, भले ही हताश, कर्त्तव्य है कि वह हमें 'उत्पाद' के बजाय 'कल्याण' की याद दिलाए। कुछ यह बात भी उठी कि स्थानीय सच्चाइयों को हिसाब में लेकर ही हम व्यापक सिद्धान्त गढ़ या खोज सकते हैं : भाषा और साहित्य दोनों ही स्थानीयता में रसे-बसे होते हैं और उनसे जो सिद्धान्त निकलेंगे वे अधिक विश्वसनीय और प्रासंगिक हो सकते हैं। मैं ठीक से नहीं जानता पर मुझे सन्देह होता है कि हमारे यहाँ, भले अंग्रेजी में ही अधिकतर लिखा जाकर भी, इतिहास तो सबाल्टर्न हो गया पर नीचे से समाजशास्त्र की परम्परा सुदृढ़ नहीं हो पायी है। समाजशास्त्री जब नीचे जाएगा यानी लोगों के पास तो अक्सर वहाँ पहले से ही लेखकों को बैठा या रमा पाएगा : भाषाएँ और साहित्य तो इस मामले में हमेशा ही, अपनी सारी उदग्रता और उदात्तता के बावजूद, नीचे से शुरू होने वाले माध्यम हैं और शायद इसीलिए आज तक मनुष्य के सबसे विश्वसनीय सहचर बने हुए हैं।

(23 जुलाई, 2000)

साहित्य से बाहर

किसी को भी नहीं पता, सम्भवतः स्वयं राजेन्द्र यादव को भी नहीं, कि वे कैसे पिछले पन्द्रह बरसों से 'हंस' जैसा मासिक लगातार निकालते रहे हैं। वे अपनी बौद्धिक झोंक में, हर दूसरे-तीसरे, हम जैसों को, अपने प्रायः अपठनीय सम्पादकीयों में गरियाते भी रहते हैं—यह और बात है कि कभी-कभी निहायत बोझिल गद्य में, जिसमें बेवजह अंग्रेजी शब्द ठूँसे रहते हैं, वे कुछ पते की बात करते और कुछ नये विचारणीय मुद्दे भी उठाते रहे हैं। 'हंस' ने एक बड़ा पाठक वर्ग विकसित किया है जिसे इन दिनों एक सामाजिक घटना के रूप में दर्ज किया जाना चाहिए।

हर वर्ष प्रेमचन्द जयन्ती पर 'हंस' किसी विषय पर एक विचार गोष्ठी आयोजित करता है जो राजधानी में विशेष आकर्षण का केन्द्र बनती रही है। इस बार बुजुर्गों को छोड़ कर राजेन्द्र यादव ने 'संस्कृति और बाजार' पर बोलने के लिए अपेक्षाकृत युवा आलोचकों और सामाजिक रूप से सक्रिय अन्य अनुशासनों के लोगों को आमन्त्रित किया। लगभग तीन घण्टे चली यह गोष्ठी लगभग अन्त तक विचारोत्तेजक बनी रही। सुधीश पचौरी, कृष्ण कुमार और मृणाल पाण्डे तो साहित्य के क्षेत्र के लोग हैं लेकिन बाकी—फिल्मकार सहजो सिंह, समाजशास्त्री योगेन्द्र यादव, मीडियाकर्मी आनन्द प्रधान, भाषाशास्त्री रमाकान्त अग्निहोत्री—ने जिस तैयारी, कुशलता, तीक्ष्णता और स्पष्टता से अपनी बातें कहीं, दूसरों के विचारों को बिना विकृत किये ईमानदारी से अपनी असहमति व्यक्त की, अनेक लोकप्रिय अवधारणाओं का, फिर वे बाजार के बारे में हों या कि संस्कृति के बारे में, खण्डन-मण्डन किया उस सबसे हिन्दी में विचार और बौद्धिकता के बारे में कम से कम मुझे एक नयी उम्मीद का नक्शा उभरता नजर आया। साहित्य में इधर जो पीढ़ियाँ उभरी हैं उनमें अक्सर आलोचनावृत्ति और आलोचक-दृष्टि का अभाव चिन्ता का विषय रहा है, भले ही उनकी सर्जनात्मकता में ऊष्मा और शक्ति है। लगता यह है कि असली आलोचना-बुद्धि साहित्य से अपसरण कर धीरे-धीरे सामाजिक सक्रियता के दूसरे क्षेत्रों में अपना घर बसा रही है और अपनी आवाज स्पष्टता, समझ, जिम्मेदारी और बेबाकी से उठा रही है। यह स्थिति साहित्य में आलोचना के लिए भले निराशाजनक लगती हो, अन्ततः भाषा के लिए तो समृद्धिकारी है ही। यह भी कि बावजूद विचारधाराओं के अतर्कित आतंक के मुद्दों को कई दृष्टियों से देखने-परखने का उत्साह और माद्दा बचे हुए हैं।

(6 अगस्त, 2000)

रामचन्द्र शुक्ल पर पुनर्विचार

आचार्य रामचन्द्र शुक्ल हिन्दी अकादेमिक परम्परा के शिरोमणि रहे हैं और इतने बरसों से फल-फूल और सम्भवतः सड़ रहे हिन्दी शोध उद्योग ने शायद ही उनका कोई पक्ष अनछुआ छोड़ा होगा ऐसी उम्मीद की जाती है। लेकिन जब इलाहाबाद में पिछले सप्ताहान्त डॉ. रामस्वरूप चतुर्वेदी ने महात्मा गाँधी अन्तर्राष्ट्रीय हिन्दी विश्वविद्यालय द्वारा स्थापित रामचन्द्र शुक्ल स्मृति व्याख्यानमाला का, इलाहाबाद संग्रहालय के सभागार में, अपने दो सुचिन्तित व्याख्यानों से शुभारम्भ किया तो पता चला कि बौद्धिक

उद्यम और हिन्दी के बौद्धिक और आलोचनात्मक संघर्ष को समझने के लिए रामचन्द्र शुक्ल अब भी एक सम्भावना हैं। बड़ा और टिकाऊ लेखक वही होता है जिसके अर्थ और व्याप्ति की सम्भावना कभी चुकती नहीं है। यह जानकार कि रामचन्द्र शुक्ल के बारे में है 'अभी कुछ और जो कहा नहीं गया' अच्छा भी लगा औविचारोत्तेजक आश्चर्य भी हुआ।

मुझे जो याद रह गया वह यह कि आचार्य शुक्ल ने जैसे कि बाद में आचार्य हजारीप्रसाद द्विवेदी ने, अपने साहित्य के इतिहास छात्रों के लिए नोट्स के रूप में लिखे थे जो कि इन दिनों बहुनिन्दित—बल्कि मेरे द्वारा पिछले, लगभग तीन-चार दशकों से बारम्बार निन्दित—'विश्वविद्यालयीन आलोचना' का ही उदाहरण है—निश्चय ही उत्कृष्ट उदाहरण। आचार्य शुक्ल ने तुलसी की तुलना में सूर की प्रसंगोद्भावना करने वाली प्रतिभा की प्रशंसा की है लेकिन अन्ततः तुलसी को उनकी सर्वांगपूर्णता, काव्यभाषा के विविध प्रयोग, सभी प्रचलित काव्यशैलियों के चयन, और भक्ति-पद्धति के कारण ऐसी ऊँचाई पर पाया है जो किसी और को प्राप्त नहीं। श्यामसुन्दर दास और आचार्य महावीर प्रसाद द्विवेदी का योगदान, उनके अनुसार, व्यवस्था के क्षेत्र में जैसा है, वैसा विवेचन के क्षेत्र में नहीं। आचार्य शुक्ल प्रसाद के ऐतिहासिक नाटकों की प्रशंसा करते हैं लेकिन सामाजिक नाटकों के बने हुए अभाव की पूर्ति की उनसे अपेक्षा नहीं करते, जबकि प्रेमचन्द के सामाजिक उपन्यासों की प्रशंसा करते हैं लेकिन उनसे ऐतिहासिक उपन्यासों के अभाव की पूर्ति की आशा नहीं करते। चतुर्वेदी जी ने एक रोचक तथ्य यह बताया कि शुक्ल जी प्राचीन और मध्यकाल के कवियों-लेखकों के वृत्तों में उनकी जाति आदि का उल्लेख करते हैं जबकि आधुनिक काल के लेखकों के सन्दर्भ में नहीं।

इस पर चतुर्वेदी जी ने उचित ध्यानाकर्षण किया कि आचार्य शुक्ल ने आदि और मध्यकाल के सन्दर्भ में जिस तरह संस्कृत-प्राकृत-अपभ्रंश काव्यशास्त्र और साहित्य का परिदृश्य दिया है, आधुनिक काल के सन्दर्भ में यूरोपीय साहित्य का। चतुर्वेदी जी के अनुसार 'अन्यत्र तो आलोचक ने उस समय की एलियट और ईई कमिंग्ज जैसी नयी-नयी उभरती प्रतिभाओं का सोदाहरण विवेचन किया है। समूचे भारतीय परिदृश्य पर इतनी व्यापक आलोचकीय सजगता और विराट क्षमता अन्यत्र शायद ही कहीं मिले।'

यह जानना हमारे बौद्धिक उत्तराधिकार की सही समझ के लिए जरूरी है, जैसा कि चतुर्वेदी जी ने कहा, कि निराला और रामचन्द्र शुक्ल आधुनिक काल के स्वतन्त्रचेता लेखकों में अग्रणी हैं। गाँधी-रवीन्द्रनाथ ठाकुर के सामान्य विवाद में निराला ने पक्ष गाँधी का लिया था, 'चरखा' शीर्षक निबन्ध में, कविगुरु के प्रति अपनी व्यक्तिगत श्रद्धा और गाँधी की

'हिन्दुस्तानी' से चिढ़ने के बावजूद। असहयोग आन्दोलन के बारे में अपने एक अंग्रेजी निबन्ध 'नानकोआपरेशन एण्ड द मरकैंटाइल क्लासेज' में शुक्ल जी द्वारा गाँधी के व्यक्तित्व और त्याग की सराहना है पर उनकी रणनीति से वे असहमत हैं। उनके शब्दों में 'लोकमान्य तिलक की मृत्यु ने राष्ट्रवादियों के पूरे दल को मिस्टर गाँधी की अनुकम्पा पर छोड़ दिया है।' 1923 में अपनी पुस्तक 'गोस्वामी तुलसीदास' में लेनिन की क्रूरताओं का उल्लेख करते हुए शुक्ल जी ने कठोर व्यंग किया था। उन्होंने कहा था—वह भी रूसी क्रान्ति के कुल पाँच सालों के भीतर ही और तब जबकि संसार भर के लेखकों में इस क्रान्ति को लेकर बड़ा उत्साह और आकर्षण था—कि 'लेनिन अपने समय में महात्मा बना रहा। समाज की ऐसी वृत्तियों पर स्थित 'माहात्म्य' का स्वीकार घोर अमंगल है।...रूस से भारी-भारी विद्वानों और गुणियों का भागना इस बात का आभास दे रहा है।' इतना ही नहीं शुक्ल जी ने यह भी कहा कि 'उनका (तुलसी का) लोकवाद वह लोकवाद नहीं है जिसका अकाण्ड ताण्डव रूस में हो रहा है।' रामस्वरूप जी की व्याख्या पर बहस और असहमति होगी लेकिन इतना तय है कि उनके विवेचन ने शुक्ल जी के बौद्धिक चरित्र और उनकी दृष्टि को लेकर नये सार्थक प्रश्न उठाये हैं।

(24 सितम्बर, 2000)

भूलने से शुरुआत

मैं पिछले महीने इलाहाबाद गया था। मुझे याद आया कि वहाँ उनके देहावसान के बाद हर बरस मुख्यतः उनकी पत्नी कंचनलता साही और कविमित्र केशवचन्द्र वर्मा के प्रयत्न से विजयदेव नारायण साही को याद किया जाता रहा है। बाद में साही स्मृति को जीवित रखने का जिम्मा रामकमल राय के रहते हिन्दुस्तानी अकादेमी ने लिया था और तीन बरस पहले साही स्मृति व्याख्यान देने मुझे अकादेमी ने बुलाया था और मैं गया था। इस वर्ष वह व्याख्यान नहीं हुआ : अकादेमी को उसके लिए जो स्थायी निधि दिवंगत कंचन जी ने दी थी उसका कुछ पता नहीं है। यों इलाहाबाद सक्रिय है, सृजन-विचार-सक्रिय है लेकिन अपने एक मूर्धन्य सहकर्मी को याद करने की फुरसत अब नहीं रह गयी है। वैसे तो दावेदार कई होंगे और उनमें से कइयों के पास उनके दावे के लिए शोरगुल मचाने के लिए बड़ी सुसज्जित और प्रतिबद्ध मण्डलियाँ भी हैं, पिछले पचास बरसों की हिन्दी कविता की आलोचना के सिलसिले में जो बृहत् त्रयी मुझे उभरती नजर आती है वह अज्ञेय, मुक्तिबोध और

साही की है। साही ने अधिक नहीं लिखा। लेकिन उनकी तीन रचनाएँ—'लघु मानव के बहाने हिन्दी कविता पर एक बहस', 'शमशेर की काव्यानुभूति की बनावट' और 'जायसी' सैद्धान्तिक और व्यावहारिक आलोचना के श्रेष्ठ उदाहरण हैं : उनकी उदार परिपक्वता, तीक्ष्ण मर्मभेद, सघन जातीय बौद्धिकता और वैचारिक खुलापन अप्रतिम हैं। ऐसे साही को, उनके परिजनों को छोड़ कर, व्यापक हिन्दी संसार कृतज्ञता के साथ वर्ष में एक बार कायदे से याद करना भी भूल जाये यह हमारी गहरी और व्यापक होती हुई विस्मृति और कृतघ्नता का एक और प्रमाण है।

इस बार हर वर्ष की तरह 18 सितम्बर को श्रीकान्त वर्मा की स्मृति में दिया जाने वाला पुरस्कार दिल्ली में नहीं दिया गया। श्रीकान्त वर्मा के लेखकीय जीवन का अधिकांश और सबसे निर्णायक हिस्सा दिल्ली में ही बीता। हिन्दी कविता और आलोचना के एक नाराज, उत्पाती और बेहद बेचैन तेवर के श्रीकान्त वर्मा सबसे प्रामाणिक प्रतिनिधि कहे जा सकते हैं। उनके नाम से स्थापित पुरस्कार पाये अनेक लेखक, दिल्ली में रहते हैं। उनमें से कई ऐसे भी हैं जो श्रीकान्त जी से जब-तब उपकृत भी जरूर हुए होंगे। लेकिन अगर दिल्ली में श्रीकान्त जी को परिवार याद न करे तो किसी को उन्हें याद करना जरूरी नहीं लगता। जरूरी नहीं कि कोई आयोजन हो। ऐसी याद एक टिप्पणी लिख कर की जा सकती है : उनसे अपनी असहमतियाँ दिखा कर भी। पर लगता है कि हम ज्यादातर लेखक एक अनन्त वर्तमान में रहने लगे हैं जिसमें जो है उसकी तो गनीमत है। लेकिन दुर्भाग्य से अगर वह नहीं है तो उसकी याद करने का अब अवकाश या कोई नैतिक-बौद्धिक आवश्यकता शेष नहीं रही। लेखक के भौतिक अन्त से नहीं, साहित्य में इस तरह भुलाए जाने से उसके नष्ट होने की असली शुरुआत होती है। विचित्र यह है कि यह नष्ट करने की कार्रवाई पाठक या समाज नहीं हम लेखक ही करते हैं। हिन्दी में लेखक लेखकों के हाथ ही मारे जाते हैं।

भूलने से शुरुआत होती है नष्ट होने की—
याद करने और भूलने से ही बनती है हमारी अपनी दुनिया
और भूल-याद कर ही हम उसे
नष्ट करते हैं
अपने ही सामने।

(15 अक्टूबर, 2000)

अष्ट नायक

मुझे यकायक याद आया कि अष्ट धातु से बनी पुरानी मूर्तियाँ अधिक मूल्यवान, पवित्र और दुर्लभ मानी जाती हैं और हमारी परम्परा में उनका विशेष महत्त्व रहा है। उन्हें गढ़ने की विधि और रसायन भी शायद विशेष रहे होंगे। समकालीन भारतीय कला के आठ मूर्धन्यों की एक प्रदर्शनी मुम्बई की ताओ आर्ट गैलरी में 27 जनवरी, 2001 की शाम को शुरू हुई, जिसका नाम है : 'अष्ट नायक'। दोपहर को प्रदर्शनी के पूर्वावलोकन के समय वहाँ बैठे मुझे ख्याल आया कि ये अष्ट नायक यों तो अलग-अलग धातुओं के बने हैं लेकिन कुछ उनमें ऐसा भी है जो सबमें कमोबेश समान हैं। भला रज़ा और हुसेन में, अकबर पदमसी और रामकुमार में, तैयब मेहता और बाल छाबड़ा में, वी.एस. गायतोण्डे और कृष्ण खन्ना में क्या समानता है? सिवाय इसके कि ये सभी बुजुर्गवार अभी भी दृश्य पर पूरी शक्ति और उत्साह के साथ जमे हुए हैं हालाँकि सभी सत्तर से ऊपर उमर के हैं। इस प्रदर्शनी में हरेक के दो पुराने और दो नए चित्र लगे हैं। खासी भीड़भाड़ के बावजूद उन्हें निहारते और उन्हें गुनते हुए मुझे लगा कि इन अष्ट नायकों में जोखिम उठाने की एक बिरादरी- सी है। फिर, परम्परा की आश्वस्ति के भूगोल से निकलकर आधुनिक बीहड़ में निकल जाने की हिम्मत भी। सभी में उल्लेखनीय रूपंकर कौशल शुरू से आज तक साफ पहचाना जा सकता है। सभी का अपने माध्यम में यानी चित्र की स्वायत्तता और प्रामाणिकता में भरोसा कभी कम नहीं हुआ या कि डिगा नहीं। अपना अलग-अलग मुहावरा विकसित करते हुए इन सभी में आत्माविष्कार करने की अद्भुत क्षमता रही है। सभी की दृष्टि परम्परा और आधुनिकता के प्रति आलोचक दृष्टि रही है—वे दोनों के प्रति खुले रहे हैं। सभी फैशन या क्लीशे, नारे या वक्तव्य के प्रति बेहद चौकन्ने रहे हैं। सभी एक-दूसरे से असहमत या जब-तब ईर्ष्यालु होते हुए भी परस्पर सद्भावी रहे हैं। इन अष्ट नायकों में से पाँच को यानी मकबूल फिदा हुसेन, सैयद हैदर रज़ा, बाल छाबड़ा, तैयब मेहता और कृष्ण खन्ना को एक साथ बतियाते, हँसते-गपियाते देखना समकालीन भारतीय कला की दृष्टि और शैली की बहुलता के वर्णपट को साक्षात् देखना था। मुझे याद आया कि दुर्भाग्य से 'तारसप्तक' के सात कवियों में से छह दिवंगत हैं और वे शायद कभी एक मंच पर उस क्रान्तिकारी संकलन के बाद कभी नहीं आए : हिन्दी कविता में दृष्टियों की बहुलता का वैसा संगम फिर कभी शायद हुआ भी नहीं। मुझे याद आया बरसों पहले हुआ ध्रुपद का आयोजन 'डागर सप्तक', जिसमें डागर घराने के सभी सात उस्ताद शामिल हुए थे। लेकिन वे सब तो डागरबानी के साधक थे और एक ही घराने के श्रेष्ठ गायक थे। यहाँ तो अलग-अलग घरानों के अष्ट नायक एकत्र थे—उत्कृष्टता की एक बिरादरी की तरह : उज्ज्वल,

उदग्र, सक्रिय और उत्साहित। हुसेन का महाकाव्यात्मक जीवट, रज़ा के एक-दूसरे से लिपटते-उपजते रंगाकार, तैयब की लुढ़कती बेचैन छवियाँ, कृष्ण के यहाँ बैण्डवालों का रंगवृन्द, अकबर के सीपिया में डूबे हुए सिर और दिगम्बरा, रामकुमार के मितभाषी लेकिन अर्थबहुल भूदृश्य, गायतोण्डे के सधे हुए अमूर्तन मानो बचे हुए चिह्न हों और बाल का दूसरे रंगों का सोहबत में सफेद रंग पर आग्रह—सभी अपनी जगह उपयुक्त लग रहे थे। सृजन का सूर्य अपने ताप और आभा से दमक रहा था और पुराणकथा से अलग, इस आधुनिक समय में कथा को बढ़ाते हुए, उसे सात नहीं, आठ अश्व खींच रहे थे। यह भी स्पष्ट था कि अपनी उपलब्धि, अपनी लगातार बनी रही कलात्मक बेचैनी और सर्जनात्मक सक्रियता से ये आठों पचास बरस पहले नायक थे और आज भी नायक बने हुए हैं : अष्ट नायक। मुझे लग रहा था कि यह मेरा सौभाग्य है कि मैं इस अवसर पर उपस्थित था।

(4 फरवरी, 2001)

कर्मठ युवा विद्वत्ता

यों तो कर्म और विद्वत्ता में फाँक पुरानी है बावजूद इसके कि इसका आग्रह भी साथ-साथ बराबर किया जाता रहा है कि विद्वत्ता स्वयं कर्म है। इधर कर्मप्रधानता कुछ इस कदर हावी होती गई है कि निरी विद्वत्ता का लगभग अनादर तक होने लगा है। यह बात और है कि बहुत सारा महत्त्वपूर्ण कर्म बिना विद्वत्ता की उत्प्रेरणा के सम्भव नहीं है।

पिछले बृहस्पतिवार को इण्डिया हैबिटाट सेण्टर ने एक नई सीरीज शुरू की जिसमें विभिन्न सांस्कृतिक अनुशासनों के युवा विद्वानों को एक नियमित मंच देने का प्रयत्न है। पहले आयोजन में वास्तुकला, रूपंकर कला, शास्त्रीय नृत्य के युवा अध्येताओं ने अपने-अपने क्षेत्र से सम्बन्धित अपना कार्य संक्षेप में प्रस्तुत किया। अध्यक्षता की, कला विदुषी कपिला वात्स्यायन ने। यह निरा संयोग नहीं है कि इन अध्येताओं में से एक को छोड़कर बाकी सभी युवतियाँ थीं। यह एक ओर तो इस बात का साक्ष्य था कि विद्वत्ता के क्षेत्र में पुरुषप्रधानता को अब जबरदस्त चुनौती मिल रही है तो दूसरी ओर इसका संकेत भी कि विद्वत्ता और कर्म के बीच जो खाई अनुल्लंघ्य मानी जाती रही है उसे ये युवा स्त्रियाँ पाट रही हैं। शायद स्त्रियों में स्वभावतः ऐसा द्वैत कम होता है।

डॉ. कविता सिंह ने मुगलकालीन कला के दरबार दृश्यों के विवेचन से

राजकेन्द्र, अधिकार और शक्ति के रूपायन, उसके जटिल पर व्यवस्थित विन्यास को बखूबी समझाया तो प्रीति बहादुर ने रागमाला चित्रों में राग और रागनियों के चित्रांकन के पीछे संगीत की समझ और अवधारणाओं पर रोचक प्रकाश डाला। संगीत में स्थिर और अस्थिर के द्वन्द्व के रूपक को उन्होंने सार्थक ढंग से रागमाला चित्रों के बिम्बविन्यास की रचना में प्रासंगिक पाया। युवा वास्तुकार महेन्द्रू ने मध्यप्रदेश के माण्डू में दृश्य स्थापत्य की बारीकियाँ और कठिनाइयाँ सामने रखीं जिसके आधार पर उन्होंने एक पूरी योजना तैयार की है। शालिनी दासगुप्त ने ओरछा में मध्यकालीन मन्दिरों का अध्ययन कर उनके संरक्षण के अनेक पक्ष सामने रखे और एक कार्ययोजना का संकेत दिया। कला-इतिहास, परम्परा का संरक्षण आदि थोड़े कठिन क्षेत्र हैं, ज्यादातर चकाचौंध और आर्थिक आकर्षण से दूर पड़ते हैं। उनकी तरफ युवा प्रतिमा आकर्षित हो, यह उत्साहजनक है। और यह भी कि वह अपने सोचे-सुझाए को अमल में लाने पर भी इसरार और कोशिश करती जान पड़ती है। विद्वत्ता इन क्षेत्रों में अब तटस्थ बैठने को तैयार नहीं है, वह कर्म के क्षेत्र में हस्तक्षेप के लिए भी उत्सुक है। शायद यह आज के समय में उसकी प्रासंगिकता बढ़ा सके।

(22 अप्रैल, 2001)

संगीत दिवस और कविता-बाजार

फ्रांस उन यूरोपीय देशों में से है जिसमें संस्कृति और सत्ता के बीच सम्बन्ध अनिवार्यतः विरोध और अविश्वास का नहीं है। इसका एक प्रमाण यह है कि मितरों सरकार में संस्कृति मन्त्री और आज की शिराक सरकार में शिक्षा मन्त्री जाक लांग ने बीस बरस पहले 20 जून को संगीत दिवस मनाने का निश्चय किया। ऐसे निश्चय हमारे यहाँ भी सरकारें करती रही हैं लेकिन उन्हें अक्सर खुद सरकार ही याद नहीं रखती और अगर कोई मनाता है तो अक्सर सरकार ही। लेकिन अगर इस 20 जून को द प्रे की चौड़ी सड़क पर रात ग्यारह बजे संगीत के विभिन्न रसों मे सराबोर हजारों लोगों की भीड़ के बीच पैदल चलना दूभर था तो जाहिर है कि एक सरकारी निश्चय लोकप्रथा में बदल चुका है। यही हालत मेरे होटल के कुछ अधिक नजदीक बास्तील में थी। शाम से ही इन जगहों के आसपास सैकड़ों युवक-युवतियाँ संगीत की शाम मनाने जाते, झुण्ड के झुण्ड, देखे जा सकते थे कुछ वैसे ही जैसे हमारे यहाँ होली वगैरह में दीख पड़ते हैं। यह ठीक है कि अक्सर संगीत कम सुनाई पड़ रहा था और हुड़दंग

अधिक। उत्तर-आधुनिक यूरोप का बहुत-सा नया संगीत अगर मुझ हिन्दुस्तानी शास्त्रीय संगीत के निर्लज्ज और अधेड़ प्रेमी को शोरगुल जैसा लगे तो इसमें दोष मेरा ही है : अन्यथा युवा पेरिस तेज ताल में उस शाम थिरक रहा था, इसमें शक नहीं।

सवं सुलपीस पेरिस का एक प्रसिद्ध गिरजाघर है जिसके सामने के चौगान में 21 से 24 जून तक उन्नीसवाँ कविता-बाजार लगा था। अद्भुत दृश्य था : लगभग तीन सौ प्रकाशकों के स्टॉल्स जिनमें फ्रेंच भाषा में प्रकाशित लगभग दो हजार पुस्तकें प्रदर्शित और बिक रही थीं। यह आयोजन भी अब एक वार्षिक आयोजन है और इसमें पेरिस के अलावा फ्रांस भर के प्रकाशक आते हैं। मैं दो बार गया। खासी भीड़ थी। हालाँकि लोग गप लड़ाते, एक-दूसरे से मिलते अधिक नजर आ रहे थे, पुस्तक खरीदते कम। बाद में एक फ्रेंच प्रकाशक ने इसकी पुष्टि भी की। उसने कहा कि यह कवियों और कविता में रुचि रखने वालों का मिलनस्थल है, बिक्री कम होती है। कविता बेचने का अर्थात् पुस्तकें बेचने का कठिन काम तो सामान्यतः दूकानों में होता है और उसमें कड़ी मेहनत और वक्त लगते हैं। एक स्थान बल्कि दो कवितापाठ के भी थे। इतने भीड़-भड़क्के में कविता सुनने की फुरसत कम के पास थी पर कविगण थे कि बड़े मनोबल से, कोई सुने-न-सुने, कविताएँ पढ़ रहे थे। दूसरी बार मैं रज़ा के साथ इस बाजार में फिर गया। उन्हें पहचानने वाले कई कवि मिल गए। एक प्रकाशक ने उन्हें अपने कई कविता प्रकाशन भेंट करते हुए आग्रह किया कि वे उनके चित्रों के साथ एक कविता पुस्तक प्रकाशित करें, अगर वे राजी हो जाएँ। जाहिर है कि चित्रकारों और कवियों के बीच फ्रांस में जो पारम्परिक संवाद और सहकार रहा है वह अभी भी सक्रिय है। बाजार में भारत से तीन ही चीजें दिखाई पड़ीं : लोकनाथ भट्टाचार्य के कई कविता संग्रह उदयन वाजपेयी का हिन्दी-फ्रेंच द्विभाषिक संग्रह 'वी इनविजीवल' और 'यूरोप' नामक पत्रिका का एक भारतीय विशेषांक जिसमें कृष्ण बलदेव वैद, निर्मल वर्मा, केदारनाथ सिंह, भानु शुक्ल आदि की रचनाओं के फ्रेंच अनुवाद प्रकाशित हैं।

(15 जुलाई, 2001)

साहित्य की शिक्षा

मुझे यह अच्छा और उपयोगी लगा कि रविशंकर विश्वविद्यालय, रायपुर के पदुमलाल पुन्नालाल बख्शी पीठ ने पिछले दिनों साहित्य की शिक्षा पर एक परिसंवाद आयोजित किया जिसमें छत्तीसगढ़ अंचल के अनेक

महाविद्यालयीन अध्यापक शामिल हुए। हिन्दी के साहित्य के अध्ययन-अध्यापन की सामग्री, प्रविधि और पाठ्यक्रम आदि इतने पुराने और बासी हैं कि अधिकतर हर जगह पिष्टपेषण ही होता रहता है। इसके बावजूद अगर जब-तब जहाँ-तहाँ युवा सर्जनात्मकता या विद्वत्ता दीखती या कौंध जाती है तो अक्सर इस सबके बावजूद, इसके कारण नहीं। साहित्य की शिक्षा को लेकर दो पूर्वाग्रह इन दिनों लगभग लोकव्यापी हैं। पहला यह कि सारे परिवर्तन साहित्य से बाहर समाज, राजनीति, संस्कृति आदि में होते हैं और साहित्य में उन्हें प्रतिबिम्बित करता है। दूसरा यह कि आधुनिक साहित्य का अध्ययन पर्याप्त है, प्राचीन और मध्यकालीन साहित्य पढ़ना परम्परा को समझने के लिए भले जरूरी हो, आधुनिक जीवन-यापन में उससे कोई मदद नहीं मिलती। नतीजा यह है कि साहित्य की स्वायत्तता और अपनी वैचारिक सत्ता को बिल्कुल अनदेखा कर उसे एक तरह के छिछले समाजशास्त्र के अधीन कर दिया जाता है : मजे की बात यह है कि साहित्य का यह अवमूल्यन स्वयं साहित्य के विभागों में न केवल कोई प्रतिरोध नहीं उकसाता बल्कि वे उसकी ताईद करते जान पड़ते हैं। साहित्य के ऐसे अध्यापक ही उसके दरअसल अवमूल्यक हैं! ऐसे में अगर साहित्य किसी तरह का रस लेने का माध्यम न रह जाए या कि साहित्य से जीवन और मानवीय अस्तित्व और नियति की कोई अलग और विशिष्ट समझ और अनुभूति होती है, इसकी सम्भावना न बचे या सम्प्रेषित हो तो इसमें अचरज क्या? फिर भला इसमें भी अचरज क्या कि अधिकांश हिन्दी साहित्य के छात्र जिन्हें अगर नौकरी की मजबूरी के कारण साहित्य न पढ़ना पड़े, मसलन अध्यापन आदि के लिए, तो फिर वे साहित्य पर ज्यादातर जीवन भर वापस नहीं आते? दूसरी विडम्बना यह है कि प्रेमचन्द, निराला से लेकर अज्ञेय, मुक्तिबोध, रेणु आदि को पढ़ने-पढ़ाने की विशेषज्ञता तो मौजूद है, अच्छी-बुरी जैसी, लेकिन तुलसी, कबीर, सूर, रीति-कवियों या आदिकाल को समझ और जतन से पढ़ाने वाले लोग हमारे अकादेमिक परिसर में कम से कमतर होते जा रहे हैं। हमारी अकादेमिक व्यवस्था यह समझ बनाने-पोसने में असफल रही है कि अगर आप कबीर और तुलसी को, उदाहरण के लिए, ठीक से पढ़-समझ सकते हैं तो आधुनिक साहित्य को ठीक से समझने-सराहने में कोई बाधा नहीं हो सकती। हिन्दी अध्यापकों में ऐसे कम रह गए हैं जो ठीक से यतिभंग आदि करते हुए सवैया, कवित्त, सोरठा आदि पढ़ सकें। अपभ्रंश, सधुक्कड़ी आदि प्रामाणिकता से पढ़ने वाले तो दृश्य से लगभग गायब ही हैं। कई बार यह सोचकर दहशत-सी होती है कि हम अपने हिन्दी विभागों में ही हिन्दी साहित्य के साथ इतना अन्याय, अनाचार और मनमानी कर रहे हैं। अधकचरी समाजशास्त्रीयता, अपरीक्षित पूर्वग्रह, अनर्जित आधुनिकता, भाषा की घोर अवज्ञा, शिल्प की सूक्ष्मताओं के प्रति उदासीनता, रसज्ञता की अनुपस्थिति, वैचारिक परिप्रेक्ष्य का अभाव आदि आज हिन्दी के उच्च

अध्यापन के आम पहलू हैं। समय आ गया है कि हम इस दुर्भाग्यपूर्ण स्थिति को स्वीकार कर नए विकल्प तुरन्त तलाशना शुरू करें।

(22 जुलाई, 2001)

गुरु से आगे

यह बात अब व्यापक रूप से मानी जाने लगी है कि शास्त्रीय संगीत और नृत्य की शिक्षा और अन्तरण का सबसे प्रामाणिक और सर्जनात्मक तरीका गुरु-शिष्य परम्परा है। जैसा कि हमेशा होता है, कुछ गुरु इतने मूर्धन्य और केन्द्रीय हो जाते हैं कि हम अक्सर यह भूल जाते हैं कि हमारी प्रायः सारी संगीत-नृत्य परम्परा बहुल है और उसे कई छोटे-बड़े गुरु मिलकर बनाते, बचाते और बढ़ाते रहे हैं। यह कथक की भी सच्चाई है। ऐसे ही एक किंचित् अल्पचर्चित गुरु थे—कुन्दनलाल गंगानी, जो जयपुर घराने के थे और जो अपने अन्तिम समय में नई दिल्ली के कथक केन्द्र में नृत्य की शिक्षा देते थे। उन्हें वह केन्द्र क्यों कभी याद नहीं करता, यह मैं नहीं जानता। उनकी सोलहवीं वर्षगाँठ और पुण्यतिथि को, जो संयोग से एक ही दिन 16 जुलाई को पड़ती है, उन्हें याद किया 'नृत्यरंग' संस्था ने। शुभारम्भ किया बनारस के श्रेष्ठ तबलावादक पण्डित किशन महाराज ने— कुन्दनलाल जी को आत्मीयता और मार्मिकता से श्रद्धांजलि देते हुए। बाद में अपने जीवन में चकाचौंध से दूर रहे इस आविष्कारक और अनेक बारीकियों के निष्णात गुरु का सबक पेश किया प्रेरणा श्रीमाली, शोभा कौसर और राजेन्द्र गंगानी ने।

प्रेरणा श्रीमाली में सौष्ठव, सुरुचि और गीतितत्त्व है, तैयारी के साथ-साथ। वे कथक के व्याकरण को स्वायत्त करने के अलावा उसकी अन्तर्भूत कविता को भी बखूबी उभार सकती हैं। उनमें सुचिन्तित ठहराव है— एक तरह का धीर आत्मनिष्ठ लालित्य : प्रौढ़ दृष्टि, जो पारम्परिक को समकालीनता से द्योतित करती चलती है। राजेन्द्र गंगानी में अत्यन्त क्षिप्र चंचलता है और अपने घराने के व्याकरण की अचूक पकड़। उनकी देह का पुराना संकोच मानो अब दूर हो गया है और वे उसका आत्मविश्वास से उपयोग कर पा रहे हैं एक ही गुरु के दो शिष्य। उनमें समरसता सम्भव है। जैसा कि दोनों की कुछ युगल प्रस्तुतियों से जाहिर हुआ लेकिन जिनकी दृष्टियाँ अलग-अलग हैं। किसी भी सच्चे गुरु को सार्थक प्रणति तब है जब उसके शिष्य उसके सबक से आगे, अपनी-अपनी राह जाएँ और उनके पास वह बुनियादी कौशल हो कि वे अपने से कुछ नया सिरज

सकें। परम्परा ऐसे ही आगे बढ़ती और पुनर्नवा होती है। उस शाम लगा कि परम्परा का पुराना स्वाद भर नहीं, नई सुगन्ध भी मिल रही है।

(29 जुलाई, 2001)

सन्तों की सीकरी

लेखकों ने सन्त होना काफी समय से बन्द कर दिया : हिन्दी में सुमित्रानन्दन पन्त को ही 'कवियों में सौम्य सन्त' कहा गया। वे आखिरी हिन्दी कवि थे जो सन्त कहलाए। इन दिनों जैसा उग्र धर्मनिरपेक्ष समय है, उसमें सन्त होना या कहलाना अधिकांश लेखकों के लिए आपत्तिजनक बात होगी। अधिकांश में सन्तों जैसी पारदर्शिता और निर्मल चित्त नहीं है, यह भी हिसाब में लेना होगा। हमारे यहाँ लगभग कहावत बन गई एक कवि-उक्ति है : 'सन्तन को कहा सीकरी सों काम'।

आधुनिक समय में ऐसा माना जाता है कि सत्ता-विमर्श केन्द्रीय विमर्श है और सन्त को सीकरी से काम होता है और सीकरी को भी सन्त से। रिश्ता जटिल और द्वन्द्वात्मक होता है और उसे सरलीकृत नहीं किया जा सकता। बीसवीं शताब्दी ने सारे संसार में और भारत में भी जो अनुभव और दृष्टियाँ अर्जित कीं, उनमें से एक यह है कि साहित्यकार राजनैतिक सत्ता का भरोसा नहीं कर सकते क्योंकि कुल मिलाकर राजनीति साहित्य को हाशिए की ओर ढकेलती, कई बार उसका दमन-शोषण करती रही है। यह बात भी प्रायः सर्वमान्य हो चली है कि साहित्य, राजनीति की सत्ता के बरक्स, प्रतिसत्ता स्थापित करता है। जब भी साहित्य राजनीति का पिछलगुवा बना है उसने अपना अवमूल्यन ही किया है। यह अकारण नहीं है कि पिछले पचास सालों का हिन्दी साहित्य सत्ता पर सन्देह करने का साहित्य भी रहा है। हिन्दी लेखक-समाज की यह एक तेजस्वी उपलब्धि है कि उसने राजनैतिक सत्ता को कभी जरूरत से ज्यादा महत्त्व या प्रतिष्ठा नहीं दी।

नामवर सिंह के पचहत्तर वर्ष में प्रवेश पर पिछले दिनों 'नामवर के निमित्त' जो आयोजन हुआ उसमें दो सत्रों में लेखकों और बुद्धिजीवियों ने 'हिन्दी समाज की दूसरी परम्परा' और 'आलोचक की भूमिका' पर विचार-विनिमय किया। भागीदारों में से कई ने तैयारी नहीं की थी, कुछ ने अवसर का लाभ-लोभ उठा कर, कई बार विषय को छोड़ कर या विषय को जोड़-तोड़ कर नामवर जी की प्रशस्ति की—इस पर टिप्पणी फिलवक्त नहीं। आखिर उनकी पचहत्तरवीं वर्षगाँठ पर उनका गुणगान न होगा तो कब होगा?

लेकिन बहुत सारे लेखक-बन्धु इस बात से नाराज नजर आए कि अन्तिम सत्र, जिसे 'शुभाशंसा' नाम दिया गया था, राजनेताओं पर केन्द्रित था और उसे ही मीडिया ने, खासकर इलेक्ट्रॉनिक मीडिया ने व्यापक कवरेज दिया। दो भूतपूर्व प्रधानमन्त्रियों, एक केन्द्रीय मन्त्री, एक मुख्यमन्त्री और अनेक राजनेताओं ने नामवर जी की प्रशस्ति की। उनमें से प्रायः सभी ने जो कहा उसका आशय कमोबेश यही निकलता है कि उन्होंने नामवर जी का लिखा हुआ कुछ पढ़ा नहीं है। एक ने कहा बताते हैं कि कुछ पढ़ने की कोशिश की तो वह नामवर जी का नहीं बल्कि उनके बारे में कुछ कठिन और दुरूह भर पढ़ पाए! एकाध निजी संस्मरण छोड़कर प्रायः किसी ने ऐसा कुछ नहीं कहा जिससे नामवर जी या उनके महत्त्व के बारे में कुछ नया पता चले या कि जिससे राजनैतिक सम्प्रदाय में साहित्य या लेखक की हैसियत बढ़ने का कोई संकेत मिले। राजनेता एक साहित्यकार के प्रति सदाशयता दिखाते हुए आए, यह अच्छी बात है। लेकिन यह समझना कठिन है कि उन्हें बुलाने का उद्देश्य क्या था? अगर वह राजनेताओं से एक साहित्यकार का सम्मान कराना था तो यह लगभग अपढ़ सम्मान था। अगर यह राजनेताओं की दुनिया में इस बहाने यानी 'नामवर के निमित्त' साहित्य की घुसपैठ कराना था तो यह दयनीय चेष्टा थी। अगर यह एक लेखक की शीर्षस्थानीयता पर राजनैतिक मुहर लगवाने की कोशिश थी तो हास्यास्पद थी क्योंकि कम से कम नामवर सिंह उन लेखकों में से हैं जिन्हें अपने कद के लिए ऐसे ठप्पे क़ी जरूरत अब तो नहीं होनी चाहिए। यह आयोजन किसी राज्य समर्थित संगठन, परिषद या अकादेमी ने किया होता तो उनकी इस सिलसिले में मजबूरी समझी जा सकती है। किसी लेखक-संघ या संगठन ने किया होता तो यह उसकी रणनीति का हिस्सा माना जाकर बचत शायद पा सकता था। पर यह आयोजन लेखकों की ओर से था जिसकी संयोजन समिति में सभी लेखक और बुद्धिजीवी ही हैं। उनके 'अमृत महोत्सव' में क्या होने जा रहा है, इस पर नामवर जी की स्पष्ट सहमति रही होगी। उसके एक शीर्ष धनुर्धर होने के कारण वे इतने मासूम, वह भी पचहत्तर लगने पर, नहीं हो सकते कि उन्हें यह पता न हो कि हिन्दी लेखक-समाज, जिसके कि वे एक प्रमुख सदस्य और प्रतिनिधि हैं, किसी भी तरह से ऐसे आयोजन को स्वीकार नहीं कर सकता। यह राजनीति के समक्ष साहित्य को मुखापेक्षी बनाना है, यह राजनेताओं के बरक्स लेखकों के कद को घटाना है। इस सत्र में ओड़िया और हिन्दी के एक-एक लेखक की शिरकत उसे वैधता प्रदान नहीं कर सकती।

मुझे खेद और क्षोभ है कि अपने एक बुजुर्ग लेखक की वन्दना में अपना स्वर मिलाने के बाद मैं यह विवादी स्वर उठा रहा हूँ। मुझे पता है कि यह आपत्ति सिर्फ मेरी नहीं, काफ़ी बड़ी संख्या में लेखक-बन्धुओं की है,

हालाँकि इस तथ्य का मैं अपनी बात का वजन बढ़ाने के लिए दुरुपयोग नहीं करना चाहता। मध्यकाल में सन्त को सीकरी द्वारा निमन्त्रित किए जाने पर उसमें हिम्मत थी कि उसने वहाँ जाने से इनकार कर दिया था : आजकल क्या हम इतने क्षीण तेज, सत्तालोलुप या लापरवाह हो गए हैं कि खुद जाकर सीकरी को सन्तसमागम में आशीर्वचन कहने का न्यौता देंगे? क्या साहित्य में समादृत होना पर्याप्त नहीं है? क्या वह पर्याप्त सामाजिक सम्मान नहीं है कि हम ऐसी मुँह देखे की राजनैतिक पुष्टि का मुँह जोहें?

(5 अगस्त, 2001)

क्रैको में हिन्दी लेखक

पोलैण्ड की सांस्कृतिक राजधानी क्रैको में यूरोप के प्राचीनतम विश्वविद्यालयों में से एक स्थित है जहाँ एक अन्तरराष्ट्रीय सम्मेलन हो रहा है, भारतविद्या पर केन्द्रित। इस आयोजन में पहली बार एक अकादेमिक सम्मेलन में इतनी बड़ी संख्या में हिन्दी लेखक भाग ले रहे हैं जिनमें कुँवर नारायण, निर्मल वर्मा, रमेशचन्द्र शाह, विष्णु खरे आदि शामिल हो रहे हैं। उल्लेखनीय यह भी है कि ये सभी लेखक इस अकादेमिक सम्मेलन में कोई विद्वत्तापूर्ण निबन्ध पढ़ने के बजाय अपनी किसी या किन्हीं रचनाओं को आधार बनाकर आत्मकथ्यात्मक ढंग से हिन्दी की समकालीन रचना पर कुछ कहने जा रहे हैं। एक शाम सभी हिन्दी लेखकों का पोलिश अनुवादों के साथ रचनापाठ भी रखा गया है। सम्मेलन में यूरोप से अनेक भारतविद् शामिल हो रहे हैं जिनमें लोठार लुत्से, क्रिस्तोफ बिरिस्की, दानूता स्ताशिक, लूसी रोजेंस्टाइन, मरिओला उफरेदी, पीटर दास राहुल, ग्रैग बेली, सलीना मार्लेविच, तान्या एव्तीमोवा, सत्येन्द्र श्रीवास्तव, आजाद शामातोव, मारी हाटौरी, हरमन टीकेन, अल्ब्रेख्त वेजलर आदि हैं। सम्मेलन का बड़ा हिस्सा संस्कृत, दर्शन, तमिल आदि को लेकर है। विषयों की इतनी विविधता है कि उनमें कोई तारतम्य सोचना व्यर्थ ही होगा : वामन के काव्यशास्त्र का भाषिक पक्ष, शास्त्रीय भारतीय कविता में स्त्री सौन्दर्य, तमिलनाडु की वीरशिलाएँ, संस्कृत साहित्य में कीट-पतंग, मण्डन मिश्र और शंकर में अविधा, रेणु और विनोद कुमार शुक्ल की कला, मराठी दलित काव्य, फैज के पहले बुलगेरियन अनुवाद, 'अन्धा युग' में कृष्ण की विरासत आदि।

19 से 24 सितम्बर, 2001 तक चलने वाले इस सम्मलेन में निर्मल वर्मा अपने नये उपन्यास 'अन्तिम अरण्य' के बहाने कुछ विचार व्यक्त करेंगे

और कुँवर नारायण अपनी कविता के कुछ पक्षों पर प्रकाश डालेंगे। रमेशचन्द्र शाह पावनता-बोध पर एक निबन्ध प्रस्तुत करेंगे। जहाँ तक मैं जानता हूँ कि भारतविद्या के किसी अन्तर्राष्ट्रीय सम्मेलन में शायद पहली बार इतनी बड़ी संख्या में हिन्दी लेखकों को लेखकों के रूप में एक साथ निमन्त्रित किया गया है। बहुत हद तक तो यह हिन्दी विदुषी और अनुवादिका डॉ. रेनाता चेकाल्स्का के आग्रह पर हो रहा है पर किसी हद तक यह इस बात का भी संकेत है कि समकालीन हिन्दी साहित्य पर यूरोप के भारतविदों का ध्यान गम्भीरता के साथ जाने लगा है। यह समझ बढ़ रही है कि भारत एक शास्त्रीय देश भर नहीं, एक समकालीन उपस्थिति भी है।

पोलिश-हिन्दी सहकार में एक और मुकाम जल्दी ही तब आएगा जब पोलिश कवि ताद्‌यूष रुजेविच की कविताओं का हिन्दी अनुवाद सहित एक द्विभाषिक संग्रह प्रकाशित होगा। उसमें कुँवर नारायण, कमलेश, नीलाभ, मंगलेश डबराल, असद जैदी, प्रयाग शुक्ल, सोमदत्त आदि के किए अनुवाद शामिल किए जा रहे हैं। पोलिश दूतावास और महात्मा गाँधी अन्तरराष्ट्रीय हिन्दी विश्वविद्यालय अगले नवम्बर में ताद्‌यूष रुजेविच पर एकाग्र एक गोष्ठी भी आयोजित कर रहे हैं जिसमें इस महाकवि के बेटे और अन्य पोलिश विद्वानों के आने की भी सम्भावना है। रुजेविच के एक नाटक के हिन्दी अनुवाद की प्रस्तुति की कोशिश है और उन पर बनी एक फिल्म दिखाने की भी।

(23 सितम्बर, 2001)

उधर के लघुचित्र

कई बार लगता है कि सरहद के पार, पाकिस्तान में, कलाओं में प्रायः सब कुछ संक्षिप्त-सा हो गया है। ख्याल या ध्रुपद गायकी के विशद वितान को संक्षिप्त कर पाकिस्तानी गायकों ने गजल गायकी को अपनाया और उसे लगभग एक नई संगीत विधा के रूप में ही प्रतिष्ठित कर दिया। पिछले दिनों खोज अन्तरराष्ट्रीय कला कर्मशाला द्वारा इण्डिया इण्टरनेशनल सेण्टर एनेक्स की कलावीथिका में छह पाकिस्तानी कलाकारों के लघुचित्रों मिनिएचर्स की एक प्रदर्शनी को देख कर इस संक्षेप के एक और पक्ष का तीखा और मार्मिक अहसास हुआ। राज्याश्रय में मुख्यतः अकबर द्वारा पोषित लघुचित्र कला को सामान्य रूप से उत्सवमूलक कला के रूप में जाना जाता है जो ऐतिहासिक घटनाओं, चरित्रों, मिथकों आदि पर एकाग्र

थी। पाकिस्तान में वहाँ प्रचलित पुनरुत्थानवादी दबावों के अन्तर्गत लघुचित्र कला का पुनरुत्थान हुआ है। दिलचस्प यह है कि वसीम अहमद, आयशा खालिद, नुसरा लतीफ, इमरान कुरैशी, रिशम सईद और सायरा वसीम ने लघुचित्र शैली का अर्थान्तर ही कर दिया है। अब वह 'सेलीब्रेशन' कम, 'सब्वर्शन' अधिक है। वह अब भ्रष्टाचार, आणविक युद्ध, स्त्रियों के विरुद्ध हिंसा आदि विषयों को सम्बोधित है। उदाहरण के लिए, मोहम्मद इमरान कुरैशी का एक लघुचित्र, जिसका शीर्षक है 'लाहौर प्रस्ताव', एक ओर एक पारम्परिक बेहद अलंकृत गजरा दिखाता है तो उसी के बगल में सम्भवतः कुरान की आयतों की पृष्ठभूमि में एक अणुबम के बिम्ब को रखता है। सायरा वसीम के एक लघुचित्र का शीर्षक है 'नली गोली' जिसमें एक मैरीगोराउण्ड में जनरल मुशर्रफ और अन्य सैन्य अधिकारी दिखाए गए हैं जिन्हें दूर से उलेमा लगते लोग निहार रहे हैं। रिशम सईद के 'सेहराबन्दी' शीर्षक लघुचित्र में एक इस्तरी, एक एयरकण्डीशनर और एक अलार्म-घड़ी के बिम्ब प्रमुख हैं। वजीम अहमद के चित्र 'बुर्का' में अनेक झीने आवरणों में एक राजसी अंकशायी दिगम्बरा है।

हम अक्सर पाकिस्तान के लोगों और उनकी नैतिक और सांस्कृतिक आकांक्षाओं को पाकिस्तानी सत्ता से तदाकार कर देखते हैं। यह गलत और अनैतिक है। जाहिर है कि गलत राजनीति और सैन्य सत्ता के अँधेरे में भी, जैसे सब जगह वैसे पाकिस्तान में भी, कलाएँ हिम्मत और कौशल से अपने समय और उसमें मनुष्य होने की तकलीफ और संकट को व्यक्त करने की ओर ही मुखातिब हैं।

(2 दिसम्बर, 2001)

इन्दौर में संगीत प्रेम

बरसों पहले जब संगीतरसिकता के नक्शे पर भोपाल का नाम तक नहीं था, इन्दौर शास्त्रीय संगीत का एक महत्त्वपूर्ण और सक्रिय केन्द्र था। वहाँ प्रसिद्ध संगीतकारों की अनेक पीढ़ियाँ रह चुकी थीं। उस्ताद अमीर खाँ जैसे खयाल गायकी में क्रान्ति लाने वाले गायक इन्दौर के ही थे। अभिनव कला समाज जैसी संस्थाएँ और राहुल बारपुते, बाबा डिके, विष्णु चिंचालकर जैसे बुद्धिजीवी और कलाकार शास्त्रीय संगीत के क्षेत्र में रसिकता पोसने-बढ़ाने में अग्रणी थे। धीरे-धीरे यह रसिकता, जो स्थानीय वणिक-समाज द्वारा पोषित थी, छीजती गई है। इसलिए मुझे अच्छा लगा जब भोपाल की संगीत-संस्था 'मधुकली' ने हाल ही में अपना इन्दौर अध्याय

शुरू किया। मूलतः मेरे शहर सागर के, लेकिन बनारस में पण्डित लालमणि मिश्र से शिक्षित-दीक्षित ओमप्रकाश चौरसिया सन्तूरवादक होने के अलावा अच्छे संगीत-रसिक, वृन्दकार और आयोजक हैं। भोपाल की उस्ताद अलाउद्दीन खाँ संगीत अकादेमी में मैं उन्हें बरसों पहले लाया था और अब वे उसके निदेशक हैं। उन्होनें इन्दौर में भी एक वृन्द तैयार किया है। पिछले शनिवार जाल सभागार में उसकी पहली प्रस्तुति हुई जिसमें कबीर और तुलसी के अलावा बालकृष्ण शर्मा 'नवीन' और अज्ञेय की कविताएँ भी सुनने को मिलीं। लोग शुरू में कम थे लेकिन लगा कि इन्दौर का पुराना संगीत-संस्कार पूरी तरह से ओझल नहीं हुआ है और उसका पुनर्वास सम्भव है।

शाम की आश्चर्यमूर्ति थे बनारस के पण्डित बलवन्त राय भावरंग। अस्सी से अधिक की उम्र के इस संगीत-गुरु और वाग्गेयकार की संगीत-जिजीविषा अद्भुत है। वे अभी भी नई बन्दिशें बनाने में लगे हुए हैं जिनमें से कुछ का, उनकी बुजुर्ग आवाज में, आस्वाद मिला। सभी बन्दिशें गणेश, हनुमान आदि देवताओं की स्तुति में थीं। उन्हें सुनते हुए मैं सोच रहा था कि हम आधुनिक इस सच्चाई से कितनी दूर चले गए हैं कि अभी भी करोड़ों लोगों की जिन्दगी में ये देवता इतनी जीवन्त और प्रेरक उपस्थितियाँ हैं। 'भावरंग' उपनाम से बन्दिशें रचने वाले संगीतकार को रत्ती भर भी नहीं लगता कि वह अपने समय से पीछे हैं : उसमें परम्परा का सहज आत्मविश्वास, अचूक विनम्रता और अपनी सिसृक्षा पर भरोसा—सब एक साथ जाहिर था।

अगले दिन प्रो. आर.सी. मेहता जैसे विद्वानों ने रागसंगीत और नवाचार पर विचार-विनिमय किया होगा जिसमें मैं नहीं रह पाया। हमारे संगीत को उसके समतुल्य आलोचनात्मक और बौद्धिक ध्यान नहीं मिल पाया है। इस दिशा में भी इन्दौर में कुछ हो रहा है, यह अच्छा है।

(9 दिसम्बर, 2001)

सह और समधर्मिणी

मुझे याद है कि लगभग तीस बरसों पहले मैंने कुमार गन्धर्व द्वारा कबीर, सूरदास और मीरा के पदों के गायन का 'त्रिवेणी' शीर्षक रिकॉर्ड पहली बार सुना था। तीनों को कुमार जी ने संगीत में ऐसी अलग पहचान दी थी कि आलाप से ही आपको पता चल जाता था कि वह पद इस मूर्धन्यत्रयी में किसका होने जा रहा था। कविता में तो हर कवि के नाम

की छाप थी ही : कुमार गन्धर्व ने हर कवि को संगीत में भी अपनी अलग और विशिष्ट नामछाप दे दी थी। जहाँ तक मैं जानता हूँ, संगीत में भी यह अगर अभूतपूर्व नहीं तो निराली घटना जरूर थी। उस गायन में कुमार जी के अलावा एक स्वर और था जो कभी युगल गायन और कभी समवेत गायन का प्रभाव पैदा करता था। कबीर या मीरा का साथ कुमार गन्धर्व दे रहे थे और उनका साथ कोई और, जैसे कि सुनकर और अभिभूत-विभोर होकर हम भी उस संगरसाथ में शामिल होकर उस सिलसिले को आगे बढ़ा रहे थे। वह स्वर, जैसे कि उनके बाद अन्य बहुत सारे गायन में भी, उनकी सहधर्मिणी वसुन्धरा कोमकली का था। संगीत के, जैसे कि अन्य कलाओं के इतिहास में, ऐसा कम ही हुआ है जब सहधर्मिणी समधर्मिणी भी हो। वसुन्धरा जी की इस अत्यन्त संवेदनशील, सजग और समझदार समान और सहधर्मिता ने कुमार जी के अद्‌भुत संगीत के सौन्दर्य, गूँज और विस्तार में अपनी महत्त्वपूर्ण भूमिका निभाई है, वह निस्सन्देह है। इस महान गायक के अन्तिम वर्षों में हम दोनों को साथ-साथ ही सुनते रहे हैं मानो एक के बिना दूसरा न था।

कुमार जी के देहावसान को लगभग दस वरस होने का आए। इस बीच धीरे-धीरे वसुन्धरा जी ने एक सयानी-समझदार स्मृतिसमृद्ध और कल्पनाप्रवण गायिका के रूप में अपनी अलग जगह बना ली है। वे निश्चय ही पूरी जिम्मेदारी और उचित अभिमान के साथ कुमार जी के परम्परा का निर्वाह करती रही हैं। संगीत परिसर में उन्होंने अपने गाने से कुमार जी की अनूठी गायकी की जीवन्त उपस्थिति बनाए रखी है और यही हम सबको उनका कृतज्ञ बनाने के लिए काफी है। पर, सौभाग्य से, वसुन्धरा जी इससे आगे भी गई हैं। उनकी गायकी में कुमार गन्धर्व का भूगोल दिखाई देता है पर उनकी अपनी वसुन्धरा भी उभरती है। पटना में अपनी बेटी कलापिनी के साथ वसुन्धरा जी के कबीर-गायन में अनुगूँज की आभा भर नहीं, आविष्कार की द्युति भी स्पष्ट थी। उन्होंने कबीर के एकाधिक पद ऐसे गाए जो कुमार जी ने कभी नहीं गाए थे। कुमार जी, जैसा कि हर महान कलाकार, शिखर पर अकेला होता है। उन जैसे एक फेफड़े के गायक को कभी थकान लगती हो ऐसा मेरा अनुभव नहीं हैं, कम से कम गाने में। पर मुझे लगता है कि शायद इसके पीछे उनकी अपनी अदम्य संगीत-जिजीविषा के अलावा इस भरोसे की भी भूमिका थी कि वे अकेले नहीं है, कोई उनके बराबर साथ है और वे उसका सहारा ले सकते हैं। कुमार जी के रोजमर्रा के जीवन में, जैसे कि उनके विलक्षण संगीत में भी, एक किस्म की गृहस्थ रसिकता अटूट थी। मुझे अच्छी तरह से पता है कि इस रसिकता को वसुन्धरा जी ने कितने जतन-लगन से पोसा था। वसुन्धरा जी सत्तर बरस की होने जा रही हैं और यह सर्वथा उपयुक्त है कि इस शुभ अवसर पर पुणे में तीस सितम्बर को

उनका सार्वजनिक अभिनन्दन हो रहा है। इसमें मुझे सन्देह नहीं कि उस दिन उनकी आवाज और आत्मा में कुमार जी एकबारगी फिर जीवित होंगे।

जिन्दगीनामा का विमर्श

यों तो सभी लेखक, दुनिया में कहीं भी, जब तक कि वे स्वयं अध्यापक और इसलिए शोधकर्मी और शोध-निर्देशक न हों, शोध से खौफ खाते हैं। हिन्दी शोध की जो दुर्दशा है उसके चलते हिन्दी शोध से तो यह खौफ भी बढ़ जाता है। बरस भर में जितने शोध-प्रबन्धों को पी-एच. डी. डिग्री के लिए हिन्दी में स्वीकार किया जाता है—उनकी संख्या दो सैकड़ा तो होगी ही, मोटे अन्दाज से—उनमें शायद पाँच प्रतिशत भी ऐसे नहीं होते जिन्हें ज्ञान के क्षेत्र में कुछ इजाफा करने वाला माना जा सके, जबकि उन्हें डिग्री के लिए स्वीकार करने का मुख्य आधार यही होता है। हिन्दी में साहित्य का मनोवैज्ञानिक, समाजशास्त्रीय, सांस्कृतिक अध्ययन-अनुशीलन साहित्य के विभागों में ही प्रायः हो जाता है, न कि मनोविज्ञान या समाजशास्त्र विभागों में। अकादेमिक दुनिया में जैसी सर्वज्ञता और समग्रता का दावा और प्रदर्शन हिन्दी विभाग इस व्यवहार से करते हैं, वैसा शायद ही कोई अन्य अनुशासन करता हो।

ऐसे में कृष्णा सोबती के क्लॉसिक उपन्यास 'जिन्दगीनामा' पर लक्षण-नृतत्त्व की दृष्टि से विश्लेषण करते हुए कोई आलोचक समाकलन करे और वह भी एक ऐसी व्यक्ति जो मूलतः समाज और नृतत्त्व-शास्त्र की विदुषी हो तो यह हिन्दी साहित्य के सन्दर्भ में थोड़ी असाधारण बात है। 'जिन्दगीनामा' अपने प्रकाशन से ही इस अर्थ में विवादास्पद रहा है कि उसकी भाषा और संरचना बेहद जटिल और अन्तर्ग्रथित होने की वजह से कइयों के लिए असाध्य रही है। वैसे भी वह एक बड़ी लम्बी और अनेक आशयों में सचमुच महाकाव्य कृति है और ऐसी कृतियों को ध्यान और धीरज से, जतन और संवेदनशीलता से पढ़ने वाले कम ही होते हैं। हिन्दी आलोचना में तो ऐसी कृतियों के पाठ और विश्लेषण के लिए कोई शास्त्र या प्रविधियाँ विकसित करने की कोई चेष्टा, मुझे लगता है कि नहीं की गई है। ऐसी हालत में डॉ. कुमूल अब्बी की यह अंग्रेजी पुस्तक 'डिस्कोर्स ऑफ जिन्दगीनामा': ए सीमियो-एंथ्रोपॉलिजिकल क्रीटिक (हरमन पब्लिशिंग हाउस, नई दिल्ली) बहुत प्रासंगिक है और एक महत्त्वपूर्ण पहल भी। उससे यह प्रगट होता है कि 'जिन्दगीनामा' में सामाजिक, सांस्कृतिक और राजनैतिक संरचना का अपनी ही विसंरचना से लगातार

द्वन्द्व है। भले ही समुदाय और परिवार के मूल्य बीसवीं सदी के पूर्वार्द्ध के पंजाब में शाश्वत और निरन्तर लगते रहे हों, वे सभी अस्तित्व के गहरे दबाव और द्वन्द्व में भी फँसे हुए थे। हर शाश्वत संरचना का विलोम भी है और वहीं है, जहाँ वह संरचना अपने को अटल मान खड़ी होती या सक्रिय होती है। सूर्य और चन्द्र के मिथ से लेकर सामाजिक ढाँचा और धर्म, स्त्रियों की दुनिया में सहमति और प्रतिरोध, आत्म के सांस्कृतिक संकट आदि पर गहराई और सूझ-बूझ से विचार किया गया है। कृष्णा सोबती तो क्या, किसी अन्य कथाकार पर हिन्दी में ऐसा ज्ञानप्रद शोध कोई है, ऐसा मेरी जानकारी में नहीं है। हमारे मूर्धन्य और क्लॉसिक निश्चय ही बेहतर आलोचनात्मक ध्यान, तैयारी और विश्लेषण के योग्य हैं। यह पुस्तक प्रमाण है कि अगर यह सब हो तो एक कृति की कितनी नई परतें, कितनी व्यापक अर्थच्छायाएँ आलोचना हमारे लिए खोल सकती है।

(24 फरवरी, 2002)

महेश्वर में वसन्त

मध्यप्रदेश का होने और उसमें अभी तक के अपने जीवन का अधिकांश बिताने के बावजूद मैं कभी महेश्वर नहीं गया था। वहाँ नर्मदा के तट पर बने महारानी अहिल्या बाई होल्कर के किले के बारे में पता जरूर था पर उसे देखने का संयोग अब तक नहीं जुट पाया था। पिछले सप्ताह संयोग से मेरे पुराने कलाप्रेमी मित्र रिचर्ड होल्कर ने मुझे वहाँ 'पुण्या नदी' नाम के एक उत्सव में निमन्त्रित किया, जो कि शास्त्रीय संगीत और नृत्य पर केन्द्रित था। यह उत्सव हर वर्ष, पिछले तीन वर्षों से होता है और हर बार किसी थीम पर एकाग्र होता है। इस बार थीम थी वसन्त। महेश्वर जाते समय कुछ पलाश के पेड़ रास्ते में दिखे थे। उनसे वनखण्डी में आग लग गई हो, ऐसा नहीं लग रहा था। असल में जिस तरह की भागदौड़ और ज्यादातर शहराती जिन्दगी में हम जैसे लोग फँस और दुर्भाग्य से रस-बस गए हैं उसमें वसन्त के होने या आने-जाने पर अब ध्यान ही नहीं जाता। एक ज्यादातर खराब सड़क पर जाते हुए मुझे याद आते हैं पद्‌माकर और रघुवीर सहाय, उन्होंने अपनी कविता में हमेशा के लिए मानो हमारे लिए वसन्त सँजोकर रखा है। पद्‌माकर की पंक्तियों कि 'ऊधो यह सूधो सो सन्देसों कहि दीजो भले/हरि सौं, हमारे ह्यां व फूले बन-कुंज हैं/किंसुक गुलाब कचनार औ अनाम की/डारन पै डोलत अंगारन के पुंज हैं। और रघुबीर सहाय की पंक्तियाँ, 'और वे पौधे बाहर को

झुके जा रहे हैं जैसे ऊपर से धूप इन्हें खींचे लिए ले रही हो/और बरामदे में धूप होना मालूम होता है/जैसे ये पौधे बरामदे में धूप-सा कुछ ले आए हों।'

नर्मदा के बारे में एक गर्वोक्ति यह है कि गंगा और यमुना जैसी नदियाँ तो जहाँ-तहाँ पवित्र हैं पर 'सर्वत्र पुण्या नर्मदा'। महेश्वर में नर्मदा के तट पर जो मन्दिर, किला और आवास हैं उनसे पवित्रता का बोध अनायास ही होता है। वहाँ एकत्र फ्रेंच और अमेरिकी व्यक्तियों से हर सुबह लगभग डेढ़ घण्टे भारतीय परम्परा में वसन्त, शास्त्रीय संगीत की विशेषताओं, भारतीय शास्त्रीय नृत्य के पवित्रता और ऐन्द्रियता के बीच नाजुक ढंग से सन्तुलित होने और कालिदास, गाथा सप्तशती, पद्माकर आदि पर अनौपचारिक बातचीत हुई। अच्छा यह है कि किले के अन्दर के रिहायशी हिस्से को उसके आँगनों आदि के साथ वैसा का वैसा रखा गया है और हालाँकि कमरों आदि में आधुनिक सुख-सुविधाएँ हैं। उनकी मूल साज-सज्जा पुरानी ही है जो मनोरम लगती है। महेश्वर समय के स्थगन का स्थान है। उसके अहिल्यादेवी द्वारा बनाए गए सुन्दर और स्थापत्य की दृष्टि से बेहद सुन्दर और प्राचीन लगते घाटों पर समय थम-सा जाता है, सिर्फ नर्मदा अविकल बहती है। उत्सव का शुभारम्भ ऐसे ही घाट पर नर्मदा, अहिल्यादेवी और शिव की स्तुति से हुआ। शाम ढल रही थी, दूर नदी के पार सूर्य अस्त हो रहा था, घाटों पर वसन्ती फूलों की अल्पना-सी सजी थी। मैं बैठा सोच रहा था कि हमारे समय में जो सचमुच सुन्दर और पवित्र है, जो सचमुच हमें मुक्त और उदात्त करता है उसकी स्तुति करने के अवसर और साहस कितने कम हो गए हैं, हम अब जल से नहाते या उसे पीते हैं, उससे अभिषेक नहीं कर पाते। हम नदी की सुषमा को निहारते हैं लेकिन कोई उससे कोई प्रार्थना या शुभकामना करने की ताब नहीं ला पाते।

पहली सन्ध्या किले के अन्दर बने शिव मन्दिर में भजन गायन से हुई और उसके बाद वहीं के प्रांगण में विद्यापति और पद्माकर की कविताओं पर आधारित ओडिसी नृत्य हुआ। सामने सीढ़ियों पर दर्शकगण बैठे थे जिनमें सैलानियों के अलावा बड़ी संख्या में स्थानीय निवासी भी थे। सामने घाट का बड़ा दरवाजा खुला और नर्तकी बिन्दु जुनेजा ने लगभग जादुई प्रवेश किया। पीछे नर्मदा थी, हल्की-सी चाँदनी में चमकती हुई-सी। हम राग, मुद्रा और कविता के एक लगभग कालातीत संसार में थे—एक ऐसे परिसर में, जहाँ जो सुन्दर था वह पवित्र भी था। हमसे दूर था लेकिन हमारे इतना पास भी।

दूसरी सन्ध्या को घाटों पर स्थानीय बालिकाओं ने गरबा नृत्य प्रस्तुत किया और फिर शिव मन्दिर में अभय फगरे का बाँसुरी-वादन और पूर्वायन

चटर्जी का सितारवादन हुआ। दोनों ने समझ और कल्पनाशीलता से अपने संगीत को सरस और समयानुकूल बनाते हुए उस परिसर को देर तक अनुगुंजित किया। सारी झंझटों और आपाधापी के संसार के बरक्स संगीत रम्यता, गम्भीरता और गहराई का एक प्रति संसार रचता है। उस शाम शिव मन्दिर में नान्दी की मूर्ति के निकट और मन्दिर के स्तम्भों के आसपास संगीत का वसन्त पूरी तरह खिला हुआ था—पंखुरी-पंखुरी और स्वर-दर-स्वर। हम अभिषिक्त थे किसी पुण्यजल से नहीं, राग से। महेश्वर में सचमुच वसन्त था। बाँसुरी पर अभय फगरे कुमार गन्धर्व की मालवी बन्दिश बजा रहे थे : 'रंग न डारो, स्याम जी।'

(3 मार्च, 2002)

रिटेक अमृता शेरगिल

नई टेक्नोलॉजी और नई तकनीक ने कला के क्षेत्र में नवाचार और पुनर्नवीकरण की जो सम्भावनाएँ खोली हैं उन पर हम कम ध्यान देते हैं। लेकिन अनेक भारतीय कलाकार इस मामले में अधिक चौकन्ने और कल्पनाशील हैं। उनमें से एक हैं प्रसिद्ध चित्रकार और संस्कृतिकर्मी विवान सुन्दरम। विवान पिछले लगभग एक दशक से विशेषतः कला में अपने नए, निर्भीक और प्रगल्भ, कभी-कभी दुस्साहसी लगते प्रयोगों के लिए विख्यात हैं। उनका नया कारनामा है शेरगिल फोटो संग्रह से लगभग चालीस फोटोग्राफ़्स का रिटेक, जिनकी एक सुनियोजित प्रदर्शनी हंगरी सांस्कृतिक केन्द्र में फिल्मकार कुमार शहानी वक्तव्य से हाल ही में शुरू हुई। यह रिटेक 'डिजिटल फोटोमोंटाज' है और उसमें कई चित्रों, बिम्बों, पृष्ठभूमियों आदि को मिलाकर मानो एक नई कथा कही गई है जो कि मूल शेरगिल-कथा से अलग नहीं है पर उसके कई अकथित, अन्तःसलिल, अन्तर्ध्वनित अभिप्रायों को नए संयोजनों में रखकर इस तरह जाहिर करती है कि चकित रह जाना पड़ता है। अधिकतर फोटो अमृता शेरगिल के पिता और विवान के नाना उमराव सिंह शेरगिल के लिए हुए हैं। विवान सुन्दरम के इस पुराख्यान की केन्द्रीय धुरी है उमराव सिंह और उनकी बेटी अमृता का सम्बन्ध जो अनेक तनावों, सन्तुलनों, संगतियों और विपर्यास में प्रगट होता है। शेरगिल परिवार के अनेक घरों—शिमला, पेरिस आदि में—की दृश्यावलियाँ, पारिवारिक परिवेश, उनके अपने विशिष्ट व्यक्तित्व की झलकें आदि सब इस शृंखला में गूँथी गई हैं। कई बार दो चित्र मिला दिए गए हैं, कई बार एक चित्र दूसरे का प्रतिबिम्ब जैसा लगता है, कई बार फोटो किसी-किसी चित्र के बिम्बों में तदाकार हो

रहा है, कई बार घरेलू, साजो-सामान के बीच अप्रत्याशित उपस्थिति है जो दो चित्रों को मिलाकर सम्भव हुई है। अमृता और उनकी बहन इन्दिरा एक दूसरा युग्म बनाती हैं : उनकी समानता और असमानता, दोनों ही आख्यान का हिस्सा है। अमृता की हंगरी माँ मैरी पूर्वी वस्त्रभूषा में एक युवती की तरह भी है और बाद में माँ की तरह भी। अमृता शेरगिल की अपनी ऐन्द्रिय उपस्थिति, उसके निहितार्थ और उसकी विडम्बना— सभी इस पुनराख्यान को बेहद दिलचस्प बनाते हैं। यह बताया गया है कि अगले महीने तूलिका बुक्स इस पुनराख्यान को पुस्तकाकार प्रकाशित करने जा रहा है। प्रदर्शनी सचमुच आधुनिक भारतीय कला की एक मूर्धन्य को उसकी निपट मानवीयता में पुनरायत्त करने में सहायक है।

(4 नवम्बर, 2002)

मूर्त-अमूर्त कौन सुन्दर है

पाम्पिदू सेण्टर में जिस समय मैं पहुँचा, हल्की-सी बारिश हो रही थी : इतनी कि उसमें कुछ पल भींगना बुरा नहीं लग रहा था। इस बार गेट के सामने लम्बी-लम्बी कतारें नहीं थीं जैसी कि पिछली बार थीं जब मैं मातीस की प्रदर्शनी देखने आया था। निकोला द स्टाल मूलतः रूसी थे और उनका जन्म सेण्ट पीटर्सबर्ग में हुआ था 1994 में। उनकी कला-शिक्षा तो ब्रुसेल्स में हुई पर उनका कलाजीवन अधिकांशतः फ्रांस में बीता पेरिस, नीस, लैनीस, और आन्तीब में। 1955 में आन्तीब में उन्होंने आत्महत्या की।

प्रदर्शनी चार अवधियों में विभाजित है : अमूर्तन की ओर रास्ता 1939-48; अमूर्त परिणति 1949-51; आकृति की ओर वापसी 1952-53 और मीदी का उजाला 1953-55। मुकम्मल कृतियों के अलावा इस प्रदर्शनी में पहली बार स्टाल के स्टूडियो से प्राप्त अनेक और कई बार अहस्ताक्षरित रेखांकन, वुडकट, चारकोल या भारतीय स्याही में बनाए बड़े रेखांकन आदि शामिल हैं। छठवें दशक में पेरिस में कलाजगत् में मूर्त-अमूर्त के बीच भीषण विवाद था। स्टाल ने इस द्वैत से मुक्त होने और आगे जाने की कोशिश की। उन्होंने अपने एक वक्तव्य में कहा था कि 'एक चित्र को अमूर्त और आकृतिमूलक, दोनों होना चाहिए : अमूर्त क्योंकि वह एक दीवार है, आकृतिमूलक क्योंकि वह एक स्पेस का वर्णन करता है।'

स्टाल ने फ्रेंच कवि रेने शा की एक पुस्तक के लिए आवरण बनाया था। उनके कई चित्र संगीत और बैले के बारे में हैं : फुटबॉल का खेल

उन्हें बेहद आकर्षित करता था। एक बड़ा चित्र और कई रेखांकन उसके बारे में हैं। दिगम्बराएँ भी कई हैं। मुझे लगा कि स्टाल की कला उजाले की खोज करती कला थी। वह उजाला उन्हें दक्षिण फ्रांस में मिला। वह एक ऐसा उजाला था जो उन्हीं के शब्दों में 'रंगों को खाता' लगता था। स्टाल इस उजाले को, उसके अपार आशयों को अपनी कृतियों में बाँधने की चेष्टा करते रहे। उनके चित्रों में उजाला अपने अँधेरों के साथ है। उसमें चकाचौंध नहीं, जगमगाहट है, आभा, आभा की कई रंगतें। वे एक तरह के कायापलट का प्रयत्न करते रहे। उन्हें लगता था कि 'वह मेरे चित्रों की सतह के नीचे, उसकी हिंसा के नीचे है...वह अच्छे और उदात्त के अर्थों में बहुत नाजुक है। वह प्रेम की तरह नाजुक है।' प्रदर्शनी में स्टाल की अन्तिम अधूरी कलाकृति—उनकी सबसे बड़े आकार की कलाकृति—'संगीतसभा' भी प्रदर्शित है। वह अन्तिम और अधूरी है लेकिन गुलाबी रंग से लदी हुई है।

मार्क शागाल की ग्राँ पाले में प्रदर्शनी विशाल है। उनका बहुत सारा काम पहले भी कई बार देखा है। इस बार जिस बात ने ध्यान विशेष रूप से आकर्षित किया वह यह है कि उनके यहाँ जानवर देवदूतों की तरह मनुष्य के अनिवार्य साथी हैं : बिल्लियाँ, घोड़े, गायें, बकरियाँ, भेड़ें। मुर्गियाँ, उड़नघोड़े भी। शागाल के यहाँ चीजें जैसे हमेशा आवर्त में हैं, वे अक्सर उड़ती नजर आती हैं। इमारतें, भू-दृश्य, एकाध बार सूर्योदय तक नीचे रह जाते हैं : उनका आकार छोटा होता है। वायलिन वादकों की बो कभी इमारत के छप्पर से ऊँची जाती है, कभी उसका सिर चन्द्रमा के समकक्ष दीख पड़ता है। ईसाइयत और बाइबिल भी शागाल की स्थायी विषयवस्तु हैं। शागाल की सारी कला जैसे पार्थिवता, यथार्थ से ऊपर उठने, उड़ने की कला रही है। वह मानवीय आकांक्षा और यातना का ऊर्ध्वमुखी चित्रालेख है।

(13 जुलाई, 2003)

शुक्ल पक्ष का हृदय

हृदय के जो पारम्परिक या वैचारिक विभाजन किए जाते हैं उनमें शुक्ल और कृष्ण पक्षों में विभाजन शामिल नहीं है। इधर शुद्ध संयोगवश हमारे दो साहित्यिक मित्र प्रयाग शुक्ल और ध्रुव शुक्ल हृदय रोग से पीड़ित होकर लगभग एक ही समय एक ही अस्पताल की एक ही मंजिल पर जब भर्ती हुए तो मुझे ख्याल आया कि इन दो शुक्ल लेखकों में कुछ समानताएँ हैं : दोनों छलकपट से दूर रह कर कविता और कथा लिखते रहे हैं और दोनों में ही प्रायः अतिरेक का अभाव रहा है। फिर भी अगर इनका हृदय कुछ गड़बड़ा रहा है तो इससे यह साबित हो जाता है कि देह भी अन्ततः चित्त के साथ न्याय करने में चूक ही जाती है।

प्रयाग ढाका में बीमार पड़े और ध्रुव भोपाल में। एंजियोग्राफी के बाद प्रयाग कुछ जरूरी हिदायतों और दवाओं के साथ मुक्त कर दिए गए एस्कोर्ट्स अस्पताल से। लेकिन ध्रुव का हृदय खोला गया और उसमें दो शिराओं में अड़ंगा होने के कारण उनकी कठिन-जटिल सर्जरी हुई। ऑपरेशन के लिए ले जाने से पहले मैंने ध्रुव से यह मजाक किया था कि उसके हृदय में अगर दक्षिणमार्गी अड़ंगा हुआ तो वाममार्गी और वाममार्गी अवरोध हुआ तो दक्षिणमार्गी बाइपास किया जाएगा और हो सकता है कि सर्जरी के बाद उसका वैचारिक चित्त बिल्कुल बदल जाए। ध्रुव ने हँसते हुए बताया कि उसके अवरोध दोनों ओर हैं और बाइपास के बाद भी वह मध्यमार्गी ही बना रहेगा। ध्रुव ने प्रयाग से यह भी अटकल लगाई कि अगर हृदय दुरुस्त किया जा सकता है तो निश्चय ही वह कविता का स्रोत नहीं हो सकता। बुद्धि कविता का स्रोत वैसे भी कम ही समझी जाती है। ऐसी हालत में कविता हम काहे से लिखते हैं यह प्रश्न कुछ अबूझ-सा हो गया है। चूँकि प्रयाग को ज्यादा बोलने की मनाही थी उन्होंने इस जिज्ञासा का अपने मन्द स्मित के अलावा, ध्रुव के अनुसार, कोई उत्तर नहीं दिया। ध्रुव ने अपनी सर्जरी के दो दिनों पहले गीता की एक प्रति और एक कविता-संग्रह पढ़ने के लिए चाहे। हृदय मुश्किल में हो तो कम से कम कवियों को कविता ही सहारा देती है। कविता की अभी तक इतनी उपयोगिता तो बची हुई है।

एस्कोर्ट्स बड़ा सुसज्जित और महँगा अस्पताल है और वहाँ साधारण रोगी

की खास पूछ नहीं है। ध्रुव को बाकायदा तारीख दिए जाने के बाद भी अपनी सर्जरी के लिए अस्पताल में भर्ती रह कर आठ दिनों तक इन्तजार करना पड़ा। सर्जरी जब हुई तो कायदे और पूरी सावधानी, सतर्कता, दक्षता और जतन से हुई। मुश्किल अब यह है कि बड़े रोग भी कई बड़ लोगों को होते हैं और उन्हें हर जगह, अस्पताल में भी, प्राथमिकता देने की दकियानूसी से हमारी लोकतान्त्रिक मानसिकता अब तक उबर नहीं पाई है। ध्रुव शुक्ल की पत्नी, छोटा भाई और परिवार के पाँच-छह अन्य सदस्य सप्ताह भर प्रतीक्षा करते रहे। कार्टूनिस्ट सुधीर तैलंग ने मदद की पर व्यवस्था के आगे तो डॉक्टर तक लाचार हैं।

यह एक विचित्र संयोग था कि जिस दिन डॉ. रामविलास शर्मा की अन्त्येष्टि हुई उसी दिन ध्रुव शुक्ल की सर्जरी और प्रयाग शुक्ल की एंजियोग्राफी। एक में हिन्दी की शुक्लपक्षीय धारा परिपूर्ण कर्मठता के शिखर पर पहुँची और दूसरी में अपनी जिजीविषा से उसने अवरोधों को पार कर निश्छल सक्रियता का प्रवाह जारी रखा है।

(4 जून, 2000)

चौंतीस बरस बाद

मैं मसूरी चौंतीस बरसों बाद आया हूँ और वह भी ठीक उस दिन यानी 5 जुलाई को, जब पैंतीस बरस पहले मैंने भारतीय प्रशासन सेवा में यहाँ राष्ट्रीय प्रशासन अकादेमी में एक प्रशिक्षणार्थी की तरह दाखिला लेकर अपनी नौकरी की शुरुआत की थी। जून 1966 में मसूरी छोड़ी थी और उसके बाद, अकादेमी से अनेक निमन्त्रणों के बावजूद, अब तक आना नहीं हो पाया। आते ही यानी अकादेमी के परिसर में प्रवेश करते ही कुछ धक्का-सा लगा : उसका समूचा पुराना स्थापत्य बदल गया है। मुझे ख्याल ही नहीं रह गया था कि पुरानी ब्रिटिश इमारतें कुछ सालों पहले आग में जल कर नष्ट हो गई थीं और, हालाँकि उनमें से कुछ बच गई हैं, ज्यादातर के स्थान पर नई आधुनिक इमारतें बन गई हैं जिनका स्थापत्य प्रसिद्ध वास्तुकार कानविंदे का होते हुए भी मुझे बिल्कुल नहीं सुहाया। अकादेमी की सुविधाएँ तब के मुकाबले बहुत बढ़ और अधुनातन हो गई हैं, लेकिन मुझे उसका किंचित् औपनिवेशिक रूपाकार ही अधिक भाता था। आपके बिना जाने, समय ऐसी कितनी जगहों को जहाँ आप रहे थे, बदल या नष्ट कर देता है और आप अपनी स्मृति में वहीं विजड़ित रहे आते हैं। मैंने यहीं रह कर अपने पहले कविता संग्रह 'शहर अब

भी सम्भावना है, की पाण्डुलिपि तैयार कर भारतीय ज्ञानपीठ को भेजी थी जो 1966 में मेरे अकादेमी छोड़ने के ठीक बाद और मेरे विवाह के दिन 27 जून, 1966 को प्रकाशित हुई थी। यहीं से प्रायः हर सप्ताहान्त भाग कर मैं, तब अपनी मित्र और अब पत्नी रश्मि से, मिलने दिल्ली जाता था और तब के अकादेमी के बेहद सख्त निर्देशक से भयातुर लौटता था। उनके शास्त्रीय संगीत के प्रेम को जान कर मैंने अपनी इन अनधिकृत यात्राओं के बचाव के लिए उसका चतुर शोषण किया था जब मेरे हितैषी मित्र निर्देशक के कमरे से मेरे नहीं, बल्कि मेरी हड्डियों भर के निकलने का बेताबी से इन्तज़ार करते थे, तब मैं उनसे गंगूबाई हंगल द्वारा शंकरलाल समारोह में पिछले सप्ताहान्त हुई संगीत-सभा में गाए आभोगी कान्हड़ा और बसन्त बहार रागों की चर्चा कर मुस्कराता हुआ बाहर आता था!

पर अकादेमी ही नहीं, वह मसूरी भी नहीं बची। पता नहीं कोकाकोला कितनों की निजी जिन्दगी में कुछ मधुरता ला पाता है, लेकिन निश्चय ही उसने हमारे सार्वजनिक जीवन को फूहड़ बनाने में बड़ा योगदान किया है। मसूरी में हर चीज, हर मोड़, हर तीसरी दुकान का 'कोकाकोलानाइजेशन' हो चुका है, यहाँ तक कि कम्पनी बाग में पेड़-पौधे या फूल कम नजर आते हैं; बड़े-बड़े हरफों में हरिनाम की तरह हर तरफ लिखा 'कोकाकोला' का नाम अधिक दमकता दीख पड़ता है। कोलोनाइजेशन से बनी नगरी मसूरी अब कोकोलानाइजेशन की गिरफ्त में है तो इसे भाग्य-विपर्यय कहें कि न कहें! वह बेहद जनाकीर्ण भी हो गई है: उसमें पहाड़ीपन कम बचा है, पंजाबीपन बहुत बढ़ गया है। उसके खानों का तो सिरे से मटरपनीरीकरण हो चुका है। गनीमत है कि कुछ अच्छा और प्रामाणिक तिब्बती भोजन अभी भी मसूरी में बहुत सस्ते दामों पर सुलभ है।

(16 जुलाई, 2000)

काश के मकां अपना

गालिब के सुर में सुर मिला कर हालाँकि उस महान की संगत यह छुटभैया किस मुँह से कर सकता है—यह चाहा तो जा सकता है कि 'अर्श के उधर होता काश के मकां अपना' पर जाहिर है कि पाया नहीं जा सकता। जब गालिब को अपने मकान के लिए उधर जगह नहीं मिली तो हम जैसों की क्या बिसात। बहरहाल पिछले सप्ताह अपना निवास बदलने की प्रक्रिया में कई बरसों बाद मैंने एक बार फिर जाना कि जहाँ आप, भले किराये पर ही, एक बार पास जाएँ उस मकान को छोड़ना कष्टकर

होता है। शाहजहाँ रोड के मकान में हम लोग आठ बरसों से कुछ कम महीने रहे। वहाँ से मेरे बेटे का ब्याह हुआ, मेरा पोता हुआ, कम से कम तीन कविता-संग्रहों की अधिकांश कविताएँ वहीं रहते लिखीं और दो आलोचना-पुस्तकों के अधिकांश निबन्ध भी। वहीं रहते अपने दो मूर्धन्य घनिष्ठों पण्डित मल्लिकार्जुन मंसूर और जगदीश स्वामीनाथन के मृत्यु-संवाद सुने, अपने छोटे बहनोई की दुर्घटना में मृत्यु की खबर भी। 'समास' का पहला अंक तो वहाँ पहुँचने के पहले नेमिजी के जंगपुरा एक्सटेंशन वाले मकान से सम्पादित किया था पर बाकी तीन अंक वहीं से निकले और हिन्दी विश्वविद्यालय की दोनों पत्रिकाओं 'बहुवचन' और 'हिन्दी' का प्रधान सम्पादन वहीं रहते शुरू हुआ। लगभग तीन बरस पहले यह स्तम्भ भी वहीं रहते लिखना शुरू हुआ। ऐसे लोगों की सूची लम्बी है जिनसे पहली मुलाकात उसी मकान में रहते हुए और वहीं हुई। इतने बरसों हमारा घर रहने के बाद अब वह फिर हमारे लिए एक मकान हो गया जिसे हमने संस्कार को वापस सौंप दिया। जब पैकर्स और विश्वविद्यालय के कुछ कर्मचारी तरह-तरह के सामान को इकट्ठा कर, नबेर और बाँध रहे थे मैं सोच रहा था कि इन चीजों के साथ अदृश्य पर अचूक कितनी यादें-अनुभव आदि भी बँध-झर रहे हैं। ऐसा बहुत सारा निकला जिसे छोड़ देना पड़ा। अधिकतर खेद इस बात पर होता रहा कि मेरा डेढ़ बरस का पोता हरी घास और फुलवारी के इर्द-गिर्द कुछ दिन और रह लेता तो उसकी अनन्तर बढ़त के लिए बेहतर होता। मेरे बेटा-बेटी तो भोपाल के बँगले में बेहद हरियाली, पेड़-पौधों और फूलों-चिड़ियों के बीच ही खेले-बड़े हुए।

ए-4, न्यू फ्रेंड्स कॉलोनी, नई दिल्ली-65, जहाँ हम अपना असबाब लेकर अब रहने पहुँचे हैं, मकान पहली मंजिल पर है। रोशनी और हवा काफी है। कुछ हरा-भरापन हम अपने साथ शाहजहाँ रोड से अपने गमलों में साथ लाये हैं हालाँकि बहुत सारा वहीं छोड़ भी देना पड़ा। अभी तो यह मकान ही लग रहा है और उसके घर बनने में कुछ देर लगेगी। इतने बरसों बाद और लगभग दो दर्जन पुस्तकें लिख चुकने के बाद पहली बार यह सूरत बनी है कि मेरा स्वतन्त्र अपना एक कमरा है। यहाँ मुख्य सड़क एकदम सामने होने से निरन्तर यातायात का शोरगुल बहुत है। जिन्दगी में नीचे के अलावा किसी और मंजिल पर रहने का यह हमारा पहला अनुभव है। एस्कोर्ट्स अस्पताल बहुत पास है और होली फेमिली अस्पताल भी। यह सोचना कुछ अटपटा-सा लगता है कि हम उस उमर में पहुँच गये हैं कि अस्पतालों के पास रहने में कुछ सुरक्षा अनुभव करना चाहिए। हम लोग अपने घर का दरवाजा प्रायः खुला रखने के आदी रहे हैं। बचपन में तो मुझे याद है कि गोपालगंज, सागर में हमारे घर का दरवाजा सुबह छह बजे से रात दस-ग्यारह बजे तक खुला ही रहता

था। नये मकान में दरवाजा, विशेषतः पोते के कारण, बन्द रखना पड़ रहा है जो सभी को असहज, भले ही जरूरी लग रहा है। सबसे फुरती से जो चीजें मैंने अपने कमरे और बैठकखाने में जमा ली हैं वे हैं पुस्तकें। सबसे अधिक घर तो पुस्तकों से ही बसता है, रसोईघर के अलावा। सोचता हूँ कि अगर पुस्तकें न होतीं तो ऐसा कितना कुछ है, जिन्दगी और अब खत्म होने के कगार पर पहुँची नौकरी में, जो सर्वथा असह्य होता। सही तो यही है कि पुस्तकें न होतीं तो हम काहे को, बल्कि क्यों होते?

अधेड़ बेशरमी से अपनी 1987 में लिखी एक कविता 'कहाँ है घर' की कुछ पंक्तियाँ याद आ रही हैं :

वह घर
असम्भव है
उस तक पहुँचना,
वह है :
पर उस तक जाने का रास्ता
किसी को नहीं मालूम...
न ही वह इस जिन्दगी
या इन शब्दों से होकर जाता है—
कहाँ है वह घर?

(6 अगस्त, 2000)

सत्ताईस बरस

मेरे पिता की मृत्यु को इसी 12 सितम्बर को सत्ताईस बरस हो गये। मुझे याद न आता अगर मेरी सबसे छोटी बहन अन्तिमा ने भोपाल से फोन कर बताया न होता। हम धीरे-धीरे कितना-कुछ भूलते जाते हैं, वह भी, जो हमारे लिए इतना मार्मिक रहा है।

दो दुख के संयोग हैं : एक तो गजानन माधव मुक्तिबोध की मृत्यु 11 सितम्बर, 1964 को हुई थी और मेरे पिता की 12 सितम्बर, 1973 को। मैंने अपने जीवन में पहली बार जिस व्यक्ति को मरते हुए अपनी आँखों से देखा था वे मुक्तिबोध थे और दूसरे व्यक्ति, मेरे पिता। वे अक्खड़ और बदजुबान थे : इसे यों भी कहा जा सकता है कि वे स्वाभिमानी और स्पष्टवादी थे। उनके बारे में यह मशहूर था कि अगर

रास्ते में कोई बेवकूफ जा रहा हो तो वे अपनी गाड़ी रोक कर उसे यह जताना कि वह बेवकूफ है अपना नैतिक कर्त्तव्य समझते थे। हमारे घर अक्सर विश्वविद्यालय की राजनीति की चर्चा होती थी। उसमें जब-तब आचार्य नन्ददुलारे वाजपेयी डॉ. रमाशंकर शुक्ल रसाल, भूगोलशास्त्री डॉ. सैयद मुजफ्फर अली, दार्शनिक कृष्ण कुमार सक्सेना, डॉ. रामलाल सिंह, डॉ. कमलकान्त पाठक, अर्थशास्त्री डॉ. लक्ष्मीचन्द्र जैन, राजनीतिशास्त्री डॉ. एजी सिंह आदि शामिल होते थे। थे तो वे उपकुलसचिव पर उनका समूचे सागर विश्वविद्यालय पर बड़ा दबदबा था। कोई प्रोफेसर भी दफ्तर में उनसे, बिना उनके लिए पान लिये, मिलने जाने की जुर्रत नहीं करता था। वे सागर नगरपालिका के अध्यक्ष भी निर्वाचित हुए थे।

अपनी युवावस्था में वे बनारस और इलाहाबाद में पढ़े थे। हमारे बाबा तो निपट किसान थे हालाँकि वेदान्त के विशेषज्ञ, जिस वजह से हमारे पैतृक गाँव राजापुर गढ़वा के पास ही गढ़ाकोला में रहने वाले निराला जी से उनका अच्छा परिचय और कुछ घरोबा भी था। अर्थशास्त्र के छात्र होने के बावजूद काका की साहित्य में दिलचस्पी थी : हम अपने पिता को काका कह कर ही पुकारते थे। लेकिन वे निराला और जयशंकर प्रसाद के आगे किसी और को कवि मानने को कतई तैयार न थे। प्रसाद की 'कामायनी' का एक आदिपाठ उन्होंने प्रसाद जी से स्वयं सुना था और बताते थे कि उसकी पाण्डुलिपि में कुछ सुधार प्रसाद जी के निर्देश पर उन्होंने अपनी लिपि में किया था। मेरे कवि होने को लेकर उनकी क्या धारणा थी यह मुझे कभी पता नहीं चल पाया। चूँकि मैं पढ़ाई में कुशाग्र था और अक्सर अव्वल आता रहता था, उन्हें मेरा कवि होना शायद बहुत असह्य न था। परसाई जी और श्रीकान्त वर्मा आदि से मेरी आरम्भिक कविताओं की तारीफ सुन कर उन्होंने कभी कोई प्रसन्नता जाहिर की हो इसका कोई प्रमाण कभी नहीं मिल सका। उनके ही जो देने पर अन्ततः मैं भारतीय प्रशासन सेवा में दाखिल हुआ था अन्यथा मेरा इरादा तो उसका इम्तहान पास कर अपनी तत्सम्बन्धी योग्यता प्रमाणित कर उसमें जाने के बजाय अध्यापक ही बने रहने का था जो कि होना मुझे तब तक रास आ गया था। मेरी उनसे बातचीत बहुत कम होती थी। दरअसल मैं जीवन भर उनसे डरता ही रहा। मुझे याद है कि कई चीजों के बारे में उनकी बड़ी विचित्र राय होती थी। एक बार मेरे सेंट स्टीफेंस में छात्र होने के दिनों में उन्होंने मुझसे कहा था कि जिस आदमी का भला करो उसकी आँखों में आँखें डाल कर देखो तो तुम वह तारीख बता सकते हो जब वह तुम्हारी पीठ में छुरा भोंकेगा। पर वह साला क्या करेगा यह उसका मामला है—तुम अपना काम करो यानी भला करो और भूल कर आगे बढ़ जाओ। एक किसान का बेटा होने के कारण उनमें अपने किस्म का अचूक स्वाभिमान भी था। वे किसी

से कुछ भी कह सकने की हिम्मत रखते थे : मौका आने पर द्वारका प्रसाद मिश्र या नन्ददुलारे वाजपेयी आदि से दो-टूक कुछ कहने में, मेरी माँ के शब्दों में कुभक कहने में, उन्होंने कभी देरी या चूक नहीं की। इसका उन्हें नुकसान होता रहा पर उन्होंने उसकी चिन्ता नहीं की। अपनी मृत्युशय्या पर उन्होंने मध्यप्रदेश के एक बुजुर्ग बड़बोले और आत्मकेन्द्रित साहित्यकार से, उसके यह कहने पर कि उसने सागर विश्वविद्यालय के कुलपति का पद स्वीकार नहीं किया है, कहा था कि ठीक किया, तुमसे कतई न सँभलता।

वे बेहद गुस्सैल थे पर अन्दर से उतने ही वत्सल भी। जिस पर नाराज हो जाएँ उसका काम जरूर हो जाता था। गोपालगंज, सागर में अपने किराये के मकान के दरवाजे पर खेड़े-खड़े वे मुहल्ले के कई युवकों को बुला कर उनकी हालत पूछते थे और किसी को फ्रीशिप, किसी को नौकरी, किसी को और कुछ देते रहते थे। बैसवाड़े से उनका भावात्मक सम्बन्ध कभी शिथिल नहीं पड़ा। अपने गाँव से वे एक वैद्यराज को सागर सिर्फ इसलिए ले आये थे कि रोज शाम उनसे बैसवाड़ी में कुछ गप सुन कर अपनी जड़ों को जीवन्त कर सकें। सैकड़ों लोगों का उपकार करने वाले उनमें यह हेकड़ी थी कि वे किसी का उपकार न लेंगे। साधारण बाबूगिरी से शुरू कर वे उच्च पद पर तेजी से पहुँचे थे : पद तो उतना उच्च नहीं था लेकिन उन्होंने अपने कार्य, क्षमता और रौब से उसे ऐसी उच्चता दिला दी थी कि आज सोच कर अचरज होता है। पक्के कान्यकुब्ज ब्राह्मण होने के बावजूद एक जैन कन्या से मेरे विवाह के प्रस्ताव को उन्होंने जितनी तेजी और सहजता से स्वीकार किया था कि मैं स्वयं दंग रह गया था। पारम्परिकों के रैडिकलिज्म का अक्सर हम लोग ठीक अनुमान नहीं लगा पाते हैं।

किसान का बेटा उपकुलसचिव था। उसका बेटा कुलपति है। इस उन्नयन के बावजूद मैं उनकी शक्ति, हिम्मत और दूसरों की मदद करने की कूवत से अपने को बहुत ओछा महसूस करता हूँ। शायद इसीलिए उन्हें याद करने से बचता रहता हूँ।

(17 सितम्बर, 2000)

आत्म विज्ञापन

पिछले सप्ताह इस स्तम्भ को लगभग बिला नागा हर सप्ताह निकलते तीन वर्ष पूरे हो गये। जब सितम्बर 1997 में मेरे मानव संसाधन विकास

मन्त्रालय से हटने के बाद जनसत्ता के तत्कालीन सम्पादक मेरे पास ससंकोच यह प्रस्ताव लेकर आये थे कि मैं अब कुछ मुक्त होने की वजह से उनके अखबार के लिए नियमित कुछ लिखूँ तब उनके इस सुझाव को स्वीकार करते हुए मुझे यह भरोसा नहीं था (और शायद उन्हें भी) कि मैं हर सप्ताह यह स्तम्भ लिख पाऊँगा। स्वभाव से बातूनी और गपबाज होने के कारण मैंने इतना भर सोचा था कि जब-तब गप इस स्तम्भ में लगा दिया करूँगा। मुझे यह अन्दाज नहीं था कि ऐसे स्तम्भ में पाठकों की रुचि होगी और न यह उम्मीद कि पढ़ने वालों की संख्या समाज के इनते वर्गों में इतनी तेजी से फैलती-बढ़ती जाएगी। मुझे यह यकीन नहीं था कि मैं हर सप्ताह लिखने के अनुशासन का पालन कर पाऊँगा। मुझे इसकी भी खबर नहीं थी कि मेरे जैसा आदमी जो लिखता-पढ़ता-सोचता है उसका दूसरों से साझा करने में दोनों पक्षों को रस मिल सकता है।

ऐसे मित्र हैं जिन्हें यह स्तम्भ 'आत्मविज्ञापक' लगता है जिन्दगी भर दूसरों का विज्ञापन करने वालों से सिवाय इसके क्या कहा जा सकता है कि परविज्ञापन से तो आत्मविज्ञापन बेहतर है। लेकिन ऐसे भी हैं जिन्हें इसके बहाने कलाओं और साहित्य की दुनिया में क्या कुछ हो रहा है इसकी, उनके अनुसार, उपयोगी जानकारी मिलती रहती है। कुछ इस पर नाक-भौं सिकोड़ते हैं कि मैं इस बहाने अपने पढ़ाकू और देश-विदेश में घुमक्कड़ होने का दिखावा करता रहता हूँ। कुछ को इसमें हिन्दी लेखक को दुनिया उत्तर-आधुनिक समय में कितनी चौकस-चौकन्नी है इसका प्रमाण मिलता रहता है। कुछ को यह एक लेखक के रूप में मेरे राग-द्वेष का मंच लगता है : उनसे यही कहा जा सकता है कि भला मेरा स्तम्भ किसी और के राग-द्वेष का मंच कैसे और क्योंकर हो! कुछ को लगता है कि मैं अपने मित्रों की छवि बनाने और शत्रुओं की बिगाड़ने के लिए इस मंच का इस्तेमाल करता हूँ : वे मुझे बताएँ कि मंच मिलने पर क्या वे स्वयं अपने शत्रुओं की प्रशंसा और मित्रों की भर्त्सना करेंगे? कुछ ऐसे हैं जिन्हें लगता है कि इस स्तम्भ के माध्यम से हिन्दी की न्यायबुद्धि प्रगट होती है क्योंकि ऐसे अनेक लेखकों, कृतियों को याद किया जाता है जिन्हें प्रायः भुला दिया गया है। कुछ कहते हैं कि यह स्तम्भ कलाओं में मेरी रुचि-गति का आतंककारी प्रदर्शन है : कुछ और की राय है कि यह पाठकों और सिर्फ साहित्य में ही रमे-विजड़ित लेखक बन्धुओं और साहित्य प्रेमियों को यांद दिलाता है कि कलाओं की दुनिया में भी बहुत कुछ भाव-विचार-उत्तेजक हो रहा है। मुझे यह स्वीकार करने में रत्तीभर हिचक नहीं कि इस स्तम्भ के कारण मुझे जितने पाठक मिले हैं उतने अपने पूरे साहित्य के कारण कभी नहीं मिल सके हालाँकि मैं यह स्तम्भ बिना उस साहित्य-रचना के न तो लिख पाता और न ही इतनी बड़ी संख्या में उसके इतने पाठक हो पाते। यह किसी पत्रकार

या राजनेता का नहीं, एक लेखक का स्तम्भ है। मुझे यह भी लगता है कि इस स्तम्भ के कारण अनेक उदार-सक्रिय मित्रों द्वारा मेरे बारे में फैलायी जा रही गलतफहमियों का प्रत्याख्यान भी अपने आप ही होता गया है। लोग जानना चाहते हैं और जानकर अपने जाने हुए पर भरोसा करते हैं। आप चाहें तो इसे आत्मविज्ञापन का चरम कह सकते हैं कि इस स्तम्भ में मैंने अपनी नजर पर बार-बार सन्देह कर, अपनी अधेड़ दुष्टताओं का खुल्लमखुल्ला, जिक्र कर अपने को बेध्य बनाया है। यह स्तम्भ अगर चल रहा है तो इसलिए नहीं कि एक जिद्दी लेखक अपनी बात सुनवाने पर अड़ा हुआ है बल्कि इसलिए कि इस अधेड़ सिरफिरे की बातों में तरह-तरह के हजारों पाठकों का कुछ तत्त्व, कुछ रस, कुछ समझ और कुछ न्याय की आवाज सुनाई देती है। वे पढ़ रहे हैं इसीलिए मैं लिख रहा हूँ। मेरा लिखना आत्मविज्ञापन है तो उनका पढ़ना क्या है—बल्कि क्यों है?

(22 अक्टूबर, 2000)

आत्मालोचना

कई बार मुझे लगता है कि मैं शायद लेखकों की विस्मृति, विचारधारात्मक प्रतिबद्धता, कृतघ्नता, गैरजिम्मेदारी, मुफ्तखोरी आदि पर टिप्पणी करते समय कुछ अतिशयोक्ति कर जाता हूँ। कुछ को ऐसा लग सकता है कि मैं अपने को किसी नैतिक ऊँचाई पर रख कर, किसी रामझरोखे पर बैठ कर दूसरों पर फैसला सुना रहा हूँ। अव्वल तो मैं उस दुनिया में पूरी तरह शामिल और मुब्तिला हूँ जिसके बारे में लिखता हूँ। दूसरे, मुझे लगता है कि लेखक और कलाकार फरिश्ते नहीं हाड़-मांस के लोग हैं जिनके बारे में कम से कम एक परिपक्व और उत्तरदायी संस्कृति में साफगोई जरूरी है। तीसरे, सामाजिक संवेदना और जिम्मेदारी के दावों के बावजूद हमारी साहित्यिक संस्कृति बेहद साहित्यवादी है : उसे खोलना, डिकोड करना जरूरी है। उसकी आत्मरति में पिन चुभाना उसके लिए स्वास्थ्यदायी और गुणकारी हो सकता है। लेकिन एक ऐसे समाज में जिसके साहित्य और कलाओं से मुँह फेरे होने के कारण उसकी मैं लगातार भर्त्सना करता रहता हूँ, इस तरह के उद्घाटन से, लेखकों-कलाकारों की रही-सही छवि और धूमिल पड़ने का अन्देशा हो सकता है।

एक कमजोरी यह है कि जिन्दगी में मैंने कभी नोट्स नहीं रखे और न ही कभी डायरी लिखी। इसलिए सिर्फ अपनी याद के सहारे लिखना

पड़ता है और यह डर बना रहता है कि कभी कोई तथ्य गलत या आधा-अधूरा न चला जाये। किसी जीवित व्यक्ति का कोई उद्धरण गलत चला जाये तो कोई मलाल नहीं। क्योंकि वह कृपापूर्वक उसका प्रत्याख्यान कर सकता है। लेकिन किसी दिवंगत के साथ ऐसा अन्याय न हो जाये इसका भय बना रहता है। हमें पता है कि स्मृति सिर्फ रचती भर नहीं, आविष्कार भी करती है।

एक पहलू यह भी है कि मेरे मित्रों की संख्या इतनी बड़ी है कि अक्सर उन्हीं में से कुछ मेरी किसी भूल-चूक से क्षुब्ध होकर मेरे शत्रु बन जाते हैं। मुझ पर साहित्य और कलाओं की दुनिया के मूर्धन्यों से लेकर उदीयमानों तक के बड़े अनुग्रह और उदार उपकार रहे हैं और मैं उनके लिए कृतज्ञता व्यक्त करने में चूक न जाऊँ यह चिन्ता मुझे सताती रहती है। उनके सद्भाव और सदाशयता का जो संस्पर्श मुझे शायद अपात्र होते हुए भी मिलता रहा है उसका कुछ आभास बाहर की दुनिया को मिलते रहना चाहिए। इस प्रक्रिया में उनसे सोहबत या उनके बड़प्पन की कृपालु आभा अगर मेरे दागदार चेहरे को भी कुछ चमक दे जाती होगी तो इसे उदार चरित पाठक मेरा अर्जन मानने की भूल कर बैठते होंगे।

कुछ लोगों को यह लग सकता है कि एक लोकप्रिय (हा, हन्त) स्तम्भ लिख कर मैं, जो जाना-माना जनविरोधी कलावादी हूँ, एक लेखक के रूप में अपना छवि-संवर्द्धन कर रहा हूँ। अब इससे इनकार नहीं किया जा सकता कि इस स्तम्भ से कई लोग मेरे साहित्य की ओर भी आकर्षित होंगे जो कि अन्यथा शायद मेरा नाम भी न जानते। निश्चय ही मेरे लिए यह एक अनिच्छित लेकिन सुखद परिणति है। कुछ बन्धुओं को शायद अब यह कहने का अवसर जल्दी ही मिलने लगे कि मैं गम्भीर लेखन से विरत होकर या कि चुक-चुकाकर अब स्तम्भ-लेखन जैसा हल्का-फुल्का काम करने लगा हूँ। पहले ऐसे ही हितैषी बरसों तक मेरे लिखे की, मेरे आला अफसर होने के कारण, उपेक्षा करते थे तो उन्हें यह नया बहाना मुबारक! इस तथ्य को पहले भी वे नजरन्दाज करते थे, अब भी करेंगे, कि सब कुछ के बावजूद मैंने काफी लिखा है, अच्छा-बुरा जैसा भी और उनके लेखे ज्यादातर बुरा ही, अपनी पीढ़ी में, दो-एक को छोड़कर, सबसे ज्यादा।

यह स्तम्भ कइयों के लिए मेरे साहित्य-कलावादी होने का एक और साक्ष्य है। यों तो उस कुख्याति के लिए इस नये और हर सप्ताह साक्ष्य की कोई दरकार नहीं थी या है। फिर यह एक लेखक का स्तम्भ है और शायद हिन्दी में एकमात्र, जिसमें साहित्य और कलाओं की हर सप्ताह चर्चा होती है। कुछ वैचारिक मुद्दे भी यदा-कदा उठाये जाते हैं। फिर

भी यह सम्भव है कि कुछ को इसमें आजकल के सामाजिक-राजनीतिक परिवेश पर टिप्पणी कम मिले। यह ठीक है क्योंकि वैसा करने की अव्वल तो मुझमें सलाहियत कम है। दूसरे, मैं एक अधेड़ सुरक्षाकामी व्यक्ति हूँ। और अपने अन्तिम चरण में अपने ही इहलोक में बेवजह खलल पैदा करना या झंझट मोल लेना नहीं चाहता हूँ!! हो सकता है कि यह राजनीतिक उदासीनता ही मेरा नाम फासीवादियों की जो सूची बनायी जा रही होगी उसमें शामिल करा दे!!! राजनीति द्वारा हर दिन बरपा की ज़ाने वाली मुसीबतों-तकलीफों के बावजूद अगर मेरी यह मान्यता कि मेरा साहित्य ही राजनीति है, सामाजिक हस्तक्षेप नहीं कलावादी मुद्रा मानी जाती है तो धीरज रखने के अलावा मेरे पास और चारा क्या है?

(22 अक्टूबर, 2000)

साढ़े पैंतीस साल

31 जनवरी, 2001 को साढ़े पैंतीस साल से कुछ अधिक ही हो गई। मैं इतनी अवधि तक भारतीय प्रशासन सेवा में रहने के बाद उस दिन रिटायर हो गया। मैं अपने परिवार का पहला व्यक्ति था जो सीधे इस सेवा में भरती हुआ और चूँकि मेरे बेटे कबीर ने वास्तुशास्त्र और मेरी बेटी दूर्वा ने सामाजिक कार्य के क्षेत्र अपने लिए चुने हैं, लगता यह है कि यह कोई परम्परा परिवार में बनने नहीं जा रही है। मेरे पिता यों तो किसान के बेटे थे पर विश्वविद्यालय में एक दबंग प्रशासक थे। मेरे बड़े मामा प्रशासक थे जो बाद में इसी सेवा में पदोन्नत हो गए थे। मेरा आई.ए.एस. में जाना वैसे तो मेरे पिता का ही स्वर्णस्वप्न था लेकिन उस समय वह मेरी आकांक्षा का भी अंग बन चुका था। मैं दिल्ली के सेण्ट स्टीफेन्स कॉलेज में अंग्रेजी साहित्य में एम.ए. करने आया ही इसलिए था कि मुझे इस सेवा में भरती होने के लिए आवश्यक अर्हता अर्जित करना है। एम.ए. के बाद मैं दिल्ली में ही दयालसिंह कॉलेज में अध्यापक हो गया था। अध्यापकी मुझे रास आ गई और मेरा मन उस प्रशासकीय आकांक्षा से उचट गया था जिसके चलते मैं सागर जैसे छोटे शहर से काफी खर्च उठा कर यहाँ भेजा गया था। मैंने पहली परीक्षा तो दी ही नहीं और पिताजी को झूठ बता दिया कि मैं सफल नहीं हुआ। दूसरा और अन्तिम अवसर परीक्षा का जब पास आ रहा था तो मैं मुक्तिबोध के मरणासन्न और अचेत होने की दारुण स्थिति से मुब्तिला था। उनकी मृत्यु और तेरहवीं परीक्षा के कुछ दिनों पहले ही हुई थी। मुझे कहीं न

कहीं यह यकीन था कि मैं इस बार बैठ कर भी परीक्षा में सफल नहीं हो पाऊँगा। संयोगवश मैं, अपने यकीन और उम्मीद के खिलाफ, सफल हो गया और भारतीय विदेश सेवा तथा भारतीय प्रशासन सेवा, दोनों के लिए चुन लिया गया। विदेश सेवा में जाने की तो मेरी रत्ती भर इच्छा नहीं थी और भारतीय प्रशासन सेवा में जाने के लिए मैं अब अनिच्छुक था। मैंने अपने पिता को फोन कर कहा कि हालाँकि मैं इस अखिल भारतीय प्रतियोगिता में सफल हो गया हूँ, मैं अध्यापक ही रहना चाहता हूँ। मुझे हल्की-सी उम्मीद यह थी कि चूँकि वे विश्वविद्यालय में प्रशासक हैं, वे मेरी इस नवजात आकांक्षा से कुछ सहानभूति रखेंगे। पर वे कट्टर यथार्थवादी थे और मुझे मुझसे बेहतर जानते थे : उन्होंने कहा कि तुम्हारे मन में अध्यापन को लेकर व्यर्थ का रूमान पैदा हो गया है। उनकी इस जिज्ञासा का मेरे पास कोई तथ्यपरक उत्तर नहीं था कि क्या मैंने अपने कॉलेज के स्टाफ रूम में वेतन, महँगाई-भत्ते जैसे महत्त्वपूर्ण मुद्दों के अलावा कभी किसी अकादेमिक विषय पर सहकर्मियों के बीच कोई बहस होते देखी है। उनका कहना था कि मुझे यह सेवा आजमाना चाहिए और अगर रास न आए तभी छोड़ना चाहिए। फिर ऑक्सफोर्ड जैसे किसी विश्वविद्यालय में जाकर पी-एच.डी. कर कायदे का अध्यापन करना चाहिए। अकादेमिक रिकॉर्ड अच्छा होने के कारण उनका मानना था कि दयाल सिंह से बेहतर जगह काम मिलने में कठिनाई नहीं होगी। मैं उनके दबाव और लिहाज में इस सेवा में चला गया। जाते समय कई दुश्चिन्ताएँ मन में थीं। सबसे बड़ी तो यह कि कहीं मेरा लेखक होना इस चक्कर में असम्भव या अप्रासंगिक न हो जाए।

अब जब इस सेवा में मेरा इतना लम्बा कार्यकाल समाप्त हो रहा है, मैं ईमानदारी से कह सकता हूँ कि कई तरह के झंझटों में फँसने और लगातार एक लेखक के रूप में अफसर होने का लांछन सहने के बावजूद मेरे मन में अपने उस पितृप्रेरित निर्णय को लेकर कोई पछतावा नहीं है। यों तो एक व्यक्ति के रूप में मैंने ऐसा कुछ खास नहीं किया है लेकिन मेरी इस कोशिश को कि समाज में साहित्य और कलाओं का सम्मान हो और धूप में लेखकों-कलाकारों की जगह हो, इस सेवा से बल ही मिला। किसी तरह की क्रान्ति करना न मेरे बस में था और न ही मेरा शौक रहा। सार्वजनिक क्षेत्र में जो थोड़ा-बहुत मैं कर पाया, उसके आड़े यह सेवा कभी नहीं आयी। अपने अन्तिम चरण में इस सेवा ने मेरे साथ जो किया है उसे लेकर अदम्य कटुता से मैं उबर नहीं पाया हूँ। लेकिन यह स्वीकार करने में मुझे कोई हिचक नहीं है कि अगर कोई चाहे और उसमें हिम्मत, ईमानदारी और कल्पना हो तो वह इस सेवा में रहकर बहुत कुछ कर सकता है। प्रशासन अपने ज्यादातर ओहदेदारों को टुच्चा और मानवीय तकलीफ और दुख के प्रति असंवेदनशील, दुर्भाग्य से, बनाता

है। पर अगर आप में चौकन्नापन और समझदार जिम्मेदारी हो तो आप न सिर्फ इस दुर्नियति से बच सकते हैं बल्कि ऐसा बहुत कुछ कर सकते हैं जिससे दूसरों को फर्क पड़ता है। अगर आप रौब-दाब के व्याकरण के कैदी न हो जाएँ और आपको समृद्धि का रोग न लग जाए तो इस सेवा में रहकर आप ऐसा बहुत कुछ कर सकते हैं कि आपको किसी के सामने न सिर झुकाना, न हाथ फैलाना पड़े। सिर्फ एक बार जब मेरे दुर्दिन थे ग्वालियर में, तब मैं इस नौकरी को छोड़कर एक राष्ट्रीय हिन्दी दैनिक का सम्पादक बनने के प्रस्ताव के प्रति प्रलोभित हुआ था। मैं कृतज्ञ हूँ कि इस सेवा ने मुझे निर्भीक होने और अपनी दृष्टि को अधिक यथार्थपरक बनाने और अपने कई सपनों को सच में बदल पाने का साहस, उत्साह और अवसर दिए। मुझे कोई संकोच या डर नहीं होगा कि मैं इस सेवा में था और मुझे यह मानने में कभी कोई हिचक न होगी कि उसने मुझे वह सब अधिकांशतः करने दिया जिसके कि मैं योग्य था। श्रीकान्त वर्मा ने ठीक कहा था : 'जो मुझसे नहीं हुआ, मेरा संसार नहीं।' कुल मिलाकर मैं कृतज्ञ हूँ और अपने सिलसिले में ऐसा कुछ नहीं है जिसके लिए मैं इस सेवा को दोष दूँ।

(4 फरवरी, 2001)

तीन शिविर

1967 में, तथाकथित जिला प्रशिक्षण पूरा होने के लगभग दस महीनों पहले ही, मुझ सहायक कलेक्टर को रायपुर जिले के कलेक्टर दत्तात्रेय गोविन्द भावे ने महासमुन्द उपसम्भागीय अधिकारी बनाकर भेज दिया। भावे साहब विनोदी स्वभाव के थे और प्रशासन में उनकी वाक्पटुता और चिरसक्रिय विनोद-भाव विख्यात थे। उन्हीं से मैंने यह सीखा होगा कि प्रशासन में हँस-बोलकर और हँसमुख रह कर बहुत-से काम आसानी से किए और करवाए जा सकते हैं। वे परसाई जी के छात्र रह चुके थे और किसी हद तक अपने पर हँसना भी मैंने उनसे ही सीखा और पाया कि इससे आपका अधिकार या हैसियत कम नहीं होते।

महासमुन्द पहुँचने पर उस नौकरी में साहित्य से दूर होने का अहसास कुछ और तीखा होने लगा। मैंने योजना बनाई कि छत्तीसगढ़ के युवा लेखकों को एकत्र कर कुछ साहित्य-विमर्श किया जाए। उस समय छत्तीसगढ़ शान्त था : मुक्तिबोध दिवंगत थे, प्रमोद वर्मा शायद इन्दौर में थे और श्रीकान्त वर्मा का दिल्ली में रहने के कारण छत्तीसगढ़ से

कोई सक्रिय सम्पर्क नहीं रह गया था। विनोद कुमार शुक्ल, अपने स्वभाव के अनुरूप, बेहद संकोची थे और छत्तीसगढ़ कुल मिला कर उनकी प्रतिभा और सम्भावना से बेखबर था। बहरहाल, लेखक-शिविर को नाम दिया गया 'युवा लेखन पर एक वर्कशॉप'। स्थानीय व्यंगकार लतीफ घोंघी आदि मित्रों ने सहायता की। दिल्ली से कइयों को बुलाया था लेकिन आए नेमिचन्द्र जैन और कमलेश्वर। ग्वालियर से आए, छत्तीसगढ़ के बस्तर के मूल निवासी शानी। महासमुन्द में चावल के कई प्रभावशाली सेठ थे : सभी ने पैसे और सामग्री से मदद की। उनमें से एक चावल-बादशाह कहलाते थे और उनके भक्त इच्छुक थे कि उन्हें स्वागताध्यक्ष बनाया जाए। धनी-मानी लोगों से दूर रहने की मेरी प्रशासकीय नीति का उन्हीं दिनों सूत्रापात हुआ : उनके स्थान पर स्थानीय स्टेट बैंक ऑफ इण्डिया के पढ़े-लिखे और काव्यप्रेमी एजेण्ट को यह जिम्मेदारी सौंपी गई। लगभग सौ युवा लेखक जुड़े होंगे जिनमें पवन दीवान भी थे जो बाद में मध्यप्रदेश में पहले साधु-मन्त्री बने। कमाल किया विनोद कुमार शुक्ल ने। वे वर्कशॉप समाप्त होने के बाद आए। बोले कि आपके न्यौते को अस्वीकार करना कठिन था लेकिन मैं गोष्ठियों आदि से घबराता हूँ, सो उनके बाद आपसे मिलने आ गया हूँ। इस शिविर की कोई और उपलब्धि हो या नहीं, यह सबक मैं जरूर सीख गया कि लेखक सम्मेलन में सार्वजनिक मुद्राएँ अपनाते हैं और मन की बात नहीं कहते; कि जो लेखक अच्छे वक्ता नहीं होते उनमें से ज्यादातर के पास कहने को काम की बातें होती हैं बजाय वाग्चपल लेखकों के और कि लेखकों के बीच औपचारिक से अधिक अनौपचारिक चर्चा ज्यादा ईमानदार, खरी और सार्थक होती है।

सीधी, जहाँ मैं अपनी नौकरी में पदोन्नत होकर पहली बार कलेक्टर बना, 1968 में बेहद छोटी जगह थी हालाँकि जिला बड़ा था। जिला मुख्यालय की आबादी कुल दस हजार थी और पूरे जिले में गिनती की चार-पाँच कारें थीं। लेकिन वहाँ रहते मेरे साहित्यिक जीवन में चार महत्त्वपूर्ण घटनाएँ हुईं : 'पहचान' सीरीज की शुरुआत हुई : पहली आलोचना पुस्तक 'फिलहाल' प्रकाशित हुई : वहाँ के एक महाविद्यालय में अंग्रेजी के अध्यापक लेखक रमेशचन्द्र शाह और उनकी लेखिका पत्नी ज्योत्स्ना मिलन से जीवन भर चलने वाली मैत्री की शुरुआत हुई और 'भाषा का अवमूल्यन' विषय पर सीधी लेखक शिविर का आयोजन हुआ। इस शिविर में नेमिचन्द्र जैन, नामवर सिंह, लक्ष्मीकान्त वर्मा, मलयज, धूमिल, काशीनाथ सिंह आदि शामिल हुए। वहाँ नया बना सर्किट हाउस तीन दिनों तक अफसरों के लिए 'आउट ऑफ बाउंड्स' और लेखकों के पूरे कब्जे में रहा। शिविर में पढ़े गए निबन्ध और उसमें हुई रोचक और लम्बी बातचीत बाकायदा अभिलिखित कर 'पहचान' की पहली संख्या में प्रकाशित हुए। शहर में इस शिविर को लेकर खासा कुतूहल था क्योंकि किसी को यह पता नहीं

था कि उसमें क्या हो रहा है।

सीधी से तबादला हुआ अम्बिकापुर। वहाँ कलेक्टर का बँगला पुराने दीवान का निवास होने के कारण विशाल था। हम तो कुल तीन जने थे : मैं, रश्मि और दो-तीन साल का कबीर। ऊपर की पूरी मंजिल यानी सात-आठ कमरे खाली थे। सो जब 1972 में लेखक शिविर आयोजित हुआ तो उसमें एक को छोड़कर बाकी सब हमारे निवास पर ही ऊपर ठहरे और शिविर की सारी बैठकें हमारे निवास पर ही हुई थीं। मैं फिर तीन दिनों के लिए सरकारी काम के लिए अप्राप्य था। कमलेश को एक दिन सर्किट हाऊस के एक कमरे में कुछ कविता संग्रहों के साथ कैद कर दिया गया था जहाँ रह कर उन्होंने शिविर के लिए अपना लेख लिखा था। इस शिविर में शमशेर बहादुर सिंह, नेमिचन्द्र जैन, भारतभूषण अग्रवाल, श्रीकान्त वर्मा, विजयमोहन सिंह, ज्ञानरंजन, प्रभात त्रिपाठी आदि शामिल थे। जातीय स्मृति पर जमकर बहस हुई। ज्ञान ने अपनी अब तक की अन्तिम कहानी 'बहिर्गमन' पढ़ी, उन्हीं श्रीकान्त वर्मा के सामने जिन्हें कि लक्ष्य कर सम्भवतः वह लिखी गई थी। शिविर के दौरान लेखकगण एक दिन के सैर-सपाटे पर मैनपाट भी गए थे जहाँ तिब्बतियों के शरणार्थी-शिविर थे। इस शिविर की बातचीत भी अभिलिखित हुई थी पर फिर वह कहीं प्रकाशित नहीं हो सकी। महासमुन्द, सीधी और अम्बिकापुर छोटी जगहें थीं। वहाँ कुछ करने और मित्रों को कुछ समय के लिए एकत्र कर गप लगाने का जो सुख मिलता था उसे आज भी मैं बहुत आत्मीयता और कृतज्ञता से याद करता हूँ। तब सौभाग्य से लेखकों के बीच कट्टरताएँ इतनी तीखी और अभेद्य नहीं हुई थीं। मेरे जीवन में तो ऐसा 'अबोध' समय अब शायद ही लौटे—पर साहित्य में उसे जरूर वापस आना चाहिए। अपने से असहमत या भिन्न दृष्टि या विचार वाले के बहिष्कार की संस्कृति भय और घृणा पर आधारित है और ज्यादा दिन नहीं चल सकती। न ही चलना चाहिए।

(25 फरवरी, 2001)